CIDADE DE QUARTZO

CIDADE DE QUARTZO

escavando o futuro em Los Angeles

Mike Davis

APRESENTAÇÃO
Roberto Luis Monte-Mór

ENSAIO FOTOGRÁFICO
Robert Morrow

TRADUÇÃO
Renato Aguiar e
Marco Rocha

Copyright © Mike Davis, 2006
Copyright desta edição © Boitempo, 2009

Cidade de Quartzo, escavando o futuro em Los Angeles foi publicado pela primeira vez no Brasil em 1993, pela Scritta. A edição original é *City of Quartz, Excavating the Future in Los Angeles* (Londres, Verso, 1990).

DIREÇÃO-GERAL	Ivana Jinkings
EDITOR-ASSISTENTE	Jorge Pereira Filho
COORDENAÇÃO DE PRODUÇÃO	Juliana Brandt
ASSISTÊNCIA EDITORIAL	Elisa Andrade Buzzo
ASSISTÊNCIA PRODUÇÃO	Livia Viganó
PREPARAÇÃO	Frederico Ventura
REVISÃO	Thaisa Burani
CAPA E DIAGRAMAÇÃO	Silvana Panzoldo
FOTO DA CAPA	Bettmann/CORBIS/Corbis (DC)/Latinstock
FOTOS DO MIOLO	Robert Morrow

CIP-BRASIL. CATALOGAÇÃO-NA-FONTE
SINDICATO NACIONAL DOS EDITORES DE LIVROS, RJ.

D292c

Davis, Mike, 1946-
Cidade de quartzo : escavando o futuro em Los Angeles / Mike Davis ; tradução Marco Rocha e Renato Aguiar. – São Paulo : Boitempo, 2009.

Tradução de: City of quartz, Excavating the Future in Los Angeles (2nd ed.)
Inclui bibliografia
ISBN 978-85-7559-132-1

1. Crescimento urbano – Los Angeles (Califórnia, Estados Unidos). 2. Vida urbana – Los Angeles (Califórnia – Estados Unidos). 3. Crime – Los Angeles (Califórnia, Estados Unidos). 4. Los Angeles (Califórnia, Estados Unidos) – Política e governo. I. Título.

09-0138.		CDD: 307.760979494
		CDU: 316.334.56(739.462.5)
15.01.09	21.01.09	010521

É vedada a reprodução de qualquer parte deste livro sem a expressa autorização da editora.

1ª edição: julho de 2009; 1ª reimpressão: agosto de 2025

BOITEMPO
Jinkings Editores Associados Ltda.
Rua Pereira Leite, 373
05442-000 São Paulo SP
Tel.: (11) 3875-7250 / 3875-7285
editor@boitempoeditorial.com.br | boitempoeditorial.com.br
blogdaboitempo.com.br | youtube.com/tvboitempo

Para minha doce Roísín,
para que não se esqueça de sua avó...

O estímulo superficial, o exótico e o pitoresco só têm efeito sobre o estrangeiro. Para retratar uma cidade, o nativo tem que ter outros motivos, mais profundos – motivos de alguém que viaja para o passado em vez de na distância. O livro de um nativo sobre sua cidade será sempre relacionado às suas memórias; o escritor não passou sua infância lá em vão.

Walter Benjamin

Sumário

Apresentação, por Roberto Luis Monte-Mór 13

Prefácio à segunda edição inglesa 21

Prólogo: A visão dos futuros no passado 37

1.   Luz do sol ou *noir*? 49

2.   Linhas de poder 123

3.   Revolução feita em casa 169

4.   Fortaleza LA 235

5.   O martelo e a rocha 269

6.   Novas confissões 319

Ensaio fotográfico, por Robert Morrow 361

7.   Sucata de sonhos 369

Agradecimentos 427

Sobre o autor.. 429

Apresentação

Roberto Luis Monte-Mór

"Autores são pais estranhos", escreveu Mike Davis no prefácio da edição de 2006 do seu livro mais famoso, publicado originalmente em 1990. Davis se refere à certa estranheza que sentiu diante do seu próprio relato e à sua surpresa com a ampla aceitação do livro na comunidade acadêmica, a qual tenta explicar em função da força e da importância dos acontecimentos que se seguiram à publicação de *Cidade de quartzo*[1]. De fato, a grande área metropolitana de Los Angeles, já em latente ebulição ao final da década de 1980 face ao confronto de políticas públicas voltadas para a globalização dos mercados, deixando ao abandono as populações historicamente excluídas e também os novos migrantes pobres, explodiu em crises violentas em meados dos anos 1990, como de resto havia acontecido nos anos 1960, reverberando nos Estados Unidos e no mundo.

Ao final da década de 1980, quando Davis escrevia *Cidade de quartzo*, Ronald Reagan e Margareth Thatcher reinavam ainda quase absolutos – particularmente no mundo anglo-americano. E o insustentável muro de Berlim já anunciava o abandono de vários dos sonhos e utopias de uma esquerda revolucionária que pretendia, a partir de um Estado engajado, elevar o patamar da justiça social a níveis muito mais altos do que aqueles atingidos nas duas décadas anteriores, quando a grande transformação sociocultural e política dos nossos tempos mudou a cultura ocidental e pareceu tornar irremediavelmente ilegítima e decadente a sociedade capitalista moderna.

Para surpresa de muitos, a desregulação e a "liberação" dos mercados que se seguiram, aliadas ao elogio e à legitimação do consumismo e da riqueza con-

---

[1]   Mike Davis, *City of Quartz: Excavating the Future in Los Angeles* (Londres, Verso, 1990).

Cidade de quartzo

centrada nas mãos de poucos, vieram sepultar os ideais igualitários das décadas anteriores. De fato, no fim dos anos 1980, quando se podia quase já vislumbrar o ocaso da *reaganomics** e ver, com bastante clareza, o início dos novos processos reestruturadores do espaço da metrópole no bojo de uma globalização que impunha rapidamente a todos as facetas do capitalismo mundial, Los Angeles aparecia como um lugar onde os processos flexíveis de produção, próprios do pós-fordismo e da cultura pós-moderna, davam as cartas e anunciavam as vanguardas de novos tempos.

Na área dos estudos culturais, da arquitetura, dos estudos urbanos, da crítica literária e, certamente, também no cinema, Los Angeles produzia visões e abordagens contemporâneas que apontavam para novas formas de organização socioespacial e cultural e abraçavam rapidamente a fragmentação e polarização socioespacial, a despolitização da cidade, a sociedade do espetáculo, o culto ao simulacro, entre outros processos característicos dos tempos atuais. A rapidez das mudanças na organização dos espaços abstrato e vital, em sintonia com as grandes transformações tecnológicas, e das formas de produção e do trabalho faziam com que não mais se falasse em um mosaico urbano, com sua rigidez característica do período moderno, mas sim em um caleidoscópio, mutante em forma e aparência segundo pequenas, mas muito impactantes alterações no controle: a taxa de juros, novas tecnologias e políticas industriais e tecnologia, mudanças na legislação trabalhista ou qualquer outra oscilação conjuntural poderia tirar ou modificar as peças do lugar.

Intelectuais e professores universitários ligados aos estudos culturais e urbanos viam Los Angeles como "o principal laboratório do espaço urbano contemporâneo", como tinha sido Chicago no início do século XX. Para alguns, o paradigma da metrópole do século XXI tomava corpo em Los Angeles, o "lugar" contemporâneo, como já dizia seu mote mais conhecido: "*LA is the place*". A "pós-metrópole", no dizer do geógrafo Edward Soja, já em meados dos anos 1990 expressava os diversos modelos contemporâneos da transformação urbano-regional que caracterizavam os novos tempos e espaços globalizados: cosmópolis, exópolis, cidade fractal, cidade carcerária, entre outros. "Tudo se junta em Los Angeles" era outro mote popularmente atribuído à cidade, utilizado por Soja em outro livro, escrito também ao final dos anos 1980, como *Cidade de quartzo*.

Naquele período, Mike Davis ministrou, a convite do professor Soja, uma disciplina conjunta na pós-graduação em planejamento urbano na Universidade da Califórnia em Los Angeles (Ucla). Sem a titulação adequada e com Ph.D. incompleto em história (na Ucla), Mike Davis não podia então aspirar a uma

---

* Acrônimo de Reagan e *economics*, que remete às políticas econômicas desenvolvidas por Ronald Reagan, presidente dos EUA de 1981 a 1989, inspiradas na teoria do livre mercado. (N. E.)

Apresentação

carreira acadêmica. Ainda que já fosse reconhecido por sua visão aguda e crítica de jornalista e ativista político, combinada a uma experiência rara na academia – passagem por trabalhos populares, como açougueiro e caminhoneiro –, e fosse também editor de uma das mais prestigiosas revistas acadêmicas do pensamento crítico mundial, a *New Left Review*, tinha sua entrada efetiva na academia barrada. Alguns de nós, alunos de doutorado privilegiados, puderam compartir das intensas discussões em sala com ele e Soja, nas quais o discurso acadêmico era muitas vezes confrontado com o da militância política, tendo como referência o futuro de Los Angeles, o pensamento crítico e a ação política possível no espaço de vida urbana, tão subordinado aos ditames do mercado e abandonado por um Estado enfraquecido e desacreditado.

Foi esse pensamento crítico que, em busca de uma compreensão dialética, múltipla e complexa da realidade, encontrou terreno propício em Los Angeles, particularmente em alguns departamentos da Ucla, como geografia, planejamento urbano, história, crítica literária e cinema, entre outros. Na área de estudos urbanos (e regionais), uma "escola angelense" (*LA School*) articulava um grupo de professores da Ucla, em contato com outros do *campus* de Berkeley, desenvolvendo estudos afins e dando origem a uma "escola californiana"[2]. Esse grupo, identificado com o marxismo crítico, que perseguia uma visão totalizante da expressão socioespacial dos novos tempos em gestação, deteve-se particularmente nas suas manifestações no Sul da Califórnia e incluía professores de outros *campi* da Universidade da Califórnia, como Santa Cruz, Santa Barbara, San Diego, Irvine e, finalmente, Riverside, onde hoje Mike Davis é um *distinguished professor* no departamento de Creative Writing, título honorífico que o distinguiu entre seus pares, face ao reconhecimento nacional e mundial da sua importante produção acadêmica.

Entretanto, se o contexto acadêmico e cultural californiano dos estudos críticos urbanos, especialmente em Los Angeles, já apontava ao final dos anos 1980 para uma análise crítica da reestruturação socioespacial da metrópole como parte do processo de globalização do capitalismo e das transformações locais por ele engendradas, Mike Davis veio trazer nova abordagem à questão, com um discurso e uma interpretação informados por sua visão radical do mundo contemporâneo. Seu engajamento e sua militância política, construídos ao longo de décadas de vivência e de participação no espaço urbano angelense lhe conferiram uma percepção particular da vida cotidiana e das lutas urbanas historicamente

---

[2] Inclui geógrafos e planejadores, como Edward Soja, Allen Scott, Michael Storper, Susanna Hecht, Margaret FitzSimmons, entre outros; historiadores conhecidos, como Robert Brenner e Eric Hobsbawm, também da Ucla, e professores de Berkeley (UCB), como Manuel Castells, Michael Watts e Richard Walker, entre outros, além de, posteriormente, muitos de seus alunos de doutorado.

Cidade de quartzo

engendradas em Los Angeles. Não obstante o rigor e a documentação histórica que marcam seu texto, parcialmente escrito para ser sua tese de doutoramento em história na Ucla, a visão que apresenta é prospectiva e, pós-modernamente, eu diria, atravessa os limites temporais e espaciais da Los Angeles do final dos anos 1980, para "escavar seu futuro". A frase "o melhor lugar para ver a Los Angeles do próximo milênio é em meio às ruínas do seu futuro alternativo" abre o prólogo do livro na sua edição original e dá o tom de um texto que se inicia com a descrição de uma utopia socialista, familiarmente vivida, e termina com a "sucata dos sonhos".

Mike Davis expõe uma visão íntima, simples e comprometida, partindo de dentro do seu objeto de estudo, como alguém que fala de sua família ou do cotidiano da cidade onde vive. Assim, seu texto foge ao jargão e aos clichês acadêmicos que ele por muitas vezes critica, desfazendo-se da pose, da complexidade e da erudição próprias da linguagem de trabalhos científicos. Davis fala de um espaço vivido diretamente ao leitor, com uma fala engajada e entremeada de considerações pessoais, o que acabou por lhe causar aquela certa estranheza acima mencionada. Mas, para além disso, desnuda o jogo dos interesses locais ou localmente manifestos a partir das determinações distantes, em suas várias escalas, construindo uma leitura muito aguda e arguta da economia política da produção do espaço de Los Angeles, ao mesmo tempo em que expõe as ideologias subjacentes à visão hegemônica de uma LA cada vez mais glamourosa diante da crescente globalização, conseguida "às custas da justiça social", como ele mesmo diz. Em verdade, mais que isso, expõe nos diversos discursos políticos, culturais e acadêmicos a complexidade das várias ideologias que competem e se transmutam no tempo e no espaço, com os novos atores que entram em cena, com o jogo de interesses, as alianças, as contradições de classes, o avanço das forças políticas e das ameaças à vida cotidiana, aos ganhos econômicos da propriedade fundiária e à entrada de novos agentes.

Expor os meandros do poder e as articulações entre os poderes político e econômico; expor os interesses de classe, suas articulações e lutas internas e externas, mas também suas acomodações com as estruturas do poder que muitas vezes resultam em ineficiência ou mesmo retrocesso; expor o cotidiano das decisões e das alianças das elites, em constante transformação e mobilidade para garantir a hegemonia dos seus interesses no conflito da produção do espaço urbano; ressaltar as implicações socioculturais e ambientais das políticas públicas e dos inúmeros acordos engendrados no bojo das decisões empresariais na ocupação e na gestão do território metropolitano; enfim, escavar o futuro de Los Angeles a partir de uma visão crítica do processo de produção do espaço metropolitano é o objetivo central de *Cidade de quartzo*.

Tendo como ponto de partida uma arqueologia do futuro possível através da história da ocupação e da produção do espaço em Los Angeles e de sua progres-

Apresentação

siva construção como eventual espaço de diversidades (ainda que sempre sob a égide do simulacro), Davis explora a dialética dos opostos e das mutações em todo o seu trabalho. Brilhante ou sombria, superficial e profunda, crítica, mas acima de tudo *pop*, Los Angeles nos aparece como um espaço precoce, onde uma visão que questiona o puritanismo norte-americano e a rica possibilidade de um espaço alternativo e de heterotopias se desfazem por vezes em uma (pós-)modernidade capturada pela hegemonia do capital globalizado.

Mas isso não nega inteiramente as oportunidades de transformação ou reduz Los Angeles aos velhos modelos. Ao discutir as faces do poder e o controle do espaço, Davis mostra que as elites de Los Angeles são também caleidoscópicas, estão em constante rearranjo, sempre se reorganizando, rapidamente substituídas por novas elites que chegam e se (re)criam gerando novos centros de poder. A expressão espacial, vários já disseram, resulta também em uma área urbana policêntrica, em franca transformação. Afinal, apesar de ser uma das maiores áreas metropolitanas das Américas nos tempos atuais, Los Angeles tem pouco mais de cem anos e foi, até meados do século XX, uma cidade restrita e limitada, que não se comparava, de modo algum, aos grandes centros norte-americanos, como Nova York, Chicago ou mesmo San Francisco.

Ainda que Los Angeles tenha eventualmente se tornado um grande centro manufatureiro e industrial, Davis concorda com vários outros estudiosos que o grande empreendimento imobiliário foi, e continua sendo, a mola mestra do seu crescimento metropolitano. Tema de livros e de alguns filmes famosos, como *Chinatown*, as lutas pelo controle da terra e da água, pela produção da infraestrutura, do sistema de transportes e da ocupação do espaço em geral perpassam o livro e aparecem com maior clareza no capítulo em que Davis trata da mobilização dos moradores locais. Precocemente suburbanizados e organizados em momentos e territórios distintos, com objetivos diversos, mas sempre ligados aos interesses financeiros da terra urbana como valor de troca, o grau de segregação comunitária que marcava a Chicago do início do século XX ganha, em Los Angeles, contornos mais agudos e espetaculares. O movimento comunitário pelo "crescimento lento", que buscava refrear a especulação imobiliária e proteger os moradores locais, tem outras interpretações possíveis que são exploradas com maestria pela visão arguta do autor. O separatismo no espaço social por grupos étnicos, padrões de consumo e de distinção sociocultural, orientações religiosas e outras características comunitárias homogêneas faz de Los Angeles um espaço urbano com alto e ímpar grau de heterogeneidade. Ali, a dinâmica socioespacial dos vários grupos se manifesta em uma constante transformação e fragmentação do território, em níveis distintos de concentração de iguais e com maior ou menor grau de exclusão dos "outros" indesejáveis. O resultado não poderia deixar de ser uma agudização dos confrontos e da violência urbana, da luta de gangues, da alta criminalidade, da exclusão e da segmentação crescente do terri-

Cidade de quartzo

tório, ainda que o glamour local possa perpassar todos os grupos, mesmo como distante referência cultural e simbólica.

Nesse contexto de confrontação, a "fortaleza LA" e a "cidade carceral" são uma decorrência, onde artifícios diversos, da arquitetura ao urbanismo, da segurança do espaço público às muitas prisões inseridas no tecido urbano visam garantir o controle da vida social e política. A "sociedade terrorista", da qual falava Henri Lefebvre no início dos anos 1970, aparece aqui com toda a sua força, expressa na cidade carceral, mas também na política de extermínio de jovens da periferia "étnica" (negros e latinos, em particular), na reconhecida violência do Los Angeles Police Department (LAPD)*, no confronto das gangues, tornadas invisíveis e deixadas à própria sorte – quando não incentivadas ao extermínio mútuo. Davis explora com profundidade esses aspectos dolorosos da maior metrópole da costa do Pacífico norte-americano, avançando na economia política das drogas, sua espacialidade, seus desdobramentos sobre a organização e a apropriação do espaço social. E, como sempre, não permite que a invisibilidade e o descaso das elites, da sociedade organizada e, principalmente, do Estado, permaneçam ou se autojustifiquem, pois sua crítica arguta sempre desvenda processos, interesses e mecanismos de poder e controle.

Davis discorre também sobre os fundamentalismos religiosos, as expressões da organização socioespacial em torno dos credos e das igrejas que proliferam nas periferias da metrópole entre os imigrantes ilegais. Particularmente, desvenda as manifestações de um novo catolicismo que, se antes subsumia entre as igrejas e seitas protestantes hegemônicas da população anglo-saxônica, hoje, face à grande imigração da população de origem latina e católica das Américas Central e do Sul, ganha força e cresce em poder de organização e comando político. Mas, aqui também, o cenário apresentado pelo autor é de contradições entre setores conservadores da Igreja católica que se opõem aos avanços políticos populares e mesmo à organização do trabalho, defendendo as posições retrógradas e moralistas do papado, e setores progressistas ligados à Teologia da Libertação que desenvolvem seu trabalho junto às populações pobres migrantes. Novamente, os desdobramentos dessas contradições nas estruturas de poder e da política local permeiam todo o texto.

Mike Davis conclui seu livro voltando a sua cidade natal, Fontana, pequeno núcleo de trabalhadores a cerca de 100 quilômetros a noroeste de Los Angeles, no Condado de San Bernardino (um dos cinco que formam a área metropolitana). Localizada ao sul das montanhas de San Bernardino e ao norte das de Santa Ana, junto ao Passo Cajon, pelo qual a região de Los Angeles se liga a leste ao deserto de Mojave e ao Parque Nacional Joshua Tree, Fontana está também às margens do *freeway* I-10, que se estende do Pacífico até Miami, na Flórida. Um pouco

---

* Departamento de Polícia de Los Angeles (N. E.)

Apresentação

mais a leste, no alto do parque das montanhas de San Jacinto, pode-se ver a impressionante nuvem de poluição vinda da Grande Los Angeles estendendo-se pelo Passo em direção a Palm Springs. Para Davis, Fontana é o epicentro do *smog* naquela imensa região urbana. É também ali que ele discute sua "sucata de sonhos", revisitando a região e fazendo uma arqueologia histórica do que foi e pretendia ser a Fontana das grandes fazendas, ora transformada em *junkyard* da metrópole estendida contemporânea. Davis, assim, conclui seu relato voltando ao começo, isto é, escavando o amanhã e vendo criticamente o presente a partir dos futuros alternativos do espaço de sua vivência histórica familiar.

Mike Davis, além de oferecer um relato envolvente e produzir amplo e aprofundado conhecimento sobre os processos socioespaciais em Los Angeles, nos dá uma grande contribuição metodológica ao construir, com rigor e argúcia crítica, uma economia política do espaço vivenciado. Compreender a dinâmica urbana e metropolitana a partir da prática concreta dos seus diversos agentes, com suas contradições internas e os vários conflitos de interesses manifestos na luta pelo espaço – privilegiando, por tornar visíveis, os processos que as elites, o poder político e o capital se esforçam por esconder –, pode significar uma transformação expressiva na nossa maneira de ver nossas cidades, nossos conflitos mais agudos, nossas maiores dificuldades em produzir e gerir espaços sociais capazes de resgatar as populações excluídas e reduzir as imensas e inaceitáveis desigualdades e injustiças socioespaciais e ambientais com as quais convivemos. *Cidade de quartzo* tornou-se, por isso, leitura obrigatória entre os que se preocupam com as metrópoles onde vivem, em países do centro como também da periferia, em tempos atuais, passados e até futuros, dado que os processos e os conflitos ali descritos e analisados em profundidade dizem respeito à própria lógica da vida competitiva, e necessariamente solidária, que caracteriza as cidades e é apenas exacerbada nas áreas metropolitanas, por sua magnitude e complexidade.

BELO HORIZONTE, MARÇO DE 2009.

Prefácio à segunda edição inglesa

Autores são pais estranhos. Alguns nunca desmamam suas crias, preferindo conservá-las no colo, sempre ao alcance da mão. Outros, como eu, prontamente põem os filhos para fora de casa, com ordens para nunca mais aparecerem. Exceto por consultas ocasionais a uma nota de rodapé ou a uma referência, não olhei para *Cidade de quartzo* desde que enviei os originais – a última relíquia de redação da idade da pedra em uma máquina de escrever IBM – para meu editor em Londres, em 1990.

Anos depois, folheei a maior parte deste livro bastante estranho, com seu título críptico. Fiquei particularmente nervoso ao reencontrar um alentado capítulo chamado "Revolução feita em casa"'*. A pesquisa desse imenso matagal de palavras, uma digressão sobre os movimentos de proprietários residenciais e a política do *nimbyismo***, levou séculos. Exigiu a leitura, tarde da noite, das várias edições locais do *Los Angeles Times*, cobrindo um período de trinta anos, sob a forma de microfilmes, na biblioteca da Universidade de York, em Toronto, onde eu lecionava economia política na época.

Em conseqüência desses esforços obscuros, tornei-me tão ligado a cada fragmento de fato relacionado a cercas de estacas e cocô de cachorro que não consegui editar o capítulo de modo a diminuí-lo para um tamanho razoável. Logo comecei a temer que tivesse cometido um erro suicida. Disse a mim mesmo: "Jamais alguém vai ler isso". No entanto, algumas pessoas obviamente leram, mesmo as que não foram coagidas a fazê-lo por seus professores marxistas tirânicos.

---

*   Ver p. 169.

**   Acrônimo da sigla Nimby (Not In My Back Yard); literalmente, "não no meu quintal". (N. E.)

Certa vez, em uma meditação sobre o caráter caprichoso de publicações e reputação, o filósofo Ernst Bloch perguntou: "Os livros precisam ter destino?". A resposta, sem dúvida, é sim, mas não o destino escolhido por seus autores. O destino de *Cidade de quartzo* foi determinado principalmente pelos eventos subseqüentes à sua publicação: a notoriedade explosiva do *gangster rap* de Los Angeles, a atrocidade Rodney King* e, finalmente, a revolta apocalíptica que se seguiu à absolvição de seus agressores.

Mas o cheiro da fumaça já estava, por assim dizer, no ar desde 1988, quando comecei a escrever os ensaios que constituem este livro e que vazaram para diversos outros volumes editados. Embora os proprietários de um certo jornal em processo de envelhecimento na rua Spring** possam não ter percebido os presságios evidentes, qualquer menino de onze anos da cidade sabia que algum tipo de explosão estava a caminho. Em uma cidade tragicamente cheia de adolescentes armados e revoltados, a Operação Martelo do chefe do Departamento de Polícia de Los Angeles (LAPD), Daryl Gates – com suas incursões nos bairros como se estivesse no Vietnã e batidas noturnas indiscriminadas –, era vista universalmente como uma provocação deliberada para a revolta.

De fato, essa era a interpretação de dois policiais novatos que me prenderam depois do notório ataque do LAPD a uma demonstração pacífica do movimento Justiça para os Zeladores em Century City, em junho de 1990. Fui literalmente um expectador cativo, algemado no banco de trás do carro de patrulha, da retórica alucinada em que eles desembestaram a vociferar sobre um apocalipse próximo – o LAPD *versus* Crips e Bloods*** armados de submetralhadoras Uzis – nas ruas da região Centro-Sul. Portanto, se havia premonições sobre 1992 no *Cidade de quartzo*, elas simplesmente refletiam ansiedades visíveis em todos os muros cobertos de grafite ou, por exemplo, nos gramados em que apareciam cartazes com o alerta "Armed Response" [reação armada].

Cidade de quartzo, para usar um desses termos parisienses que eu geralmente tento atropelar com minha picape, é a biografia de uma *conjoncture*: um desses momentos carregado de paradoxo e não-linearidade quando correntes da história até então separadas convergem de súbito para conseqüências profundamente imprevisíveis. Em suma, trata do impacto contraditório da globalização econômica sobre os diferentes segmentos da sociedade de Los Angeles.

---

* Em 1991, policiais brancos espancaram o taxista negro Rodney King e, depois de um ano na prisão, foram absolvidos pela Justiça. A decisão gerou protestos violentos pela comunidade negra, período conhecido como Los Angeles Riots of 1992. (N. E.)

** Referência ao jornal *Los Angeles Times*, situado na rua Spring, região central de Los Angeles. (N. E.)

*** Duas das maiores e mais conhecidas gangues de Los Angeles. (N. E.)

Prefácio à segunda edição inglesa

À época – 1990 – completava-se quase uma geração em que Los Angeles vinha sendo administrada por uma coalizão única, em termos nacionais, de interesses empresariais do Centro da cidade, dirigentes da indústria do entretenimento ligados ao Partido Democrata e eleitores negros do Southside [região Sul]. Depois da confusão dos anos 1960, quando o populismo reacionário do prefeito trapaceiro Sam Yorty havia chegado perigosamente próximo de destruir a cidade, a administração do prefeito Tom Bradley*, eleito em 1973, representou a primeira experiência continuada de governo por consenso das elites. O longo conflito entre as elites do Centro e as do Westside [região Oeste] terminou em um acordo histórico, o qual incluía o apoio do Westside à reincorporação acelerada da área central, e o apoio do Centro (sobretudo da dinastia Chandler**) a uma Câmara de Vereadores dominada pelo Partido Democrata. Essa cooperação Westside–Centro, sob a intermediação honesta de Tom Bradley, tornou possível a mais ambiciosa expansão de infra-estrutura municipal desde a época em que o engenheiro William Mulholland construiu o aqueduto original, em 1913.

De fato, a maior conquista da era Bradley foi o intenso programa de novos investimentos em portos e aeroportos, que permitiu LA se tornar um centro dominante do comércio no anel do Pacífico e, desse modo, sobreviver à redução subseqüente pós-Guerra Fria de sua economia aeroespacial. Bradley, além disso, foi capaz de realizar esses feitos, que lembram os do arquiteto e urbanista Robert Moses no Estado de Nova York, apesar de um ambiente hostil de revoltas contra impostos, do desmonte governamental e das *reaganomics*. Sua administração seguia à risca o princípio conservador – preconizado de maneira pioneira por Mulholland e seus companheiros progressistas do Departamento de Água e Energia de Los Angeles – pelo qual as empresas de serviços públicos deveriam se autofinanciar e ser invioláveis do ponto de vista fiscal. Em outras palavras, quaisquer lucros hipotéticos advindos da operação do porto ou do aeroporto teriam que ser reinvestidos localmente.

Explorando o financiamento por meio do aumento dos impostos, a Câmara de Vereadores ratificou o mesmo princípio para o Centro: receitas fiscais vultosas, resultantes da valorização de imóveis subsidiados publicamente, foram direcionadas de imediato para novas reincorporações. Esses circuitos fiscais fechados sustentaram elevados níveis de investimento público em docas de contêineres, terminais e arranha-céus bancários no Centro, os quais, por sua vez, deixaram feliz um vasto eleitorado de interesses pró-globalização, incluindo linhas aéreas, companhias de estiva, estradas de ferro, exportadores da indústria aeroespacial,

---

*   Tom Bradley foi prefeito de Los Angeles entre os anos 1973 e 1993, vencendo cinco eleições consecutivas. (N. E.)

**   Referência à família Chandler, proprietária do *Los Angeles Times* por mais de um século, tendo vendido o controle acionário do jornal para a Tribune Company em 2000. (N. E.)

hotéis, sindicatos da construção, proprietários do Centro, o *Los Angeles Times*, bancos japoneses, estúdios de cinema do Westside, grandes firmas de advocacia e os políticos, que dependem da generosidade de todos esses envolvidos.

Porém, a cidade estava subsidiando a globalização sem fazer qualquer reivindicação em defesa de grupos excluídos dos benefícios diretos do comércio internacional. Não havia mecanismo para redistribuir uma parte das receitas municipais adicionais para propósitos outros que não infra-estrutura e renovação do Centro. Não havia "vínculo", em outras palavras, entre investimentos públicos de orientação empresarial e necessidades sociais, que lutavam desesperadamente por atenção no resto do orçamento da cidade. Além disso, a liderança dinâmica, concentrada em melhorar o porto, o aeroporto e o Centro (e, mais tarde, em organizar o *Festschriften* de Bradley, os Jogos Olímpicos de 1984), parecia claramente afastada de qualquer atenção dirigida aos bairros da cidade e às suas necessidades de subsistência.

Em retrospecto, é inacreditável a pouquíssima importância que o governo municipal deu ao fechamento de fábricas e à discriminação econômica dos bairros da região Centro-Sul, que eram a base política original de Tom Bradley. Como também é inacreditável o pouquíssimo esforço que foi feito para remediar a ausência de poder do Eastside [região Leste] na Câmara Municipal, assim como a exclusão dos *chicanos* de qualquer papel significativo de liderança na coalizão dominante. Da mesma forma, é difícil explicar por que a Câmara Municipal foi incapaz, apesar de inumeráveis advertências e protestos, de reduzir a expansão de novas construções em um plano que estava desestabilizando a qualidade de vida residencial em toda parte, com densidades enormes e irracionais das novas incorporações permitidas. Ao longo do bulevar Ventura, os arranha-céus estavam literalmente brotando dos terrenos de residências de família.

Na época em que sentei para escrever *Cidade de quartzo*, às vésperas da maior recessão da Califórnia meridional no pós-guerra, a coalizão de crescimento de Bradley ainda estava intacta, até mesmo triunfante, mas rapidamente perdia o controle de sua paisagem social. De Porter Ranch a Watts, os bairros de LA estavam ardendo em um ressentimento raivoso, e *sans-culottes* suburbanos ameaçavam derrubar o *ancien régime* da cidade.

No vale de San Fernando, o chamado Movimento pelo Crescimento Lento havia subitamente se aglutinado a partir da agitação molecular de centenas de associações de proprietários residenciais locais. Embora muitas das preocupações do movimento quanto à qualidade ambiental em declínio, ao tráfego e à densidade fossem inteiramente legítimas, o "crescimento lento" também tinha conotações raciais e étnicas ameaçadoras de uma gerontocracia anglo-saxã, defendendo seus privilégios de forma egoísta contra as necessidades de habitação e emprego das populações jovens latinas e asiáticas. De fato, muitos dos principais líderes da revolta dos proprietários residenciais haviam conquistado sua ascen-

Prefácio à segunda edição inglesa

dência opondo- se à integração de escolas no começo dos anos 1970 (e continuariam, nos anos 1990, a investir contra os novos imigrantes e a unir-se a interesses comerciais para promover, sem êxito, a sucessão no vale).

Enquanto isso, nas áreas planas abandonadas da região Centro-Sul de Los Angeles, a mão invisível brandia uma Uzi, na medida em que as vendas de crack – a forma local de globalização econômica – deram um terrível ímpeto econômico à guerra entre gangues. A mortandade nas ruas, três vítimas fatais por dia, incentivou o LAPD a expandir agressivamente seu poder. Em 1988, os angelenses se perguntavam quem realmente mandava na cidade: o prefeito Bradley ou o megalomaníaco chefe de polícia Daryl Gates?

Ao mesmo tempo, o próprio sucesso do programa de globalização da coalizão de Bradley estava transformando a composição das elites regionais. Tudo estava à venda e, tendo como pano de fundo o "super-iene", o capital japonês (seguido de perto por investidores canadenses) subitamente se tornou o elemento principal, tanto nos imóveis do Centro quanto nos estúdios de cinema do Westside. Editorialistas devaneavam hiperbolicamente sobre o futuro brilhante de LA como um centro de comando do anel do Pacífico, enquanto veteranos da Câmara Municipal imaginavam se os novos investidores da cidade viriam a se tornar "atores" ou não. As velhas elites, enquanto isso, estavam desaparecendo na escuridão de seus mausoléus em San Marino e Montecito.

As placas tectônicas sociais e político-econômicas que subjaziam Los Angeles em 1989, em outras palavras, haviam acumulado cargas de atrito inacreditáveis, a tal ponto que quase se conseguia ouvir o gemido das colinas de Hollywood. Em um ambiente de instabilidade crescente, somente Tom Bradley parecia imutável, ainda que sua seriedade solene – tão tranqüilizadora em 1973 – parecesse agora distante e fatigada. (O prefeito, na realidade, era o prisioneiro silencioso de escândalos pessoais e políticos, tendo o *Los Angeles Times* como o detentor secreto do penhor de sua reputação.)

Isso foi em meados da década de 1980. E vinte anos, na vida de uma metrópole tão dinâmica e imprevisível quanto Los Angeles, é um período histórico inteiro. Os anos de suspense, da "conjuntura", tornaram-se os anos de crise, uma conjugação de catástrofes naturais e sociais quase sem precedentes na história norte-americana, seguidos por anos de recuperação e, dizem, luz do sol e prosperidade, sem uma nuvem *noire* sequer no horizonte. Após uma eleição municipal em 2005 tristemente vazia de conceitos novos, paixões genuínas e debates substanciais, Los Angeles finalmente tem um prefeito – Antonio Villaraigosa* – cujo sobrenome soa como o sotaque da maioria da população.

---

* Antonio Villaraigosa elegeu-se em março de 2005, com 58,7% dos votos, para um mandato de quatro anos. (N. E.)

Cidade de quartzo

A eleição de Villaraigosa – outrora um ativista ardente de sindicatos e liberdades civis – deveria ter sido o "momento La Guardia" de Los Angeles, uma oportunidade para varrer do Palácio Municipal os velhos conspiradores ardilosos com sua obsessão monomaníaca por uma ocupação seletiva do Centro à custa dos bairros de trabalhadores da cidade. Porém, Villaraigosa, como Tom Bradley em 1973–1974, tornou-se um modelo de acomodação liberal a uma agenda inalterada da elite, com projetos faraônicos de revitalização. O antigo rebelde, originário do lado leste do rio Los Angeles, tornou-se o impulsionador exaurido de um "renascimento do Centro", que incentiva a construção de supercatedrais, franquias bilionárias de esportes, megamuseus, coberturas para *yuppies* e arranha-céus bêbados de Frank Gehry, à custa da justiça social e da habitação de preço acessível. Ele endossa um plano maligno de expulsar a maioria dos sem-teto do Centro para satisfazer a cobiça dos proprietários de imóveis e promotores da ocupação seletiva.

É verdade que Villaraigosa deve sua vitória ao poder renascente da Federação do Trabalho do Condado de Los Angeles e é, como seus predecessores Richard Riordan e James Hahn, um defensor sério da negociação e do progresso social gradual: sempre, evidentemente, dentro dos parâmetros do que permitem os patrocinadores bilionários, como Eli Broad e Ron Burkle. Os membros do grupo do Westside, que lutam para reconciliar os valores líquidos de seus imóveis com suas consciências sociais residuais, podem sentir-se reconfortados pelo fato de que Los Angeles continua a ser governada por uma coalizão ajustada de filantropia empresarial e liberalismo desfigurado – com Villaraigosa como um Bradley latino –, mas o impulso embotado de mudança de regime tem implicações diferentes e menos felizes para o resto da cidade.

Se houve algum momento adequado para ambição por mudança e para uma política radical de esperança, foi em 2006. Apesar da montanha de ouro que foi erigida no Centro, Los Angeles continua vulnerável à mesma convergência explosiva de cólera das ruas, pobreza, crise ambiental e fuga de capitais, que fez do início dos anos 1990 seu pior período de crise desde os primórdios da Depressão. É claro que Los Angeles não vai desabar no oceano, mas poderia retornar à curva de declínio que começou no início dos anos 1990: a sangria lenta de empregos de alta remuneração, mão-de-obra especializada e recursos fiscais. Nenhuma grande cidade norte-americana – deixando de lado o caso recente de Nova Orleans – é tão suscetível à mobilidade descendente na geração que está por vir.

Por que continuo a ser tão pessimista? Tendo 1990 como ponto de referência, considero a seguir algumas das tendências estruturais e mudanças sociais mais importantes da geração que se seguiu à "conjuntura" original de *Cidade de quartzo*.

(I)mobilidade regional

Em 1990, o ambicioso programa de construção de linhas de metrô subterrâneas e de superfície – da Comissão de Transportes do Condado de Los Angeles – trazia

Prefácio à segunda edição inglesa

a promessa de aumento da mobilidade e redução da poluição. Porém, em 2006, o futuro iminente era de imobilidade de grandes proporções e congestionamentos assombrosos. Os moradores locais pagavam um "imposto do congestionamento" – 93 horas per capita ao ano perdidas em retenções de tráfego – o mais alto dos Estados Unidos, e duas vezes mais do que em 1982. Na hipótese mais pessimista, o "imposto" poderia dobrar em dez anos.

No fim dos anos Bradley – deve ter ficado claro agora –, Los Angeles escreveu a cartilha do mau planejamento em transportes, e a de administração de projetos foi ainda pior. Os projetos de grande porte da época acabaram sendo fracassos dispendiosos: um metrô de Wilshire que na verdade não acompanhava o bulevar Wilshire e nem ia para o Eastside; um metrô de superfície para o aeroporto que na verdade não chegava ao seu destino; e um corredor em alameda que foi planejado para tirar os contêineres levados por caminhões da auto-estrada de Long Beach, mas que não teve sucesso. Todo mundo gosta de andar no metrô, mas poucos se dão conta de que é financiado por subsídios operacionais imensos – quase 27 dólares por passageiro – que saíram dos bolsos dos usuários de ônibus. Entre 1991 e 1997, à medida que o preço das passagens aumentava, o sistema de ônibus chegou a perder 17% de seu volume de passageiros, ou seja, 71 milhões de viagens: não é exatamente uma vitória para o transporte de massa. Em termos gerais, esse tipo de transporte representa apenas uma em cada cinqüenta viagens dentro da região.

Do mesmo modo, tanto o município quanto o condado permitiram que incorporadores politicamente poderosos – como Maguire Thomas, em Playa Vista, e o projeto Newhall Ranch, no vale do rio Santa Clara – despejassem enormes volumes de tráfego novo nos pontos mais congestionados, sem nenhum tipo de medida de atenuação. O Tejon Ranch, perto de Gorman (anteriormente propriedade da dinastia Chandler), planejado para 70 mil habitantes, será ainda pior: o início do engarrafamento, algum dia, pode chegar até Bakersfield, no vale de San Joaquin. Regionalmente, em relação à nossa posição há cinqüenta anos, não nos aproximamos em nada de um planejamento real ou de uma coordenação de habitação, empregos e transporte. Há muita conversa sobre "crescimento inteligente" e "novo urbanismo", mas, com poucas exceções, as normas regionais ainda são expansão burra e suburbanismo senil. Alguns políticos ainda invocam soluções mágicas de ficção científica, como trens que levitam sobre magnetos e viajam a 320 quilômetros por hora, mas Sacramento – que realocou 2,5 bilhões de dólares em fundos do setor de transporte para cobrir o déficit do orçamento – é incapaz de tapar os buracos nas nossas auto-estradas envelhecidas. A Califórnia meridional, em conseqüência, está rapidamente se transformando em um imenso estacionamento colérico. O congestionamento inevitavelmente eliminará mais empregos e empreendimentos, enquanto alimenta uma terrível forma de política neomalthusiana – que já pode ser ouvida nas

Cidade de quartzo

rádios AM – de culpar os imigrantes (cuja marca ambiental é, na verdade, a menor) pela mobilidade física e social em declínio.

Cidade das subsidiárias

No fim dos anos 1980, os impulsionadores do esquecido esquema LA 2000 alardeavam que a cidade logo se tornaria o novo centro de comando das economias da Califórnia e do anel do Pacífico, o "quartel-general do século XXI". Os menos cautelosos – talvez tenham fumado muita erva-do-feiticeiro – chegaram a prever que o Centro se tornaria uma segunda Manhattan, graças à alavanca arquimediana do investimento japonês. Que visão delirante! Na realidade, o capital japonês – sofrendo perdas pesadas – nem conseguiu fugir do Centro tão rápido quanto gostaria, durante a recessão do início dos anos 1990. As consolidações financeiras – no rastro da catástrofe das instituições de poupança e empréstimo, como também da desregulamentação bancária – deixaram Los Angeles pela primeira vez em sua história sem um único banco de grande porte com sede local. De fato, a não ser por uma ou outra empresa de petróleo e alguns dos gigantes do entretenimento, Los Angeles não chegou a ser em absoluto uma cidade de sedes. O insulto final, é claro, foi a decisão de Otis Chandler – forçado pelos escândalos e massacres na rua Spring – de cravar uma estaca de prata no coração de seu avô e vender o *Los Angeles Times*, a nau capitânea do capitalismo local, para o império do *Tribune*, de Chicago.

Assim, Los Angeles entrou no século XXI do mesmo modo que no XX, basicamente como uma colônia econômica de empresas e investidores com sede em outro lugar: San Francisco, Charlotte, Nova York, Chicago e Tóquio. Mais ou menos uma dúzia de bilionários – incluindo Sumner Redstone, Kirk Kerkorian, Marvin Davis e David Geffen – ainda recebe sua correspondência em códigos postais de LA; mas, com exceção de Eli Broad (o novo superpatrocinador da cultura do Centro), o compromisso deles com a região é duvidoso e inescrutável. Atualmente, Rupert Murdoch é o maior peixe do lago, mas é um ator local? Ninguém realmente sabe. Mal existe uma elite – no sentido agressivo e quase militarizado de Harry Chandler e seus amigos dos anos 1920 – em Los Angeles, em 2006. Poder e riqueza, é claro, continuam violentamente concentrados, mas há uma percepção nítida de transitoriedade. Uma parcela muito grande dos *nouveaux riches* deixa as malas sempre prontas, preparada para sair da cidade se esta pegar fogo ou irromper em tumulto novamente.

A fabricação do declínio

Em 1990, a região de Los Angeles havia perdido a maior parte das indústrias fordistas, que outrora fizeram dela o segundo maior centro nacional de manufatura de carros e pneus. Das catorze maiores fábricas não relacionadas à defesa, doze, incluindo a Kaiser, em Fontana, e a GM, em Southgate, haviam sido fechadas,

Prefácio à segunda edição inglesa

e o seu maquinário exportado para a China. No entanto, diferentemente de qualquer outro lugar, a região na verdade ganhou empregos industriais nos anos 1980 por meio da expansão das folhas de pagamento da indústria aeroespacial e de um crescimento da manufatura leve – vestuário, brinquedos, móveis – em torno do Centro. Por uma década, Los Angeles ultrapassou Chicago, detendo a maior força de trabalho industrial do país.

Porém, nos anos 1990, o Condado de Los Angeles perdeu um terço dessa base compensatória, à medida que os empregos da defesa foram transferidos para outras regiões e a manufatura leve foi exportada para *maquiladoras* de fronteira ou para a China. Em uma era de hegemonia nacional do Partido Republicano, a região de Los Angeles, fortemente dominada pelo Partido Democrata, perdeu sua vantagem competitiva em Washington: basta olhar para a política partidária desavergonhada, no início dos anos 1990, por trás da transferência de milhares de empregos da Lockheed de Burbank para Marietta, Georgia, o distrito eleitoral de Newt Gingrich. O anúncio recente de que a Boeing encerrará a montagem do modelo 717 na antiga fábrica da McDonnel Douglas, em Long Beach, marca o fim de uma era histórica. Durante cinqüenta anos, a economia industrial-militar da Califórnia meridional foi irrigada por um aqueduto de dólares dos impostos vindos de Washington. Houve anos em que o ganho líquido – por meio da transferência inter-regional de recursos de impostos – chegou a ser de 6 a 8 bilhões de dólares. Em 2006, o diferencial fiscal fluía no sentido contrário: o Condado de Los Angeles – como Michigan ou Ohio nos anos 1950 – pagava mais do que recebia em gastos federais. Entre 1983 e 1996, o gasto federal real *per capita* na Califórnia meridional caiu impressionantes 14%.

O declínio dos empregos industriais no núcleo da região (os Condados de Los Angeles e Orange), além disso, não foi compensado pelos pequenos aumentos nos Condados de Inland Empire e San Diego. Soma-se a isso o fato de que Los Angeles pode perder seus empregos da indústria do vestuário para a China, nos próximos anos. O peso da desindustrialização, é claro, é sentido mais pesadamente nos bairros de novos imigrantes de Los Angeles, onde a indústria de roupas tem sido um empregador de grande porte. À medida que o emprego industrial diminui, uma força de trabalho já precária e de baixos rendimentos é ainda mais comprimida em um espectro limitado do setor de serviços em restaurantes, hotéis, escritórios, parques de diversão e residências particulares.

Essa economia bastante dependente do setor de serviços, baseada em uma grande quantidade de empresas pequenas de baixa capitalização, é particularmente vulnerável às flutuações do clima econômico. De fato, tanto a taxa de criação de novas empresas quanto a de falência continuam mais altas do que na maioria das demais regiões metropolitanas. Isso gera muitas histórias encorajadoras sobre empreendimentos étnicos de êxito, mas também assegura uma incidência igualmente alta de sonhos frustrados e falências. Há um excesso de lojas

Cidade de quartzo

de doces, manicures, *tiendas*, barracas de *tacos*, serviços de paisagismo, oficinas mecânicas e salões de cabeleireiro, que sobrevivem somente por meio de feitos heróicos de auto-exploração familiar. Os empregadores do setor de microempresas, além disso, tendem a conseguir sobreviver por uma margem mínima: aprisionados em um gigantesco gueto econômico de salários baixos e informalidade.

A nova desigualdade

Em 1988, enquanto escrevia *Cidade de quartzo*, o Conselho de Supervisores do Condado de Los Angeles ameaçava fechar a emergência do Centro Médico da Califórnia. Isso foi o começo do que se tornou a crise permanente do atendimento de saúde de Los Angeles, no decorrer da qual o governo do condado vem lutando sem sucesso para manter um número de leitos de hospital suficiente para atender as necessidades de 2,5 milhões de residentes sem seguro médico. O condado se viu encurralado entre uma capacidade fiscal em declínio (o legado da Proposição 13 em 1978) e a recusa de tantos empregadores locais a oferecer benefícios de saúde para seus trabalhadores. Na região Centro-Sul de LA, um em cada dois adultos não tem nenhum tipo de seguro médico. Menos de um terço dos empregadores privados da Califórnia como um todo pagam o custo total do seguro médico de seus trabalhadores.

A crise da saúde no condado – ainda a um passo do colapso do sistema e da catástrofe – é emblemática do enorme déficit de investimento em um sistema de segurança social mais humano. Los Angeles, do mesmo modo que fazia em 1990, continua a abrigar os pobres nas ruas (uma estimativa de 90 mil sem-teto no Centro e 236 mil no condado) e os doentes mentais em cadeias. A chamada "recuperação" cívica da metade dos anos 1990 e o subseqüente *boom* das empresas pontocom foram uma decepção pelo pouco que fizeram para reduzir a massa de pobreza na cidade; na verdade, segundo a Coalizão pelo Fim da Fome e do Desabrigo de LA, o número de pessoas que vivem em "alta pobreza" em Los Angeles dobrou durante os anos 1990. Los Angeles, segundo a United Way, permanece sendo "a capital da pobreza no país", com o maior número de pobres entre todas as áreas metropolitanas. O índice de pobreza familiar da cidade é o dobro da média nacional, e um percentual impressionante de 59% dos alunos de escolas públicas tem direito à inclusão em programas de refeições gratuitas ou a preço reduzido. (Em um sentido mais amplo, a área dos Condados de Orange, Riverside e LA tem a maior percentagem de famílias na pobreza e a menor percentagem de pessoas com o segundo grau completo entre as quatorze maiores áreas metropolitanas do país.)

A maioria dos pobres, ou pelo menos dos pais pobres, está na população economicamente ativa, e a persistência de níveis tão altos de pobreza durante a última década é sinal de um mercado de trabalho que oferece poucas possibilidades de mobilidade ocupacional ou de renda. Em parte, essa situação provém

Prefácio à segunda edição inglesa

da carência educacional da força de trabalho: o percentual extraordinário de 78% dos adultos do Condado de Los Angeles não tem curso superior, e um 1,8 milhão são analfabetos. A educação de adultos, em outras palavras, é uma enorme necessidade pública (assim como pré-condição vital para a recapacitação e a mobilidade econômica) que, em grande parte, não tem sido atendida.

Enquanto isso, o Distrito Escolar Unificado de Los Angeles continua em declínio lento: dois quintos dos alunos de segundo grau não se formam com suas turmas. O índice de formatura dos latinos é pior: apenas 53%. Porém, os salários da Califórnia, durante a última geração, aumentaram apenas para trabalhadores com curso superior: os que possuem segundo grau ou menos perderam renda na última década. Talvez isso explique parcialmente porque a pobreza dos latinos no Condado de LA disparou de 22% para 35% durante a recessão do início dos anos 1990, depois caiu para um patamar perturbador de 30%, no qual permanece desde então.

O outro lado da pobreza e da vulnerabilidade, é claro, é a desigualdade, considerando que a área metropolitana de Los Angeles apresenta extremos de riqueza e pobreza quase iguais aos da América Latina. Durante os anos 1990, a renda real dos domicílios caiu em boa parte da Califórnia meridional, mas a pior queda da renda média foi no município de Los Angeles, onde diminuiu 9,1%. Ao mesmo tempo, o percentual de domicílios pobres aumentou de 18% para 22%, enquanto o daqueles com renda anual de mais de 100 mil dólares, de 9,7% para 15,7%. Quase 700 mil adultos no Condado de Los Angeles têm renda abaixo da linha da pobreza, e sete das dez ocupações que crescem mais rapidamente na cidade, inclusive as de atendente de caixa e guarda de segurança, pagam menos de 25 mil dólares por ano. O *Los Angeles Times* publicou um editorial em 2000 no qual afirmava que LA e Califórnia haviam entrado em uma "Nova Era Dourada", na qual "a diferença de renda entre os ricos e os pobres é maior do que em qualquer outro momento da história, porém, é magnificada pelo enriquecimento súbito e pelo estilo de vida ostentatório de uma elite cada vez maior".

Enquanto isso, os herdeiros de Howard Jarvis – quase trinta anos depois – continuam a repelir todos os ataques ao edifício perverso da Proposição 13. A inflação imobiliária continua a ser a força mais desestabilizadora da vida da Califórnia meridional, mas a Proposição 13, como demonstrado tão incisivamente por Peter Shrag, assegura que a maior parte da bonança financeira vinda dos imóveis atravesse a economia, a caminho das compras de Hummers, de entradas para ver o Lakers e de casas de veraneio, sem deixar um só tostão para as escolas e para a criação do capital humano do qual o futuro da Califórnia depende. Estilos de vida luxuosos são subsidiados, por assim dizer, por ambos os lados: por uma oferta aparentemente infinita de mão-de-obra de serviços barata e pelas vantagens fiscais que advêm dos dispêndios em imóveis e suntuário.

Subúrbios terminais

A inflação imobiliária é o imposto que uma parcela da sociedade – proprietários residenciais mais velhos e afluentes nas áreas litorâneas – arrecada do restante: sobretudo de famílias mais jovens e menos influentes. É também o passaporte econômico que permitiu que centenas de milhares de californianos do Sul, predominantemente brancos e influentes, saíssem da região nos anos 1990. Só a cidade de Los Angeles perdeu cerca de 200 mil residentes brancos não-latinos no período; o condado perdeu quase um quinto do total da população branca. Esse êxodo anglo-saxão – e também uma migração de negros para outras regiões, em medida bem menor – explica o destino irônico do Movimento pelo Crescimento Lento, o qual, na década de 1990, dominava amplamente a paisagem suburbana.

Nessa época, já era visível que a construção residencial havia atingido a última fronteira de terra disponível a uma hora ou menos da costa. Esse avanço final da construção ainda está em curso entre Santa Barbara e San Diego. Quase não se vê mais terra. No Condado de Orange, registrou o *Los Angeles Times* em 2002, havia espaço disponível para talvez mais umas 40 mil casas em Irvine e Rancho Mission Viejo, a leste de San Juan Capistrano. Em 2006, o Condado de Orange tinha mais de 2250 residentes por quilômetro quadrado; o de Los Angeles, por volta de 1375. A área metropolitana de Los Angeles–Anaheim–Riverside tem uma densidade mais alta (20,77 habitantes por hectare) do que a da área do plano regional de Nova York (19,97) ou de San Francisco–Oakland (19,90).

As associações de proprietários residenciais, sem dúvida, ainda permanecem sendo forças poderosas da política local, e as coalizões suburbanas seguem discutindo com os incorporadores sobre a escala e o ritmo da conversão do uso do solo. Do mesmo modo, o movimento de secessão no vale de San Fernando – que ocupou de modo tão contundente o centro das atenções da política municipal de LA por cinco anos – pode ser considerado como a virtual apoteose dos protestos *nimbyitas* e pelo crescimento lento anteriores. Contudo, foi também, creio, o último suspiro.

Em 2006, as forças pelo crescimento lento ganharam muitas pequenas batalhas, mas perderam a guerra. Está claro que milhares de domicílios resolveram as contradições entre crescimento e qualidade residencial de vida com o uso do valor líquido de seus imóveis na Califórnia meridional para a compra de participações em aposentadorias dos sonhos ou vidas novas em áreas ricas em amenidades por todo o Oeste. A fuga dos brancos nos anos 1990 é única na história da Califórnia e foi instigada por fatores distintos, que variam desde a recessão e o medo da criminalidade e dos desastres naturais, até as atrações irresistíveis das utopias centradas no golfe dos desertos do Arizona e de Nevada.

Os planejadores locais nas cidades de expansão acelerada fora dos centros urbanos, como St. George, Utah, ou Casa Grande, Arizona, estimam que 40%

Prefácio à segunda edição inglesa

de seus novos residentes são californianos do sul emigrados. Números semelhantes foram citados por Hal Rothman e outros especialistas no crescimento de dimensões galácticas no Sul do Estado de Nevada. Esses *offworlds**, para usar a terminologia de *Blade Runner*, parecem ser parte de um processo maior de seleção, por meio do qual a "América vermelha"**, branca e conservadora do ponto de vista religioso, está colocando uma distância em relação à "América azul"***, fortemente liberal e composta por imigrantes. Dentro da própria Califórnia meridional, enquanto isso, a diversidade dos bairros é, muito freqüentemente, uma conseqüência da chegada de um grupo ao mesmo tempo em que outro sai. Embora haja alguns exemplos convincentes de diversidade suburbana aparentemente estável – Cerritos, Quartz Hill e Moreno Valley –, a tendência principal ainda é no sentido de ressegregação regional, representada por Simi Valley, Laguna Hills e Temecula Valley, basicamente monocromáticas.

Menosprezo pelos apaziguadores

O homicídio ainda é a principal causa de morte de crianças com menos de dezoito anos no Condado de Los Angeles. Anos atrás, usei os dados de "homicídios relacionados a gangues" do Departamento do Xerife para fazer a estimativa de que cerca de 10 mil jovens haviam sido mortos nas guerras de rua na área de LA, desde a formação das primeiras gangues de Crips, em 1973–1974, até 1992. Este, sem dúvida, é um número fantástico e aterrorizante, quase três vezes o total de mortes nos conflitos da Irlanda do Norte em um período de tempo, grosso modo, igual. É ainda mais angustiante se considerarmos que a maioria dos homicídios está concentrada em um punhado de divisões de polícia. Acrescentem-se ao número de mortos os de feridos e deficientes permanentes, assim como os encarcerados e os em liberdade condicional por violações relacionadas a gangues, e tem-se uma medida do quanto Los Angeles – suas elites e lideranças adultas – traiu completamente várias gerações de suas crianças.

Pouco depois de ter publicado *Cidade de quartzo*, escrevi e narrei um filme de uma hora para o Canal 4 no Reino Unido. No documentário, entrevistei dezenas de membros de gangues, assim como ativistas comunitários, tanto do Southside quanto do Eastside; nenhum deles expressou uma pitada de otimismo quanto à redução da violência. É ainda mais extraordinário, portanto, do que na véspera dos distúrbios relacionados ao caso de Rodney King, quando as lideranças das principais gangues negras de Watts anunciaram uma trégua que durou mais de uma década, e foi copiada com acordos locais em outras partes da cidade

---

* Literalmente, "mundos de fora". (N. T.)

** Cor associada ao Partido Republicano. (N. T.)

*** Cor associada ao Partido Democrata. (N. T.)

Cidade de quartzo

também em guerra. A reação inicial do LAPD e do xerife – sobretudo da Crash, a unidade antigangue marcada pela corrupção – foi fazer todo o possível para sabotar e minar a trégua. Dá-se o crédito ao chefe Willie Williams por ter suspendido a ação de perseguição; o descrédito vai para o prefeito Riordan e para os empresários que o apoiavam por terem se recusado a estabelecer alguma forma de diálogo com os organizadores da trégua.

Já havia ficado óbvio há bastante tempo que as únicas pessoas que podem terminar as guerras de rua são os próprios guerreiros. Punição irracional e superencarceramento têm sido desastres sociais: trancafiar dezenas de milhares de jovens em prisões hiperviolentas, dominadas por guerras raciais institucionalizadas, sem nenhum arremedo de educação, reabilitação ou esperança. A real função do sistema prisional não é salvaguardar comunidades, mas armazenar o ódio até o dia em que possa retornar às ruas. Em contraste, os organizadores do movimento de trégua de gangues ofereciam um ambiente sem precedente para o diálogo com a juventude da cidade: uma oportunidade para transformar guerreiros de rua em organizadores comunitários e apaziguadores. Porém, com as heróicas exceções da congressista Maxine Waters e do senador estadual Tom Hayden, nenhum político eleito deu-se o trabalho de ao menos ouvi-los. Os fundos do Rebuild LA foram para os suspeitos habituais – pastores e incorporadores com conexões políticas –, enquanto quase nada sobrava para os conjuntos habitacionais e para as ruas violentas. Diferentemente do que ocorreu em 1965, não houve exame social subseqüente para apurar as causas dos distúrbios, nem qualquer novo investimento sério em emprego e recreação para os jovens, apesar do histórico comprovado de êxito na prática de programas como o Corpo de Conservação da Califórnia.

A incapacidade de reconhecer a trégua das gangues ou de aproveitar seus êxitos iniciais foi uma tragédia de grande dimensão, cujo preço pagamos sob a forma de um retorno inexorável e letal da guerra de gangues. O perigo mais grave, como sempre, é a violência interétnica, que pode se disseminar a partir da guerra crônica entre negros e latinos, tolerada nas prisões estaduais e cadeias do condado. Nossas instituições penais superlotadas, governadas por um cálculo cínico de incapacitação social, expressam o espírito vitoriano cruel que atualmente comanda a política da Califórnia.

Cidade de organizadores?

Para terminar, uma nota cautelosa de otimismo. O movimento trabalhista local praticamente não aparece em *Cidade de quartzo*. Contudo, como argumentei posteriormente em um livro curto chamado *Magical Urbanism* [Urbanismo mágico]*, Los Angeles, de 1990 a 2006, tornou-se o principal centro de pesquisa

---

* Mike Davis, *Magical Urbanism: Latinos Reinvent the US City* (Londres, Verso, 2000). (N. E.)

Prefácio à segunda edição inglesa

e desenvolvimento para o futuro do movimento trabalhista norte-americano. As campanhas de organização criativas e militantes dos zeladores, funcionários de hotelaria e instaladores de forros *drywal** mantiveram viva a esperança em LA durante os anos difíceis da década de 1990 e ajudaram a treinar uma nova geração de ativistas. À medida que o poder das elites se tornava mais incerto e politicamente difuso, a renovada Federação do Trabalho do Condado de LA emergiu como a força social e eleitoral mais importante da cidade. A campanha bemsucedida do *Living Wage* [salário de vida] demonstrou que o governo local podia desempenhar um papel ativo no processo de reestruturar os mercados de trabalho e evitar o mergulho para o fundo de salários e benefícios. A campanha pela defesa dos direitos dos trabalhadores da limpeza e dos serviços de alimentação da Universidade da Califórnia Meridional (USC) – a qual culminou em greves de fome e prisões em massa – levou a batalha a um dos santuários de privilégios e auto-referência das elites. Foi uma campanha longa e difícil, mas, ao final, teve êxito. Nos anos 1990, Los Angeles se tornou uma cidade de organizadores.

Porém, a nova política progressista, reforçada pelo dinamismo do novo sindicalismo, chegou a um divisor de águas. Claramente, o movimento trabalhista precisa ficar na ofensiva, expandindo sua influência para outras áreas de interesse vital para os trabalhadores locais, sobretudo a política de uso do solo, transportes, saúde e habitação. Isso exige uma visão ampla e um programa abrangente; todavia, o movimento trabalhista atrelou seu futuro ao Partido Democrata, grande parte do qual está em plena negação dos compromissos tradicionais da época do New Deal. Ao esforçar-se para reformulá-lo, o trabalhismo corre o risco de ver desfeitas sua própria unidade e militância recentes. De fato, há quem afirme que o Partido Democrata é o túmulo inevitável dos princípios políticos.

O avanço do trabalhismo em Los Angeles, juntamente com o próprio futuro da região urbana, depende, na minha opinião, da consolidação de uma visão programática, construída em torno de uma agenda de necessidades humanas e que não seja refém de nenhuma campanha específica ou personalidade política. Los Angeles precisa, em suma, de uma política mais ideológica, e não menos. Não vejo nada digno de louvor nos apelos atuais por mais "centrismo" ou "pragmatismo": são eufemismos para um processo contínuo de ajuste gradual ao movimento para a direita do Partido Democrata. Em contraste, os grupos cristãos conservadores construíram bases políticas impressionantes na disputa suburbana local, principalmente por meio de uma tenacidade programática persistente. É estranho dizer isso, mas muitos conservadores parecem ter um entendimento melhor de Gramsci do que tantos da esquerda. Sobretudo, aqueles compreendem o princípio de que uma política hegemônica tem que representar um contínuo consistente de valores: deve materializar um modo de vida moralmente coerente.

---

* Tipo de parede/divisória pré-fabricada em chapas de gesso. (N. E.)

Cidade de quartzo

Upton Sinclair – o socialista mais famoso da Califórnia meridional dos anos 1920 e 1930 – compreendia isso instintiva e completamente. Seu movimento End Poverty in California (Epic)*, de 1934, usou de modo brilhante a ética do Novo Testamento para defender a causa fundamental da produção para o uso e pleno emprego. Fez sua campanha com base no princípio simples de que o direito de ganhar o sustento da família transcende o direito de possuir propriedades ociosas. A campanha foi uma cruzada que ateou fogo a milhares de corações de californianos comuns, a maioria dos quais nunca tinha prestado atenção anteriormente a ideais de esquerda.

Contudo, qual é a cruzada equivalente dos dias de hoje? Que imperativo moral deveria organizar e trazer paixão a uma política progressista para Los Angeles e Califórnia? A resposta, creio, foi dada pelas audiências extraordinárias, ainda que pouco divulgadas, que os senadores estaduais de Los Angeles, Gloria Romero e Richard Alarcon, realizaram há vários anos, as quais focalizavam o escândalo da pobreza na Califórnia, particularmente a infantil. Argumentavam com verdadeira eloqüência que a Califórnia – uma das sociedades mais ricas da história do mundo – precisava declarar guerra à pobreza e à violência entre os jovens nas comunidades agrícolas e nas zonas urbanas segregadas. Essa é a grande questão – e não a redução de impostos para empresas e proprietários de utilitários, ou a perseguição de imigrantes sem documentação – que deveria ser o centro moral das políticas local e estadual.

As gigantescas manifestações de imigrantes latinos e seus aliados na primavera de 2006, as quais reconquistaram o Centro de Los Angeles em nome de *el pueblo*, revelaram o poder social dos bairros e dos subúrbios de trabalhadores da cidade. O desafio para os ativistas trabalhistas e os organizadores comunitários é vincular esse poder emergente a um programa progressista consistente, e a peça fundamental desse programa deve ser uma declaração dos direitos sociais e econômicos das crianças da cidade. Em última análise, a melhor medida da humanidade de qualquer sociedade é a vida e a felicidade de suas crianças. Vivemos em uma sociedade rica com crianças pobres, e isso não deveria ser tolerado.

SAN DIEGO, ABRIL DE 2006.

---

* Pelo fim da pobreza na Califórnia. (N. T.)

Prólogo: A visão dos futuros no passado

O melhor lugar para examinar a Los Angeles do próximo milênio é em meio às ruínas de seu futuro alternativo. De pé sobre as robustas fundações de pedra do Salão da Assembléia Geral da cidade socialista de Llano del Rio – antípoda utópico da Los Angeles das *open shops** –, pode-se ver às vezes o ônibus espacial em sua elegante descida rumo ao lago seco Rogers. Indistintamente, no horizonte, estão os gigantescos galpões da Fábrica 42 da Força Aérea, onde são montados os bombardeiros Stealth (cada um custa o equivalente a 10 mil casas populares) e outras máquinas quentes do apocalipse, ainda ultra-secretas. Mais perto dali, após uns poucos quilômetros de arbustos de creosoto e de *burro***, depois de um ou outro bosque dessa surpreendente iúca, a árvore de Josué***, fica a a postos a guarda avançada dos subúrbios, das casas pré-fabricadas

O deserto em torno de Llano foi preparado como uma noiva virgem para sua união final com a metrópole: centenas de quilômetros quadrados de espaço vazio devidamente loteados para receber os futuros milhões, com estranhas e proféticas placas de rua indicando esquinas fantasmas como a da "rua 250 com a avenida K". Até mesmo a lúgubre depressão da falha de San Andreas, numa agourenta escarpa logo ao sul de Llano, é alvo de um minucioso levantamento topográfico em busca de áreas potenciais para residências. A comoção diária que

---

*   O termo *open shop* refere-se às empresas que rompem com obrigatoriedades sindicais patronais e que não empregam trabalhadores sindicalizados. (N. E.)

**   Arbusto disseminado na região que se caracteriza por precisar de pouca umidade. (N. T.)

***   Tradução literal de Joshua Tree: gênero de liliáceas típicas do deserto da Califórnia meridional, de significado místico para as populações indígenas, que as consideram uma espécie de árvore da pureza. (N. T.)

Cidade de quartzo

produz a passagem ruidosa e apressada de 10 mil veículos por Llano, através da Pearblossom Highway – a mais mortal extensão de asfalto de duas pistas da Califórnia – proporciona a marcha nupcial.

Quando os colonizadores originais de Llano, oito jovens da Liga dos Jovens Socialistas (YPSL), chegaram à "Plymouth Rock do mercado comum cooperativo"[*] em 1914, esta parte do alto Mojave – chamada erroneamente de vale do Antílope[1] – tinha uma população de poucos milhares de rancheiros, mineiros de bórax e ferroviários, e também alguns guardas armados que protegiam contra sabotagens o recém-construído aqueduto. Los Angeles era então uma cidade com 300 mil habitantes (hoje a população do vale), e seus limites urbanos, que não podiam ser vistos de Llano, alcançavam o novo subúrbio de Hollywood, onde D.W. Griffith e seu elenco de milhares concluíam o romance épico da Ku Klux Klan, *O nascimento de uma nação*. Em sua viagem de um dia desde o Templo do Trabalho, no centro de Los Angeles, até Llano, ao longo dos 140 quilômetros de uma estrada sulcada pela passagem de carroças, os membros do YPSL passavam com seus caminhões vermelhos modelo-T por um sem-número de cartazes que, fincados em meio às plantações de beterraba e pomares de nozes, advertiam sobre a iminente subdivisão do vale de San Fernando (propriedade do homem mais rico da cidade e anexado no ano seguinte, como clímax da famosa "conspiração da água", celebrada em ficção por Polanski em *Chinatown*).

Três quartos de século depois, 40 mil trabalhadores do vale do Antílope arrastam-se todas as manhãs, pára-choques contra pára-choques, através do Passo Soledade, em seu caminho para o longíquo trabalho, no superocupado e poluído vale de San Fernando. Conhecido como um deserto *vermelho*, por um curto período (1914–1918), durante o apogeu de Llano, o alto Mojave tem sido acima de tudo o parque de diversões do Pentágono, nos últimos cinqüenta anos. O exército de Patton treinou aqui para encontrar-se com Rommel (antigas marcas de tanques ainda são visíveis), enquanto Chuck Yeager rompia pela primeira vez a barreira do som nos céus do vale do Antílope em seu avião-foguete Bell X-1. Sob os 29 mil quilômetros quadrados da inefável abóbada azul do R-2508 – "o espaço aéreo militar mais importante do mundo" –, 90 mil missões de treinamento militar continuam a acontecer todos os anos.

---

[*] Plymouth Rock é o lugar presumido da chegada dos emigrantes ingleses na América, os *pilgrims* [peregrinos], em 1620. (N. T.)

[1] Apesar das afirmações levianas de Lynne Foster em seu recente guia do Sierra Club (*Adventuring in the California Desert*, San Francisco, 1987), não há absolutamente evidências de que "muitos milhares de antilocabras perambulavam pela área" no século XIX. Ao contrário, na era das viagens espaciais, pequenas quantidades de antilocabras foram ali introduzidas – em parte para permitir que o vale continuasse a fazer jus a seu nome!

Prólogo: A visão dos futuros no passado

Mas, como as terras ocupáveis desapareceram nas planícies costeiras e nas bacias interioranas, e como a inflação galopante da terra restringiu o acesso a novas residências a menos de 15% da população, o deserto militarizado tornou-se repentinamente a última fronteira do sonho da Califórnia meridional. Com o preço das casas 100 mil dólares mais baratos do que no vale de San Fernando, periferia suburbana arquetípica dos anos 1950, o vale do Antílope quase dobrou de população na década de 1980, sendo ainda esperada a chegada de mais 250 mil habitantes até 2010. Somente em 1988, foi iniciada a construção de 11 mil novas residências. Mas, como a base econômica do vale, sem contar os corretores de imóveis, consiste quase inteiramente em complexos industriais fortificados da Guerra Fria – a Base Edwards da Força Aérea e a Fábrica 42 (juntas empregam cerca de 18 mil civis) –, a maior parte dos novos compradores de casas irá simplesmente engrossar o fluxo matinal de motoristas a caminho do trabalho pela auto-estrada do vale do Antílope.

O modelo de urbanização implantado aqui é o que o crítico de planejamento urbano Peter Plagens classificou certa vez de "ecologia da perversidade"[2]. Os empreendedores não constroem casas no deserto – aqui não é Marrakesh ou mesmo Tucson –, eles simplesmente limpam, nivelam e pavimentam o terreno, puxam alguns canos do rio artificial local (o aqueduto Califórnia, subsidiado pelo governo federal), constroem um muro de segurança e anunciam o "produto". Com uma experiência de gerações arrancando as plantações de cítricos do Condado de Orange e do vale de San Fernando, os empreendedoores – dez ou doze firmas principais cujos quartéis-generais estão em lugares como Newport Beach ou Beverly Hills – vêem o deserto como apenas mais uma abstração de terra e cifrões. O mais importante prodígio natural da região, uma floresta de árvores de Josué com espécimes individuais freqüentemente com dez metros de altura e mais velhas do que o Livro do Juízo Final, está sendo reduzido ao esquecimento pelos buldôzeres. Eles vêem as maravilhosas iúcas, encontradas unicamente nesse deserto, como uma grande erva daninha incompatível com a ilusão de domicílios verdejantes. Como explicou o diretor do empreendimento residencial Harris Homes: "É uma árvore muito bizarra. Não é bonita como um pinheiro ou coisa parecida. A maioria das pessoas não liga para as Josués"[3].

Com tal malícia em relação à paisagem, não é de se surpreender que os empreendedores se recusem também a qualquer concessão quanto à nomenclatura do deserto. Na literatura promocional dirigida a compradores de casas ou a investidores asiáticos, eles começaram a se referir à região como "Condado de Los Angeles Norte". Paralelamente, seus pequenos casulos de estilo Chardonnay e tons pastéis, ar-condicionado e água superabundante, são batizados com perfu-

---

[2] Peter Plagens, "Los Angeles: the Ecology of Evil", *Artforum*, dez. 1972, v. II.

[3] *Los Angeles Times*, 5/1/1988; *Antelope Valley Press*, 29/10/1989.

Cidade de quartzo

mados nomes-marcas como Fox Run, Mardi Gras, Bravo, Cambridge, Sunburst, New Horizons e assim por diante. Mais alucinantes ainda são os condomínios fechados construídos pelos cabeças da Kaufman and Broad, construtores que ficaram famosos nos anos 1970 por exportarem roseiras trepadeiras de Hollywood para os subúrbios de Paris. Em troca, trouxeram a França (ou melhor, casas californianas em roupagem francesa de mau gosto) para o deserto sob a forma de *minibanlieues* fortificados, com gramados luxuriantes, arbustos do Velho Mundo, falsas águas-furtadas e títulos *nouveaux riches* como *chateau*.

Mas Kaufman and Broad apenas revelam o método subjacente na aparente loucura do deserto urbano de LA. As árvores de Josué descartadas, o perdulário desperdício de água, os muros claustrofóbicos e os nomes ridículos são tanto um ataque contra o urbanismo incipiente quanto uma agressão à natureza ameaçada. A lógica *utópica* (literalmente: não-lugar) de suas subdivisões em lugares esterilizados totalmente desprovidos de natureza e história, cuja diretriz visa somente o consumo familiar privado, evoca muito da evolução anterior das casas pré-fabricadas do Sul da Califórnia. Mas os empreendedores não estão somente reempacotando o mito (a boa vida nos subúrbios) para a próxima geração; estão também se aproveitando de um novo medo crescente da cidade.

A ansiedade social, como gosta de nos fazer lembrar a sociologia urbana tradicional, é simplesmente uma falta de adaptação à mudança. Mas quem previu ou se ajustou ao ritmo de mudanças da Califórnia meridional nos últimos quinze anos? Estendendo-se agora desde as casas de veraneio do subúrbio de Santa Barbara até os barracos das *colonias* de Ensenada, assim como até os limites de Llano no alto deserto e do vale Coachella no baixo, com uma área construída quase do tamanho da Irlanda e um Produto Nacional Bruto (PNB) maior que o da Índia, a galáxia urbana dominada por Los Angeles é a metrópole que mais rapidamente cresceu no mundo industrial avançado. Sua população atual de 15 milhões de pessoas, abrangendo seis condados e um canto da *baja* California, se agrupa em torno de dois supernúcleos (Los Angeles e San Diego–Tijuana) e uma dúzia de centros metropolitanos principais em expansão e tem um crescimento previsto de outros 7 ou 8 milhões de pessoas nas próximas gerações. A enorme maioria desses novos habitantes não será composta de anglo-saxões, deslocando ainda mais o equilíbrio étnico da hegemonia Wasp* para a diversidade poliétnica do próximo século. (Os anglo-saxões tornaram-se minoria na cidade e no Condado de Los Angeles durante os anos 1980, assim como se tornarão minoria no Estado antes de 2010.)[4]

---

* Sigla para *white anglo-saxon protestant*. Em tradução literal, "protestante anglo-saxão branco". (N. E.)

[4] Para projeções demográficas, ver Southern California Association of Goverments (SCAG), *Growth Management Plan*, Los Angeles, fev. 1989. À área bastante arbitrária de cinco condados da SCAG, adicionei as projeções para San Diego e Tijuana.

Prólogo: A visão dos futuros no passado

A polarização social aumentou quase tão rapidamente quanto a população. 41
Uma pesquisa das tendências da renda familiar de Los Angeles nos anos 1980
sugere que a abundância (rendas de 50 mil dólares ou mais) quase triplicou (de
9% para 26%), enquanto a pobreza (rendas de até 15 mil dólares) cresceu em um
terço (de 30% para 40%); a camada média, como amplamente previsto, desmoronou pela metade (de 61% para 32%)[5]. Ao mesmo tempo, concretizaram-se
pontualmente os piores temores populares da geração passada quanto às conseqüências de um excesso de desenvolvimento orientado para o mercado. Décadas
de subinvestimento sistemático na construção de casas e na infra-estrutura urbana, combinadas a grotescos subsídios aos especuladores, além de um zoneamento permissivo com o desenvolvimento comercial, ausência de um
planejamento regional efetivo e impostos territoriais ridiculamente baixos sobre
os ricos, asseguraram a erosão da qualidade de vida tanto das classes médias nos
subúrbios mais antigos quanto dos pobres nos guetos urbanos.

Ironicamente, o vale do Antílope é tanto um santuário protegido desse turbilhão de crescimento e crise quanto um dos seus maiores epicentros. Na desesperada exclusividade de suas propriedades isoladas por portões, essa nova
população de trabalhadores que viaja diariamente para chegar ao emprego tenta recuperar o éden perdido do estilo de vida dos subúrbios dos anos 1950. Por
outro lado, os habitantes mais antigos do vale tentam freneticamente retirar a
prancha de acesso utilizada por esse êxodo ex-urbano patrocinado por seus
próprios negócios pró-crescimento e suas elites políticas. Na visão cada vez mais
irritada desses moradores, a invasão das terras desde 1984 só trouxe congestionamento de tráfego, poluição, aumento da criminalidade, disputa de empregos,
barulho, erosão do solo, escassez de água e atrito com um estilo de vida campestre de características distintas.

Pela primeira vez desde que os socialistas deixaram o deserto (em 1918, para
sua nova colônia, New Llano, em Louisiana), existe uma conversa meio louca
sobre uma "revolução rural total". O anúncio de vários novos megaprojetos –
cidades pré-fabricadas reunindo entre 8500 e 35 mil residências, concebidas para
serem encaixadas na malha projetada no Vale – provocou uma onda de ira populista sem precedentes. Em ocasião recente, o representante do projeto Ritter
Ranch, no rústico vale Leone, foi "emboscado por uma colérica multidão [...]
que aos berros xingava e ameaçava matá-lo". Nas duas municipalidades incorporadas ao vale de San Fernando, Lancaster (quartel-general internacional da
Sociedade Terra Plana) e Palmdale (a cidade que mais rapidamente cresceu na
Califórnia durante a maior parte dos anos 1980), mais de 60 diferentes associações
de proprietários residenciais juntaram-se no esforço de diminuir o ritmo da

---

[5] Pesquisa do condado citada no programa *A Class of Itself* da KCET-TV, mai.1990.

Cidade de quartzo

urbanização, assim como para contestar o projeto do governo de instalar em Mira Loma uma nova prisão de 2,2 mil vagas para infratores de Los Angeles envolvidos com drogas e gangues[6].

O mito de um santuário no deserto, no entanto, foi despedaçado logo depois da noite de Ano Novo de 1990, quando uma bala perdida do revólver de um membro de uma gangue matou um popular atleta secundarista. Logo depois, a área tão em voga de Quartz Hill, propalada como a emergente "Beverly Hills do deserto", foi arruinada pela batalha a tiros entre a gangue local 5 Deuce Posse e alguns Crips de fora da cidade. A *grande peur* das gangues de rua de Los Angeles abateu-se repentinamente sobre o deserto. Enquanto xerifes perseguiam adolescentes fugitivos com cachorros – como se fossem presidiários acorrentados foragidos da Georgia –, homens de negócio locais formaram o grupo paramilitar voluntário Gangs Out Now [Gangues Fora Agora]. Intimidado pelas advertências oficiais de que havia 650 "membros de gangues identificados" no vale de San Fernando, o colégio local tentou impor regras de vestuário draconianas, banindo o uso das "cores das gangues" (azul e vermelho). Os estudantes revoltados, por sua vez, protestaram nas ruas[7].

Enquanto os jovens "faziam a coisa certa", a NAACP* local exigia uma investigação sobre três suspeitos assassinatos de não-brancos por auxiliares de xerifes. Num dos casos, os auxiliares mataram um estudante universitário asiático que estava desarmado. Em outro, um homem negro acusado de brandir um tridente de jardinagem foi baleado oito vezes. Entretanto, o incidente mais chocante foi o assassinato de Betty Jean Aborn, uma sem-teto negra de meia idade com histórico de doença mental. Confrontada por sete troncudos xerifes depois de roubar um sorvete numa loja de conveniência, ela supostamente os teria ameaçado com uma faca de açougue. A resposta foi uma incrível saraivada de 28 tiros, 18 dos quais perfuraram seu corpo[8].

Uma vez que o deserto anunciou desse modo a chegada do *fin de siècle*, com uma desconcertante abertura de buldôzeres e armas de fogo, alguns amantes dos velhos tempos – contemplando a distância que rapidamente diminui entre a solidão do Mojave e os engarrafamentos da vida suburbana – começaram a se perguntar em alto e bom som se afinal haveria uma alternativa para Los Angeles.

---

[6]   *Los Angeles Business Journal*, 25/12/1989; *Press*, 14/1/1990 e 19/1/1990.

[7]   Ibidem, 17/1/1990 e 19/1/1990.

*   National Association for the Advancement of Colored People [Associação Nacional para o Avanço da População de Cor]. (N. T.)

[8]   *Daily News*, 4/6/1989. (Levou alguns meses até que o *Los Angeles Times* publicasse o assassinato de Aborn em sua edição principal.)

O May Pole[*]

43

Dizem que a luta de classes e a repressão levou os socialistas de Los Angeles para o deserto. Mas eles também vieram, entusiasticamente, para provar o doce sabor do trabalho comunitário em suas próprias vidas. Como explicou Job Harriman, que por um fio não foi o primeiro prefeito socialista de Los Angeles, em 1911: "Tornou-se claro para mim que as pessoas nunca abandonariam seus meios de subsistência, bons ou maus, capitalistas ou outros, até que outros métodos fossem desenvolvidos e pudessem oferecer vantagens pelo menos tão boas quanto as de que dispunham". O que Llano prometia era a garantia de um salário de quatro dólares por dia e a chance de "mostrar ao mundo um truque que não conhecia, ou seja, como viver sem guerras, sem juros sobre o dinheiro, sem aluguel pela terra e sem exploração de qualquer espécie"[9].

Com o patrocínio não somente de Harriman e do Partido Socialista, mas também do diretor do Conselho Central dos Trabalhadores, W. A. Engle, e de Frank McMahon, do Sindicato dos Pedreiros, centenas de camponeses sem terra, de trabalhadores agrícolas sem emprego, operadores de máquinas das listas negras, vendedores aventureiros, oradores de caixote da IWW[**] perseguidos, pequenos comerciantes inquietos e boêmios de olhos brilhantes seguiram os membros do YPSL até onde a corrente do rio del Llano (agora Big Rock Creek), alimentada pelo degelo, se encontrava com os limites do deserto. Embora fosse uma "democracia sem repressões [...] uma democracia extravagante, beligerante, irrestrita", seu trabalho entusiástico transformou vários milhares de hectares do Mojave numa pequena civilização socialista[10]. Por volta de 1916, seus campos de alfafa e sua moderna leiteria, seus pomares de pêras e suas plantações de legumes – todos regados por um complexo e eficiente sistema de irrigação – supriam a colônia em 90% de suas necessidades alimentares (assim como de flores frescas). Enquanto isso, dúzias de pequenas lojas consertavam sapatos, enlatavam frutas, lavavam roupas, cortavam cabelo, consertavam automóveis e publicavam o *Western Comrade*. Houve até mesmo uma companhia de cinema de Llano e uma experiência malograda em aviação (o avião de fabricação caseira caiu).

---

[*] Tradição medieval das Ilhas Britânicas na qual se celebra a chegada da primavera. Durante a festa, uma carroça decorada com flores traz um grupo de virgens para que dancem em torno de um poste igualmente decorado. Tal tradição se insere no contexto dos rituais de fertilidade. (N. T.)

[9] Job Harriman citado em Robert Hine, *California's Utopian Colonies* (San Marino, The Huntington Library, 1953), p. 117; e Dolores Hayden, *Seven American Utopias* (Cambridge, MIT, 1976), p. 289-90.

[**] Industrial Workers of the World [Trabalhadores Industriais do Mundo]; sindicato internacional fundado em Chicago no ano de 1905. (N. E.)

[10] Cronista de Llano, Ernesto Wooster, citado em Nigey Lenon, Lionel Rolfe e Paul Greenstein, *Bread and Hyacinths: Job Harriman and His Political Legacy* (mimeo, Los Angeles, 1988), p. 21.

Cidade de quartzo

No espírito de Chautauqua, tanto como no de Marx, Llano também era uma grande *escola vermelha*. Enquanto bebês (inclusive Bella Lewitzky, a futura dançarina moderna) brincavam na creche, crianças (dentre as quais Gregory Ain, o futuro arquiteto moderno) freqüentavam a primeira escola montessoriana do Sul da Califórnia. Os adolescentes tinham sua própria Kid Kolony (uma escola industrial modelo) e os adultos ocupavam-se das aulas noturnas ou usufruíam da maior biblioteca do Mojave. Um dos passatempos favoritos de todas as noites, à parte dançar ao som da notória orquestra de *ragtime* da colônia, era debater o projeto de Alice Constance Austin para a cidade socialista que Llano deveria tornar-se.

Ainda que influenciados pelas ideologias de *cidade bela* e *cidade jardim* que lhes eram contemporâneas, os croquis e as plantas de Austin, como enfatizou a historiadora da arquitetura Dolores Hayden, eram "nitidamente feministas e californianas". Assim como aconteceu nos planos mais modestos de habitação cooperativa que Gregory Ain, o filho de Llano, desenvolveu nos anos 1940, Austin tentou traduzir os valores culturais específicos e o entusiasmo popular da Califórnia meridional numa paisagem social planejada e igualitária. No modelo que apresentou aos colonizadores no Primeiro de Maio de 1916, Llano era pintada com as cores de uma cidade jardim de 10 mil habitantes instalados em graciosas residências craftsman, com jardins privados, mas cozinhas e lavanderias comunais, de modo a liberar as mulheres do trabalho pesado e enfadonho. O centro cívico, como apropriado para uma "cidade-luz", era composto por "oito alas retangulares, como fábricas, cujas laterais eram quase inteiramente envidraçadas, que confluíam para um salão de assembléia com cúpula de vidro". Ela coroou essa estética de escolha individual num tecido de solidariedade social, com um gesto que é a quintessência do espírito do californiano meridional: dando a cada morador um automóvel e construindo um anel em torno da cidade que poderia também ser utilizado "como pista de corridas com arquibancadas em ambos os lados"[11].

Se a visão de Austin – milhares de residências com pátios internos irradiando a partir do Salão da Assembléia Geral, no estilo do Hotel Bonaventure, cercadas por pomares comunais, fábricas e uma pista de corridas monumental – soa um tanto inviável nos dias de hoje, imagine o que teriam pensado os llanenses de um futuro constituído por *chateaux* de Kaufmnan and Broad cercados por minishoppings, prisões e fábricas de bombardeiros Stealth. De qualquer modo, os novecentos pioneiros da cidade socialista desfrutariam somente de mais um triunfante Primeiro de Maio no Mojave.

---

[11] Ver Dolores Hayden, *Seven American Utopias*, cit., p. 300-1 (sobre projeto de Austin); e Sam Hall Kaplan, *LA Lost and Found* (Nova York, 1987), p. 157 (sobre a tentativa de Ain de projetar em função de um modo de vida cooperativo).

Prólogo: A visão dos futuros no passado

As festividades de 1917 foram abertas às nove horas da manhã com eventos atléticos intracomunitários, inclusive uma corrida de mulheres gordas. Todo o grupo de colonos formou então uma grande parada e marchou até o hotel, onde se desenrolou em seguida o Programa Literário. A banda tocou num grande palanque enfeitado com drapeados enfunados, e o coral entoou apropriados hinos revolucionários como a "Marseillaise", e então foram todos a Almond Grove para um churrasco. Depois da ceia, um grupo de donzelas introduziu a cultura inglesa na tradição radical, dançando em volta do May Pole. Às 7h30, o clube dramático apresentou "Mishaps of Minerva" no recém-decorado cenário da Assembléia Geral. A dança consumiu o que restava da noite.[12]

Apesar de um evidente senso de humor, Llano começou a se desintegrar na segunda metade de 1917. Afligida por disputas internas entre a Assembléia Geral e a assim chamada "gangue do matagal", a colônia foi atacada por credores, pelo recrutamento militar, por vizinhos ciumentos e pelo *Los Angeles Times*. Depois que Llano perdeu na justiça o direito à água – golpe devastador em sua infra-estrutura de irrigação –, Harriman e uma minoria de colonos se estabeleceram novamente em Louisiana em 1918, onde a tão suada New Llano (uma pálida sombra da original) resistiu até 1939. Nas 24 horas que se seguiram à partida dos colonos, os rancheiros locais ("que representavam precariamente o capitalismo na vastidão do deserto") começaram a demolir os dormitórios e ateliês de trabalho, evidentemente com a intenção de apagar todo e qualquer traço da ameaça vermelha. Mas o silo altaneiro de Llano, o estábulo, e as fundações de pedra do salão da Assembléia Geral, com suas lareiras gêmeas, provaram ser indestrutíveis: quando a fúria patriótica local amainou, eles tornaram-se marcos românticos imputados a circunstâncias cada vez mais lendárias.

Às vezes, algum temperamento filosófico, às turras com o imenso paradoxo da Califórnia meridional, redescobre Llano como o talismã de um futuro perdido. Assim Aldous Huxley, que no começo dos anos 1940 viveu por algum tempo numa casa de um antigo rancho de Llano com vista para o cemitério da colônia, apreciava meditar "no silêncio quase sobrenatural" sobre o destino da utopia. Em última análise, ele chegou à conclusão de que a cidade socialista era uma "pequena e patética Ozymandias", condenada desde o princípio pelo "colarinho à moda de Gladstone"* de Harriman e por sua incompreensão "pickwickiana" da natureza humana – cuja história, "exceto num sentido puramente negativo [...] infelizmente não é instrutiva"[13].

---

[12] Robert Hine, *California's Utopian Colonies*, cit., p. 127.

* William E. Gladstone, primeiro-ministro da Grã-Bretanha em mandatos alternados entre 1868 e 1894. O colarinho rígido de lapela dupla era característico de sua vestimenta, assim como a inflexibilidade que permeava suas atitudes. (N. T.)

[13] Aldous Huxley, "Ozymandias, the Utopia that Failed", em *Tomorrow and Tomorrow and Tomorrow, and others essays* (Nova York, Harper, 1956), p. 84-102.

Cidade de quartzo

Outros visitantes ocasionais de Llano, carecendo do cinismo védico de Huxley, foram geralmente mais generosos. Depois do colapso do comunitarismo dos anos 1960–1970 (sobretudo o desdobramento fatal ocorrido no interior da selva guianense), as pereiras plantadas por essa utopia da época do *ragtime* parecem ser uma realização mais significativa. Além do mais, como foi apontado por historiadores mais recentes, Huxley subestimou grosseiramente o impacto negativo da xenofobia, característica do tempo da guerra, e da raiva do *Los Angeles Times* sobre a viabilidade de Llano. Não fosse pelo acaso (e por Harry Chandler) lá estaria, talvez, um bravo *kibbutz* vermelho no Mojave de hoje, angariando votos para Jesse Jackson e protegendo as Josués contra os buldôzeres[14].

O milênio dos empreendedores imobiliários?

Contudo, não estamos diante dos portões da Nova Jerusalém do socialismo, mas sim do difícil limiar do milênio dos empreendedores imobiliários. A própria Llano é propriedade de um especulador ausente de Chicago que espera por uma oferta irrecusável da Kaufman and Broad. A não ser por um apocalíptico despertar da vizinha falha de San Andreas, não há nada mais fácil do que visualizar Los Angeles se reproduzindo infinitamente pelo deserto, com o auxílio de água surrupiada, de mão-de-obra imigrante barata, capital asiático e compradores de casas desesperados, desejosos de negociar uma vida na estrada em troca de "casas de sonho" de 500 mil dólares em pleno vale da Morte.

Será essa a vitória mundial histórica do capitalismo da qual todos estão falando?

No Primeiro de Maio de 1990 (o mesmo dia em que Gorbachev foi vaiado por milhares de moscovitas alienados), eu voltei às ruínas de Llano del Rio para ver se as paredes falariam comigo. Em vez disso, encontrei a cidade socialista repovoada por dois trabalhadores da construção, ambos com 22 anos e vindos de El Salvador, acampados nas ruínas da leiteria e ansiosos para falar comigo em nossas línguas mutuamente rudimentares. Como os heróis vagabundos dos romances de Jack London, eles já tinham trabalhado de alto a baixo na Califórnia, seguindo a fronteira das construções que se iniciavam, e não a descoberta de prata ou as colheitas de trigo. Embora ainda tivessem que encontrar trabalho em Palmdale, louvavam o céu límpido do deserto, a carona fácil e a relativa escassez de agentes de *La Migra*. Quando comentei que estavam estabelecidos nas ruínas da *ciudad socialista*, um deles perguntou se os "ricos tinham vindo em seus aviões e os bombardeado, expulsando-os dali". Não, expliquei, o crédito da colônia esgotou-se. Desconcertados, eles mudaram de assunto.

---

[14] É claro que deliberadamente evitei a questão das Josués arrancadas para a construção de Llano (profeticamente, elas nunca voltaram a crescer), isto para não mencionar o que teria acontecido com o carro de Austin em qualquer garagem vermelha, ou de onde teria sido "emprestada" a água necessária para 10 mil alegres amanhãs.

Por um momento falamos do tempo. Perguntei então o que achavam de Los Angeles, uma cidade sem fronteiras, que engoliu o deserto, derrubou as Josués e o May Pole, e que sonhava tornar-se infinita. Um de meus novos *compañeros* de Llano disse que LA já estava em toda parte. Eles a assistiam todas as noites em San Salvador, em infinitas reprises dubladas de *Eu amo Lucy* e de *Starsky and Hutch*, uma cidade onde todos eram jovens e ricos, dirigiam carros novos e se viam na televisão. Depois de 10 mil devaneios semelhantes, ele desertou do exército salvadorenho e cruzou cerca de 4 mil quilômetros de carona até Tijuana. Um ano depois, estava na esquina da rua Alvarado com a Sétima, no distrito de MacArthur Park, perto do Centro de Los Angeles, em companhia de todos os demais ansiosos trabalhadores braçais da América Central. Como ele, ninguém estava rico ou dirigindo um carro novo – exceto os traficantes de cocaína – e a polícia era tão cruel quanto a de sua terra natal. E, mais importante ainda, ninguém, nem ele, aparecia na televisão; eram todos invisíveis.

Seu amigo deu uma gargalhada. "Se você aparecesse na televisão, seria imediatamente deportado e teria que pagar 500 dólares a algum *coyote* em Tijuana para que ele lhe arrumasse um jeito de voltar para LA." Ele argumentou que era melhor permanecer a esmo, tão afastado quanto possível, preferivelmente aqui no deserto, longe do Centro. Comparou LA e a Cidade do México (que conhecia bem) a vulcões que cuspiam destroços e desejos em círculos cada vez mais amplos sobre a terra desnudada. Nunca é prudente, asseverou, viver muito perto do vulcão. "Os velhos gringos *socialistas* tiveram a idéia certa."

Eu concordei, mesmo sabendo que era muito tarde para se mudar ou para fundar Llano novamente. Chegou então a vez de eles me interrogarem. Por que estava eu aqui sozinho entre os fantasmas do Primeiro de Maio? O que eu achava de Los Angeles? Tentei explicar que tinha acabado de escrever um livro...

1

Luz do sol ou *noir*?

Intelectuais de Los Angeles: uma introdução

Los Angeles, isso deve ser entendido, não é uma mera cidade. Ao contrário, ela é, e sempre foi desde 1888, uma mercadoria; algo para ser anunciado e vendido para o povo dos Estados Unidos, como automóveis, cigarros e desinfetante bucal.

Morrow Mayo[1]

No verão de 1989, uma conhecida revista de moda, constantemente à espreita de tendências de estilo de vida, informou que o "intelectualismo" havia chegado a Los Angeles como último grito da moda. De celebridades comprando montes de "óculos espertíssimos" até "o povo de LA que [...] elevou o intelectualismo à categoria de estilo de vida", a cidade estaria supostamente passando por uma explosão de sincero comportamento livresco: "Há uma disposição real de tornar-se intelectual, de superar a superficialidade e de adquirir cultura"[2]. O editor da revista da Costa Oeste observou aprobativamente que o "novo intelectualismo" estava dominando Los Angeles na mesma onda de publicidade messiânica que havia trazido seus predecessores locais, o "corpo perfeito" e a "espiritualidade New Age". Os moradores de LA, além disso, já tinham notado que o ponto crucial desse novo passatempo era que "livros são para vender", e que um surto de fetichismo da mercadoria e de febre empreendedora no setor acompanhariam esse ataque da Cultura[3].

---

[1]   Morrow Mayo, *Los Angeles* (Nova York, A. A. Kpnof, 1933), p. 319.

[2]   Ver *Glamour*, ago. 1989.

[3]   Idem.

Cidade de quartzo

Como sugere essa historieta, evocar os "intelectuais de Los Angeles" significa um convite à incredulidade imediata, senão ao riso. Melhor então, desde o início, referir-se a uma mitologia – a destruição da sensibilidade intelectual nas planícies tórridas de Los Angeles – que é mais conforme às impressões recebidas, e que ao menos é parcialmente verdadeira. Em primeiro lugar, Los Angeles é habitualmente vista como um solo cultural particularmente infértil que foi incapaz de produzir uma *intelligentsia* nativa. À diferença de San Francisco, que gerou uma história cultural distinta desde os Argonautas até os Beats, a verdadeira história intelectual autóctone de Los Angeles parece ser uma prateleira vazia. Entretanto – por razões ainda mais peculiares –, essa cidade essencialmente desenraizada tornou-se a capital de uma imensa indústria cultural que, desde 1920, importou miríades dos mais talentosos escritores, cineastas, artistas e visionários. De modo semelhante, desde 1940, a indústria aeroespacial da Califórnia meridional e suas instituições de pesquisa interdisciplinar agregadas reuniram a maior concentração de cientistas e engenheiros pós-graduados da Terra. Em Los Angeles, o trabalho mental do imigrante é coletivizado por meio de aparatos gigantescos e diretamente consumido pelo grande capital. Quase todo mundo está na folha de pagamentos de uma empresa ou esperançosamente aguardando na porta de um estúdio.

Tais relações de "capitalismo puro" são, é claro, invariavelmente vistas como destruidoras da identidade dos "verdadeiros" intelectuais, que continuam a se autodefinir como artesãos ou arrendatários de suas próprias e únicas produções mentais. Presos nas redes de Hollywood, ou pegos na armadilha da lógica strangeloveana* da indústria de mísseis, talentos "seduzidos" são "desperdiçados", "prostituídos", "trivializados" ou "destruídos". Mudar-se para a Terra do Lótus é romper a ligação com a realidade nacional, é perder a base histórica e vivencial, é permitir a capitulação do distanciamento crítico e submergir no espetáculo e na fraude. Fundidos numa única imagem montada estão Fitzgerald reduzido a escriba bêbado, Nathanael West correndo para seu próprio apocalipse (pensando que era um jantar festivo), Faulkner reescrevendo roteiros de segunda categoria, Brecht enfurecendo-se contra a mutilação de seu trabalho, os Dez de Hollywood a caminho da prisão, Didion à beira de um colapso nervoso, e assim por diante. Los Angeles (e seu *alter ego*, Hollywood) tornou-se literalmente Mahagonny: cidade de sedução e ruína, o antípoda da inteligência crítica.

Apesar de tudo, essa mesma retórica (que inspira uma longa tradição de escrever sobre Los Angeles, desde pelo menos os anos 1920) indica a existência de uma poderosa energia crítica em ação. Pois, se Los Angeles tornou-se o lugar

---

* Referência ao filme *Doutor Fantástico* [*Dr. Strangelove*], de Stanley Kubrick. A comédia satiriza o contexto da Guerra Fria e a doutrina militar da destruição mútua assegurada; em inglês, *mutual assured destruction* (*mad;* literalmete, loucura). (N. E.)

Luz do sol ou *noir*?

arquetípico da subordinação passiva e maciça das *intelligentsias* industrializadas aos programas do capital, também foi solo fértil para algumas das mais agudas críticas à cultura do capitalismo recente e, particularmente, da degenerescência tendencial de suas camadas médias (um tema persistente de Nathanael West a Robert Towne). O exemplo mais destacado é o complexo *corpus* do que chamamos *noir* (em literatura e cinema): uma fantástica convergência de realismo "durão" americano, expressionismo de Weimar e marxismo de tonalidade existencialista – o todo concorrendo para desmascarar "um lugar brilhante e culpado" (Welles) chamado Los Angeles.

Desse ponto de vista, Los Angeles é, claramente, um *dublê* do capitalismo em geral. Seu significado histórico essencial para o mundo – e sua singularidade – é que a cidade surgiu para desempenhar o duplo papel de utopia *e* distopia para o capitalismo avançado. Como observou Brecht, o mesmo lugar simboliza tanto o céu quanto o inferno. Analogamente, é um destino essencial no itinerário de todo intelectual no final de século que, no fim das contas, acaba compelido a dar sua olhadela e a emitir alguma opinião sobre se "*Los Angeles brings it all together*" [Los Angeles é tudo isso ao mesmo tempo] (*slogan* oficial da cidade) ou, antes, o pesadelo no ponto final da história norte-americana (conforme a pinta o *noir*). Los Angeles – muito mais do que Nova York, Paris ou Tóquio – polariza o debate: é o terreno e o tema de uma ferrenha disputa ideológica.

Desculpando-me pela compressão esquemática que é inevitável num exame tão apressado, investigo, em primeiro lugar, o papel desempenhado pelas sucessivas migrações de intelectuais (seja como turistas, exilados ou assalariados), em relação às instituições culturais dominantes em sua época (o *Los Angeles Times*, Hollywood e, mais recentemente, um emergente megacomplexo universidade-museu), na construção ou desconstrução de uma mitografia de Los Angeles. Estou interessado, em outras palavras, não tanto na história da cultura produzida *em* Los Angeles, mas sim na história da cultura produzida *sobre* Los Angeles – sobretudo quando isso se torna uma força material na evolução real da cidade. Como enfatizou Michael Sorkin, "LA é provavelmente a cidade mais mediatizada da América, quase impossível de ser visualizada, salvo através do véu fictício dos seus mitólogos"[4].

Começo pelo assim chamado Arroyo Set: escritores, antiquários e jornalistas sob a influência de Charles Fletcher Lummis (ele mesmo na folha de pagamento do *Los Angeles Times* e da Câmara de Comércio), os quais, na virada do século, criaram uma ficção abrangente que via a Califórnia meridional como a terra prometida da odisséia racial milenar dos anglo-saxões. Eles inseriram um

---

4   Michael Sorkin, "Explaining Los Angeles", em Frampton Kenneth e Silvia Kolbowski, *California Counterpoint: New West Coast Architecture 1982* (Nova York, Institute for Architecture and Urban Studies/Rizzoli, 1982), p. 8.

idílio mediterraneizado do estilo de vida da Nova Inglaterra nas ruínas perfumadas da inocente, mas inferior, cultura "espanhola". Ao fazê-lo, escreveram o roteiro para as especulações imobiliárias gigantescas do começo do século XX, que transformaram Los Angeles de uma pequena cidade numa metrópole. Seus motivos, imagética, valores e lendas eram, por sua vez, interminavelmente reproduzidos por Hollywood, enquanto continuavam a ser incorporados às paisagens artificiais dos subúrbios da Califórnia meridional.

A Depressão, ao mesmo tempo que reduziu a pó amplos setores da classe média viciada em sonhos de Los Angeles, reuniu em Hollywood uma extraordinária colônia de romancistas norte-americanos calejados e de europeus exilados antifascistas. Juntos, eles retrabalharam radicalmente a figura metafórica da cidade, usando a crise das classes médias (raramente os trabalhadores ou os pobres) para expor como o sonho se transformou em pesadelo. Embora somente uns poucos trabalhos atacassem diretamente o sistema de estúdios[5], em toda parte o *noir* insinuava desprezo por uma cultura empresarial depravada, ao mesmo tempo que procurava uma maneira crítica de escrever e de fazer cinema dentro dela. Embora alguns autores de destaque do *noir*, como Chandler, fossem pouco além do ressentimento pequeno-burguês generalizado contra o colapso do sonho da Califórnia meridional, a maior parte deles se dizia simpatizante da Frente Popular, e outros, como Orson Welles e Edward Dmytryk, aludiam à realidade reprimida da luta de classes. Apesar da caça às bruxas do pós-guerra que dizimou os progressistas de Hollywood, o *noir* sobreviveu durante os anos 1950, até reemergir numa nova onda nos anos 1960 e 1970. A imensa popularidade de Didion, Dunne, Wambaugh, *Chinatown*, *Blade Runner*, as novas versões de Chandler e de Cain e, finalmente, a chegada do "pós-*noir*" do *Los Angeles Quartet*, de James Ellroy, são a prova cabal da durabilidade do gênero. Ainda que tenha sido recuperado como ambiente, despojado de suas afinidades radicais dos anos 1940, o *noir*, todavia, apesar de seu pretenso elitismo, continuou sendo o antimito popular e populista de Los Angeles.

Se a tradução cinemática da visão *noir* de Los Angeles engajava alguns dos melhores escritores e diretores que moravam em Hollywood em 1940 (fornecendo-lhes um meio inestimável de resistência política e estética), a relação entre a cidade e a comunidade de exilados antifascistas merece uma consideração à parte. Tratava-se de um momento comum muito forte nas histórias culturais da Califórnia meridional e da Europa, e que gerou sua própria mitologia, ajudando assim a dar forma à reação crítica contra a americanização da Europa no pós-guerra. Sem aderir necessariamente ao "pesadelo" antimito do *noir*, a percepção

---

[5] Notadamente *O último magnata* (Porto Alegre, L&PM, 2006), de F. Scott Fitzgerald; *Dia do gafanhoto* (Rio de Janeiro, Record, 1950), de Nathanael West; e *O que faz Sammy correr?* (Rio de Janeiro, Record, 1994), de Budd Schulberg.

do exilado de Los Angeles era irremediavelmente pessimista. Era aqui a cidade elementar do capital, luzente e superficial, que negava todos os valores clássicos da urbanidade européia. Levados por uma retumbante derrota do Iluminismo para as margens da baía de Santa Monica, o mais infeliz dos exilados pensava discernir uma segunda derrota em Los Angeles, como a "forma das coisas por vir", um espelho do futuro do capitalismo.

É difícil exagerar os danos infligidos pela *distopianização noir* de Los Angeles, juntamente com a denúncia dos exilados de sua urbanidade forjada, sobre o capital ideológico acumulado pelos impulsionadores [*boosters*] da região. O *noir*, freqüentemente em ilícita aliança com o elitismo de San Francisco ou de Nova York, fez de Los Angeles a cidade que os intelectuais norte-americanos amavam odiar (embora, paradoxalmente, isso pareça só ter contribuído para aumentar sua fascinação para intelectuais europeus do pós-guerra, particularmente franceses e britânicos). Como enfatizou Richard Lehan, "provavelmente nenhuma cidade no mundo ocidental tem uma imagem mais negativa"[6]. Para recuperar essa imagem, especialmente entre as elites intelectuais, os patrões das empresas locais patrocinaram a terceira grande imigração de intelectuais – comparável à diáspora em direção a Hollywood dos anos 1930, mas agora dominada por arquitetos, urbanistas, artistas e teóricos da cultura.

À medida que Los Angeles – impulsionada pelos *booms* financeiro, imobiliário e militar – precipitava-se na direção de uma *manhattanização* do perfil de seus edifícios (com participação crescente de capital externo), tentou-se fazer o mesmo com a sua superestrutura cultural. Os maiores investidores imobiliários e banqueiros coordenaram, depois de décadas de falatório, uma ofensiva cultural de grande porte cujo impacto foi redobrado por uma súbita torrente de capitais para as artes, inclusive o incrível fundo de 3 bilhões de dólares criado por Getty, o maior da história. Como resultado, uma rica matriz institucional se aglutinou – integrando corpos docentes de universidades de elite, museus, imprensa ligada às artes e fundações – com o intuito único de criar uma monumentalidade cultural para apoiar a venda da cidade a investidores além-mar e imigrantes afluentes. Nesse sentido, a história cultural dos anos 1980 retomou a articulação bens imobiliários/artes dos impulsionadores do começo do século XX, embora detsa vez com um orçamento promocional tão grande, que teve condições de propiciar a compra de celebridades internacionais nas áreas da arquitetura, da pintura e do design – Meier, Graves, Hockney e assim por diante – capazes de emprestar prestígio cultural e um alegre verniz *pop* à emergência da "cidade mundial".

---

6   Richard Lehan, "The Los Angeles Novel and the Idea of the West", em David Fine (org.), *Los Angeles in Fiction: a Collection of Original Essays* (Albuquerque, Universidade do Novo México, 1984), p. 30.

Essas são, portanto, as três mais importantes intervenções coletivizadas de intelectuais na formação cultural de Los Angeles, que eu um tanto desajeitadamente abrevio como dos *impulsionadores*, dos *noirs* e dos *mercenários*. Os *exilados*, como uma quarta intervenção, mais parentética, ligaram o processo autóctone de produção do mito da cidade e seu antípoda *noir* às sensibilidades européias sobre a América e sua Costa Oeste. Eles integraram o espectro de "Los Angeles" aos debates fundamentais sobre o destino do modernismo e o futuro da Europa do pós-guerra, dominada pelo fordismo norte-americano.

Pode-se objetar que essa tipologia histórica é unilateralmente inclinada em direção aos literatos, realizadores de filmes, músicos e artistas – ou seja, aos fabricantes do *espetáculo* – e que negligencia o papel dos intelectuais práticos – planejadores, engenheiros e políticos – que de fato constroem cidades. E onde estão os cientistas, a mais preciosa das safras da Califórnia meridional, que deram forma à sua economia do pós-guerra impulsionada a foguetes? Na realidade, o destino da ciência em Los Angeles exemplifica a inversão de papéis entre a razão prática e o que os disneyistas chamam de "imagenharia". Lá onde se poderia ter esperado a presença da maior comunidade científica e de engenharia do mundo para cultivar o esclarecimento regional, a ciência, ao invés disso, casou-se com a ficção barata, a psicologia vulgar, e até com o satanismo para criar um outro estrato de culto da Califórnia. Essa irônica transfiguração dupla, da ciência em ficção científica, e da ficção científica em religião, é considerada numa breve exposição sobre os *feiticeiros*.

É difícil evitar a conclusão de que o eixo fundamental do conflito cultural em Los Angeles sempre esteve em torno da construção/interpretação do *mito da cidade*, que compreende a paisagem material como um projeto para a especulação e a dominação (como sugere Allan Seager, "não [como] fantasia imaginada, mas [como] fantasia vista"[7]). Apesar de Los Angeles ter emergido do deserto por meio de gigantescas obras públicas, no geral a construção da cidade foi deixada à anarquia das forças de mercado, com raras intervenções do Estado, dos movimentos sociais ou de lideranças públicas. A figura mais próxima de um Prometeu da cidade – o engenheiro de águas William Mulholland – era enigmática e extremamente taciturna (suas obras completas: o aqueduto de Los Angeles e a injunção "Levem"). Como observamos brevemente, embora a arquitetura residencial tenha servido episodicamente como ponto de reagrupamento para o regionalismo cultural (por exemplo, os bangalôs Craftsman dos anos 1910, as casas planejadas como estudo de caso dos anos 1940, a casa Gehry dos anos 1970), o celulóide e as telinhas eletrônicas continuaram a ser os meios dominantes na auto-expressão da região. Comparada com outras grandes cidades, Los Angeles

---

[7]   Allan Seager, citado em Mark Winchell, *Joan Didion* (Boston, Twayne, 1980), p. 122.

Luz do sol ou *noir?*

pode ser *planejada* ou *projetada* num sentido muito fragmentário (principalmente no nível de sua infra-estrutura), mas ela é infinitamente *visualizada*.

Todavia, temos que evitar a idéia de que Los Angeles seja basicamente um espelho de Narciso, ou um imenso distúrbio no éter maxwelliano. Além de sua miríade de retóricas e miragens, pode-se presumir que a cidade realmente existe[8]. Assim trato, dentro da diretriz dialética da luz do sol e do *noir*, de três tentativas, em sucessivas gerações, de estabelecer epistemologias autênticas para Los Angeles.

Em primeiro lugar, e em certa medida na seção chamada "Os desmascaradores", examino a insistência anti-romântica do escritor imigrante Louis Adamic sobre a centralidade da *violência de classe* na constituição das paisagens sociais e culturais de Los Angeles, uma interpretação que foi desenvolvida em detalhes e em alcance por seu íntimo amigo Carey McWilliams. O livro de McWilliams, *Southern California Country: an Island on the Land*, é analisado como clímax – e término – das tentativas da Frente Popular de desmascarar a mitologia dos impulsionadores e de recuperar os papéis históricos dos trabalhadores e dos grupos minoritários oprimidos.

Em segundo, examino as carreiras de várias vanguardas bem diferenciadas (o Black Arts Movement [Movimento de Artes Negras], o grupo da galeria Ferus, a Hollywood alternativa de Kenneth Anger, o vôo solo de Thomas Pynchon) que formaram o *underground* cultural de Los Angeles durante parte ou totalidade dos anos 1960. Essas contribuições (*communards*) – dispersas ou expatriadas no começo dos anos 1970 – representam o amadurecimento da primeira boemia engendrada em LA (efetivamente, em alguns casos mergulhando raízes nas turmas de colégio locais dos anos 1940) e unificada em sua busca autobiográfica por fenomenologias representativas da vida cotidiana da Califórnia meridional, em experiências tão diferenciadas quanto a dos jazzistas negros, dos pilotos de racha brancos e dos ciclistas gays.

Em terceiro lugar, numa seção de conclusão, esboço em contornos amplos e bastante aproximativos, as incipientes tentativas (depois do hiato intelectual/cultural dos anos 1970) de contestação da celebração empresarial corrente na Los Angeles "pós-moderna". Argumento que nem os neomarxistas acadêmicos da Escola de Los Angeles, nem os intelectuais comunitários do *gangster rap*, se libertaram completamente da engrenagem oficial do sonho. Por outro lado, a definição cultural da Los Angeles poliétnica do ano 2000 mal acaba de começar.

---

[8]   Ninguém explicou melhor do que Michael Sorkin ("Explaining Los Angeles", cit.) como um determinado "discurso de Los Angeles" – a mistificação apresentando-se como discernimento – acabou por ser organizado como série de tropos intercambiáveis e de "essências envoltas em névoa", desde "o clima" e "o apocalipse", até "a Disney", "os carros" e "o futuro".

Os impulsionadores

As missões são, junto ao nosso clima e às suas conseqüências,
o melhor capital de que a Califórnia meridional dispõe.
Charles Fletcher Lummis[9]

Em 1884, um jornalista de Chillicothe, Ohio, atingido pela malária, decidiu mudar seu destino e melhorar sua saúde indo para a Califórnia meridional. À diferença de milhares de outros caçadores de saúde que haviam descoberto os poderes curativos da luz do sol, Charles Fletcher Lummis não tomou um trem. Foi a pé. Ao chegar a Los Angeles 145 dias depois, o proprietário do *Los Angeles Times*, coronel (mais tarde general) Harrison Gray Otis, ficou tão impressionado que designou Lummis como editor de Cidade.

Quando Otis saudou Lummis com suas chagas nos pés, Los Angeles era somente uma cidade de interior (a 187ª em tamanho no censo de 1880), tributária da imperial San Francisco, dispondo de pouca água e capital, sem carvão ou portos. Quando Otis morreu, 35 anos depois, Los Angeles era a maior cidade do Oeste, aproximando-se do primeiro milhão de habitantes, com um rio artificial bombeado das Sierras, um porto subsidiado pelo governo federal, fartura de petróleo, e quarteirões e mais quarteirões de arranha-céus em construção. Diferentemente de outras cidades norte-americanas, que maximizaram suas vantagens comparativas como encruzilhadas, capitais, portos marítimos ou centros manufatureiros, Los Angeles era antes e acima de tudo a criatura do capitalismo imobiliário: de fato, o ponto culminante da especulação de gerações de impulsionadores e dos promotores de vendas que subdividiram e venderam o Oeste, desde Cumberland Gap até o Pacífico.

O primeiro *boom* ocorreu alguns anos depois da chegada de Lummis e trouxe consigo 100 mil caçadores de fortuna e de saúde para o Condado de Los Angeles. Depois do colapso dessa primeira corrida à terra articulada pelas estradas de ferro, o coronel Otis – representando o mais duro dos novos colonizadores – assumiu o comando das organizações de negócios da cidade, em defesa do interesse dos especuladores, a essa altura tomados pelo pânico. Para ressuscitar o *boom* e lançar uma competição desenfreada com San Francisco (a cidade com maior índice de sindicalização do mundo), ele militarizou as relações industriais em Los Angeles. Os sindicatos existentes sofreram locautes, os piquetes tornaram-se virtualmente ilegais e os dissidentes foram aterrorizados. Tendo o brilho do sol e o *open shop* como seus maiores trunfos, e aliados às grandes estradas de ferro transcontinentais (os maiores proprietários de terra da região), uma coli-

---

[9]   Charles Fletcher Lummis, citado em Kevin Starr, *Inventing the Dream: California Through de Progressive Era* (Oxford, Universidade de Oxford, 1985), p. 85.

gação de incorporadores, banqueiros e magnatas do transporte liderados por Otis e por seu genro, Harry Chandler, organizou-se para vender Los Angeles – como nenhuma cidade foi antes vendida – para os aflitos, porém afluentes, conformistas do Meio-Oeste. Por mais de um quarto de século, uma massa migratória sem precedentes de fazendeiros aposentados, dentistas de pequenas cidades, solteironas endinheiradas, professores tuberculosos, especuladores em ações de pequeno porte, advogados do Iowa e devotos do circuito de Chautauqua transferiu suas economias e pequenas fortunas para os bens imóveis da Califórnia meridional. Esse fluxo maciço de riquezas entre regiões criou estruturas de população, renda e consumo aparentemente fora de qualquer proporção relativamente à base de produção efetiva de Los Angeles: o paradoxo da primeira cidade "pós-industrial" em seu disfarce pré-industrial.

Como enfatiza Kevin Starr, em seu relato muito aplaudido sobre a história cultural da Califórnia meridional na era dos impulsionadores (1885–1925), *Inventing the Dream* [Inventando o sonho], essa transformação exigiu a contínua interação da produção de mitos e da invenção literária com a promoção nua e crua de valores da terra e de curas de saúde. Em sua visão, a associação entre Lummis e Otis foi o protótipo para a cooptação de toda uma geração de intelectuais do Leste (em geral, de alto nível social e de gosto e intelecto refinados) como agentes culturais do *boom*. O quadro original era composto por jornalistas e *litérateurs* errantes, liderados por Lummis, os quais foram trazidos por Otis para o *Los Angeles Times* durante a era dourada; Robert Burdette, John Steve McGroaty ("o Poeta de Verdugo Hills"), Harry Carr e outros.

> Por meio do talento desses homens, Otis promoveu a imagem da Califórnia meridional que dominou a imaginação popular na virada do século XX e que está viva até hoje: uma mistura de mito da missão (originado na *Ramona* de Helen Hunt Jackson), de obsessão pelo clima, de conservadorismo político (simbolizado pelo *open shop*) e de racismo tenuemente velado; o todo posto a serviço do incrementismo e da oligarquia.[10]

A literatura das missões pintou a história das relações raciais como um ritual pastoral de obediência e de paternalismo:

> Índios graciosos, alegres como aldeões da ópera italiana, ajoelhavam-se obedientemente diante dos Franciscanos para receber o batismo de uma cultura superior, enquanto ao fundo dobravam os sinos do campanário guarnecido de andorinhas para anunciar o ângelus, e um coro de frades entoava o *Te Deum*.[11]

---

[10] Ibidem, p. 76.

[11] Ibidem, p. 58. Starr explora exaustivamente o levantamento pioneiro, de Franklin Walker, sobre a paisagem cultural local. Ver Franklin Walker, *A Literary History of Southern California* (Berkeley, Universidade da Califórnia, 1950).

Cidade de quartzo

Qualquer insinuação sobre a brutalidade inerente ao sistema de trabalho forçado das missões e *haciendas* [fazendas] foi suprimida, para não falar do terrorismo racial e dos linchamentos que fizeram da Los Angeles controlada pelos anglo-saxões a mais violenta cidade do Oeste durante os anos 1860 e 1870.

Se *Ramona*, de Jackson, transformou elementos selecionados da história local em mito romântico (ainda popular no fim do século XX), Lummis foi o empresário que promoveu o mito como motivo de toda uma paisagem artificial. Em 1894, quando tropas federais ocupavam Los Angeles e Otis se atormentava com a idéia de que os grevistas da Pullman local atraíssem outros trabalhadores para uma greve geral, Lummis organizou a primeira Fiesta de Los Angeles, a título de distração pública. No ano seguinte, com a luta de classe temporariamente neutralizada, orquestrou a Fiesta em torno de um tema "missioneiro" abrangente, influenciado por *Ramona*. Seu eletrizante impacto regional só pode ser comparado ao *frisson* nacional provocado pela contemporânea Exposição Colombo em Chicago: do mesmo modo que essa última inaugurou o renascimento neoclássico, a primeira lançou o "renascimento das missões" local, mas igualmente frenético.

> O tema romântico e idílico foi rapidamente dinamizado e explorado por toda uma galeria de empreendedores que reconheciam um bom produto assim que o viam. Qualquer coisa, desde conjuntos de móveis e frutas cristalizadas até a arquitetura comercial e residencial, enfatizava o motivo das missões.[12]

Algumas missões foram, elas próprias, restauradas para servir como parques temáticos de lazer pioneiros, particularmente a Arcanjo San Gabriel, onde um teatro especialmente construído junto à velha igreja abrigou a *Mission Play* de McGroarty – "o *Oberammergau* norte-americano" –, que acabou sendo vista por dezenas de milhares de pessoas. Numa convenção publicitária em Nova York, no começo dos anos 1930, a aura de "história e romance" das missões foi avaliada como uma atração mais importante do que o clima ou o *glamour* da indústria cinematográfica para vender a Califórnia meridional[13]. É claro, como nota Starr, essa capitalização do passado "espanhol" ficcional de Los Angeles não somente sublimava as lutas de classe da época, como também censurava e reprimia a percepção da difícil situação dos descendentes da alta Califórnia. Pio Pico, o último governador da Califórnia mexicana e outrora o homem mais rico da cidade, foi enterrado como indigente, virtualmente ao mesmo tempo que os carros alegóricos floridos de Lummis desciam a Broadway[14].

---

[12] Joseph O'Flaherty, *Those Powerful Years: the South Coast and Los Angeles, 1887–1917* (Hicksville/Nova York, Exposition, 1978), p. 67.

[13] John Ogden Pohlmann, *California's Mission Myth* (Tese de Doutorado, Los Angeles, Departamento de História–Ucla, 1974), p. 385.

[14] Kevin Starr, *Inventing the Dream*, cit., p. 86.

Luz do sol ou *noir?*

A partir de meados dos anos 1890, Lummis editou a influente revista *Out West (Land of Sunshine)*, "cujo cabeçalho [...] lia-se como uma *Who's Who* [...] das letras da Califórnia"[15], e supervisionou um *salon* completo que se reunia nas cercanias de seu famoso bangalô, El Alisal, ao longo do pedregoso Arroyo Seco, entre Los Angeles e Pasadena (o badalado retiro de inverno dos milionários do Leste). O Arroyo Set de Lummis reagrupou a *intelligentsia* ianque de Henry James num cenário, sob todos os aspectos, mais libidinoso: sem dúvida, um dos principais credos do grupo – expresso com maior felicidade nas evocações de Grace Ellery Channing de uma Califórnia meridional italianizada – era o poder que tinha a luz solar de revigorar as energias raciais dos anglo-saxões (Los Angeles como a "nova Roma" e assim por diante).

A paixão de Lummis pela arqueologia do sudoeste (ele fundou o afamado Museu do Sudoeste a poucos quarteirões de El Alisal), pela preservação das missões, pela cultura física (emulando o imaginado estilo de vida cavalheiresco dos dons) e pela metafísica racial foi recapitulada por outros habitantes de Arroyo. Assim, o fabricante de tabaco aposentado e ensaísta Abbot Kinney se engajou simultaneamente em cruzadas pelos índios das missões, pela plantação em massa de eucaliptos, pela cultura cítrica, pela conservação do vale Yosemite e pela preservação da pureza racial anglo-saxônica por meio da eugenia. Como especulador e empreendedor, realizou também a suprema encarnação da metáfora mediterrânea: Veneza, Califórnia, com seus canais e gondoleiros importados. Num estilo polimático semelhante, Joseph Widney era um antigo reitor da Universidade da Califórnia Meridional, um impulsionador fervoroso (*California of the South*, 1988) e autor do épico *Race Life of the Aryan Peoples*, de 1907, cuja argumentação era de que Los Angeles estava destinada a tornar-se a capital mundial da supremacia ariana. Enquanto isso, com o ávido apoio de Otis, as doutrinas de Nietzsche vinham sendo sul-californizadas pelo editor literário do *Los Angeles Times* e menino prodígio do Arroyo, Willard Huntingon Wright. (Wright se metamorfosearia mais tarde, como editor do *Smart Set*, de impulsionador em desmascarador, repudiando em todas as oportunidades o "provincianismo" de Los Angeles, enquanto celebrava os revigoramentos da promiscuidade sexual.)

O Arroyo Set também definiu as artes visuais e a arquitetura da Los Angeles na virada do século XX. George Wharton James, comprometido como Lummis com o modismo da saúde no deserto, organizou o Arroyo Guild, um ponto de interseção de vida curta, porém seminal, entre as idéias românticas do mito das missões e a franquia em Pasadena do movimento Artes e Ofícios, dominado pelos celebrados irmãos Greene. O típico bangalô Craftsman, com decoração

---

[15]   Ibidem, p. 113.

Cidade de quartzo

interior *navajo* e *mission oak* era, é claro, uma síntese das duas correntes[16]. Se o bangalô definitivo era realmente uma "catedral de madeira" (como a incrível Gamble House dos irmãos Greene) que somente os muito ricos tinham meios para custear, as massas sempre poderiam comprar imitações pequenas, mas ainda assim elegantes, em *kits* "faça você mesmo", que podiam ser montadas rapidamente em qualquer lote vazio. Por toda uma geração, esses "bangalôs democráticos", com sua miniaturização doméstica da estética de Arroyo, foram louvados não somente por fazer de Los Angeles uma cidade de habitações familiares individuais (uma proporção impressionante de 94% de todas as moradias até 1930), mas também por assegurar a "liberdade industrial". Assim, quando a Comissão de Relações Industrais dos Estados Unidos visitou Los Angeles em 1914, ouviu F. J. Zeehandelaar, da Associação de Industriais e Comerciantes, jactar-se de que a casa própria para os trabalhadores era a pedra fundamental do *open shop* e da "satisfação" da força de trabalho. Por outro lado, líderes sindicais revoltados denunciavam as prestações da hipoteca dos pequenos bangalôs como uma "nova servidão" que intimidava os trabalhadores de Los Angeles diante de seus patrões[17].

A proeminência do Arroyo Set na definição dos parâmetros culturais do desenvolvimento de Los Angeles, assim como na criação de uma aura de mito romântico em torno da especulação imobiliária e da luta de classes, começou a chegar a seu termo depois da Primeira Guerra Mundial. A amizade especial entre Lummis e Otis não fazia parte da herança recebida por Harry Chandler em 1917. O apoio financeiro que o *Los Angeles Times* dava para Lummis foi cortado, os cinemas surgiram como promotores mais efetivos da imigração do que a *Land of Sunshine* e, de qualquer modo, os românticos do ideário das missões ficaram velhos e desencantados na Califórnia meridional, com sua rápida urbanização congestionada pelos automóveis. Taos e Carmel começaram a usurpar o papel de Arroyo como centro cultural da elite do sudoeste. No começo dos anos 1920, os bangalôs e a vida rústica dos campos começavam a sair de moda;

---

[16] Um renascimento maníaco do "Renascimento das Missões" assolou a Califórnia meridional durante os anos 1980, quando elementos da classe média [*gentrifiers*] e colecionadores redescobriram os legados da era Lummis. A *Business Week* de 31 de julho de 1989 informa que um sofá *mission oak* comum, feito em série pelos irmãos Stickley na virada do século e que custava somente 100 dólares há cinco anos, é agora vendido por 20 mil dólares. Num leilão recente da Christie, Barbara Streisand – aparentemente de gosto neoarroyano – pagou 363 mil dólares por uma mesa de cabeceira *mission oak*. A loucura foi tão assustadora que somente a ação drástica da Câmara de Vereadores da Cidade de Pasadena conseguiu evitar que algumas das mais famosas casas dos irmãos Greene fossem demolidas para venda em peças separadas.

[17] United States Commission on Industrial Relations, "Open and Closed Shop Controversy in Los Angeles", em Congresso dos Estados Unidos, *Senate Documents*, Congresso 64, sessão 1, n. 415, p. 5, 493-5 e p. 518.

Luz do sol ou *noir?*

a alta classe média, enriquecida pelas especulações com petróleo ou por Hollywood, começava a preferir empregados e casas enormes no estilo "renascimento colonial espanhol". Mesmo assim, a crescente popularidade do estilo colonial espanhol era testemunho de uma das duas mais duráveis heranças de Arroyo: a criação de uma história artificial que, por meio de uma incorporação abrangente à paisagem e ao consumo, tornou-se um estrato histórico real da cultura de Los Angeles[18]. (Mini-shoppings e *franchises* de lanchonetes dos nossos dias, com seus arcos franciscanos e telhados vermelhos, são ainda citações em prosa e verso do mito das missões – isso para não mencionar o projeto em estilo missão da nova Biblioteca Presidencial Ronald Reagan, em Simi Valley.) A outra herança maior foi, é claro, a ideologia de Los Angeles como a utopia da supremacia ariana – o refúgio ensolarado da América branca e protestante numa era de agitação trabalhista e de imigração em massa de católicos e de judeus pobres da Europa oriental e meridional.

Os desmascaradores

> *Parece um pouco absurdo, mas é verdadeiro que, por quarenta anos, a cidade sorridente e ensolarada de Los Angeles, em plena expansão, tenha sido a arena mais sangrenta do Ocidente para o capital e o trabalho.*
> Morrow Mayo[19]

> *O tempo está bonito...*
> As únicas palavras pronunciadas por um membro da IWW antes de sua prisão na luta pela liberdade de expressão em San Pedro, em 1921.

Um desses imigrantes, e o primeiro a tornar-se (ao menos entre os não-judeus) um escritor americano maior, foi Louis Adamic. Sua odisséia pessoal levou-o de Carniola, no Império Austro-Húngaro, às cidades industriais da Pensilvânia, e daí, com a Força Expedicionária Americana, até as trincheiras do Somme. Como tantos outros veteranos desmobilizados, ele decidiu tentar sua sorte em Los Angeles e acabou sem dinheiro e sem teto na Pershing Square (como fora rebatizado o antigo Central Park). O que o *Los Angeles Times* chamaria mais tarde de "a guerra dos quarenta anos" entre o capital e o trabalho chegava então a seu final amargo. O antes poderoso movimento socialista da cidade (que por um fio não chegou

---

[18] De acordo com Dudley Gordon, que foi por muitas décadas curador de um pequeno mas continuado culto a Lummis, os escritos deste último permaneceram extremamente populares na Espanha muito depois de estarem fora de catálogo na Califórnia – os espanhóis saboreando acriticamente o Mito das Missões como se fosse um fato. Ver a entrevista nos escritos não publicados de Lioanel Rolfe, *Notes of a California Bohemian*, s. d.

[19] Morrow Mayo, *Los Angeles*, cit., p. 137.

Cidade de quartzo

à prefeitura em 1911) retirou-se para Llano, no Mojave, enquanto um sindicato depois do outro da AFL [Federação Americana do Trabalho] era subjugado na sucessão de greves violentas na indústria metalúrgica e de locautes nos transportes urbanos. Somente os marinheiros e os estivadores da IWW desafiavam a cruzada da Associação de Industriais e Comerciantes pela generalização do sistema de *open shop*. Adamic foi arrastado nessa batalha final da luta de classes local, solidarizando-se com os organizadores da IWW, saboreando seu humor patibular e sua indisciplina e, em última análise, registrando seu denodo suicida em *Laughing in the Jungle*, de 1932 – uma "autobiografia de um imigrante na América" – que era também um documento extraordinário sobre a Los Angeles dos anos 1920, do ponto de vista de seus desajustados radicais e idealistas derrotados.

A "posição epistemológica" de Adamic era curiosa. Embora apoiasse visceralmente a IWW em sua luta fadada ao fracasso, ele permaneceu intelectualmente distante de sua "crença ingênua" na revolução e num grande sindicato único. Como ele mesmo colocou, "eu não era um socialista comum, mas um 'menckenita'*". Tornou-se rapidamente parte de um *salon* de correligionários boêmios de Los Angeles que gravitava em torno da casa do livreiro Jack Zeitlin, em Echo Park, e reunia o arquiteto Lloyd Wright, o fotógrafo Edward Weston, o crítico-bibliotecário Lawrence Clark Powell, o artista Rockwell Kent e uma dúzia de outros[20]. Entretanto, Adamic não se sentia muito bem ao lado desses rebeldes aristocráticos; como observaria mais tarde Carey McWilliams (um jovem membro do círculo), ele tinha uma "hostilidade instintiva aos conceitos típicos da classe média". Afinal retirou-se para um bairro eslavo em San Pedro, o agitado porto de Los Angeles ("Era uma cidade portuária normal [...] não havia turistas, nem velhos doentes do Iowa e do Missouri"[21]).

Dessa base no porto – com um pé no campo dos literatos (Mencken havia começado a publicar Adamic no *American Mercury*) e o outro no proletariado – foi o cronista da Los Angeles dos anos 1920, com sua febre de Deus e de petróleo. Para ele, a cidade era um incrível espelho burlesco do filistinismo e da apropriação

---

* Referência a Henry Louis Mencken (1880–1956), escritor e editor norte-americano. (N. T.)

[20] Essa boemia essencialmente inofensiva de Echo Park é descrita em Kevin Starr, *Material Dreams: Southern California Through the 1920s* (Oxford, Universidade de Oxford, 1990); e também nos escritos não publicados de Lionel Rolfe, *Notes of a Californian Bohemian*, que incluem uma maravilhosa entrevista com Jake Zeitlin, na qual o idoso comerciante de livros fala do papel que teve Miriam Lerner, secretária particular do milionário do petróleo Edward Doheny (assim como um ardente membro da Liga Socialista dos Jovens e amante/modelo de Edward Weston) na obtenção de empregos para os jovens boêmios de LA em postos de gasolina de Doheny ou, no caso de Zeitlin, até aparando a grama na casa do magnata.

[21] Ver Louis Adamic, *Laughing in the Jungle* (Nova York, Harpers & Brothers, 1932), p. 211; e Carey McWilliams, *Louis Adamic and Shadow-America* (Los Angeles, Arthur Whipple, 1935), p. 23-4 e p. 32.

indébita típicas da América de Coolidge ("uma prova adicional da precisão da generalização de Marx de que a história se repete, primeiro como tragédia e depois como farsa"[22]). Como lembrou McWilliams:

> Ele se alimentava de Los Angeles. Sentia intenso prazer com seus desviantes, faquires e impostores. Tornou-se o biógrafo de excêntricos como Otoman Bar-Azusht Ra'nish e Aimée Semple McPherson. Perdidas nos arquivos da estranha variedade de revistas publicadas por R. Haldeman-Julius, encontra-se uma longa lista das contribuições de Adamic para Los Angeles. Ele foi seu profeta, sociólogo e historiador.[23]

A mais original contribuição de Adamic para o desmascaramento do mito dos impulsionadores foi sua ênfase na centralidade da violência de classe para a construção da cidade. Outros já haviam atacado o filistinismo de Los Angeles e desancado seus apologistas com sarcasmo menckenesco. (De fato, já em 1913, Willard Huntington Wright queixava-se em *The Smart Set* da "hipocrisia [que], como um grande fungo, se tinha espalhado pela superfície da cidade"[24].) Upton Sinclair (que foi uma das lideranças da luta da IWW pela liberdade de expressão no porto) desmascarou o *boom* do petróleo e evocou a opressão dos trabalhadores em Los Angeles em seu romance de 1927, *Oil!*, que era historicamente interessante, embora escrito de modo enfadonho. Mas Adamic foi o primeiro a mapear cuidadosamente a história sórdida e sangrenta da Guerra dos Quarenta Anos e a tentar uma reconstrução moralizadora (com investigação e denúncia de casos de corrupção política e administrativa) de seus eventos centrais: o atentado a bomba contra o *Los Angeles Times* em 1910 e o subseqüente julgamento da conspiração trabalhista sob a liderança dos irmãos McNamara. *Dynamite: the Story of Class Violence in America*, de 1929, ainda que pouco lisonjeiro para com a burocracia dos sindicatos da Califórnia, pinta um retrato demoníaco do general Otis e da brutalidade das classes dominantes que havia levado os trabalhadores ao desespero. Seu romance advertia igualmente seus leitores, nos anos iniciais da Depressão, que, enquanto os empregadores não iniciassem uma negociação de boa-fé com os sindicatos, irrupções violentas da luta de classes seriam inevitáveis.

Pouco depois da publicação da primeira versão de *Dynamite*, Adamic sintetizou suas várias efemérides de Haldeman-Julius e páginas de seu diário num famoso ensaio: "Los Angeles! There She Blows!" (*The Outlook*, 13/8/1930), mais tarde citado em "The Enormous Village", capítulo de *Laughing in the Jungle*. Esse ensaio foi amplamente comentado pela crítica literária, exercendo uma influên-

---

[22] Carey McWilliams, *Louis Adamic and Shadow-America*, cit., p. 26.

[23] Idem.

[24] Willard Huntington Wright, citado em Carey McWilliams, *Southern California Country: an Island on the Land* (Nova York, Duell, Sloan & Pearce, 1946), p. 157.

Cidade de quartzo

cia seminal sobre McWilliams, assim como sobre Nathanael West, que, em *Dia do gafanhoto*, de 1939, desenvolveria a imagem de Adamic da "gente miúda, espiritual e mentalmente faminta" de Los Angeles, os *folks*. Igualmente impressionado ficou o escritor e satirista Morrow Mayo, que "parafraseou" e amalgamou o *Outlook* de Adamic e os escritos de McNamara em seu próprio *Los Angeles*, de 1933. Embora *Laughing in the Jungle* fosse um trabalho incomparavelmente mais poderoso, as histórias sombrias em estilo rápido de Mayo (por exemplo, de "Hell-Hole of West" até "The Hickman Horror") marcam seus próprios pontos contra a Câmara de Comércio de Los Angeles. Mayo era particularmente eficaz em retrabalhar o tema do "enorme povoado" de Adamic.

> Aqui está uma cidade artificial que foi erguida com trabalho forçado, inflada como um balão, recheada com gente do campo como um ganso com milho [...] empenhando-se para engolir essa avalanche muito rápida de antropóides, a metrópole do sol arfa e pena, sua e esbugalha os olhos, como uma jovem jibóia que tenta engolir uma cabra. Ela nunca emprestou um caráter urbano à população que lhe chega, pela simples razão de que não tem nenhum caráter urbano para emprestar. Por outro lado, o lugar guardou as maneiras, a cultura e a perspectiva geral de um imenso povoado do interior.[25]

Nem todos os desmascaramentos do "enorme povoado" eram meramente literários. O Grupo de Artistas Independentes de Los Angeles, que fez sua primeira exposição em 1923, representava uma corrente crítica análoga, se não anterior, na arte local. Uma frente unida em prol da "nova forma", que incluía o cubismo, o dinamismo e o expressionismo, eles atacaram os românticos da paisagem – pintores de eucaliptos, das marinhas de Laguna, das missões e assim por diante – que imortalizaram Helen Hunt Jackson em aquarela. Dominados pelo pintor "sincronista" Stanton Macdonald-Wright, que farreou com os cubistas em Paris antes da Primeira Grande Guerra, e pelo exilado lituano radical Boris Deutsch, o Grupo de Independentes foi transformado por seu encontro com o muralismo revolucionário mexicano, no final dos anos 1920[26]. David Siquieros, que passou por Los Angeles no começo da Depressão, contribuiu com um famoso "trabalho perdido" que, em sua visão marxista da história de Los Angeles, era um equivalente, grosso modo, do *Dynamite* de Adamic. Encarregado em 1930 de decorar a Rua Olvera – um circuito turístico "mexicano" artificial arquitetado perto do velho Plaza – com um "mural alegre", Siquieros, no entanto,

---

[25] Morrow Mayo, *Los Angeles*, cit., p. 327.

[26] San Francisco Museum of Modern Art, *Painting and Sculpture in California: the Modern Era* (San Francisco, 1977), p. 27-9 e p. 93. Virtualmente, não existe literatura histórica sobre as vanguardas artísticas do pré-guerra na Califórnia meridional, ou da relação com a luta de classes que lhes era contemporânea.

pintou *Tropical America:* um *peon* crucificado sob uma colérica águia que evoca a selvageria imperial existente na origem da ocupação anglo-saxônica. Embora rapidamente coberto de branco por sua patrocinadora chocada, o grande mural de Siquieros sobreviveu por tempo bastante para impressionar o jovem Jackson Pollock; sabidamente, "ecos de sua fantasia penetram [penetraram] em seu trabalho posterior"[27].

A denúncia que Adamic e Mayo fizeram da "falsa urbanidade" de Los Angeles, assim como o ataque do Grupo de Independentes contra o romantismo paisagístico, simultaneamente desenterrou um truísmo e deu à luz um duradouro estereótipo. O *ethos* antiurbano de cidade-jardim celebrado pelos habitantes de Arroyo foi virado do avesso de modo a expor seu aspecto maligno. Intelectuais emigrados, que começavam a chegar em quantidade da Europa no começo dos anos 1930, ficavam particularmente perturbados pela ausência de uma cultura urbana na região de uma cidade de dois milhões de habitantes. Alfred Döblin – o famoso criador de retratos literários de Berlim – viria de fato a denunciar Hollywood como um "deserto assassino de casas [...] uma horrível cidade-jardim". (Quando lhe pediram para comentar a vida nos subúrbios, ele acrescentou: "realmente, fica-se freqüentemente ao ar livre por aqui, com espaço de sobra – mas, serei eu uma vaca?".)[28]

Infelizmente, Adamic não estava presente para juntar sua voz ao desencanto dos exilados ou, alternativamente, guiá-los até as áreas operárias "mais sadias" da cidade que ele conheceu tão intimamente. Tendo recebido uma bolsa da Guggenheim para prosseguir seus escritos sobre os novos imigrantes, ele se mudou para Nova York no começo da Depressão. Depois de sua partida, o manto de desmascarador de Los Angeles passou para seu amigo, o advogado, escritor e jornalista Carey McWilliams. A profunda influência de Adamic sobre a visão de McWilliams a respeito de Los Angeles foi reconhecida num pequeno volume de ensaios, *Louis Adamic and Shadow-America*, que este último fez circular em 1935. McWillians refletiu de modo extenso sobre a crítica menckeniana de Adamic, na sua visão de Los Angeles como a América, assim como sobre a mar-

---

[27]   Ver Ellen Landau, *Jackson Pollock: an American Saga* (Nova York, Abrams, 1989), p. 46. O irmão de Pollock, Sande, era membro de uma pequena oficina de jovens artistas que estudavam com Siqueiros e ajudaram a instalar seu mural. Entretanto, outros biógrafos recentes de Pollock, Steven Naifeh e Gregory White Smith, questionam o relato de Landau quanto ao impacto do mural sobre Jackson. Segundo eles, Jackson permaneceu "estranhamente indiferente" a seu primeiro encontro com Siqueiras em Los Angeles, tendo sucumbido a seus encantos somente mais tarde, em Nova York, quando trabalharam juntos na confecção de faixas e cartazes para a manifestação do Primeiro de Maio na Union Square, em 1956. Ibidem, p. 284.

[28]   Alfred Döblin, citado em Erna Moore, "Exil in Hollywood: Leben und Haltung deutscher Exilautorem nach ihren autobiographischen Berichten", em J. M. Spalek e J. Strelka (orgs.), *Deutsche Exillitterature seit 1933 – Teil 1: Kalifornien* (Berna/Munique, Francke, 1976), p. 28.

Cidade de quartzo

gem de consciência de classe e "senso camponês" que distinguiam Adamic dos outros boêmios da LA dos anos 1920. (McWilliams também registrou algumas de suas opiniões próprias, surpreendentemente de esquerda, inclusive a referência ao "fascismo refinadamente eclético do sr. Roosevelt"[29].) Poucos anos depois, coincidindo com a sensação causada por *As vinhas da ira*, de 1939, de Steinbeck, McWilliams publicou sua brilhante exposição do agronegócio da Califórnia, *Factories in the Field*, o que conduziu à sua nomeação como Comissário de Imigração e Habitação pelo governador democrata recentemente eleito na Califórnia, Culbert Olson. Durante os anos da guerra, McWilliams continuou também a desempenhar um papel de liderança na política progressista de Los Angeles, organizando a defesa dos *chicanos* do Eastside, presos na armadilha do infame caso da "Sleepy Lagoon" em 1943, e relatando no *Nation and New Republic* sobre o êxito da luta para acabar com o *open shop*.

Em 1946, culminando seus quase vinte anos de engajamento literário e político na região, McWilliams publicou seu magistral *Southern California Country: an Island on the Land*, na forma de um volume da *American Folkways Series*, editada por Erskine Caldwell. Obra que ele mesmo descreveu como um "trabalho de amor", *Southern California Country* completou o projeto de desmascaramento iniciado por Adamic em seu *Los Angeles! There She Blows!*, quase uma geração antes[30]. Tratava-se de uma devastadora desconstrução do mito das missões e de seus criadores, começando pela recuperação das raízes *mexicanas* da Califórnia meridional e da história, raramente contada, do genocídio e da resistência nativa durante os anos 1850 e 1860. Mas McWilliams foi muito além da polêmica de falar mal de LA ou da condescendência menckeniana. Partindo de onde Adamic havia interrompido suas narrativas sobre o mundo do trabalho em Los Angeles, McWilliams procurou integrar narrativa histórica à análise econômica e cultural. *Southern California Country* prefigura uma teoria completa das condições históricas singulares – desde a organização militarizada das classes sociais até o "superincrementismo" – que tornaram possível a urbanização vertiginosa de Los Angeles sem o desenvolvimento concomitante de uma base manufatureira ampla ou área comercial adjacente. McWilliams expôs cuidadosamente como essa "sociologia do *boom*" foi responsável pela tendência antiurbana da cidade e por sua forma esparramada ("isso reflete o espetáculo de uma grande cidade metropolitana sem base industrial").

Três anos mais tarde, *California: the Great Exception* colocou o crescimento da Califórnia meridional na perspectiva mais ampla de sua evolução única

---

[29] Carey McWilliams, *Louis Adamic and Shadow-America*, cit., p. 77.

[30] Ver Carey McWilliams, *The Education of Carey McWilliams* (Nova York, Simon and Schuster, 1979), p. 119-20.

como civilização e sistema social. O ano de 1949 também viu a publicação de sua fundamental história da imigração mexicana, *North from Mexico*, que reafirmou, agora numa escala épica, a contribuição essencial da força de trabalho mexicana na emergência do moderno sudoeste. Esse magnífico quarteto de livros, juntamente com estudos anteriores de escritores da Califórnia (Ambrose Bierce e Adamic), constitui uma das principais realizações dentro da tradição regional norte-americana, fazendo de McWilliams o Walter Prescott Webb da Califórnia, senão seu Fernand Braudel. Em sua *oeuvre*, em outras palavras, o desmascaramento transcendeu a si mesmo para estabelecer uma interpretação regional definitiva.

Mas disso não surgiu nenhuma "Escola de McWilliams". *Southern California Country* foi erroneamente assimilado ao gênero "guia de viagem" e, apesar de sua popularidade contínua, produziu poucos comentários e poucos frutos. A base política implícita nos escritos de McWilliams – a frente trabalhista-reformista popular na Califórnia – foi demolida pela histeria da Guerra Fria. Chamado a Nova York para supervisionar uma edição urgente sobre "liberdades civis" da *The Nation*, McWilliams permaneceu por lá pelo próximo quarto de século, trabalhando como editor da revista[31]. Nesse ínterim, as pesquisas sobre a Califórnia meridional degeneraram uma vez mais para genealogias triviais ou incrementismo; até o final dos anos 1970, com a publicação da vasta história do *Los Angeles Times* de Gottlieb e Wolt[32], foram produzidas anualmente menos monografias sérias sobre a região, sem falar em estudos sinópticos, do que sobre qualquer outra área metropolitana importante[33]. Caso virtualmente único entre as grandes cidades americanas, Los Angeles continua a carecer de uma historiografia acadêmica municipal – um vácuo de pesquisas que se tornou cúmplice de clichês e de ilusões. Os capítulos que atualizariam e completariam *Southern California Country* estão ausentes; Los Angeles, em vez disso, compreende seu passado por meio da ficção robusta chamada de *noir*.

---

[31] Idem.

[32] Robert Gottlieb e Irene Wolt, *Thinking Big: the Story of the Los Angeles Times, its Publishers and their Influence on Southern California* (Nova York, Putnam, 1977). Esse livro constitui o novo fundamento para escritos e análises sérios sobre a Califórnia meridional.

[33] A principal exceção, entre as obras de McWilliams e Gottlieb/Wolt, foi *The Fragmented Metropolis: Los Angeles, 1850-1930*, de Robert Fogelson (Cambridge, Universidade Harvard, 1967) – um importante estudo histórico de demografia, planejamento e poder, vergonhosamente fora de catálogo.

Cidade de quartzo

68 **Os noirs**

> *Vista de Mount Hollywood, Los Angeles parece bem bonita, envolta numa*
> *névoa de cores cambiantes. Na verdade, apesar de todo o sol saudável e as*
> *brisas oceânicas, é um lugar ruim – cheio de velhos, moribundos que nasceram*
> *velhos de pais pioneiros cansados, vítimas da América – cheio de proliferações*
> *curiosas, loucas e venenosas, de cultos religiosos decadentes e de falsa ciência,*
> *e de empresas duvidosas que, por seu objetivo de lucro rápido, estão fadadas a*
> *desmoronar e a arrastar com elas multidões de pessoas... uma selva.*
> Louis Adamic[34]

> *Pode-se apodrecer aqui sem sentir.*
> John Rechy[35]

Em 1935, o famoso autor radical Lewis Corey (*née* Louis Fraina) anunciou em seu *The Decline of the Middle Class* que o sonho jeffersoniano estava moribundo: "Aquele ideal de classe média perdeu-se para além de qualquer possibilidade de retorno. Os Estados Unidos são hoje uma nação de empregados e de dependentes sem propriedades". Contadores desempregados e corretores de ações arruinados juntaram-se às filas de distribuição gratuita de pão em que já estavam os motoristas de caminhão e os operários metalúrgicos e, assim, muitos dentre os conformistas de classe média dos anos 1920 ficaram com pouco para comer, a não ser seu obsoleto orgulho de classe. Corey advertiu que a decadência do estrato médio, "em guerra consigo mesmo", estava se aproximando de uma encruzilhada radical, e se voltaria ou para o socialismo ou para o fascismo[36].

A evocação do binômio empobrecimento e radicalização da classe média aplicava-se à Los Angeles do começo dos anos 1930 mais literal e apropriadamente do que a qualquer outro lugar do país. A própria estrutura do longo *boom* da Califórnia meridional – abastecido pelas poupanças da classe média e canalizado para as especulações imobiliária e petrolífera – assegurou a existência de um círculo vicioso de crises e falências para a massa dos produtores rurais aposentados, pequenos empresários e incorporadores de pouca importância. Sem dúvida, a inexistência de uma indústria pesada (junto à deportação de dezenas de milhares de trabalhadores braçais desempregados para o México) implicou o fato de que, em Los Angeles, a Depressão foi posta em primeiro plano e ampliada no seio da classe média, o que gerou uma fermentação política por vezes bizarra.

---

[34] Louis Adamic, citado em Carey McWilliams, *Louis Adamic and Shadow-America*, cit., p. 80-1.

[35] John Rechy, *City of Night* (Nova York, Grove, 1963), p. 87. [Ed. bras.: *As cidades da noite*, trad. Fernando Teles de Castero, Rio de Janeiro, Civilização Brasileira, 1964.]

[36] Lewis Corey, *The Decline of the Middle Class* (Nova York, Covici/Friede, 1935), p. 15, 21-3, 34, 342-3 e 361.

Luz do sol ou *noir*?

Os observadores políticos, acostumados ao sólido conservadorismo dos imigrantes da Califórnia meridional provenientes do Meio-Oeste, ficaram incrédulos em 1934, quando Upton Sinclair, o socialista mais notório da região, recebeu mais de 100 mil votos desertores dos republicanos para seu programa End Poverty in California (Epic), com sua defesa quase revolucionária da "produção para o uso". (Numa entrevista trinta anos mais tarde, o organizador do Epic de Los Angeles, Reuben Boroughs, confirmou que o movimento basicamente "falava para a baixa classe média falida", dando pouca atenção aos trabalhadores e aos desempregados[37].) Quatro anos mais tarde, alguns jornalistas advertiram sobre o potencial do fascismo local, expresso na reorientação da tendência de voto em direção ao movimento Ham and Eggs [Presunto e Ovos], de má reputação, com sua combinação abstrusa de reforma da política de pensões e demagogia nazista[38]. Os agitados eleitores da classe média também abraçaram as sensações passageiras da Tecnocracia & Cia, da Sociedade Utópica e do Plano Townsend. Sintomaticamente, os epicentros dessa turbulência situavam-se nos pólos de crescimento suburbano dos ruidosos anos 1920: Glendale (um reduto do Epic) e Long Beach (com seus 40 mil idosos do Iowa, local de nascimento do Plano Townsend e baluarte do Ham and Eggs).

Essas classes médias da Califórnia meridional enlouquecidas pela Depressão tornaram-se, de uma maneira ou de outra, as protagonistas originais desse grande antimito comumente conhecido por *noir*. A começar em 1934, com *O destino bate à sua porta*, de James M. Cain, uma sucessão de romances cujo olhar passava por lentes sombrias — todos produzidos por escritores contratados pelo sistema dos estúdios — repintou a imagem de Los Angeles como um inferno urbano arrancado de suas raízes.

> Escrevendo contra o mito de *El Dorado*, eles o transformaram em sua antítese; a do sonho esvaindo-se ao longo da costa da Califórnia [...] [criaram] uma ficção regional obsessivamente preocupada em esvaziar a hipertrofiada imagem da Califórnia meridional como terra dourada da oportunidade e do recomeço.[39]

---

[37]   Reuben W. Borough, "Reuben W. Borough and the California Reform Movements" (transcrição, Los Angeles, Programa de História Oral–Ucla, 1968).

[38]   Carey McWilliams descreveu pensionistas gritando "*Ham and Eggs!*" com "o arrebatamento de tropas de assalto nazistas bradando '*Sieg Heil!*'. Todos os encontros da Payroll Guarantee Association são abertos com o grito de saudação '*Ham and Eggs!*', e cada um dos oradores que toma a palavra tem que prefaciar suas observações com essa saudação. Se negligenciam fazê-la, a multidão grita '*Ham and Eggs!*' até que o façam", Carey McWilliams, *Southern California Country*, cit., p. 305-6.

[39]   David Fine, "Introdução", em *Los Angeles in Fiction*, cit., p. 7. Mencken foi novamente decisivo na preparação do caminho para a emergência do gênero. Seu estilo jornalístico cínico-sentimental, seu desdém pelo eufemismo e o fato de patrocinar escritores *underground* — tudo fazia dele um

Cidade de quartzo

O *noir* era como uma gramática transformacional que tornava cada um dos charmosos ingredientes da arcádia dos impulsionadores em seu equivalente sinistro. Assim, em *Mas não se matam cavalos?*, publicado em 1935, de Horace McCoy, o salão de dança da maratona no Ocean Pier tornou-se virtualmente um campo de extermínio das almas perdidas da Depressão. Os "lindos dias imutáveis, monótonos e sem fim [...] nunca maculados pela chuva ou mau tempo", de William Faulkner, em seu conto *noir* chamado "Golden Land", de 1935, eram um castigo de Sísifo para a matriarca de uma família do Meio-Oeste corrompida pelo sucesso de LA. De modo similar, em *Indenização em dobro*, de 1936, e em *A história de Mildred Pierce*, de 1941, Cain evocou bangalôs envenenados cuja normalidade de paredes brancas e telhas vermelhas ("tão bom quanto o do lado, talvez um pouco melhor") mal escondia os casamentos homicidas em seu interior. Em *Dia do gafanhoto*, de 1939, de Nathanael West, Hollywood se torna o "lixo de sonhos", uma paisagem alucinatória à beira do apocalipse, enquanto que em sucessivos romances de Chandler, o clima ("clima de terremoto" e os ventos de Santa Ana que inspiravam para a violência) era cada vez mais lúgubre; havia até mesmo "damas dentro dos lagos".

Coletivamente, esse estrato médio *declassé* que povoa tais romances não tem coerência ideológica ou capacidade de agir, exceto como os sonâmbulos de McCoy ou as *"flea people"* [pessoas pulgas] em debandada de Nathanael West. Individualmente, entretanto, seus anti-heróis pequeno-burgueses exprimiam tipicamente os sentimentos autobiográficos, de modo que o *noir* dos anos 1930 e 1940 (e novamente nos anos 1960) tornou-se um conduto para os ressentimentos dos escritores presos na armadilha de veludo do sistema de estúdios. Assim, o primeiro detetive amargo e durão de Hollywood, Ben Jardinn, herói de uma série de 1930 publicada em *The Black Mask*, ecoava o cinismo cansado de estúdios de seu criador, Raoul Whitfield, um ator de pontas transformado em roteirista de aluguel[40]. Igualmente, em *Dia do gafanhoto*, Tod Hackett é retratado numa situação semelhante à do próprio West: trazido para a costa por um caça-

---

padrinho do *noir*. Ele publicou pela primeira vez os contos de Cain e Fante em seu *American Mercury*, assim como fundou *The Black Mask* (subseqüentemente vendida para Eltinge Warner), que publicou os primeiros Hammet, Gardner e Chandler. Mencken, ironicamente, não gostava de ficção policial. (Para reconhecimento de sua influência, ver Kinsley Widmer, "The Way Out: some Life-Style Sources of the Literary Tough Guy and Proletarian Hero", em David Madden, *Tough Guy Writers of the Thirties* (Carbondale, Universidade de Illinois Meridional, 1968), p. 6.

[40] Ron Goulart, *The Dime Detectives* (Nova York, Mysterious, 1988), p. 100-5. Dentre outros proletários literatos embotados de Hollywood que escreveram histórias *noires* de detetive nesse filão incluíam-se John Butler, W. T. Ballard, Frank Gruber, Roger Torrey e Norbert Davis. Ibidem, "The New Wild West", cap. 6.

dor de talentos que trabalhava para os estúdios e forçado a viver "o dilema de conciliar seu trabalho criativo com sua produção comercial"[41]. O Marlowe de Chandler, pela mesma razão, simbolizava o pequeno empresário preso à engrenagem de disputas com gangsters, policiais corruptos e ricos parasitas (que, aliás, em geral também eram seus empregadores) – um simulacro romantizado da relação do escritor com escribas de aluguel e chefões dos estúdios[42].

Budd Schulberg, por outro lado, examinou de cima a baixo a relação de exploração existente entre escritor e chefão. Cria de estúdio (filho do chefe de produção da Paramount) que virou escritor comunista, ele retratou o capitalismo de Hollywood com um realismo quase documentário em *O que faz Sammy correr?*, de 1940. Sammy Glick, o jovem manda-chuva em ascensão, prospera à custa da criatividade de amigos e empregados a quem, em troca, trai e subjuga. Como observa um dos personagens de Schulberg, "ele é o *id* de nossa sociedade"[43].

A perspectiva psicanalítica de Schulberg, entretanto, era excepcional. Um dos traços característicos da primeira geração da "ficção de Los Angeles" era sua ênfase no interesse econômico individual, mais do que no aprofundamento psicológico. Assim, algo como uma teoria do valor do trabalho fornecia um cunho moralizante consistente aos romances de Chandler e de Cain. Há uma tensão constante entre a classe média "produtiva" (Marlowe, Mildred Pierce, Nick Papelakis e outros) e os *declassés* "improdutivos" ou ricos ociosos (os Sternwoods, Bert Pierce, Monty Beragon e outros). Incapazes de continuar acumulando por mais tempo por meio da especulação ou do jogo, ou tendo perdido sua herança (ou simplesmente querendo apressá-la), os *noirs declassés* invariavelmente preferem o assassinato à faina. Também invariavelmente, a oposição ficcional entre esses diferentes estratos da classe média sugere o contraste entre a economia "pregui-

---

[41] Gerald Lockin, "The Day of the Painter; the Death of the Cock: Nathanael Wests's Hollywood Novel", em David Fine (org.), *Los Angeles in Fiction*, cit., p. 68.

[42] Marlowe, o cidadão vingador, se equilibrava precariamente à beira do precipício da paranóia fascista. Cada um dos sucessivos romances de Chandler focalizava um novo alvo dos desagrados de Marlowe: negros, asiáticos, gays, "*chicanos* vasilinas" e, sempre, mulheres. É bom lembrar, a este respeito, a genealogia do herói-detetive durão: a edição especial de *The Black Mask*, em 1925, sobre a Ku Klux Klan, que apresentou o detetive nativista de Carroll John Daly, "Race Williams", como o protótipo dos durões que faziam cruzada contra a corrupção (de origem estrangeira). Ver Ron Goulart, *The Dime Detectives*, cit., p. 27-32; e Philip Durham, "The *Black Mask* School", em David Madden, *Tough Guy Writers of the Thirties*, cit., p. 51-79.

[43] Budd Schulberg, *What Makes Sammy Run?* (Nova York, Random House, 1941), p. 119 [Ed. bras.: *O que faz Sammy correr?*, cit.]. A primeira edição vendeu poucos exemplares, mas deflagrou um debate veemente entre os escritores de esquerda, alguns dos quais consideraram o personagem Glick "anti-semita". Ver Neal Gabler, *An Empire of Their Own: How the Jews Invented Hollywood* (Nova York, Crown, 1988), p. 335-8.

Cidade de quartzo

çosa" e especulativa da Califórnia meridional (promoções imobiliárias e Hollywood) e a América real, onde se trabalhava duro.

Esses temas do "romance de Los Angeles" dos anos 1930 – a fenomenologia moral das classes médias depravadas e arruinadas; a insinuação da crise do escritor semiproletarizado; e a natureza parasitária da Califórnia meridional – sofreram interessantes permutações no *film noir* dos anos 1940. Algumas vezes o *film noir* é descrito taquigraficamente como resultado do encontro entre o romance durão norte-americano e o cinema expressionista alemão exilado – uma definição simplista que deixa de fora outras influências seminais, inclusive a psicanálise e Orson Welles. Para os nossos propósitos, todavia, o significativo foi a maneira pela qual a imagem de Los Angeles foi retrabalhada do romance até o roteiro de cinema (algumas vezes incestuosamente, como em Chandler reescrevendo Cain ou em Faulkner reescrevendo Chandler) e então traduzida para a tela por *auteurs noirs* de esquerda (alguns deles imigrantes) como Edward Dmytryk, Ring Lardner Jr., Ben Maddow, Carl Foreman, John Berry, Jules Dassin, Abraham Polonsky, Alert Maltz, Dalton Trumbo e Joseph Losey. Nas mãos desses, o *film noir* aproximou-se de uma espécie de *cinéma manqué* marxista, uma estratégia sagazmente oblíqua para um realismo de resto subversivo[44].

Depois das primeiras adaptações de Cain e de Chandler, o *film noir* começou a explorar os cenários de Los Angeles de maneira nova. Geograficamente, deslocou-se de forma progressiva dos bangalôs e subúrbios cainianos para as construções em abandono épico de Bunker Hill, no Centro, as quais simbolizavam a podridão no coração da metrópole em expansão[45]. Do ponto de vista sociológico, o *noir* dos anos 1940 era mais tipicamente interessado nas subclasses de

---

[44] "Muitos roteiristas e diretores de cinema de esquerda foram logicamente atraídos para o *film noir* [...], [o qual] literalmente cheirava a fatos da vida. Era mais fácil instilar um sentimento de que nem tudo era perfeito na sociedade americana por meio das ambigüidades do *film noir* do que enfrentar o sistema e correr o risco de cooptação de qualquer mensagem subversiva", Carlos Clarens, *Crime Movies: from Griffith to The Godfather and beyond* (Nova York, Norton, 1980), p. 195-6. Qual forma teria um "verdadeiro" filme marxista de Hollywood continua a ser um tema para conjecturas impenetráveis. Talvez o candidato com mais potencial seja o notável roteiro de *An American Tragedy*, escrito por Sergei Eisenstein e por Ivor Montagu em 1930, durante a breve e atribulada estadia do diretor em Hollywood. Dreiser teria supostamente adorado o roteiro, mas a Paramount – alarmada pelo "monstruoso desafio à sociedade americana" que representava – sufocou o projeto. Ver W. A. Swanberg, *Dreiser* (Nova York, Scribner, 1965), p. 369-77.

[45] Uma convenção interessante do *film noir*, que tinha algo em comum com a vanguarda do filme documentário, era a emergência da própria metrópole (tipicamente como "cidade nua", "cidade dividida" etc.) como protagonista e estrela. Assim, um *film noir* de 1950, *Once a Thief*, chega realmente a listar "Los Angeles" nos créditos de sua ficha técnica como um dos "personagens". Ver Dana Polan, *Power and Paranoia: History, Narrative and the American Cinema, 1940–1950* (Nova York, Universidade Columbia, 1986), p. 235.

gângsters e na corrupção oficial do que na patologia da classe média; politicamente, a obsessão implícita pelo destino do pequeno produtor era suplantada por representações da reação política e de polarização social. É claro, o *film noir* permaneceu no campo de uma estética ideologicamente ambígua que podia ser manipulada de maneiras radicalmente diferentes. Assim, Howard Hawks optou por diluir os contrastes das sombras profundas de *O sono eterno* (o mais anti-rico dos romances de Chandler) num ambiente erótico para Bogart e Bacall, enquanto Edward Dmytryk e Adrian Scott, mais duros e realistas (ambos futuros membros dos Dez de Hollywood), evocavam premonições do fascismo e da lavagem cerebral – na adaptação do romance *Adeus, minha adorada*, de Chandler – no filme *Até a vista, querida*.

As experiências do *film noir* serviram como modelos para novos direcionamentos na literatura durona da Los Angeles dos anos quarenta. John Fante, que, como Adamic e Cain, havia sido descoberto pelo *American Mercury* de Mencken nos primeiros anos da Depressão, fundou uma escola de um só homem, "a literatura dos bebedores de vinho", que, autobiograficamente, produzia crônicas sobre a vida em hotéis para solteiros e sobre os salões de *taxi-girls* da Main Street durante a Depressão e os anos da guerra[46]. Charles Bukowsky adquiriria mais tarde uma celebridade desproporcional (inclusive dois filmes "autobiográficos") com suas descrições, derivativas de Fante, do submundo das decadentes "estrelas de bar" de Hollywood – um mundo melhor evocado na fantasmagórica autobiografia do jazzista e viciado em drogas Art Pepper[47].

Os dois romances sobre Los Angeles de Aldous Huxley (*Também o cisne morre*, de 1939, e *O macaco e a essência*, de 1948), por outro lado, prefiguravam o romance fantástico do pós-guerra (num espectro que inclui *O leilão do lote de 49*, de 1966, de Thomas Pynchon, assim como *The Gold Coast*, de 1988, de Kim Stanley Robinson), que explorou a fronteira incerta entre a realidade e a ficção científica na Califórnia meridional. Como salientou David Dunaway, as importantes contribuições de Huxley à antimitografia de Los Angeles raramente são reconhecidas na atualidade. Se *Swan*, com seus retratos grotescos e mal dissimulados

---

[46] Ver, de John Fante, *Wait Until Spring, Bandini* (Nova York, Stackpole Sons, 1938). [Ed. bras.: *Espere a primavera, Bandini*, 2ª ed., Rio de Janeiro, José Olympio, 2003.]; *Ask the Dust* (Nova York, Stackpole Sons, 1939). [Ed. bras.: *Pergunte ao pó*, trad. Roberto Muggiati, Rio de Janeiro, José Olympio, 2003]; *Dago Red* (Nova York, Viking, 1940); e o romance dos anos 1930 publicado postumamente, *1933 Was a Bad Year* (Santa Barbara, Black Sparrow, 1985). [Ed. bras.: *1933 foi um ano ruim*, 2ª ed., São Paulo, L&PM, 2005.]

[47] Ver Art Pepper e Laurie Pepper, *Straight Life: The History of Art Pepper* (Nova York, Schirmer Books, 1979). Filho de um dos membros da IWW admirados por Adamic, Pepper foi criado em Watts, estudou *bebop* na avenida Central, graduou-se em heroína em Boyle Heights e tornou-se emérito em San Quentin. Sua autobiografia atormentada eclipsa qualquer personagem do inferno bukowskiano.

Cidade de quartzo

de William Randolph Hearst e Marion Davis, inspirou *Cidadão Kane*, de 1940, de Orson Welles, então *O macaco e a essência*, com sua visão selvagem do pós-apocalipse, foi o "predecessor dos filmes de ficção científica sobre a destruição ambiental de Los Angeles e a degeneração da humanidade" – uma lista que inclui *Planeta dos macacos*, *A última esperança da terra* e *Blade Runner*[48].

As primeiras obras de ficção científica de Ray Bradbury, nesse ínterim, davam mostras de uma forte influência do *noir* advinda de sua mentora em ficção científica, Leigh Brackett, que se espelhou por sua vez, no estilo de Chandler e Hammet. A singularidade de Bradbury consistia em ser um filho das *folks* que se transformou em "poeta dos gibis". Emigrante da Depressão vindo de Wisconsin, ele freqüentou a escola pública de Los Angeles (mas nunca aprendeu a dirigir) e tornou-se membro entusiástico da temida fanocracia de Nathanael West:

> Eu era um deles: os estranhos. As pessoas engraçadas. As tribos peculiares de colecionadores de autógrafos e de fotógrafos. Aqueles que esperavam por longos dias e noites, que utilizavam os sonhos de outras pessoas em suas vidas.[49]

As crônicas marcianas, de 1950, de Bradbury, giram em torno das contradições entre a procura turneriana de novas fronteiras, "em direção ao Oeste", e a saudade lancinante de uma América da cidade pequena. Num certo sentido, Bradbury tomou a ansiedade do deslocado homem do Meio-Oeste em Los Angeles e projetou-a como destino extra-terrestre. Como foi salientado por David Mogen, o Marte de Bradbury é realmente um duplo metafísico de Los Angeles: "um produto de fantasias que lhe foram impostas [...] promessas mágicas e malevolência desnorteante"[50].

Mas o trânsito mais interessante por meio da cena literária de Los Angeles nos anos 1940 foi provavelmente o breve despontar de um *noir* negro. Los Angeles era uma miragem particularmente cruel para os escritores negros. À primeira vista, para o jovem Langston Hughes, em visita à cidade no ano das Olimpíadas de 1932,

> Los Angeles parecia mais um milagre do que uma cidade, um lugar onde laranjas eram vendidas por um centavo a dúzia, onde famílias negras comuns viviam em casas imensas com "quintais quilométricos", e em que a prosperidade parecia reinar apesar da Depressão.[51]

---

[48] David King Dunaway, *Huxley in Hollywood* (Nova York, Harper & Row, 1989), p. 222-3.

[49] Ray Bradbury, "W. C. Fields and the S.O.B. on Rollerskates", citado em David Mogen, *Ray Bradbury* (Boston, Twayne, 1986), p. 5.

[50] David Mogen, *Ray Bradbury*, cit., p. 93.

[51] Langston Hughes, citado em Arnold Rampersad, *The Life of Langston Hughes* (Nova York, Universidade de Oxford, 1986, v. 1), p. 236.

Mais tarde, em 1939, quando Hughes tentou trabalhar dentro do sistema de estúdios, descobriu que o único trabalho disponível para um escritor negro era produzir diálogos degradantes para as paródias sobre a vida dos negros nos campos de algodão. Depois de uma experiência humilhante com o filme *Way Down South*, ele declarou que "no que se refere aos negros, [Hollywood] bem poderia ser controlada por Hitler"[52].

A desilusão de Hughes em Los Angeles foi recapitulada, de modo mais penoso, pela experiência de Chester Himes. No começo da guerra, Himes (que havia passado os anos do começo da Depressão na Penitenciária Estadual de Ohio, sob acusação de roubo) foi para o Oeste com sua esposa Jean para recomeçar como roteirista na Warner Brothers. Apesar da formidável reputação de contista publicado pela *Esquire* (o primeiro "escritor presidiário" de renome), Himes encontrou um muro implacável de racismo em Hollywood. Como seu biógrafo descreve o incidente, "ele foi prontamente demitido da [...] Warner Brothers quando Jack Warner soube de sua existência e disse: 'Não quero nem saber de crioulos por aqui'"[53]. Escor(raça)do dos estúdios, Himes passou o resto da guerra como trabalhador não-especializado em fábricas de armamento que eram internamente segregadas, sofrendo com os arroubos de violência branca. Como lembrou mais tarde em sua autobiografia, essa foi uma experiência muito marcante:

> Aos 31 anos de idade, eu tinha sido tão magoado emocional, espiritual e fisicamente quanto 31 anos podem suportar: havia vivido no Sul, tinha caído num poço de elevador, tinha sido expulso da escola, havia passado sete anos e meio na prisão, tinha sobrevivido aos últimos cinco anos humilhantes da Depressão em Cleveland; e eu ainda estava inteiro, completo, funcional; minha mente estava alerta, meus reflexos eram bons e não me sentia amargo. Mas, sob a corrosão mental do preconceito racial em Los Angeles, tornei-me amargo e saturado de ódio.[54]

O retrato dostoievskiano de Los Angeles como um inferno racial feito por Himes, *Se ele chiar, deixa rolar*, de 1945, é *noir* tão bem confeccionado quanto qualquer coisa de Cain ou Chandler. Ambientado no verão longo e quente de 1944, o livro narra como o racismo branco, por meio de atitudes inteiramente irracionais, desencadeia a autodestruição de Bob Jones, um *leaderman* especializado nos estaleiros. Como observou um crítico, "o medo é o tema mais importante do romance [...] a deterioração progressiva de uma personalidade sob a pressão mortal de um medo imenso e inescapável"[55]. O romance

---

[52]   Ibidem, p. 371.

[53]   Stephen F. Milliken, *Chester Himes: a Critical Appraisal* (Columbia, Universidade de Missouri, 1976), p. 56.

[54]   Chester B. Himes, *The Quality of Hurt: the Autobiography of Chester Himes* (Nova York, Doubleday, 1972), p. 75.

[55]   Stephen F. Milliken, *Chester Himes: a Critical Appraisal*, cit., p 75.

Cidade de quartzo

seguinte de Himes, *Lonely Crusade*, de 1947, também se situa num cenário de pesadelo da economia de guerra racialmente tensa de Los Angeles. Dessa vez, o medo corrói a alma de Lee Gordon, um negro formado pela Ucla [Universidade da Califórnia em Los Angeles], organizador sindical sob a influência do Partido Comunista. Juntos, os dois romances sobre LA de Himes, ignorados na maioria dos tratamentos críticos dados aos cânones do *noir*[56], constituem uma análise brilhante e perturbadora da dinâmica psicótica do racismo na terra da luz do sol.

Inadvertidamente, a caricatura de Himes da "conspiração vermelha" local, em *Lonely Crusade*, também prefigurou a emergência de um "*noir* anticomunista" durante o período da Guerra da Coréia. Enquanto a Inquisição de Hollywood interrompia as carreiras da maioria dos escritores, diretores e produtores do *film noir* autêntico, seu subproduto bastardo e caçador de comunistas – freqüentemente ambientado em Los Angeles – surgiu no circuito de filmes B (por exemplo, *Stakeout on 101*) e nas estantes de brochuras de *drugstores* (os *thrillers* sado-macartistas de Mickey Spillane). Nesse meio tempo, durante a década de 1950, Ross Macdonald (Kenneth Millar) continuou a produzir fornadas de histórias *noires* de detetives razoavelmente bem escritas em estilo chandleresco, em geral com algum contraste marcado entre a beleza primitiva da costa da Califórnia meridional e a cobiça primitiva dos empresários[57].

O principal reflorescimento do *noir* ocorreu nos anos 1960 e 1970, quando uma nova geração de escritores e diretores emigrados revitalizou o antimito, elaborando-o ficcionalmente numa contra-história abrangente. Desse modo, Robert Towne (influenciado por Chandler e Nathanael West) sintetizou brilhantemente as grandes apropriações inescrupulosas de terra e especulações da primeira metade do século XX em seus roteiros para *Chinatown* e *A chave do enigma*. Na medida em que *Chinatown* estabeleceu uma genealogia para o *noir* dos anos 1930 e 1940, *A chave do enigma* e *Confissões verdadeiras*, de Gregory Dunne, extrapolaram-na para o *boom* suburbano do pós-guerra; já *Blade Runner*, de Ridley Scott (retrabalhando inteligentemente o enredo de *O caçador de andróides*, de Philip K. Dick) pintou uma Los Angeles do terceiro milênio espetacularmente chandleriana. Mais recentemente, Ray Bradbury, voltando ao gênero pela primeira vez em quarenta anos, "amoleceu" o *noir* de maneira abertamente nostálgica para evocar a Venice Beach dos anos 1950 – antes da renovação urbana e da invasão da classe média – em seu *Morte é uma transação solitária* de 1985.

---

[56] Himes, por exemplo, nunca foi mencionado em nenhum dos doze ensaios sobre a ficção de Los Angeles da antologia de Fine.

[57] Ver Jerry Speir, "The Ultimate Seacoast: Ross Macdonald's California", em David Fine (org.), *Los Angeles in Fiction*, cit., capítulo 6.

Luz do sol ou *noir*?

Paralelamente a esse projeto de uma história *noir* do passado e do futuro de Los Angeles (que na realidade assumiu a função de história pública suplente), outros escritores dos anos 1960 revivenciaram o desencorajamento moral que dobrou as espinhas dorsais dos anti-heróis de Cain e de Nathanael West. *As cidades da noite*, de 1963, de John Rechy, capturou, do ponto de vista de seus "*lost angels*" homossexuais, a imagem da cidade como um fugidio *trottoir* à meia-noite – "o mundo da América solitária espremida em Pershing Square", entre atos sexuais anônimos e brutalidade policial gratuita. Mas lá onde Rechy pôde em última análise encontrar, ao longo das praias em que "o sol desiste e afunda no negro, negro mar"[58], uma certa excitação niilista, Joan Didion encontrou somente náusea. Mais atormentada do que qualquer outro pela distopia de Nathanael West, ela descreveu o apocalipse moral da Los Angeles dos anos 1960 em seu romance *Play it as it Lays*, de 1970 e em seu volume de ensaios, *Slouching Toward Bethelhem*, de 1968. Para Didion – à beira de um colapso nervoso – a cidade dos assassinatos Manson já era uma confusão de ambição degradada e de violência aleatória. Sua repulsa visceral foi lembrada anos mais tarde por Bret Easton Ellis, o escritor *bratpack** dos anos 1980. Seu livro *Abaixo de zero*, de 1985, um romance cainiano sobre a juventude dourada do Westside, nos ofereceu entretanto a mais sombria das Los Angeles até então:

> Imagens de pais tão famintos e frustrados que comiam seus próprios filhos. [...] Imagens tão violentas e maliciosas que por muito tempo deram-me a impressão de ser meu único ponto de referência. Depois fui embora.[59]

Finalmente, sessenta anos depois que os primeiros contos na *The Black Mask* e na *American Mercury* anunciaram o gênero, o *noir* de Los Angeles transformou-se em paródia delirante no estilo transbordante de James Ellroy, o autoproclamado "cão do demônio da literatura norte-americana". Embora outros romancistas durões contemporâneos, incluindo Arthur Lyons, Robert Campbell, Roger Simon, T. Jefferson Parker e Joseph Wambaugh, acompanhem a tradição de Chandler/Macdonald em seu torrão natal, o completo arrebatamento de Ellroy transporta seu trabalho para um plano diferente[60]. Seu *Los Angeles*

---

[58] John Rechy, *City of Night*, cit., p. 93 e p. 87.

* Termo que em tradução literal significa "turma de fedelhos" e designa uma geração de jovens escritores dos anos 1980. (N. E.)

[59] Bret Easton Ellis, *Less Than Zero* (Nova York, Simon and Schuster, 1985), p. 207-8. [Ed. bras.: *Abaixo de zero*, Rio de Janeiro, Rocco, 1987.]

[60] Uma tangente diferente da geração *noir* original é, obviamente, a reelaboração da imagem de Nathanael West de uma gente pequena encalhada nas margens do grande vazio do sonho de LA/Hollywood/Califórnia. Provavelmente, o melhor representante contemporâneo deste gênero (também explorado por Sam Sheppard) é o dramaturgo de Burbank, John

Quartet[61], dependendo do ponto de vista, tanto pode ser o ápice de um gênero, quanto sua *reductio ad absurdum*. Por vezes uma tempestade quase insuportável de palavras de perversão e sangue derramado, *Quartet* tenta mapear a história moderna de Los Angeles como um *continuum* secreto de crimes sexuais, conspirações satânicas e escândalos políticos. Para Ellroy, como para Dunne em *Confissões verdadeiras*, o mórbido e não resolvido caso da "Dália Negra" em 1946 é o começo simbólico crucial da era do pós-guerra – um "nome da rosa" local ocultando um mistério metafísico ainda maior. Contudo, ao construir tal mitologia *noir* abrangente (incluindo mergulhos no oculto à maneira de Stephen King), Ellroy se arrisca a extinguir a tensão do gênero e, inevitavelmente, sua força. Em sua completa escuridão, não há mais luz que possa projetar sombras, e o mal se torna uma banalidade forense. O resultado se parece muito com a própria textura moral da era Reagan-Bush: uma supersaturação de corrupção que já não provoca mais indignação ou, sequer, interesse.

Sem dúvida, o papel pós-moderno do *noir* de LA pode ser precisamente o de endossar a emergência do *homo reaganus*. No posfácio da edição do qüinquagésimo aniversário de *O que faz Sammy correr?*, Budd Schulberg confessou-se consternado porque seu retrato selvagem da avareza e da ambição foi recuperada como "manual para *yuppies*":

> O livro que tinha escrito como um relato raivoso de Sammy Glick estava se tornando uma referência de caráter. [...] É assim que eles o estão lendo em 1989. E se é essa a maneira pela qual continuarão a lê-lo, marchando sob a bandeira de Sammy Glick, com o grande cifrão no espaço onde antes ficavam as estrelas, a versão século XX de Sammy vai parecer coisa de escoteiro se comparada com a do XXI.[62]

Pynchon prevê "dessublimações repressivas" (uma expressão marcusiana peculiarmente adequada ao contexto) ainda piores para o *noir*. Em *Vineland*, de 1990 – seu ardiloso romance centrado na Califórnia sobre a "restauração do fascismo na América" – ele tem visões da disneyficação do *noir* para vender desodorantes e água mineral para os futuros *super-yuppies* de Schulberg. Numa cena memorável, seus adolescentes "ratos de shopping center", Praire e Che, encontram-se no "novo *Noir Center*" de Hollywood:

Steppling, que mapeia vidas fragmentadas na "periferia de aluguéis baixos" de Los Angeles. Para a discussão de seu trabalho, ver Jan Breslauer, "Chronicles of the Dream Coast", *LA Weekly*, 26/1 – 1/2/1990.

[61] O *Los Angeles Quartet* inclui "The Black Dahlia" (1987), "The Big Nowhere" (1988), "LA Confidential" (1990) e "White Jazz" (1992). Ellroy produz suas histórias caça-níqueis "pós-*noirs*" num escritório de subsolo de Eastchester, Nova York – a 5 mil quilômetros da cena do crime.

[62] Budd Schulberg, citado em *Los Angeles Times*, 13/2/1990.

Era a yuppificação rolando a um ponto tão desesperado que Praire tinha que pelo menos ter esperança de que todo o processo estivesse chegando ao fim de seu ciclo [...] o *Noir Center* aqui tinha uma butique chique de água mineral chamada *Bubble Indemnity*, mais uma grande loja de móveis para terraço de nome *The Lounge Good Buy*, *The Mall Tease Falcon*, que vendia perfumes e cosméticos, e uma *delicatessen* estilo Nova York, a *The Lady 'n' Lox*.

Os exilados

> *Shirley Temple morava do outro lado da rua. Schoenberg ficava enfurecido quando, nos ônibus de turismo que passavam freqüentemente, os guias apontavam a casa dela, mas não a dele.*
>
> Dika Newlin[63]

Entre a tomada do poder pelos nazistas e a caça às bruxas em Hollywood, Los Angeles era o endereço de exílio de alguns dos mais celebrados intelectuais da Europa Central[64]. Desesperados e "muito modestos" (Eisler), tendo acabado de escapar dos campos de concentração e da Gestapo, eles chegaram com poucas exigências iniciais em relação a seu refúgio. Estavam atônitos com a opulência da colônia cinematográfica. Mesmo os mais descamisados dentre eles geralmente recebiam dos estúdios os assim chamados contratos "salva-vidas", que garantiam vistos de trabalho e proventos de cem dólares por semana. Os mais famosos se juntaram aos salões exclusivos estabelecidos em Santa Monica e em Palisades pela imigração pré-Hitler de estrelas de cinema e de diretores europeus[65]. Todavia, apesar de reconhecerem que Los Angeles realmente tinha a aparência de um "paraíso", muitos dos exilados antifascistas agarraram-se à primeira oportunidade de partir para Nova York e, depois, de retornar às ruínas da Europa arrasada pela guerra. Entretanto, seu retraimento em relação ao "paraíso" é apenas aparentemente paradoxal.

Em parte, sentiam-se atormentados por sua própria escolha incestuosa. Adorno, em *Mínima moralia: reflexões a partir da vida danificada* (um diário que escreveu em Los Angeles durante o período da guerra) relembrou

---

[63] Dika Newlin, *Schoenberg Remembered* (Nova York, Pendragon, 1980), p. 42. Trata-se do diário de uma menina prodígio de treze anos que estudou com Schoenberg nos anos 1930.

[64] O compositor francês emigrado Milhaud maravilhou-se com o fato de que Los Angeles pudesse conter "todo um *mundo* de artistas, escritores e músicos". Ao todo, uns 10 ou 15 mil refugiados europeus – a maioria profissionais – receberam permissão para se instalar na Costa Oeste. Talvez, a metade desse número tenha vivido algum tempo na Califórnia meridional. Ver Gerald Nash, *The American West Transformed: the Impact of the Second World War* (Bloomington, Universidade de Indiana, 1985), p. 194-5.

[65] Há também alguns refugiados "precoces" da reação, como o pintor judeu radical Boris Deutsch, que chegou da Lituânia em 1920.

Cidade de quartzo

[...] o isolamento [que] tornou-se pior através da formação de grupos exclusivos, politicamente controlados, desconfiados de seus membros, hostis em relação àqueles estigmatizados como diferentes. [...] As relações entre os desajustados são ainda mais venenosas do que entre residentes.[66]

(Adorno certamente sabia do que estava falando; Brecht pensava que as *soirées* de Los Angeles no Instituto para Pesquisa Social – a Escola de Frankfurt – pareciam "seminários de pós-graduação num *bunker* do tempo de guerra".)[67] Segregados dos habitantes nativos de LA, os exilados formavam uma sociedade em miniatura num gueto auto-imposto, agarrando-se a seus preconceitos do Velho Mundo como se fossem salva-vidas culturais.

Mas tal melancolia coletiva também era uma reação à paisagem. Com poucas exceções, eles se queixavam amargamente da inexistência de uma *civitas* européia (ou mesmo de Manhattan), de lugares públicos, multidões sofisticadas, auras históricas e intelectuais críticos. No meio de tanta área livre, não parecia existir um espaço que se coadunasse com seus critérios de "urbanidade civilizada". Los Angeles, a despeito de toda a sua luxúria e encantamento, era vivida como uma antítese cultural das memórias nostálgicas da Berlim ou da Viena pré-fascistas. Sem dúvida, à medida que se desgastava a canção de outono dos exilados, Los Angeles foi cada vez mais simbolizada como uma "anticidade", como um Gobi de subúrbios.

A formação de um consenso crítico sobre Los Angeles/Hollywood (inexoravelmente fundidas nas mentes da maioria dos exilados) significava, além disso, um momento seminal na reconceituação européia dos Estados Unidos. O que era na maior parte romance – as fantasias européias sobre *cowboys*, Lindbergh e arranha-céus –, era agora vivido à luz da experiência real numa cidade cuja relação quase utópica com o restante dos Estados Unidos era a mesma que teve a América como um todo com a imaginação da República de Weimar dos anos 1920. Dito de outro modo, o exílio na Califórnia meridional transformou os termos para a compreensão do impacto do modernismo, ao menos na mente dos intelectuais influenciados pelo Instituto para Pesquisa Social, que se deslocaram para Santa Monica no começo da guerra.[68]

---

[66] Theodor Adorno, citado em Harvey Gross, "Adorno in Los Angeles: the Intellectual in Emigration", *Humanities in Society*, 1979, p. 342. Antigas diferenças foram aumentadas, e não esquecidas no exílio. Apesar do esforço de amigos para uni-los, Schoenberg e Stravinsky viveram em Los Angeles por treze anos (sentando-se "em lados opostos do Teatro Wilshire Ebell na primeira audição da *Suite Genesis") antes de, finalmente, aceitarem falar um com o outro. Ver Igor Stravinsky e Robert Craft, *Dialogues* (Berkeley, Universidade da Califórnia, 1982), p. 106.

[67] Ver Anthony Heilbut, *Exiled in Paradise: German Refugee Artists and Inlellectuals in America* (Boston, Viking, 1983), p. 161.

[68] O *noir* teve influência própria e autônoma sobre a cultura européia do pós-guerra (especialmente nas francesa e italiana). James M. Cain, mais do que qualquer outro, ajudou a desencadear

Adorno, que escreveu *Dialética do esclarecimento* com Max Horkheimer em Los Angeles durante a guerra, depois de seu retorno a Frankfurt anos mais tarde, disse:"provavelmente, não é exagero dizer que toda a consciência contemporânea que não se apropriou da experiência americana, mesmo que em oposição a ela, tem algo de reacionário"[69]. Em Los Angeles, onde Adorno e Horkheimer acumularam seus "dados", os exilados pensavam estar encontrando a América em seu momento mais puro e mais prefigurativo. Em grande parte ignorantes, ou indiferentes à dialética histórica peculiar que deu forma à Califórnia meridional, eles permitiram que a imagem que fizeram à primeira vista se tornasse seu próprio mito: Los Angeles como a bola de cristal do capitalismo futuro. E, diante desse futuro, experimentaram de modo extremamente penoso a agonia de morte da Europa das Luzes[70].

A crítica de Frankfurt à "indústria cultural" tornou-se a representação teórica básica desse encontro. Sendo Hollywood e seu duplo especular,"Hollywood!", o foco durante sua estada em Los Angeles, os germânicos passaram rapidamente a acrescentar um verniz hegeliano à sensibilidade *noir* nativa. Descreveram a indústria cultural não somente como economia política, mas como uma espacialidade específica que viciou as proporções clássicas de urbanidade européia, expulsando do palco tanto as "massas" (em sua heróica encarnação historicamente transformadora) quanto a *intelligentsia* radical. Sem demonstrar nenhum interesse aparente pelo turbilhão dos tempos de guerra nas fábricas locais de aviões, nem tampouco inclinados a apreciar a vigorosa vida noturna do gueto da avenida Central de Los Angeles, as atenções de Horkheimer e Adorno, em vez disso, convergiram para os recipientes contendo famílias individuais que pareciam absorver a missão histórica mundial do proletariado num consumismo centrado na família, sob a direção de *jingles* de rádio e de anúncios da revista *Life*. O sol se levanta sobre o monte Hollywood na famosa abertura de Adorno e Horkheimer para "A indústria cultural":

> Mesmo agora, as casas mais velhas nas cercanias de concreto do centro urbano parecem barracos de favela, e os novos bangalôs na periferia estão em harmonia com as

---

uma nova espécie de ficção e de cinema: *The Postman Always Rings Twice* (Nova York, Kpnof, 1945) [Ed. bras.: *O destino bate à sua porta*, São Paulo, Companhia das Letras, 1998]. Esse foi o modelo para *O Estrangeiro* de Camus, também "roubado" por Visconti para fazer *Obsessão*, mais tarde refeito por Godard. Ver David Madden, "Introduction", em *Tough Guy Writters of the Thirties*, cit., p. xvii; e Otto Friedrich, *City of Nets: a Portrait of Hollywood in the 1940's* (Nova York, Harper & Row, 1986), p. 235. [Ed. bras.: *A cidade das redes: Hollywood nos anos 40*, trad. Ângela Melin, São Paulo, Companhia das Letras, 1988.]

[69] Ver Martin Jay, *The Dialectical Imagination* (Berkeley, Universidade da Califórnia, 1985), p. 123. [Ed. bras.: *A imaginação dialética*, Rio de Janeiro, Contraponto, 2008.]

[70] Ver Harvey Gross, "Adorno in Los Angeles: the Intellectual in Emigration", *Humanities in Society*, cit., p. 344.

Cidade de quartzo

estruturas provisórias das feiras internacionais na sua louvação ao progresso técnico, e em sua pressuposição intrínseca de serem descartadas em pouco tempo, como latas vazias de comida. Ainda assim, os projetos habitacionais da cidade, concebidos para perpetuar o indivíduo como uma unidade supostamente independente numa pequena moradia higiênica, o tornam ainda mais subserviente a seu adversário – o poder absoluto do capitalismo.[71]

Apesar de sua descoberta de peso, Horkheimer e Adorno não chegavam a ser o Colombo e o Magalhães desse "admirável mundo novo". A paisagem da Los Angeles dos estúdios de cinema e das casas para famílias individuais já estava sendo comentada por observadores europeus curiosos muito antes da diáspora de Weimar chegar a todo vapor. No final dos anos 1920, por exemplo, o principal jornalista de denúncia em língua alemã, Egon Erwin Kisch, dirigiu sua inteligência acerba contra a Los Angeles dos *open shops*. Famoso por seu relato sobre o caso do Coronel Redl, que chocou o Império dos Habsburgo no despertar da primeira Guerra Mundial, Kisch era um membro proeminente do Partido Comunista austríaco na época em que chegou a Los Angeles. Seu irônico relato de viagem, *O paraízo norte-americano*, ecoava Adamic em sua satirização selvagem das paisagens faz-de-conta e das manias especulativas. Pouco impressionado por uma cidade aparentemente estruturada somente sobre a luz do sol, Kisch perguntou: "Acabará esse imenso negócio imobiliário como um *boom*, ou como uma manobra especulativa seguida por uma quebra?"[72].

Alguns anos mais tarde, depois da "quebra" – quando as Olimpíadas de 1932 concentravam a atenção do mundo sobre Los Angeles, sobre o "mistério" de seu crescimento e de seu excessivo número de seitas –, o geógrafo alemão Anton Wagner, que tinha parentes na velha colônia alemã de Anaheim, fez um levantamento meticuloso, fotografando e descrevendo a bacia de Los Angeles. Seu *Los Angeles... Zweimillionnenstadt in Sudkalifornien*, de 1935, era um monumento à erudição teutônica à moda antiga; Reyner Banham o exaltou quarenta anos mais tarde como "a única visão abrangente de Los Angeles como um ambiente construído"[73]. Embora eivado de pseudocientificismos equivocados e alusões raciais, *Los Angeles* oferecia um panorama extraordinariamente detalhado dos distritos da cidade e de suas redondezas no começo dos anos da Depressão. Wagner era parti-

---

[71] Max Horkheimer e Theodor Adorno, *Dialektik der Aufklärung: philosophische fragmente* (Frankfurt, Fischer, 1972), p. 120-1. [Ed. bras.: *Dialética do esclarecimento: fragmentos filosóficos*, trad. Guido Antônio de Almeida, Rio de Janeiro, Jorge Zahar, 1985.]

[72] Egon Erwin Kisch, *Paradies Amerika* (Berlim, Aufbau, 1948), p. 134. [Ed. bras.: *O paraízo norte-americano*, trad. Galeão Coutinho e Leonor de Aguiar, São Paulo, Livraria Cultura Brasileira, 1933, Coleção Cultura Universal.]

[73] Reyner Banham, *Los Angeles: the Architecture of Four Ecologies* (Londres, Allen Lane, 1971), p. 236 e p. 247. Wagner nunca foi traduzido e *Los Angeles... Zweimillionenstadt in Sudkalfornien* é agora um item raro em coleções especiais de bibliotecas.

Luz do sol ou *noir*?

cularmente fascinado pela penetração do princípio de cenários de filmagens no desenho das "paisagens de fachada", particularmente a elaborada, mas fracassada, tentativa de Hollywood de gerar um "meio urbano real" europeizado:

> Pretendem criar aqui a Paris do extremo Oeste. O tráfego noturno no bulevar Hollywood no final da tarde tenta imitar a vida de um bulevar parisiense. Entretanto, a vida no bulevar se extingue antes da meia-noite, e faltam diante dos cafés as cadeiras de onde, em Paris, se pode ociosamente observar a vida das ruas. [...] De noite os retratos iluminados das estrelas de cinema cintilam nos postes de luz sobre multidões trajadas com falsa elegância européia – uma declaração de que aqui a América anseia ser outra coisa que não a América. [...] Todavia, apesar dos artistas, escritores e dos aspirantes a estrela de cinema, a sensibilidade de uma Montmartre, de um Soho, ou mesmo de uma Greenwich Village reais não pode ser sentida aqui. O automóvel mina essa sensação, e assim o fazem também as casas novas. Hollywood carece da pátina da idade.[74]

Essa noção de "imitação de urbanidade" que, como vimos, já era um clichê na crítica menckeniana de Los Angeles, teria sua elaboração aprofundada na literatura dos exilados (alguns dos quais, presumivelmente, desembarcavam em San Pedro no momento em que o Professor Wagner, mapas à mão, voltava para sua sinecura acadêmica no Terceiro Reich). As "aventuras na hiper-realidade" de Eco e de Baudrillard na Califórnia meridional, que causaram tanta agitação, seguiam estritamente esses passos anteriores. Por exemplo, na versão alemã de seu livro de Hollywood, *Sombras no paraíso*, Erich Maria Remarque antecipou perfeitamente a idéia de Eco e de Baudrillard da cidade como "simulacro":

> Real e falso fundiam-se aqui de maneira tão perfeita que se tornavam substância nova, assim como cobre e zinco se tornam latão que parece ouro. Não significava nada que Hollywood estivesse repleta de grandes músicos, poetas e filósofos. Ela também estava cheia de espiritualistas, de fanáticos religiosos e de vigaristas. Ela devorava a todos, e aqueles que não fossem capazes de se salvar a tempo perderiam suas identidades, quer pensassem assim ou não.[75]

Mas, para a maioria dos exilados, a percebida falta de vida da cidade atingia proporções ainda mais insuportáveis quando saíam do palco parisiense do bulevar Hollywood. Remarque sabidamente fugiu da cidade porque não conseguia achar graça em seu costumeiro passeio matinal. "Ruas, casas e calçadas vazias" sugeriam demasiadamente o "deserto" de onde Los Angeles havia saído como por encanto[76]. De sua parte, Hanns Eisler denunciou o

---

[74] Ibidem, p. 156.

[75] Erich Maria Remarque, citado em Hans Wagener, "Erich Maria Remarque", em J. M. Spalek e J. Strelka (orgs.), *Deutsche Exillitterature seit 1933*, cit., p. 595.

[76] Idem.

Cidade de quartzo

[...] idílio medonho dessa paisagem, que na realidade brotou da mentalidade da especulação imobiliária, porque não oferecia muito por si mesma. Se alguém aqui interrompesse o fluxo de água por três dias, os chacais surgiriam novamente, e a areia do deserto.[77]

Entretanto, nem todos os europeus se chocavam com a fachada, tampouco com o deserto atrás dela. Aldous Huxley – parte de um grupo de pacifistas britânicos de Bloomsbury* expatriados que incluía Christopher Isherwood, Gerald Heard e, por um curto período, Lord Russel (na Ucla) – saboreava precisamente essas qualidades da paisagem local que os alemães mais desprezavam. Numa fuga direta tanto de Hollywood quanto da guerra, Huxley se mudou com sua família para um rancho no deserto, perto das ruínas da "anti-Los Angeles" original, Llano del Rio[78]. Aqui, enquanto procurava pela "essência divina" no silêncio do Mojave, sua mulher Maria devorava as colunas de astrologia do *Los Angeles Times*, das quais Adorno ria. Huxley e Heard, abraçando o misticismo, a comida saudável e os alucinógenos, se tornariam mais tarde, nos anos 1950, os padrinhos da subcultura New Age da Califórnia meridional[79].

Seria divertido saber se Huxley e Brecht chegaram alguma vez a discutir sobre o clima. Ninguém entre os antifascistas exilados parecia mais espiritualmente desolado por Los Angeles do que o dramaturgo e esteta marxista de Berlim. Como ele disse em seu poema famoso:

On thinking about Hell, I gather
My brother Shelley found it was a place
Much like the city of London. I
Who lives em Los Angeles and not in London

---

[77] Hanns Eisler, *Fragen Sie mehr über Brecht: Gesprache mit Hans Bunge* (Darmstadt, Luchterhand, 1986), p. 44.

* O grupo de Bloomsbury, em Londres, era formado por escritores, artistas e filósofos que habitavam aquela área ou estavam a ela associados. (N. T.)

[78] Ver seu famoso ensaio "Ozymandias, the Utopia that Failed", uma história de advertência sobre a vida comunal, em Aldous Huxley, *Tomorrow and Tomorrow and Tomorrow, and other essays* (Nova York, Harper, 1956).

[79] Ver o fascinante *Huxley in Hollywood*, cit., de David King Dunaway. A maior parte dos devotos, como também os críticos, da New Age californiana parece acreditar que esta surgiu completamente pronta da "era de Aquário" dos anos 1960. Na realidade, ela tem uma complexa genealogia subcultural, relacionando-se, via Huxley e Heard, a Bloomsbury e a uma boemia pré-rafaelista anterior, assim como derivando, mais localizadamente, de uma concatenação do arianismo arroyoista (especialmente a ênfase sobre o perfeccionismo físico racial) e da tradição de cultos de Hollywood (inclusive um ou dois cromossomas satânicos dos influentes crowleystas).

Find, on thinking about Hell, that must be
Still more like Los Angeles.[80]

Todavia, o tédio desesperado de Brecht compunha-se de estranhas contradições. Num momento ele reclamava que seu bangalô em Santa Monica era "demasiado agradável para se trabalhar nele", no seguinte promovia Los Angeles como um "inferno" de proporções shelleyanas. Beira o absurdo, como realçaram Lyon e Fuegi, "imaginar um europeu típico como Brecht fazendo compras num supermercado americano, ou fazendo seu exame californiano de motorista, ou numa *drugstore* pegando uma lata de cerveja e encontrando-se casualmente com Arnold Schoenberg"[81]. (Huxley, em compensação, abriu pela primeira vez "as portas da percepção" com mescalina na "maior *drugstore* do mundo", na La Cienega[82].) Seguindo esse mesmo critério, porém, é estranho que o criador de *Mahagonny*, que em Berlim obsequiava *demimondaines* do lumpensinato e a fala da classe trabalhadora, tenha mostrado tão pouco interesse em explorar o lado alternativo de Los Angeles: os salões de dança de Boyle Heights, os clubes noturnos da avenida Central, as espeluncas de Wilmington e assim por diante. A Mahagonny da vida real sempre esteve ao alcance da mão, como estava o florescente movimento de trabalhadores local, na sua maior parte liderado pela esquerda. Mas, se o "fedor de petróleo" penetrava ocasionalmente em seu jardim em Santa Monica, Brecht fabricou o mito da convergência do céu e do inferno sem realmente saber que aparência tinham as partes "infernais" de Los Angeles[83].

Não foram todos os alemães, é claro, que passaram seu tempo em Los Angeles em desespero existencial. Thomas Mann (segundo Brecht) via a si mesmo nas Pacific Palisades como "um novo Goethe à procura da terra onde crescem os limões"[84]. Schoenberg pode ter ficado melindrado com Shirley Temple, mas gostava de jogar tênis com um outro vizinho seu de Brentwood, George Gershwin, como gostava dos raios de sol que inundavam seu estúdio a cada

---

[80] Bertolt Brecht, "On Thinking About Hell", em *Poems: 1913–1956* (Londres, Methuen, 1976), p. 367. [Ed. bras.: *Poemas: 1913–1956*, 5. ed., trad. Paulo César Souza, São Paulo, Editora 34, 2000. "Pensando sobre o inferno, eu concluo/ Meu irmão Shelley achava que era um lugar/ Muito como a cidade de Londres. Eu/ Que moro em Los Angeles e não em Londres./ Acho, pensando sobre o inferno, que deve ser/ Ainda mais parecido com Los Angeles" – N. T.]

[81] Ibidem, p. 280.

[82] David King Dunaway, *Huxley in Hollywood*, cit., p. 285-303.

[83] Ver a discussão em Patty Lee Parmalee, *Brecht's America* (Columbus, Universidade do Estado de Ohio, 1981).

[84] Bertolt Brecht, citado em Bruce Cook, *Brecht in Exile* (Nova York, Holt, Rinehart and Winston, 1982), p. 58. Mann, é claro, escreveu *Doutor Fausto* em Los Angeles.

Cidade de quartzo

manhã quando compunha[85]. Max Reinhardt, por seu lado, alardeava que a Califórnia meridional se tornaria "um novo centro de cultura [...] não há paisagem mais hospitaleira"[86]. É verdade que os mais famosos dos exilados poderiam imaginar-se *sahibs* de Hollywood; pessoas brancas e alegres sob as palmeiras, alimentando-se de uma economia que funcionava tocada por servidores invisíveis. Mas até mesmo o mais bronzeado dos exilados, inclusive Mann e Reinhardt, despertava para o fato de que, atrás da afluência mediterraneizada, ocultavam-se exploração e militarismo.

Em primeiro lugar, virtualmente todos os europeus insurgiam-se contra a proletarização da *intelligentsia* em Hollywood. As queixas dos grupos de Weimar e de Bloomsbury aqui fizeram eco ao sentimento da já alienada colônia de escritores (o Sindicato dos Roteiristas de Cinema havia sido formado em 1933), e retraçaram um tema que, como demostrei, era central para a ficção de Los Angeles. Jogados num meio "totalmente estranho e opaco, em que as idéias criativas, o talento artístico e a originalidade não contavam, em que tudo se afinava segundo as práticas das oficinas e dos escritórios"[87], os exilados viviam a degradação artística em meio à abundância. Apesar de sua euforia inicial sobre as perspectivas culturais da Califórnia meridional, Max Reinhart viu-se numa situação em que se esperava dele que batesse seu cartão de ponto como qualquer operário de fábrica – "em 1942 ele foi embora deprimido para a cidade de Nova York". Atores de teatro antifascistas brilhantes como Fritz Kortner, Alexander Grenach e Peter Lorre foram limitados pelos patrões dos estúdios a ridículas personificações de líderes nazistas[88]. A grande chance de Stravinsky foi rearranjar a *Sagração da primavera* como trilha sonora para a dança das vassouras em *Fantasia*, de Disney, enquanto Schoenberg, de menor visibilidade, orientava os compositores de estúdio que faziam suspense musical para os *thrillers noirs* e para

---

[85]   Ver Malcolm MacDonald, *Schoenberg* (Londres, Dent, 1976), p. 46; Julian Brand (org.), *The Berg-Schoenberg Correspondence: Selected Letters* (Nova York, W. W. Norton, 1987), p. 458. MacDonald ressalta que Schoenberg era uma figura popular na Ucla, e que "também deu aulas particulares para John Cage, sem nada cobrar 'enquanto ele dedicasse sua vida exclusivamente à música'", ibidem, p. 45.

[86]   Max Reinhardt, citado em Gerard Nash, *The American West Transformed*, cit., p. 197. A presença dos deuses da cultura européia em Los Angeles durante os anos 1930 e 1940, sem dúvida, estimulou muitos escritores e músicos. Sobre o impacto do encontro de Thomas Mann, em 1947, com uma adolescente do Norte de Hollywood, ver as memórias de Susan Sontag, "Pilgrimage", *New Yorker*, 21/12/1987.

[87]   Erna Moore, "Exil in Hollywood: Leben und Haltung deutscher Exilautoren nach ihren autobiographischen Berichten", em J. M. Spalek e J. Strelka (orgs.), *Deutsche Exillitterature seit 1933*, cit., p. 25ff.

[88]   Gerard Nash, *The American West Transformed*, cit., p. 197.

os filmes de monstros[89]. Os marxistas, que antes na Alemanha louvaram o advento da produção intelectual coletivizada e o desaparecimento do autor, agora denunciavam amargamente o "ganha-pão" taylorizado, como dizia Brecht, e a futilidade de "escrever para ninguém"[90]. Para Adorno, Hollywood era nada menos do que um cataclisma mecanizado que estava abolindo a cultura no sentido clássico. ("Na América, não será [...] mais possível esquivar-se da questão de saber se o termo cultura, no qual se foi criado, tornou-se obsoleto...")[91]

Em segundo, qualquer que fosse sua situação material – recluso (Adorno) ou integrado (Billy Wilder), esquecido (Heinrich Mann e Man Ray) ou celebrado (Thomas Mann), dependente da caridade (Döblin) ou morando nas Palisades (Feuchtwanger) –, os exilados eram todos vulneráveis às oscilações no clima político. Concentrados na colônia cinematográfica sob crescente hostilidade do público, desempenharam seu último papel em Los Angeles como bodes expiatórios da inquisição de Hollywood. Com a indústria inteira cada vez mais à mercê da lavagem cerebral da Guerra Fria, e dez de seus colegas americanos a caminho da prisão (e mais centenas nas listas negras por uma geração), muitos dentre os exilados escolheram tomar o primeiro navio de volta para o Velho Mundo. Outros agüentaram o melhor que puderam, escrevendo ou dirigindo filmes *noirs* ocasionais que sugeriam a questão do câncer da repressão política e cultural.

Mais tarde, de volta à *Modell Deutschland* (que ele preferiu à República Democrática Alemã de Brecht), Horkheimer reorganizou a Escola de Frankfurt e começou a publicar o restante das notas, suas e de Adorno, do "mais avançado posto de observação" na metade do século XX. Os frankfurtianos instruíam a nova *intelligentsia* européia sobre a nova ordem, cujas fundações estavam sendo construídas pelo Plano Marshall. Memórias agridoces do "exílio no paraíso" (Nova York e Los Angeles) eram sublimadas numa crítica antecipada da norte-americanização cultural e da sociedade de consumo. Enquanto isso, a Califórnia meridional poderia até ter esquecido de que algum dia havia abrigado o Instituto para Pesquisa Social, exceto pela chegada inesperada do filho pródigo mais fa-

---

[89] Kevin MacMahon, comunicação particular.

[90] Os departamentos de escritores dos estúdios eram verdadeiras fábricas."'A gente tinha que bater ponto', lembra Milton Sperling. 'Eles andavam de um lado para o outro para ver se todos estavam batendo em suas máquinas. Havia um vigia no edifício dos escritores. Quando Warner ou Cohn eram vistos vindo na direção do prédio, alguém gritava 'lá vem ele', e todas as máquinas de escrever começavam a funcionar. Ele [Jack Warner] não conseguia entender por que as pessoas não estavam sempre batendo à máquina'", Neal Gabler, *An Empire of Their Own: How the Jews Invented Hollywood*, cit., p. 324.

[91] Theodor Adorno, "Wissenschaftliche Erfahrungen in Amerika", em *Stichworte: Kritische Modelle II* (Frankfurt, Suhrkamp, 1969), p. 147. [Ed. bras.: *Palavras e sinais: modelos críticos 2*, trad. Maria Helena Ruschel, Petrópolis, Vozes, 1995.]

Cidade de quartzo

moso da Escola de Frankfurt, Herbert Marcuse, no começo dos anos 1960 – a última geração de exilados a chegar na Costa Oeste.

Recrutado de Brandeis para organizar o programa de filosofia no novo e espetacular *campus* do penhasco à beira-mar da Universidade da Califórnia em San Diego, Marcuse fez de bom grado o caminho de volta para a mesma tempestade de anti-radicalismo e antiintelectualismo raivoso da qual Brecht, Eisler e punhados de outros fugiram às pressas no final dos anos 1940. Durante aquilo que Barry Katz chamou de seus "anos de animado pessimismo", Marcuse desenvolveu a tese de Adorno do "colapso da cultura", postulando um "totalitarismo democrático" minando a própria possibilidade de uma subjetividade crítica. Indubitavelmente, ele encontrou abundante confirmação de suas alegações no Condado de San Diego circunjacente, com sua conjugação bizarra de balneários marítimos e bases do Corpo de Fuzileiros Navais.

Mas mesmo nessa "sociedade unidimensional", Marcuse deu boas vindas às "forças de libertação" emergentes: louvando a música *soul* e o jazz (que Adorno execrava), apoiando Angela Davis e os Panteras Negras, e incitando seus estudantes a divulgar o evangelho marxista clássico por toda a Califórnia[92]. Ele foi capaz de fazer a conexão orgânica com o radicalismo autóctone que havia escapado à maioria de seus camaradas de exílio nos anos 1940. Infelizmente, o último dialético na Terra do Lótus entrou em conflito não somente com a histeria nixoniana crescente (recebia novas ameaças de morte todos os dias dos setores fascistas de San Diego), mas, fatalmente, com a errática atenção da indústria cultural. A celebridade inusitada na mídia primeiro "gurificou" Marcuse (o "Flautista de Hamelin da juventude insurreta" da revista *Time*) e depois rotulou seus pensamentos com a censura mortífera de moda ultrapassada.

Todavia, o espectro do marxismo frankfurtiano (Horkheimer, Adorno e Marcuse) ainda assombra a Califórnia meridional, mesmo que suas observações, um dia irônicas tenham sido reduzidas a clichês de placas de sinalização em benefício do pós-modernismo *à la* Club Med. Se os exilados de Weimar surgiram em Los Angeles como tragédia, então os turistas da Quinta República de hoje vêm estritamente como farsa. O que era antes angústia parece ter se tornado piada. Como observou um crítico local a respeito da visita de um rei parisiense da filosofia:

> Baudrillard parece divertir-se. Ele gosta de observar a liquidação da cultura, e de vivenciar o resgate das profundezas. [...] Ele vai para casa na França e acha-a graciosamente antiquada, um país do século XIX. Volta para Los Angeles e sente-se perversamente estimulado. "Não há nada que se possa igualar a sobrevoar Los Angeles durante a noite. Somente o Inferno de Hieronymous Bosch pode rivalizar com seu efeito diabólico."[93]

---

[92] Ver Barry Katz, *Herbert Marcuse* (Londres/Nova York, Verso/Schocken Books, 1982).

[93] Leddy, *LA Weekly*, 1989, p. 11.

Os feiticeiros

Se a Califórnia meridional pretende continuar a enfrentar o desafio de seu meio ambiente [...] sua necessidade suprema [...] é de homens capazes, criativos, altamente dotados e treinados na ciência e em suas aplicações.
Robert Millikan[94]

No Sul da Califórnia reuniu-se o maior e mais variado sortimento de messias, feiticeiros, santos e profetas conhecido na história das aberrações.
Fransworth Crowder[95]

Nem todo intelectual de Los Angeles de renome acabou diante das portas de um estúdio nos anos 1940. Mesmo corrigido segundo os valores relativos de um câmbio entre os prestígios literário e científico, o famoso elenco de escritores da MGM era café pequeno se comparado à extraordinária concentração de laureados pelo Nobel que se reunia no recém-fundado Instituto de Tecnologia da Califórnia [Cal Tech] em Pasadena, a partir de meados da década de 1920. Com professores permanentes ou visitantes que incluíam Eistein, Millikan, Michelson, Von Karman, Oppenheimer, Dobzhansky, Pauling e Noyes, o Cal Tech foi a primeira instituição no Oeste a reivindicar a primazia nacional numa ciência maior, a física[96]. Mais importante ainda, o Cal Tech não era simplesmente uma torre de marfim, mas o núcleo dinâmico de uma tecnoestrutura emergente que detinha uma das chaves do futuro da Califórnia meridional. Enquanto seus engenheiros aeronáuticos testavam os projetos da aerodinâmica do DC-3 de Donald Douglas em seu túnel de vento, e seus geólogos resolviam problemas técnicos para a indústria petrolífera da Califórnia, outros cientistas do Cal Tech estavam no Arroyo Seco de Pasadena, acima da Barragem Devil's Gate (onde hoje fica o Laboratório de Propulsão a Jato da Nasa), ajudando a dar início à era espacial por meio de suas experiências pioneiras com foguetes. O Cal Tech, juntamente com o Departamento de Defesa, inventou em proporção substancial a economia baseada na ciência da Califórnia meridional do pós-guerra.

---

[94] Robert Millikan, *The Autobiography of Robert A. Millikan* (Nova York, Arno, 1950), p. 242.

[95] Farnsworth Crowder, "Los Angeles: the Heaven of Bunk-Shooters", em H. A. Woodmansee, *How "Wicked" is Hollywood?* (Girard–Kansas, Haldeman-Julius, 1931, Coleção Little Blue Book, n. 1591), p. 18.

[96] Pelos meados dos anos 1920, somente alguns anos depois de sua fundação, o Cal Tech ultrapassava todas as outras universidades americanas, tanto em número de publicações importantes, na área da física, escritas por seu corpo docente, quanto de pesquisadores bolsistas nacionais e internacionais atraídos para seus laboratórios. Ver Robert Kargon, *The Rise of Robert Millikan: Portrait of a Life in American Science* (Ithaca–NY, Universidade de Cornell, 1982), p. 117.

Mas o próprio Cal Tech foi em grande parte uma invenção de George Ellery Hale, astrofísico pioneiro e fundador do Observatório de Mount Wilson. Encantado com Pasadena e sua extraordinária concentração de riqueza "excedente" retraída, Hale visualizou um vasto triângulo científico – cultural em torno do Observatório ("já o maior recurso que a Califórnia meridional possui, sem excluir a Câmara de Comércio de Los Angeles"), do Instituto e da Biblioteca Huntington (cuja criação ele também influenciou)[97]. O infatigável Hale (intimamente associado aos interesses da Carnegie) também foi o principal catalizador na organização do Conselho Nacional de Pesquisa [NRC] em 1917, a fim de apoiar a mobilização de guerra de Woodrow Wilson. O NRC era o complexo científico – militar – industrial em embrião, reunindo os físicos mais importantes da nação, os principais engenheiros militares e os chefes das corporações de base científica como a AT&T e a GE. Além disso, era o modelo para a colaboração regional triangular que Hale pretendia estabelecer em torno do Cal Tech, cuja última ramificação foi a indústria aeroespacial de Los Angeles[98].

De modo a realizar esse sonho, Hale convenceu um de seus colegas do NRC, o físico mais importante da América, Robert A. Millikan, a abandonar sua amada Universidade de Chicago para ocupar a presidência do Cal Tech. Um fator fundamental para o recrutamento de Millikan foi, aparentemente, a promessa da Edison da Califórnia meridional de viabilizar para ele um laboratório de alta voltagem para experiências em física atômica. Hale e Millikan compartilhavam uma crença quase fanática na parceria entre a ciência e as grandes empresas. Era política sua que o Cal Tech fosse aliado "à aristocracia e ao patrocinador", e ficasse ao abrigo da "ingerência de congressistas e de outros representantes do povo"[99].

Seu mais importante apóstolo na mobilização da aristocracia local era o diretor da Edison, Henry M. Robinson, também presidente do First National Bank e íntimo de Herbert Hoover ("seu coronel House"*). Robinson pessoalmente fez avançar a ciência na Califórnia meridional pela aplicação das teorias de Einstein ao capitalismo num pequeno livro intitulado *Relativity in Business Morals.* (Seus críticos sugerem que Robinson coletou dados experimentais para seu

---

[97] Sobre a atração exercida pela "alameda dos milionários", na avenida Orange Grove, ver Carey McWilliams, *California: the Great Exception* (Nova York, Current Books, 1949), p. 260-2. Sobre o papel do Observatório como construtor regional, ver Robert Millikan, *The Autobiography of Robert A. Millikan*, cit., p. 230-1.

[98] Ibidem, p. 92-101.

[99] Ibidem, p. 104.

* Edward Mandell House, auto-intitulado "coronel" House, a quem a citação de Robinson faz referência, era o conselheiro mais próximo do presidente Thomas Woodrow Wilson durante a Primeira Guerra Mundial. (N. T.)

Luz do sol ou *noir?*

tratado ao participar da grande falcatrua da Julian Petroleum nos anos 1920[100].) Com entusiasmo ilimitado por um amálgama de física e plutocracia, Robinson ajudou Millikan e Hale a atrair mais de sessenta milionários locais (Mudd, Kerckhoff, O'Melveny, Patton, Chandler e assim sucessivamente) para o Associados do Instituto da Califórnia, o grupo de elite mais abrangente da Califórnia meridional na época.

Em seu papel de principal impulsionadores do Cal Tech, Millikan tornou-se progressivamente um ideólogo de uma visão específica de ciência na Califórnia meridional. Falando tipicamente em reuniões para almoços no clube de elite California Club, no Centro de Los Angeles, ou em banquetes para os Associados na mansão Huntington, Millikan desenvolvia dois pontos fundamentais. Primeiro, a Califórnia meridional era uma fronteira científica única onde a indústria e a pesquisa acadêmica davam-se as mãos para enfrentar desafios fundamentais tais como a transmissão de energia a longa distância e a geração de energia solar. Em segundo lugar, e até mais importante, a Califórnia meridional "é hoje, como foi a Inglaterra há duzentos anos, o posto avançado mais ocidental da civilização nórdica", com a "excepcional oportunidade" de ter "uma população que é duas vezes mais anglo-saxônica do que a que existe em Nova York, Chicago ou qualquer outra grande cidade deste país"[101].

A imagem desenhada por Millikan da ciência e dos negócios reproduzindo a supremacia ariana às margens do Pacífico sem nenhuma dúvida aqueceu o coração daqueles que o ouviam, e que, como ele, eram republicanos conservadores do tipo Taft-Hoover. Um darwinista social ortodoxo, Millikan evocava freqüentemente Herbert Spencer (o "grande pensador") em seus ataques fulminantes ao socialismo ("a escravidão que se anuncia"), ao New Deal ("monarquistas políticos"), a Franklin Roosevelt ("tammanização* dos Estados Unidos") e contra o "estatismo" em geral. Face às filas para doações de comida, gabava-se de que "o homem comum [...] está em muito melhor situação na América da Depressão do que jamais esteve em qualquer outra época em sociedade". Entretanto, à medida que o apoio privado à pesquisa científica entrava em colapso durante os anos da Depressão, Millikan reconciliou seu antiestatismo com as necessidades financeiras do Cal Tech, advogando que a pesquisa militar era a única arena permissível em que a ciência e a indústria poderiam aceitar a parti-

---

[100]   Ver Guy Finney, *The Great Los Angeles Bubble: a Present-Day Story of Colossal Financial Jogglery and of Penalties Paid* (Los Angeles, Milton Forbes, 1929).

[101]   Robert Millikan, "Some Exceptional Opportunities in Southern California", Arquivos de Robert A. Millikan, Cal Tech, Pasadena, box 27.9 (dois esboços), s. d.

*   Referência a tammanismo: doutrina que visa à obtenção do controle municipal por meio de expedientes escusos, muitas vezes associados à corrupção e ao caciquismo. (N. T.)

cipação federal – 80 milhões de dólares caindo do céu nos braços do Cal Tech durante o período da guerra[102].

Num sentido importante, esse reacionário extremo, que estava totalmente fora de compasso com as lideranças mais jovens e progressistas da ciência em lugares como Berkeley e Chicago, definiu os parâmetros – não-liberal, militarizada e voltada para o lucro – da incorporação da ciência na economia e na cultura da Califórnia meridional. Nenhum outro lugar no país desenvolveu como Los Angeles um *continuum* tão perfeitamente integrado entre a empresa, o laboratório e a sala de aula, em que o Cal Tech, por meio de contínuas replicações e desdobramentos, tornou-se o centro de uma vasta cadeia de pesquisa e desenvolvimento público-privada que acabou por incluir o Laboratório de Propulsão a Jato, a Hughes Aircraft (o centro mundial da eletrônica para aeronáutica), o Laboratório de Tecnologia Espacial da Força Aérea Americana, a Aerojet General (um desdobramento desse último), a TRW, o Instituto Rand e assim por diante.

Mas a ascensão da ciência na Califórnia meridional teve igualmente ressonâncias mais estranhas. Assim como Hollywood, o outro enclave exótico, o Cal Tech entrava em conflito com a base local de fundamentalismo do Meio-Oeste. Não era raro que Albert Einstein estivesse dando uma conferência sobre sua equação fotoelétrica no Cal Tech, enquanto, a alguns quarteirões dali, Aimée Semple McPherson estava exorcizando o demônio diante de sua congregação de Pasadena. No auge da controvérsia sobre o processo Scopes, e em meio aos esforços da Liga Bíblica Bryan da Califórnia para tornar a Bíblia do rei James um texto obrigatório nas escolas, Millikan – "para grande parte do povo da Califórnia meridional (conformistas e charlatões inclusive) o maior homem do mundo" – interveio para reconciliar Deus e a ciência. Millikan falou em comícios como "cientista cristão", proclamando, via rádio, excursão nacional de palestras e um livro que "não havia contradição entre a ciência *real* e a religião *real*". O "desmascarador" Morrow Mayo, desgostoso com a capitulação do líder científico americano diante da reação fundamentalista dos anos 1920, descreveu sua performance do seguinte modo:

> Quando ele terminou de falar sobre ciência e religião, as duas estavam tão embrulhadas uma na outra que nem um advogado da Filadélfia conseguiria desembaraçá-las. O mais perto que esse grande cientista chegou de uma posição clara foi um galope pleno em uma raia sobrenatural que ia do fundamentalismo ao teísmo, mas seus poderes de observação do oculto teriam feito jus a qualquer cristalomante de Los Angeles. [...] A coisa toda era um conglomerado de aforismos metafísicos e sofismas teológicos banhados numa atmosfera estranha e fantasmagórica de obscurantismo, com referências ocasionais e literais a Papai Noel.[103]

---

[102] Robert Kargon, *The Rise of Rober Millikan*, cit., p. 162-3.

[103] Morrow Mayo, *Los Angeles*, cit., p. 313-5.

Luz do sol ou *noir*?

Ao mesmo tempo que Millikan tentava aplacar a ira evangélica com comentários tranqüilizadores sobre Jesus, o elétron e Papai Noel, o poderoso movimento "Pensamento Novo" de Los Angeles assimilava avidamente Einstein e Millikan a Nostradamus e Arme Besant como "Mestres de Todos os Tempos". A "ciência" contemporânea, trajada de poderes assombrosos e revelações arcanas, tornou-se a progenitora de todo um grupo de seitas da Califórnia meridional. É a origem das "boas vibrações", como explica Farnsworth Crowder, em seu clássico da coleção Little Blue Book, "Los Angeles: the Heaven of Bunk-Shooters":

> A ciência é o principal messias de plantão, inspirando muitas seitas. [...] Aquilo que a psicologia não puder suprir pode ser extraído das ciências físicas. Einstein, Michaelson, Millikan e companhia contribuem involuntariamente. [...] Não importa o que ondule, oscile, vibre, pulse ou avolume-se contribui, por analogia, para as explicações da harmonia, do tratamento *in absentia*, telepatia, cura magnética, equilíbrio vibratório, espiritualismo ou qualquer outro prodígio nebuloso. Transcendentes são os poderes destas seitas científicas. Um cidadão reverente, referindo-se a um ocupado grupo de enclausurados que emitia suas vibrações da montanha, sussurrou: "Meu Deus, cara! Eles não *ousariam* revelar seus segredos. A raça não está pronta – não está suficientemente avançada. O mundo se faria em pedaços. Seria como dar a todos um punhado de *radium*. Pessoas ignorantes teriam demasiado poder."[104]

Na Califórnia meridional, física e metafísica continuaram a conviver numa variedade de circunstâncias fantásticas. Crowder tinha especificamente em mente tanto aqueles "supercientistas", os rosa-cruz e os teosofistas, quanto as seitas mais efêmeras (a Igreja da Ciência Psíquica, a Associação da Ciência Metafísica e assim por diante) que exploravam o temor e mistificação simultâneos do público em face às estranhas disciplinas novas, como a mecânica quântica e a psicanálise. Antes da emergência de um ambiente alternativo pleno de "ficção científica" nos anos 1940, e na ausência de uma cultura científica verdadeiramente popular, eles preencheram as fissuras entre a ignorância e a invenção e fizeram a mediação entre ciência e teologia. Uma ligação ainda mais bizarra, entretanto, conectava a metafísica mais antiga, assim como a magia luciferiana e a magia negra, ao Cal Tech e aos fundadores do Estado Americano dos Foguetes e, a partir daí, por meio de um extraordinário *menage à trois*, à primeira religião mundial criada por um escritor de ficção científica.

A conexão do Cal Tech com a emergência da cientologia pode ser brevemente recontada aqui (apoiando-se fortemente no relato de Russel Miller). Em algum momento dos anos 1930, um certo Wilfred Smith fundou a ramificação de Pasadena (a "Loja do Ágape") da Ordo Templi Orientis (OTO) – uma irmandade de mágicos (e de espiões) de origem alemã que havia tombado sob o

---

[104] Farnsworth Crowder, "Los Angeles: the Heaven of Bunk-Shooters", cit., p. 45-7.

Cidade de quartzo

encantamento de Aleister Crowley, o notório feiticeiro edwardiano e "homem mais odiado da Inglaterra"[105]. Por vários anos, a Loja do Ágape socorreu silenciosamente a Satanás e a sua "Grande Besta" (Crowley) com contribuições, enquanto entretinha secretamente os habitantes de Pasadena com divertimentos de necromancia sexual. Então, em algum momento de 1939, a Loja passou a ser patrocinada e liderada por John Parsons, um jovem aristocrata de LA e pioneiro da balística de foguetes do Cal Tech (mais tarde um dos fundadores do Laboratório de Propulsão a Jato). Durante o dia, Parsons trabalhava nos laboratórios do Cal Tech ou na área de testes de Devil's Gate com o grande Theodore von Karman, aperfeiçoando sistemas de propulsão para foguetes de combustível líquido; à noite, ele retornava à sua mansão na "alameda dos milionários" de Pasadena (avenida South Orange Grove) para praticar rituais blasfemos (por exemplo, com mulheres grávidas nuas saltando através de círculos de fogo) em seu "templo" secreto da OTO, sob a direção a longa distância de Crowley[106].

Além de ser um pioneiro em balística de foguetes mundialmente famoso e um mago secreto, Parsons também era um fã devotado da ficção científica que freqüentava os encontros da Sociedade de Fantasia e Ficção Científica de Los Angeles para ouvir escritores falando sobre seus livros. Num dia de agosto de 1945, para deleite de Parsons, um freqüentador da Sociedade compareceu à mansão de Orange Grove acompanhado por um jovem oficial da marinha, o capitão-de-corveta L. Ron Hubbard, que já tinha estabelecido reputação como mestre das revistas de ficção científica. Cativado pelo "charme" de Hubbard e por seu desejo expresso de tornar-se um praticante de magia, Parsons lhe deu boas-vindas como hóspede da casa e aprendiz de feiticeiro. Hubbard retribuiu dormindo com a amante de Parsons. Perturbado por esse desenvolvimento, mas sem desejar mostrar ciúmes abertamente, Parsons embarcou num vasto experimento diabólico, sob a supervisão relutante de Crowley, para invocar uma verdadeira "puta da Babilônia", de modo que ela e Parsons pudessem, literalmente, procriar um anticristo em Pasadena.

"Com o *Concerto para Violino* de Prokofiev como pano de fundo", Hubbard juntou-se a Parsons nos "indizíveis" rituais necessários para convocar a "mulher escarlate", que, depois de muitos acontecimentos misteriosos (quedas de energia inexplicáveis, luzes ocultas e coisas do gênero), foi encontrada andando na ave-

---

[105] Não se pode, entretanto, ser completamente antipático a Crowley. Durante a Revolução Russa, ele escreveu para Trotski expressando sua concordância com a eliminação do capitalismo e propondo-se a assumir a tarefa de "extirpar a cristandade da face da terra". Trotski não respondeu. Ver Colin Wilson, *Aleister Crowley: the Nature of the Beast* (Wellingborough, Aquarian, 1987), p. 137.

[106] Ibidem, p. 147; Russell Miller, *Bare-Faced Messiah: the True History of L. Ron Hubbard* (Nova York, H. Holt, 1987), p. 113; Frank Malina, "The Jet Propulsion Laboratory", em Arthur Clarke (org.), *The Coming of Space Age* (Londres, Victor Gollancz, 1967), p. 67.

Luz do sol ou *noir?*

nida South Orange Grove em plena luz do dia. Depois que Parsons seduziu a jovem senhorita em questão, sua amante anterior fugiu com Hubbard e com o dinheiro do cientista de foguetes para a Flórida. Não é preciso relatar a complexa cadeia de acontecimentos que daí resultou, exceto para dizer que Parsons – o renomado perito em explosivos – conseguiu fazer-se voar pelos ares com sua mansão na Orange Grove em junho de 1952. Ainda se debate acaloradamente se foi acidente, suicídio ou assassinato[107].

Hubbard, enquanto isso, estava pronto para utilizar a dramaturgia ocultista e os poderes encantatórios com os quais se impregnou no templo OTO de Parsons para usos mais lucrativos. Frustrado com os trocados que ganhava como escritor de ficção científica em revistas, ele fundou uma pseudociência, a Dianética, que acabou por transformar numa religião plenamente desenvolvida, a Cientologia, cuja cosmologia derivava das páginas da *Astounding Science Fiction*. Russel Miller, em seu fascinante desmascaramento biográfico do mito de Hubbard, descreveu as notórias assembléias do Shrine Auditorium, no ápice do modismo dianético em 1950, quando Hubbard apresentou ao mundo seu próprio equivalente da "mulher escarlate" de Parsons:

> Ao se aproximar o momento máximo da noite, havia no salão lotado um sentimento palpável de excitação e antecipação. Um silêncio desceu sobre a audiência quando finalmente Hubbard levantou-se para pegar o microfone e apresentar a "primeira clarividente do mundo". Era, disse ele, uma jovem mulher de nome Sonya Bianca, graduada em física e pianista de Boston. Dentre seus muitos atributos recentemente adquiridos, ela afirmava ter "completa e perfeita memória de todos os momentos de sua vida", o que ficaria feliz em demonstrar.
>
> "O que você comeu no café da manhã no dia 9 de outubro de 1942?" gritou alguém. [...] "O que está escrito na página 122 de *Dianetics?* [...]", outra pessoa perguntou. A senhorita Bianca abriu sua boca mas nenhuma palavra saiu de lá. [...] Quando as pessoas começaram a se levantar e a sair do auditório, um homem notou que Hubbard havia momentaneamente virado as costas para a mocinha e gritado "ok, qual é a cor da gravata que o sr. Hubbard está usando agora?" A primeira "clarividente" do mundo contorceu o rosto num esforço frenético para lembrar-se, olhou fixamente para a escuridão hostil do auditório, e então baixou a cabeça em aflição. Foi um momento horroroso.[108]

Apesar de seu fracasso temporário, Hubbard seguiu em frente até ficar podre de rico (e cada vez mais paranóico) graças às vendas geradas por seu amálgama de magia negra, psicoterapia e ficção científica para os *hippies* crédulos dos anos 1960. Cinco anos depois que sua morte foi anunciada para 2 mil seguidores

---

[107] Russel Miller, *Bare-Faced Messiah*, cit., p. 116-30.

[108] Ibidem, p. 165.

Cidade de quartzo

reunidos no Hollywood Palladium, seu original, *Dianetics*, desfrutava de uma ressurreição nas listas dos mais vendidos – um lembrete desencorajador acerca do destino da ciência na cultura local.

Os *communards*

> *LA necessita da purificação de um grande desastre ou da fundação de uma comuna em barricadas.*
> Peter Plagens, 1972[109]

> *Los Angeles não tem quase nenhuma tradição cultural – particularmente nenhuma tradição modernista – para derrubar.*
> Peter Plagens, 1974[110]

Vivendo em hotéis do submundo, improvisando em garagens de amigos e estudando teoria musical entre um andar e outro durante seu confinamento como ascensorista no Bullocks Wilshire, Ornette Coleman era um guerrilheiro cultural na Los Angeles dos anos 1950. Apoteotizado uma geração depois como "a mais importante figura surgida na música afro-americana desde Charlie Parker", ele passou o período Eisenhower como um rebelde messiânico e solitário: barbado, vestido em roupas excêntricas, era "a completa antítese da imagem bem talhada, de camiseta da Hollywood High School e cabelo escovinha impecável do músico de *cool jazz*"[111]. A revolução que Coleman, um texano, e um pequeno círculo de músicos criados em Los Angeles (Eric Dolphy, Don Cherry, Red Mitchell, Billy Higgins e Charlie Haden) estavam tentando fomentar era o *free jazz*[112] – uma quase "cataclísmica" ampliação da liberdade de improvisação da qual Charlie Parker e Dizzy Gillespie foram pioneiros nos anos 1940. Na época do revolucionário álbum de 1958 de Coleman, *Someting Else!*, eles eram um verdadeiro "*underground* dentro do *underground*", à margem de uma comunidade *hard bebop* que era, ela mesma, marginalizada da cena *cool jazz* dominada pelos brancos de Los Angeles[113].

---

[109] Peter Plagens, "Los Angeles: the Ecology of Evil", *Artforum*, v. II, dez. 1972, p. 67-76.

[110] Idem, *Sunshine Muse* (Nova York, Praeger, 1974), p. 139.

[111] Valerie Wilmer, *As Serious as Your Life: the Story of the New Jazz* (Londres, Quartet Books, 1977), p. 70; e Barry McRae, *Ornette Coleman* (Londres, Apollo, 1988), p. 16.

[112] A perspectiva voltada para a *Big Apple* de crítica de jazz freqüentemente subestima o papel seminal deste *underground* de Los Angeles no surgimento da *new wave* dominada por Coleman, Coltrane, Taylor e Dolphy. Seria possível defender opinião semelhante no que diz respeito ao menosprezo pelas origens angelenses (de Martha Graham a Alvin Ailey) de boa parte da dança moderna "novaiorquina".

[113] Ver Robert Gordon, *Jazz West Coast: the Los Angeles Jazz Scene of the 1950s* (Londres/Nova York, Quartet Books, 1986), p. 183.

A situação *underground* de Coleman era indicativa não somente das barreiras de cor nas instituições culturais de Los Angeles (que começavam a declinar na música devido à integração do Sindicato dos Músicos, iniciada por Charles Mingus e Ruddy Collette), mas da difícil situação dos jovens modernistas de Los Angeles em geral. O abstracionismo, seja no jazz ou na pintura, sofria uma repressão semelhante. Se a assim chamada "invasão *bebop*" de Los Angeles em 1946 havia sido repelida – e Bird encarcerado em Camarillo, o expressionismo davase pouco melhor diante da histeria da Guerra Fria casada com o filistinismo cultural. Paralelamente à grande caça às bruxas de Hollywood, foi montada em 1951 uma inquisição satélite contra a "arte moderna subversiva" no (velho) Museu do Condado, em Exposition Park.

> Um grupo chamado "Sanidade na Arte" jurava ter detectado mapas de fortificações secretas da Defesa ocultos em pinturas abstratas, e um pintor, Rex Brandt, foi acusado por uma comissão de investigação da Assembléia Municipal de incorporar propaganda na forma de uma foice-e-martelo sutilmente disfarçados numa marinha. Finalmente, a Assembléia dos Vereadores resolveu que os artistas eram "ferramentas inconscientes da propaganda do Kremlin", idéia que não revogou por oito anos.[114]

Se os arquitetos modernistas de Los Angeles da geração do exílio (Richard Neutra e Rudolph Schindler) e seus compatriotas mais jovens (Raphael Soriano, Gregory Ain e Harwell Harris) tiveram melhor sorte do que os músicos de jazz ou que os artistas modernos no começo da Guerra Fria, foi parcialmente devido à circunscrição de seus projetos. Seus domos de prazer das colinas de Hollywood e casas planejadas como estudo de caso correspondiam melhor à sensibilidade em evolução da classe média no Westside *noveau riche* de Los Angeles[115]. Todavia, a aceitação crescente do Estilo Internacional na arquitetura doméstica foi acompanhada por uma nova onda de intolerância contra projetos de habitação pública – virtualmente tornada ilegal por um dispositivo de 1952 dirigido contra "projetos socializantes".

No todo, entretanto, a geração mais jovem e interessada em novas formas e práticas foi levada para a boemia. Para os partidários do jazz (mais) forte e para

---

[114] Peter Plagens, *Sunshine Muse*, cit., p. 23.

[115] O programa Estudo de Caso de Habitação, patrocinado pela revista *California Arts and Architecture*, de John Enteza, entre 1945 e 1960, permitiu aos modernistas mais jovens levar a cabo uma experimentação exaustiva sobre o tipo ideal, social e culturalmente, para Los Angeles: a residência familiar individual e separada. A exposição das seis primeiras casas (por Soriano, Ain e outros), que atraiu cerca de 370 mil visitantes, foi algumas vezes comparada com a do Armoury Show de Nova York, em 1913, como uma *première* local do modernismo. A experiência do Estudo de Caso foi tema de uma retrospectiva acrítica de grande porte realizada pelo "Temporary Contemporary" (um anexo do Museum of Contemporary Art) em 1989, que mais uma vez atraiu dezenas de milhares de visitantes.

Cidade de quartzo

sua contrapartida nas telas (os expressionistas abstratos de Nova York já haviam reconhecido a influência seminal do *bebop* sobre seus trabalhos), assim como para o que poderia ser rotulado como "surrealismo tardio", tanto nas artes plásticas quanto no cinema – quer dizer, para a geração "*hipster*"* de Los Angeles que atingiu a maioridade no final dos anos 1940 e nos anos 1950 –, havia poucas alternativas além de formar "comunas" temporárias dentro do *underground* cultural que floresceu por quase uma década.

Uma das qualidades compartilhadas por esses diversos grupos era seu interesse em retrabalhar criticamente e re(a)presentar a experiência subcultural – uma qualidade que fez deles a primeira *intelligentsia* verdadeiramente "autobiográfica" da história de Los Angeles. Para Coleman, Dolphy e outros guerrilheiros locais do jazz, esse terreno de existência compartilhada era a tradição do *blues* do Sudoeste na sua expressão específica da Los Angeles negra. Coleman tinha começado sua carreira musical atacando *riffs*** de *blues* pesados, ainda que não muito ortodoxos, nos *juke-joints* do Texas e da Louisiana, depois tocando o som emergente do R&B [*Rhythm and Blues*], que sintetizava *blues* e *swing*. Los Angeles no final dos anos 1940, com o maior número de estúdios independentes, era a capital das gravações de R&B, enquanto o deslumbrante "*Main Stem*" da avenida Central oferecia um espectro extraordinário de jazz, *blues* e R&B, dominado pelos músicos do circuito do Sudoeste: Texas, Oklahoma, Kansas e Louisiana (região que enviou o maior número de imigrantes negros dentre os que trabalhavam nas fábricas relacionadas à guerra da Costa Oeste).

Entretanto, com o lento declínio do movimento da avenida Central, em parte devido à antipatia da polícia pela "mistura de raças" nas boates, e com a exclusão dos músicos negros dos empregos lucrativos nos estúdios, a música dos jazzistas mais jovens do gueto tornou-se mais enxuta e vigorosa. Eles buscaram, através da introspecção e da experimentação, dar forma a uma alternativa hegemônica à ausência de raízes no *cool jazz* tocado nos clubes noturnos da praia[116]. Em 1961, depois que Coleman, seguindo Dolphy, havia partido para Nova York, o pianista e compositor Horace Tapscott fundou a União pela Ascensão dos

---

* Pessoa informada e interessada de maneira incomum em modelos novos e não convencionais, especialmente o jazz, no uso de estimulantes e nas religiões exóticas. Uma expressão cunhada por volta de 1941 para designar os que assumiam um dos comportamentos típicos e estereotipados da época. (N. T.)

** No jazz, uma frase em *ostinato* que geralmente apóia um solo improvisado; ou ainda, um tema baseado numa dessas frases. (N. T.)

[116] Ironicamente, muitos dos jazzistas brancos do *cool* tinham primeiro, durante os anos 1940, estagiado na cultura musical integrada da avenida Central e depois, no decorrer dos anos 1950, continuaram a preferir, pessoalmente, o som "mais forte" e "mais livre" do gueto.

Músicos e Artistas de Deus e a Pan Afrikan Peoples' Arkestra*. Como os coletivos de jazz similares, organizados por Sun Ra e por Roscoe Mitchell em Chicago, a União comunalizou e tornou utópico a luta pela música livre – esforçando-se simultaneamente para tornar-se um laboratório de performances, uma escola popular e um braço cultural local da Revolução Negra[117].

A contrapartida ao jazz *underground* nas artes plásticas (embora sem as mesmas aspirações radicais) foi a cooperativa informal organizada por uma dezena de artistas mais jovens no final dos anos 1950, em torno da Galeria Ferus, de Edward Kienholz e de Walter Hopp, no bulevar La Cienga. "Um variado lote de *beatniks*, de excêntricos e de 'tipos do meio artístico'," eles tornaram-se a "fonte seminal para o florescimento da arte modernista em Los Angeles durante os anos 1960"[118]. O núcleo da Ferus, incluindo Billy Al Bergstrom, Ed Moses, Craig Kauffman, Robert Irwin, Larry Bell e Ed Ruscha (juntamente com o próprio Kienholz), era demasiado individualista para formar uma "Escola de Los Angeles" identificável, mas estava temporariamente unificado por paixões comuns. Uma delas era o desejo de romper o estrangulamento academicista que sufocava o mundo estagnado das artes de Los Angeles, ainda que diferissem quanto aos meios a serem empregados para esse fim (expressionismo abstrato *versus* abstracionismo radical, por exemplo). Uma outra era a camaradagem biográfica e estética baseada no entusiasmo pela subcultura dos *hot rods* [carros modificados] e das motocicletas que se havia desenvolvido na Califórnia meridional a partir dos anos 1940.

Em suas conversas com Lawrence Weschler, Robert Irwin (que freqüentou a Dorsey High School, de Los Angeles, com Eric Dolphy) enfatizava repetidamente a importância da "arte popular" do carro modificado no surgimento do grupo Ferus e do "visual de LA" que eles acabaram por criar. Antes disso, a crítica Nancy Marner, fazendo um contraste entre as vanguardas da Califórnia setentrional e meridional, fez a mesma observação:

> Além do pano de fundo da influência de Hollywood e do hipertrofiado "supermercado de frutas de neon", existiu também na Califórnia um amálgama idiossincrático de subculturas com um corpo de artes menores, mas curiosamente proféticas, cuja influência, se nem sempre direta, ao menos passa por uma relação oblíqua com a Arte Pop contemporânea. Por exemplo, o mundo das máquinas quentes de Los Angeles, com seus ritos adolescentes, carros de desenho barroco, *kandy-kolors* [cores cristalizadas], sua noção de técnica especializada e de fino acabamento e, talvez o que mais influenciou, com suas convenções estabelecidas de técnicas de pintura

---

* Reproduzindo livremente a "africanização" do título, teríamos: Arkestra dos Povos Pan Africanos. (N. T.)

[117] Ver John Litweiler, *The Freedom Principle: Jazz After 1958* (Nova York, W. Morrow, 1984), p. 296-7.

[118] Lawrence Weschler, *Seeing is Forgetting: the Name of the Thing One Sees* (Berkeley, Universidade da Califórnia, 1982), p. 42.

Cidade de quartzo

decorativa, floresceu na parte sul do estado desde os anos 1940. Se a imagética ("Mad Magazine Bosch", como chamou um escritor) felizmente não foi particularmente importante, as técnicas de manipulação de *air-brush*, de "candy Apple-ing" [maçã-do-amor-ização] e de "frisamento" na confecção do carro modificado foram sugestivas, em vários aspectos.[119]

No desdobramento do trabalho das latarias heráldicas do piloto de corrida de motocicleta Billy Al Bengston, dos postos de gasolina e dos carnês de estacionamento de Ed Ruscha, das pinturas em plexiglas de Craig Kaufmann e dos cubos minimalistas de Larry Bell, a cultura popular do carro foi transformada na "arte industrialmente bonitinha, tranquila e semitecnológica" que se tornou o "visual LA" patenteado dos anos 1960[120]. Essa era a contrapartida de vanguarda do "verão eterno" descrito nos filmes de Roger Corman, nos romances *gidget* (baseados na filha surfista real de um escritor de Hollywood) e nas letras em falsete das canções dos Beach Boys. Essa era a visão mesmerizante da utopia baseada no carro e no surfe dos garotões brancos.

Kienholz era a exceção mais importante. Como salientou Anne Bartlett Ayres, suas "montagens se desenvolveram como o lado escuro do famoso 'visual LA'"[121], uma espécie de *hot rod noir* justaposta ao verniz pop de seus colegas. Seu *Back Seat Dodge-38*, de 1964 – um trabalho que enfureceu de tal maneira um supervisor direitista do condado que o fez tentar fechar o novo Museu de Arte do Condado por conta da peça – resumia o sonho da Califórnia meridional num único *tableau noir*. Literalmente, em pleno pega, Kienholz "cortou um pedaço" de um *coupé* 1938 e colocou-o num "namoródromo" que incluía garrafas vazias de cerveja jogadas na grama e música "melosa". Amantes mortos, enlaçados num sinistro abraço papai-e-mamãe no banco da frente, pareciam simbolizar uma adolescência que foi germinar na eternidade – Frankie Avalon e Annette Funicello trocando carícias depois do Holocausto. A imagem de Kienholz – ambientada em um ano fatídico – antecipava o pior.

Esse *continnum* carro–sexo–morte–fascismo surgiu também como uma visão predominante no cinema *underground* de LA. Nas notas de seu clássico "lost", *Kustom Kar Komandos* (1964-1965), Kenneth Anger – comparando os carros personalizados erotizados de LA com "um objeto de culto americano de uma época anterior, Mae West" – enfatizou que, para o adolescente da Califórnia meridional, "os carros modificados de potência aumentada representam uma

---

[119] Nancy Marner, "Pop Art in California", em Lucy Lippard (org.), *Pop Art* (Nova York, Praeger, 1966), p. 140.

[120] Peter Plagens, *Sunshine Muse*, cit., p. 120.

[121] Anne Bartlett Ayres, "Berman and Kienholz: Progenitors of LA Assemblage", em Maurice Tuchman (org.), *Art in Los Angeles: Seventeen Artists in the 1960s* (Los Angeles, The Museum, 1981), p. 12.

Luz do sol ou *noir?*

extensão poética da personalidade"[122]. Anger – líder do cinema *underground* de Hollywood em vários momentos durante os anos 1950 e o começo dos anos 1960 – sabia tudo sobre a adolescência da Califórnia meridional. Esse fedelho de Hollywood supostamente "atuou no papel de príncipe-criança no filme de Max Reinhart *Sonho de uma noite de verão*, e teve Shirley Temple como parceira de dança nos cotilhões da Escola de Dança Maurice Kossloff", antes de iniciar sua carreira de diretor de cinema aos onze anos de idade. Outro ávido seguidor de Aleister Crowley, Anger era obcecado pela cultura dos diabólicos de Hollywood, homossexualismo e máquinas velozes de todos os tipos. Seu livro, *Hollywood Babylon*, foi descrito como "um catálogo de calúnias equivalente a uma fenomenologia do mito do escândalo em Hollywood", enquanto dois de seus filmes, *Scorpio Rising*, de 1962 (que contém a semente do filme dos anos 1980, *Veludo azul*, em uma de suas seqüências) e *Komandos* exploraram a pornomitologia nietzchiana das gangues de motoqueiros e pilotos de carros envenenados[123].

Somando-se às fenomenologias da cultura do automóvel de LA dos artistas da Ferus e de Anger, assim como inaugurando uma voz de improvisação que foi comparada a Joyce, mas que soava mais como Dolphy ou Coleman, *The Crying of Lot 49*, de 1966, de Thomas Pynchon, nos brindou com a ontologia definitiva dos mapas rodoviários da Califórnia meridional. Ex-redator técnico na indústria aeroespacial da Costa Oeste (forçado portanto a produzir descrições erotizadas de mísseis Bomark e congêneres), Pynchon compreendeu (melhor do que alguns dos artistas pop da Galeria Ferus) que os carros modificados da Califórnia meridional e seus idealizadores cresceram, tornando-se os ICBMs [Mísseis Balísticos Intercontinentais] e seus idealizadores. Tão radicalmente "descentrado" quanto poderia desejar qualquer althusseriano contemporâneo, *Lot 49* não desperdiça tempo se engalfinhando contra a alienação de seu tema (como acontece na "história de carros de LA" de Joan Didion, *Play It As It Lays*), mas desloca-se imediatamente para uma pista pós-moderna. O livro delineia uma realidade barrocamente construída, mas em última análise unidimensional (Marcuse *a la* garrafa Klein?), "na qual a cidade é desde o início um texto sem fim sempre prometendo sentido, mas oferecendo somente alusões e *sinais* de uma possível e final realidade [...] como um 'circuito impresso'" – ou uma auto-estrada[124].

Mas o *eterno verão* da vanguarda (expresso na nova pintura como uma "ete-realidade brilhante") teve um fim abrupto em agosto de 1965. O Centro-Sul de Los Angeles explodiu em fúria contra os abusos policiais e o racismo institucional, criando por poucos dias a "comuna em barricadas" (Plagens) e a "cidade em

---

[122] Kenneth Anger, citado em P. Adams Sitney, *Visionary Film: the American Avant-Garde, 1943–1978* (Oxford, Universidade de Oxford, 1974), p. 125.

[123] Ibidem, p. 93.

[124] Arthur Clarke (org.), *The Coming of Space Age*, cit., p. 142.

Cidade de quartzo

chamas" (Nathanael West) com a qual os intelectuais tinham freqüentemente sonhado como uma espécie de libertação do jugo da indústria cultural. Na realidade, tanto a rebelião de Watts quanto o ataque da polícia contra manifestações pacifistas contrárias à guerra em Century City, em julho de 1967, galvanizaram politicamente artistas e escritores em grande escala, pela primeira vez desde a caça às bruxas de Hollywood. Pynchon escreveu um texto provocantemente solidário e sem paternalismos, chamado *Journey into the Mind of Watts* (de fato uma reflexão sobre a segregação urbana); Ruscha pintou *The Los Angeles County Museum on Fire* (1965–1968); Schulberg organizou uma oficina de escritores de Watts; artistas contrários à guerra contribuíram com um sem-número de peças para a "Torre da Paz dos Artistas" na Sunset Strip; a Los Angeles Free Press, *underground* por natureza, floresceu; e os *tableaux* de Kienholz denunciaram a guerra (ver seu *Portable War Memorial*, de 1968)[125].

Ainda mais importante, a Rebelião inspirou unidade e ímpeto no Centro-Sul de Los Angeles, dando nascimento à versão local do Movimento de Artes Negras, ao longo de um amplo espectro de práticas que iam desde a Arkestra de Tapscott até a poesia *rap* dos Profetas de Watts. Bernard Jackson e J. Alfred Cannon fundaram em 1966 o Centro Cultural Intermunicipal, que se desdobrou num florescente centro teatral que dispunha de sua própria editora e escola. Wanda Coleman, Kamau Daaood, Quincy Troupe, K. Curtis Lyle, Emory Evans e Ojenke estabeleceram um idioma distinto de Watts na ficção e na poesia, enquanto Melvin Van Peebles foi pioneiro na construção de um cinema negro alternativo, com sua odisséia fora-da-lei, *Sweet Sweetback's Badasssss Song*. O Festival de Watts, enquanto isso, reuniu quadros culturais e comunidade em celebrações anuais de unidade e rebelião.

Mas o momento heróico da cultura *underground* de Los Angeles rapidamente passou. Como ressaltou um historiador de arte local, "o espírito de um vôo para as nuvens dos anos 1960 [...] caiu e incendiou-se"[126].

A escassez local de clubes de jazz e de galerias/colecionadores modernistas levou irresistivelmente parte da vanguarda do final dos anos 1950 e começo dos anos 1960 (inclusive a revista *Artforum* de Los Angeles) para Manhattan (ou, às vezes, como no caso do cinema e da poesia experimentais, para San Francisco). Depois da rebelião estudantil de 1966, financiadores da Disney mudaram o Instituto de Arte de Chouinard, reativado como Instituto das Artes da Califórnia, para uma área suburbana isolada, de modo que seus interesses patrimoniais conservadores pudessem ser maximizados. Nesse ínterim, as instituições culturais do

---

[125] Ver Thomas Pynchon, "A Journey into the Mind of Watts", *The New York Times Magazine*, 12/6/1966; e Budd Schulberg (org.), *From the Ashes: Voices of Watts* (Nova York, New American Library, 1967).

[126] Ver Christopher Knight, "The Resurrection of John Baldessari", *Los Angeles Times*, 18/3/1990.

Luz do sol ou *noir?*

gueto definharam por falta de apoio financeiro e de atenção da mídia. Então, em 103 plena recessão das esperanças da vanguarda, vieram repentinamente à tona as seduções da emergente conexão empresarial–artística de Los Angeles.

Maurice Tuchman, curador do Museu de Arte do Condado, "concebeu [no final dos anos 1960] a noção, algo dúbia, de integrar artistas e patrocinadores empresariais num vasto Programa de Arte e Tecnologia"[127]. Com o patrocínio de "Missy"* Chandler, da dinastia *Los Angeles Times*, Tuchman "casou" 76 artistas com 40 empresas locais importantes[128]. Como observou Peter Plagens, a exposição que daí resultou em 1971 foi o "canto do cisne da arte dos anos 1960" – um ponto de mutação programático no sentido da estruturação mercenária das artes dominadas pelas empresas do final dos anos 1970 e dos anos 1980.

> O catálogo da exposição não é tanto a narrativa de um projeto acabado quanto um relatório provisório sobre a pretendida metamorfose em curso da arte moderna centrada em Los Angeles. Sua descrição/documentação longa e sem rodeios de todas as colaborações tentadas entre artistas ligados ao museu e empresas admite a arrogância de qualquer artista [...] assim como o alinhamento fácil dos artistas com o mais arraigado dos capitalismos e com as indústrias relacionadas à guerra (enquanto a guerra do Vietnã estava em seu ápice).[129]

O "visual LA", que, no começo dos anos 1960, sugeria a possibilidade de uma estratégia crítica–artística que interpretasse a cidade a partir de uma sensibilidade própria, entrou progressivamente em colapso, caindo na mera auto-afirmação superficial de um "falso culto da Califórnia como paraíso na terra"[130]. Christopher Knight, escrevendo sobre os anos 1970, descreveu a implosão da cena artística

---

[127] Lawrence Weschler, *Seeing is Forgetting*, cit., p. 123.

* *Missy*: jovem senhorita. Trata-se, aqui, entretanto, de um apelido. (N. T.)

[128] Maurice Tuchman, *A Report on the Art and Technology Program of the Los Angeles County Museum of Art 1967–1971* (Los Angeles, Los Angeles County Museum of Art, 1971), p. 9-10 (sobre o papel desempenhado por "Missy" Chandler). Em 1975, a *Los Angeles Free Press* denunciou uma conexão monetária escusa entre Tuchman e uma galeria que vendeu trabalhos para o County Museum. Ver William Hackman, "Seven Artists in Search of a Place to Hang", *California Magazine*, nov. 1986, p. 95 e p. 108.

[129] Peter Plagens *Sunshine Muse*, cit., p. 165.

[130] Ibidem, p. 145. Em relação à arte, Plagens avaliou da seguinte forma o potencial da vanguarda dos anos 1960: "No apogeu da arte de Los Angeles, em 1966-1969, havia na terra um mito eficaz, até mesmo em certas mentes renegadas a leste do Hudson, de que Los Angeles era o centro artístico do século XXI. [...] Nem tanto, por algumas razões. [...] Se a arte permanecesse com a pintura e escultura duras, opacas e permanentes elaboradas à mão, Los Angeles nunca teria a densidade e o excedente cultural necessários para arrancá-la daí; a honra caberia provavelmente a Houston, o South Bronx do ano de 2001. Se um *Doppelgänger* de Warhol tivesse que acontecer, ele não viveria nos confins da baixa Hollywood; se mantivesse por quinze anos um modesto estúdio no trecho de restaurantes tailandeses e cinemas para adultos da avenida North Western, ele não seria outro Warhol", ver Dave

Cidade de quartzo

de Los Angeles como um "regionalismo" febril e papista – baseado em sentimentalidade de tons pastel e "na desconfiança da intelectualidade" – que tentou preencher o vazio cultural deixado desde a derrota dos anos 1960. Mas, fora desse "pântano de provincianismo determinado", nenhuma "estética local mais amplamente convincente" emergiu senão somente a celebração "medonha" de produções trivializadas *made in Los Angeles*[131].

O itinerário de Edward Ruscha é provavelmente o que melhor caracteriza o aburguesamento pós-anos 1960 da geração Ferus. Embora continue a descrever-se como um "artista *underground*", ele tornou-se, na verdade, um deus da arte reinante cujo próprio retrato brobdingnagiano avulta-se sobre o Centro num mural de cinco andares da altura de Kent Twitchell. Como críticos ressaltaram, a trajetória de Ruscha sai da arte da publicidade, via algumas subversões breves durante os anos 1960, e chega até "a arte publicitária que fazia publicidade de si mesma como arte que odeia a publicidade"[132]. Se as cenas do estilo de Ruscha são hoje emblemáticas da boa vida de LA – nas paredes de uma miríade de salas de espera em empresas e condomínios à beira mar, talvez isso se deva ao fato de que (como sugere Edward Lucie-Smith) a "neutralidade proposital seja [sua] essência"[133]. Seus *slogans* e marcas registradas, que um dia pareceram irônicos, cintilando na paisagem tépida e *dayglo**** de Los Angeles, são agora anúncios tranqüilizadores da condição pós-moderna:

> Ruscha quer espelhar um estado de sonho que muitas pessoas acham típico do modo de vida da Califórnia, passar o sentimento de que não há mais nenhuma hierarquia – de idéias, emoções ou acontecimentos. Ele é a essência do *California cool*.[134]

Enquanto o pop estava descambando para o neo-incrementismo, os sobre-viventes do *underground* original de Los Angeles contavam os corpos: Eric Dolphy, morto de um ataque cardíaco num clube noturno de Berlim em 1964[135]. Kenneth Anger,

---

Hickey e Peter Plagens, "Ed Ruscha, Serious", em *The Works of Ed Ruscha* (Nova York, Hudson Hills/San Francisco Museum of Modern Art, 1982), p. 39.

[131] Ver Christopher Knight, que elogia Baldessari (baseado em Santa Monica), figura de peso na ascensão da Arte Conceitual durante os anos 1980, precisamente por uma "vivência cosmopolita do mundo" e sua rejeição do "regionalismo provinciano" de LA.

[132] Harold Rosenberg, citado em Dave Hickey e Peter Plagens, *The Works of Ed Ruscha*, cit., p. 40. Plagens luta heroicamente nesse ensaio para defender Ruscha como um moralista desvirtuado que "aspira à inocência [...] para purificar a visão da praia" (p. 39). Mas a inocência dos anos 1960, 25 anos depois, ainda é "inocente"?

[133] Edward Lucie-Smith, *American Art Now* (Nova York, W. Morrow, 1985), p. 52.

* *Dayglo*: marca registrada usada em produtos fluorescentes. (N. T.)

[134] Edward Lucie-Smith, *American Art Now*, cit., p. 52.

[135] Ver Vladimir Simosko e Barry Tepperman, *Eric Dolphy: a Musical Biography and Discography* (Washington DC, Smithsonian Institution Press, 1974).

depois do roubo de seu arquivo pessoal de filmes em 1967, perdido numa viagem *à la* Rimbaud na obscuridade. Pynchon, é claro, foi cada vez mais fundo em seu *underground* pessoal, tornando-se o B. Traven dos escritores da Costa Oeste (*Vineland*, de 1990, entretanto, celebra a continuidade inter-geracional de uma contracultura de resistência). Kienholz – desgostoso com a superficialidade da cena artística dos anos 1970 – simplesmente retirou-se, de volta para sua cidade natal em Idaho.

O que melhor sobreviveu foi aquilo que estava mais profundamente enraizado no solo local: o "Renascimento de Watts" e os outros movimentos artísticos de comunidades étnicas (incluindo o muralismo de Chicago) que foram inspirados por seu exemplo. Embora, como veremos, a bonança da cultura empresariada dos anos 1980 tenha realmente empobrecido as infra-estruturas artísticas das comunidades do gueto da cidade, um novo vigor surgiu a partir do *rap* e também com a chegada de um novo contingente de artistas exilados, poetas e escritores latino-americanos mais jovens. Um exemplo local notável da sobrevivência dos valores culturais comunitários é a magistral história em cinco movimentos da América negra (*Roots and Folclore*) recentemente composta por John Carter, outro veterano do jazz de LA com raízes no blues texano. Nesta obra, assim como na obstinada persistência de Horace Tapscott, Bernard Jackson e numerosos outros trabalhadores culturais do gueto, uma frágil continuidade é preservada entre as vanguardas progressistas do passado e do futuro.

Os mercenários

Com galerias e museus brotando como mato, com a Getty Trust e seu dinheiro cintilando como as agulhas da torre de Oz, com o poderoso Festival de LA arrebatando as estréias de performances importantes antes mesmo que a Academia de Música do Brooklyn [...] bem, que outra escolha? LA, a jóia do Pacífico, tem que ser a meca das artes do século vindouro. Até mesmo a revista New York *diz isso...*
Linda Frye Burnham[136]

Penso nos melhores esforços dos anos 1960, em todos os sofrimentos que passamos. Agora descobrimos que estamos indo para o fundo.
C. Bernard Jackson (diretor do Centro Cultural do Gueto)[137]

Como o anti-herói de *Less Than Zero*, Didion e Dunne – abertamente críticos de quase todos os aspectos de Los Angeles nos anos 1980 – votaram com seus pés, mudando-se. Todavia, até mesmo a defecção dos mais celebrados escritores

---

[136] Linda Frye Burnham, "Art in Limbo", *LA Weekly*, 18-24/3/1988.

[137] Jackson estava falando em um congresso na Universidade de Stanford, em 1988, sobre o estado do teatro negro. Ver Lawrence Christon, "Black Theater: its Decline Since 1960", *Los Angeles Times Calendar*, 31/1/1988.

da cidade para Nova York mal foi notada em meio à maré de recém-chegados de destaque. As longas limusines vindas do Aeroporto Internacional de Los Angeles continuavam a vomitar arquitetos de Houston, pintores londrinos, críticos de Nova York, estilistas de Tóquio, compositores de Boston, historiadores de Oxford e faquires parisienses[138]. Sem dúvida, o atual deslocamento continental e intercontinental da *intelligentsia* em direção à Costa Oeste convida a uma comparação com a grande imigração hollywoodiana dos anos 1930. Os fatores que "empurraram" essa migração são previsivelmente variados: desde o impacto dos cortes da era Thatcher no sistema universitário britânico até o relativo declínio dos contratos de arquitetura no resto do Cinturão do Sol. Mais importante, entretanto, é o fator principal que a "puxou": um *boom* do investimento cultural ligado a profissões relacionadas ao design, às instituições de belas-artes e aos departamentos de elite em universidades – assim como um novo canto de sereia vindo dos estúdios. A tendência geral dessa imigração é, além disso, totalmente mercenária, uma vez que a nova onda de desenhistas, artistas e professores vieram para a glória de César – nesse caso, o capital imobiliário internacional.

Os incorporadores de grande porte e seus aliados financeiros, juntamente com alguns poucos magnatas do petróleo e mandachuvas do entretenimento, foram a força motriz por trás da coalizão público-privada formada com o fim de construir uma superestrutura cultural para a emergência de Los Angeles como uma "cidade mundial". Eles patrocinam o mercado de artes, apóiam museus, subsidiam institutos regionais e escolas de planejamento, oferecem os prêmios das competições arquitetônicas, dominam os grupos de trabalho formados no campo das artes e do urbanismo e influenciam o fluxo dos investimentos públicos em arte. Tornaram-se integralmente envolvidos na organização de uma alta cultura a esse ponto, não por causa de uma filantropia à moda antiga, mas porque a "cultura" tornou-se um componente importante para o processo de ocupação e desenvolvimento da terra, juntamente com o momento crucial vivido na competição entre diferentes elites e centros regionais. Em outras palavras, interesses materiais à moda antiga levaram megaincorporadores a apoiar a revalorização cultural geral de Los Angeles e, mais especificamente, a endossar a concentração de ativos culturais em nódulos de desenvolvimento máximo.

Essa estratégia cultural tem uma longa história anterior. Desde os anos 1920, a "elite do Centro" (composta por famílias da velha guarda, lideradas pela dinastia Chandler do *Los Angeles Times*, que tinham enterrado seus patrimônios em imóveis no Centro), diante de um movimento centrífugo do investimento em direção ao Westside, ao longo do bulevar Wilshire, lutou para "recentrar" a região em torno de

---

[138] Uma lista quase aleatória das novas chegadas incluiria os nomes do editor responsável pelo *Los Angeles Times*, do presidente do California Institute of Arts, do diretor do Festival de Los Angeles e do chefe do departamento de arquitetura e planejamento urbano da Ucla.

Luz do sol ou *noir*?

um distrito comercial central revitalizado. Em várias ocasiões, eles tentaram repelir, ou assimilar, as estruturas autônomas de poder do Westside, que surgiram a partir dos interesses judeus nos setores imobiliários suburbanos, de entretenimento e de poupança e empréstimo. Em contraste, as elites judaicas levaram adiante sua própria estratégia de ocupação do espaço, ao centrar a construção das instituições acadêmicas e culturais no Westside. Mais recentemente, já que capitais do além-mar suplantaram parcialmente essa velha antinomia entre classes dominantes, rivalidades relacionadas a quem pertencia ao Centro foram subordinadas a um neo-regionalismo mais ambicioso, articulado para competir com San Francisco e Nova York.

O investimento cultural público tem sido uma variável integrante dessa "guerra de posições" desde pelo menos a metade dos anos 1940, quando 25 dos mais poderosos líderes locais do Centro formaram a Empresa de Planejamento para a Grande Los Angeles (Glapi), a fim de articular uma estratégia para "recentrar" a região em rápida suburbanização. Em sua concepção original, a construção de um teatro lírico em Bunker Hill era visualizada tanto como ponto de partida de uma renovação dessa vizinhança quanto como contrapeso para a tendência, em direção ao Westside, da vida cultural. Entretanto, o financiamento público direto do proposto teatro foi derrotado na eleição municipal de 1950, e novamente em 1953, apesar da inclusão de uma arena esportiva para as massas. Isso levou a Glapi a desviar-se para uma estratégia público–privada de financiamento e a substituir sua proposta de um teatro lírico pela idéia de um "centro musical" multidisciplinar. A liderança dos esforços para levantar fundos (coordenada a iniciativas simultâneas com o objetivo de liberar Bunker Hill e construir o Estádio Dodger) passou nos anos 1950 para Dorothy "Buffy" Chandler, esposa do editor do *Los Angeles Times*, sogra de "Missy" e imperadora da página social do jornal.

Na fascinante reconstrução do papel desempenhado pelo *Los Angeles Times* na política cultural da Los Angeles do pós-guerra, Robert Gotlieb e Irene Wolt explicam como Buffy, para a consternação da velha guarda anti-semita, "virou casaca" para o Westside, a fim de encontrar aliados para o centro musical entre os judeus da elite do Hillcrest Country Club[139]. Seu golpe de mestre foi manipular a amarga rivalidade entre os *nouveaux riches* do setor de poupança e empréstimo, Mark Taper e Howard Ahmanson, de modo a extrair as doações decisivas que permitiram que o Centro Musical – com seu pavilhão Dorothy Chandler, seu Forum Mark Taper e seu Teatro Ahmanson – finalmente abrisse em 1964, juntamente com as últimas desapropriações em Bunker Hill. Por um breve momento, parecia que o renascimento do valor das propriedades do Centro e a chegada da alta cultura em Los Angeles caminhariam de mãos dadas[140].

---

[139] Robert Gottlieb e Irene Wolt, *Thinking Big*, cit., p. 306-20.

[140] Los Angeles não deveria esquecer jamais o momento culminante de Buffy. Como conta Kevin McMahon: "O vestido de seda branca de Yves Saint-Laurent que Dorothy vestiu para a inau-

Cidade de quartzo

Mas, precisamente como se fosse para contrabalançar as pretensões do Centro Musical no sentido de ancorar firmemente a cultura no Centro, o Museu de Arte do Condado de Los Angeles, fortemente financiado pelos Ahmansons e por outros patrocinadores do Westside, foi aberto alguns meses depois na área judaica de Hancock Park. Desde o final dos anos 1940, o Westside vem reivindicando uma identidade cultural própria, que vá além da mera afinidade com Hollywood. A revista *Arts and Architecture*, que organizou o projeto de residências "estudo de caso" do pós-guerra, fez campanha em favor do estilo internacional entre afluentes do Westside com o mesmo zelo com que a *Land of Sunshine* outrora defendia o renascimento das missões. Na verdade, John Entenza, editor responsável pela *Arts and Architecture* (1940–1962), estava hipnotizado por uma visão miesiana do bulevar Wilshire e das colinas de Hollywood, tão fascinante sob todos os aspectos quanto o ideal Craftsman de Lummis, quando do Arroyo e de Pasadena. De sua casa "estudo de caso" em Santa Monica Canyon (o El Alisal do Westside), Entenza presidiu um moderno *salon* que reunia um grupo de eminências locais do design da importância de Peter Krasnow, Charles Eames e Alvin Lustig. Qualquer exame minucioso dos arquivos da *Arts and Architecture* dos anos 1950 revela a extensão pela qual o modernismo na arquitetura e no design tornaram-se emblemáticos de uma divisão cultural do Westside, separando o dinheiro novo do velho, o judeu do gentio, o transplantado de Nova York do hereditário de Pasadena.

Nesse período de *Kulturkampf* [luta cultural] na cidade, enquanto Joan Didion destilava seu imaginário mais dispéptico, um visitante, o historiador britânico de design, Reyner Banham, escrevia a primeira celebração séria da cidade desde os tempos dos impulsionadores dos anos 1920. Principal ideólogo do "Grupo Independente" britânico dos anos 1950 – que deu à luz a explosão da Arte Pop dos anos 1960 –, Banham certa vez definiu o pop como um "pelotão de fuzilamento sem misericórdia ou perdão" contra as tradições das artes hieráticas[141]. Dessa perspectiva, a Califórnia meridional, com sua agressiva vocação para o presente, era uma terra purificada pelo terror exemplar de sua arquitetura[142]. *Los Angeles: the Architecture of the Four Ecologies*, de 1971, via virtude em quase tudo

---

guração de gala de seu centro musical ainda está em exposição perto do banheiro dos homens no saguão térreo. O objeto histórico veste um manequim de veludo escuro dramaticamente iluminado. Amarelou e está absolutamente horroroso" (comunicação particular).

[141] Reyner Banham, citado em Dick Hebdige, "In Poor Taste: Notes on Pop", em Institute for Contemporary Arts (org.), *Modern Dreams: the Rise and Fall of Pop* (Nova York, MIT, 1988), p. 77.

[142] Como disse uma vez Plagens, "a questão, ao menos para a Califórnia meridional, não é tanto se a área estava/está madura para o pop, mas se o ambiente como um todo – desde o *showbiz* à indústria aeroespacial e ao Gobi dos subúrbios – já não seria por si previamente pop", Peter Plagens, *Sunshine Muse*, cit., p. 139.

aquilo que era desdenhado pelos críticos tradicionais, inclusive o automóvel[143], as pranchas de surfe, as casas de encosta, e algo chamado de "arquitetura de Los Angeles". Rejeitando o critério dos exilados de comparabilidade com o espaço urbano "clássico", Banham afirmou que a grade de auto-estradas, numa metrópole que "falava a língua do movimento, e não do monumento", dava às paisagens e à arquitetura polimórficas de Los Angeles uma "unidade inteligível". Ele considerava o "sonho essencial" da cidade – "o sonho de uma casa urbana própria [...] a grande visão burguesa de uma boa vida num ambiente campestre domesticado" – uma "simpática ecologia da arquitetura", e denunciava violentamente o elitismo dos críticos que não eram capazes de levar em conta os verdadeiros desejos das massas. Para garantir que a diretriz básica de seu livro não fosse mal interpretada, Banham fez também um documentário associado para a rede de televisão BBC, *Reyner Banham Loves Los Angeles*, de 1972.

O efeito causado pela intervenção de Banham foi deveras extraordinário. Apoiado em sua prosa brilhante, assim como pelo novo clima estético disposto a reverter os julgamentos históricos em favor de sensibilidades "pop" de todos os matizes, *Los Angeles: the Architecture of the Four Ecologies* tornou-se um marco de transformação na valorização da cidade pela *intelligentsia* internacional. Adotado internacionalmente como o livro de referência sobre Los Angeles, estabeleceu critérios – vernacular, descentralista e promíscua – que continuam a estruturar as visões do mundo das artes sobre o que está acontecendo na Califórnia ao sul do Tehachapis. Face a esse neo-incrementismo, coube a um crítico de arte local, Peter Plagens, registrar uma divergência de princípios quanto ao endeusamento do livro de Banham:

> Quando as últimas e frágeis defesas da arquitetura progressista são vendidas no balcão dos modismos, quando um especialista ostensivamente perceptivo dá uma olhada nesse óbvio monte de esterco e declara-o um grande barato, então o rolo compressor capitalista do lucro fácil aniquilará o mais rapidamente possível o verde que restou.[144]

Embora o alerta amargo de Plagens quanto à vinculação ideológica de Banham tenha sido ignorado, os admiradores desse último foram forçados a reconhecer que ele estava enganado em relação a pelo menos um ponto importante. Numa nota sobre o Centro – "porque isso é tudo que o Centro de Los Angeles merece" –, Banham descartou a estratégia de "recentralização" e depreciou a necessidade de a cidade ter um centro convencional[145]. Dado o imobilismo do Centro

---

[143] Um antigo ensaio de Banham sobre a libidinização do automóvel, "Vehicles of Desire" (*Art*, set. 1955), indica que ele estava, proléptica ou telepaticamente, na mesma sintonia que os artistas da Ferus e Kenneth Anger.

[144] Peter Plagens, "Los Angeles: the Ecology of Evil", *Artforum*, v. II, dez. 1972, p. 67-76.

[145] Reyner Banham, *Los Angeles*, cit., p. 201.

Cidade de quartzo

no começo dos anos 1970, foi impossível para ele ter uma visão antecipada da corrida imobiliária dos capitais japonês e canadense nos anos 1980, no contexto das transformações geopolíticas que marcaram época, que fizeram do Centro em 1990 um pólo financeiro que só é menos importante do que Tóquio no anel do Pacífico. Tampouco teria sido fácil, em 1971, antever como a tradicional rivalidade entre o Centro e o Westside – que Buffy Chandler tentou reconciliar no final dos anos 1950 – seria progressivamente pacificada por uma seleção funcional dos papéis desempenhados pelos lugares centrais (ou seja, o Centro como centro financeiro internacional, a Century City como capital do código do entretenimento, o Aeroporto Internacional de LA como quartel-general da indústria aeroespacial e assim por diante), e pela gradual aceitação interelite de um regionalismo ecumênico *vis-à-vis* o mercado mundial.

Essa nova geografia do poder concentrou a afluência cultural em duas ambiciosas acrópoles da arte. Em Bunker Hil, ao longo do eixo da avenida Grand, juntou-se ao Centro Musical de 1964, o Museu de Artes Contemporâneas de 1986 de Arata Isozaki (que "preenche o espaço denominado 'Cultura'"), rapidamente seguido pela Dance Gallery de Bella Lewitzky e pelo monumental Disney Concert Hall de Frank Gehry[146]. Outras celebridades mundiais da arquitetura e das artes, inclusive Michael Graves e David Hockney, estavam envolvidos em empreendimentos privados nas cercanias da Biblioteca Pública de Los Angeles, na base sul de Bunker Hill. Enquanto isso, 25 quilômetros a oeste, no Passo Sepulveda, perto de Westwood, Richard Meier ("talvez o mais importante arquiteto do mundo"[147]) está projetando o J. Paul Getty Center, de 300 milhões de dólares: um museu, biblioteca e centro de pesquisas com o maior apoio às artes registrado na história (3 bilhões de dólares a mais). Do outro lado da via expressa de San Diego, propriamente em Westwood, o octogenário Armand Hammer está preparando seu próprio mausoléu megalomaníaco de arte, enquanto o *campus* superfinanciado e superconstruído da Ucla transborda com a nata dos expatriados do pós-modernismo europeu (inclusive, recentemente, Baudrillard, Derrida e Jencks).

Como foi previamente mencionado, grandes incorporadores dominam todos os níveis dessa superestrutura cultural nova. Por exemplo, o presidente do seleto grupo de trabalho do prefeito para as artes era Thomas Maguire III, o maior incorporador comercial da região, que patrocina a série Art and Culture na te-

---

[146] Para uma discussão instigante sobre a política cultural do Centro, ver Jo-Anne Berelowitz, "The Jewel in Crown: Bunker Hill, Moca, and the Ideology of Urban Redevelopment", artigo para discussão, Departamento de História da Arte–Ucla, 1988.

[147] *Los Angeles Times*, 19/5/1989, relata que Meyer "ponderou muito se o Getty Center deveria ser localizado numa área menos afluente e concluiu que 'estando aonde está, da maneira que se vê Los Angeles [...] pertence à cidade como um todo'".

levisão pública local, cuja Library Tower no Centro inclui trabalhos artísticos de David Hockney. O maior construtor da Califórnia meridional, Eli Broad, é a presença dominante no conselho do Museu de Arte Contemporânea, que aumenta os valores imobiliários do California Plaza, um projeto de 1,2 bilhões de dólares. Nesse ínterim, segundo divulgado, Donald Bren, como proprietário da Irwine Company o principal latifundiário do estado, "vive somente para sua coleção de arte". Recentemente, a nova elite de empresas japonesas proprietárias de imóveis no Centro também descobriu que a cultura fertiliza a propriedade imobiliária. A Shuwa Investments, que possui mais de 1 bilhão de dólares em propriedades de alto nível locais, ofereceu ao prefeito Bradley a contribuição inicial para a construção de uma "Estátua da Liberdade" para Los Angeles (a proposta favorita é na verdade uma "nuvem de aço" desconstrutivista projetada para ser colocada sobre a auto-estrada Hollywood, perto do Centro Cívico).

A influência política de incorporadores como Maguire, Broad e Shuwa (todos eles contribuintes importantes para as campanhas à Prefeitura e à Câmara de Vereadores) assegura que a política cultural do município favoreça ao máximo os grandes projetos do Centro ou do Westside, em que as obras de arte expostas publicamente, ou os museus adjacentes inflam o valor da propriedade. O decantado "imposto cultural" de 1% sobre novas incorporações que a Agência de Desenvolvimento da Comunidade cobra – pretendendo assim promover "a integração das artes com todos os aspectos do ambiente construído"[148] – funcionou em grande parte como um subsídio camuflado para os incorporadores do Centro. Por sua vez, suas despesas em formas cinéticas monumentais, plintos soturnos de cor pastel e cubos de aço fascistas são parcialmente recompensadas por meio de preços reduzidos dos arrendamentos imobiliários ou por transferências de densidade vantajosas.

Além disso, o *boom* da arte pública e da monumentalidade cultural andou lado a lado com a depressão cultural na maior parte do gueto. Como ressaltou Linda Burnham, os novos museus fulgurantes e a área elegante do Centro constituem uma "aldeia Potemkin, tantas fachadas a esconder o fato de que os artistas de LA estão num estado desesperador, disputando restos, sem oportunidades para suas carreiras, sem financiamentos e sem lugar para trabalhar"[149]. Desde o final dos anos 1970, os financiamentos do conselho de educação para instrução artística e musical caíram drasticamente, oficinas de arte comunitárias fundamentais foram fechadas,

---

[148] Brochura da Agência de Revitalização Comunitária. O crítico de *design* e fotógrafo Alan Sekula descreve a "reificação pop da propriedade imobiliária" como uma tendência cultural dominante na Los Angeles dos anos 1980 (entrevista, dez. 1989).

[149] Linda Frye Burnham, "Art in Limbo", *LA Weekly*, cit. Ela revela igualmente que Los Angeles gasta 1,53 dólares *per capita* com arte, em contraste com Nova York, que gasta 8,87 dólares, e até com Miami, que gasta 5,20 dólares.

Cidade de quartzo

pontos do jazz local fecharam suas portas um após o outro, a dança negra foi abandonada à própria sorte, os teatros comunitários definharam, os diretores de cinema negros e latinos perderam muito do apoio que recebiam das fundações, e o movimento de murais mundialmente famoso do Eastside quase desapareceu. Geradores vitais da autodefinição da comunidade tais como o Centro de Artes de Watts Towers, o Centro Cultural do Gueto e a Fundação Bilingüe das Artes tiveram que fazer reduções drásticas para sobreviver à "era da afluência das artes"[150]. Em outras palavras, o gueto foi culturalmente esvaziado em associação íntima com a piramidização do capital público e privado aplicado em artes em Westwood e em Bunker Hill. Como resultado disso, as vanguardas culturais negras e latinas foram dizimadas ou forçadas a se retirar de seus contextos comunitários para a proteção cooptativa das universidades e do sistema artístico−empresarial[151].

O *boom* cultural em curso, e seu fluxo de celebridades e intelectuais, deve, doravante, ser visto como um epifenômeno de uma polarização social mais ampla que revitalizou o Centro e enriqueceu o Westside às custas do enfraquecimento de vastas áreas do gueto. Embora Los Angeles alardeie estar competindo com os mundos culturais de Nova York, não tem sequer uma parte do vasto patrimônio artístico e literário dessa última, derivado de boemias e de vanguardas radicais sucessivas. Mesmo as "gotas que escorrem" previstas pelas crenças da cultura empresarial não conseguem alcançar ou nutrir a cultura de rua de Los Angeles. Em conseqüência dessa "desregionalização" deliberada do investimento cultural – simbolizada pela decisão, em 1979, de mudar o nome do futuro Museu de Arte Moderna de Los Angeles para Museu de Arte Contemporânea ("significando que o museu daria prioridade à exposição da arte a partir de uma perspectiva internacional, e não regional"[152]) – o fundo de artes é gasto seja com cultura importada (especialmente de Nova York), seja como forma de atrair

---

[150] Um problema paralelo é a falta de uma televisão efetivamente controlada pelos negros ou pelos latinos/mexicanos, comparável às que são operadas pelas comunidades asiáticas ou evangélicas. A principal estação de língua espanhola é controlada pelos exilados cubanos, enquanto a única estação de propriedade de negros – há muito inativa – deve ser comprada pelos evangélicos. O resultado final é uma "ordenação da informação" metropolitana brutalmente estratificada em dois níveis distintos.

[151] Por exemplo, artistas latinos na Califórnia meridional tornaram-se cada vez mais dependentes de patrocinadores empresariais, em particular as fábricas de bebida e as cervejarias, para expor seus trabalhos pelo país. Como descobriu o jornalista Reuben Martinez, isso geralmente acarreta uma grande dose de censura. "'Se há alguma coisa de que queremos nos manter afastados, é de gente problemática', diz Michele Bernhardt, representante de um clube canadense [patrocinador da mostra Mira!]. 'Existe um forte sentimento direitista neste país agora, e nós não queremos apresentar nada que seja controverso'". Ver Reuben Martinez, "Toward a Rainbow Culture", *LA Weekly*, 18-24/3/1988.

[152] Jo-Anne Berelowitz, "The Jewel in Crown: Bunker Hill, Moca, and the Ideology of Urban Redevelopment", cit.

celebridades imigrantes. Os 35,2 milhões de dólares que a família Getty pagou recentemente por uma obra do século XVI de um pintor pouco conhecido, Pontormo, era muitas vezes maior do que o orçamento anual da cidade para a cultura do Centro-Sul e do Leste de Los Angeles.

Dada essa conjunção de bonança nas artes e terra arrasada, não é surpreendente que intelectuais importados se sintam como missionários numa *tabula rasa* cultural. Peter Sellars, diretor do Festival de Los Angeles, financiado por empresas (que substituiu o mais populista *Los Angeles Street Scene* [Cena de Rua de Los Angeles]), é um exemplo típico desses novos mandarins que estão "redefinindo" a cidade. Seu *curriculum vitae* relata modestamente que "além do festival, é professor visitante do Departamento de Artes e Culturas do Mundo da Ucla, artista−residente na Universidade do Noroeste, além de estar escrevendo um livro de ensaios sobre a performance contemporânea e se preparando para lançar-se no cinema como diretor de seu primeiro longa metragem".

Embora "partes imensas da cidade não estejam ainda formadas e são, portanto, confusas", Sellars gosta de Los Angeles porque é o "andar térreo", "um adolescente desajeitado [...] [cheio de] energia nascente". "Existe certamente esse sentido de genuína imaturidade, mas [...] não acho que isso deva ser inteiramente deplorado − penso que é interessante."[153]

Esse entusiasmo condescendente tornou-se a marca registrada da *intelligentsia colon* (Sellars esteve em Los Angeles por dois anos). Todavia, ao mesmo tempo, as elites artísticas, sem nenhuma concessão para o mundo cultural despossuído, começaram a reconhecer as evidentes contradições de sua estratégia *nouveau riche* (seguida por todas as cidades do Cinturão do Sol) de comprar cultura direto da prateleira do mercado mundial. Nos últimos anos, esforços denodados foram realizados no sentido de descobrir motivos sedutores que pudessem desempenhar a função de marca registrada para a "cultura *made in* LA". Como no começo do século XX, quando o Renascimento das Missões ajudou a dissimular a luta de classes local, há um esforço multilateral para dar forma a uma nova ideologia emoliente para a Los Angeles "pós-moderna", que enfatize o lado glamoroso da polarização social atual e dê apoio à reivindicação de liderança cultural da cidade. Entretanto, na ausência de uma metáfora única de controle, como a "missão", a fabricação de mitos que ora está em curso se vê obrigada a proceder em vários sentidos diferentes.

---

[153] Peter Sellars, entrevistado por Lizanne Fleming, "New Kid in Town", *Pasadena Weekly*, 2/2/1990. Considere também esta descrição da sala de estar de Frank Loyd Wright de Sellars: "Pelo menos a metade das paredes da sala estava coberta por volumes que iam desde o teatro russo e soviético e da arte islâmica até o xamanismo e a psicologia junguiana. Uma prateleira mistura clássicos do teatro com uma pilha eclética de velhas brochuras de Jackie Gleason, Sid Caesar e Rudy Vallee", Idem.

Cidade de quartzo

Um deles, representado pelo Festival de Los Angeles de Sellars e financiado pelo capital do anel do Pacífico, objetiva apresentar Los Angeles como um bazar de culturas étnicas (ainda que não necessariamente autóctones). Visto que Los Angeles é a única cidade cuja diversidade étnica se aproxima ou excede àquela de Nova York (86 línguas diferentes foram contadas entre alunos de suas escolas), o multiculturalismo parece ser um emblema óbvio para suas novas pretensões de ganhar o mundo. Entretanto (até fins do século XX), isso ainda é, em grande parte, uma estratégia de importação, centrada em uma rede emergente de transações entre instituições culturais de elite, e concebida para diversificar os gostos dos ricos consumidores de arte de Los Angeles. Como foi explicado antes, isso significa que não há um compromisso necessário com os centros de artes comunitários da própria cidade ou com as diversas culturas de rua, que em geral não contam com o apoio das empresas que financiam teatro japonês ou balé europeu. Na pior das hipóteses, o "multiculturalismo empresarial" é uma atitude que patrocina uma diversidade importada enquanto ignora seu próprio quintal. Assim, quando os realizadores negros protestaram que sua comunidade tinha sido "virtualmente expulsa" do Festival de 1987, receberam a resposta arrogante de que "a comunidade negra estava representada no programa multicultural através dos artistas negros estrangeiros, dos músicos clássicos de jazz e outros"[154].

Outro logotipo de destaque das artes da Los Angeles dos anos 1990 é a arquitetura pop desconstruída de Frank Gehry – anunciada como o primeiro estilo autóctone importante desde o bangalô. O trabalho de Gehry tem a qualidade peculiar de transmutar *noir* em pop, por meio da reciclagem dos elementos de uma paisagem urbana decadente e polarizada (por exemplo, concreto aparente, correntes, paredes de fundo vazias e assim por diante) em expressões leves e airadas de um estilo de vida feliz (escolas de direito, aquários, cinematecas etc.). Isso é uma espécie de alquimia arquitetônica que aproveita da melhor maneira os "espaços urbanos ruins", como o centro de Hollywood ou o *barrio* Pico-Union, por meio da combinação de, como veremos no capítulo quatro, geometrias agradáveis e complexos sistemas de segurança física. Como não é de surpreender, Gehry, que caracterizou algumas de suas próprias propostas como "cenários", desenvolveu uma lucrativa relação com o Presidente da Disney, Michael Eisner, para projetar a "arquitetura do entretenimento" na expansão da

---

[154] *Los Angeles Times*, 24/2/1990. Sellars, o diretor do Festival, para ser agradável, prometeu, desde logo, voltar-se para os interesses da comunidade. "Está é a cidade mais segregada em que já morei. Mas, no momento em que você pisa neste palco, se torna igual". Ele não explicou, entretanto, como espera que a comunidade negra possa encontrar o apoio financeiro que permita às suas atividades artísticas ficar em pé de igualdade com outros segmentos étnicos mais ricos deste Festival sustentado por empresas.

Luz do sol ou *noir?*

Disney World, na Flórida, assim como o Centro de Concertos Disney em Bunker Hill[155]. Igualmente à "face humana" da arquitetura empresarial que está transformando Los Angeles – desenraizando bairros e privatizando o espaço público –, Gehry adquiriu uma autoridade popular sobre os gostos regionais que às vezes relembra as funções históricas de Lummis, ou mesmo de Disney.

A divulgação da "consciência do anel do Pacífico" pelo Festival de Los Angeles, juntamente com os acenos de Gehry para uma síntese arquitetônica de Los Angeles, foram reproduzidos pelo esforço combinado dos planejadores, incorporadores e lideranças do mundo dos negócios no sentido de cunhar um "novo arquétipo urbano" para simbolizar o futuro oficial da cidade. Sob a pressão constante de grupos ambientalistas e proprietários residenciais revoltados com o desenvolvimento descontrolado, e ansioso para melhorar sua imagem – tendo em vista a eleição para governador de 1986 –, o prefeito Bradley estabeleceu uma comissão seleta, controlada por representantes de empresas, a fim de preparar um "plano estratégico para Los Angeles". Logo em seguida aos Jogos Olímpicos em 1984 (um marco no ciclo incrementista do período), a comissão foi capaz de mobilizar um grau incomum de atenção da parte da elite local geralmente dividida (inclusive, pela primeira vez, de representantes do capital asiático). O relatório que daí resultou, *LA 2000: a City for the Future*, de 1988, transformou-se em manifesto de um "novo regionalismo", objetivando forjar uma unidade de visão entre os megaincorporadores e a *haute intelligentsia*[156].

De maneira interessante, o epílogo do relatório (feito pelo historiador Kevin Starr) relembra aos leitores que a última Los Angeles "coerente", a dos anos 1920, encontrou "a comunidade num nível cívico" porque "tinha um sistema e uma população dominantes"[157]. O relatório dá claramente a entender que, por causa do declínio da *Herrenvolk* [raça superior] anglo-saxã – ou seja, a ausência de um grupo cultural dominante numa metrópole cada vez mais poliétnica e policêntrica –, um "sistema dominante" é mais essencial do que nunca. Ainda que advertindo explicitamente sobre o "cenário *Blade Runner*" – "a fusão de culturas distintas num poliglotismo demótico e carregado de hostilidades não resolvidas" – o relatório opta pela utopia da "Cidade dos Cruzamentos": uma extraor-

---

[155] Entrevistado por Ross Miller, "The Master of Mudpies". Referindo-se a Gehry, Isozaki, Graves e outros atuais "estrelarquitetos" da Disney, a crítica Suzanne Stephens observa: "Ontem, cada arquiteto da América sonhava em construir uma torre de escritórios para incorporadores esclarecidos. Hoje, eles querem trabalhar para Michael Eisner", citado em Leon Whiteson, "Disney Design", *Los Angeles Times*, 25/1/1990.

[156] Formulado sob a liderança do vice-presidente do Bankamerica, o *LA 2000* passou a ser implementado pela 2000 Partnership – uma organização público-privada dirigida pelo antigo CEO da Lockheed.

[157] *LA 2000: a City for the Future* (Los Angeles, Los Angeles 2000 Committee, 1988), p. 86.

dinária cidade de cidades, uma congregação de comunidades habitáveis[158]. Embora chame repetidamente a atenção para o fato do fracasso gritante na criação de uma infraestrutura social para integrar imigrantes novos ou pobres já existentes, a dimensão de justiça social do relatório consiste basicamente em programas cosméticos de baixo custo, com alusões ocasionais e pouco entusiásticas à quantidade assustadora de esforço exigida. O foco central do relatório é uma ênfase sobre a "administração do crescimento" a ser implementada por meio de órgãos governamentais locais racionalizados e apoiados pelo planejamento ambiental do estado e por um "consenso de objetivos" regional. Sintomaticamente, a economia da Califórnia meridional é apresentada como uma caixa-preta feliz, gerando crescimento sem fim. Não há nenhum tipo de consideração quanto a possíveis contradições no seio desse moto-perpétuo.

Essa visão otimista e tecnocrática de Los Angeles às portas do novo milênio recebeu um reforço intelectual incomum dezoito meses depois com a publicação da história liberal–conservadora do passado de Prometeu da cidade, de Kevin Starr, *Material Dreams: Southern California Through the 1920s*, em 1990. Elaborando os assuntos de seu epílogo para *LA 2000*, Starr afirmou que Los Angeles foi erguida do deserto como ato voluntário da imaginação por um panteão visionário de artistas, arquitetos, engenheiros e empresários. Embora alguns cenários específicos sejam brilhantemente evocados (como, por exemplo, Santa Barbara nos anos 1920, os primórdios utópicos da arquitetura de Los Angeles etc.), a Los Angeles da era do *open shop* é representada sem uma única nuvem *noir* no horizonte. Não há sequer uma sugestão de violência de classe ou racial e nem, quanto a isso, de nenhuma causalidade histórica que não indivíduos desbravadores tentando materializar seus sonhos. Trata-se de uma narrativa que pede uma comparação com os "livros–bravatas" hagiográficos – tão comuns no começo do século XX – que descreviam a história local como a atividade heróica de "homens de destaque na indústria e no comércio". Mas o interesse evidente de Starr não é tanto louvar os fundadores, mas sim encorajar seus contemporâneos na presunção de que eles também são fontes geradoras do "sonho da Califórnia meridional". *Material Dreams*, por tentar convencer-nos de que seus heróis "projetaram" o passado da cidade, oferece uma coda ufanista para que os intelectuais mercenários do fim do século XX possam reivindicar que estão projetando seu futuro[159].

---

[158] Idem.

[159] Kevin Starr, *Material Dreams* (Oxford, Universidade de Oxford, 1990). Este é o terceiro volume do ambicioso *Americans and the California Dream*, de Starr. Um Bancroft contemporâneo que goza de celebridade nos círculos de elite tanto de San Francisco (onde era bibliotecário-chefe do município) quanto em Los Angeles (onde, como vimos, ele "contextualizou" o *LA 2000*), Starr talvez seja o único "intelectual californiano" oficial no Estado culturalmente polarizado.

Epílogo: Gramsci *versus* Blade Runner

> *Los Angeles parece pender eternamente entre esses extremos – luz*
> *e escuridão; superfície e profundezas. Em resumo, a promessa de um*
> *sentido que está sempre pairando nos limites da significação.*
>
> Graham Clarke[160]

Se alguém tentasse distinguir o novo incrementismo do velho, poderia ser dito que, enquanto o movimento do Renascimento das Missões pela geração de Lummis baseava-se em um passado ficcional, o alvoroço em torno da cidade mundial do fim do século XX prospera sobre um futuro ficcional. Se o idílio imaginário de padres e seus neófitos felizes apagou uma história de expropriação e de violência racial, os amanhãs cantantes do *LA 2000* e da Associação da Cidade Central são uma repressão preventiva do cenário de *Blade Runner* que muitos habitantes de LA temem já ser inevitável. Assim como Adamic e McWilliams desmascararam, durante os anos 1930 e 1940, a pseudo-história da supremacia branca dos impulsionadores, os intelectuais de oposição dos anos 1990 devem contestar a mitologia de crescimento eterno e controlado. Como sempre, essa contestação será basicamente uma guerrilha em uma variedade de terrenos, da Ucla às ruas de Compton.

Ocorreu na Ucla um começo admirável – de resto, uma instituição, no fim do século XX, mais harmonizada com Paris do que com Pasadena ou Pacoima. A autoproclamada "Escola de LA" é uma corrente emergente de pesquisadores neo-marxistas (em sua maioria planejadores e geógrafos) compartilhando um interesse comum pelas ramificações contraditórias da "reestruturação" urbana e o possível surgimento de um novo "regime de acumulação flexível". A imagem que tem de Los Angeles como um prisma de diferentes espacialidades é brilhantemente sintetizada por Edward Soja num ensaio – "It All Comes Together in Los Angeles", que tornou-se a mais atualizada contrapartida do famoso texto de Adamic, "Los Angeles! There She Blows!"

> Pode-se encontrar em Los Angeles não somente os complexos industriais de alta tecnologia do Silicon Valley e a economia errática do Cinturão do Sol de Houston, mas também o declínio industrial generalizado e as áreas urbanas falidas do Cinturão da Sucata de Detroit e de Cleveland. Há uma Boston em Los Angeles, uma Lower Manhattan e uma South Bronx, uma São Paulo e uma Singapura. Talvez não haja nenhuma outra região urbana comparável que apresente tão vividamente uma reunião e articulação em amálgama de processos de reestruturação urbana dessa natureza. Los Angeles parece estar conjugando a história recente da urbanização capitalista, virtualmente, em todas as suas formas flexionais.[161]

---

[160] Graham Clarke, "The Great Wrong Place?: LA as Urban Milieu", em *The American City: Literary and Cultural Perspectives* (Londres, Vision, 1988), p. 142.

[161] Edward Soja, *Postmodern Geographies: the Reassertion of Space in Critical Social Theory* (Londres, Verso, 1989), p. 193. [Ed. bras.: *Geografias pós-modernas: a reafirmação do espaço na teoria social crítica*, trad. Vera Ribeiro, Rio de Janeiro, Jorge Zahar, 1997.]

Cidade de quartzo

Durante os anos 1980, a "Escola de LA" (baseada nos corpos docentes de planejamento e geografia da Ucla, mas incluindo colaboradores de outros *campi*) desenvolveu uma ambiciosa matriz de abordagens entrecruzadas e estudos de caso. As monografias focalizavam a dialética da (des-) e da (re-)industrialização, da periferização do trabalho e internacionalização do capital, da habitação e dos sem-teto, das conseqüências ambientais do desenvolvimento descontrolado e do discurso do crescimento. Embora seus membros permaneçam indecisos quanto a espelhar-se no modelo da "Escola de Chicago" (cujo nome veio principalmente de seu *objeto* de pesquisa), ou na "Escola de Frankfurt" (uma corrente filosófica que recebeu seu nome em função de sua *base)*, a "Escola de LA" é, na realidade, um pouco de ambos. Ao mesmo tempo em que analisam Los Angeles de maneira sistemática, os pesquisadores da Ucla estão muito interessados em explorar as metrópoles *à la* Adorno e Horkheimer, como um "laboratório do futuro". Eles deixaram claro que vêem a si mesmos escavando os contornos de um pós-fordismo paradigmático, um urbanismo emergente do século XXI[162]. Sua crença na região como bola de cristal é reforçada pela famosa evocação feita por Frederic Jameson (em seu "Cultural Logic of Late Capitalism"*)* de Bunker Hill como "totalização concreta" da pós-modernidade[163].

Pela exposição das mais sombrias facetas da "cidade mundial" (o "novo inferno dickensiano" de Los Angeles na pobreza das subclasses, nas palavras do geógrafo da Ucla Alan Scott), a "Escola de LA" ridiculariza as utopias do *LA 2000*. Todavia, ao avivar a imagem de Los Angeles como paradigma do futuro (mesmo que numa veia distópica), tendem a dissolver a história em teleologia e a glamorizar a própria realidade que pretendem desconstruir. Soja e Jameson, particularmente, na própria eloqüência de seus diferentes "mapeamentos pós-modernos" de Los Angeles, tornaram-se celebrantes do mito. A cidade é um lugar onde tudo é possível, e nada está a salvo ou é suficientemente durável para que se possa acreditar; um lugar onde prevalece a sincronicidade constante, e onde a engenhosidade automática do capital está incessantemente a produzir novas formas e espetáculos – em outras palavras, uma retórica que remete à hipérbole de *O homem unidimensional* de Marcuse.

---

[162] O monopólio de Los Angeles sobre a "visão do futuro", entretanto, está sendo desafiado agora por outros "postos de observação avançados", especialmente pelo maior subúrbio da cidade. Um grupo paralelo de pesquisadores, a "Escola do Condado de Orange", baseada na Universidade da Califórnia em Irvine e patrocinada por uma grande subvenção da Fundação Rockfeller, está explorando esta reivindicação da área de ser a sociedade pós-industrial ideal-típica.

[163] A versão original desse ensaio foi publicada pela primeira vez na *New Left Review*, n. 146, jul.-ago. 1984, com o título "Postmodernism, or the Cultural Logic of Late Capitalism". Para uma crítica das coordenadas específicas de Los Angeles usadas por Jameson, ver Mike Davis, "Urban Renaissance and the Spirit of Postmodernism", em E. Ann Kaplan (org.), *Postmodernism and its Discontents* (Londres, Verso, 1988), p. 79-87. [Ed. bras.: *O mal-estar no pós-modernismo: teorias e práticas*, trad. Vera Ribeiro, Rio de Janeiro, Jorge Zahar, 1993.]

Luz do sol ou *noir?*

As dificuldades para romper completamente com as pretensões ideológicas de Los Angeles estão igualmente ilustradas do outro lado da cidade, nos guetos de Watts e Compton, com a emergência do *gangster rap*. George Lipstz, em sua cativante "Cruising Around the Hegemonic Block" (1986)[164], demonstrou que o espectro étnico de músicos de rock, muralistas, dançarinos de *break* e *rappers* de Los Angeles constitui uma espécie de "*intelligentsia* orgânica", que fomenta uma estratégia cultural para um "bloco histórico de grupos de oposição". Confirmando aparentemente essa tese, o Negros com Atitude [NWA] e seu líder *rapper* Eazy-E semearam consternação em círculos da lei e da ordem com a popularidade fenomenal de seus álbuns de 1989, *Straight Outta Compton* (500 mil cópias vendidas) e *Eazy-Duz-It* (650 mil cópias vendidas). Desdenhando tentativas recentes de diluir um estilo musical que nasceu para ser o som autêntico do gueto ("nós fazemos esses discos, em primeiro lugar, para nosso povo"), o NWA está

> [...] levando as imagens bem mais longe do que qualquer um antes deles. [...] colocam ruídos de sirenes e tiros como pano de fundo de suas histórias brutais e feias proibidas para menores, retratando o tráfico de drogas, os tiroteios entre gangues e os confrontos com a polícia.[165]

Como explica Eazy-E, o *gangster rap* tornou-se a imprensa alternativa de Los Angeles:

> Estamos contando a história real do que é viver em lugares como Compton. Estamos passando a realidade [para os fãs]. Somos como repórteres. Damos a eles a verdade. As pessoas de onde viemos escutam tantas mentiras, que a verdade sobressai como uma ferida no polegar.

Mas uma das "verdades" mais persistentes que a reportagem do NWA passa é a sua própria avareza:"Não estamos fazendo discos por diversão, estamos aqui para ganhar dinheiro." Em contraste com sua contrapartida *rap* de Nova York, o *Public Enemy* (já extinto), que eram tribunos do nacionalismo negro, os *gangster rappers* de Los Angeles repudiam toda e qualquer ideologia, exceto a acumulação primitiva de riqueza, por qualquer meio necessário. Supostamente desnudando a realidade das ruas, "contando-a como ela é", eles também oferecem um espelho acrítico para viagens de poder fantasiosas de violência, sexismo e ganância. E, igualmente a Charles Bukowski ou Frank Gehry (também provedores do "realismo social" de LA), os *gangster rappers* não lograram impedir a retradução ao se tornarem celebridades. Rodeados por executivos e relações

---

[164] George Lipstz, "Cruising Around the Hegemonic Block", *Cultural Critique*, Baltimore, Universidade de Minnesota, 1986–1987, p. 157-77.

[165] Robert Hilburn, "Rap", *Los Angeles Times Calendar*, 2/4/1989.

Cidade de quartzo

públicas brancos de gravadoras que lhes sorriem benignamente, o NWA brande rifles automáticos feitos sob encomenda e fala sombriamente sobre "*drive-bys*" recentes e sobre funerais de amigos – uma imagem "envernizada", como qualquer outra no ramo[166].

Essa aparente sinergia entre a cultura *gangster* e Hollywood (um velho tema) levanta algumas dúvidas sobre a tese de Lipsitz de uma convergência contrahegemônica. Escrevendo sobre uma outra subcultura marginal de Los Angeles, a cena punk do final dos anos 1970 e do começo dos 1980, David James expressa pessimismo quanto à possibilidade de que qualquer prática cultural contemporânea, por mais que seja marginal ou transitória, possa escapar à assimilação e à reembalagem "praticamente de um dia para o outro" pela "mídia hegemônica". A experiência do NWA, e, menos sutilmente, de todo o florescente gênero *Colors*, sugere que Hollywood está ansiosa para extrair dos *barrios* e guetos de Los Angeles cada uma de suas últimas imagens de autodestruição e de holocausto comunitário. Se as fábricas de sonho ficam igualmente satisfeitas ao manufaturar pesadelos como idílios, o que aconteceria com a capacidade oposicionista do realismo documentário (uma questão, é claro, que transcende a luta de classes pela representação ideológica de Los Angeles)? A resposta pessimista de James, informada pelos estudos de caso de Los Angeles, é que os "momentos exemplares" de negação só podem ser visualizados como escaramuças transitórias na própria margem da cultura; a resistência se torna permanentemente "conjectural"[167].

Em algum lugar entre o otimismo gramsciano de Lipsitz e o pessimismo frankfurtiano de James reside a possibilidade de uma cultura de oposição em Los Angeles. Como teria quase certamente ressaltado Gramsci, uma análise estrutural radical da cidade (como a que é apresentada pela Escola de LA) só pode adquirir força social se estiver incorporada a uma visão alternativa experimental – nesse caso, da imensa Los Angeles do Terceiro Mundo, cujas crianças serão a Los Angeles do milênio. Nessa sociedade poliétnica e polilingüística emergente – com minoria anglo-saxônica –, as condições estruturais de intervenção na cultura popular estão constantemente em movimento. Quem pode prever como os longos anos de luta à frente, até que os imigrantes latinos possam esperar atingir a igualdade política e social, afetarão a cultura dos guetos de língua espanhola? Será a cidade-dentro-da-cidade colonizada por uma ética de trabalho neo-taiwanesa de poupança e submissão, desintegrar-se-á ela numa laranja mecânica de gangues em guerra, produzirá uma subcultura de oposição (como o radicalismo ídiche do *ragtime* de Nova York) – ou, quem sabe, todos os três? Igualmente, transformar-se-ão as fronteiras entre os diferentes grupos em áreas

---

[166] Jo-Anne Berelowitz, "The Jewel in Crown: Bunker Hill, Moca, and the Ideology of Urban Redevelopment", cit.

[167] Ver a descrição da entrevista do NWA em Hunt.

de atrito ou em geradores de alta voltagem de uma cultura urbana alternativa liderada pelas vanguardas poliétnicas?

O "interculturalismo" é certamente um slogan ambíguo nos dias de hoje: ele define a agenda tanto das instituições culturais "hegemônicas" (vendendo a idéia de uma conexão do anel do Pacífico entre artistas e performáticos financiados por empresas) quanto de sua oposição guerrilheira (sonhando com uma coalizão sem precedentes de artistas de rua despossuídos de diferentes comunidades). Embora observando cuidadosamente a advertência – de Louis Adamic a David James[168] – de que a oposição cultural e intelectual no centro da cultura industrial é sempre conjuntural (senão conjectural), resta dar algum retorno à observação de George Lipsitz de que, quando as culturas de rua de Los Angeles interagem da maneira certa, emitem uma luz cujo calor e claridade são extraordinários.

---

[168] Ver David E. James, "Poetry/Punk/Production: Some Recent Writting in LA", em E. Ann Kaplan (org.), *Postmodernism and its Discontents*, cit., p. 163-86.

2
Linhas de poder

Quem controla Los Angeles?

> *Não existe estrutura de poder aqui – somente pessoas*
> *que pensam que são o poder.*
> Otis Chandler[1]

As imagens populares do poder em Los Angeles são curiosamente contraditórias. Por um lado, há uma crença comum, quase que uma lenda folclórica, de que LA é governada por um sistema onipotente estabelecido no Centro, comandado pelo *Los Angeles Times* e algumas grandes empresas bancárias, companhias de petróleo e lojas de departamentos. Por outro, tem-se a declaração peremptória de Chandler, que encontra eco nos jornalistas da escola do "não existe nada que 'exista' no que existe", de que o poder na Califórnia meridional é fragmentado e disperso, sem um centro hegemônico.

Ambas as imagens estão baseadas em verdades parciais. Durante o meio século entre a Guerra Hispano-Americana e a da Coréia, a dinastia Otis Chandler do *Los Angeles Times* de fato presidiu uma das estruturas de poder municipal mais centralizadas – na verdade, militarizadas – dos Estados Unidos. Eles erigiram o *open shop* sobre os ossos do trabalhismo, expulsaram judeus pioneiros dos registros sociais e pilharam a região por meio de uma série de grandes cartéis imobiliários. Resíduos importantes do poder dessa gente – como de sua pilhagem – permanecem gravados no Centro, tendo influenciado o regime Bradley, ainda que a velha guarda possa ser suplantada por atores mais poderosos vindos de Tóquio, Toronto e Nova York.

---

[1] Otis Chandler, citado em Sophia Spalding, "Power Shift in LA", mimeo, 1989.

Ao mesmo tempo, o bisneto do general Harrison Gray Otis está certo ao enfatizar a presente incerteza quanto a "quem controla LA". A partir da ascensão dos enclaves das indústrias do entretenimento e da aeronáutica nos anos 1920 e 1930, além da descentralização da atividade econômica ao longo do corredor de Wilshire durante o mesmo período, a estrutura de poder chandleriana – que emprestava grande parte da escuridão ao *noir* de LA – rapidamente perdeu seu monopólio regional. Um certo Westside separatista, predominantemente judeu e democrata, teceu suas redes sociais e políticas diferenciadas, transformando-as numa hierarquia de poder concorrente. Mais recentemente, a globalização da economia regional introduziu novos atores e centros de poder, desestabilizando as arcaicas culturas aristocráticas.

É óbvio que a complexidade policêntrica do sistema de elites já não é mais susceptível aos ditames de nenhuma dinastia única. Mas, se Los Angeles deixou, há muito tempo, de ser uma cidade provinciana com um único "comitê executivo da classe dominante", ainda está longe de ser um mero loteamento de riqueza e poder difusos. O poder político na Califórnia meridional permanece sendo organizado pelas grandes constelações de capital privado, as quais, como em outros lugares, agem como governo permanente nas questões locais. O que é excepcional em relação a Los Angeles é o desenvolvimento extremo do que continua a ser apenas uma tendência na evolução de outras cidades norte-americanas.

Primeiramente, a formação da elite em Los Angeles tende a obedecer às regras estabelecidas pela imprevisível geologia da região, uma vez que alterações bruscas na base econômica produzem recomposições fundamentais no nível dos blocos de poder. A despeito do interlúdio de disciplina chandleriana nos negócios, Los Angeles sempre teve uma cultura de elite muito mais *porosa* do que Nova York, Chicago, Filadélfia ou San Francisco. Como enfatiza Frederic Jaher, cada nova onda de riqueza "impôs seu estilo à comunidade, ao invés de se submeter às elites mais antigas"[2]. Esse imperialismo intrusivo opera a favor do *zaibatsu* japonês e dos bancos baseados em Manhattan, como operou por um período breve, mas espetacular, ao lado dos reis dos *junk bonds** recentemente depostos de Beverly Hills.

Em segundo lugar, a genealogia das elites em Los Angeles reverteu a típica seqüência americana de domínio Wasp seguido por esforços católicos e judeus em busca de poder. Aqui, a proeminência precoce de elites que não eram protestantes foi substituída por uma longa era de exclusivismo Wasp, à medida que

---

[2] Frederic Jaher, *The Urban Establishment: Upper Strata in Boston, New York, Charleston, Chicago and Los Angeles* (Urbana, Universidade de Illinois, 1982), p. 577.

* Títulos emitidos por empresas de menor estabilidade no mercado que oferecem alta rentabilidade para atrair os investidores. Esses papéis foram amplamente utilizados para lastrear aquisições hostis de grandes empresas na década de 1980. (N. T.)

Linhas de poder

a Los Angeles outrora cosmopolita tornava-se, cultural e demograficamente, a mais nativista e fundamentalista das grandes cidades. O expurgo social e político da elite judaica, em particular, precipitou a formação de uma classe dominante bifurcada, talvez única nos Estados Unidos.

Em terceiro lugar, a característica de expansão horizontal no desenvolvimento moderno da cidade, que já em 1925 antecipava a tendência geral do urbanismo norte-americano dos anos 1960, enfraqueceu os invólucros espaciais cruciais de um sistema municipal centralizado. Desde a Primeira Guerra Mundial, uma elite do Centro cada vez mais auto-identificada vem tentando evitar vazamentos de poder para a periferia, e assim reforçar a hegemonia regional do velho Distrito Comercial Central. Isso levou apenas a uma escalada de guerras darwinianas entre áreas, na medida em que os novos centros e suas elites, de Century City ao Triângulo Dourado do Condado de Orange, desafiavam a aristo-hierarquia do Centro de Los Angeles. Além disso, a extrema fragmentação política da metrópole, superando até mesmo a balcanização da grande Chicago ou de Boston, permitiu que poderosos interesses privados capturassem governos locais para a utilização em proveito próprio, como enclaves à prova de impostos. Esse "mercado competitivo de municipalidades" – celebrado pelos teóricos ultra-*laissez-faire* da *public choice* [escolha pública] – reduziu o incentivo para uma organização abrangente da elite em escala regional.

Em quarto lugar, a *internacionalização da formação das classes* deu um salto qualitativo em Los Angeles que vai além de qualquer outra cidade norte-americana. A mais Wasp das grandes cidades em 1960, Los Angeles possui uma diversidade poliétnica maior do que a de Nova York, com uma imensa classe de trabalhadores braçais constituída por latinos, e uma parcela crescente de investidores asiáticos que vive de rendas. No nível da elite, o capital japonês, que chegara como um *tsunami* no começo dos anos 1980, já se tornou um participante discreto, mas importante, na política municipal. Paralelamente, grandes ondas de imigrantes chineses, coreanos e armênios de classe média, engrossadas por israelenses, iranianos e outros, fizeram de Los Angeles o centro mais dinâmico do capitalismo de família étnica do planeta.

Finalmente, devido ao extraordinário nanismo da política de massas em Los Angeles, a intermediação dos interesses das elites é negociada de modo invisível, com custos de patrocínio mínimos e baixíssimo repasse para o eleitorado das classes trabalhadoras ou dos guetos. A não ser pelos períodos imediatamente posteriores à derrota do *open shop* no final dos anos 1930, e à Rebelião de Watts* em 1965, as estruturas de poder da Los Angeles moderna não tiveram o que fazer frente às pressões reformistas significativas de esquerda. Isso é em parte

---

* Série de manifestações populares em represália à conduta racista da polícia local, em agosto de 1965. Os conflitos resultaram na morte de 34 pessoas e na prisão de cerca de mil manifestantes. (N. E.)

Cidade de quartzo

fruto do legado perverso do progressivismo local do início do século XX, o qual, por meio da eliminação da competição partidária pelos governos municipais e pelo condado, depreciou a participação dos cidadãos. É também a conseqüência de uma divisão dos distritos eleitorais em bases fortemente raciais, sobretudo no Eastside *chicano*, a qual historicamente diluiu a influência política da classe trabalhadora não-saxônica. Mais recentemente, a leva de imigração não-documentada vinda do México e da América Central ampliou a discrepância entre os que trabalham e os que votam. A despeito da transição demográfica marcante que fez dos saxões uma minoria em Los Angeles, a influência mais significativa na tomada de decisões das elites vem dos proprietários saxões afluentes (ver capítulo 3), cujo peso eleitoral passou a ser maior do que nunca.

Embora outras cidades norte-americanas revelem algumas dessas tendências – isto é, reestruturação econômica faustiana, porosidade social, anti-semitismo de elite, competição pela posição de lugar central, internacionalização da formação das classes, extrema fragmentação política e perda de poder do gueto – nenhuma (para tomar por empréstimo o slogan oficial da cidade) "é tudo isso ao mesmo tempo" como Los Angeles. A cidade norte-americana em estado de expansão mais permanente da história do país, Los Angeles sempre foi "o Grande Gatsby das cidades americanas"[3]. Em meio ao movimento pendular dos destinos individuais, a verdadeira inclinação de Los Angeles, em termos de construção de cidade, tem sido encarnada em uma sucessão de estruturas de poder tornadas coerentes pelas *estratégias de acumulação* comuns e distintas pelos modos específicos de inserção nas estruturas de poder maiores das economias californiana e nacional (atualmente, internacional). Em quase todos os casos, além disso, as novas elites e estratégias foram geradas por reestruturações da economia política da incorporação da terra. Como regra geral, as mudanças nas formas de especulação com a terra tenderam a determinar a natureza das estruturas de poder de Los Angeles.

Na genealogia que se segue, faço um esboço de uma narrativa sobre as gerações das elites de poder, enquadrada numa periodização tripartite segundo modalidades historicamente dominantes de incorporação da terra. Primeiro, no século que vai da declaração da Bear Flag Republic* até a rendição do Japão – isto é, na trajetória do longo arco do Destino Manifesto –, Los Angeles passou de um povoado mexicano insignificante, com menos de três mil almas, para uma metrópole de mais de três milhões de habitantes. No primeiro século de controle dos saxões, a incorporação permaneceu fundamentalmente latifundiária, e

---

[3]   Kevin Starr, "An Epilogue: Making Dreams Come True", em *LA 2000: a City for the Future*, cit., p. 84.

*   Literalmente, República da Bandeira do Urso. Alusão à República da Califórnia, fundada por insurgentes americanos em junho de 1846, contra a denominação espanhola. Sua bandeira estampava como símbolos a figura de um urso grizzly e uma estrela. (N. T.)

Linhas de poder

as camadas dominantes estavam organizadas sob a forma de monopólios especulativos da terra cuja encarnação mais acabada era a estrutura de poder militarizada, estabelecida pelo general Otis, que controlou a cidade por quase três gerações depois de 1889.

Ao final da Segunda Guerra Mundial, contudo, tornou-se impossível falar em uma única estrutura hegemônica de poder, uma vez que Los Angeles estava cada vez mais polarizada entre as "coalizões de crescimento" do Centro e do Westside, com pretensões econômicas, políticas e culturais diferenciadas. Numa era de "suburbanização keynesiana", as indústrias da construção comercial e do financiamento habitacional geraram uma boa parte do poder ascendente do Westside, enquanto a velha guarda chandleriana permanecia fixada na reincorporação de seus patrimônios do Centro. Embora as rebeliões militantes dos guetos tenham encorajado uma certa reaproximação entre as lideranças empresariais judaicas e gentílicas (ironicamente representadas no regime "liberal" de Bradley), Los Angeles permaneceu efetivamente uma "cidade de duas cabeças" até os anos 1980.

Durante a última década, a crescente escassez de terra combinou-se com a chegada dos investimentos asiáticos para iniciar uma recomposição de longo alcance das elites tradicionais. Como segunda cidade da vasta "esfera de co-prosperidade" do anel do Pacífico, dominada por Tóquio, Los Angeles tornou-se tanto império quanto colônia. Lutas locais pelo poder entre o Centro e o Westside foram ofuscadas por uma nova geopolítica e uma nova economia da terra, deixando o problema de quem controlará Los Angeles nos anos 2000 como uma questão surpreendentemente aberta.

A luz do sol e a *open shop*

Genros maquiavélicos (anos 1840–1850)

Se, na Califórnia setentrional, as hostes de garimpeiros em busca de ouro aniquilaram brutalmente a sociedade *californio* nativa, no Sul, a arma preferida da conquista foi o casamento. Os antigos *haciendados* [fazendeiros] da região de Los Angeles – a *gente de razón*, da qual nos lembramos hoje principalmente por causa de nomes pitorescos de ruas, como Pico, Figueroa e Sepulveda, e assim por diante – foram desapropriados sem violência pelos seus próprios genros ianques maquiavélicos. No final dos anos 1820, a alta Califórnia mexicana, particularmente as ricas terras de pastagem na região das missões de San Gabriel e San Fernando – as quais eram objeto de uma disputa prolongada entre a Igreja e a secularização trazida pelos beneficiários de doações de terras do governo – tornaram-se uma colônia marítima de Boston. Os couros vindos dos grandes ranchos forneciam a matéria-prima para as fábricas de sapatos da Revolução Industrial na Nova Inglaterra, enquanto os comerciantes ianques transmitiam os rudimentos da civilização vitoriana para a remota costa da

Cidade de quartzo

Califórnia meridional. Todavia, à medida que os rápidos veleiros foram se tornando uma imagem constante no canal de Catalina, houve marinheiros que se encantaram com as possibilidades da vida na costa — sobretudo com as lucrativas oportunidades de assumir as funções comerciais intermediárias, desprezadas pelos rancheiros nativos.

Um dos primeiros ianques desembarcados, e que acabou sendo o mais bemsucedido deles, foi dom Abel Stearns, que chegou no final dos anos 1820 e, depois de uma conversão política ao catolicismo, tornou-se genro de Juan Bandini, um dos principais proprietários de terras. Seu compatriota de Massachusetts, Juan Temple, abriu a primeira loja de Los Angeles e marcou um tento ainda maior ao casar-se com a filha de Manuel Nieto, o maior barão do gado da província, cujas pastagens se estendiam desde o rio San Gabriel até o Santa Ana. Umas duas dúzias de outros ianques, além de uns poucos aventureiros europeus, seguiram a trilha matrimonial para a fortuna aberta por Stearns e Temple. Às vésperas da Conquista, e antes da chegada de um único dos dragões da cavalaria de Polk, a economia da Califórnia meridional já havia sido decisivamente americanizada pelo casamento, com Stearns — parecendo em seus daguerreótipos, sob todos os aspectos, um patriarca do Velho Testamento — como o homem mais rico da alta Califórnia e senhor do comércio exterior de Los Angeles[4].

Embora o declínio do comércio de couro e a Guerra da Conquista tenham deprimido temporariamente a economia dos ranchos, a Corrida do Ouro estimulou uma demanda por carne, quase que insaciável, para alimentar 100 mil garimpeiros de aluvião. À medida que o preço do gado dos ranchos subia de dois dólares para cinqüenta dólares por cabeça, Stearns e os anglo-californianos viam sua riqueza e poder aumentarem. Depois, durante a Guerra Civil, abateuse a catástrofe: primeiro, uma seca devastadora tingiu de branco as encostas das colinas do Condado de Los Angeles com os ossos de um milhão de cabeças de gado; depois, a introdução de métodos de criação de gado, usando raças melhoradas, no sul do vale de San Joaquin, pelo famoso barão do gado e pirata terrestre Henry Miller. Os visionários sonhavam com vastos sistemas de irrigação para reviver a economia da Califórnia meridional, mas não havia capital local. Muito endividados, com a criação destruída, e cerceados por litígios relacionados a seus títulos de propriedade que se estendiam há uma década, os *haciendados* começaram a perder o controle de seus patrimônios.

---

[4] Esses *yankee hidalgos* oportunistas, contudo, atraíram a ira de outros filhos dos puritanos, como Richard Henry Dana Jr., autor de *Two Years Before the Mast*, de 1852, que desprezava "a odiada costa" da Califórnia meridional e os anglo-californianos, que "deixaram suas consciências no cabo Horn". Ver a discussão em Franklin Walker, *A Literary History of Southern California* (Berkeley, Universidade da Califórnia, 1950), p. 22-32.

Os oportunistas do norte (1860–1870)

A destruição da economia baseada na pecuária da Califórnia meridional contrastava com a riqueza sempre crescente de San Francisco, resultante da prosperidade trazida pela prata em Comstock e da construção da estrada de ferro Central Pacific. Enquanto a Corrida do Ouro, por si mesma, não chegou a deixar em seu rastro uma classe dominante bem definida, a exploração empresarial de Comstock e os subsídios e doações de terras federais relacionadas à estrada de ferro criaram um pólo independente de capital em San Francisco, o qual controlava um império do litoral do Pacífico, desde as Aleutas até a *baja* California. Foi essa San Francisco lendária e florescente, ao estilo dos Médicis – do "anel de Ralston", dos "Quatro Grandes" e dos "Reis do Comstock" –, que, depois do fim da Guerra Civil, invadiu a região de Los Angeles e reformulou sua economia.

O capital de San Francisco chegou em dois contingentes separados. No começo dos dias da Corrida do Ouro, os mercadores judeus alemães da Silésia e da Alsácia começaram a tomar das mãos de Stearns e dos anglo-californianos o controle do comércio de Los Angeles. No fim da década de 1860, quando Isaias W. Hellman – destinado a ser o maior financista da Era Dourada de Los Angeles – abriu as portas de seu primeiro banco, essas famílias de comerciantes tinham integrado a Califórnia meridional numa vasta rede financeira e comercial que se espalhava pela maior parte do Oeste, controlada a partir de San Francisco (geralmente existia uma divisão de trabalho entre irmãos mais velhos e mais novos) e ligada internacionalmente a centros do capital em Nova York, Paris e Frankfurt[5].

Aproveitando a enorme queda, induzida pela seca, do valor da terra para 20 centavos de dólar por hectare (a avaliação de todo o território do Condado de Los Angeles chegava apenas à cifra de 1,6 milhão de dólares em 1863), uma segunda leva de milionários *noveaux riches* de Comstock e ricos administradores da estrada de ferro Central Pacific começaram a comprar os ranchos falidos do Sul[6]. A transição entre eras e grupos dominantes foi dramaticamente assinalada pela liquidação, em 1868, da propriedade arruinada de Abel Stearns. Um grupo de investidores de San Francisco, comandado por Alfred Robinson e Sam Brannan (o famoso vigilante mórmon da década de 1850), subdividiu a grande propriedade, que se estendia de San Pedro a San Bernardino. William Clary, historiador da dinastia legal dos O'Melveny, que prosperou às custas da venda dos ranchos, assinala que a venda Stearns "estabeleceu o padrão para todas as promoções imobiliárias futuras da Califórnia. Foi a primeira vez que foi feita uma tentativa

---

5   Ver Robert Cleland e Frank Putman, *Isaias W. Hellman and the Farmers and Merchants Bank* (San Marino–CA, Huntington Library, 1965).

6   Estatísticas de Robert Cleland, *The Cattle on a Thousand Hills: Southern California 1850–1880* (San Marino–CA, Huntington Library, 1951), p. 159. O Condado de Los Angeles, em outras palavras, continha cerca de 1% da riqueza do estado em 1863.

Cidade de quartzo

sistemática de divulgar nacionalmente os atrativos, climáticos e de outra ordem, da Califórnia meridional"[7].

Passada uma década do desmoronamento do império de Stearns, virtualmente todas as principais concessões de terra (com a exceção reveladora do rancho Dominguez, em South Bay) haviam sido alienadas para interesses do norte da Califórnia; a área de Long Beach para Bixby e Flint (que compraram o que era de Juan Temple), o sul do Condado de Orange para Irvine Flood (mais tarde O'Neil), a ilha de Catalina para Lick, diversos ranchos no vale de San Gabriel para "Lucky" Baldwin, o vale de Santa Clara, no Sul, para Newhall, o sul do vale de San Fernando para Lankershim e Van Nuys, o norte do vale de San Fernando para os irmãos Porter e McClay, enquanto o senador Jones, de Nevada, tornou-se o "pai" de Santa Monica. Ainda carentes de uma infra-estrutura de irrigação, não havia muito mercado para a subdivisão dessas vastas extensões de terra em fazendas. Forçados a conservar seus latifúndios intactos por mais uma geração, os nortistas tentaram a criação de carneiros e, depois, em seguida à queda dos preços da lã, as plantações de cevada e trigo de crescimento rápido. Isso gerou uma nova fonte de comércio marítimo para Los Angeles, uma vez que a farinha do vale de San Fernando era despachada de navio, contornando o Cabo Horn, para Liverpool.

Os grandes beneficiados com a venda dos ranchos foram Isaias Hellman e seu sócio, o ex-governador John Downey, que, através de uma agiotagem calculada durante os anos da seca, acabou por ter nas mãos os penhores das propriedades mais valiosas. Em 1871, eles fundaram o Farmers and Merchants Bank [banco dos fazendeiros e comerciantes], o qual, por trinta anos, foi o principal centro financeiro da cidade. A colaboração entre Hellman e Downey, que sobreviveu até mesmo ao fato de o primeiro ter assumido o controle integral do banco em 1875, simbolizava uma convivência étnica mais ampla. Muitos dos oportunistas eram irlandeses (Downey, O'Neill, O'Melveny, Baldwin e assim por diante), e o interessante é que, em San Francisco, eles tendiam a formar facilmente alianças com a comunidade judaica-alemã de comerciantes. Os dois grupos se entrincheiraram no Partido Democrata local, todo-poderoso, e os judeus, em contraste marcante com sua exclusão no século seguinte, participavam regularmente em todas as instâncias do poder municipal, desde a Assembléia Legislativa até as freqüentes "reuniões de gravata" do comitê de vigilantes. (Hoje em dia, no pequeno Museu Maçônico no Parque Histórico de El Pueblo, o visitante ainda pode encontrar evidências abundantes do congraçamento ecumênico das elites durante a década de 1870 em listas de membros, retratos de época e testemunhos.)[8]

---

[7] William Clary, *History of the Law Firm of O'Melveny and Myers: 1885–1965* (Los Angeles, O'Melveny e Myers, 1966), p. 211.

[8] Não se pretende negar a existência do anti-semitismo na elite, sobretudo entre a primeira geração de anglo-californianos que responsabilizaram os judeus, e em especial Isaias Hellman, por terem executado a hipoteca de seus ranchos durante a década de 1860. Tal

Como documentou Remi Nadeau, a primeira iniciativa coordenada dessa nova classe dominante – a peça fundamental da sua estratégia de acumulação comum – foi criar um *lobby* para fazer de Los Angeles o centro ferroviário do Sudoeste. Depois do desmoronamento da economia dos ranchos, a cidade tinha sido salva por seu comércio com os acampamentos de garimpeiros de prata de Cerro Gordo e das montanhas Panamint (próximas ao vale da Morte). À medida que a Southern Pacific foi estendendo seus trilhos pelo vale de San Joaquin, no começo da década de 1870, os líderes de Los Angeles temiam que uma das novas estações terminais do vale pudesse absorver esse comércio essencial de metais em espécie. Olhando para um futuro mais distante, os partidários locais da Southern Pacific, comandados pelo banqueiro Hellman e pelo advogado O'Melveny, esperavam se antecipar à tentativa de San Diego para tornar-se a estação terminal da estrada de ferro transcontinental no sul da Califórnia. Embora a Southern Pacific extorquisse subsídios extravagantes em terras e em dinheiro para construir uma ramificação até o rio Los Angeles, Hellman e O'Melveny dobraram os críticos da estrada de ferro com visões cintilantes da prosperidade iminente no rastro do cavalo de ferro[9].

Otis e os expansionistas (1880–1910)

No princípio, a estrada de ferro foi uma cruel decepção, exigindo muito em tributos e transportando pouco, em termos de comércio novo. Enquanto Los Angeles (com 11.183 habitantes em 1880) esperava sete longos anos para que a Southern Pacific completasse seu ramo sul, passando por Nova Orleans, os produtos locais tinham que ser encaminhados por meio de Ogden, onde os carregamentos de frutas pereciam no frio da grande altitude. Ainda em 1883, os analistas locais previam um futuro puramente provinciano. A criação de avestruzes ainda era descrita como uma "indústria proeminente", e o naturalista John Muir via na apicultura a melhor esperança da região[10].

---

contenda ressurgiu de modo violento, em seguida ao colapso do Temple and Workman Bank, último reduto dos genros, no Pânico de 1875, que foi mais uma vez atribuído às maquinações de Hellman. Ver Max Vorspan e Lloyd Gartner, *History of the Jews of Los Angeles* (Filadélfia, Jewish Publication Society of America, 1970), p. 42.

[9] Ver Remi Nadeau, *City-Makers: the Men Who Transformed Los Angeles from Village to Metropolis During the First Great Boom, 1868-76* (Nova York, Doubleday, 1948), capítulo 6. A Southern Pacific tinha pouco capital doméstico disponível nos longos anos da década de 1870; por isso, os Quatro Grandes mandaram Michael Pease – um capitalista de San Francisco que também era proprietário do rancho Los Alamitos, em Los Angeles – para a Alemanha a fim de vender títulos. A "mão invisível" que tornou possível a integração ferroviária de Los Angeles na economia nacional foi, na realidade, a poupança de investidores alemães médios. Ver Jackson Graves, *My Seventy Years in California: 1857–1927* (Los Angeles, Times-Mirror, 1927), p. 100.

[10] Ver R. W. C. Farnsworth (org.), *A Southern California Paradise* (Pasadena, 1883), p. 53; e John Muir, *Mountains of California* (Boston, Century, 1894, v. 2), p. 12. Durante a "era de ouro da apicultura",

Cidade de quartzo

O término da Sunset Route da Southern Pacific, em 1883, seguido pela chegada da concorrente Santa Fe, em 1886, transformou o cenário econômico e geográfico da Califórnia meridional. Com investimentos imensos empatados nas suas novas linhas transcontinentais, e na posição de maiores proprietários de terras da região, as estradas de ferro adquiriram uma participação gigantesca no desenvolvimento rápido de Los Angeles e dos condados adjacentes[11]. (Ansiosa para exibir o charme de seu novo feudo, a Southern Pacific certa vez ofereceu a Oscar Wilde um trem especial e um vagão particular para que visitasse Los Angeles.) Numa escala até então nunca sonhada como possível, criou-se um plano de crescimento baseado na conversão da agricultura de latifúndio a seco numa horticultura irrigada e subdividida. Como enfatizou Richard Orsi, no começo da década de 1880 as estradas de ferro foram "os principais patrocinadores da fazenda científica na Califórnia". A cultura de cítricos, sobretudo, parecia uma estratégia de desenvolvimento ideal: atraía centenas de investidores afluentes, aumentava o valor da terra, reforçava a imagem "mediterrânea" da região, promovia o turismo, estimulava a construção nas cidades e, acima de tudo, aumentava drasticamente o valor unitário das cargas ferroviárias[12].

Para tornar essa visão realidade, as estradas de ferro aliaram seus departamentos de imigração, publicidade, turismo e seus agentes fundiários às forças promocionais locais. Quando a Southern Pacific e a Santa Fe iniciaram uma guerra de redução de tarifas em 1886, Los Angeles – um lugar de mistério para a maioria dos norte-americanos – subitamente tornou-se o destino urgente de cerca de 100 mil especuladores imobiliários e turistas curiosos. Como se queixava o *Times-Mercury* de San José: "A mente do homem médio do Leste [agora] concebe a Califórnia como uma pequena extensão de terra situada dentro e em torno de Los Angeles"[13].

Como vimos anteriormente, o *boom* de 1886–1889 foi um frenesi humano em nada diferente da Corrida do Ouro de 1849. Um observador disse que "era

---

no começo da década de 1880, havia mais de 50 mil colméias na Califórnia meridional, a maior parte mantidas por tuberculosos em busca de ar fresco. Ver John Baur, "The Health Seekers and Early Southern California Agriculture", *Pacific Historical Review*, v. 20, 1951.

[11] Em 1918, a Southern Pacific por si só possuía 1.039.510 hectares, em cinco condados da Califórnia meridional (inclusive 54.985 no de Los Angeles). Ver California Commission on Immigration and Housing, *A Report on Large Landholdings in Southern California* (Sacramento–CA, 1919), p. 10.

[12] Ver Richard Orsi, "*The Octopus* Reconsidered: the Southern Pacific and Agricultural Modernization in California, 1865-1915", *California Historical Quarterly*, v. 54, n. 3, 1975; e Edna Parker, "The Southern Pacific Railroad and Settlement in Southern California", *Pacific Historical Review*, v. 6, n. 2, 1937.

[13] *Times-Mercury*, citado em Glenn Chesney Quiett, *They Built the West: an Epic of Rails and Cities* (Nova York/Londres, D. Appleton Century Company, 1934), p. 275.

Linhas de poder

como se a família inteira dos humanos estivesse vindo para cá, para viver 'do clima e das negociatas com loteamentos imobiliários'"[14]. Apenas em 1887, 2 mil agentes imobiliários transacionaram mais de 100 milhões de dólares em vendas de terras (várias vezes o valor líquido anterior da região), e sessenta cidades novas foram estabelecidas, na maior parte ao longo das rotas das estradas de ferro concorrentes[15]. Embora o *boom* tenha desmoronado abruptamente em 1889, transformando muitos, outrora milionários, em indigentes, deixou à sua passagem uma infra-estrutura impressionante de distritos de irrigação e companhias de transporte suburbano (fortemente financiada pelo capital de San Francisco e de Chicago), assim como 50 mil novos residentes.

O vice-cônsul britânico, examinando os destroços do *boom* no começo de 1890, observou que o principal obstáculo para o crescimento renovado de Los Angeles era o estado lamentável de seu porto, um ancoradouro totalmente abandonado e desprotegido em San Pedro. As condições eram tão ruins, particularmente durante a estação em que sopravam os vendavais do Sudeste, que Los Angeles foi forçada a usar Nova Orleans (via Sunset Route) como um porto alternativo[16]. Como assinalou o historiador William Issel, foi a "luta pelo Porto Livre", durante a década de 1890 – simultaneamente encaminhada para obter subsídios federais para melhorar San Pedro e contra o esquema da Southern Pacific para fazer um porto reservado em Santa Monica – que "estimulou o aparecimento de um grupo de líderes, os quais rapidamente passaram a considerar-se a classe de liderança natural da cidade"[17].

O principal organizador da *Free Harbor League* [Liga pelo Porto Livre] era, claro, o general Otis, que consolidou a classe dominante "natural" da década de 1890, enquanto simultaneamente fazia do *Los Angeles Times* (o único dos quatro diários a apoiar inequivocamente o porto municipal) o principal jornal da região[18]. Muitos dos "oportunistas" da geração anterior, como Lankershim, Cole e Slauson, que haviam se alinhado com a Southern Pacific, nunca recuperaram o poder que

---

[14] George Ward Burton, *Men of Achievement in the Great Southwest* (Los Angeles, Los Angeles Times, 1904), p. 24.

[15] Glenn Dumke, *The Boom of the Eighties in Southern California* (San Marino–CA, Huntington Library, 1944), p. 4; e *Industries of Los Angeles* (Los Angeles, 1888), p. 11 e p. 23.

[16] White Mortimer, *The Trade and Commerce of Los Angeles* (Londres, Escritório de Relações Estrangeiras da Grã-Bretanha, 1890), p. 4.

[17] William Issel, "'Citizens Outside the Government': Business and Urban Policy in San Francisco and Los Angeles, 1890–1932", Los Angeles, cópia de manuscrito, 1988; cortesia do autor.

[18] Segundo Charles Willard, a circulação do *Los Angeles Times* antes da batalha do porto era pouco maior do que a de qualquer um dos seus três competidores; ao final da luta, sua circulação ultrapassava a dos três jornais rivais juntos. Ver Charles Willard, *The Free Harbor Contest of Los Angeles* (Los Angeles, Kingsley-Barnes & Neuner, 1899), p. 102-3.

Cidade de quartzo

perderam com a vitória do Porto Livre. Seus sucessores incluíam dois estratos muito distintos de recém-chegados. Por um lado, havia os incorporadores profissionais que trabalhavam com as estradas de ferro – Hobart Whitley, Moses Sherman, Eli Clarke, M. L. Wilcox e outros – seguindo a explosão imobiliária do Oeste até a sua fronteira final, no Pacífico[19]. Por outro lado, tinha-se uma curiosa conjunção de refugiados do Leste, na maior parte originários de famílias tradicionais, que, fosse por doença (Dwight Willard e Harry Chandler eram tuberculosos), fosse por fracasso nos negócios (Otis, como vimos, era um candidato decepcionado a um cargo federal), vieram para Los Angeles em busca de uma "última chance".

Embora essa elite mesclada fosse pouca coisa além de um bando de especuladores imobiliários derrotados, sob o slogan de um "novo começo" de Otis, ela deflagrou o mais ambicioso programa de construção urbana da história norte-americana. Com a cobiça imodesta de suplantar San Francisco no período de uma geração, eles mantiveram Los Angeles em pé-de-guerra – totalmente mobilizada para a auto-promoção e o aperfeiçoamento. Seus principais aliados, evidentemente, continuaram a ser as estradas de ferro, e uma indicação dos interesses comuns transcendentes é que, mesmo enquanto a Free Harbor League estava combatendo a Southern Pacific, a Câmara de Comércio (dominada pelos mesmos personagens) estava cooperando com o Octopus para promover Los Angeles no Leste. Todos os lados concordavam que a realização do sonho maior dos especuladores – a subdivisão dos grandes latifúndios da Califórnia meridional – exigia a construção de uma imensa infra-estrutura artificial.

Os críticos (sobretudo aqueles naturais de San Francisco) escarneciam da presunção que anunciava Los Angeles como "uma das grandes cidades do mundo em fabricação", mas, num período de vinte anos, uma determinação municipal bismarckiana – manifesta tanto nas obras públicas quanto no monopólio privado – havia criado o maior porto do mundo, classificação que também se aplicava ao aqueduto e ao sistema de ferrovias elétricas interurbanas. A mesma determinação férrea, como vimos, também esmagou o movimento trabalhista em Los Angeles, com a intenção de dar à Associação dos Industriais e Comerciantes, organizada por Otis, uma vantagem competitiva sobre seus rivais regionais na cidadela sindical de San Francisco. O permanente confronto de classe também reforçava a disciplina política da burguesia. Quando os progressistas de classe média – a Good Government League [Liga do Bom Governo] ou "Goos Goos" – tentaram romper com a visão estritamente "Otis" do futuro de Los Angeles, foram levados a retornar às fileiras pelas dramáticas conquistas eleitorais

---

[19] Whitley desenvolveu cidades ao longo de toda a linha de Rock Island, em Oklahoma; Wilcox ganhou uma fortuna com imóveis em Topeka; Sherman foi o primeiro incorporador de destaque em Phoenix e assim por diante.

do Partido Socialista em 1909–1912 (as quais capitalizaram tanto o ressentimento da classe trabalhadora em relação ao *open shop* quanto o apoio antiprogressista da máquina da Southern Pacific[20]).

Na sua lógica interna, essa estrutura de poder de terceira geração assemelhava-se a uma versão mckinleyana da *Cosa Nostra*. No ápice do poder regional estavam duas "famílias" de especuladores comandadas por "chefões" rivais. De um lado havia a dinastia do *Los Angeles Times* de Otis e seu genro Harry Chandler. De outro estava a "turma da Pacific Eletric": a aliança de Isaias Hellman e Henry Huntington, que também incluía os milionários de San Francisco, Christian de Guisne e Antoine Borel[21]. Hellman, o principal remanescente do *ancien régime* da década de 1870, havia se mudado para San Francisco, em 1890, para dirigir o Wells Fargo Bank, mas continuou, mesmo à distância, a dominar as finanças de Los Angeles até a sua morte, em 1920. Ele ajudou particularmente o herdeiro da Southern Pacific, Huntington, a financiar a integração das ferrovias suburbanas no afamado sistema Pacific Electric. Hellman e Huntington, dois dos homens mais ricos do Oeste, detestavam o general Otis, e é interessante especular qual poderia ter sido a conseqüência de uma guerra total entre as duas facções rivais.

Em vez disso, os chefões preservaram a paz, dividindo entre eles os superlucros do próximo *boom* de Los Angeles. Manipulando a política da água e funcionários municipais comprometidos, Otis, Chandler, Hellman e Huntington – juntamente com uma dúzia de outros capitalistas de destaque (inclusive até o socialista cristão John Randolph Haynes) – organizaram-se em associações para monopolizar a subdivisão de Hollywood, do vale de San Fernando e de boa parte do Nordeste de Los Angeles. Como sugerem Robert Towne e Roman Polanski em *Chinatown* (numa história mais sincrética do que ficcional), os lucros assombrosos dessas operações uniram a classe dominante e capitalizaram linhagens de poder (notavelmente o império *Times-Mirror*) que ainda estão no mesmo lugar.

A cidade de Harry Chandler (1920–1940)

Depois da morte de Otis em 1917, Harry Chandler – membro de mais de cinqüenta conselhos diretores de empresas – emergiu como o líder inquestionável da estrutura de poder anglo-saxônica da quarta geração, "o *generalíssimo* das for-

---

[20] Quando o candidato socialista ficou a um passo de vencer as eleições para prefeito de 1909 (recontagem de Harper), a imprensa radical local – referindo-se à aliança capciosa dos proprietários de bares e da máquina das ferrovias com o trabalhismo – lamentou que não houvesse "muita honra na eleição de nosso camarada por meio de tal combinação". O "verdadeiro voto socialista" era estimado em 3 mil apoiadores. *Common Sense*, 3/4/1909.

[21] Em *Men of Achievement in the Great Southwest*, cit., p. 33, Burton caracterizava-os como os "Quatro Grandes de LA", embora apenas Huntington, de fato, morasse na Califórnia meridional. Huntington, numa famosa transação com E. H. Harriman da Southern Pacific, trocou seu sistema interurbano de vagões vermelhos pelo sistema de bondes municipais.

Cidade de quartzo

ças que engendraram o grande *boom* do pós-guerra"[22]. É verdade que Los Angeles nos anos 1920 era, em muitos aspectos, uma ditadura do *Los Angeles Times* e da Associação de Industriais e Comerciantes, uma vez que o infame "esquadrão vermelho" do LAPD mantinha a contestação fora das ruas e os radicais na cadeia[23]. A base social desse regime autoritário era o grande influxo da classe média conservadora do Meio-Oeste entre 1900 e 1925 – uma das grande migrações internas da história norte-americana. Numa época em que a imigração transatlântica estava tornando a maioria das grandes cidades norte-americanas mais habitadas por estrangeiros, católicos e judeus, a população branca não-protestante de Los Angeles estava em relativo declínio. Além disso, a nova camada Wasp ascendente encontrava seu sustentáculo econômico essencial na chegada em massa de mão-de-obra mexicana, após a queda do Porfiriato em 1910. Evocando Los Angeles em 1920, Robert Fogelson descreve uma polarização étnica que, a não ser pela drástica inversão entre as populações majoritária e minoritária, prefigurava a cidade dos anos 1990:

> Diferentemente da maioria das metrópoles do Oeste e do Meio-Oeste, as quais eram divididas entre americanos nativos e europeus imigrantes, Los Angeles era dividida entre uma esmagadora maioria de brancos nativos e uma significativa minoria de cor. Em nenhum lugar da costa do Pacífico, nem mesmo na cosmopolita San Francisco, havia, nos anos 1920, uma mistura tão variada de grupos raciais, um contraste tão visível e uma separação tão pronunciada entre as pessoas.[24]

Uma das primeiras vítimas dessa recomposição da demografia e do poder foi o *status* social de integração dos judeus de Los Angeles. No começo da década de 1900, os judeus da elite, inclusive das dinastias pioneiras das décadas de 1840 e 1850, estavam sendo excluídos das diretorias das empresas, firmas de advocacia, associações filantrópicas e clubes que, em muitos casos, haviam ajudado a estabelecer[25]. Ao mesmo tempo, o destaque dos judeus nas finanças, representado

---

[22] Robert Gottlieb e Irene Wolt, *Thinking Big: the Story of the Los Angeles Times, its Publishers and their Influence on Southern California* (Nova York, Putnam, 1977), p. 121-6.

[23] De fato, depois da generalização do *open shop* por toda a Califórnia em 1919–1923, o estado inteiro ficou à beira de se tornar um regime unipartidário dominado por um trio de editores de direita: Chandler, Hearst (LA e San Francisco) e Knowland (Oakland). A principal oposição política vinha de dentro do Partido Republicano, feita por remanescentes progressistas e fundamentalistas religiosos. Para uma fotografia extraordinária da classe dominante da Califórnia dos anos 1920, ver *California Journal of Development*, State Chamber of Commerce's Development Association, v. 16, n. 5, mai. 1926.

[24] Robert Fogelson, *The Fragmented Metropolis: Los Angeles, 1850–1930* (Cambridge, Universidade Harvard, 1967), p. 83.

[25] Um caso típico ocorreu na firma de advocacia fundada por um antigo associado de I.W. Hellman, Henry O'Melveny, a qual, entre 1909 e 1956, recusou-se a contratar associados de origem judaica.

Linhas de poder

pelo Farmers and Merchants Bank de Hellman (o qual também reagrupava remanescentes da elite gentílica de 1870), declinava diante da ascendência crescente dos impérios bancários com agências regionais, liderados por Joseph Sartori (Security Bank) e Henry Robinson (First National). A velha guarda judaica, diante do crescimento do anti-semitismo em toda parte, iniciou uma retirada defensiva para sua própria cultura segregada de elite (representada inicialmente pelo Concordia Club, seguido pelo Hillcrest Country Club).

Os capitalistas católicos, interdependentes em relação à máquina local do Partido Democrata, também se retraíram ante a hegemonia econômica da panelinha de Chandler e a supremacia política do protestantismo militante. O outrora poderoso Partido Democrata da Califórnia meridional – comandado em seu apogeu, na década de 1890, pelo senador Stephen White, o herói da luta pelo "porto livre" – ficou reduzido a um grupo de conspiradores sem expressão, em constantes desavenças, na época de governo unipartidário republicano. Sua desarticulação indisciplinada expunha a competição entre várias subelites, divididas pela religião e pelo petróleo. Assim, de um lado estavam as sobras católicas da velha máquina do partido, lideradas por Isidore Dockweiler, advogado da ferrovia e remanescente dos dias do Octopus da Southern Pacific. De outro, havia uma cacofonia de oportunistas wilsonianos que se mudaram para Los Angeles durante as explosões imobiliária e petrolífera do começo dos anos 1920, na esperança de recuperar suas fortunas perdidas. Eram comandados pelo genro do falecido presidente, William Gibbs McAdoo, que, levado a sair de Nova York pela popularidade de Al Smith, mobilizava um eleitorado de democratas do sul, ex-bryanitas e a Ku Klux Klan (na época expandindo sua influência na Califórnia meridional). Embora o industrial do petróleo Edward Doheny (do escândalo Teapot Dome) fosse o mais destacado católico de Los Angeles, ele financiava de maneira ampla McAdoo, presumivelmente porque este último era ainda mais apaixonadamente "pró-petróleo" do que anti-católico – na convenção do Partido Democrata de 1924, os "partidários de Smith na platéia ironizavam de forma constante, gritando 'petróleo, petróleo, petróleo' toda vez que McAdoo era mencionado"[26].

A Califórnia meridional, na loucura petrolífera dos anos 1920, era de fato a terra dos *sheiks* de olhos azuis, alguns dos quais formaram um novo estrato da classe dominante chandleriana, enquanto outros terminaram ocupando celas em San Quentin[27]. Mas até mesmo a especulação do petróleo, no clima ferozmente

---

O mesmo princípio anti-semita era *de rigueur* para todas as firmas de advocacia do centro. Ver a série "LA Law", do *Los Angeles Times*, 28/9/1987.

[26] Royce Delmatier, Clarence McIntosh e Earl Waters, *The Rumble of California Politics, 1848–1970* (Nova York, Wiley, 1970), p 207.

[27] Em 1988, as três principais empresas com sede em Los Angeles eram a Arco, a Occidental e a Unocal.

Cidade de quartzo

anti-semita da época, era organizada por meio dos equivalentes financeiros de cláusulas restritivas ou fontes de água potável segregadas. Durante o frenesi da Julian Petroleum, a maior e mais falsa das promoções, associações acionárias separadas foram estabelecidas para o capital judeu e gentílico. Como seria de se esperar, quando a farsa se desfez – e a fraude subjacente ficou exposta, liquidando milhares de investidores e mergulhando a Califórnia meridional na recessão –, a promotoria se concentrou nuns poucos bodes expiatórios judeus, se recusando a investigar indicações óbvias que apontavam (como vimos no capítulo 1) para o banqueiro Henry Robinson e outros membros do sistema Wasp estabelecido[28].

Como escola de escândalos, somente o *boom* da construção no Centro poderia rivalizar com a corrida do petróleo. Quando as coligações de Otis–Chandler–Hellman–Huntington compraram as propriedades dos latifundiários do vale de San Fernando, estes últimos despejaram seus ganhos de capital em imóveis do Centro. Seus arranha-céus epônimos (Van Nuys, Lankershim, San Fernando e assim por diante) dominaram a silhueta da cidade até o início dos anos 1920, quando, por sua vez, a quarta geração começou a deslocar os ganhos ilícitos de suas especulações suburbanas para uma nova expansão do Centro. Chandler comandou as coligações que financiaram o Biltmore Hotel (com Letts e os Chaffeys) e o Edifício do Terminal do Metrô (com Sartori), como também melhorias promocionais (Coliseum, Union Station, Centro Cívico e outros) que aumentaram a valorização das propriedades do Centro de um modo geral[29].

Mas nem o *boom* do petróleo, nem o do Centro – ou tampouco os da laranja e do cinema, nesse aspecto – forneceram uma sustentação econômica adequada para a drástica ascensão de Los Angeles durante os anos 1920, que o tornaria o quarto maior distrito metropolitano da nação. O comércio e a riqueza criados na área eram insuficientes para suportar a prodigalidade das superestruturas de consumo, do emprego terciário e da geriatria da região. Como observou Upton Sinclair, Los Angeles era fundamentalmente "parasita" da prosperidade produzida em outras regiões – uma espécie de "sociedade nas nuvens", como a Laputa de Swift, que levitava graças ao influxo de migrantes e aposentados ricos do interior[30].

---

[28] Guy Finney, *The Great Los Angeles Bubble: a Present-Day Story of Colossal Financial Jogglery and of Penalties Paid* (Los Angeles, Milton Forbes, 1929).

[29] A reincorporação do Centro Cívico também socorreu especificamente os investimentos de Chandler no norte decadente do Centro. Assim, o antigo edifício do *Los Angeles Times*, avaliado em apenas 250 mil dólares, foi negociado com o município por mais de seis vezes esta cifra. Ver "Reuben W. Borough and the California Reform Movements" (transcrição, Los Angeles, Programa de História Oral/Ucla, 1968), p. 170.

[30] Robert Gottlieb e Irene Wolt, *Thinking Big*, cit., p. 146.

Linhas de poder

Chandler e outros líderes da quarta geração, como Sartori e Robinson, tinham uma consciência aguda de que a máquina imobiliária de crescimento criada pela geração anterior exigia transferências contínuas de poupanças vindas do resto do país. Embora o All Year Club, sob a direção de Chandler, lançasse uma campanha intensiva, nos anos 1920, para que imigrantes e turistas afluentes continuassem a vir para o Oeste, havia um acordo universal entre as elites de que era de indústria o que Los Angeles mais precisava. Como argumentava o próprio *Los Angeles Times:*

> Los Angeles existe há muito tempo sobre uma base econômica de interesses locais de construção e imóveis. Precisamos de mais fábricas, novas indústrias, mais comércio interestadual e desenvolvimento do comércio exterior.[31]

Com o proprietário do *Los Angeles Times* mais uma vez no leme, as forças do *open shop* iniciaram uma cruzada para atrair empresas do Leste na direção da "terra ensolarada da liberdade industrial", Los Angeles. Em 1930, eles haviam convencido dúzias de empresas a instalarem fábricas subsidiárias, criando quase 50 mil novos empregos no condado[32].

Contudo, a estrutura de poder chandleriana acabou por ser derrotada por seus próprios sucessos. Cada uma de suas principais estratégias de acumulação – isto é, a recapitalização do Centro e a promoção da indústria através de fábricas subsidiárias – trouxe conseqüências inesperadas que enfraqueceram ou diluíram sua hegemonia. Por exemplo, a conversão de uma parte tão grande de patrimônio da elite em imóveis no Centro não soube prever a influência centrífuga da automobilização precoce da Califórnia meridional, a qual, já em 1925, tinha atingido uma densidade (um carro para cada 1,6 pessoas) que o resto do país só igualaria no final dos anos 1950. Ao enredar as linhas de bonde do Centro num emaranhado de conflitos pelo direito de ir e vir, enquanto oferecia, simultaneamente, a opção de mobilidade pessoal virtualmente ilimitada para os que sofriam diariamente para chegar ao local de trabalho, o automóvel subverteu o monopólio do Centro como local de convergência, criando oportunidades de lucros altos e rápidos para os incorporadores dos primeiros complexos comerciais suburbanos baseados no automóvel[33].

---

[31] *Los Angeles Times*, 9/6/1927.

[32] Ver Edgar Hampton, *How the Open Shop Promotes General Prosperity in Los Angeles* (Los Angeles, 1929); e Departamento Industrial, Câmara de Comércio de Los Angeles, *General Industrial Reports of Los Angeles County, California* (Los Angeles, 1930). John Steven McCroarty atribui a descoberta nacional do potencial manufatureiro de Los Angeles à pesquisa realizada pelo Conselho de Indústrias de Guerra em 1917. Ver John Steven McCroarty, *History of Los Angeles County* (Chicago, 1923), p. 355.

[33] Ver Scott Bottles, *Los Angeles and the Automobile: the Making of the Modern City* (Berkeley, Universidade da Califórnia, 1987); e Martin Wachs, "Autos, Transit and the Sprawl of Los Angeles: the 1920s", *APA Journal*, 1984.

Cidade de quartzo

De fato, no fim dos anos 1920, as forças do Centro estavam enredadas numa batalha perdida para evitar que A. W. Ross estabelecesse o seu "Miracle Mile" no bulevar Wilshire, em Westside. Quando a suburbanização da classe média, na direção do oceano, começou a dispersar as funções tradicionais do Distrito Comercial Central (CBD) ao longo do eixo de Wilshire (a parte do Centro no comércio de varejo caiu de 90% em 1920 para 17% em 1950), o abrangente sistema imobiliário coligado – tão essencial para a coesão da elite na geração anterior – desmoronou. Do mesmo modo que a cidade foi se tornando cada vez mais descentralizada, o mesmo ocorreu com o controle da sua principal atividade geradora de lucro, a subdivisão da fronteira suburbana. A elite de quarta geração – agora definida autoconscientemente como um "Establishment do Centro" – lutaria em vão pelos próximos quarenta anos para "recentralizar" o crescimento em torno de seus enormes investimentos fixos no CBD[34].

A industrialização minou os poderes dessa elite de maneiras mais sutis. As fábricas subsidiárias eram as *maquiladoras* dos anos 1920: geralmente localizadas em zonas industriais fora dos limites da cidade, montavam as peças enviadas do Leste. Exceto pelas ligações de Chandler com Donald Douglas e Warner Brothers, Frederic Jaher encontrou poucas evidências da integração do capital local com o externo:

> Na verdade, o financiamento principal e a direção desses empreendimentos emanavam geralmente de bancos e empresas baseadas principalmente na costa atlântica. [Da mesma forma,] metade da produção da indústria do petróleo era controlada por gigantescas empresas de âmbito nacional, e as principais independentes eram administradas, na maioria dos casos, por recém-chegados.[35]

Hollywood (incluindo também os enclaves cinematográficos em Burbank, Universal City e Culver City) exemplifica essa crescente disjunção entre o poder econômico regional e a elite orientada para o Centro. O fato mais importante a respeito da colônia cinematográfica não era tanto a dominação financeira por parte de Wall Street e do Banco da Itália, mas simplesmente o fato de ser comandada por judeus do Leste Europeu que, a despeito de sua legendária riqueza e conservadorismo político, não podiam jogar golfe no mesmo clube ou mandar seus filhos para as mesmas escolas que a elite chandleriana. Até mesmo Louis B. Meyer, presidente do Partido Republicano da Califórnia durante os anos 1930, além de executivo mais bem pago dos Estados Unidos, era excluído

---

[34] Para a Batalha do Miracle Mile, comparar "The Miracle of Miracle Mile", em Ralph Hancock, *Fabulous Boulevard* (Nova York, Funk & Wagnalls, 1949), p. 149-64; e Marc Weiss, *The Rise of the Community Builders: the American Real Estate Industry and Urban Land Planning* (Nova York, Universidade Columbia, 1987), p. 86-101.

[35] Frederic Jaher, *The Urban Establishment*, cit., p. 667.

dos santuários sociais fechados de que desfrutavam agentes imobiliários e revendedores de carros usados Wasp de nível médio[36].

Os clãs judeus *Hochdeutsch*, como os Hellmans e os Newmarks, a princípio desdenhavam os vulgares *nouveaux riches* de Hollywood, mas acabaram por se reconciliar gradualmente devido às pressões comuns de anti-semitismo sofridas e à riqueza revigorante dos potentados do cinema. O Hillcrest Country Club, fundado em 1920 nos limites de Beverly Hills e dos estúdios da Fox, era o cadinho das elites judaicas antigas e novas, onde os ingredientes para uma futura estrutura de poder do Westside foram combinados pela primeira vez. Como explica Neal Gabler:

> Os judeus de Hollywood, em Hillcrest, estavam também reorganizando as configurações de poder dentro da comunidade judaica. Hillcrest não apenas significava a relutante aceitação dos judeus de Hollywood por parte dos judeus alemães, cujo poder estava, de toda forma, declinando no momento em que a Depressão se abateu; Hillcrest forjou uma aliança entre esses grupos.[37]

Uma cidade com duas cabeças

O enclave de economia manufatureira provou ser o cavalo de Tróia da cidade de Otis: já em 1927, Hollywood abriu uma brecha nas fileiras dos empregadores, ao aceitar o Acordo Geral dos Estúdios com os sindicatos; mais tarde, as fábricas subsidiárias de automóveis e pneus imporiam contratos e padrões trabalhistas nacionais. O *open shop*, de qualquer forma, estava sendo encerrado por um estranho movimento municipal de reforma que uniu "Goos Goos" mais recentes com a CIO [Congresso de Organizações Industriais] para varrer a corrupção cívica e as leis antipiquetes. Apesar das advertências sombrias da Federação por uma América Melhor e de outras fachadas para a Associação dos Industriais e Comerciantes, dizendo que a sindicalização transformaria Los Angeles novamente num deserto, a guerra no Pacífico chegou a tempo de trazer à região sua verdadeira revolução industrial.

Embora seja duvidoso afirmar que Harry Chandler ou qualquer de seus amigos ricos identificasse grande coisa no nome "Keynes", além do falatório nebulosamente percebido sobre "socialismo britânico", a economia de Los Angeles nos anos 1940 estava sendo "keynesianizada" à sua própria e peculiar maneira. Primeiro, os fluxos de capital inter-regional, que haviam sido a fonte

---

[36] Durante os anos 1970, os judeus eram excluídos do California Club e do University Club, no Centro; do Los Angeles Country Club e do Valley Hunt Club, de Pasadena. Ver Jon Bradshaw, "The Strange Land of Clubs", *West Magazine*, 6/8/1972.

[37] Neal Gabler, *An Empire of Their Own: How the Jews Invented Hollywood* (Nova York, Crown, 1988), p. 276.

da prosperidade da Califórnia meridional, estavam agora institucionalizados em verbas de defesa nacional que deslocavam recursos fiscais do resto do país para irrigar as fábricas de aeronaves e bases militares da área de Los Angeles: um gigantesco subsídio regional que, nos últimos anos da década de 1980, estimava-se numa média de 17 a 20 bilhões de dólares por ano[38].

Em segundo lugar, o processo de conversão da terra, já elevado a uma economia de escala pelos incorporadores e coligações antes da guerra, estava agora transformado numa verdadeira indústria de produção em massa. Hipotecas garantidas pelo governo federal, benefícios para veteranos e um setor de poupanças e empréstimos protegido – juntamente com os salários mais altos das fábricas de aeronaves – forneceram uma demanda de massa estável para os produtos dos "construtores comerciais" locais, os quais industrializaram a construção e a montagem no local nos nascentes subúrbios do vale de San Fernando e da planície costeira do Sudeste.

Essas novas estruturas de acumulação transformaram as condições para a reprodução do poder da elite. A militarização da economia de Los Angeles conferiu o maior quociente isolado de poder econômico para o enclave de empresas aeronáuticas, financiadas por Wall Street e historicamente indiferentes ao destino do Centro. Ao mesmo tempo, a posição estratégica da indústria de poupanças e empréstimos dentro da revolução habitacional do pós-guerra abriu novos papéis de poder para atores política e etnicamente intrusos. Felizmente, Harry Chandler, que morreu em 1944 aos 80 anos, não estava presente para ser testemunha da lenta decomposição de seu *ancien régime*.

O Westside emerge (anos 1950)

No período da reconversão (1944–1947), a geração chandleriana de líderes do Centro começou a ser substituída pelos seus filhos e protegidos. O círculo mais proeminente era composto por amigos íntimos de Norman Chandler desde os dias de universidade, nos anos 1920: Bud Haldenan (cujo pai era um líder dos *open shops*, e cujo filho brilharia em Watergate), Preston Hotchkis (o herdeiro do rancho Bixby), John McCone (futuro diretor da CIA) e Reese Taylor (que acabou sendo presidente da Union Oil). Mas esses netos dos impulsionadoresdo século XIX não seriam os arquitetos do grande *boom* suburbano dos anos 1950. A posição estrutural deles na economia da Califórnia meridional era, cada vez mais, a de um estrato clássico de pessoas que vivem de renda, preocupadas em cultivar o patrimônio, especialmente seus interesses comuns no Centro. Além disso, a

---

[38] Ver Assembly Committee on Economic Development and New Technologies, *Hearing*, Califórnia, 4/12/1984, p. 1, 3 e 7; Committee on State Finance, *The Impact of Federal Expeditures on California*, Sacramento, ago. 1986, p. 2 e p. 4.

Linhas de poder

síndrome do "sangue cansado" ou do "menino rico mimado", que aparentemente aflige todas as dinastias depois da segunda geração, tornou-os dependentes das esposas ou dos braços direitos de seus pais.

De fato, a direção real das atividades da elite do Centro durante os anos 1950 era um híbrido de matriarcado e regência. Norman Chandler, embora nominalmente herdeiro do trono, deixava o comando das lutas prolongadas para o principal procurador de seu pai, Kyle Palmer (a quem David Halberstam considerava o "chefe político da Califórnia" entre 1930 e 1960), ou, alternativamente, para sua ambiciosa esposa Buffy. (Segundo Halberstam, Buffy aprendeu sobre as transações do poder literalmente por meio da escuta junto a buracos de fechadura, enquanto seu sogro fazia negócios com Herbert Hoover.)[39] Outro dos antigos associados de Chandler, o executivo de seguros Asa Call, também desempenhou papéis de "senhor mandachuva" complementares a Palmer e a sra. Chandler. Ele era geralmente assessorado por O'Melveny e pelo sócio de Myers, James Lin Beebe, além do comerciante de móveis Neil Petree. Mais tarde, quando a elite republicana começou a se dividir entre as alas da "velha direita" e da "nova direita", o industrial do petróleo Henry Salvatori surgiu como a *éminence grise* do grupo mais conservador.

Esse esclerosado bloco de poder, cada vez mais dependente de um sistema ptolomaico de partidários e lobistas, tomou três atitudes principais no final dos anos 1940 e nos anos 1950 para recuperar sua hegemonia em declínio. Primeiro, Beebe e Petree, como chefes do poderoso Comitê de Tráfego e Trânsito da Câmara de Comércio, lançaram um plano, em 1948, para integrar o trânsito rápido da ferrovia numa rede radial de vias expressas a partir do Centro. O objetivo da Câmara era proteger os valores das propriedades do CBD, reforçando a posição do Centro como núcleo irradiador do trânsito – nesse caso, atrair o comércio varejista do vale de San Fernando, em expansão, antes que outro empresário repetisse o feito de A. W. Ross nos anos 1920, criando um complexo comercial suburbano alternativo.

Embora o projeto "Trânsito Ferroviário Rápido Já!" fosse endossado por centenas de homens de negócio do Centro, assim como pelos maiores incorporadores do vale de San Fernando, acabou sendo condenado como uma proposta "socialista" por uma contra-coalizão composta por incorporadores do Westside, os interesses comerciais da periferia (inclusive os proprietários do novo Crenshaw Shopping Center), as Câmaras de Comércio de Wilshire e Miracle Mile, o Conselho dos Agentes Imobiliários de Los Angeles e as cidades independentes como Long Beach e Santa Monica. No fim, essa frente suburbana unida reverteu uma maioria apertada na Assembléia Municipal contra o plano

---

[39] David Halberstam, *The Powers That Be* (Nova York, Knopf, 1979), p. 97 e p. 118; e Robert Meyers, "The Big New Tilt in the LA Power Game", em *Los Angeles*, p. 50.

Cidade de quartzo

da Câmara – uma "derrota assombrosa" da liderança do Centro, na opinião de um historiador do episódio[40].

Ajudada pelo macartismo local, a velha guarda obteve mais êxito em 1953, restabelecendo um regime flexível dominado pelo *Los Angeles Times* no governo municipal. O pretexto para sua contra-revolução municipal foi o "socialismo insidioso" (era a vez deles de fazerem acusações) do programa habitacional público de baixos aluguéis do prefeito Fletcher Bowron, sobretudo naquilo que entrava em conflito com os planos da elite para o Centro – como em Chavez Ravine ou, potencialmente, em Bunker Hill. O que Bowron denunciaria mais tarde como "um grupo pequeno, mas imensamente rico e incrivelmente poderoso" – ou seja, Chandler, Call, Petree e Beebe –, cooptou o deputado de direita Norris Poulson como porta-voz de sua cruzada contra o "socialismo". Segundo Gottlieb e Wolt, Poulson aceitou a indicação para se candidatar somente depois de receber de Chandler a garantia de que o prefeito tinha "o direito de desfilar pela cidade num cadillac com chofer pago pelo município". Com as páginas dos editoriais de Norman Chandler bombardeando o bolchevismo e a habitação pública, Poulson conseguiu seu passeio de cadillac. Em poucos anos, em troca, o prefeito apoiado pelo *Los Angeles Times* concedeu aos interesses do Centro o que realmente queriam: a remoção dos 12 mil residentes de baixa renda, abrindo caminho para a reincorporação de Bunker Hill e para a construção do Dodger Stadium em Chavez Ravine[41].

Entusiasmados pela facilidade com que reconquistaram o governo do município, Chandler, Palmer, Call e companhia uniram forças com seu aliado tradicional, a dinastia Knowland, de Oakland, para levar a contra-revolução a todo o Estado em 1958. A *bête noire* tradicional do republicanismo de velha guarda na Califórnia era menos o Partido Democrata do que o regime imensamente popular, assistencialista e apoiado pelos sindicatos do governador republicano liberal Earl Warren (1942–1954). Em parte para bloquear as ambições presidenciais de Warren, a velha guarda, liderada por Kyle Palmer e Norman Chandler, engendrou a ascensão de Richard Nixon do Congresso para a vice-presidência[42].

Depois da elevação de Warren à Corte Suprema, as forças Chandler-Knowland se concentraram em cortar as asas de seu sucessor republicano moderado Goodwyn Knight. Sua estratégia era forçar Knight a trocar de posição com o senador William Knowland, o qual usaria então a base supostamente mais sólida

---

[40]   Ver Sy Adler, "Why Bart But No Lart?", *Planning Perspectives 2*, 1987, p. 149-74.

[41]   Ver Robert Gottlieb e Irene Wolt, *Thinking Big*, cit., p. 257-70; e Thomas Hines, "Housing, Baseball and Creeping Socialism", *Journal of Urban History*, v. 8, n. 2, fev. 1982.

[42]   Halberstam dá a Palmer e Chandler créditos extraordinários pela fabricação de Nixon. Ele alega também que Palmer era pessoalmente mais próximo de Nixon, porque ambos compartilhavam de "menos escrúpulos" do que Chandler. Ver David Halberstam, *The Powers That Be*, cit., p. 256-63.

Linhas de poder

da mansão do governador para uma candidatura presidencial em 1960. Em conjunção com a campanha de Knowland, além disso, havia uma iniciativa de direito ao trabalho, a qual se caracterizava por denúncias histéricas da "ameaça Walter Reuther à Califórnia"*. Essa tentativa vociferante e presunçosa de trazer de volta o *open shop* foi um tiro pela culatra, que resultou numa arrasadora vitória histórica dos democratas, liderados por Pat Brown, enterrando definitivamente o republicanismo da velha guarda.

Ainda mais chocante para a elite do Centro de Los Angeles, o fracasso republicano de 1958 também assinalou a ascensão dos centros de poder do Westside, dispostos e capazes de contestar seu monopólio histórico sobre a influência política de âmbito estadual. Uma das principais mágoas da velha guarda contra o governador Knight, além de seus "mimos ao trabalhismo", era a confiança que depositava no apoio do rei das instituições de poupança e empréstimo do Westside, Howard Ahmanson. Com a reputação de homem mais rico da Califórnia, Ahmanson era desprezado não apenas por sua descendência judaica, mas por ser um "republicano róseo – rico demais para ser um democrata e liberal demais para ser um verdadeiro republicano". A tentativa de Knight de depor o chefe das finanças do estado, o republicano Asa Call (senhor mandachuva de LA), e substituí-lo por Ahmanson, havia provocado o rompimento final entre as duas alas do partido[43].

Apesar disso, enquanto Ahmanson era o braço direito financeiro de Knight, estava também dando um silencioso apoio monetário a Jesse Unruh, um vereador liberal do Partido Democrata, originário do Centro-Sul de Los Angeles, que tinha íntimas ligações com os democratas judeus do Westside. Quando Knight foi humilhantemente forçado a ceder a candidatura ao governo do estado a Knowland, Ahmanson pagou o salário de Unruh para que administrasse a campanha muito bem-sucedida de Pat Brown na Califórnia meridional. Isso foi o começo do celebrado "sistema Ahmanson–Unruh", através do qual o dinheiro do Westside (Bart Lytton, de Beverly Hills, era outro contribuinte importante) propiciou a Unruh o "jabá" necessário para capturar a presidência da Câmara e, em última análise, o controle da legislatura. Com "Big Daddy" Unruh desembolsando estrategicamente o dinheiro das instituições de poupança e empréstimo para candidatos democratas mais jovens, boa parte da "ala liberal" ostensiva do partido tornou-se um satélite dos *nouveaux riches* de Los Angeles[44].

---

* Walter Philipe Reuther (1907–1970): líder trabalhista norte-americano. (N. T.)

[43] Lou Cannon, *Ronnie and Jesse: a Political Odyssey* (Garden City, Doubleday, 1969), p. 97-100.

[44] Idem. Como Cannon assinala: "O enfoque diversificado de Ahmanson para ganhar dinheiro e fazer política e a atitude abrangente de Unruh em relação ao poder transformaram o sistema político da Califórnia e preencheram com sobras o vácuo que Samish [notório rei dos lobistas

Cidade de quartzo

De onde veio o dinheiro para comprar tanto poder? Embora parte da nova riqueza do Westside tivesse surgido a partir do *boom* aeroespacial militar do final dos anos 1950, o *locus* do poder, como nas gerações anteriores, permanecia sendo a especulação imobiliária. Mas, como já enfatizamos, o jogo agora era disputado de acordo com as novas regras de suburbanização keynesiana estabelecidas pela Agência Federal de Habitação (FHA) e pela Fannie Mae. Dois grupos ascendentes de empresários dominaram a explosão da construção nos anos 1950 a partir de seus quartéis-generais no Westside, fora do raio de ação do poder do Centro. Primeiramente, havia os construtores comerciais, na maioria recém-chegados dos anos 1940, como Nate Shapell, Larry Weinberg, Louis Boyar, Ray Watt, Bill Lyon e, mais tarde, Eli Broad. Em segundo lugar estavam os impérios de poupança e empréstimo, que canalizavam capital de hipotecas de todo o país para os construtores de habitações da Califórnia meridional. Nos anos 1950, isso era uma indústria extraordinariamente dinâmica, com uma base de depósitos que crescia 21% ao ano. As firmas locais de destaque eram a Home Federal Savings, de Ahmanson, a maior dos EUA, e a First Charter Corporation, de Mark Taper, a terceira maior. Além disso, o setor de construção estava completamente integrado ao de poupança e empréstimo por meio de combinações estratégicas (por exemplo, a aliança de Taper com Boyar e Weinberg para a produção intensiva do subúrbio de Lakewood), como também por meio de reinvestimentos maciços dos lucros dos construtores na indústria de poupança[45].

A ascensão desse complexo de construção e poupança, alimentado pelo *boom* e subsidiado pelo governo federal, deslocou os eixos étnico e geográfico do poder regional. Antes da Segunda Guerra Mundial, somente um punhado de grandes incorporadores (sobretudo Joseph Toplitzky) eram judeus; depois da guerra, estimulada pela imigração judaica para o Westside e o vale de San Fernando, a incorporação de subúrbios tornou-se praticamente uma indústria dominada pelos judeus, tanto no aspecto da construção quanto do financiamento. Como observam Vorspan e Gartner, "o construtor judeu substituiu o judeu magnata do cinema como o empresário por excelência"[46]. Mas os construtores eram menos rivais do que reforços para a comunidade da segunda geração de herdeiros de

---

durante os anos 1940] deixou e que ele, por sua vez, havia herdado da destruição da máquina da Southern Pacific pelos progressistas".

[45] Uma análise, ainda fundamental, do financiamento do *boom* dos anos 1950 é a de Hyman Minsky, "Commercial Banking and Rapid Economic Growth in California", em *California Banking in a Growing Economy: 1946–1975* (Berkeley, Institute of Business and Economic Research, 1965), p. 79-134.

[46] Max Vorspan e Lloyd Gartner, *History of the Jews of Los Angeles*, cit., p. 235. Os autores estimam, a partir de "informações privadas obtidas com homens de negócios judeus", que, no final dos anos 1950, os construtores judeus eram responsáveis por metade das novas residências e shopping centers da Califórnia meridional. Observam também essa "tendência significativa [...] à medida

estúdios e produtores de cinema que se reunia em torno do Hillcrest Country Club. Com os setores de construção, por um lado, e de entretenimento, por outro, como dois pilares, a crescente indústria de artefatos e roupas esportivas (financiada e integrada pelo Union Bank, de propriedade judaica) completou o tripé de poder econômico da comunidade *landsman**. Além disso, como vimos no capítulo 1, em uma década em que a construção no Centro havia praticamente cessado, o *boom* imobiliário do Westside – tanto representado pelas casas nas encostas quanto pelo novo quartel-general de poupança e empréstimo – generalizou o modernismo arquitetônico como um símbolo característico da sociedade do Westside dominada pelas elites judaicas. Embora outras cidades americanas possam ter tido elites plurais ou panelinhas concorrentes, nenhuma poderia afirmar a existência de uma situação tão dicotômica, em tantos níveis, quanto os universos separados da classe alta do Centro e do Westside.

Respostas para a crise urbana (1960–1970)

Uma cidade com duas estruturas de poder, contudo, é como uma fera de duas cabeças. Com a chegada dos anos 1960, Los Angeles se encontrava dividida quanto à orientação e à lealdade. A reincorporação do Centro e a expansão do Westside surgiam cada vez mais como um jogo em que a derrota de um significaria a vitória do outro, com a possibilidade de que a verdadeira liderança da cidade fosse conquistada à força pelos grupos mais jovens e dinâmicos do Westside. Além disso, a restauração da velha guarda no governo municipal, sob o comando de Poulson, foi primeiro esvaziada pela representação crescente dos subúrbios na Assembléia Municipal, e depois inteiramente derrotada pela inesperada vitória de San Yorty na eleição para prefeito de 1961.

Yorty, o mais notório candidato perene da política californiana, venceu Poulson com apelações estriônicas para uma variedade de queixas suburbanas, desde a separação do lixo ("a opressão da dona de casa") até a supertaxação. Embora investisse contra o *Los Angeles Times* e o "sistema estabelecido do Centro", Yorty – um democrata renegado em rápido deslocamento para a direita – não tinha nenhuma conexão evidente com a estrutura de poder do Westside. Ao contrário, ele venceu como um aventureiro, explorando um acúmulo de ressentimentos do eleitorado contra a elite.

Um de seus principais compromissos de campanha, orientado para a conquista de votos no Centro-Sul de Los Angeles, havia sido a demissão do chefe Parker do LAPD, já que este era um crente confesso na supremacia dos brancos,

---

que os construtores judeus começaram a investir seu capital substancial em bancos novos e em associações de poupança e empréstimo".

* Judeu de origem germânica. (N. T.)

Cidade de quartzo

considerado pelos negros de Los Angeles como o responsável por um reinado de terror policial. Em vez disso, Yorty apostou seu cacife no apoio à polícia e à crescente resistência dos brancos em relação às exigências de direitos civis (exemplificada por uma iniciativa, em 1964, de repelir a nova lei de habitação livre da Califórnia). Uma conseqüência importante dessa combinação de repressão e intransigência dos brancos foi a Rebelião de Watts, em 1965. Enquanto os incêndios se alastravam até ficarem perigosamente próximos dos limites do sul do CBD, e as tropas da Guarda Nacional ocupavam o *campus* de alto nível social da Universidade da Califórnia Meridional (USC), os líderes empresariais do Centro contemplavam a possibilidade de ruína de sua estratégia de reincorporação.

Se, por um lado, eles estavam diante da previsão da Comissão McCone "de que, até 1990, o núcleo do Centro urbano de Los Angeles será habitado, quase que exclusivamente, por mais de 1,2 milhão de negros"[47], por outro, enfrentavam a competição do novo "centro" do Westside – o complexo de Century City, perto de Beverly Hills. Banqueiros imobiliários e corretores de arrendamentos nervosos começaram a falar sobre uma debandada empresarial generalizada para o Oeste, e até mesmo na "morte do Centro". Essa conversa apocalíptica, no rastro do levante do gueto, galvanizou a velha guarda para a ação (como disse Régis Debray uma vez, "as revoluções revolucionam as contra-revoluções").

Segundo Wolt e Gottlieb, Daniel Bryant, de Bekins, convenceu Asa Call a reunir um discreto comitê diretor, formado pelas maiores empresas do Centro e conhecido como o Comitê dos 25, o qual incluía Norman Chandler, Neil Petree, Henry Salvatori, William French Smith (mais tarde o procurador-geral do governo Reagan), Norman Topping (da USC) e John McCone (que foi presidente da comissão que investigou os distúrbios, cujas conclusões acobertaram o papel do LAPD e criaram imagens alarmistas do poder dos negros). O Comitê dos 25 pretendia funcionar como um governo paralelo dos cidadãos mais influentes, fazendo com que sua opinião consensual pesasse nas decisões do prefeito e da Assembléia. (Consideraremos, no capítulo 3, como a elite "militarizou" a reincorporação do Centro como resposta à Rebelião de Watts.)[48]

Mas esse grupo fechado vivia dividido por dissensões em relação à estratégia fundamental. Primeiramente, deveria o Comitê dos 25 ser ampliado para incluir representantes da estrutura de poder judaico do Westside? Em segundo lugar, deveriam eles endossar a política de polarização racial, apoiando Yorty? Em ambas as questões, a dinastia Chandler, agora oficialmente liderada por Otis, filho de

---

[47] *Los Angeles Times*, 4/11/1965.

[48] Robert Gottlieb e Irene Wolt, *Thinking Big*, cit., p. 457-8. O lado público do ativismo de elite do Centro era representado pelo Comitê para o Planejamento do Centro da Cidade, cujos membros repetiam mais ou menos os 25, e cuja meta divulgada era acelerar o processo de reincorporação.

Norman, rompeu com o grupo majoritário da velha guarda. Como vimos no capítulo 1, a mãe de Otis, Buffy, já vinha encorajando uma reaproximação com a sociedade do Westside – incidentalmente, uma posição que coincidia com a orientação cada vez mais presente do *Los Angeles Times* no sentido de abranger os grupos afluentes da região como um todo. Agora os Chandler – para horror de gente do tipo que freqüentava o California Club e dos membros [da Sociedade] John-Birch do seu próprio clã familiar –, uniam-se aos outrora desprezados "liberais do Westside" para apoiar a candidatura (malsucedida) do vereador Thomas Bradley ao cargo de prefeito em 1969, enquanto o resto do Comitê dos 25 optou pela campanha violenta de açulamento dos ódios raciais de Yorty[49].

A cisão na estrutura de poder do Centro, engendrada pela liberalização gradual no *Los Angeles Times*, abriu caminho para realinhamentos complexos. Enquanto a cidade sofria em meio à sua primeira recessão da indústria aeroespacial e ao terceiro mandato de Yorty, um grupo de proeminentes liberais judeus do Westside, comandado pela chamada "máfia de Malibu" (Max Palevsky, Harold Willens e Stanley Sheinbaum), empreendeu a criação de uma base de apoio mais ampla e afluente para a revanche de Bradley contra Yorty. Com o multimilionário Palevsky como chefe da campanha, o consultor político David Garth foi importado de Nova York para coordenar uma *blitz* publicitária, usando estrelas de Hollywood, padres e rabinos. Enquanto isso, os caciques do Partido Democrata no Westside, como Paul Ziffren, Grey Davis e Nelson Rising, lançavam mão de fontes de financiamento geralmente reservadas para campanhas nacionais ou estaduais cruciais, ao mesmo tempo em que um esforço abrangente no sentido das bases era organizado por liberais e pastores negros. O *Los Angeles Times* bateu os últimos pregos do caixão de Yorty com uma série de editoriais denunciatórios.

Forças anti-Bradley, inconformadas, atribuíram a derrota de Yorty a esta convergência pecaminosa do dinheiro do Westside com o poder editorial dos Chandler. Aos olhos de muitos dos membros da Associação do Centro da Cidade, Bradley, ainda que não fosse o "pantera negra" ou "comunista" das acusações de Yorty, era, no mínimo, um "militante" e lacaio da democracia judaica do Westside. Um ponto particularmente sensível era a presença de Maury Weiner, um talentoso liberal de esquerda a quem os boatos classificavam de "companheiro de viagem do comunismo", como principal assessor do novo prefeito. As relações entre o governo municipal e o Comitê dos 25 melhoraram consideravelmente, todavia, depois que Weiner foi destruído por uma prisão politicamente engen-

---

[49] Sobre como os "caras mais velhos do sistema" encaravam os traidores do *Los Angeles Times*, ver Robert Meyers, "The Big New Tilt in the LA Power Game", cit., p. 50. Para o desdém recíproco de Otis Chandler em relação à "turma do California Club", ver Frederic Jaher, *The Urban Establishment*, cit., p. 684.

Cidade de quartzo

drada pelo LAPD. Seu substituto foi um republicano de Pasadena, Ray Remy (mais tarde diretor da Câmara de Comércio de Los Angeles), que abrandou a tensão na comunicação entre o prefeito – o qual rapidamente demonstrou ser um moderado cauteloso – e o sistema estabelecido do Centro[50].

O que acabou resultando disso tudo – transcendendo a política de massa da coalizão de Bradley entre o Oeste e o Centro-Sul de Los Angeles – foi uma intrincada acomodação de âmbito municipal das elites. Bradley conquistou um Comitê dos 25 hostil em relação a sua promoção da reincorporação do Centro – em vez do desenvolvimento comunitário em Watts e no Leste de LA –, como carro-chefe da sua administração. Os que apoiaram Bradley, na esperança de iniciativas drásticas para enfrentar a pobreza e o desemprego no gueto, ficaram chocados quando os grupos de trabalho da prefeitura, liderados por Asa Call, Phillip Hawley (lojas Broadway) e Red Schnell (Prudential Insurance), estabeleceram metas de desenvolvimento econômico e transportes orientadas para as empresas. No terceiro ano da Era Bradley, até mesmo Henry Salvatore (padrinho de Goldwater e Reagan) fazia contribuições para a prefeitura, enquanto a Câmara de Comércio cantava loas a uma administração que havia originalmente atacado[51].

A estrutura de poder do Westside, que, nos 1980, se afastaria de Bradley e de suas políticas orientadas para o CBD, a princípio aceitou com entusiasmo a nova distribuição de poder, que forçava os líderes do Centro a negociar com eles o futuro da cidade. Embora a influência da liberal "máfia de Malibu" sobre o governo municipal logo tenha se desvanecido, seu lugar foi ocupado por Lew Wasserman, da MCA – o empresário de Ronald Regan e último magnata de Hollywood. O papel de Bradley, como ponte entre as duas culturas de elite de Los Angeles, ficou simbolizado por um extraordinário evento para a arrecadação de fundos em seu apoio, realizado em 1975, e conjuntamente patrocinado por Wasserman e Asa Call – os mandachuvas de suas respectivas metades da cidade[52]. Se não era uma reconciliação, pelo menos expressava um reconhecimento.

A nova dispersão do poder

O "Woodstock" a rigor da elite reunida no jantar de Wasserman e Call foi também um canto do cisne. A partir do final dos anos 1970, a narrativa do poder em Los Angeles gradualmente cessou de ser um romance de Harold Robbins

---

[50] Para a corte feita por Bradley da comunidade de negócios do Centro, ver J. Gregory Paine e Scott Ratzan, *Tom Bradley: the Impossible Dream* (Santa Monica, Roundtable, 1986), p. 137-51.

[51] Idem.

[52] Numa série controversa sobre "os judeus de Los Angeles", Robert Scheer detalhou as rivalidades no levantamento de fundos políticos entre Wasserman e o grupo de Malibu. Ver *Los Angeles Times*, 30/1/1978.

Linhas de poder

sobre Centro *versus* Westside. Tais antagonismos certamente ainda existem, mas os sistemas sociais estabelecidos mais antigos tiveram sua importância drasticamente reduzida com o surgimento de novas configurações de poder, delineadas pelas extraordinárias forças econômicas dos anos 1980. A escala de dispersão do poder ocorrida nos últimos quinze anos pode ser ilustrada pela pesquisa reveladora de Robert Gottlieb (agora uma eminente autoridade em água da Califórnia), em meados dos anos 1970. Em várias publicações menores, como também na sua vasta história do *Los Angeles Times* (com Irene Wolt), Gottlieb conseguiu traçar um mapa detalhado de como o poder em Los Angeles era distribuído entre os sistemas do Centro e do Westside, assunto que discuti nas páginas anteriores[53].

Traçar um mapa semelhante do poder em Los Angeles em 1990, com as mesmas coordenadas seguras de um guia de ruas com o endereço das estrelas, é praticamente impossível. Nesse período, a cidade viveu um acontecimento relativamente raro (ainda que, como vimos, mais comum em Los Angeles do que em outros lugares), uma genuína "revolução vinda de cima", com o remanejameto das elites e a consolidação de novos centros de poder. Entre as grandes cidades dos Estados Unidos, talvez apenas Los Angeles – com sua porosidade social, policentrismo espacial e adjacência ao anel do Pacífico – seja suscetível a tamanha alteração nos seus círculos superiores.

Por exemplo, houve um aumento significativo no número de atores individuais de destaque e de suas riquezas mobilizadas. Donald Bren, Marvin Davis, a família Kobayashi, Donald Trump – para não falar em Michael Milken, caído em desgraça – são negociadores bilionários que, num dia de trabalho, rotineiramente, rompem ou criam associações de capital equivalentes a patrimônios inteiros das famílias da velha guarda. E o capital de "além-mar", não apenas japonês, mas também chinês, coreano, canadense e de Manhattan, tem agora a capacidade, no contexto da economia extremamente aberta de Los Angeles, de transformar subitamente qualquer situação, por meio de enormes aquisições ou injeções de novos investimentos (como confirma a aterrissagem de bilhões de dólares da Shuwa em 1976 ou a súbita chegada de Trump em 1990).

Essa volatilidade do poder pode ser melhor compreendida à luz daquilo que poderia ser caracterizado como a transformação "pós-keynesiana" da economia de Los Angeles[54]. Uma polarização social dickensiana entre os ricos e os pobres (que será discutida extensivamente em capítulos posteriores) foi a única expressão de causa/efeito mais dramática dessa transição, mas três outros processos de larga escala são igualmente dignos de destaque. Primeiro, houve a conversão do

---

[53] Ver Robert Gottlieb e Irene Wolt, "Who Rules Los Angeles?", em *Thinking Big*, cit., cap. 34.

[54] O meu *Prisoners of the American Dream: Politics and Economy in the History of the US Working Class* (Londres, Verso, 1986) é em sua maior parte dedicado a uma análise da paisagem pós-liberal da mobilidade do capital e da polarização social doméstica posterior às *reaganomics*.

Cidade de quartzo

lote de terreno – o insumo básico da principal indústria de "produção em massa" de Los Angeles – num bem de luxo, ao alcance apenas de uma minoria cada vez mais restrita de residentes locais. Em segundo lugar, aconteceu a ascensão de uma nova geometria econômica que transformou os antigos cinturões suburbanos de Los Angeles em "cidades da periferia" independentes. O terceiro fator foi a internacionalização da economia regional, a qual torna as elites de Los Angeles tributárias dos grandes centros financeiros de Shinjuku e Lower Manhattan.

Como os blocos de poder tradicionais da Califórnia Meridional reagiram a essas mudanças sem precedentes? Nós ainda estamos muito envolvidos pelo redemoinho da reestruturação para apresentar uma análise concisa. Em vez disso, quatro breves estudos de caso sugerem algumas tentativas de teses sobre a relação entre as elites antigas e as novas realidades: primeiro, a remonopolização da incorporação da terra; segundo, a colonização do Centro pelos japoneses; terceiro, a tentativa do *Los Angeles Times* de "regionalizar" sua circulação e influência; quarto, a combinação complexa da sucessão de uma geração para outra com a penetração estrangeira em Hollywood.

O novo Octopus

Por duas gerações, entre 1870 e 1910, período considerado pelos progressistas como a "idade das trevas" da Califórnia, a todo-poderosa estrada de ferro Southern Pacific (o Octopus de Frank Norris) agiu nos bastidores dos dois principais partidos para ditar as normas da política no estado, desde o palácio do governador até o governo municipal. Como os californianos costumavam aprender na escola, a "revolução" progressista de Hiram Johnson em 1910 – que esmagou a máquina da Southern Pacific em Sacramento – foi planejada para evitar que qualquer conglomerado econômico privado voltasse algum dia a controlar novamente o estado. Ainda assim, na década de 1980, um invisível terceiro partido surgiu para reeditar, e talvez até mesmo superar, a influência da máquina da Southern Pacific no seu apogeu, e que, como o Octopus, opera de modo suprapartidário em todos os níveis governamentais.

Esse poder ascendente é a indústria remonopolizada de incorporação da terra. Ela é "remonopolizada" porque o desenvolvimento urbano foi reintegrado em torno da propriedade especulativa da terra de modo que difere notavelmente do que foi descrito anteriormente como "suburbanização keynesiana" dos anos 1950 e do começo da década de 1960. Naqueles dias, a conexão crucial se dava entre o construtor comercial e o financista das instituições de poupança; a terra era relativamente barata e facilmente reunida em grandes extensões a partir de milhares de proprietários de fazendas e pomares frutíferos de pequeno porte. A oferta de dinheiro, não de terra, era a variável crucial para determinar a estrutura de poder da incorporação.

Como veremos em maior detalhe no capítulo 3, tudo isso começou a mudar durante o *boom* do Vietnã, quando a terra costeira passível de incorporação – a matéria-prima do sonho da Califórnia meridional – começou a desaparecer. A resultante inflação dos preços da terra, que disparou de forma galopante no final da década de 1970 e voltou a subir às alturas no fim da década seguinte, redefiniu o perfil da distribuição de renda e das oportunidades. A relativa escassez de terra levou também a um rápido declínio dos construtores tradicionais, logo seguidos pelas faixas medianas de incorporadores. O controle sobre a conversão da terra foi cada vez mais centralizado por companhias gigantescas, capazes de adquirir os parcos espaços remanescentes de planície costeira ou de financiar novas cidades residenciais e industriais inteiras nas distantes bacias interiores.

Na região de Los Angeles, esse "novo Octopus" – monopolizando o desenvolvimento da periferia metropolitana e o preenchimento de "buracos" no núcleo – consiste em três tipos de empreendimentos distintos, ainda que entrelaçados.

Primeiramente, um pequeno grupo de grandes banqueiros da terra, alguns deles herdeiros diretos dos latifundiários do século XIX, monopoliza a construção e a incorporação, tanto comunitária quanto industrial, nos Condados de Orange ao sul, e no de Los Angeles ao norte e sudoeste: o grupo de Mission Viejo/rancho Santa Margarita (o patrimônio Flood-O'Neill, alienado para Philip Morris nos anos 1970); o rancho Irvine (agora Donald Bren); C. J. Segerstrom & Sons (cuja plantação de feijão se tornou o "centro pós-moderno" em South Coast Plaza, na Costa Mesa); a Watson Land Company (o legado de Dominguez na área da "alameda *zaibatsu*" de Carson); e a Newhall Land and Farming Company (incorporadores de Santa Clarita e do Condado de Canyon).

Em segundo, cerca de quinze ou vinte "construtores comunitários", baseados fundamentalmente no Condado de Orange ou no Westside de Los Angeles, que inclui muitas das empresas judaicas mais importantes dos anos 1950, domina as fronteiras remanescentes das "primeiras casas próprias" no Inland Empire (Condados de San Bernardino e Riverside do Oeste) e no vale do Antílope: Lewis Homes, Kaufman and Broad, Lusk Company, Goldrich and Krest, Shapell Industries, Watt Industries e assim por diante. A essa categoria devem ser acrescentados os principais incorporadores dos centros comerciais e industriais periféricos: Koll Company, Haagen Company, Ahmanson Commercial Company e outros.

Em terceiro, muitos membros da Távola Redonda empresarial da Califórnia descobriram, numa época de valor da terra altíssimo e de hostilidade empresarial, que suas propriedades em imóveis estão agora entre seus bens de maior valor e liquidez. Assim, as indústrias de ocupação intensiva da terra partiram para se tornar grandes incorporadoras por si mesmas: indústria aeroespacial (Hughes/Summa em Westchester e Playa del Rey; Douglas em Santa Monica e Long Beach), entretenimento (MCA e Disney no Vale), energia (Chevron em Ontário)

Cidade de quartzo

e transporte (Union Pacific, em Foz Hills, e Southern Pacific, no oeste do Condado de San Bernardino) – isso para dar uma lista muito parcial.

Como seria de se esperar, a incorporação da terra ainda é a indústria de grande porte mais lucrativa da Califórnia meridional, com margens de lucro anuais que chegam a 50% (em comparação com lucros de 12% a 18% na indústria do petróleo no auge do último *boom*[55]). O gigantesco rancho Irvine, no Condado de Orange – "quase cinco vezes maior do que a ilha de Manhattan [...] [e] a maior propriedade imobiliária privada numa área metropolitana importante dos Estados Unidos" –, talvez seja o melhor exemplo da rentabilidade do monopólio da terra. Embora o rancho seja um plano de urbanização privada com desdobramento por cinqüenta anos (incluindo a cidade "utópica" de Irvine, um *campus* adjacente da Universidade da Califórnia e o maior parque de ciência e administração do mundo), ele produz lucros fabulosos simplesmente deixando suas terras raras envelhecerem no local como vinho fino. Dessa forma, na medida em que o valor da terra em Irvine subiu a uma taxa inacreditável de 233% em 1988, a Irvine Company faturou 630 mil dólares em aumento de valor de mercado para cada meio hectare não construído. O total da mina de ouro que a inflação dos preços da terra representa para a companhia é atualmente assunto de controvérsia legal. Em 1983, a companhia oficialmente declarou seu patrimônio como sendo de 1 bilhão de dólares; já em 1990, alguns especialistas em imóveis colocavam seu valor acima de 10 bilhões – o que fez de seu proprietário, Donald Bren, possivelmente a pessoa mais rica dos Estados Unidos, deixando Henry George (o inimigo do monopólio da terra na Califórnia do século XIX) a se revirar no túmulo[56].

Ao aumentar o capital em jogo em proporções tão imensas, a escassez da terra levou as personalidades aristocráticas ferozmente competitivas, existentes nas faixas superiores da indústria imobiliária, a se unirem como um bloco de interesse, a fim de perpetuar as condições políticas para o crescimento. Por um lado, a natureza da maioria dos projetos de então, todos a longo prazo e em várias fases, impõe a necessidade de estabilizar o zoneamento do uso da terra e garantir o apoio estatal para a infra-estrutura. Por outro, a crescente resistência às novas incorporações, organizada por movimentos de proprietários residenciais a favor do "crescimento lento" (assunto do capítulo 3), exigiu investimentos pesados para estruturar contra-resistências políticas. Essa combinação de necessidades resultou na criação de uma vasta rede de financia-

---

[55] Donald Anderson, "How Real Estate Leaders Plan to Subdivide the Land of Opportunity", *Management* (Los Angeles, Ucla, 1985), p. 20.

[56] Diane Wagner, "Lord of the Land", *California Business*, fev. 1987; *Orange County Register*, 30/6/1989; e *Los Angeles Times*, 21/1/1990.

Linhas de poder

mento de campanhas e de *lobbies*, cujos gastos em "jabás" ultrapassam qualquer coisa jamais oferecida a políticos nos tempos da Southern Pacific ou de Ahmanson e Unruh.

Ainda que os jornalistas políticos tenham freqüentemente comparado o papel dos incorporadores na corrupção da atual legislatura do estado às "Safadezas Associadas"[57] anteriores a 1910, o *habitat* favorito do novo Octopus é o condado. Essa unidade de governo, a menos democrática, controla o uso da terra nas periferias do crescimento ainda não incorporadas e geralmente oferece aos construtores e incorporadores o melhor retorno por suas contribuições às campanhas. Não é de surpreender, conseqüentemente, que as maiorias conservadoras pró-incorporação controlem os conselhos de supervisores em todos os condados da Califórnia meridional, a não ser em Santa Barbara.

O Condado de Los Angeles é o caso mais importante, o que pode ser explicado apenas pelo fato de ser uma burocracia tão vasta, que tradicionalmente eclipsa em tamanho a da cidade de Los Angeles e, nesse aspecto, a de qualquer outro governo local do país, exceto o (já extinto) Board of Estimates [Conselho de Avaliação] de Nova York. Conforme as constantes queixas do *Los Angeles Times*, o condado é também um remanescente da "Era Glacial", a quem faltam os "controles e critérios básicos", como também "coesão, orientação, eficiência e responsabilidade". Seus "cinco reizinhos" – todos homens brancos, com uma maioria conservadora de três a dois – fundem as autoridades administrativa, jurídica e legislativa sobre feudos pessoais maiores do que Detroit. Numa típica versão local do sistema de "jabás" de Sacramento, a caixinha política do supervisor Pete Schabarum (aposentado) era fartamente abastecida por quinze incorporadores de grande porte, permitindo que ele transferisse centenas de milhares de dólares, no começo dos anos 1980, para eleger dois compadres, Deane Dana e Mike Antonovich, cujos cargos foram então tornados inexpugnáveis por meio de contribuições maciças de trinta outros empresários do setor imobiliário. Como veremos no capítulo 3, a maioria de Schabarum reembolsou generosamente os incorporadores, abrindo centenas de milhares de hectares de terra para loteamento, os quais planejadores e grupos de cidadãos queriam desesperadamente preservar como espaço livre[58].

Se a indústria da incorporação da terra é concebida como uma estrutura de poder regional, ou mesmo de âmbito estatal, sobreposta às elites mais antigas e

---

[57] Ver, por exemplo, o relato de Mark Dowie sobre como o eleitorado do presidente da assembléia, Willie Brown, passou de uma base original de sindicatos e grupos comunitários para megaincorporadores como a Olympia and York e a Southern Pacific Development Corporation ("The King of Juice", *California Magazine*, fev. 1986).

[58] Ver *Los Angeles Times*, 30/3/1986 e 27/4/1987.

Cidade de quartzo

provincianas[59], o que é particularmente fascinante é o modo inescrupuloso pelo qual a prodigalidade dos empresários de imóveis alimenta conservadores e liberais sem distinção. Um dos segredinhos sujos da política de Los Angeles é que o prefeito Bradley − originalmente o porta-voz da ala mais liberal da democracia sul-californiana − compartilha, em extensão assombrosa, a mesma base financeira dos incorporadores com os principais republicanos locais. Assim, Bren, da Irvine Company, padrinho financeiro do senador Pete Wilson e maior contribuidor republicano do estado, foi também um dos principais apoios de Bradley, assim como Richard Riordan, banqueiro − incorporador − advogado do Centro, que articulou a derrubada da maioria liberal da Suprema Corte em 1986.

Mas talvez o exemplo mais revelador das vantagens mútuas da promiscuidade política em mão dupla seja Alexander Haagen, o principal incorporador da Califórnia meridional em termos de unidades, o qual compartilha simultaneamente dos leitos de Bradley e dos supervisores republicanos. Por meio de suas ligações íntimas com o governo municipal, ele adquiriu um lucrativo monopólio sobre a recolonização de unidades do Centro-Sul de Los Angeles; seus shopping centers fortificados e subsidiados pelo município (descritos no capítulo 5) rendem um belíssimo retorno. Enquanto isso, em seguida a uma contribuição amigável de 29 mil dólares para a campanha do supervisor Mike Antonovich, ele ganhou 9 milhões de dólares limpos em poucos dias, apenas comprando e revendendo imediatamente um antigo centro da Sears no distrito de Antonovich para o Departamento de Obras Públicas do Condado[60].

Infelizmente, esse tipo de exemplo poderia ser multiplicado *ad nauseam*. Ele serve para demonstrar uma nova política da elite que opera num plano "bipartidário", não tanto porque os empresários do setor imobiliário deixaram de ser republicanos ardentes, mas porque os democratas urbanos como Bradley deixaram de representar os interesses distintos dos eleitorados populares. Na Califórnia, onde o "jabá" sempre rolou, essa história é antiga. O mais interessante, talvez, é a nova mobilidade do poder − seja ele aglutinado através de instituições ou de indivíduos. De uma determinada perspectiva histórica, pode ser tão significativo que Haagen esteja profundamente envolvido no microcosmo da política de Fontana, no coração do Inland Empire, quanto o fato de que tenha contribuído para ambos os lados do macrocosmo político de Los Angeles. Comparado às estruturas de poder mais antigas e ligadas a áreas fixas, o que quer que falte ao

---

[59] Não tenho a intenção de sugerir, porém, que a associação a um grupo de elite determinado exclui qualquer outra. É certo que muitos construtores judeus da linha antiga, por exemplo, continuam a funcionar como líderes de uma estrutura de poder distinta do Westside, enquanto agem em conjunto simultaneamente com outros incorporadores. O que é historicamente novo é a tendência de unidade na comunidade dos empresários do setor imobiliário.

[60] *Los Angeles Times*, 7/10/1987 e 7/11/1987.

Linhas de poder

novo Octopus em coesão social é mais do que compensado em termos de ubiqüidade regional. Os grandes incorporadores atuais navegam na fragmentada geografia política da Califórnia meridional com uma desenvoltura e uma familiaridade que teriam assombrado até mesmo a Harry Chandler.

Os perigos da co-prosperidade

Como vimos no capítulo 1, Reyner Banham não foi o único a se equivocar em relação ao futuro do Centro de Los Angeles. O grandioso projeto (um plano diretor concreto de 1972 conhecido como *Silverbook*) do Comitê dos 25 e da Associação do Centro da Cidade foi realizado, sob a égide do regime Bradley, numa extensão que poucos acreditavam ser possível. Se antes, em 1975, havia apenas cinco novos arranha-céus acima do antigo limite de treze andares, na década de 1990 havia quase cinqüenta, coroados pela ufana Library Tower de Maguire Thomas, com 73 andares (embora Donald Trump ameaçou construir um "hiper-arranha-céu" de 125 andares no bulevar Wilshire). Assim, à medida que o Centro subia aos céus, o custo crescente da especulação forçou muitos empresários originais do Comitê dos 25, inclusive grandes bancos regionais e companhias de petróleo com problemas de fluxo de caixa, a vender propriedades e bater em retirada para a periferia[61].

O Centro tornou-se, em suma, grande demais para que os interesses locais continuassem a predominar, e a recentralização acabou efetivamente significando uma internacionalização. Desse modo, o *Los Angeles Times* noticiava em 1979 que um quarto das propriedades do Centro pertenciam a estrangeiros; seis anos mais tarde, a cifra atingia 75% (uma autoridade alegou 90%[62]). A primeira onda de investimentos estrangeiros, no final dos anos 1970, foi, como em Manhattan, liderada pelo capital imobiliário canadense, cuja epítome é a Olympia and York, com base em Toronto. O clã dos Reichmann, proprietários da Olympia and York, coleciona arranha-céus da mesma forma que os meramente ricos colecionam selos raros ou mobiliário Luís XIV. Todavia, desde 1984, juntamente com as companhias de seguro de Nova York e os bancos britânicos, eles foram varridos por um *tsunami* de capital japonês.

Dentre todos os fatores complexos envolvidos na "niponização" contemporânea da economia da Califórnia meridional, dois em particular são notáveis. O primeiro é o fato bizarro de que o produto principal de exportação para o exterior é simplesmente o espaço vazio; mais da metade dos contêineres que

---

[61]   *Business Journal* (LA), 11/1/1988.

[62]   Ver Dick Turpin, em *Los Angeles Times*, 21/9/1986, confirmado pelo *National Real Estate Investor*, dez. 1986, p. 102; a estimativa mais alta é a de Howard Sadlowski, *Los Angeles Times*, 17/6/1984.

Cidade de quartzo

chegam a San Pedro cheios de computadores, carros e televisões retornam sem nada[63]. Embora seja impossível saber qual é a situação da balança comercial regional com algum grau de precisão, na metade dos anos 1980 o estado como um todo tinha em média 20 bilhões de dólares de déficit sobre um total de comércio com o Japão de quase 30 bilhões[64]. Esse comércio em sentido único gera tanto a necessidade de uma infra-estrutura gigantesca de serviços de importação, administração de finanças e vendas, assim como de mecanismos para reciclar o excedente japonês.

O segundo fator, que ajuda a definir a forma da reciclagem, tem sido a diferença nos preços da terra do outro lado do Pacífico. Se a valorização dos terrenos em Los Angeles transformou radicalmente a economia da urbanização local, ainda permanece minúscula se comparada com a densidade de estrela de nêutrons dos valores das propriedades em Tóquio. Diante da recusa dos liberal-democratas no governo de transformar os lucros comerciais gigantescos do Japão em salários mais altos e numa reflação keynesiana da habitação (conforme reivindicado pela oposição socialista), o excedente de capital gerado pelo comércio concentrou-se nas especulações imobiliárias e no mercado de ações, a níveis que lembram a América de Coolidge. O que os japoneses chamam de *zaitech*, a estratégia de usar diversas tecnologias financeiras para transferir o fluxo de caixa da produção para a especulação, começou a se internacionalizar em meados da década de 1980, com uma orientação especial no sentido da Califórnia meridional. Particularmente, o "superiene" colocou o valor dos arranha-céus ao longo da Costa Dourada do Centro a preços de liquidação, se confrontados aos deselegantíssimos similares de Tóquio.

Do ponto de vista do sistema japonês estabelecido, contudo, a *zaitech* teve um efeito colateral nocivo, que foi a ascensão de um segmento de bilionários agressivos – equivalentes aos nossos "*corporate raiders*"* – conhecidos como *nottori-ya*, ou "piratas". Foi o mais notório dos *nottori-ya* de Tóquio, a Shuwa Company Ltda., que deixou estupefata a velha guarda de LA ao adquirir uma série de prédios novos no Centro, no valor de quase 1 bilhão de dólares, inclusive as torres gêmeas do Arco Plaza, numa fúria compradora única de apenas dois meses e meio. Esse foi o preâmbulo do que se tornou, em 1990, um recheado portfólio com 25 propriedades em áreas principais de Los Angeles. Contrastando com a anonimidade delicada e gentil de outros investidores japoneses, o man-

---

[63] *Los Angeles Times*, 6/7/1988. Sintomaticamente, também lideravam a lista de volumes de exportação sobras de papel, sucatas e uma variedade de matérias-primas.

[64] Ver *California Magazine*, set. 1986, p. 49; e jan. 1987, p. 25.

* Literalmente, "invasores empresariais", investidores que adquirem à força outras empresas, oferecendo preços irrecusáveis pelas ações em mãos do público e assumindo, assim, o controle da empresa. (N. T.)

Linhas de poder

dachuva da Shuwa, Shigeru Kobayashi, e seu filho Takaji, reproduziram com estardalhaço o exemplo de Ahmanson e de gerações anteriores de *nouveaux riches* de Los Angeles. Naquilo que a *Business Week* descreveu eufemisticamente como "seguindo a tradição japonesa de dar presentes a seus novos vizinhos", os Kobayashi doaram 1 milhão de dólares para a Biblioteca Presidencial Ronald Reagan, em Simi Valley, contribuíram para a mal fadada campanha do prefeito Bradley para governador e deram à cidade de Los Angeles uma entrada de 100 mil dólares para a "nuvem de aço" mencionada no capítulo 1[65].

De sua parte, o prefeito Bradley estendeu suas boas-vindas calorosas aos *nottori-ya*, assim como a seus compatriotas mais respeitáveis. Em extensão mais ampla do que qualquer outro líder municipal, inclusive até mesmo do que o eterno viajante Andrew Young, de Atlanta, Bradley integrou o capital estrangeiro nos escalões superiores da coalizão[66]. Embora ninguém se lembre de ter visto o prefeito fazendo esforços herculéos para defender os 50 mil empregos locais de altos salários na indústria que foram eliminados pelas importações desde 1975, ele foi incansável na promoção do movimento livre de capital cruzando o Pacífico, enquanto denunciava os críticos do poder japonês como "racistas"[67]. Sua administração manteve as taxas de aterrissagem no Aeroporto Internacional de Los Angeles entre as mais baixas do mundo, expandiu enormemente as instalações portuárias, concedeu isenções de zoneamento especiais e subsídios para direitos de incorporação a investidores estrangeiros no Centro (sobretudo a Shuwa) e fez de banqueiros chineses expatriados beneficiários da "ação afirmativa" (envolvendo Bradley, num dos casos, em um escândalo relacionado a depósitos municipais ilegais no Far East National Bank, de Harry Hwang[68]).

---

[65] Ver *Business Week*, 11/7/1988; e *Los Angeles Times*, 20/8/1989. A última fonte revela a opinião japonesa de que Kobayashi está "comprando *status* social nos Estados Unidos para tentar trazê-lo para casa". Na verdade, os Kobayashi pareciam apenas adquirir maior notoriedade, já que duas ações legais de 1989 acusavam o filho Takaji de ter espancado um empregado, e o primo de ter molestado sexualmente um outro.

[66] Além da Shuwa, outros financiadores japoneses importantes de Bradley incluíam Sumitomo, Mitsui Fudosan, o Banco de Tóquio e a Nissan Motors. Ver *Business Week*, 11/7/1988.

[67] Em contraste com a vasta escala dos novos investimentos asiáticos, canadenses e europeus no Condado de Los Angeles, deve-se assinalar que o maior "negócio de propriedade de minorias" (isto é, de propriedade de algum negro, latino, nativo norte-americano ou asiático-americano) local é uma revendedora de automóveis na cidade de Glendora, vindo em seguida uma enlatadora de peixe, uma empresa de confecção de *tamales* e a refugiada Motown Records, de Berry Gordy. Ver *Los Angeles Business Journal*, 26/3/1988.

[68] A investigação da comissão de ética da Assembléia Municipal sobre as relações de Bradley com Hwang foi conduzida por Michael Woo, de Hollywood. Filho primogênito do líder reconhecido da comunidade financeira chinesa local, as generosas contribuições de campanha de seu pai para o cacique político de Hollywood, o senador do estado David Roberti, supostamente prepararam o caminho para que conquistasse seu lugar na assembléia. De olho no prêmio da prefeitura e

Cidade de quartzo

Surpreendentemente, houve poucos protestos dos remanescentes da velha guarda em relação à apropriação de um terço do Centro por parte dos japoneses, ou à submissão do governo municipal em relação ao Oriente. Com um quinto de todo o investimento imobiliário dos japoneses na América do Norte fluindo para Los Angeles (3,05 bilhões de dólares somente em 1988), os pilares de maior importância da estrutura de poder Wasp decidiram juntar-se a essa "esfera de co-prosperidade", ao invés de lutar contra ela. Após uma fase inicial de aquisição de troféus sob forma de arranha-céus, cujo ápice foram as compras da Shuwa, o *zaibatsu* passou para uma fase de projetos conjuntos com empresários locais do setor imobiliário, abrangendo desde a colaboração entre a Mitsubishi e a Prudential para construir o imenso complexo do Citicorp no Centro, até a sociedade do Nippon Credit Bank com a Trammel Crow na Cidade da Indústria. Nesse meio tempo, a venda de imóveis na Califórnia meridional foi divulgada na Ásia com o mesmo fervor que outrora acontecia no Meio-Oeste. Agentes imobiliários de destaque de Southland, como Fred Sands, com base em Beverly Hills, criaram uma embalagem especial para as propriedades de Los Angeles, a fim de seduzir o mercado de massa *yuppie* japonês – os compradores do Iowa de então. "Estamos nos voltando para os clientes de classe média japoneses, porque lá a classe média freqüentemente possui de 1 a 2 milhões de dólares de patrimônio em suas mãos"[69].

A conseqüência desses fluxos comerciais disseminados e transações imobiliárias (até o início da década de 1990, a Califórnia meridional recebeu apenas uma pequena proporção dos investimentos japoneses nos Estados Unidos na área industrial) é a crescente dependência financeira da cidade em relação a Tóquio. (Em poucos anos, talvez seja mais correto falar de um triângulo financeiro formado por Los Angeles, Nova York e Tóquio, mas os bancos do centro monetário de Manhattan têm sido obrigados a esperar para se instalarem em Los Angeles, aguardando a desregulamentação financeira interestadual integral em 1991, enquanto os bancos japoneses desfrutaram de uma vantagem inicial espetacular.) Cinqüenta bilhões de dólares em ativos bancários japoneses diretos, liderados pelo Union Bank, foram complementados por empreendimentos financeiros mistos como a ampla aliança da Security Pacific com a Mitsui. Nesse ínterim, quase 1 bilhão de dólares em fundos de pensão do condado foram investidos em várias ações japonesas, enquanto o município emitia títulos com valor nominal

---

membro da Assembléia, Woo está se tornando rapidamente o mais poderoso político asiático-americano do Estado.

[69] *Southern California Real Estate Journal*, 24/4–7/5/1989; *Los Angeles Times*, 8/3/1989 e 16/4/1989. O único investimento japonês que de fato acirrou os ânimos da classe dominante foi a compra de títulos de participação do Riviera Country Club, uma associação de elite. Os japoneses e outros asiáticos são valorizados como parceiros econômicos, mas desprezados na convivência social.

em ienes, e segmentos do Centro mudavam de dono em transações integralmente realizadas em ienes[70].

Uma conseqüência óbvia da crescente integração financeira é que, no início
da década de 1990, o controle sobre a economia de Los Angeles estava sendo
alienado, com resultados imprevisíveis, para centros de poder a 9 mil quilômetros
de distância. A "renascença" do Centro, no fim das contas, era apenas um monumento perverso às perdas dos Estados Unidos na guerra comercial global.
Quando a economia japonesa parecia invencível, e sua oferta de capital expor-
tável infinita, essa dialética deficitária não preocupava as elites locais. Mas a fé
cega dos anos 1980 no "Século do Pacífico" começou a fraquejar em suas bases
após o mergulho *kamikaze* do mercado de ações de Tóquio no começo de 1990.
Os líderes de Los Angeles foram rudemente despertados, pela primeira vez, para
a verdadeira natureza da subserviência colonial pelo funcionamento inescrutável
de uma economia japonesa inchada com capital fictício. Por exemplo, quando
o Banco do Japão resolveu aumentar sua taxa de redesconto, levou os investidores de Tóquio a desertar em massa das ações da Disney Corporation para títulos
domésticos. O resultado foi aflição e confusão inesperadas em Burbank. Isso foi
apenas uma amostra infinitesimal do que uma recessão imobiliária geral em
Tóquio ou uma depressão centrada no Japão poderiam causar aos setores da
economia de Los Angeles – como o Centro ou Hollywood – inapelavelmente
viciados em doses cada vez maiores de dívidas recicladas.

O Los Angeles Times *paradoxal*

Se parte da velha guarda do Centro foi expulsa e deixada a ver navios, enquanto
outro segmento foi reduzido a um satélite do capital externo, o *Los Angeles Times*
permanecia no início dos anos 1990 tanto como a ligação fundamental com o
passado de glória quanto como a instituição tradicional que tentava fortemente
se adaptar à nova disseminação do poder. Como indicado anteriormente, a reorientação liberal do império editorial no fim dos anos 1960 coadunava-se com
o redirecionamento de seu marketing no sentido das classes médias de nível
universitário. Desde meados da década de 1970, o *Los Angeles Times* – auto-
definido como "a primeira revista de notícias diárias do país" – acompanhou a
demografia *yuppie* por toda a extensão da Southland, de San Diego a Ventura,
com edições regionais especialmente preparadas[71]. Quando o *Herald-Examiner*,
o rival de propriedade de Hearst, finalmente morreu em novembro de 1989 de

---

[70]   *Los Angeles Business Journal*, 12/10/1987; e *Los Angeles Times*, 21/12/1987.

[71]   Jornais mais populares (como o extinto *Herald-Examiner*) tendem a ser mais "orientados para as
manchetes" e, portanto, vulneráveis à competição da televisão. A estratégia do *Los Angeles Times*
foi enfatizar o conteúdo do noticiário (o que possui mais do que qualquer outro jornal do país),
como as revistas *Time* e *Newsweek*.

Cidade de quartzo

ferimentos de circulação infligidos durante uma greve conflituosa anos antes, o *Los Angeles Times* parecia ter cumprido triunfantemente o destino manifesto do general Otis[72].

Mas a "dama cinzenta" estava, na verdade, cheia de problemas. Um deles é que o sangue dos Chandler continuou a sofrer de fadiga. No começo da década de 1980, o *consigliere* da família e antigo reitor da Ucla, Franklin Murphy, aposentou-se, logo seguido por seu patrão, Otis Chandler (o qual, segundo os boatos, aprecia mais o surfe do que as altas finanças). Mesmo "Missy" Chandler, nora e sucessora de Buffy no cenário das artes e da caridade, recentemente se afastou. Isso deixa menos Chandlers em ação na cidade do que em qualquer outra época desde a Guerra Hispano-Americana. Ao mesmo tempo, o *Los Angeles Times*, como Golias, tem sofrido derrotas fragosas para Davis jornalísticos em mercados suburbanos críticos. A estratégia original do *Los Angeles Times* no início dos anos 1970, que consistia simplesmente em comprar todos os seus competidores regionais, foi vetada pela legislação federal antitruste. Nos anos 1990, a despeito do enorme capital e do planejamento cuidadoso, o jornal se via na situação de perdedor em quatro guerras de circulação regional diferentes. No Condado de San Diego, afluente e em rápido crescimento, o jornal não conseguiu ganhar terreno contra a entrincheirada dinastia Copley, enquanto em seu mercado anteriormente cativo, no vale de San Fernando, mal conseguia se sustentar diante do emergente *Daily News*, de propriedade de Jack Kent Cook, que já cruzou Santa Monica para competir com o *Los Angeles Times* pelos leitores operários do defunto *Herald-Examiner*. Nesse ínterim, uma rede jornalística regional em formação para os subúrbios do vale de San Gabriel, a Los Angeles Newspaper Network (uma aliança de jornais de Pasadena, Witter e West Covina, de propriedade das cadeias Thompson e Singleton), alegou ter igualado a circulação e a receita publicitária do *Los Angeles Times*[73].

Mas o verdadeiro Vietnã do *Los Angeles Times* foi o Condado de Orange – a terra dos preços de habitação médios mais altos do país –, onde o conservador *The Orange County Register* (ex-Santa Ana) enterrou toda uma geração dos melhores e mais brilhantes dos Chandler. Tom Johnson, ironicamente protegido por Lyndon B. Johnson, foi trazido de uma equipe de uma fazenda do Texas para se tornar editor do *Los Angeles Times* com a missão específica de penetrar a "cortina Orange". No final de 1989, depois de derramar dezenas de milhões de dólares em fúteis campanhas de marketing ao sul da fronteira, ele foi "rebaixado para cima". Joan

---

[72] Contando, segundo as estimativas, com quase 1 milhão de canadenses expatriados vivendo na Califórnia meridional (o maior contingente étnico de imigrantes depois dos mexicanos), a Toronto Sun Publishing Company considerou seriamente a possibilidade da aquisição do *Herald-Examiner*, mas acabou por rejeitá-la.

[73] *Los Angeles Business Journal*, 12/2/1990; e Dan Cook, "Extra! Extra!", *California Business*, abr. 1989.

Didion revelou que o regime "mais enxuto e mais cruel" recentemente instalado nos anos 1990, com o diretor de publicação David Laventhol e o editor Shelby Coffey III, estava criando ressentimentos generalizados dentro do *Los Angeles Times*, uma vez que eles eram vistos como esnobes autoritários do "Leste" (isto é, um exemplo da imigração "mercenária" analisada no capítulo 1[74]).

Mas a questão subjacente a essas guerras de circulação transcende as competências da administração do *Los Angeles Times* ou a embalagem competitiva do noticiário como produto. Como reconheceu um dos editores principais do *Los Angeles Times*, entrevistado por Didion, o jornal perdeu terreno por causa da "desidentificação agressiva com a Los Angeles das comunidades mais recentes e mais uniformemente afluentes nos Condados de Ventura, San Diego e Orange". De forma irônica, o outrora monoliticamente reacionário e pouco sofisticado *Los Angeles Times* – bastião do poder do Centro – passou para a posição de vítima de uma reação regional contra o liberalismo cultural e político do Westside de Los Angeles, no início dos anos 1990. Ao mesmo tempo, existia também nos subúrbios um estranhamento crescente da imagem inversa de Los Angeles como uma cidade estrangeira do Terceiro Mundo. Ainda assim, o *Los Angeles Times*, burguês e excessivamente cauteloso, tinha pouco impacto também sobre a metrópole latina de 3 milhões de pessoas dentro do Condado de Los Angeles. Suas experiências erráticas com encartes bilíngües mensais apenas destacaram sua falta de visão e de audácia[75].

Mas não devemos superestimar os problemas que enfrentava a quinta (em grande parte ausente) geração da dinastia Chandler. A posição do *Los Angeles Times* como centro de poder regional era paradoxal, mais do que qualquer outra coisa. Seu liberalismo crescente e sua orientação para o público sofisticado garantiram seu predomínio entre os leitores *yuppies* metropolitanos – tornando-o tão essencial para o café da manhã com *cappuccino* na Costa Oeste quanto é o (menos liberal) *The New York Times* no Leste. Durante a década de 1980, sua página de editoriais, que passou décadas trovejando contra a "ameaça vermelha" e os gastos públicos "socializantes", assumiu uma liderança de âmbito estadual na campanha pelo retorno de orçamentos keynesianos e de investimento social – precipitando com isso uma ácida controvérsia pública com o governador Dukmejian (um retrocesso à velha guarda que os Chandler do passado teriam adorado). Ainda assim, o jornal perdeu batalhas cruciais para dar forma a um mercado de notícias verdadeiramente regional de uma "supercidade", enquanto, simultaneamente, permaneceu irre-

---

[74] Joan Didion, "Letter from Los Angeles", *The New Yorker*, 26/2/1990, p. 91-3 e p. 97.

[75] Idem. O *Los Angeles Times*, que publicava no início da década de 1990 oito edições regionais, nunca demonstrou qualquer interesse em atender às necessidades da comunidade negra em termos de mídia local. Como sugerido no capítulo 1, o Centro-Sul de Los Angeles está excluído de todas as "propostas informacionais" regionais, sejam empresariais ou boêmias, em todos os meios de comunicação.

Cidade de quartzo

levante para os grupos étnicos de crescimento mais rápido da cidade. O dilema do *Los Angeles Times* no fim dos anos 1980, em outras palavras, delineava quase que precisamente o problema da hegemonia da classe dominante numa cidade pós-moderna de subúrbios separatistas e *barrios* em franco crescimento.

Máquina de dinheiro em transição

Em contraste com as instituições do Centro colonizadas ou em desaparecimento, a influência da indústria cinematográfica na política local e nacional cresceu incomensuravelmente durante a última geração. Numa época em que os republicanos colheram os principais benefícios da revolução do Comitê de Ação Política no financiamento das campanhas, e o trabalhismo e outros eleitorados tradicionais estavam em declínio acentuado, o Partido Democrata nacional foi levado a confiar mais do que nunca na combinação de finanças e fantasia da Hollywood liberal. As peregrinações dos pretendentes democratas por Malibu e Brentwood à cata de dinheiro tornaram-se ritos de campanha presidencial tão importantes quanto a prévia de Iowa ou mesmo a própria convenção. A prévia de Hollywood, de certa forma, transformou-se no primeiro teste, muitas vezes decisivo, do potencial de vendas do produto presidencial diante do eleitorado mais importante do partido no que diz respeito à presença de administradores da mídia e arrecadadores de fundos.

Em termos locais, um verdadeiro aqueduto de dinheiro das instituições de empréstimo e poupança e da indústria de entretenimento do Westside irrigava a "máquina política pós-moderna" dirigida pelos congressistas Berman, Waxman e Levine. Reconhecidos pelo *The New Republic* como o mais poderoso agrupamento democrata regional do país de então, e operando com igual facilidade nas arenas local, estadual e nacional, a Berman–Waxman–Levine Inc. era a mais potente expressão da ascensão política do Westside. Diferentemente das máquinas ultrapassadas, não dependiam de recursos de padrinhos ou de quadros das bases. Em vez disso, se sustentavam com uma fusão a frio, nos bastidores, de dinheiro do Hillcrest Country Club, tecnologia de mala direta e experiência parlamentar para promover a carreira de protegidos e aliados. Com o declínio da lendária máquina de Burton na área da baía de Los Angeles (da qual o presidente da Assembléia, Brown, é um veterano), a B.W.L Inc. tornou-se potencialmente a influência preponderante na escolha de candidatos dos democratas na Califórnia no início da década de 1990. Entre os coadjuvantes de destaque estavam os congressistas Julian Dickson e Marty Martinez, os senadores do estado Herschel Rosenthal e Gary Hart, assim como o deputado estadual Burt Margolin e o secretário municipal de administração Rick Tuttle[76].

---

[76] *New Republic*, 7/7/1986, p. 18-9; *Herald-Examiner*, 28/4/1985 e 25/3/1986; e Michele Willens, "Dance of the Democrats: the Westside Shuffle", *California Journal*, abr. 1982.

Antigamente aliados importantes do regime de Bradley, a B.W.L Inc. afastou-se cada vez mais do governo municipal, identificando-se com o descontentamento anti-Centro e o movimento pelo "crescimento lento" vindo dos subúrbios. Na realidade, o grupo esteve ativamente empenhado em tentar derrubar Bradley, até que o *Los Angeles Times* soou o alarme em relação à estratégia do tipo Koch por trás da campanha do membro do Westside na Assembléia Municipal Zev Yaroslavsky. A publicação de um memorando de campanha racista, escrito pelo irmão do congressista Berman, Michael (lendariamente grosseiro), forçou Yaroslavsky a bater em retirada. Tendo chegado à beira de um rompimento com os democratas negros, a B.W.L Inc., respondendo à ansiedade de todo o sistema estabelecido judaico do Westside, preferiu recolher-se.

Também trabalhando nas pistas de alta velocidade do poder do Westside, muitas vezes em conjunção com a B.W.L Inc., mas ocasionalmente em aparente oposição, estavam Manatt, Phelps, Rothenberg e Phillips – um centro de poder dos mais importantes disfarçado vagamente como uma associação de advogados. Charles Manatt foi o sucessor, nos anos 1980, de dois advogados empresariais anteriores do Westside, Eugene Wyman e Paul Ziffren, como emissário de Los Angeles nos assuntos nacionais dos democratas. Servindo entre 1981 e 1985 como presidente do Comitê Democrata Nacional, ele criou o Conselho Democrata Empresarial para alinhar o partido de forma mais próxima à agenda de intenções da Távola Redonda empresarial: uma estratégia que, através da prioridade que concedia ao conservadorismo fiscal, ajudou a liquidar com as possibilidades de Mondale em 1984.

A firma de Manatt continuou a se especializar em aconselhamento matrimonial entre os democratas e os grandes negócios (sobretudo a indústria de imóveis e a de entretenimento), enquanto seus associados se entrelaçam de modo abrangente, e sem escrúpulos, com praticamente todas as facções ou notáveis democratas da cidade. Dessa forma, em 1984, um associado de Manatt, Mickey Kantor (anteriormente, o principal agente de Jerry Brown em LA), chefiou a campanha de Mondale na Califórnia, enquanto outro advogado de Manatt, John Emerson (agora subprocurador-geral do município), administrava a campanha de Gary Hart. Essa estratégia de "cara, Manatt ganha, coroa, Manatt ganha" foi repetida em 1988, durante a controvérsia sobre a tentativa da Occidental Petroleum para legalizar a prospecção de petróleo na costa da baía de Santa Monica. Enquanto Kantor exaltava as torres de petróleo de Armand Hammer como uma revolta contra o "elitismo" do Westside, sua colega, Liza Specht, representava grupos irritados de ambientalistas e proprietários de residências com sectarismo idêntico. No início dos anos 1990, Manatt–Phelps forneceu o principal sustentáculo legal para defender o prefeito Bradley de várias acusações de

Cidade de quartzo

corrupção e de conflito de interesse, embora possa se supor que a firma também trabalhava para ajudar a preparar seu sucessor[77].

O neoliberalismo da B.W.L Inc. e o pós-liberalismo de Manatt–Phelps definiam os parâmetros institucionais, por assim dizer, do poder democrata no Westside nos anos 1990. Porém, a competição para levantar fundos ainda dependia principalmente de empresários individuais ou grupelhos de ricos. Um processo importante de sucessão de gerações acontecia em Hollywood, fazendo eco à recomposição mais ampla das elites da cidade. Saindo de cena, em primeiro lugar, estava a famosa "máfia de Malibu", que engendrou a eleição de Bradley em 1973, e depois ajudou a financiar uma série de vitórias liberais na esteira de Watergate. Embora Norman Lear tenha permanecido em atividade, suas energias passaram a se concentrar há muito tempo na "People for the American Way" [pessoas pelo jeito americano], o antídoto que encontrou para as maiorias morais. No vácuo deixado por Palevsky e Lear, nesse ínterim, se precipitaram os *glitzocratas** do *baby-boom* — administradores dos estúdios da Fox, Disney e New World, jovens e potencialmente poderosos, mas de um centrismo insosso, que foram partidários de Dukakis desde o início, em 1988. No seu flanco esquerdo, existia o Comitê Político das Mulheres de Hollywood, que transformou parte do "bando de pivetes" dos anos 1980 em um grupo de quadros feministas liberal e agressivo[78].

No outro extremo do espectro político de Hollywood, Ron e Nancy sobreviviam em esplendor mumificado na Bel-Air Estates, conjuntamente financiados pelo *zaibatsu* japonês e pelos contribuintes federais. O famoso "gabinete da cozinha", porém, liderado por Justin Dart e Holmes Tuttle, estava cada vez mais desfalcado pela morte e pela decrepitude. Mesmo em seu auge, nos anos 1970, restringia-se a uma operação de capital de empreendimento em torno de Reagan, com pouco impacto como estrutura de poder local. Ironicamente, o associado de Reagan que permaneceu politicamente mais viril foi seu antigo agente, Lew Wasserman, da MCA, agora o ser supremo da arrecadação de fundos para os democratas em Hollywood.

Wasserman organizou o maior agrupamento de líderes da indústria do entretenimento, nominalmente democrata, mas antiideológico. Falando de uma maneira geral, a única causa pela qual eles estavam dispostos a dar o sangue era a do balancete de seus estúdios. Quando Wasserman acena na direção de qualquer candidato, o grupo confia que os cálculos do lucro líquido já foram rigorosamente feitos. Embora ele e seu grão-vizir, Sidney Sheinberg, estejam preocupados sobretudo com o impacto da política nacional sobre a indústria do

---

[77]   *Los Angeles Times*, 3/8/1988.

*   Palavra criada a partir do vocábulo *glitz*, que significa exibicionismo, extravagância, ostentação. Portanto, "ostentocratas", numa possível tradução. (N. T.)

[78]   *Los Angeles Times*, 9/3/1987; Bill Bradley, "Look Out, Tom and Jane", *LA Business*, abr. 1988.

Linhas de poder

entretenimento, a MCA, por meio da Universal City, da qual é proprietária, era 167
a maior empreendedora imobiliária em todo o vale de San Fernando, assim como
um tentáculo ativo do novo Octopus, sempre que necessário.

Mas toda essa constelação de poder, velha e nova, gravita em torno da predominância histórica dos judeus e democratas em Hollywood – um fato que já não pode mais ser considerado como ponto pacífico. Como aconteceu com o Centro, Hollywood foi colocada à venda num leilão global. É o núcleo do "*software*" de um complexo mundial de entretenimento, em louca movimentação, que vale 150 bilhões de dólares (e cresce 15% ao ano). O *Economist* estima que quase 100 bilhões de dólares foram investidos na aquisição e reestruturação da indústria entre 1988 e 1990. Em termos locais, isso significou a compra por estrangeiros de quatro das cinco maiores gravadoras, e de quatro dos nove estúdios de cinema, como também uma inundação de capital externo nas produções independentes e nos chamados "miniestúdios". Se os empresários das aquisições hostis, como o News Group, baseado na Austrália e pertencente a Rupert Murdoch (o qual comprou a Fox em 1985), procuravam basicamente por bens que tenham perdido valor, os gigantes da indústria eletrônica, como a Sony (que agora possui a gravadora CBS, a Columbia e a TriStar) criavam monopólios de entretenimento verticalmente integrados para o milênio[79].

A aquisição da máquina de sonhos de Hollywood é uma culminação adequada para a submissão dos Estados Unidos ao capitalismo japonês na época de Reagan e Bush. Embora o ex-presidente, falando em Tóquio, possa ter enaltecido o *zaibatsu* por trazer retidão à Babilônia, ninguém pode prever as implicações do controle estrangeiro sobre o futuro da arrecadação de fundos políticos nos estúdios, ou, quanto a isso, sobre o papel central da indústria nas questões judaicas nacionais. Como o Centro, Hollywood estava se tornando uma colônia da economia mundial[80].

Dare ga LA wo ugokashite iruka

É assim que se diz "quem controla LA?" em japonês educado. É uma pergunta que será feita cada vez mais freqüentemente pelos confusos e curiosos recémchegados, sobretudo quando vindos de uma sociedade na qual o poder continua organizado em grandes dinastias hierárquicas. Embora os banqueiros episcopais

---

[79] Ver perfil de suas propriedades em *Los Angeles Times*, 6/5/1990.

[80] Acusações esdrúxulas de Giancarlo Paretti, o novo proprietário católico do Cannon Group (o qual, antigamente, era israelita), de que ele teria sido perseguido por um "cartel judaico dos meios de comunicação", certamente provocaram um grau de inquietude no Hillcrest Country Club. (Sintomaticamente, uma outra instituição comercial fundamental de Los Angeles que anteriormente era judaica, o Union Bank, recentemente passou para a segunda geração de proprietários estrangeiros, de britânicos para japoneses.)

Cidade de quartzo

e as debutantes de San Marino, num lado da cidade, e os *habitués* do Hillcrest Country Club, do outro, possam continuar a dominar a coluna social local por mais uma geração (ecos biológicos das classes dominantes das décadas de 1880, 1920 e 1950) – o verdadeiro poder gravita em outra parte. O sucesso estelar de Los Angeles como uma meca da tecnologia, assim como da mídia e da atividade imobiliária, sufoca suas classes dominantes tradicionais, diminuindo sua autonomia e influência. Isso não significa sugerir que estejam de alguma forma empobrecendo – na verdade, estão ficando mais ricas –, mas sim que estão entregando o poder, o que é diferente do dinheiro meramente, para outros mais estrategicamente colocados nos novos circuitos de monopólio da terra e de finanças globais. *LA 2000*, a despeito da hipérbole oficial quanto a ser "a cidade do século XXI", será, em grande parte, um entreposto de megabancos e monopólios de tecnologia cujas sedes estão em outro lugar. Também continuará, sem dúvida, a ser o equivalente urbano do mar das Antilhas para os piratas empresariais e os *nottori-ya* de todas as partes do mundo. Suas antigas elites Wasp, ociosas em meio ao luxo, podem subsistir basicamente como consumidores, *compradores** ou apenas reprodutores.

---

* Em espanhol, no original. (N. T.)

3

Revolução feita em casa*

Há quem diga que isso só poderia acontecer no vale de San Fernando. Joy Picus, vereadora da Assembléia Municipal de Los Angeles pelo vale de San Fernando, região Oeste, foi sitiada dia e noite por um grupo chamado "Vítimas da Zona Aberta de West Hills". Eles a acossavam com uma ladainha de petições e telefonemas, perseguiam-na em seus comícios e discursos e a emboscavam à porta de seu gabinete. Diziam que ela era arrogante e fria, insensível à situação extrema em que viviam. Pelo tom agitado de suas falas, um observador incauto teria imaginado que eles haviam sido vítimas de alguma grande tragédia coletiva pela qual não haviam sido compensados: um acidente aéreo ou explosão de gás ao lado de uma escola primária, um Love Canal** subitamente revelado em seus quintais ou, talvez (como sugere o conceito de "zona aberta" em Thomas Pynchon ou Rod Sterling), algo ainda mais estranho ou mesmo oculto.

Mas ninguém havia morrido na área, a escola estava intacta, o problema de poluição não era pior do que em qualquer outra parte do vale, que sufoca inteiro na fumaça, e não existia registro de contatos de terceiro grau. O que *havia*

---

*   Este capítulo pressupõe a compreensão de dois detalhes do sistema político-administrativo norte-americano: o primeiro se refere ao condado, unidade administrativa intermediária entre o município e o estado que engloba em sua jurisdição cidades que não se constituíram em municípios autônomos. O segundo é o fato de que, nas eleições do Estado da Califórnia, são submetidos à aprovação do voto popular não apenas candidatos, mas também propostas a serem implementadas. (N. T.)

** Famoso caso de contaminação do solo por dioxina que obrigou à evacuação total da área de Love Canal – um bairro distante na região Sudeste da cidade de Niagara Falls, no Estado de Nova York, próximo à fronteira com o Canadá –, deixando a cidade em estado de abandono. (N. T.)

Cidade de quartzo

acontecido para despertar a amargura das vítimas era que o coração frio de Picus havia deixado que eles permanecessem, como sempre haviam sido, residentes de Canoga Park. Para avaliar a profundidade dessa revolta, é necessário examinar uns poucos e simples fatos cotidianos sobre os subúrbios de moradias de famílias individuais de Los Angeles:

Fato um: Os proprietários residenciais em Los Angeles, como os sicilianos em *A honra do poderoso Prizzi*, amam seus filhos, mas amam mais o valor de suas propriedades.

Fato dois: "Comunidade", em Los Angeles, significa homogeneidade de raça, classe e, sobretudo, do valor das residências. As designações das comunidades – isto é, as placas de ruas espalhadas pela cidade para identificar áreas como Canoga Park, Holmby Hills, Silverlake e assim por diante – não possuem *status* legal. Em última análise, são apenas favores concedidos pelos vereadores da Assembléia Municipal a áreas bem organizadas ou a grupos comerciais que busquem obter identificação para seus bairros.

Fato três: O mais poderoso "movimento social" da Califórnia meridional de então é o dos proprietários residenciais afluentes, organizados segundo designações de comunidades ou nomes de regiões que são imaginários, e empenhados na defesa dos valores de suas moradias e na exclusividade de seus bairros.

Portanto, foi assim que mais de três mil proprietários residenciais ao pé das colinas no oeste de Canoga Park fizeram uma petição a Picus, no começo de 1987, para que redenominasse sua área como West Hills. Os membros da Associação de Proprietários Residenciais de West Hills reclamavam porque eram obrigados a ficar olhando, dos terraços das suas casas de 400 mil dólares nas colinas, para meros barracos de 200 mil dólares nas planícies a leste da avenida Platt. Referindo-se implicitamente à pigmentação, assim como aos valores das casas do outro lado da via, os secessionistas queixavam-se porque Canoga Park era "ruim [...] muito favelizado", e que "nossa área é mais cara [...] porque, para começar, pagamos muitíssimo mais"[1]. Para dar mais alento à luta de West Hills pela "comunidade", agentes imobiliários locais espalharam o boato de que a redesignação aumentaria o valor de suas residências, instantaneamente, em 20 mil dólares.

Picus, uma democrata bastante moderada, não tinha nenhuma intenção de se tornar um Lincoln suburbano pela manutenção da unidade de Canoga Park com West Hills dentro de suas fronteiras. O poder em seu distrito está dividido entre incorporadores imobiliários influentes (o Warner Center, de Voit) e associações de proprietários residenciais antidesenvolvimentistas (ou pelo "crescimento lento"). Sob investigação do procurador-geral do município por ter

---

[1] Ver *Daily News*, 18/10/1987.

Revolução feita em casa

recebido contribuições irregulares da parte dos incorporadores para sua campanha, ela estava particularmente ansiosa para pacificar os proprietários residenciais. Com um telefonema de Picus para o Departamento de Transportes do município, nasceu West Hills.

Para os desconsolados proprietários residenciais logo a leste da nova entidade fantasma, porém, a redesignação foi uma calamidade que os lesou em 20 mil dólares de um só golpe. "Eles separaram a nata do conjunto de casas, e nós nem fomos comunicados. Pensávamos que todos teriam direito de ser consultados para que dissessem se queriam ser incluídos." Meses mais tarde, depois de perseguirem implacavelmente Picus, os proprietários residenciais da faixa órfã entre as avenidas Shoup e Platt finalmente conquistaram a admissão no clube exclusivo de West Hills. Contudo, Picus teria as mesmas chances de sucesso se tentasse passar um cachimbo da paz entre armênios e azerbaijãos. Como explicou um observador local com pouca simpatia:

> Isso despertou a ira dos signatários da petição original de West Hills, que obviamente detestaram ver seus ganhos diluídos; o "senso de comunidade" deles traz consigo o qualificativo "*small is beautiful*". Ainda que não se deva confundí-la com Salomão, Picus tentou dividir o bebê declarando as áreas recentemente admitidas como "zonas abertas", as quais cada habitante poderia se referir como Canoga Park ou West Hills, conforme achasse apropriado. [...] Não é de se estranhar que isso não tenha deixado ninguém satisfeito – muito menos os habitantes uma vez desprezados, depois abraçados, e mais uma vez desprezados das zonas abertas.[2]

Atolada até a cintura na areia movediça da nomenclatura de West Hills por ter feito uma revisão das fronteiras imaginárias da "comunidade", Picus só conseguia se afundar mais a cada tentativa de se safar. Aprisionada entre os que queriam erguer as pontes levadiças em torno da área construída da forma mais restritiva, e aqueles que queriam revogar inteiramente a secessão ("retornando assim todos os proprietários residenciais a suas posições originais"), Picus naufragou inapelavelmente. Sua tentativa de realizar um plebiscito complicado, do tipo Liga das Nações, nas três áreas em litígio (isto é, a West Hills original, a "Zona Aberta" e o muito caluniado Canoga Park), não deu resultado e trouxe novas acusações quanto à "sua aversão à liderança". No fim, todos os lados a ridicularizavam, os analistas previam danos graves, talvez fatais, para sua carreira política, e a mera menção de "West Hills" nas coletivas com a imprensa era suficiente para levar a infeliz vereadora à apoplexia[3].

---

[2] Benjamin Zycher, "She Should Have Said 'No'", *Los Angeles Times* (página central), 4/9/1987.

[3] Ver *Daily News*, 29/11/1987.

Cidade de quartzo

Bolchevismo no Cinturão do Sol

O movimento pelo crescimento lento não é um modismo, é uma grande revolução.
Marvin Braude, vereador de LA[4]

O Frankenstein de West Hills é o tipo de terror com o qual os políticos suburbanos da área de Los Angeles estão familiarizados. Muitos deles vivem no temor de serem feitos em pedaços – como quase aconteceu com Joy Picus – pelo incessante conflito de interesses microscopicamente localizados. Suponho que isso seja mais um exemplo de como a Califórnia meridional vira de cabeça para baixo as teorias sociais simplistas. Em outros lugares, os proprietários residenciais afluentes são vistos como um sólido baluarte do *status quo*. Mas, ao sul do Tehachapis, eles agem como *sans culottes* que brandem a noção de comunidade como uma guilhotina. De fato, foram exatamente os proprietários residenciais do Vale, como o grupo de West Hills, que constituíram a tropa de choque na revolta dos impostos de Howard Jarvis em 1978: um evento que marcou época, ajudando a terminar com a era do New Deal e aplainando o terreno para a *reaganomics*.

Mais de uma década depois, proprietários residenciais raivosos se empenharam numa luta mais difusa, mas não menos significativa, em relação à política de crescimento. Enraizado em literalmente centenas de associações de proprietários residenciais, surgiu a partir da movimentação browniana dos litígios locais relativos ao uso do solo (como a redesignação de Canoga Park), um chamado "movimento pelo crescimento lento" para fazer frente ao interesse econômico mais poderoso da Califórnia da década de 1990: a indústria da incorporação da terra. Como a Proposição 13, anteriormente, a nova rebelião pareceu irromper do chão praticamente sem aviso prévio.

O primeiro sinal apareceu em janeiro de 1985, quando uma coalizão de proprietários residenciais obteve uma ordem judicial impedindo que o município de Los Angeles permitisse a construção de edifícios cuja altura ultrapassasse flagrantemente o limite estabelecido pelo Plano Geral da cidade. O precedente plantou a semente para o sucesso da Proposição U, em novembro de 1986. Anunciada pelo *Los Angeles Times* como o "primeiro questionamento de peso à ética do crescimento de Los Angeles em cem anos", a Proposição U reduziu a densidade comercial incorporável da cidade à metade, e impôs um plano de dez pontos para a administração do crescimento[5]. Um ano depois, a vereadora Pat Russell, a principal articuladora da maioria "pró-crescimento" de Bradley na Assembléia, foi drasticamente derrotada por um desconhecido defensor do crescimento lento.

---

[4] Parafraseado no *Los Angeles Times*, 6/3/1988.

[5] *Los Angeles Times*, 12/10/1986.

Nesse intervalo, insurreições a favor do crescimento lento, apoiadas por proprietários residenciais, dominaram as eleições locais de 1987–1988 em dezenas de subúrbios de Los Angeles e cidades da periferia[6]. A despeito da ausência de uma iniciativa de controle do crescimento cuja extensão abrangesse todo o condado, essas escaramuças locais resultaram num saldo final impressionante de novas restrições à construção e às moratórias de incorporação. Os mercados imobiliários já superaquecidos reagiram histericamente. Prevendo que o movimento pelo crescimento lento restringiria ainda mais a oferta limitada de terra incorporável, hordas de compradores com fome de moradias apressaram-se a entrar no mercado: uma profecia que assim se autoconfirmou, levando a um aumento médio semelhante ao de Tóquio dos valores médios das moradias nos condados de Los Angeles e Orange, durante o ano de 1987.

A inflação do preço da terra só fez alimentar as chamas do protesto contra o crescimento por todas as fronteiras "pró-crescimento" em suburbanização da Califórnia meridional. Nos redutos reaganistas do sul do Condado de Orange (onde apenas o semi-liberalismo de Irvine quebra o consenso), a tradicional unanimidade conservadora foi abalada por uma luta ferrenha entre incorporadores latifundiários e proprietários residenciais ricos. A vantagem inicialmente majoritária da Iniciativa pelo Crescimento Sensato, com seus padrões rigorosos de "qualidade de vida" para as novas incorporações, foi superada por uma pequena margem na eleição de junho de 1988, pela campanha de intimidação sem precedentes (enfatizando os impostos mais altos e o desaparecimento de empregos) montada por Donald Bren e seus comparsas *haciendados*. Escaldados pela vitória apertada no Condado de Orange, os incorporadores do condado vizinho de Riverside, área das duas periferias suburbanas de crescimento mais rápido no país (Moreno Valley e Elsinore–Temecula), não pouparam gastos para vilipendiar o nascente movimento pelo crescimento lento em seus territórios. A Medida B (de novembro de 1988), que teria restringido construções futuras nas áreas constituídas por municípios independentes do condado, foi derrotada por três a dois, depois que as forças pró-crescimento gastaram 55 vezes mais que os adversários. Uma *Blitzkrieg* pró-crescimento parecida, financiada pelos incorporadores, suplantou iniciativas populares pelo controle do crescimento no Condado de San Diego.

Tendo retratado o movimento pelo crescimento lento como praticamente invencível em 1986, a imprensa proclamava que a contra-ofensiva dos incorpo-

---

[6]   Segundo a Associação de Agentes Imobiliários da Califórnia, 76 medidas para o controle do crescimento foram submetidas à votação no estado em 1986–1988. Quase a metade delas tiveram origem nos Condados de Los Angeles, Orange ou San Diego, e 70% tiveram êxito. Ver *Los Angeles Times*, 31/7/1988; e minha compilação das medidas de crescimento da Califórnia meridional.

Cidade de quartzo

radores de 1988 havia deixado o movimento em ruínas[7]. Na realidade, a luta, que havia começado como escaramuças guerrilheiras em sua maioria não divulgadas, estava se transformando de uma guerra de manobra – com resultados dramáticos nas urnas – em uma guerra de posição cada vez mais complexa, envolvendo tribunais, o Legislativo do estado e vários organismos regulamentadores, assim como governos locais. E qualquer que seja o equilíbrio entre as forças, não há dúvida de que as controvérsias sobre o crescimento continuaram a polarizar e reconfigurar a paisagem política da Califórnia meridional. Mas que interpretação deve ser dada a esta vaga expressão conhecida como "crescimento lento"? E onde, num espectro tradicional de forças políticas e sociais, podemos enquadrar um "movimento" composto de moléculas estranhas como os proprietários residenciais de West Hills?

Para alguns analistas, a rebelião pelo crescimento lento da Califórnia meridional no final dos anos 1980 parecia meramente uma recapitulação da experiência dos condados afluentes de Bay Area na década anterior. Começando com a famosa experiência de Petaluma em 1973, mais de duas dúzias de cidades, juntamente com os condados planejados de Marin e Napa, haviam imposto algum tipo de moratória ou teto à construção residencial. A Bay Area alcançou um grau de limitação do crescimento sem igual em qualquer outra região metropolitana do país – causando inveja e também críticas ao "aperto suburbano" resultante, assim como à inflação dos preços da terra e aos desequilíbrios crônicos no emprego e na habitação. A partir dessa perspectiva, a Califórnia meridional apenas se uniu ao precedente da Bay Area quanto à proteção e à regulamentação da vida boa.

Mas, sem negar coincidências importantes, diferenças cruciais distinguem a versão do protesto contra o crescimento da Bay Area das manifestações da Califórnia meridional. Em primeiro lugar, o movimento pelo crescimento lento no Sul tem sido em sua imensa maioria um movimento de *proprietários residenciais*, com alguns ambientalistas servindo de apologistas e intelectuais orgânicos. Embora o movimento invoque a retórica populista de "controle das comunidades" e "poder do bairro", os inquilinos, com poucas exceções, não desempenham papel algum, nem têm seus interesses considerados (a não ser como oposição). Exceto pelo caso singular da "República Popular de Santa Monica", não há uma reedição do comunitarismo inclusivo, digamos, da recente coalizão de Agnos em San Francisco, a qual, embora dominada por ricos proprietários residenciais, incluía uma representação significativa de inquilinos e despossuídos urbanos.

---

[7] Ver o obituário prematuro: "Decisive Defeats Leave State's Slow Growth Movement in Disarray", *Los Angeles Times*, 10/11/1988.

Em segundo, a política do uso do solo na Califórnia meridional tem apresentado a tendência de gerar contradições mais agudas e oposição obstinada, se comparada ao Norte. Como descobriram David Dowall e outros estudiosos da experiência da Bay Area, os grandes incorporadores no seio de comunidades do tipo de Petaluma muitas vezes monopolizavam posições lucrativas dentro dos mercados residenciais locais de crescimento controlado[8]. Embora esse tipo de acomodação possa ser encontrado numa investigação caso a caso no Sul, as questões relativas ao crescimento são mais comumente percebidas como uma confrontação de dois campos irreconciliáveis, semeando conflitos econômicos virulentos e agitação eleitoral. E os interesses em jogo são imensos, uma vez que os proprietários residenciais procuram desacelerar ou bloquear projetos de bilhões de dólares em fases múltiplas. De fato, o ataque ao processo de expansão imobiliária – e, por implicação, aos direitos de propriedade empresarial da terra e urbanização *laissez-faire* – tem sido às vezes suficientemente subversivo para justificar a advertência de "Bolchevismo do Cinturão do Sol" feita por George Will[9].

Finalmente, uma diferença ideológica importante. A política de controle do crescimento na Bay Area nasceu a partir de uma tradição regional específica de conservadorismo aristocrático, representado pelo Sierra Club, pela Comissão de Desenvolvimento e Conservação da Baía e pela California Tomorrow. O "ambientalismo responsável" constitui um discurso hegemônico no qual todos os lados, incorporadores e seus opositores comunitários, têm que formular seus argumentos. A raiz fundamental do crescimento lento no Sul, porém, é uma história local excepcionalista de formação de interesses de classe média em torno da propriedade residencial. O ambientalismo é um discurso aceitável na medida em que é congruente com uma visão de valores eternamente ascendentes das propriedades em bastiões seguros de privilégio dos brancos. O discurso essencial aqui – exemplificado pelos separatistas de West Hills – é o exclusivismo residencial, sejam suas questões imediatas à construção de apartamentos, à penetração das áreas comerciais, ao transporte escolar de integração, ao crime, aos impostos ou simplesmente à designação da comunidade[10].

---

[8]   David Dowall, *The Suburban Squeeze: Land Conversion and Regulation in the San Francisco Bay Area* (Berkeley, Universidade da Califórnia, 1984), p. 139-42.

[9]   George Will, "'Slow Growth' is the Liberalism of the Privileged", *Los Angeles Times*, 30/8/1987.

[10]   Idem. É claro que ambas as posições ideológicas – a *noblesse oblige* ambientalista e a xenofobia endêmica – terminam defendendo em substância os mesmos interesses conservadores. Como explica George Will: "O movimento pelo 'crescimento lento', aqui e em outros lugares, representa o desejo crescente das classes proprietárias no sentido de um 'governo conservacionista', de leis para proteger o valor dos bens advindos da situação social em localizações selecionadas. O governo conservacionista é o liberalismo dos privilegiados, é o governo ativista protegendo os bem posicionados da inundação das mudanças e da competição".

Cidade de quartzo

O crescimento lento, em outras palavras, diz respeito ao controle do uso do solo pelos proprietários residenciais e a muito mais. Visto no contexto da sociologia suburbana da Califórnia meridional, é meramente a última encarnação de uma subjetividade política de classe média que espasmodicamente se constitui e reconstitui, a cada período de uns poucos anos, em torno da defesa do patrimônio doméstico e dos privilégios residenciais. Esses "movimentos" diversos têm sido notoriamente voláteis, mas o impacto cumulativo que têm sobre a conformação da estrutura sócio-espacial da região de Los Angeles é enorme.

Qualquer análise séria das "guerras do crescimento" atuais da Califórnia meridional, portanto, tem que considerar cuidadosamente essa herança ramificada de mobilização de proprietários residenciais em todas as suas formas de manifestação. Mas o leitor deve ter consciência que isso significa entrar num labirinto de micro-história – uma crônica obscura dos terrenos loteados – cujas passagens desconcertantes às vezes conduzem a lugares ainda mais estranhos do que West Hills ou a "Zona Aberta". Como *A dama de Shangai*, de Orson Welles, o movimento pelo crescimento lento possui um passado multifacetado que oculta indicações proféticas sobre como se comportará no futuro. O ponto de partida é a reconstrução da genealogia de supremacia branca da sua infraestrutura essencial: a *associação de proprietários residenciais*.

O muro branco

> *Se não pudermos levar à prática cláusulas restritivas nesta área, em breve todo o Westside estará perdido e não terá nenhum valor para pessoas da nossa classe.*
> Líder dos proprietários residenciais dos anos 1940[11]

Durante a maior parte do século XX, as associações de proprietários residenciais (HAs*) têm sido os "sindicatos" de um importante segmento da classe média. Apesar disso, elas permanecem sendo em grande parte uma *terra incognita*, igualmente negligenciada por historiadores e sociólogos urbanos. A esparsa literatura acadêmica sobre o assunto se concentra quase que inteiramente na recente proliferação (mais de 16 mil somente na Califórnia) das chamadas associações de proprietários residenciais de "interesse comum" (CIHAs**) necessariamente ligadas a projetos de condomínios e unidades planejadas[12]. A HA tradicional – uma organização de residências independentes, habitadas por famílias individuais (geralmente sem o componente da propriedade comum das CIHAs) – só possui bibliografia relacio-

---

[11] Citado no *Eagle*, 25/9/1947.

* Abreviatura de *homeowner's associations*. (N. T.)

** Abreviatura de *common interest homeowner's associations*. (N. T.)

[12] Ver Stephen Barton e Carol Silverman, "Common Interest Homeowners' Associations: Private Government and the Public Interest Revisited", *Public Affairs Report*, mai. 1988, p. 5.

Revolução feita em casa

nada a estudos de caso de legislação territorial. Por mais que seja uma característica familiar da paisagem de Los Angeles (e da periferia urbana de outras cidades norte-americanas), permanece um objeto invisível nas ciências sociais.

Antes de travar conhecimento com os exemplos locais mais antigos dessa espécie negligenciada, é útil traçar algumas distinções taxionômicas básicas. Algumas associações de proprietários residenciais são agrupamentos inteiramente voluntários em torno de um interesse comum percebido; muitas outras são entidades de inscrição obrigatória (*pré-organizadas* pelos incorporadores) de todos os residentes de um empreendimento de lotes ou unidades planejadas. Entre as primeiras, as HAs que se formaram para fazer frente a uma ameaça externa tendem a ser mais coesas do que aquelas organizadas meramente para melhoria própria. Entre as últimas, é importante distinguir as modernas CIHAs – com suas responsabilidades cotidianas, quase governamentais, pela propriedade comum – das HAs mais antigas, organizadas em torno da fiscalização do cumprimento de restrições legalmente obrigatórias da escritura dos loteamentos.

As primeiras HAs em Los Angeles, começando com a Associação de Melhoramentos de Los Felix em 1916, eram crias das restrições de escritura em um novo tipo de loteamento planejado[13]. Como assinalou Marc Weiss em *The Rise of Community Builders*, a Los Angeles do começo do século XX estabeleceu o precedente legal nacional para o zoneamento de distritos exclusivamente para residências de famílias individuais de nível alto. Além disso, a indústria imobiliária local, dominada por construtores "*highend*"* que exploravam economias de escala, especializou-se na criação de grandes loteamentos planejados na periferia urbana. Juntamente com o zoneamento exclusivista e a regulamentação severa dos loteamentos, as restrições de escritura, que "tanto exigiam quanto proibiam certos tipos de comportamento da parte do atual e do futuro proprietário", constituíam "o principal método através do qual os construtores de comunidades implementavam sua visão de projeto e planejamento". Embora as restrições escriturais também especificassem detalhes do projeto da casa e da ocupação do terreno, seu propósito maior era assegurar a homogeneidade racial e social.

> As restrições de nível privado, por exemplo, normalmente incluíam cláusulas tais como os custos mínimos exigidos para a construção da casa e a exclusão de todos os não-caucasianos (e às vezes até de não-cristãos também) como ocupantes, a não ser na função de empregados domésticos.[14]

---

[13] Sobre a Associação de Melhoramentos de Los Felix, ver *Los Angeles Times*, 26/1/1989. A associação de proprietários mais antiga do Condado de Los Angeles é provavelmente a Associação de Melhoramentos de Arroyo Seco, em Pasadena (circa 1905).

* Expressão típica da Califórnia que significa, numa tradução livre, "de alto nível". (N. T.)

[14] Marc Weiss, *The Rise of the Community Builders: the American Real Estate Industry and Urban Land Planning* (Nova York, Columbia University Press, 1987), p. 3-4 e p. 11-2. Robert Fogelson

Na época da Primeira Guerra Mundial, as restrições escriturais (ou cláusulas restritivas), fiscalizadas pelas HAs do empreendimento, estavam ajudando a definir o mundo isolado de classe média do Westside de Los Angeles. Ao mesmo tempo, funcionando como uma legislação discriminatória particular, as restrições escriturais estavam também construindo um "muro branco" em torno da comunidade negra da avenida Central. As associações de proprietários residenciais apareceram inicialmente na cena *política* dos anos 1920 como instrumentos da mobilização branca contra as tentativas dos negros de comprar casas fora do gueto. Quando os terrenos não eram já legalmente comprometidos pelas escrituras de loteamento, os proprietários residenciais brancos se agrupavam em "associações protetoras" para criar "restrições de quarteirão" racialmente especificadas. Algumas áreas possuíam restrições raciais tanto de escritura quanto de quarteirão. Desse modo, 95% das habitações disponíveis da cidade nos anos 1920 foram efetivamente interditadas para negros e asiáticos[15].

Em seu estudo de 1929 da região do "Anexo da Universidade", próxima à Universidade da Califórnia Meridional (USC), a socióloga Bessie McClenahan descreveu como a chegada de uma única família negra a leste da avenida Budlong, no verão de 1922, semeou o pânico de que os valores das residências caíssem em conseqüência de uma "Invasão Negra". Os brancos rapidamente formaram a "Associação de Habitação Anti-Africana" (restrita a proprietários residenciais) para fazer campanha por um acordo restritivo que excluísse os não–brancos (tanto japoneses quanto negros) do bairro. Embora a Associação Anti-Africana (mais tarde redenominada como Associação dos Proprietários do Distrito da Universidade) também tenha patrocinado a pavimentação de ruas e a construção de escolas, seu principal objetivo continuou a ser a defesa de uma área exclusivamente branca entre as avenidas Vermont e Budlong[16].

À medida que a conversão industrial, nos anos 1930, consumia centenas de casas de negros no corredor da avenida Central, a superpopulação tornou-se crítica. Mas qualquer incursão de compradores de casas negros em áreas residen-

---

assinala, porém, que as restrições de escritura geralmente não eram vitalícias – uma consideração que propiciava um impulso contínuo às restrições através do zoneamento público. Ver Robert Fogelson, *The Fragmented Metropolis: Los Angeles, 1850–1930* (Cambridge, Universidade Harvard, 1967), p. 248.

[15] J. Max Bond, *The Negro in Los Angeles* (Tese de doutorado, Los Angeles, Universidade da Califórinia Meridional, 1936), p. 41; e Charlotta Bass, *Forty Years: Memoirs from the Pages of a Newspaper* (mimeo, Los Angeles, Universidade da Califórnia Meridional, 1960), p. 56.

[16] Bessie McClenahan, *The Changing Urban Neighborhood: From Neighbor to Night Dweller, a Sociological Study* (Los Angeles, Universidade da Califórnia Meridional, 1929), p. 83 e p. 90-3. É intrigante que a tese principal da monografia de McClenahan fosse a obsolescência da "pequena comunidade [dos] bairros americanos tradicionais" e sua substituição por uma mera convergência de interesses em torno de valores das residências e exclusividade social, conforme representado pela formação da Associação Anti-Africana. Ver sobretudo p. 107.

ciais fora daí era barrada pela ira imediata dos proprietários residenciais brancos. Às vezes, como no caso da Associação de Proprietários Residenciais Brancos, formada sob os auspícios da Associação Comercial da Broadway, elementos da Câmara de Comércio local desempenharam um papel fundamental de instigação. Em outros casos, os grupos de proteção dos proprietários residenciais agiam em conjunto com o vigilantismo da Ku Klux Klan, por exemplo, nas comunidades de praia, onde os negros foram molestados e expulsos numa série de incidentes nos anos 1920 e 1930. (Os subúrbios satélites de Los Angeles nos anos 1920 foram descritos por um historiador como "um alegre campo de caça para a Klan".)[17] As associações de proprietários residenciais brancos eram também freqüentemente usadas como trampolins para ambições políticas demagógicas. Assim, Harry Burker, o antigo presidente da Associação Protetora dos Proprietários Residenciais Brancos (cobrindo uma vasta área residencial limitada por Santa Barbara, Main, Manchester e Vermont), candidatou-se a vários cargos municipais eletivos com uma plataforma de exclusão dos negros e mexicanos[18].

Até a Suprema Corte dos EUA finalmente legislar contra as cláusulas restritivas em 1948, os grupos de proprietários residenciais brancos em Los Angeles eram amplamente sancionados pela lei. A Suprema Corte da Califórnia estabeleceu a jurisprudência pela primeira vez no caso Gary de 1919, estendeu-a a restrições de "quarteirão" *post facto* na questão Wayt *versus* Patee (em 1928), e continuou a reafirmá-la até 1947. Em conseqüência, os proprietários residenciais brancos puderam entrar com mais de uma centena de ações contra compradores de casas não-brancos (inclusive até mesmo celebridades de Hollywood como Hattie McDaniel e Louis Beavers), enquanto uma Suprema Corte complacente sempre considerava que negros, filipinos e nativos norte-americanos violavam a lei ao ocupar casas dentro de quarteirões ou loteamentos restritos. Se os negros ainda mantinham qualquer ilusão quanto à benevolência do New Deal, a Diretoria Federal de Habitação de Roosevelt não apenas sancionou as restrições, mas desenvolveu uma fórmula recomendada para a inclusão em contratos de loteamento[19].

---

[17] David Chalmers, *Hooded Americanism: the History of the Ku Klux Klan* (Nova York, New Viewpoints, 1976), p. 118.

[18] Charlotta Bass, *Forty Years*, cit., p. 95-113. Os negros de Los Angeles não se submeteram mansamente à expulsão de suas casas. Já em 1924, há relatos de proprietários residenciais negros defendendo suas famílias de arma na mão. Ver E. Frederick Anderson, *The Development of Leadership and Organization Building in the Black Community of LA from 1900 through World War II* (Saratoga–CA, Century Twenty One, 1980), p. 70.

[19] J. Max Bond, *The Negro in Los Angeles*, cit., p. 41; John Denton, *Apartheid American Style* (Berkeley, Diablo, 1967), p. 60 e p. 69; Marc Weiss, *The Rise of the Community Builders*, cit., p. 151; e E. Frederick Anderson, *The Development of Leadership and Organization Building in the Black Community of LA*, cit., p. 69.

Cidade de quartzo

O restricionismo, além disso, era um negócio lucrativo. Foi estimado que, de cada 20 dólares destinados pelos proprietários residenciais brancos para tornarem-se membros de uma "associação protetora", 17 acabaram por se transformar em lucro nas mãos de organizadores e empresas associadas de seguro de propriedades[20]. Portanto, a Associação Protetora do Sudoeste de Wilshire, de alto nível, gerou comissões substanciais para seu fundador, Charles Shattuck (irmão do líder republicano Ed Shattuck), e seu presidente, W. W. Powell, cuja Title Insurance and Trust Company intermediava 90% dos acordos de cláusulas restritivas de Los Angeles. A firma de advocacia de maior porte e prestígio de Los Angeles, a Gibson, Dunn & Crutcher, também obteve remunerações generosas pelo seu tempo de serviço na luta contra a liberdade de habitação e na defesa de grupos de agentes imobiliários[21].

A carência habitacional do tempo da guerra só exacerbou o conflito racial. A imigração de dezenas de milhares de trabalhadores negros para a indústria da guerra, vindos do Sudoeste, impôs sobrecargas insuportáveis à oferta limitada de habitações do gueto de Los Angeles. Quando os negros tentavam pular o "muro branco" para adquirir moradias nos subúrbios adjacentes ou na periferia rural, chocavam-se com uma nova onda de hostilidades por parte dos proprietários residenciais. Como observa Lawrence de Graaf, o vale de San Gabriel era uma cidadela particularmente notória do restricionismo:

> A segregação residencial foi constantemente reforçada durante o começo dos anos 1940, à medida que os proprietários brancos asseguravam a oferta limitada de habitações fora das áreas negras existentes para a ocupação por brancos, simplesmente acrescentando cláusulas restritivas de raça às escrituras. Em diversas áreas [...] as associações de "melhoria residencial" conduziam campanhas vigorosas para cobrir todas as estruturas residenciais em disponibilidade com as cláusulas. Grande parte de Pasadena e do vale de San Gabriel foi, assim, fechada para os negros em 1941.[22]

No período imediato do pós-guerra, as câmaras de comércio locais e os grupos de proprietários residenciais, apoiados por incorporadores, tentaram, em toda a metade ocidental do vale de San Fernando, impor restrições à imigração negra. A Associação de Proprietários Residenciais de Huntington Park tornou-se o modelo para um esforço semelhante, no sentido de manter os negros fora dos subúrbios industriais brancos a leste da "Cortina de Algodão" da avenida

---

[20] Entrevista com os advogados anti-restricionistas Loren Miller e John McTerman, *Eagle*, 16/10/1847.

[21] Ver *Eagle*, 25/9/1947; John Denton, *Apartheid American Style*, cit., p. 60 e p. 69. Como porta-voz da Associação Imobiliária da Califórnia, Charles Shattuck continuou a organizar a luta contra a integração habitacional durante os anos 1950 e começo dos anos 1960.

[22] Lawrence de Graaf, *Negro Migration to Los Angeles, 1930–1950* (Tese de doutorado, Los Angeles, Departamento de História–Ucla, 1962), p. 199-200.

Alameda. No Westside, a entrada dos negros foi barrada por poderosas associações habitacionais de classe média por meio de cláusulas férreas[23]. O único espaço vital concebível estava ao sul e ao sudoeste, onde os proprietários residenciais brancos da classe média baixa contestaram implacavelmente a integração habitacional, quarteirão por quarteirão[24].

A veterana editora jornalística negra Charlotta Bass relembrou algumas dessas batalhas, agora esquecidas, em seu livro de memórias. Às vésperas de Pearl Harbor, por exemplo, os brancos da área de West Jefferson entraram com uma ação para despejar cinco proprietários residenciais negros, enquanto a Klan local queimava cruzes com a inscrição "Mantenha Slauson Branca!" a poucos quarteirões de distância. A presença gradualmente crescente dos negros na velha cidade ferroviária de Watts foi contestada pela virulenta Associação de Proprietários Residenciais de Los Angeles do Sul, cujas sementes mais tarde se tornariam o núcleo da resistência branca em Willowbrook e Compton, mais ao sul. Uma casa de negros foi explodida (presumivelmente pela Klan) na rua 30, cruzes foram queimadas em Crenshaw e no *campus* da USC, e proprietários residenciais brancos se insurgiram contra vendas a negros na rua 71 Leste[25]. Finalmente, pouco antes do Natal de 1945, o racismo residencial na Southland atingiu seu horrendo clímax com o *auto da fe** de Fontana, que será discutido no capítulo 7.

Se a resistência dos proprietários residenciais brancos se dissipou gradualmente na região Centro-Sul de Los Angeles depois da Guerra da Coréia, ainda que continuasse ferozmente ao longo dos limites orientais e ocidentais do gueto[26], foi principalmente porque os brancos de Southside estavam se retirando para os novos subúrbios do vale de San Fernando e para o outro lado da faixa sudeste do Condado de Los Angeles. A despeito da decisão da Suprema Corte de 1948 contra as cláusulas restritivas e da rejeição, em 1950, da lei da Terra para Estrangeiros da Califórnia, os incorporadores suburbanos continuaram a excluir os negros, *chicanos* e asiáticos[27]. Além disso, o crescimento da população subur-

---

[23] Nat King Kole foi o pioneiro dos proprietários residenciais negros na exclusiva área de Hancock Park, no Westside, no início da década de 1950. Seus ricos vizinhos brancos queimaram cruzes em seu gramado e, de modo geral, se recusaram a falar com ele por mais de dez anos. O prefeito Bradley agora mora no bairro.

[24] *Eagle*, 22/8/1947 e 16/10/1947. No começo dos anos 1920, a extremidade sul do gueto da avenida Central se encontrava com o "muro branco" no Bulevar Santa Barbara; mais tarde, nos anos 1930, ele se deslocou para o Bulevar Vernon; e finalmente, nos anos 1940, para o Bulevar Slauson.

[25] Charlotta Bass, *Forty Years*, cit.; e *Eagle*, 7/5/1946, 20/1/1949 e 8/9/1949.

* Conforme o original. (N. T.)

[26] Desse modo, o futuro prefeito de Los Angeles – na época o sargento de polícia Tom Bradley – foi inicialmente impedido de comprar uma casa em Leimert Park, em 1950.

[27] Um estudo de 1951 sobre os problemas para reabrigar famílias negras e *chicanas* a serem desalojadas pela reincorporação defendia a habitação pública, uma vez que "novas habitações para

Cidade de quartzo

bana fora dos limites da cidade de Los Angeles (a maioria da população do condado já em 1950) oferecia um novo terreno para o separatismo dos proprietários residenciais: dessa vez o propósito era colocar barreiras mais permanentes de municipalização independente e de zoneamento exclusivo do uso do solo às populações não-brancas e não-proprietárias. A emergência da Califórnia meridional suburbana como um mar de soberanias locais insulares e fragmentadas – muitas vezes retratadas na literatura do urbanismo como um "acidente" de crescimento não planejado – foi, na realidade, o resultado de uma conformação deliberada. A segunda onda de ativistas proprietários residenciais colaborou com os incorporadores e agentes imobiliários para planejar a segregação de classe e de raça no pós-guerra nos subúrbios *Leave it to Beaver**.

Separatismo suburbano

> *A constituição de municípios independentes das cidades do Plano*
> *Lakewood foi uma revolta dos ricos contra os pobres.*
> Gary Miller[28]

Para compreender o papel dos proprietários residenciais como agentes poderosos da fragmentação metropolitana, é necessário explicar primeiro como as regras básicas do separatismo evoluíram. Antes da década de 1950, a constituição de municípios separados em populações pequenas havia sido um jogo que apenas um grupo mínimo de interesses especiais tinha condições financeiras de participar. Por um lado, as municipalizações aristocráticas como Beverly Hills e San Marino foram as primeiras a tomar consciência do potencial integral das leis de zoneamento como uma cerca de arame farpado social para proteger o valor das residências. Por outro, proprietários industriais influentes criaram a "cidade fantasma" de Vernon para explorar o controle do uso do solo e acumular suas lucrativas bases de impostos. Mas, na maioria dos casos, os industriais ou proprietários residenciais com a mente voltada para a criação de municípios eram desincentivados pela carga de impostos envolvida no estabelecimento de novos serviços municipais. Muitos preferiam ser "franco-atiradores" em áreas de impostos baixos do condado ainda não constituídas em município – uma

---

venda (ainda) estão restritas apenas a famílias de 'brancos'", ver Robert Alexander e Drayton Bryant, *Rebuilding a City: a Study of Redevelopment Problems in Los Angeles* (Los Angeles, Haynes Foundation, 1951), p. 58. Muitos enclaves de luxo, como o Rancho Santa Fe (o esconderijo de Howard Hughes e de vários astros de cinema), no norte do Condado de San Diego, continuaram a ter restrições raciais até a metade da década de 1970. Ver *Los Angeles Times*, 15/6/1980.

* Referência ao seriado da televisão norte-americana *Leave it to Beaver* que satirizava situações de uma família típica de classe média suburbana nos anos 1950. (N. E.)

28 Gary Miller, *Cities by Contract: The Politics of Municipal Incorporation* (Cambridge, MIT, 1981), p. 9.

Revolução feita em casa

situação que maximizava as vantagens fiscais, ainda que cedesse o controle local sobre o zoneamento[29].

A constituição de municípios separados, contudo, adquiriu novo impulso depois da Guerra da Coréia. Os instigadores (os quais conhecemos no capítulo 2) eram "construtores comerciais" – que estavam produzindo em massa, com a ajuda da indústria da poupança e de empréstimos em expansão – dezenas de novas comunidades suburbanas a partir de terra inexplorada de fazendas. Lakewood, logo ao norte de Long Beach, era duas vezes menor do que a mais famosa Levittown, de Long Island, e continha o shopping center regional pioneiro do país. Ameaçados de anexação por Long Beach, seus incorporadores imobiliários, Weingart, Boyar e Taper, contrataram consultores para explorar opções de se constituir um município sem o custo tradicional de criar um governo municipal em separado, a partir de uma administração única.

O resultado foi o famoso "Plano Lakewood". Ansiosos para evitar a diminuição de seus orçamentos e força de trabalho através da municipalização suburbana, e igualmente contrários a qualquer forma de consolidação metropolitana, os supervisores do Condado de Los Angeles concordaram em permitir que Lakewood contratasse seus serviços vitais (corpo de bombeiros, polícia, biblioteca e assim por diante) a preços reduzidos, determinados pela economia de escala do condado (isto é, indiretamente subsidiados por todos os contribuintes do condado). Isso permitiu que as comunidades suburbanas retivessem o controle sobre o zoneamento e o uso do solo sem a carga de gastos públicos proporcional à das cidades mais antigas.

Poucos anos mais tarde, o poder Legislativo interveio para adoçar ainda mais o Plano Lakewood. O Ato Bradley-Burns, de 1956, permitiu que todos os governos locais do estado arrecadassem um imposto sobre circulação de mercadorias uniforme de 1% para seu próprio uso. Isso significou que áreas periféricas com shopping centers recentemente construídos ou outro patrimônio comercial pudessem financiar o governo municipal sem lançar mão do imposto territorial. Em outras palavras, Sacramento deu licença para que os governos suburbanos pagassem por seus serviços contratados ao condado com receitas de vendas regressivas, ao invés de impostos territoriais progressivos – um subsídio direto ao separatismo suburbano à custa das enfraquecidas bases de impostos das cidades primordiais[30].

---

[29] Uma vez que os contribuintes da cidade pagam *tanto* os índices municipais *quanto* o condado, eles subsidiam substancialmente os residentes e os imóveis comerciais das áreas ainda não construídas.

[30] A Califórnia, em 1914, foi o primeiro estado a conceder aprovação constitucional para que os condados fornecessem serviços às municipalidades. Para uma visão geral clássica da evolução do fragmentado sistema político metropolitano da Califórnia meridional, ver Winston Crouch e Beatrice Dinerman, *Southern California Metropolis: a Study in Development of Government for a Metropolitan Area* (Berkeley/Los Angeles, Universidade da Califórnia, 1964).

Cidade de quartzo

Em seu estudo brilhante de 26 novas "cidades mínimas" formadas ao longo dos limites de Lakewood, no Condado de Los Angeles, entre 1954 e 1960, Gary Miller demonstrou que não foi a "eficiência municipal" (conforme alegado por teóricos da "*public choice*"), mas sim a busca de vantagens econômicas pessoais que impulsionou a criação de municípios. "As razões para criar ou mudar-se para uma [...] cidade mínima não foram um sinal de algo único em relação a uma exigência de serviços públicos, mas sim a intenção de isolar sua propriedade da carga de sustentar esses serviços públicos." Esse "privilégio da retirada" – subsidiado pelo condado e pelo estado – foi incentivado pelas outras vantagens de controle local. Os residentes das cidades mínimas podiam excluir, através do zoneamento, as populações de baixa renda e de inquilinos que exigissem serviços, eliminar (por meio da contratação de serviços) pressões burocráticas e de sindicatos enraizados na própria área por expansão de serviços e, talvez o mais importante, proteger suas propriedades da utilização potencial para expansão governamental ou redistribuição fiscal[31]. Desnecessário dizer que, ao oferecer uma via de fuga tão atraente da cidadania municipal comum, o Plano Lakewood encorajou o êxodo branco de Los Angeles, enquanto, ao mesmo tempo, reduzia a capacidade da cidade de fazer frente às necessidades de populações crescentes de inquilinos e pessoas de baixa renda[32].

Embora uma constelação de diferentes grupos de interesse, abrangendo desde sindicatos do setor público a industriais, apoiasse a "lakewoodização" da periferia suburbana da Califórnia meridional, o principal ímpeto social veio dos proprietários residenciais organizados. Miller habilmente demonstra como a ideologia da revolta contra os impostos dos anos 1970 (assim como, por extensão, os protestos pelo crescimento lento dos anos 1980) foi prefigurada nos movimentos da década de 1950 e começo da década seguinte pela criação de municípios suburbanos, a qual uniu "proprietários residenciais de classe média e alta [...] em torno de uma ideologia antiburocrática e antiassistencial". A literatura pró-municipalização típica descrevia lugubremente residências ameaçadas por

> [...] impostos exorbitantes para pagar serviços redistribucionais e salários burocráticos. [...] Muito antes de ser explorado por Howard Jarvis, esse tema estava sendo conscientemente articulado como fundamento racional para novas jurisdições, onde males da burocracia poderiam ser exorcizados para sempre.[33]

O papel dos proprietários residenciais nessas lutas separatistas, contudo, era marcadamente diferenciado em função do *status* econômico. Os proprietários residenciais ricos eram tipicamente os líderes na criação de municípios locais,

---

[31] Gary Miller, *Cities by Contract*, cit., p. 9.

[32] Ibidem, p. 176.

[33] Ibidem, p. 85.

Revolução feita em casa

enquanto os de nível médio – na medida em que não eram o grupo *contra o qual* a municipalização estava sendo implementada – eram geralmente os liderados. O movimento mais famoso de suburbanos afluentes nesse período foi a campanha dos proprietários residenciais de Palos Verdes para transformar a península num aglomerado de "cidades" residenciais privatizadas cercadas de muros. No processo, o valor das residências e a capacidade organizacional pareciam diretamente proporcionais. Desse modo, a riquíssima área de Rolling Hills possuía uma única e poderosa associação de proprietários residenciais que articulou sua transformação em município. Em parte para assegurar uma barreira protetora de moradias de família individual em torno de si, os habitantes de Rolling Hills apoiaram a municipalização anti-expansão imobiliária de Rancho Palos Verdes, região afluente mas não tão resplandecente (depois, porém, de excluir deliberadamente os proprietários residenciais de classe média baixa da área de San Pedro Hills). Rolling Hills e Rancho Palos Verdes combinaram então suas forças para promover a municipalização do Rolling Hills Estate. O especialista em criação de municípios Johnny Johnson – o Mefistófeles de uma dúzia de cidades do Plano Lakewood – foi trazido para consolidar as dúzias de conflituosas associações de proprietários residenciais da área numa federação única, segundo o modelo de Rolling Hills[34].

A base de quase todas as criações de municípios residenciais dessa época foi a existência de uma diferença acentuada entre os valores da moradia na comunidade abrangida e os da área que se pretendia excluir. South El Monte, por exemplo, estava longe de ser uma Shangri-la como Rolling Hills, mas sua municipalização permitiu que seus proprietários residenciais de renda média se separassem dos moradores de apartamentos e beneficiários da seguridade social das cercanias. Em outros casos, a diferenciação dos valores das moradias ia de mãos dadas com a definição dos estilos de vida das comunidades. Dessa forma, a criação do município de La Habra Heights permitiu que suas associações de proprietários residenciais restringissem a expansão imobiliária e impusessem a lei de zoneamento que estabelecia um mínimo de meio hectare para as propriedades, a fim de garantir a continuidade de uma comunidade "orientada para a equitação". Outras cidades mínimas ancoravam o valor de suas residências em amenidades variadas, tais como campos de golfe, vistas para o mar, universidades e clubes de campo.

Essa infinidade de manipulações locais da "opção de retirada" pelos grupos de proprietários residenciais e coligações comerciais geraram o atual mapa de quebra-cabeça sem sentido da Califórnia meridional. Uma consequência desse processo ainda em curso – a população do Plano Lakewood agora ultrapassa 1,5 milhão no Condado de Los Angeles – foi a extensão da segregação racial

---

[34] Ibidem, p. 87-95 e p. 150-1.

Cidade de quartzo

por todo um vasto espaço metropolitano. Segundo o censo de 1980, o Condado de Los Angeles era quase 13% negro, mas 53 de suas 82 cidades (incluindo os trinta municípios criados no Plano Lakewood) possuem populações negras de 1% ou menos[35]. Além disso, o Condado de Orange – concebido, como sugere Miller, para "realizar, para os contribuintes de classe média, a mesma função que as cidades do Plano Lakewood pretendiam originalmente cumprir, mas realizando essa função com mais eficiência" – reproduz o mesmo resultado: com 0,6% de unidades habitacionais pertencentes a negros, em comparação com 10% no Condado de Los Angeles. Numa visão geral, enquanto bairros negros e *chicanos* estabelecidos estavam perdendo milhares de unidades por ano para a construção de vias expressas, os não-saxões só puderam adquirir 9,3% da nova oferta de habitações construídas na expansão da década de 1950[36].

O "lakewoodismo", combinado a uma defasagem crescente de propriedades residenciais desde os anos 1960, também acelerou a distribuição da população do condado entre zonas de proprietários de residências de família individual (a maioria em cidades mínimas de baixa carga tributária) e inquilinos (a maioria crescente em cidades mais antigas de carga tributária mais alta). "Entre 1960 e 1970, a propriedade de residências no condado caiu drasticamente, mas os proprietários residenciais continuaram a ser atraídos para as cidades do Plano Lakewood." Ao mesmo tempo, os proprietários residenciais em algumas "cidades independentes" mais antigas – como Whittier, Culver City, Manhattan Beach, Torrance e Glendora – se elitizaram por meio de "zoneamento fiscal": restringindo a construção de moradias para mais de uma família, aumentando o valor mínimo (ou o tamanho mínimo do lote) das novas habitações e competindo pelos centros comerciais[37].

Miller argumenta que a explosão dos valores das propriedades nos anos 1970 – a qual, como veremos, acelerou a revolta dos impostos e o movimento pelo crescimento lento – foi diretamente relacionada às limitações de expansão habitacional e densidade residencial trazidas pelas práticas de "zoneamento fiscal" das cidades de Lakewood e seus imitadores mais antigos. Os enclaves afluentes, com os valores de suas propriedades folheadas a ouro sempre em ascensão, tendem a roubar os contribuintes de renda mais alta, assim como os shopping centers, das primeiras cidades e subúrbios necessitados, intensificando desse modo

---

[35] Dentre as maiores cidades com praticamente nenhuma população negra em 1980, estão Arcadia, Burbank, El Monte, Gledale (0,06%!), Norwalk e Torrance.

[36] Gary Miller, *Cities By Contract*, cit., p. 192; Frank Mittelbach, "The Changing Housing Inventory: 1950-59", in Leo Grebler (org.) *Metropolitan Contrasts* (Los Angeles, Ucla, 1963), p. 5-6 e p. 19.

[37] Ibidem, p. 157. O zoneamento fiscal, com excessiva freqüência, é imaginado simplesmente como uma adaptação sobrevivencialista da Proposição 13. Na realidade, ele é freqüentemente um mini-imperialismo municipal, por meio do qual as comunidades "possuidoras" redistribuem agressivamente os recursos das "despossuídas".

Revolução feita em casa

o conflito galopante entre cidades ricas e pobres por recursos geradores de receita. O gigantesco ímã do zoneamento fiscal também sugou centenas de indústrias para fora do coração de Los Angeles. Em 1977, o *Los Angeles Times* noticiava que a cidade estava perdendo cinqüenta empresas por ano para os subúrbios e para o Condado de Orange, uma tendência que só fez se acentuar nos anos 1980, com a fuga da indústria e dos armazéns para o Inland Empire. Como seria de se esperar, os trabalhadores negros, menos móveis do que seus empregos por causa da segregação racial de fato, sofreram desproporcionalmente com essa relocalização da indústria[38].

Para resumir: o Plano Lakewood e o Ato Bradley-Burns deram aos proprietários residenciais suburbanos uma "opção de retirada" subsidiada, como também um novo e poderoso motivo para organizar-se em torno da "proteção" do valor de suas propriedades e estilos de vida. A maximização resultante das vantagens locais por meio da criação de municípios e do zoneamento fiscal – tanto liderada por proprietários residenciais afluentes quanto por grupos comerciais – inevitavelmente produziram divisões raciais e de renda cada vez mais profundas. E, ao minar a base de impostos da cidade de Los Angeles, essa reestruturação espacial impulsionada por meios fiscais precipitou mais conflitos agudos e irreconciliáveis entre os cinturões de proprietários residenciais afluentes do Westside e do Vale e uma população do gueto cada vez maior, dependente dos serviços públicos. Como veremos mais tarde, parte da lógica da revolta dos impostos de 1978, que ardeu particularmente sobre o Vale, era igualar as vantagens dos suburbanos brancos "cativos" de Los Angeles às dos residentes da periferia lakewoodizada.

Em defesa da vida mansa

> *São os contornos da natureza* versus *os buldôzeres cada vez mais fortes do homem; o passado histórico* versus *o que é politicamente útil, o vale particular* versus *a auto-estrada pública, o pomar* versus *o loteamento, [...] a pessoa* versus *a massa...*
> Richard Lillard, 1966[39]

A história do ativismo dos proprietários residenciais na Califórnia meridional se divide em duas épocas. No período que examinamos até agora – grosso modo, os quarenta anos entre 1920 e 1960 – as associações de proprietários residenciais estiveram quase que exclusivamente preocupadas com o *estabelecimento* daquilo que Robert Fishman chamou de "utopia burguesa": isto é, com a criação de enclaves econômica e racialmente homogêneos glorificando a moradia de família

---

[38] Ibidem, p. 151.

[39] Richard Lillard, *Eden in Jeopardy: Man's Prodigal Meddling with his Environments. The Southern California Experience* (Nova York, Kpnof, 1966), p. 314.

Cidade de quartzo

individual[40]. No período subseqüente – aproximadamente desde o começo do *boom* Kennedy–Johnson –, a política dos proprietários residenciais se concentrou na *defesa* do sonho suburbano contra um desenvolvimento indesejável (indústria, apartamentos e escritórios), assim como contra pessoas indesejáveis. A primeira época assistiu apenas a conflitos episódicos entre os empreendedores e os proprietários residenciais; na realidade, os primeiros eram freqüentemente os mobilizadores desses últimos para a causa comum do exclusivismo. Os proprietários residenciais tinham pouco interesse material em se opor ao "crescimento" que aumentasse o valor das residências, a não ser em situações ocasionais, quando ameaçava impor usos nocivos a áreas na porta de suas casas.

Depois de 1965, o contexto estrutural dos interesses dos proprietários residenciais alterou-se drasticamente. Por um lado, as amenidades dos espaços abertos que sustentavam os estilos de vida e o valor das residências dos habitantes ricos das encostas e beiras de praia foram ameaçadas por uma expansão imobiliária desenfreada em larga escala; por outro, os terrenos tradicionais de família individual foram subitamente inundados por ondas de construção de apartamentos. Os novos empreendimentos eram encarados como uma ameaça categórica à cultura seletiva da vida residencial de baixa densidade. Ainda que relutantemente, diante dos preconceitos e estereótipos conservadores enraizados, elementos da crítica ambiental promovida pelo Sierra Club e pelo California Tomorrow ganharam trânsito entre os ativistas proprietários residenciais, os quais se agarraram à noção de que os espaços abertos ameaçados em torno de suas casas – até mesmo a "dispersão pastoral" (também conhecida como crescimento descontrolado) de seus loteamentos – eram valores conservacionistas tanto quanto as formações rochosas em Yosemite e rios inexplorados em costas remotas.

Esse "novo ambientalismo urbano" é geralmente lembrado como uma invenção da Bay Area associada aos movimentos dos anos 1960 para salvar a baía de San Francisco e preservar os espaços livres das encostas, o qual subseqüentemente se espalhou para se transformar em esforços de âmbito estadual pela conservação da costa na era Jerry Brown. Na realidade, preocupações semelhantes com a deterioração das amenidades produziram reações paralelas contra o crescimento em várias comunidades ricas da Califórnia meridional. Já no começo dos anos 1970, por exemplo, a regulamentação ambiental do uso do solo havia se tornado uma questão importante, e às vezes explosiva, no arquipélago das comunidades de "telhas vermelhas", desde Coronado e Point Loma (em San Diego) até San Clemente, San Juan Capistrano, Newport Beach, Riverside, Redlands e Santa Barbara. Esses refúgios de dinheiro antigo e centros de aposentadoria, construídos com base em uma combinação de cláusulas restritivas e

---

[40]   Robert Fishman, *Bourgeois Utopias: the Rise and Fall of Suburbia* (Nova York, Basic Books, 1987).

arquitetura colonial espanhola, continham eleitorados influentes de iatistas, professores universitários, criadores de cavalos, paisagistas, almirantes aposentados e assemelhados – todos determinados a fazer com que o desenvolvimento destrutivo fosse para alguma outra freguesia.

Porém, o melhor exemplo análogo ao ambientalismo aristocrático da Bay Area no Sul foi o movimento de base ampla dos proprietários residenciais que emergiu nos anos 1960 para "salvar" as montanhas de Santa Monica. Essa serra famosa, desde a colônia do cinema em Malibu até o Observatório Griffith (inclusive as colinas de Hollywood), contém uma das maiores concentrações de prosperidade do planeta: uma ecologia única que Reyner Banham descreveu memoravelmente como "a vida mansa das montanhas do deleite". Milhares de mansões dispersas, com seus vários andares e tetos de mansarda, além das imitações de templos gregos, abrigam-se na luxúria artificial de dezenas de riachos e *canyons* com nomes famosos no mundo inteiro. Contudo, como assinalou Banham, é uma ecologia posta em perigo pela sua própria desejabilidade: por um lado, pela hiperconstrução e "aplainamento de colinas"; por outro, por desastres causados pelo homem, como deslizamentos e incêndios[41]. Com os estilos de vida e o valor das propriedades tão dependentes da preservação de um equilíbrio delicado, não é surpreendente que os proprietários residenciais ricos tenham saído de suas "sebes de privacidade" para organizar a primeira e mais poderosa coalizão de associações de proprietários residenciais do país.

Já no início da década de 1950, a pioneira Federação dos Proprietários Residenciais em Encostas e Canyons, fundada na fechada colônia do cinema de Bel-Air, fazia campanha contra os "pegas" em Mulholland Drive e criava *lobbys* para defender o zoneamento redutor da densidade nas vertentes e o estabelecimento de tamanhos mínimos dos lotes para controlar as novas construções nas encostas. Contando com uma dúzia de associações filiadas em meados da década de 1960 (chegando a cinqüenta associações em 1990), a Federação foi um salto evolutivo à frente de qualquer outro grupo de proprietários residenciais existente[42].

Além disso, numa época em que a opinião acadêmica visualizava o proprietário residencial típico da Califórnia meridional como um selvagem com um cortador de grama motorizado e um adesivo de Goldwater no pára-choque do carro, a visão de mundo da Federação era representada pelo aclamado *Eden in Jeopardy*, de Richard Lillard. Um fundador da Federação e primeiro presidente da Residents of Beverly Glen Inc., Lillard argumentou apaixonadamente (e às vezes quase que radicalmente) contra um capitalismo mecanizado que parecia determinado a transformar a natureza num "único e enorme estacionamento" e a

---

[41] Reyner Banham, *Los Angeles: the Architecture of Four Ecologies* (Londres, Allen Lane, 1971), p. 100-2.

[42] Ver The Federation of Hillside and Canyon Associations Inc., *History of the Hillside Federation: 1952–1986*, s. d.

Cidade de quartzo

apagar o passado com "uma destruição acelerada mais precisa que o bombardeio dos tempos de guerra". Em um epílogo extraordinário, que continua sendo um resumo eloqüente da ideologia da Federação, ele descreveu os sistemas de valor contrários que se confrontavam na luta em relação ao futuro de Los Angeles:

> Aliados em um dos lados estão o amor pela natureza impoluta e a adaptação a ela, o respeito pelo passado, conservadorismo e conservacionismo, a vida do lar de moradia única, agricultura, utopismo, o *status quo*, personalidade individual, riqueza estabelecida, legalidade tradicional, privacidade e propriedade privada, e nostalgia. [...] Do outro lado, alinham-se a concentração no desenvolvimento e na alteração, o uso imediato e exploração da natureza ou aperfeiçoamento da natureza, a ênfase na recriação repetitiva para grandes massas de pessoas, os direitos inalienáveis de todos à busca da felicidade, a adulação da novidade e das ações dos recentemente proeminentes, e uma fé na força, na máquina e no progresso.[43]

Para Lillard e a Federação, a última trincheira da Defesa do Éden estava nas montanhas Santa Monica, onde um punhado de grandes proprietários – incluindo os Hotéis Hilton, a Lantain Corporation, o Castle and Cooke, a Gulf-America e a Tucker Land Company – estavam ameaçando "conspurcar" as encostas a oeste do passo de Sepulveda. Eles haviam avaliado os distritos aqüíferos de Las Virgenes e Triunfo com o propósito de trazer nada menos que 450 mil novos residentes para os terrenos das montanhas (inclusive o pesadelo proposto por Lantain, os "35 quilômetros quadrados dos Trousdale Estates"). A realização, porém, dependia de um plano da Divisão de Auto-estradas do Estado para abrir quatro novas vias expressas cortando *canyons* selvagens, e transformar a panorâmica Mulholland Drive, na crista das montanhas Santa Monica, numa auto-estrada de quatro pistas e 35 metros de largura. A Federação, em conjunção com o Sierra Club e os Amigos das Montanhas de Santa Monica, mobilizou dez mil proprietários para se opor a esse esquema "lunático" de via expressa na montanha. A petição deles contrapunha a criação de um parque regional para conservar permanentemente o espaço aberto[44].

O primeiro dirigente da Associação do Parque Regional das Montanhas Santa Monica era um rico empresário do setor eletrônico, Marvin Braude, que presidiu a Associação dos Proprietários Residenciais de Crestwood Hills, uma das filiadas da Brentwood Federation. Braude – que hoje desfruta de reputação como "o sábio do movimento pelo crescimento lento" – foi o primeiro defensor da bandeira dos proprietários residenciais na Assembléia Municipal de Los Angeles. Com o apoio ardoroso da Federação e do movimento Montanhas Santa Monica, derrotou, em 1967, o representante anterior, maculado por acusações de suborno, do sofisticado 11º Distrito Eleitoral (o qual incluía a querência de Reagan,

---

[43] Richard G. Lillard, *Eden in Jeopardy*, cit., p. 314-5.

[44] Ver *Los Angeles Times*, 8/6/1972 e 5/2/1978.

as Pacific Palisades), iniciando assim sua longa e ininterrupta representação dos interesses dos moradores das colinas e *canyons* do Westside[45].

Para os políticos veteranos, contudo, a eleição de Braude foi um acaso feliz. Embora a prolongada luta contra a exploração empresarial das montanhas (e a questão correlata da prospecção de petróleo na baía de Santa Monica) houvesse introduzido as questões ambientais na política municipal, os proprietários residenciais das encostas ainda eram caricaturáveis como "conservacionistas de limusine". O "pendor verde" das Montanhas Santa Monica, como iniciativas de controle do crescimento nas cidades de praia de telhas vermelhas e vilas do Condado de Marin, foi amplamente interpretado como uma tentativa hipócrita dos ricos de usar a ecologia no sentido de desviar o crescimento da era do Vietnã em torno de seus enclaves luxuosos. Em 1972, todavia, essa primeira onda de protesto preservacionista foi reforçada por irrupções populistas em dezenas de comunidades de classe média da planície. Subitamente, o crescimento lento não parecia mais tão socialmente precioso ou, nesse aspecto, politicamente controlável.

Revolta contra a densidade

> *Essas baladas imortais, "Home Sweet Home", "My Old Kentucky Home" e "The Little Gray Home in the West", não foram escritas sobre apartamentos [...] eles nunca cantaram canções falando de uma pilha de recibos de aluguel.*
> Herbert Hoover[46]

A questão explícita dessa revolta de curta duração foi a "densidade", sobretudo a construção de condomínios e apartamentos com o *boom* do Vietnã, compreendida como uma avalanche que estava soterrando paisagens paradisíacas de destacadas casas de famílias individuais em ruas calmas. Embora tenha pegado muitos políticos de surpresa, a ira suburbana de 1972–1973 possuía um ancestral distante direto em um levante de proprietários residenciais do vale de San Fernando em 1956, contra o chamado "Relevantamento de Simons", o qual ameaçava despejar 1300 hectares de indústria sobre loteamentos de família individual[47]. Como nos anos 1970, os proprietários residenciais haviam se mobilizado para evitar a "contaminação" de seus estilos de vida. Mas, enquanto nos anos 1950 a questão havia sido simplesmente relacionada ao zoneamento, na década de 1970 surgiram conotações de uma emergente luta darwiniana entre os proprietários residenciais, de um lado, e os construtores e inquilinos, do outro.

---

[45]   Para um perfil de Braude, ver *Los Angeles Times*, 6/3/1988.

[46]   Herbert Hoover, citado em Bernard Frieden, *The Environmental Protection Hustle* (Cambridge, MIT, 1979), p. 2.

[47]   Ver Wesley Jackson, "How Pleasant Was Our Valley?", *Frontier*, abr. 1956.

Cidade de quartzo

A nova e mais profunda causalidade foi uma mudança notável na economia política regional, uma nuvem inesperada sobre o sonho californiano. O círculo virtuoso do pós-guerra — formado por bons empregos, rendas crescentes, terra barata e serviços públicos de qualidade — estava iniciando sua lenta desintegração para se tornar o presente círculo vicioso da polarização social, terra cara e um setor público decadente. A Rebelião de Watts, em 1965, e os protestos do Poder Chicano subseqüentes já haviam registrado a revolta dos que não eram anglo-saxões por sua exclusão dos tempos de prosperidade e de habitação decente; depois de 1970, novas contradições de classe começaram a vir à tona também nos subúrbios brancos.

O Condado de Orange – a fronteira da corrida habitacional dos anos 1950 – oferece uma ilustração vívida desta transição histórica. Em 1960, mais de dois terços das novas unidades habitacionais construídas no condado haviam sido casas destacadas de família individual. No final da década, as proporções já estavam quase inversas: 60% das novas construções consistiam em apartamentos e condomínios. As taxas de juros mais altas do final dos anos 1960, combinadas a uma oferta em extinção de terras baratas de fazendas e à entrada no mercado habitacional de famílias mais jovens e pobres do *baby boom*, alteraram drasticamente a equação da capacidade de adquirir habitações. Casas para proprietários de primeira aquisição por menos de 20 mil dólares (em termos reais) – a base para a formação de famílias nos anos 1950 – desapareceram, enquanto a percentagem de domicílios da Califórnia meridional com rendas no limite mínimo das hipotecas caiu de mais da metade para menos de um quarto[48].

A indústria imobiliária, evoluindo no sentido do novo Octopus discutido anteriormente, adaptou-se a essa mudança estrutural com um conjunto de estratégias. Por um lado, ela aplicou uma tremenda pressão sobre os órgãos de planejamento dos seis condados da Califórnia meridional para que abrissem fronteiras inexploradas para a construção de casas nas montanhas, desertos e bacias interiores[49]. Embora a Federação bloqueasse a enxurrada no lado ociden-

---

[48] Ver *Los Angeles Times*, 27/2/1972 (sobre as tendências habitacionais em Orange); *Censo 1970*, Los Angeles/Orange County SMSA; Max Nutze, *The Suburban Apartment Boom: Case Study of a Land Use Problem* (Baltimore, Johns Hopkins, 1968). O primeiro ano em que a Califórnia meridional, como um todo, construiu mais apartamentos do que casas para família individual foi em 1962.

[49] No caso do Condado de Los Angeles, a influência dos empreendedores era óbvia, sobretudo nos esforços indisfarçados dos supervisores para contornar a *Environmental Development Guideline* – traçada por um Conselho de Planejamento dos Cidadãos composto por cinqüenta membros –, a qual designava espaços abertos prioritários para a preservação. A subversão da Guideline "liberou" meio milhão de hectares para a construção e adiou por uma geração a extinção do tradicional estilo de moradia destacada; ao mesmo tempo, infligiu danos ambientais incalculáveis e exportou os problemas do crescimento descontrolado entre, mais ou menos, 35 e 75 quilômetros mais para o interior.

tal das Montanhas Santa Monica, supervisores de condado complacentes sacrificaram meio milhão de hectares de espaço aberto à construção de moradias de família individual em ritmo alucinante nas colinas de Agoura e La Puente, nos vales de Conejo, Santa Clarita, Simi e Saddleback, nas bacias de San Bernardino e San Jacinto e no deserto do Mojave, em torno de Palmdale. Os empreenderores não souberam prever, porém, que a primeira geração de proprietários residenciais recém-chegados teria um forte interesse em tentar erguer as pontes levadiças para evitar uma maior urbanização e a perda das amenidades rurais.

Enquanto isso, os empreenderores também estavam ocupados, preenchendo os cinturões de moradias de família individual da planície costeira urbana com habitações de unidades múltiplas, cuidadosamente segmentadas para aproveitar ao máximo os valores de imóveis e à procura do mercado. Em termos de nível superior, eles introduziram comunidades planejadas de condomínios e "casas urbanas" (isto é, casas padronizadas para a classe média); no nível inferior, construíram infinidades de moradias de estuque tipo *dingbats*[50]. Planejadores e políticos acomodaram a nova densidade alterando o zoneamento das áreas de moradias de família individual. Em alguns lugares mais antigos – leste de San Diego, parte de Santa Monica, Long Beach e assim por diante –, bairros inteiros de bangalôs dos anos 1920 foram demolidos e substituídos por filas de *dingbats* mal construídos. Uma camada de proprietários residenciais (basicamente pessoas idosas que possuíam uma segunda moradia, unidade de aluguel ou lote aproveitável), assim como "investidores de impostos" ricos, atraídos pelos descontos lucrativos das habitações de unidades múltiplas, foi beneficiária instantânea do adensamento. A maioria dos proprietários residenciais, contudo, ficou revoltada com o ritmo da ocupação, a deterioração do aspecto físico das suas comunidades, o congestionamento crescente de tráfego, os números crescentes de pessoas mais pobres (e, às vezes, minorias), os custos em termos de impostos e a diluição de sua influência política.

Os ressentimentos acumulados contra a construção de apartamentos e a "desruralização" suburbana foram canalizados nas eleições de abril e junho de 1972. A edição do Condado de Orange do *Los Angeles Times* assinalou que "proprietários residenciais desencantados e grupos ambientalistas compareceram em grande número nas cidades da costa meridional para substituir seus representantes". Em Tustin, Brea, Yorba Linda, Orange e Fullerton, descontentamentos em efervescência com relação à ocupação por apartamentos estouraram em acirradas disputas pelas vagas das câmaras de vereadores. Em Laguna Niguel,

---

[50] Reyner Banham, que popularizou o termo *dingbat* [cabeça-de-porco, em tradução livre], sugeriu que isso era um "verdadeiro sintoma do *id* urbano de Los Angeles tentando lidar com o aparecimento, pela primeira vez, de densidades residenciais altas demais para serem absorvidas na ilusão da vida residencial independente". Ver Reyner Banham, *Los Angeles*, cit., p. 177.

Cidade de quartzo

ainda não constituída em município, os residentes apelaram para os supervisores do condado para evitar maiores aumentos de densidade, enquanto as associações de proprietários residenciais do vale de Saddleback se agruparam a fim de obter financiamento federal para um estudo sobre a maneira de restringir a densidade e preservar os espaços abertos. Em Irvine, o realinhamento pelo crescimento lento dos anos 1980 foi prenunciado pela Coalizão dos Cidadãos, que uniu proprietários residenciais e ambientalistas para protestar contra a incapacidade continuada do município de cumprir sua promessa de administração responsável do crescimento. Finalmente, em meio às telhas vermelhas de Newport Beach e San Juan Capistrano, proprietários residenciais irados rejeitaram prefeitos pró-crescimento e aqueles que os apoiavam[51].

Mais acima na costa, em Torrance, Hermosa Beach e Redondo Beach – iniciando suas carreiras como zoneadores fiscais em mobilidade ascendente – eles aprovaram novas limitações para a construção de apartamentos, enquanto a coalizão "Salve a Nossa Costa" fazia campanha para criar o município de Rancho Palos Verdes como mais uma proteção contra a penetração dos apartamentos na península. Dentro da própria Los Angeles (nos meses subseqüentes), a Hillside Federation iniciava uma cruzada para interromper o projeto Allied Canon em expansão em Benedict Canyon, enquanto uma dúzia de associações de proprietários residenciais do vale de San Fernando defrontava-se com o município em relação a revisões de zoneamento pró-apartamento[52].

Longe na fronteira dos novos loteamentos do leste do Condado de Los Angeles, as associações de proprietários residenciais de Hacienda Heights, Diamond Bar e Rowling Heights se uniram como a Coalizão da Comunidade de Puente Hills para fazer uma petição aos supervisores no sentido de cancelar o zoneamento que permitia os apartamentos, restringir os empreendimentos a lotes de meio hectare e criar novas áreas de lazer (exigências reiteradas a poucos quilômetros de distância por uma coalizão de proprietários residenciais de La Habra Heights). Os abalos sísmicos antidensidade continuaram na direção do leste, atravessando as telhas vermelhas de Riverside e Redlands, até chegarem a um crescendo em Palm Springs, onde o Povo Unido do Deserto colocou diante dos votantes nas eleições do outono a escolha "Carmel *versus* Las Vegas!". O primeiro ato da maioria favorável ao crescimento lento da Câmara de Vereadores recém-eleita foi impor uma severa moratória de 120 dias sobre a construção de unidades múltiplas[53].

---

[51] *Los Angeles Times* (edição do Condado de Orange), 13/4/1972, 2/7/1972, 14/9/1972, 20/10/1972 e 7/12/1972.

[52] *Los Angeles Times*, 22/7/1972, 19/10/1972, 1/12/1972, 19/12/1972 e 22/12/1972. Para Torrance, ver também 27/12/1973.

[53] Ibidem, 23/11/1972 e 7/12/1972.

Revolução feita em casa

O significado dessas escaramuças nas Southlands foi amplificado em âmbito estadual pelo progresso paralelo do controle do crescimento local na Califórnia do Norte e, sobretudo, pela aprovação, em novembro, da Proposição 20, que atribuía competência às comissões costeiras para controlar os projetos imobiliários na beira do mar. No curso da batalha pela Proposição 20, o jornal diário *Bee*, de Sacramento, revelou que Jack Crose, anteriormente assessor principal de Jesse Unruh, e agora nêmese da Hillside Federation como agente do *lobby* dos proprietários de terra das Montanhas Santa Monica, havia organizado 34 lobistas da capital no chamado "Comitê para Liquidar a Legislação Ecológica"[54]. Diante da revolta generalizada dos proprietários residenciais, a indústria imobiliária subitamente passou a cantar loas ao governo regional e à habitação para os pobres. Numa reveladora matéria em página central do *Los Angeles Times*, o super-empreendedor Eli Broad, colocando a questão dos anos 1970 como sendo "não-crescimento *versus* habitação de baixa renda", defendia que a região precisava de "decisões tomadas numa escala mais ampla [...] menos sujeitas aos preconceitos locais"[55].

Porém, a campanha para a prefeitura de Los Angeles de 1972–1973 ressoava numa cacofonia de "preconceitos locais". Embora Broad e os sindicatos das profissões da construção civil se unissem em torno do oportunismo pró-crescimento de "Big Daddy" Unruh, a maioria dos empresários imobiliários manteve-se fiel ao prefeito Yorty, já no cargo. Originalmente eleito em 1961, numa onda de ressentimento dos proprietários residenciais do vale de San Fernando contra o Centro, Yorty tornava-se agora o carrasco do controle do crescimento. Aproveitando a retórica pseudo-proletária de Broad, ele denunciou grosseiramente o Diretor de Planejamento Urbano, Calvin Hamilton, pela sua proposta de salvaguardar áreas de moradias de família individual, cancelando parte do zoneamento que permitia a construção de unidades múltiplas – uma atitude que Yorty alegava que criaria uma cidade "onde apenas os ricos teriam condições de morar". Em outra ocasião, ele deixou os observadores estupefatos ao exigir que os líderes das associações de proprietários residenciais fossem obrigados a se registrar como membros de lobbys políticos. Finalmente, num "jantar dos anos Yorty", ele "atacou comunistas, ambientalistas, adversários da prospecção de petróleo no município e concluiu o discurso denunciando [mais uma vez] o plano de cancelar o zoneamento de Hamilton"[56].

Do outro lado, o vereador Bradley – adversário de Yorty na eleição racialmente polarizada de 1969 – seduziu os proprietários residenciais com seu apoio ao zoneamento redutor e oposição à prospecção de petróleo em Palisade. Mas a liderança da revolta da densidade, inquieta quanto a dar apoio a um negro e

---

[54] *Bee*, 19/4/1972.

[55] *Los Angeles Times*, 23/9/1972.

[56] Ibidem, 19/10/1972 e 26/10/1972.

Cidade de quartzo

preocupada com a possibilidade de adesão dos sindicatos a Unruh ter ferido mortalmente a candidatura Bradley, preferiu forjar seu próprio candidato. Durante a festa de Ação de Graças de 1972, representantes de cinqüenta associações de proprietários residenciais do vale de San Fernando e das encostas, comandados por Shirley Solomon, da No Oil Inc., e Elliot Blinderman, da Proprietários Residenciais de Benedict Canyon (uma filiada da Federação), reuniram-se para endossar Joel Wachs, vereador novato do vale de San Fernando. A Hillside Federation havia ajudado a articular a eleição de Wachs em 1981, depois que seu predecessor, James Potter, havia sido implicado no escândalo de "Beverly Ridge", envolvendo um esquema imobiliário financiado por um fundo de pensão dos Teamsters*, com conotações mafiosas. Concorrendo com uma plataforma anti-apartamentos, de "proteção dos bairros", Wachs jactava-se de "ser capaz de unir os grupos de proprietários residenciais do vale de San Fernando, das montanhas, do Westside, do Distrito de Wilshire e de outras áreas, 'fazendo com que cada um deles visse que tinham algo em comum'"[57].

Enquanto isso, o vereador Braude, paladino pioneiro da limitação do crescimento, havia se voltado para a eleição de supervisor do condado, desafiando uma indicação de Reagan no quarto distrito, ao longo da baía de Santa Monica e da península de Palos Verdes. Fazendo campanha como um conservacionista ardoroso, ele mobilizou um apoio básico que o *Los Angeles Times* descreveu como "as pessoas de classe média alta que moram em áreas costeiras, sentem-se estabelecidas e estão profundamente preocupadas com a preservação e melhoria do ambiente à sua volta". Braude dizia às platéias que a decisão recente do tribunal, chamada de "Friends of Mammoth", estendendo a Lei de Qualidade Ambiental da Califórnia de 1970 a imóveis privados, concedia aos detentores de cargos públicos novos poderes para implementar o planejamento territorial ambientalista. A ameaça que Braude representava para a hegemonia dos empresários do setor imobiliário sobre o governo do condado foi reforçada pela candidatura dissidente do apresentador de noticiário Baxter Ward no Condado North e no vale de San Fernando. Embora não fosse um *soi-disant* ambientalista, Ward estava não obstante afinado com as preocupações dos proprietários residenciais insurgentes e dissociado de qualquer interesse empresarial[58].

Ao se consubstanciarem, as eleições de 1973 trouxeram resultados mesclados e não inteiramente felizes para a política emergente do crescimento lento. Na disputa pela prefeitura, as tolas agressões macartistas de Yorty contra comunoambientalistas afastaram muitos dos mesmos proprietários residenciais do Westside

---

* Sindicato que abrange caminhoneiros e descarregadores, cuja liderança foi muitas vezes acusada de envolvimento com o crime organizado. (N. T.)

57 *Los Angeles Times*, 30/11/1972 e 18/3/1979.

58 Ibidem, 12/10/1972 e 29/10/1972.

e do vale de San Fernando, que um dia, se sentiram atraídos pelo seu estilo tipo "apenas gente branca comum". Mas as forças de Wachs e Unruh subestimaram a importância central do eleitorado negro da região Centro-Sul para qualquer realinhamento da política municipal. A gigantesca força de Unruh no papel diluiu-se numa classificação de um fraco terceiro lugar nas prévias, enquanto Wachs aparecia apenas como um ponto quase imperceptível no cenário. Bradley, reagrupando o apoio dos sindicatos e colhendo o dos proprietários residenciais do Westside, superou com habilidade a barragem desesperada de insinuações racistas, tentada por Yorty na última hora[59]. Mas, em qualquer inventário das dívidas políticas de Bradley, os proprietários residenciais e ambientalistas estavam bem no fim da lista, depois de suas obrigações prioritárias para com os sindicatos famintos por crescimento, políticos do gueto e interesses imobiliários do Centro representados pelo *Los Angeles Times*.

Nas disputas pelo cargo de supervisor, nesse ínterim, Braude – a despeito de uma campanha vigorosa – obteve um sucesso mínimo no esforço de levar o evangelho dos proprietários residenciais afluentes a áreas industriais como Torrance e Compton. Baxter Ward teve mais sorte no vale de San Fernando, mas sua vitória foi contrabalançada pela confirmação de Pete Schabarum, o antigo jogador de futebol profissional e empreendedor do setor de imóveis do vale de San Gabriel. Com fundos gigantescos dos empreendedores do setor, Schabarum começou a construir uma das duas organizações republicanas mais poderosas da Califórnia meridional (sendo a outra o Club Lincoln, do Condado de Orange). Gastando muitíssimo mais que a oposição, Schabarum havia conseguido, em 1980, encaixar dois protegidos, Antonovich (substituindo Ward) e Dana, formando uma maioria de direita de três supervisores – o centro do poder, por assim dizer, de uma vasta rede de funcionários conservadores locais em cidades suburbanas, comprometidos com as políticas de uso do solo pró-empreendedores e a privatização do transporte de massa[60].

O resultado paradoxal da revolta da densidade de 1972–1973, em resumo, foi reforçar as coalizões pró-crescimento, tanto no nível do município quanto do condado. A primeira onda de protesto pelo crescimento lento galvanizou os empreendedores imobiliários tão efetivamente quanto os proprietários residenciais, e suas redobradas contribuições de campanha geralmente sufocavam as iniciativas pelo controle do crescimento. Além disso, como ilustram as campanhas

---

[59] O segredo da vitória de Bradley foi sua habilidade em conquistar tanto Palisades quanto Watts, ao mesmo tempo em que minava a maioria histórica de Yorty entre os proprietários residenciais do vale de San Fernando. Ver *Los Angeles Times*, 31/5/1973; e J. Gregory Paine e Scott Razan, *Tom Bradley: the Imposible Dream* (Santa Monica, Roundtable, 1986), capítulo 9.

[60] Para se ter um exemplo de como Schabarum foi conivente com o processo de minar a lei estadual que protegia as áreas não-construídas, a fim de favorecer a especulação imobiliária de um dos seus contribuidores empresariais (nesse caso, a Transamerica), ver *Los Angeles Times*, 16/5/1979.

Cidade de quartzo

de Wachs e Braude, a oposição à construção de apartamentos alienava inquilinos e minorias, que (muito corretamente) decodificavam o subtexto racista no "preservacionismo de bairro". Por sua vez, as associações de proprietários residenciais, inclusive mesmo a Hillside Federation, careciam das capacidades de construção de coalizões necessárias para superar sua imagem de estreiteza local.

Ainda assim, mesmo que tenha fracassado na tentativa de instalar seus quadros em cargos públicos, a revolta da densidade teve um impacto enorme e duradouro na regulamentação local da construção de apartamentos. Ken Baar, uma autoridade bastante conhecida em problemas de habitação da Califórnia, refutou o "argumento do interesse próprio", divulgado por proprietários de imóveis para aluguel e agentes imobiliários, que alegava que o controle dos aluguéis é em grande parte responsável pela drástica carência atual de habitação para aluguel a preços razoáveis na Califórnia. Ele argumenta, em contrapartida, que a intensa "oposição dos proprietários residenciais à construção para famílias múltiplas", decorrente das mobilizações do início da década de 1970, foi o que limitou a oferta de áreas para esse tipo de habitação. Além disso, como na Proposição 13, a restrição à construção de apartamentos é geralmente vista como um fato politicamente irreversível, quase que um "direito" dos proprietários residenciais:

> Não é politicamente viável, tanto para o Legislativo quanto para os tribunais, forçar as localidades a relaxar tais restrições. [...] Poucos proprietários residenciais querem unidades para aluguel em seus bairros depois de lutar para comprar uma moradia para família individual com um quintal. Um dos direitos de propriedade mais acalentados no nosso "sistema de livre iniciativa" não é o direito de fazer o que se bem entende com sua propriedade, mas o direito de viver num bairro onde não seja permitido construir mais habitações para famílias múltiplas.[61]

O Big Bang

Foi o levante de Watts da classe média.[62]

A máxima popular de que os magros se rebelam e os gordos dormem foi nitidamente revertida pelos históricos protestos suburbanos de 1976–1979. Diante de uma maciça redistribuição inflacionária de renda, foram os que possuíam e não os despossuídos que ergueram suas barricadas na grande revolta dos impostos e nos protestos correlatos quanto às escolas e ao crescimento. Muitos dos atores desse drama foram os beneficiários diretos de um dos maiores casos, em termos de massa, de enriquecimento rápido da história. Considere por um mo-

---

[61] Ken Baar, "Facts and Fallacies in the Rental Housing Market", *Western City*, set. 1986, p. 57.

[62] Eu acredito que foi essa a maneira pela qual o agora defunto *Herald-Examiner*, de Los Angeles, definiu a revolta contra os impostos em suas manchetes, em uma de suas edições.

Revolução feita em casa

mento a posição dos proprietários residenciais estabelecidos nas áreas suburbanas mais antigas da costa da Califórnia meridional no final dos anos 1970.

No outono de 1973, os preços das moradias na Califórnia meridional estavam mil dólares abaixo da média nacional; seis anos depois, estavam 42 mil dólares mais altos (quinze anos depois, 143 mil dólares mais altos). Nas terras baixas do vale de San Fernando, os valores das moradias apenas dobraram. Porém, triplicaram ou quadruplicaram nas colinas ou próximo à praia. Em Beverly Hills, os valores médios das moradias aumentaram 200 mil dólares em um único ano. Na média calculada para toda a Califórnia meridional, noticiou-se que os proprietários residenciais estavam ganhando de 30% a 40% ao ano sobre o valor de seu patrimônio, já descontada a inflação, no fim da década de 1970, e os valores das moradias aumentaram quase três vezes mais rápido do que a renda. Na medida em que "o propósito das unidades habitacionais passou a ser compreendido mais como um objeto de investimento e especulação do que como um abrigo", o comércio de moradias tornou-se uma mania de massa. No curso da década, 164 mil novas licenças de agentes imobiliários foram concedidas (elevando o total para quase 400 mil em 1981), e os proprietários residenciais, segundo noticiado, estavam faturando bilhões de dólares com seus patrimônios (via documentos de transmissão de bens) para pagar por estilos de vida mais grandiosos[63]. Se a infame inflação alemã de 1920–1923 arruinou a classe média de Weimar, essa inflação dos preços da terra da Califórnia meridional, em contraste, enriqueceu dezenas de milhares de famílias de classe média além de suas expectativas mais alucinadas. Contudo, a segunda inflação, em última análise, produziu quase tanta ansiedade e agitação política quanto a primeira. Os proprietários residenciais viveram a inflação sobre suas propriedades como um passeio de montanha russa que desestabilizou a contabilidade doméstica tradicional, criando esperanças irracionais e, ao mesmo tempo, medos. Além disso, seus ganhos súbitos de riqueza pareciam precários, enquanto as contas de impostos inflados tinham uma aparência muito real – sobretudo para os aposentados com poucos recursos[64]. As ansiedades ficaram particularmente intensas no vale de San Fernando, onde os proprietários residenciais, convencidos de que eram pouco mais do que uma colônia tributá-

---

[63] Daniel Durnung e Michael Salkin, "The House as an Investment", *Mortgage Banking*, jan. 1987; *Los Angeles Times*, 8/1/1978, 21/5/1978, 17/9/1979, 16/11/1979 e 15/2/1987; Alan Malach, *Inclusionary Housing Programs: Policies and Practices* (New Brunswick–N J, Center for Urban Policy Research, 1984), p. 148.

[64] Os cientistas sociais que analisaram a base eleitoral da revolta dos impostos, contudo, descobriram que a "Proposição 13 obteve mais apoio entre as pessoas razoavelmente influentes, atraídos por uma remuneração financeira alta, do que entre os proprietários residenciais 'vulneráveis' de baixa renda ou aposentados". Ver David Sears e Jack Citrin, *Tax Revolt: Something for Nothing in California* (Cambridge, Universidade Harvard, 1985), p. 123-4.

Cidade de quartzo

ria do Centro de LA, sonhavam com o tipo de controle local que seus semelhantes nas cidades do Plano Lakewood pareciam desfrutar. Para tornar as coisas piores, a escalada das avaliações tributárias chegou às portas do Vale na mesma época que o transporte escolar de integração, por ordem judicial, e mais uma saraivada de outras exigências relacionadas ao crescimento. Foi essa *fusão* de queixas, em clima econômico instável, e não apenas a crise dos impostos por si só, que levou à temperatura emocional extraordinariamente alta nos subúrbios da Califórnia meridional durante o verão de 1978.

É útil, porém, relembrar rapidamente os itinerários separados dessas queixas antes de sua convergência. A revolta episódica contra os impostos, por exemplo, como pode testemunhar qualquer fiscal de impostos do condado, tem sido uma moléstia da prosperidade nos subúrbios do pós-guerra há muito tempo. Proprietários residenciais irados do vale de San Fernando, no final de 1954, quase lincharam o fiscal do condado, John Quinn, quando apareceu por lá para defender aumentos de impostos de até 1000%. Embora Quinn pudesse justificar os aumentos como um reflexo da inflação real sobre o valor das propriedades, o caráter inesperado desses reajustes fez com que os proprietários residenciais locais mergulhassem num frenesi de certeza auto-referente[65]. O historiador das revoltas tributárias, Clarence Lo, relata explosões semelhantes dos proprietários residenciais (inclusive uma campanha de restituição) contra o azarado Quinn no vale de San Gabriel em 1957, assim como uma invasão do Conselho de Supervisores em 1964 e uma greve de contribuintes em 1966[66].

No começo dos anos 1970, enquanto contribuintes irritados em South Bay e no vale de San Gabriel tentavam separar-se do Condado de Los Angeles, observadores políticos veteranos advertiam quanto aos perigos de uma aglutinação dos protestos suburbanos contra os impostos, sobretudo tendo em vista os esforços da direita para dirigir a insurreição contra os gastos sociais. Embora tenham conseguido travar a maré da iniciativa para a limitação de impostos de Ronald Reagan em 1972 (a ancestral na linhagem da bem-sucedida Emenda Gann de 1979), os democratas da Califórnia fracassaram miseravelmente na legislação de dispositivos para socorrer os proprietários residenciais médios e na tentativa de desvincular os protestos contra os impostos dos ataques sobre o orçamento social. Ao reter estupidamente um excedente em impostos estaduais de 4 bilhões de dólares, em vez de gastá-los em programas sociais defendidos pelos eleitorados mobilizados, Jerry Brown abriu espaço para a demagogia de

---

[65] Ver Frank Shervood, "Revolt in the Valley", *Frontier*, fev. 1955.

[66] Clarence Lo, *Small Property, Big Government: The Property Tax Revolt* (Berkeley, Universidade da Califórnia, 1990), p. 21. O movimento de protesto contra os impostos no vale de San Gabriel, de 1964–1966, foi liderado por Mike Rubino, um motorista de caminhão da cerveja Alhambra. Ver entrevista em *Los Angeles Times*, 27/9/1979.

Revolução feita em casa

Howard Jarvis e as maquinações de bastidores dos proprietários de moradias para aluguel (para quem Jarvis fazia *lobby*), agentes imobiliários e proprietários de imóveis comerciais. A tentativa, nos estertores finais, da liderança democrata para desativar a revolta com um projeto de lei "interruptor de circuito" (dando socorro aos proprietários residenciais idosos e de renda média) foi sabotada pelos republicanos sob a liderança de George Deukmejian, bem no momento em que os proprietários residenciais estavam se preparando para fazer frente a aumentos enormes nas suas avaliações de impostos.

A essa altura, é claro, os muito propalados "*hicks in the sticks*" [caipiras do mato] – os proprietários residenciais médios do vale de San Fernando e outras periferias suburbanas não-aristocráticas – subitamente se materializaram no exército bárbaro de Howard Jarvis em marcha. Mas o sucesso assombroso da Liga dos Contribuintes da Califórnia, de Jarvis, na obtenção de 1,5 milhão de assinaturas em defesa da Proposição 13, baseou-se intensamente na subcultura pré-existente de ativismo dos proprietários residenciais, sobretudo na sua terra natal, o Condado de Los Angeles. Como demonstrou Lo, as associações de proprietários residenciais, e não os grupos de objetivo único pela redução dos impostos, foram as unidades locais preponderantes na revolta[67].

Os líderes da Hillside and Canyon Federation ainda se gabam, com justiça, de que efetivamente "detêm a paternidade" da Proposição 13, fornecendo conhecimento especializado, quadros, financiamento e votos cativos de peso. A maior filiada da Federação, a Associação dos Proprietários Residenciais de Sherman Oaks, foi um dos dois grupos que deu início à revolta contra os impostos no vale de San Fernando em 1976, e seus executivos, Richard Close e Jane Nerpel, mais tarde se tornaram líderes dos californianos na defesa da Proposição 13[68].

O papel hegemônico da Associação Sherman Oaks e de outros proprietários residenciais de classe média alta é uma variável fundamental na teoria de Lo sobre como uma tradição mais antiga, e com mais consciência de classe, de protestos contra impostos vindos da área de renda média (representados sobretudo pela insurreição no vale de San Gabriel no início dos anos 1960) acabou por ser usurpada pela ideologia "de redistribuição concentradora de renda pró-empresarial" da Organização dos Contribuintes Unidos de Jarvis. Conforme retrata vividamente Lo, os proprietários residenciais ricos, insatisfeitos com a "vantagem frustrada" de muito dinheiro e pouco poder político, literalmente desceram as

---

[67] Desse modo, no início da revolta dos impostos, em 1976, um boletim antiimpostos do vale de San Fernando lista sete grupos de propósito único pela redução dos impostos e dezoito associações de proprietários residenciais. Uma lista básica subseqüente pós-Proposição 13 de grupos antiimpostos no Condado de Los Angeles incluía doze grupos de propósito único e vinte e oito associações de proprietários residenciais. Ver Clarence Lo, *Small Property, Big Government*, cit., p. 53-5.

[68] Palestra de Brian Moore, presidente da Hillside Federation, Ucla, 1988; e *Los Angeles Times*, 9/3/1978 (para uma exposição do papel de Close).

Cidade de quartzo

colinas para reclamar a tradição de protesto contra impostos construída pelo *menu peuple* das terras baixas:

> Incapazes de vencer por si mesmos, os proprietários residenciais de classe média alta desceram em seus automóveis das colinas panorâmicas da península de Palos Verdes, de novo cruzando os sinais de trânsito do bulevar Hawthorne; desceram de suas casas exibidas na revista *Sunset* nas montanhas de Santa Monica, de volta para os Toyota Tercels mal lavados que engarrafam o bulevar Ventura. [...] Lá, eles se misturaram, no interior dos auditórios de escolas da velha Van Nuys, aos que fazem compras no K-Mart, talvez percebendo as diferenças sutis de atitude e gosto – tomando consciência do quê exatamente eles tinham se esforçado tanto para ficar livres. Juntando-se aos menos afluentes em reuniões de massa, os proprietários residenciais de Rolling Hills Estates e Sherman Oaks acabaram assumindo a liderança na organização e conformação de todo o movimento pela limitação de impostos.[69]

Como praticamente todo mundo reconheceu na época, a promessa explícita da Proposição 13 de cancelar as avaliações, permitindo que os proprietários residenciais embolsassem seus ganhos de capital, foi acompanhada, também, de uma promessa implícita de interromper a penetração ameaçadora de populações do gueto nos subúrbios. Ao mobilizar seus vizinhos de bairro, os que protestavam contra os impostos freqüentemente recorriam a uma imagem inflamatória do domicílio familiar taxado até a extinção, a fim de financiar a integração da educação pública e outros programas sociais detestáveis para os brancos suburbanos[70]. No vale de San Fernando, em particular, a revolta contra os impostos sobrepôs-se e misturou-se à resistência maciça ao transporte escolar de integração. Depois de uma batalha legal de quinze anos, os tribunais finalmente haviam ordenado às escolas descaradamente segregadas de Los Angeles que começassem a transportar alunos para promover o equilíbrio racial em 1978. Uma vez que as escolas do Westside tinham tido a clarividência de promover uma integração mínima, o grosso do transporte integrado consistiu numa troca entre a região Centro-Sul de Los Angeles e o vale de San Fernando.

Enquanto a Bustop, coalizão demagógica liderada por Bobbi Fiedler e Paul Clarke, circulava petições a favor da Proposição 1 do senador Alan Robbin contra o transporte de integração, um grupo mais vigoroso, no estilo dos vigilantes, o Force, comandado por Link Wyler e o vereador Paul Cline, organizava um

---

[69] Clarence Lo, *Small Property, Big Government*, cit., p. 154. Jarvis trouxe não apenas seu "carisma" padronizado, mas também sua base social: a classe dos proprietários de imóveis para aluguel, cujo número chegava a centenas de milhares nos Condados de Los Angeles e de Orange. Ver ibidem, p. 172.

[70] Reciprocamente, líderes antitransporte de integração, como Richard Ferraro e Bobbi Fiedler, argumentavam que apoiar a Proposição 13 inviabilizaria fiscalmente o transporte para tal fim. Ver *Los Angeles Times*, 20/3/1978.

Revolução feita em casa

prolongado boicote escolar envolvendo mais da metade dos alunos brancos do vale de San Fernando[71]. Mas foi novamente a Associação dos Proprietários Residenciais de Sherman Oaks, agindo como o moto-perpétuo da revolta suburbana, que articulou mais eficazmente campanhas antidensidade e antiimposto com o movimento contra o transporte de integração, formando uma cultura de protesto unitária. Roberta Weintraub, integrante do Conselho de Educação de LA vinda do Vale, sempre persistente como representante da reação branca, prestou homenagem ao papel da Associação na educação de militantes anti-transporte integrado: "Nós aprendemos nossas principais lições de política na Associação dos Proprietários Residenciais de Sherman Oaks"[72].

Embora essa mistura explosiva de impostos e transporte de integração tenha deflagrado um processo incontrolável no vale de San Fernando (conduzindo, entre outras coisas, ao aparecimento de uma nova direita orientada para os proprietários residenciais e dominada por Fiedler, Weintraub e Robbins), não houve reação em cadeia imediata na região. Enquanto os amarelos ônibus escolares viajavam somente pelo passo de Cahuenga, os proprietários residenciais brancos em outras áreas da periferia suburbana não puderam ser mobilizados em torno da luta anti-transporte de integração do mesmo modo que estavam sendo hipnotizados pela Proposição 13. Em 1979, contudo, o tribunal começou a ouvir depoimentos sobre um esquema de integração escolar metropolitano que teria tornado obrigatório o transporte de integração em toda a extensão do Condado de Los Angeles, assim como em partes dos condados de Orange e Ventura. Isto deu um novo alento aos esforços baseados no vale de San Fernando para criar um movimento regional contra a integração escolar. Na medida em que novas imunidades brotavam ao longo de todo o anel suburbano de Los Angeles, desde La Mirada até Santa Clarita, o presidente da Bustop, Paul Clarke, vangloriava-se de ter ultrapassado a casa dos 50 mil membros[73]. Além disso, com a proposta que agora incluía Beverlly Hills, Santa Monica e West LA como candidatos ao transporte metropolitano de integração, poderosos líderes democratas do Westside, como Howard Berman e Zev Yaroslavsky, que haviam anteriormente recebido com simpatia a integração do vale de San Fernando, tiveram súbitas mudanças de opinião. Com o cúpula dos democratas passando para o outro lado, e o prefeito Bradley oficialmente "neutro", o rolo compressor da Bustop facilmente passou por cima e esmagou os ossos dos poucos liberais remanescentes postados no caminho até o controle do Conselho de Educação[74].

---

[71]   Ibidem, 4/3/1978 e 23/11/1978.

[72]   Roberta Weintraub, citada no *Los Angeles Times*, 22/6/1989.

[73]   *Los Angeles Times*, 28/1/1979.

[74]   Ibidem, 3/5/1979 e 7/10/1979. Analisando os protestos conjuntos contra os impostos e o transporte de integração no final dos anos 1970, fica claro que uma das suas principais conseqüências

Cidade de quartzo

A vitória da Bustop não adiantou muito, porém, para reduzir a fuga dos brancos das escolas públicas ou das áreas suburbanas mais antigas da cidade (algumas das quais começavam já a assumir características de gueto). Logo ao passar a fronteira da cidade – nos vales de Conejo, Simi e Santa Clarita – os refugiados brancos do vale de San Fernando estavam tentando restabelecer o éden suburbano dos anos 1950, com impostos baixos e escolas "de bairro" (leia-se: brancas). Numa pesquisa entre os residentes, a construtora Newhall Land Company, de Santa Clarita, "concluiu que as famílias que se deslocam para o vale de Santa Clarita citam a rejeição ao sistema escolar de LA como a razão fundamental". Os novos habitantes de Santa Clarita enfatizaram também a baixa densidade, as áreas livres, o baixo índice de criminalidade, as casas grandes e a "sensação de interior"[75].

Mas os construtores desse "vale periférico" para refúgio dos brancos não tinham nenhuma intenção de subsidiar uma sociedade de nostalgia urbana digna de museu. Suas metas eram a urbanização rápida e a multiplicação dos lucros. Enquanto existisse uma boa oferta de espaços livres, eles pretendiam instalar mais módulos de habitação e comércio, com as unidades cada vez mais agrupadas à medida que os preços da terra disparassem. Como seria de se esperar, os residentes dos novos vales – alguns dos quais haviam sido ativistas de associações de proprietários residenciais no antigo que habitavam, o vale de San Fernando – mobilizaram-se para resistir aos empreendimentos imobiliários que os mergulhariam de volta na cidade. Assim, em Thousand Oaks – a cidade que crescia mais rápido no estado –, os proprietários residenciais tentaram desacelerar a urbanização, organizando-se contra os planos da Prudential para um grande projeto imobiliário de encosta. Batalhas semelhantes foram travadas nos vales de Conejo e Simi (na periferia do vale de San Fernando), como também em Walnut e em La Habra Heights, na fronteira suburbana oriental de Los Angeles. Em Santa Clarita, os protestos contra o transporte metropolitano de integração e uma proposta de revolta contra os impostos, por meio da separação do Condado de Los Angeles, sobrepuseram-se aos primeiros sinais do que se tornaria, em uma década, um poderoso movimento pelo crescimento lento de associações de proprietários residenciais, usando a municipalização cívica para lutar contra a estratégia de expansão imobiliária da Newhall[76].

---

foi proporcionar certa mobilidade política para republicanos suburbanos ambiciosos fora das estruturas de poder do partido, em Los Angeles e no Condado de Orange.

[75] Ibidem, 16/11/1978.

[76] *Los Angeles Times*, 7/1/1978 e 22/12/1979 (Thousand Oaks), 17/6/1979 (Simi), 5/3/1979 (Conejo Valley), 27/4/1978 (La Habra Heights), 17/6/1979 e 18/11/1979 (Walnut), 22/4/1979 e 8/11/1979 (Santa Clarita).

Revolução feita em casa

Esses distúrbios nos vales periféricos (juntamente com uma onda de restrições ao crescimento em comunidades de "telhas vermelhas", como San Clemente e Riverside[77]) alertaram os analistas para o fato de que a Proposição 13, ao transformar o cálculo fiscal da urbanização e fortalecer os eleitores suburbanos, havia minado a política pró-crescimento, juntamente com a pró-seguridade social, em todo o estado. Tendo rejeitado a taxação progressiva sobre as propriedades pelo voto, porque os suburbanos não deveriam fazer o mesmo com o crescimento indesejável? Em 1980, o Serviço de Planejamento e Pesquisa da Califórnia publicou um estudo com o título profético de *The Growth Revolt: Aftershock of Proposition 13?* [A revolta do crescimento: reflexo da Proposição 13?]. Os analistas do estado chegaram à conclusão de que cerca de 32 medidas de controle do crescimento haviam sido postas em votação nos dois anos desde a aprovação da Proposição 13. Dezenove foram aceitas, "a despeito das forças pró-crescimento terem gasto em média quatro vezes mais nas campanhas, e, em um dos casos, cinqüenta e cinco vezes mais". Os controles aprovados eram de uma severidade sem precedentes, retirando poderes tradicionalmente da competência de funcionários eleitos e favorecendo "moradores proprietários residenciais estabelecidos". Os analistas preocupavam-se com a possibilidade dessas medidas serem os arautos de nova agitação suburbana, talvez tão abrangente quanto a própria Proposição 13[78].

Espigões *versus* domicílios

> *A área está se tornando uma selva de concreto. O tráfego, o barulho, a poluição –*
> *é simplesmente feio e lamentável, e está ficando pior. O que eles fizeram foi*
> *entrar numa boa área de classe média e destruí-la quarteirão por quarteirão.*
> Proprietário residencial de Encino[79]

A agitação pelo crescimento lento dos anos 1980 desafia qualquer perspectiva única ou sinóptica de abordagem. Diferentemente da revolta contra os impostos, não existiu um alvo estratégico comum para os protestos, nem, ao fim do conflito, nenhuma definição clara de vitória ou derrota. Ao contrário, como uma versão da ofensiva Tet na realidade dos proprietários residenciais, um levante de surpresa ao longo de toda uma ampla frente – incluindo confrontos guerrilheiros, manobras

---

[77] Em 1979, por exemplo, Riverside aprovou a Proposição R, a qual estabelecia um cinturão verde urbano e restringia drasticamente a expansão imobiliária nas encostas. Ver *Los Angeles Times*, 3/8/1988.

[78] California Office of Planning and Research, *The Growth Revolt: Aftershock of Proposition 13?* (Sacramento, The Office, 1980).

[79] *Los Angeles Times*, 31/3/1979. Em resposta, um agente imobiliário local observou que os valores de moradias próximas ao Bulevar Ventura haviam aumentado quase 200 mil dólares durante uma década e meia de implantação de arranha-céus.

Cidade de quartzo

de diversão e ataques frontais – produziu um resultado confuso de avanços, perdas e conseqüências imprevistas. Nos anos de apogeu, em 1987–1988, por exemplo, o controle do crescimento foi a questão dominante em quase sessenta eleições locais nos condados de Los Angeles e Orange. Em cada um dos casos, uma história local excêntrica interagia com um equilíbrio de forças singular para definir "crescimento lento" de modo especificamente restrito à localidade, desde "Orgulho de Glendora" e "Nova York Ainda Não", no oeste de LA (ou "Not Yet Los Angeles", em San Diego) até "Somente Inglês", em Monterey Park[80].

Reconhecer a disseminação política e geográfica do movimento pelo crescimento lento dos anos 1980, todavia, não significa negar a existência de alguns objetivos comuns. Sem dúvida o mais original – ilustrando a evolução da cultura política dos proprietários residenciais desde a primeira onda regional de protestos contra o crescimento, no início da década de 1970 – tem sido a exigência generalizada por uma descentralização da tomada de decisões relativas ao uso do solo no âmbito do bairro. Essa era a "agenda oculta" das associações de proprietários residenciais que apoiavam a Proposição U – a iniciativa pelo crescimento lento de 1986 em Los Angeles – e permaneceu sendo uma linha divisória ideológica entre os protestos de base contra o crescimento e os defensores políticos de um acordo para um "crescimento administrado".

Como proprietários residenciais conservadores, na era Reagan, chegaram a reivindicar uma reforma estrutural que implicava uma regulamentação maciça de um dos mercados mais sagrados (o dos empreendimentos imobiliários) é uma história que tem seu fascínio. Dentre os aspectos desse fascínio, um dos que se destaca é o fato de que o "planejamento comunitário" era originalmente menos uma exigência gerada pela base do que um slogan que periodicamente emanava da burocracia do município ou do Condado de Los Angeles em interesse próprio. (Aqui a nossa narrativa se restringe em focar os eventos na cidade de Los Angeles.)

Muito antes, no final dos anos 1940, em seguida à tumultuada recomposição das áreas sociais de Los Angeles pela imigração do tempo da guerra, os planejadores começaram a inquietar-se em busca de uma maneira de reforçar a identidade comunitária em bairros residenciais mais antigos e novos subúrbios periféricos. Eles meticulosamente designaram umas quatrocentas áreas como "bairros", na esperança de que tais identificações pudessem tornar-se bastiões na defesa contra a anomia e a desorientação crescentes. Num espírito semelhante, o Departamento de Serviços Comunitários do Condado, no início da década de 1950, patrocinou "conselhos coordenadores de comunidade" para fortalecer a identidade local e prover pontos de aglutinação para a coordenação de serviços sociais e ações de caridade.

---

[80] Ver *Los Angeles Times*, 5/11/1987; e 5/4/1988 (edição do vale de San Gabriel).

Revolução feita em casa

Essa abordagem funcionalista para a criação de um espírito de bairro foi mais tarde suplantada por uma ênfase em reforçar a percepção de controle local dos residentes brancos. Desse modo, depois que a Rebelião de Watts despertou preocupações no subúrbio quanto à integração, a liderança conservadora do conselho escolar fez experiências com comissões assessoras de bairro como um paliativo para os pais brancos. E, em 1969, motivada por temores semelhantes em relação a bolsões "de fora" nas áreas brancas, a comissão indicada pelo prefeito Yorty para revisar a carta municipal recomendou o reconhecimento legal de bairros autodefinidos (com a participação de pelo menos 30% dos eleitores locais) como unidades governamentais com conselhos eleitos e executivos indicados (chamados de "*neighbormen*"*). A proposta sofreu a oposição de grupos de direitos civis, preocupados com a virtual secessão das áreas brancas, e foi vetada por uma câmara de vereadores preocupada com a diluição de seus poderes[81].

A despeito do repúdio ao "poder dos bairros" por parte da Câmara de Vereadores, o Diretor de Planejamento Urbano, Calvin Hamilton (1968–1985), encampou o conceito como uma base para a revisão do inapelavelmente antiquado Plano Geral da cidade. Com gestos na direção de uma "democracia participativa" – embora na realidade estivesse apenas cedendo às mesmas pressões dos proprietários residenciais brancos como o fez o conselho escolar – Hamilton estabeleceu 35 comitês consultores de cidadãos para ajudar a elaborar "planos comunitários" que acabariam por ser sintetizados num novo plano diretor. Milhares de pessoas participaram em alguma fase dessa experiência populista de planejamento, inclusive alguns futuros líderes da revolta pelo crescimento lento dos anos 1980, os quais receberam treinamento nos esoterismos do planejamento e da legislação do uso do solo enquanto serviam como consultores dos cidadãos.

Com a rebelião contra a densidade do início da década de 1970 fermentando em segundo plano, a principal promessa do novo plano diretor de Hamilton era o zoneamento restritivo generalizado para preservar a integridade das áreas residenciais de moradias de família individual. Onde o plano antigo permitia uma densidade semelhante à de Manhattan, de 10 por 1 (ou seja, 10 milhões de futuros habitantes), o novo plano, aceitando os padrões de expansão imobiliária definidos localmente, propunha reduzir a densidade para 4,5 por 1, cancelando o zoneamento "excessivo" para apartamentos e comércio. Ainda mais, ele supostamente garantia o padrão tradicional de baixa densidade do Westside e do vale de San Fernando, confinando a construção de edifícios altos a uma série de "centros de crescimento" espalhados pela cidade.

---

* Literalmente, "homens dos vizinhos", equivalente a "representantes de bairro". (N. T.)

[81] Ver *National Civic Review*, mar. – dez. 1971 (sobre os bairros no projeto da carta). A carta revisada em si foi rejeitada em novembro de 1970 e novamente em maio de 1971.

Cidade de quartzo

Embora fosse bem recebido como a epítome do planejamento ambientalmente consciente, envolvendo a comunidade – proclamando a coexistência pacífica entre bairros protegidos com moradias de família individual e centros de edifícios altos sancionados –, o novo plano diretor era, efetivamente e desde o começo, letra morta. Por mais de uma década, a maioria pró-crescimento da Câmara de Vereadores persistentemente evitou que o Departamento de Planejamento implementasse o necessário zoneamento redutor. Em conseqüência, o mapa de zoneamento da cidade permanecia em forte discrepância com os planos das comunidades, e as empresas imobiliárias conseguiram implementar uma série de projetos acima do gabarito, sem análise ambiental, nos santuários protegidos de moradias de família individual. À medida que os investimentos externos aceleravam o *boom* da construção no final da década de 1970, os subúrbios mais antigos (1930–1960) se viram sufocados em congestionamento de tráfego e obscurecidos por novas construções comerciais. A despeito de um "Renascimento do Centro" ruidosamente divulgado entre 1975 e 1985 (2,418 mil metros quadrados de espaço para novos escritórios), a construção de edifícios altos na realidade cresceu três vezes mais depressa nos cinturões ex-suburbanos do Westside, South Bay e do vale de San Fernando (uns 8 milhões de metros quadrados[82]).

O resultado foi uma transfiguração de médico em monstro das áreas tradicionais da classe média de Los Angeles. Embora o valor das propriedades continuasse a subir, os bairros foram manhattanizados a ponto de torná-los irreconhecíveis. Aparentemente de um dia para o outro, o bulevar Ventura, em Encino, antes uma paisagem de baixa altitude, com lojas de *delicatessen* e estacionamentos de carros usados à venda, se metamorfoseou em selva de concreto dominada por edifícios altos de bancos japoneses[83]. Proprietários residenciais surpresos das encostas acima do passo Cahuenga (entre Hollywood e o vale de San Fernando) se viram olhando diretamente para as janelas dos novos arranha-céus do norte de Hollywood e Universal City. Do mesmo modo, os afluentes moradores de Holmby Hills e Westwood Village assistiram horrorizados à transformação do singular cruzamento dos bulevares Westwood e Wilshire, com seu estilo colonial espanhol, em um desfiladeiro onde o vento uiva entre altíssimos edifícios de configuração bizarra. Os residentes da beira da praia em Santa Monica e Ocean Park, apesar dos protestos junto às Comissões Costeiras, depararam-se com Miami Beach invadindo sorrateiramente suas moradias, enquanto membros da comunidade exclusiva de Marina Del Rey ficavam perplexos com o projeto

---

[82] *Los Angeles Times*, 12/10/1986; Grubb e Ellis, *Los Angeles Basin Real Estate – 1989* (Los Angeles, Grubb and Ellis, 1989).

[83] "Minha filha acaba de voltar depois de um ano fora e não consegue acreditar na mudança que a expansão imobiliária ao longo do bulevar causou", ver *Los Angeles Times*, 31/5/1979.

Revolução feita em casa

apresentado pelos herdeiros de Howard Hughes para construir um dos maiores empreendimentos de utilização mista do mundo sobre uma reserva ornitológica próxima. E em Westchester e nos bairros de classe média em torno do Aeroporto Internacional de LA, ruas residenciais anteriormente calmas ficavam congestionadas pela passagem diária, em seus carros, de dez pessoas em trânsito para o trabalho por residente.

Diante de tamanha erosão de suas amenidades suburbanas remanescentes, os proprietários residenciais se mobilizaram mais uma vez para o protesto. Os mais revoltados eram aqueles que haviam participado de boa fé no processo original de consultoria para o planejamento comunitário de Hamilton. Como observou um advogado envolvido na controvérsia, "muitos dos grupos de proprietários residenciais ficaram surpresos, espantados e decepcionados quando descobriram que todo o trabalho que haviam feito sobre planos comunitários não fazia diferença alguma". Mesmo em 1978, quando a Assembléia Legislativa estadual (AB 283) simplesmente ordenou que Los Angeles conformasse suas práticas de zoneamento às disposições do Plano Geral, o prefeito Bradley – agindo como o Orville Faubus do pró-crescimento – encorajou o Departamento de Planejamento a fazer-se heroicamente de desentendido. Tendo recebido o prazo máximo explícito de 1982 para obedecer ao decreto legislativo, a cidade mal havia chegado a um quarto do rezoneamento exigido em 1984. Em resposta, proprietários residenciais irados, sob a liderança da Federação Hillside, foram primeiro aos tribunais, e depois às urnas[84].

Sovietes dos proprietários residenciais?

O processo político não nos serviu em nada. Se o povo não tem voz, vocês serão levados aos tribunais e a processo legislativo quantas vezes for necessário. O proprietário residencial não se importa com o anel do Pacífico, ele quer poder passear na rua.
Líder do Crescimento Lento do Westside[85]

Com a assistência do Centro pelo Direito e pelo Interesse Público, a Federação ganhou uma ação legal histórica em janeiro de 1985, obtendo uma ordem judicial que dava à cidade 120 dias para implementar a adequação ao Plano Geral ao qual havia resistido por boa parte da última década. O tribunal também determinou à Comissão de Planejamento, sob o escrutínio da Câmara Municipal, que analisasse qualquer projeto que excedesse os gabaritos do Plano Geral em 25% ou mais, inclusive aqueles dentro do feudo da Agência de

---

[84] John Chandler, "Who's Who: Big Names on the LA Planning Scene", *Planning*, fev. 1986, p. 9-10.

[85] Ron Rosen, da Federação Cívica de Westside, citado no *Downtown News*, 6/7/1987.

Cidade de quartzo

Revitalização, no Centro. Embora a municipalidade tenha conseguido, por meio de uma apelação, prolongar o processo de rezoneamento por mais cinco anos, a decisão, não obstante, precipitou uma reestruturação fundamental do processo de planejamento[86].

Por um lado, ela expôs a falência do Plano Geral da cidade, enquanto, por outro, abriu uma brecha na autonomia histórica do poderoso órgão da revitalização. Os inimigos políticos da burocracia do planejamento não hesitaram em se aproveitar da oportunidade. Dan Garcia, o ambicioso presidente da Comissão de Planejamento, uniu-se a Pat Russell, a "mulher-dragão" da Câmara Municipal, para livrar-se das lideranças tanto do Departamento de Planejamento quanto da Agência de Revitalização: Calvin Hamilton, sob uma nuvem de acusações de conflito de interesses, foi compulsoriamente aposentado, enquanto o diretor de revitalização, Edward Helfeld, visto como o responsável por um "departamento que perdeu as estribeiras", foi rispidamente demitido[87].

Uma vez que o prefeito Bradley não foi encontrado durante essa "noite das longas facas", um periódico de planejamento nacional expressou sua preocupação quanto a "quem controla a cidade?"[88]. Na realidade, como reconheceram imediatamente os políticos veteranos, a Câmara, sob o salto-agulha de Russell, explorou sem prurido a vitória de rezoneamento da Federação para se apossar de uma nova e substancial fatia de poder – inclusive a possibilidade de negociar diretamente com os empreendedores sobre variações de densidade. Como reconheceu eufemisticamente Garcia, "inevitavelmente, os empreendedores terão que gastar mais tempo com a Câmara, e isso tornará a vida na prefeitura mais interessante". Ele estava deixando implícito, é claro, que os vereadores – os verdadeiros responsáveis pela crise do rezoneamento – haviam agora se colocado em posições ainda mais favoráveis para extrair "jabás" de campanha dos empreendedores[89].

Ao mesmo tempo, parece que os dois organizadores do golpe de estado tinham um objetivo mais estratégico. Eles queriam maior controle político sobre o processo de planejamento, precisamente, para garantir que a Prefeitura pudesse lidar de mdo mais eficaz com as conseqüências políticas negativas do crescimento. Russell, cujo distrito incluía a engarrafada área do Aeroporto Internacional, queria que os empreendedores pagassem por melhorias nos transportes, enquanto Garcia, um defensor da "sintonia fina" para resolver os conflitos de interesses

---

[86] O presidente da Federação Hillside, Brian Moore, descreveu a vitória no tribunal como "o acontecimento mais significativo do planejamento urbano em meio século" (Palestra, Ucla, 1988).

[87] Idem; e *Los Angeles Times*, 21/1/1986.

[88] John Chandler, "Who's Who: Big Names on the LA Planning Scene", cit., p. 10.

[89] Idem. Embora Bradley tenha se comportado durante os expurgos do planejamento como um Pôncio Pilatos bastante distante, o *Los Angeles Times* enfatizou que os "dois rivais políticos potenciais", Russell e Garcia, "não teriam agido sem a sua benção".

Revolução feita em casa

relativos ao uso do solo, vinha advertindo que a Prefeitura seria engolida por proprietários residenciais raivosos. Como chefe da Comissão de Planejamento, além disso, era responsabilidade de Garcia convencer os proprietários residenciais que o governo municipal estava finalmente disposto para ouvir suas queixas[90].

Primeiro, ele indicou um respeitado ativista do crescimento lento, o advogado Dan Shapiro, para co-dirigir um novo Comitê Consultor dos Cidadãos encarregado de revisar o "Conceito LA" – a ultrapassada declaração de objetivos de planejamento da cidade. Em segundo lugar, e mais impetuosamente, ele uniu-se à minoria de líderes a favor do crescimento lento na Câmara Municipal – Marvin Braude e Zev Yaroslavsky – para patrocinar a Iniciativa por Limites Razoáveis de Construção Comercial e Crescimento de Tráfego, a qual, depois que 100 mil eleitores registrados assinaram a petição, tornou-se simplesmente Proposição U. Seu aspecto essencial era uma redução de 50% no gabarito do zoneamento da maior parte da terra comercializável na cidade, com as exceções do Centro, Hollywood, Century City e partes dos bulevares Ventura e Wilshire. O que prometia não era tanto bloquear o crescimento comercial, mas afastá-lo das preciosas residências de classe média[91].

Se Garcia jogou com a possibilidade de que o ladrar da Proposição U fosse pior do que sua mordida, de que fosse uma válvula de escape inofensiva para a agitação dos proprietários residenciais, não conseguiu convencer nenhum dos seus aliados na Prefeitura. Políticos da antiga a viam como a "primeira salva de tiros" não apenas de uma "revolta do uso do solo" (conforme a manchete do *Los Angeles Times*), mas também uma luta pelo poder entre Yaroslavsky e Russell quanto à sucessão de Bradley (presumia-se que este último, se não ganhasse o governo do estado, se aposentaria). Uma vez que, nessa partida de xadrez, a abertura de Yaroslavsky eram os proprietários residenciais, Russell contra-atacou com a acusação de que a Proposição U "minaria as oportunidades econômicas" no gueto. O colega pró-crescimento, David Cunningham, fez eco a essas palavras, denunciando os "elitistas" que tentavam "ditar decisões de crescimento em áreas de minorias de baixa renda, onde a comunidade quer mais empregos e desenvolvimento"[92].

Garcia, agora ridicularizado pelo *Los Angeles Times* por "alternar simpatias tanto pelos proprietários residenciais quanto pelos construtores", ficou numa posição insustentável, e logo recuou para o campo de Russell. Não tendo conseguido cooptar o movimento pelo crescimento lento, juntou-se a ela para pôr lenha na fogueira. O Plano de Proteção da Comunidade pretendido por eles – ou

---

[90]   *Los Angeles Times*, 21/11/1986.

[91]   Ver Zev Yaroslavsky e Marvin Braude, *Los Angeles Times* (página central), 1/4/1986.

[92]   *Los Angeles Times*, 30/3/1986, 12/10/1986 e 30/10/1986. Garcia, sem dúvida, também estava testando as águas políticas do Westside para seus próprios objetivos rivais.

Cidade de quartzo

o "dispositivo da escapatória", conforme os seus detratores preferiam chamá-lo – era um esforço descarado para esvaziar previamente a Proposição U, retirando de sua jurisdição mais 28 áreas, inclusive o gigantesco Howard Hughes Center, no distrito de Russell. Quando a legalidade desse estratagema foi questionada, Russell e Garcia buscaram assistência jurídica com a Latham & Watkins – uma firma de advocacia notoriamente associada à indústria de empreendimentos imobiliários. E quando a orientação da Latham & Watkins não funcionou como esperado, eles apelaram para a manobra ainda mais desesperada de reclassificar 56 mil terrenos em um só dia – tática que foi derrubada pelo procurador municipal[93].

Uma magra maioria na Câmara Municipal, relutantemente endossada pelo *Los Angeles Times*, deu apoio a essas maquinações. Mas o campo pró-crescimento havia inadvertidamente apostado roleta-russa com uma arma plenamente carregada. Haviam ignorado os avisos do crítico de planejamento urbano do *Los Angeles Times*, Sam Hall Kaplan, dizendo que, ao tentar sabotar a "bastante moderada" Proposição U, se arriscavam a ser arrastados por um verdadeiro dilúvio: "o sentimento que se expande nas comunidades da cidade por pura e simplesmente crescimento zero"[94]. De fato, a tática da escapatória, como uma expressão de desprezo pelos proprietários residenciais favoráveis ao crescimento lento e pelo eleitorado em geral, produziu uma reação esmagadora do público. Os eleitores que anteriormente prestavam pouca atenção às questões do uso do solo agora assentiam com suas cabeças quando os críticos, como a liderança da "Nova York Ainda Não", uma coalizão pelo crescimento lento do Westside, acusou Russell e seus colaboradores de "traição fria e calculista", "prepotência" e de criar "um desastre para o nosso povo". Apesar das advertências apocalípticas de que isso liquidaria o *boom*, a Proposição U conquistou a cidade – inclusive os bairros negros e *chicanos* – e obteve 70% dos votos em novembro de 1986[95].

Pouco tempo depois de sua aprovação, o comitê de cidadãos que Garcia havia encarregado de analisar a estratégia de planejamento apresentou seu relatório. Pedia urgentemente que a Comissão de Planejamento resgatasse o planejamento de transportes do atoleiro do Departamento de Transportes Municipal e alterasse a desacreditada estratégia dos "centros" de Hamilton (que tolerava até *quarenta* núcleos de edifícios altos espalhados pela cidade) para "áreas de crescimento especificadas" que concentrassem mais efetivamente a construção comercial e garantissem que os bairros de classe média permaneceriam sacrossantos. Sua principal reco-

---

[93] Ibidem, 10/9/1986, 18/9/1986, 25/9/1986, 2/10/1986, 5/10/1986, 19/10/1986, 22/10/1986, 21/11/1986; e *Herald-Examiner*, 25/9/1986.

[94] *Los Angeles Times*, 5/10/1986.

[95] Ver *Los Angeles Times*, 24/10/1986 e 29/10/1986 (editorial: "No on Proposition U"); *Los Angeles Business Journal*, 26/1/1987.

Revolução feita em casa

mendação, porém, era a institucionalização da participação dos cidadãos por meio de 35 conselhos comunitários de planejamento que agissem com função consultiva junto à Comissão de Planejamento. Os quinze membros de cada conselho deveriam ser divididos entre pessoas indicadas por instituições políticas e representantes eleitos pela comunidade – uma fórmula de compromisso atingida depois de debates reconhecidamente intensos no âmbito do comitê[96].

À medida que todos os lados investiam em novas posições, as recomendações do Comitê Consultor tornaram-se objeto de negociação e manobras. Embora Russell tivesse sido mortalmente ferida pela crise da Proposição U (perdendo sua outrora "inexpugnável" cadeira em novembro de 1987 para a defensora do crescimento lento, Ruth Galanter), ela e Garcia tentaram se reintegrar ao jogo, abraçando a proposta dos conselhos comunitários de planejamento sem os membros eleitos[97]. Braude e Yaroslavsky, os heróis da luta pelo crescimento lento da ocasião, contrapropuseram um desdobramento detalhado do plano amplo da Proposição U: um dispositivo que permitiria à cidade analisar qualquer projeto de 4.650 m^2 (o tamanho de um supermercado comum) ou mais. Finalmente, o prefeito Bradley, em silêncio ou agindo por meio de emissários durante a maior parte da agitação da Proposição U, dirigiu um discurso de peso em abril de 1988 ao movimento pelo crescimento lento. Prometendo interromper a "praga dos mini-shoppings" e proteger os bairros de encosta, endossou o princípio da participação comunitária no planejamento, mas foi caracteristicamente vago a respeito da composição dos conselhos, assim como a respeito de sua posição quanto à necessidade ou não do tipo de poderes detalhados de análise ambiental, advogados por Braude e Yaroslavsky para a cidade.

Para a Federação Hillside, contudo, a concessão de poderes aos conselhos comunitários de planejamento era a questão decisiva. Na visão deles, a experiência frustrante, durante uma geração inteira, de "participação da comunidade" em exercícios impotentes de planejamento, havia eliminado quaisquer dúvidas quanto à necessidade de reformas abrangentes. A principal conquista da Proposição U era que ela havia "finalmente produzido uma 'organização de planejamento' dos cidadãos"; a Federação rejeitava a "versão pigméia de participação", que indicava proprietários residenciais nominais para conselhos consultores dominados por empreendedores e seus agentes. Ao invés disso, exigia conselhos comunitários de planejamento *integralmente* eleitos de residentes locais, que se reunissem nos moldes de assembléias municipais e investidos de "*poder de imple-*

---

[96]   Ver visões de críticos de urbanismo em *Los Angeles Times*, 23/11/1986 (Sam Hall Kaplan); e *Herald-Examiner*, 19/10/1986 (Leon Whiteson).

[97]   O *Los Angeles Times* de 21/11/1986 descreveu o "exemplar compromisso" de Garcia, ao aceitar os conselhos de planejamento, "um plano que apóia apenas parcialmente".

Cidade de quartzo

mentação" que só poderia ser desautorizado por uma maioria de quatro quintos da Comissão de Planejamento Municipal[98].

Vinte anos de má fé política, em outras palavras, haviam levado os "bolcheviques do Cinturão do Sol" de George Will a exigir sovietes dos proprietários residenciais. Pelo menos, era essa a aparência que tinham os fatos para os horrorizados executivos da indústria de construção, cujos temores não eram inteiramente sem fundamento. Ao defender a devolução do controle do uso do solo às comunidades, a Federação estava certamente fazendo uma das reivindicações mais radicais da Califórnia meridional desde os dias da Epic ou do Ham and Eggs da década de 1930. A famosa reivindicação de "policiamento comunitário" do Partido dos Panteras Negras, nos anos 1960, parecia tímida em comparação com o plano da Federação para que os bairros exercessem seus direitos de analisar os empreendimentos e regulamentar os mercados imobiliários locais. Além do mais, alguns *enragés* das encostas, como Gerald Silver, da Proprietários Residenciais de Encino, viam o planejamento comunitário apenas como um prelúdio para o federalismo do código postal: "dividir a cidade em unidades menores mais administráveis"[99].

Mas, tenha ou não a Federação como um todo apreciado integralmente as implicações ideológicas de sua posição, estava determinada a transformar o planejamento comunitário na principal questão no desdobramento da Proposição U[100]. A derrota de Russel havia encerrado a era do domínio invencível pró-crescimento na Assembléia, e os proprietários residenciais contavam com sua sucessora, Ruth Galanter, para levar a bandeira de sua reivindicação por conselhos eleitos[101]. Uma planejadora ambiental originária da "nova esquerda", mas que devia sua eleição ao apoio maciço da Federação e de grupos de proprietários residenciais locais, Galanter parecia ser o rosto mais novo e iconoclástico da Câmara Municipal em

---

[98] Por meio de eleições, a Federação queria especificamente impedir a paridade *ex-officio* de representação dos empreendedores que a Câmara Municipal queria estabelecer, segundo o modelo das comissões de mediação. Ver "Community Planning Boards", um *press-release* da Federação Hillside, dez. 1986; e a palestra de Moore, de 1988.

[99] Gerald Silver, "If You Like LA Today, You'll Love it Tomorrow", *Los Angeles Business Journal*, 26/3/1990.

[100] Aparentemente, havia ocorrido um debate fascinante antes que a Federação, de modo unânime, adotasse sua resolução dos conselhos comunitários de planejamento. Segundo o presidente da Federação, Brian Moore, "alguns conservadores ficaram preocupados porque os sindicatos poderiam assumir o controle dos conselhos eleitos"(!) (palestra, Ucla, 1988).

[101] A queda de Russell igualou a sólida força pró-crescimento na Câmara (Alatorre, Bernson, Farrell, Ferraro, Lindsay, Milke-Flores) ao bloco moderado pelo crescimento lento (Picus, Braude, Yaroslavsky, Galanter, Wachs, Bernardi), deixando um "voto oscilante" de três vereadores (Woo, Holden, Molina). Picus, deve-se observar, era partidária "rediviva" do crescimento lento. Ver análise no *Los Angeles Times*, 15/6/1987.

décadas. Além disso, seu entusiasmo pelos conselhos eleitos era de tal forma considerado ponto pacífico, que ninguém prestou atenção quando, num fórum da Federação Hillside sobre planejamento comunitário, ela permaneceu sentada, sorrindo silenciosamente, durante a discussão em curso[102].

O sentido por trás de seu sorriso da Mona Lisa foi revelado poucas semanas depois, quando ela votou com o restante da Assembléia a favor dos conselhos de planejamento indicados e estritamente subordinados aos vereadores. Um líder da Federação, espantado, disse: "Ela nos derrubou [...] fez igual à Pat Russell." Repudiando a visão radical da Federação pela soberania comunitária, a Câmara, de certa forma, de fato descentralizou o poder de planejamento, mas apenas para si mesma. Apoderando-se da prerrogativa de intermediar o crescimento no nível distrital por meio de conselhos de planejamento fantoches, os vereadores individualmente, contudo, ainda continuavam sob pressões intensas para lidar com a fúria dos proprietários residenciais contra a expansão imobiliária comercial.

No verão de 1987, havia surgido uma estrutura de acomodação, por meio da qual os vereadores do Westside davam apoio às manipulações da lei do "controle interino" da cidade por parte dos vereadores do vale de San Fernando, e vice-versa, com o intuito de pacificar a insatisfação dos eleitores quanto ao uso do solo. Um emaranhado louco de cinqüenta "dispositivos de controle interino" – moratórias temporárias para tipos específicos de construção – trouxe um alívio passageiro para as queixas das associações de proprietários residenciais em relação a minishoppings, construção em encostas, densidade de apartamentos, áreas para casas móveis (*trailers* e similares) e coisas do gênero. Ao mesmo tempo, os dispositivos serviram para manter os proprietários residenciais (em Los Angeles) longe das urnas e para desmobilizar o protesto de âmbito municipal, transformando-o em reivindicações locais[103]. Era exatamente isso que Dan Garcia, agora ligado a Dan Shapiro, líder do Comitê Consultor dos Cidadãos, defendia:

> O movimento pelo crescimento lento deve, no futuro, evitar soluções de âmbito municipal para problemas locais, concentrando sua atenção, ao invés disso, no planejamento e nos controles de bairro e da comunidade. [...] Enfoques radicais que interrompessem toda a expansão imobiliária, ou que não permitissem o planejamento comunitário em separado, simplesmente aumentariam o processo de polarização.[104]

---

[102] 7/11/1987, Westwood.

[103] *Los Angeles Times*, 1/8/1987.

[104] Ibidem, 8/9/1987. Shapiro, contudo, encontrou dificuldade para se restringir puramente a questões locais. Dois meses depois, estava organizando uma iniciativa de âmbito municipal para evitar a extensão de um programa escolar de ano letivo integral – uma medida de austeridade antes aplicada somente às escolas do gueto – a outras partes da cidade. No vale de San Fernando,

Mas, justamente quando o neofeudalismo da Câmara Municipal parecia estar à beira de dispersar o movimento pelo crescimento lento de Los Angeles, transformando-o num bairrismo benigno, 150 milhões de litros de esgoto sem tratamento inesperadamente atingiram o ventilador proverbial.

O fator Hyperion

> *Hyperion – Que alegria o lugar teria trazido para estes amantes apaixonadamente prosaicos da humanidade, Chadwick e Bentham![...] O problema de manter uma cidade grande limpa sem poluir um rio ou conspurcar as praias, e sem roubar a fertilidade do solo, foi resolvido de modo triunfal.*
> Aldous Huxley[105]

Como lembrava Aldous Huxley, poucos meses antes de estourar a Segunda Guerra Mundial, ele e Thomas Mann vinham caminhando pela costa sul da baía de Santa Monica, "milagrosamente sozinhos" e enlevados numa discussão sobre Shakespeare, quando subitamente se deram conta de que, "até onde os olhos podiam alcançar, em todas as direções, a areia estava coberta de pequenos objetos esbranquiçados, como lagartas mortas". As "lagartas" eram, na verdade, "destroços de um naufrágio malthusiano" – "dez milhões de camisinhas usadas", segundo a estimativa de Huxley – lançados de volta à praia e vindos da principal saída de esgoto de Los Angeles na praia de Hyperion. Sem registrar a reação de sua companhia famosa a essa visão bizarra, Huxley contrastava-a com a cena da mesma praia quinze anos depois: "as areias agora estão limpas [...] crianças cavam buracos, pessoas tomam banho de sol, ficando lentamente morenas... etc." Essa "feliz consumação" havia sido propiciada por "uma das maravilhas da tecnologia moderna, a Usina de Sedimentos Ativados de Hyperion"[106].

Num ensaio de resto irônico sobre higiene e a distinção de classe, Huxley considerava ponto pacífico que Hyperion fosse realmente "a solução triunfal" para um antigo problema urbano. De fato, outros escritores evocaram o "sentimento de euforia" desta *Grand Coulée* das usinas de tratamento de esgoto, que transforma os dejetos de 3 milhões de pessoas naquilo que já foi descrito como "a maior corrente de água doce da Califórnia meridional"[107]. Nada mais apropriado, portanto, que o símbolo proeminente da capacidade supostamente infinita de Los Angeles

---

a controvérsia do ano integral reacendeu as brasas da Bustop e das batalhas do transporte escolar de integração, com aproximadamente as mesmas conotações racistas.

[105] Aldous Huxley, "Hyperyon to a Satyr", *Tomorrow and Tomorrow and Tomorrow, and other essays* (Nova York, Harper, 1956), p. 149 e p. 165.

[106] Idem.

[107] Howard Nelson, *The Los Angeles Metropolis* (Dubuque–IA, Kendall/Hunt, 1983), p. 101-2.

Revolução feita em casa

para manipular a natureza em nome do desenvolvimento se tornasse o sombrio anti-herói das crises ambientais da cidade no final da década de 1980.

O colapso da "maravilhosa" Hyperion no fim de maio de 1987 lançou jatos de milhões de litros de dejetos inomináveis na baía de Santa Monica, conspurcando praias e inflamando os ânimos locais. Foi o primeiro de uma tragicômica sucessão de ecodesastres que sufocaram a administração Bradley em 1987–1988 e deram ao crescimento lento o aval de bom senso pré-apocalíptico. À medida que à merda se seguiram as águas de uma inundação, uma seca, tóxicos, segurança anti-sísmica, poluição do ar e resíduos sólidos, a horrorosa ficha começou a cair para o governo municipal: as guerras do crescimento entre proprietários residenciais e empresários do setor imobiliário estavam na realidade sendo travadas no contexto de uma infra-estrutura em desmoronamento.

A princípio, parecia que Los Angeles poderia se salvar simplesmente introduzindo um dedo dourado no dique de Hyperion: uma renovação de 2,3 bilhões de dólares. Mas relatórios ansiosos da engenharia para o prefeito, que imediatamente vazaram para a imprensa, revelaram que todo o sistema estava à beira do colapso. Como o *Los Angeles Times* causticamente observou, "os procedimentos de planejamento foram tão negligentes que ninguém fez aquela conexão mais básica entre o crescimento da população e a capacidade operacional de um sistema de esgoto"[108]. Embora os velhos canos de escoamento de esgoto fossem suficientemente grandes para acomodar os 40 milhões de litros de fluxo extra acrescentados a cada ano pela urbanização, as usinas de tratamento haviam exaurido sua capacidade. A tentativa do prefeito de minorar a crise por meio da economia voluntária de água foi ignorada, sobretudo nos bairros afluentes do "crescimento lento" no Westside e no vale de San Fernando, com suas piscinas e gramados de 4 mil metros quadrados.

Em seguida, um programa de emergência para expandir a crucial usina de tratamento de Tillman, na bacia de Sepulveda do rio Los Angeles, entrou em curso de colisão com o Corpo de Engenharia do Exército, sob cuja custódia está o sistema de controle de inundações de Los Angeles. Seus engenheiros advertiram o município que a expansão de Tillman reduziria criticamente a capacidade da bacia de reter o transbordamento de água – uma questão séria, segundo o recente "reestudo" exaustivo das defesas para o controle de enchentes da cidade feito pelo Corpo. A amenidade original mais nobre da cidade – o rio Los Angeles, adorável com seus meandros – havia sido sacrificado, nos anos 1940, ao ser transformado num "conduto de escoamento pluvial", feio, de concreto, a fim de proteger os imóveis adjacentes da ameaça de inundações periódicas. Agora, o estudo do Corpo havia revelado, "níveis imprevistos de construções novas" estavam não apenas produzindo volumes intoleráveis de esgoto, mas – em conseqüência do acréscimo de

---

[108] *Los Angeles Times*, 27/4/1988.

Cidade de quartzo

dezenas de milhares de novos quilômetros quadrados de ruas e telhados – também um aumento de 40% no escoamento pluvial, que ameaçava causar novas e catastróficas inundações. Além disso, as interligações da situação eram tais, que a capacidade de escoamento adicional em Tillman incentivaria mais crescimento no vale de San Fernando, o que por sua vez aumentaria o volume de escoamento, e, assim, tornaria Tillman ainda mais suscetível às enchentes[109].

Na seqüência imediata dessa exposição das agruras dos sistemas de escoamento de água e controle de inundações da cidade, vieram relatórios perturbadores de uma contaminação desastrosa do lençol freático que potencialmente afetaria 40% do abastecimento de água. A infiltração de solventes industriais e outros químicos tóxicos já havia forçado o fechamento de 150 poços, e os funcionários confessavam que levaria três décadas e gastos de 2 bilhões de dólares para limpar os aqüíferos poluídos. Os críticos alegavam que essa avaliação estava drasticamente subestimada, e que os custos poderiam chegar à soma astronômica de 40 bilhões de dólares[110]. Mas a água, de qualquer maneira, estava se tornando mais escassa, à medida que a seca prolongada causava uma escalada das guerras da água que punham em conflito a Califórnia meridional com a Califórnia do Norte e o Arizona. Como a perda da água do aqueduto de Los Angeles vinda da bacia de Mono, no flanco oriental das Sierras, ameaçava provocar uma catástrofe ecológica local, as autoridades do abastecimento de água de Los Angeles debatiam o último e intragável recurso de comprar cotas de água das agroempresas do Vale Central (agora chamadas de "fazendas de água")[111].

Nesse ínterim, o prazo para a adequação de Los Angeles à Lei do Ar Puro, de 1970, expirou. Pedindo a Washington uma extensão de *um quarto de século*, o município reconheceu sua derrota na guerra de trinta anos contra a poluição do ar, que permaneceu sendo de longe a pior do mundo industrial desenvolvido. Todas as vitórias duramente conquistadas por meio da implementação de dispositivos obrigatórios de controle de emissões foram mais do que contrabalançadas pelo crescimento da população e pelo aumento da densidade de posse de automóveis. Além disso, a crise do poder aquisitivo em relação à habitação, que estava forçando centenas de milhares de trabalhadores a dirigir-se diariamente para o emprego vindos de distantes vales do interior, estavam puxando a quilometragem inexoravelmente para cima e gerando congestionamentos na periferia suburbana. Um desalentador estudo de fevereiro de 1988, feito pela Associação

---

[109] *Daily News*, 30/11/1987.

[110] Ver *Los Angeles Times*, 18/2/1988 e 10/12/1989 (suplemento especial *Southern California Environment*); e *Daily News*, 28/11/1987 e 29/11/1987.

[111] *Los Angeles Times*, 14/8/1986. O relato definitivo da política da água na Califórnia contemporânea é o de Robert Gottlieb, *A Life of its Own: the Politics and Power of Water* (San Diego, Harcourt Brace Jovanovich, 1988).

Revolução feita em casa

dos Governos da Califórnia Meridional, advertia que, se as tendências de população e relação emprego/moradia continuassem nos níveis existentes, seriam necessários 110 bilhões de dólares para a construção de novas vias expressas – e isso apenas para estabilizar o congestionamento já existente. Caso não se realizasse tal investimento, as retenções crescentes, segundo as expectativas, reduziriam as velocidades médias das vias expressas a níveis inferiores às de uma carroça puxada por cavalo (cerca de 25 quilômetros por hora) já no final da década de 1990. Contribuindo para a lentidão haveria os milhares de caminhões basculantes necessários para transportar os resíduos sólidos da cidade para o deserto ou mais longe, uma vez que os aterros existentes numa área de cinco condados atingiriam o limite de suas capacidades no começo dos anos 1990[112].

Como cada crise implicava no aparecimento de outras, ficou difícil para o governo municipal fazer de conta que essas eram contingências isoladas e não as pedras do dominó do excesso de construção que caíam, conforme previsto pelas forças do crescimento lento. O prefeito Bradley, em particular, teve que enfrentar pressões inexoravelmente crescentes para que declarasse uma interrupção temporária de novos empreendimentos imobiliários. Mesmo antes do vazamento de Hyperion, o deputado estadual Tom Hayden (democrata de Santa Monica) havia associado o crescimento lento à defesa ambiental da baía de Santa Monica, ao exigir um limite estrito para novas construções até que a capacidade dos esgotos fosse aumentada. Depois que o vazamento de maio provou que Hayden tinha razão, o parlamentar de Westside Mel Levine, como também os autores da Proposição U, Braude e Yaroslavsky, uniram-se a ele na ameaça de convocar a Agência de Proteção Ambiental para salvar a baía[113].

O espectro até então inimaginável de intervenção federal na área ambiental (uma ameaça que se renovou no verão de 1988, quando a cidade não conseguiu se adequar aos padrões de pureza do ar) foi a arma que obrigou o prefeito Bradley a um matrimônio relutante com as forças pelo crescimento controlado. A corte começou em julho de 1987, quando ele recuou na oposição do município à decisão "Amigos de Westwood". Essa importante vitória legal para os ativistas do crescimento lento demonstrou que o município havia errado ao não requerer um relatório de impacto ambiental para um edifício de 26 andares no bulevar Wilshire. O prefeito chocou seus aliados pró-crescimento ao aceitar a análise ambiental de todos os empreendimentos imobiliários de grande porte – a essência do dispositivo de "desdobramento" da Proposição U que Braud e Yaroslavsky haviam proposto anteriormente[114].

---

[112] *Los Angeles Times*, 3/2/1988 e 8/2/1988.

[113] Ibidem, 21/7/1987.

[114] Anteriormente, Dan Garcia havia se manifestado contra a análise ambiental discricionária porque concedia mais poderes à Câmara Municipal. Ver *California Planning and Development Report*,

Então, no início de dezembro de 1987, depois de reconhecer oficialmente que o sistema de escoamento de esgotos havia atingido um ponto de saturação, Bradley corajosamente apresentou seu próprio plano de dez itens, que incluía um teto mensal para as novas construções com base na capacidade dos esgotos. (Yaroslavsky exultava: "Fico feliz que o prefeito tenha se convertido à minha maneira de pensar.") O teto foi planejado para ter validade não só em Los Angeles, mas, devido à autoridade do município como proprietário dos condutos de escoamento, em trinta outras municipalidades que utilizavam as instalações de tratamento de esgotos sob contrato. Uma conseqüência draconiana foi que as cidades que no momento bombeavam mais esgotos para o sistema do que o permitido pelas suas cotas – inclusive Santa Monica, Burbank e San Fernando – viram-se diante de um congelamento total do crescimento. Enquanto os construtores e empreendedores observavam em desalento, alguns dos críticos mais vigorosos de Bradley, inclusive Tom Hayden, acorreram para juntar-se a ele, no que parecia ser um ensaio para um amplo realinhamento político[115].

A prefeitura, porém, não se tornou verde de um dia para o outro (mesmo sob a influência do vice-prefeito de preocupação ecológica, Mike Gage). Durante as campanhas de 1988, Bradley conseguiu minar gravemente a sua credibilidade como um ambientalista "redivivo" – e enfurecer novamente os proprietários residenciais do Westside – ao renegar a sua oposição histórica à prospecção de petróleo em Palisades. Nesse ínterim, seu limite para o sistema de esgotos ficou preso por meio ano na Câmara, enquanto vereadores ciumentos – perfeitamente conscientes de que mesmo controles temporários poderiam se tornar vacas sagradas – disputavam com o prefeito se eles mesmos ou o Conselho de Obras Públicas (o qual ele indicava) exerceria o poder de racionar novos empreendimentos e conceder isenções específicas. No final, o prefeito foi obrigado a ceder a prerrogativa à Câmara, a qual, depois de excluir megaprojetos fundamentais queridos de seus corações e bolsos, finalmente aprovou (em maio de 1988) a implementação experimental por nove meses dos "controles do crescimento mais restritivos desde a Segunda Guerra Mundial". Dois anos depois, uma versão renovada desse regulamentação "tampão" ainda estava em vigência – mas agora descrito como "a primeira fase de uma estratégia abrangente de administração do crescimento"[116].

---

ago. 1987, p. 3. (Levou dois anos para a Câmara transformar a "Amigos de Westwood" em uma regulamentação de análise ambiental.)

[115] *Los Angeles Times*, 10/12/1987.

[116] A lei exige que os empreendedores entrem numa fila para obter permissões para se integrarem ao Sistema de Tratamento de Hyperion, e reserva 65% das cotas de esgoto para habitações – sobretudo de renda média e baixa. Ver City Ordinance 165615 (renovada em 16/3/1990), David Salvesen e Terry Lassar, "LA's Sewer Moratorium Curbs Growth", *Urban Land*, ago. 1988; *Los Angeles Times*, 4/5/1988.

Por mais que uma "regulamentação do esgoto" possa parecer prosaica, constituiu um marco importante e possivelmente histórico na evolução da cidade no pósguerra: o momento em que o *big boom* teve que levar em conta o Fator Hyperion. O analista do uso do solo, William Fulton, descreveu a regulamentação como uma "vitória impressionante" para os ativistas do crescimento lento, cuja causa foi investida de "legitimidade política de âmbito regional e aceitação estabelecida". Foi mais significativa do que a Proposição U, porque criou um precedente de "controles *regionais* do crescimento", uma vez que o prefeito de Los Angeles tornou-se a "válvula que interrompia a expansão imobiliária em Santa Monica e Burbank"[117].

Ativistas céticos do crescimento lento, como Laura Lake do "Nova York Ainda Não", habituados aos "planos e leis maravilhosos [da cidade] que ela viola diariamente", não tinham tanta certeza de terem conquistado essa vitória histórica e minimizaram a significação do recente zelo ambientalista do município. Ainda assim, a administração Bradley – deslocando-se cada vez mais para o lado dos verdes, enquanto escapava de uma crise de corrupção política após a outra – continuava em teoria a se comprometer com posições conservacionistas e de gerenciamento mais severo do crescimento. Dessa forma, em abril de 1990, o prefeito publicou uma "cartilha ambiental" oficial, escrita num surpreendente estilo Sierra Club, que cooptava quase que a totalidade das ecocríticas principais anteriormente dirigidas ao governo municipal. Reconhecendo a situação de "uma cidade nos limites", na medida em que analisava a seqüência de crises, a cartilha declarava que "os dias das 'soluções rápidas' de alta tecnologia estavam contados" e propunha para o município assumir o papel de *tough cop* [tira durão] na implementação de medidas ambientais. Entre as muitas recomendações de cunho militante, a cartilha convocava uma mobilização municipal geral para apoiar o Distrito de Administração da Qualidade do Ar (AQMD) da costa sul em seu "agressivo" Plano de Gerenciamento Regional da Qualidade do Ar[118].

Muitos empreendedores temem agora que o AQMD, com apoio vindo de Los Angeles, possa se tornar o mais duro dos poderes de polícia a favor do crescimento lento. É irônico que doze homens brancos de indicação política – a maioria dos quais presumivelmente professa o credo político republicano de desregulamentação máxima – tenham empreendido a imposição de regulamentação mais abrangente em tempos de paz sobre a atividade econômica local desde os dias da Blue Eagle de Roosevelt. Agindo sob a ameaça de um ultimato federal, o Conselho de Diretores do AQMD (que inclui o patriarca do crescimento lento, Braude), adotou um plano abrangente de vinte anos para restabelecer a pureza do ar na bacia de Los Angeles até 2007.

---

[117] *Los Angeles Times*, 27/3/1988.

[118] Cidade de Los Angeles, Conselho de Qualidade Ambiental, *State of City's Environment – Primer* (Los Angeles, 1990).

Cidade de quartzo

Embora os empreendedores e industriais, liderados pela gigantesca Watson Land Company (responsável pelo novo complexo comercial e industrial de South Bay, em LA), uivassem em protesto contra as regulamentações propostas para cobrir todo e qualquer tipo de poluição do ar, desde emissões de refinarias até desodorantes para as axilas, sua veemência maior foi reservada para a decisão do AQMD, no começo de 1990, que visava a analisar sistematicamente todos os empreendimentos imobiliários de larga escala na bacia. Quando o AQMD dirigiu críticas sem precedentes ao leviatã de 2 bilhões de dólares chamado Porter Ranch, do empreendedor Nathan Shapell, no sopé das colinas ao norte do vale de San Fernando – o maior projeto isolado de utilização mista da história de Los Angeles –, os porta-vozes do empreendimento – o ex-cacique da Comissão de Planejamento, Dan Garcia, e o ex-líder da Bustop, Paul Clarke – acusaram o distrito de "declarar guerra à tomada de decisões de nível local". Empreendedores, industriais e supervisores pró-crescimento de LA retaliaram então através da apresentação, no Senado Estadual, de um projeto de lei que permitiria às empresas usar processos de plebiscito e iniciativa para vetar regulamentações do AQMD[119].

Essa emergente guerra de posição entre os setores "verdes" do governo e o setor privado (e entre administradores ambientais não eleitos e políticos assistencialistas locais) está remodelando tanto a linguagem por meio da qual se articula a política do crescimento quanto o terreno onde ocorre a contenda entre os diferentes interesses[120]. No rastro de Hyperion, um terceiro grupo – a ideologia moderada de "administração do crescimento" dos tecnocratas regionais[121] – surgiu entre a fúria justificada dos subúrbios e a indiferença arrogante dos empresários do setor imobiliário e seus asseclas. Só resta ver como os ativistas dos proprietários residenciais nos vales suburbanos se comportarão diante do desafio dessa nova conjuntura.

---

[119] Ver Alan Weissman, "LA Fights for Breath", *The New York Times Magazine*, 30/7/1989; *Los Angeles Business Journal*, 19/2/1990 e 19/3/1990; e *Downtown News*, 5/2/1990.

[120] Um outro vetor de administração do crescimento no lugar de algum órgão regional abrangente é através do poder da Cal Trans ou dos órgãos de planejamento de transporte regional. Em janeiro de 1990, o deputado estadual Richard Katz, democrata do vale de San Fernando, propôs uma legislação que racionaria o crescimento via "padrões de fluxo de tráfego", de modo bastante semelhante ao que a regulamentação dos condutos de escoamento de Los Angeles amarrava os direitos de construção à capacidade dos condutos. Ver *Los Angeles Business Journal*, 20/1/1990.

[121] O *LA 2000 Report* é um exemplo paradigmático dessa mentalidade.

Nimbys e know-nothings*

A partir de um punhado de amantes de cachorros com pás para excrementos no parque, a Vigilância do Parque de [Jane] Purse cresceu para tornar-se um grupo que cobre toda a cidade, com mil famílias, um contador autorizado e influência suficiente para fazer com que o antigo vice-presidente Walter Mondale apóie a causa deles. [...] Em novembro, as autoridades aprovaram um plano piloto para estabelecer horários e lugares designados nos quais os cães correriam livres das correias. O vereador Joel Wachs, que se opôs ao grupo em seu distrito durante anos, votou a favor do plano. "Ele não teve escolha", disse Joan Luchs, da Vigilância, que falou que cem membros do grupo invadiram uma reunião do comitê. Eles fizeram cartazes representando Wachs como o Anticristo, um dos Três Patetas e um "nazista canino".[122]

A despeito da imensidade da crise ambiental de Los Angeles, é difícil encontrar provas de que o movimento pelo crescimento lento dos subúrbios compreendeu seu compromisso com o destino. De fato, como a história da luta épica da Parkwatch por um "parque canino sem pazinhas de excremento" no vale de San Fernando sugere, a essência da visão de mundo do suburbano contemporâneo é precisamente a incapacidade de distinguir a significação histórica dos esgotos que entopem a baía de Santa Monica da pilha preciosa depositada pelo Totó no seu parque canino predileto. Um neologismo californiano dos anos 1980 exprime com perfeição esse caráter de provincianismo intransponível: *nimby*. Isto significa *"not in my back yard"* [não no meu quintal], embora, como veremos, *"not on my lawn"* [não no meu gramado] poderia ser às vezes uma tradução melhor.

No caso específico dos proprietários residenciais do vale de San Fernando, as grandes questões unitárias do fim da década de 1970 (impostos, transporte de integração e densidade) foram superadas, no fim dos anos 1980, por um caos exótico de protestos *nimby*: contra o congestionamento do tráfego, construção de minishoppings, expansão do aeroporto, localização de escolas, a demolição do restaurante Tail O'Cock, a construção de uma mesquita, um parque para as artes, loteamento, construções de apartamentos, alargamento de ruas, desmatamento de uma encosta, campos de beisebol, *trailers* para desabrigados, desaparecimento dos estábulos para cavalos e a construção de uma fábrica de *tortillas*[123].

Nem mesmo os ricos e famosos conseguiam instalar sub-repticiamente um centro de tratamento de viciados, ou fazer xixi atrás de uma moita, sem chamar a atenção da vigilância dos proprietários residenciais do vale de San Fernando. Diante de uma perspectiva de ter a Associação de Proprietários Residenciais de Lake View Terrace fazendo piquetes em frente à sua mansão de Bel-Air, a ex-

---

* Membro de uma organização política secreta americana do século XIX, hostil à influência política de imigrantes recentes e de católicos. Seus princípios ressurgiram na metade do século XX sob a forma de uma atitude política denominada *"know-nothinguismo"*, caracterizada pelo antiintelectualismo, patriotismo exagerado e temor das influências subversivas estrangeiras. (N. T.)

[122] *Daily News*, 3/1/1988.

[123] Ver Greg Baer, "Slow/Planned Growth Movements in the San Fernando Valley", mimeo, 1988.

Cidade de quartzo

primeira dama foi forçada a dizer não, além de às drogas, a seus planos de instalar o Nancy Reagan Center (para tratamento de viciados) em um edifício desocupado de atendimento médico na região do vale. Enquanto isso, a filial pretendida de um bistrô grã-fino de Beverly Hills no bulevar Ventura desencadeou uma veemente batalha lares *versus* urina com a Associação de Proprietários Residenciais de Sherman Oaks. Opondo-se à permissão para a venda de bebidas alcoólicas, numa audiência de zoneamento, os proprietários elaboraram seus temores: "A urina na rua [...] as pessoas acham que os caixas-altas nunca urinariam em público ou fariam outras coisas grosseiras. É chocante, mas é verdade". A essa alegação monstruosa, o representante da *haute cuisine* replicou:

> Estamos aqui em Beverly Hills há 25 anos. Recebemos chefes de Estado, estrelas de cinema, governadores, príncipes e princesas. Chegar a sugerir que qualquer uma dessas pessoas urinaria no gramado de alguém antes de adentrarem suas Mercedes é chocante. [...] Acho que as pessoas que estão dizendo esse tipo de coisas vivem numa área cheia de lixo. Nossos banheiros são provavelmente mais elegantes do que as salas de estar deles.[124]

Quando a questão se refere à solução de problemas urbanos importantes, os moradores do vale são tão pacientes e construtivos quanto o Sendero Luminoso. Ironicamente, a única grande questão que abarcou o vale de San Fernando em 1987–1988 foi a oposição a uma linha proposta de conexão com o Centro por meio de trens rápidos. Os problemas de tráfego do vale são um pesadelo sintomático da crise global das infra-estruturas de crescimento de LA. Com a via expressa Ventura envolta em poluição e já em *rigor mortis* devido ao pior nível de congestionamento do país, o excesso de tráfego entope os bulevares arteriais antes de se derramar pelas ruas residenciais. Os engenheiros do Departamento de Trânsito da Califórnia advertiram que, sem uma solução rápida para o trânsito de massa, "o sistema não vai entrar em colapso, vai é explodir"[125]. Com o apocalipse do tráfego iminente, poderia-se ter esperado que os residentes do vale de San Fernando dessem boas vindas ao plano da Comissão de Transporte do Condado de Los Angeles para uma linha de trilho fixo barata.

Ao contrário, os habitantes organizados do vale eram, antes de tudo, proprietários residenciais *nimby*, e só em segundo lugar trabalhadores que sofriam no trânsito. A Comissão, como outros órgãos vindos de fora, não conseguiu compreender a geografia de bairro do vale de San Fernando, e os localismos ferozes que se escondiam sob uma paisagem superficialmente homogênea. O itinerário proposto dos trilhos foi planejado para passar ao longo do bulevar Chandler, cruzando inadvertidamente o centro de uma comunidade judaica ortodoxa, que queixou-se porque a linha inviabilizaria os rituais do Sabbath. Os Hassidim

---

[124] *Los Angeles Times*, 25/9/1988.

[125] Tom Johnson, "Stop That Train", *Los Angeles Magazine*, 10/1/1988.

Revolução feita em casa

receberam o reforço de outros grupos de proprietários residenciais, que viam a linha como uma conspiração dos interesses comerciais de Van Nuys e do Warner Center, os quais "querem expandir, expandir, expandir [...] com o sacrifício do Sonho Americano". No final, o líder dos Proprietários Residenciais de Encino, Jerry Silver (cujo irmão mora no bulevar Chandler) reuniu uma centena de outros proprietários residenciais na Coalizão de Trânsito de Todo o Vale (AVTC) para se opor aos trilhos no quintal de *qualquer um*[126].

Enquanto os incrédulos engenheiros de trânsito observavam, a poderosa Comissão de Trânsito desmoronava diante dos nimby multiplicados por cem. Embora as pesquisas demonstrassem que os usuários potenciais eram esmagadoramente favoráveis à linha proposta, não havia nenhuma organização de base dos trabalhadores que iam diariamente para o centro (como explicou Silver, "as pessoas não se organizam para lutar *por* alguma coisa, elas se organizam para lutar *contra* alguma coisa"). Em vez de se engalfinharem ainda mais com a AVTC – uma versão superdimensionada da Parkwatch ou da West Hills –, a Comissão de Transportes, pouco heroicamente, abandonou o campo de batalha. Dois anos mais tarde, depois de árduas negociações com os grupos de proprietários residenciais, os legisladores anunciaram um "acordo" que estenderia o Metro Rail subterraneamente pelo do bulevar Chandler, a um custo imensamente maior do que o da proposta original do trem rápido, mas sem perturbar o Sabbath[127].

A agitação atual dos protestos dos proprietários residenciais no vale de San Fernando torna-se mais racialmente carregada seguindo a leste, no vale de San Gabriel, onde a política do crescimento lento age como uma versão atualizada do "*know-nothinguismo*" antiimigrante. Embora com aproximadamente a mesma população do San Fernando (por volta de 1.250.000 em 1985), o outro grande vale suburbano do Condado de Los Angeles é fragmentado em um mosaico complexo de diferenças étnicas, de classe e de uso do solo, cobrindo 28 municipalidades que integram separadamente o condado e numerosos "buracos" causados pelos que não compõem o condado. Outrora o maior cinturão de cítricos do mundo, o vale de San Gabriel, como o de San Fernando, sofreu um estresse pelo crescimento agudo durante a última geração. Na metade ocidental construída do vale (dominada por Pasadena), onde o valor dos imóveis subiu 30% apenas em 1987–1988, as associações de proprietários residenciais estabelecidas vêm lutando fanaticamente para proteger seus bairros de moradias de

---

[126] Idem. Uma outra "estrela em ascensão em meio à controvérsia amarga [do trem rápido]" era a antiga líder da Bustop e parlamentar conservadora, Bobbi Fielder, "cuja atenção se deslocou dos onibuzinhos escolares amarelos para os trens prateados do Metro Rail".

[127] Meu relato resume manobras e realinhamentos muito enigmáticos das forças em conflito. Para a história integral, ver Johnson e Elaine Litster, "The Political Development of the San Fernando Light Rail System", mimeo, 1989. Ver também *Daily News*, 29/11/1987.

Cidade de quartzo

família individual do defloramento nas mãos dos construtores de apartamentos[128]. Simultaneamente, na metade oriental em rápida urbanização (sobretudo ao longo do corredor de crescimento da auto-estrada Pomona), a qual ganhou 250 mil novos residentes durante os anos 1980, os suburbanos que trabalham no Centro se organizaram para reduzir a expansão imobiliária e preservar as amenidades rurais remanescentes.

Por todo o vale de San Gabriel, porém, essas questões padrão do crescimento lento tornaram-se inexoravelmente interligadas a uma reação racista cada vez mais virulenta. Outrora predominantemente saxônica (com *colonias* espalhadas de trabalhadores mexicanos dos cítricos), o vale tornou-se um dos principais destinos para *chicanos* em ascensão social, que saem da LA oriental, e empresários chineses chegados de Taiwan ou Hong Kong, assim como mexicanos e vietnamitas mais pobres. Enquanto os 250 mil *chicanos* (basicamente artesãos e operários especializados) são vistos fundamentalmente como uma ameaça política às estruturas de poder entrincheiradas dos saxões, os 150 mil chineses (empresários do comércio e do setor imobiliário, assim como profissionais e trabalhadores) são encarados com antipatia pelo seu alegado papel na expansão imobiliária excessiva e na degradação física de comunidades inteiras.

Monterey Park – uma cidade de 65 mil moradores no vale de San Gabriel, a cerca de doze quilômetros a leste do Centro de LA – tem sido por mais de uma década o principal campo de batalha entre proprietários residenciais brancos e o "crescimento com cara asiática". Noventa por cento saxão em 1960, esse montanhoso subúrbio de casas de família individual evoluiu, durante a década de 1970, no sentido de um precário equilíbrio triplo entre saxões, *chicanos* e nipo-americanos residentes, até que Fred Hseih, um arguto empresário do setor imobiliário com conexões bancárias externas, concebeu a idéia de vender Monterey Park como a versão chinesa do Sonho da Califórnia. Seduzidos pelos anúncios atraentes que descreviam uma "Beverly Hills chinesa", milhares de falantes de mandarim, vindos de Taiwan, e falantes de cantonês, vindos de Hong Kong e da Indonésia, transformaram Monterey Park no primeiro subúrbio de maioria chinesa da América do Norte em 1985. Meio bilhão de dólares de capital da diáspora remodelaram o bulevar Atlantic para transformá-lo numa faixa superdimensionada de edifícios comerciais chineses, além de inundarem o Departamento de Planejamento Municipal com dezenas de requerimentos para a construção de minishoppings e condomínios[129].

---

[128] Apesar de terem gasto cinco vezes mais do que as forças pelo crescimento lento, os empreendedores de Pasadena ficaram abismados com a vitória, em março de 1989, da proposta Pride (Pasadena Residents in Defense of Our Environment), estabelecendo um teto para habitações de unidades múltiplas e para a construção comercial.

[129] *Los Angeles Times*, 5/4/1987.

Revolução feita em casa

A extraordinária reestruturação étnica produziu uma reação nativista sob a forma da Ramp (Associação de Residentes de Monterey Park), cuja meta autoproclamada é o crescimento lento, particularmente a restrição a novas construções comerciais e de unidades múltiplas. Uma vez que a maioria dos empreendedores imobiliários combatidos pela Ramp são também chineses, a associação tem invariavelmente assumido o alter-ego de ser a principal oposição a uma "maior dominação chinesa". Nas eleições de 1986, aproveitando-se do fato de que a minoria branca da cidade ainda é um bloco de eleitores registrados maior do que a nova maioria chinesa, a Ramp afastou os harmonizadores étnicos moderados (dois latinos e um sino-americano) em favor de seus próprios representantes de linha dura. Como explica o sociólogo John Horton, a luta pelo controle do uso do solo rapidamente tornou-se um conflito relacionado à "própria definição do que é uma comunidade americana":

> O lado nativista do crescimento lento se mostrou em 1985, quando a Câmara Municipal adotou regulamentação que exigia que os empreendimentos chineses incluíssem traduções inglesas em seus letreiros. Um ano mais tarde, a uma e meia da manhã, quando o público atento já havia ido para casa, a maioria pelo crescimento lento da Câmara fez aprovar uma resolução que declarava apoio ao inglês como a "língua oficial" de Monterey Park. Um dos membros mais "patrióticos" da Câmara chegou mesmo a propor que a polícia local cooperasse com o INS [Serviço de Imigração e Naturalização] no cumprimento de seus "deveres americanos".[130]

O *"know-nothinguismo"* do crescimento lento em Monterey Park atingiu seu nível mais baixo no reinado do prefeito Barry Hatch, um ex-missionário mórmon que atraiu atenção nacional com a acusação, pontuada por socos na mesa, de que "um bilhão de chineses [...] estão procurando um bom lugar para aterrissar. Não há outro lugar, a não ser aqui. O que eles querem é o Vale inteiro"[131]. Embora Hatch "Perigo Amarelo" tenha sido finalmente despejado da Câmara por uma mobilização "ecumênica" de eleitores *chicanos*, chineses e japoneses em abril de 1990, grupos do tipo Ramp já haviam se espalhado por todas as comunidades da área. Por exemplo, um missionário da Ramp havia tido êxito em influenciar líderes de proprietários residenciais conservadores republicanos de San Gabriel, Arcadia, e de seis outras cidades que se deparavam com a imigração asiática para que formassem uma "coalizão de crescimento lento" do vale de San Gabriel com conotações excludentes[132].

---

[130] John Horton, "Ethnicity and the Politics of Growth", mimeo, Departamento de Sociologia, Ucla, 1989.

[131] *Los Angeles Times*, 27/5/1989. Ver também *Herald-Examiner*, 26/1/1989.

[132] *Los Angeles Times*, 9/3/1988. Em San Gabriel, a guerra do crescimento assumiu conotações de comédia dignas dos Irmãos Marx depois que o vice-prefeito Frank Blaszcak, o líder das forças

Cidade de quartzo

O censo de 1990 sem dúvida revelará que Alhambra – um subúrbio mais antigo e modesto logo do outro lado da auto-estrada de San Bernardino, em frente a Monterey Park – está à beira de se tornar o segundo subúrbio de maioria chinesa do vale. Diferentemente de Monterey Park, contudo, muitos de seus residentes são chineses étnicos mais pobres do Vietnam, que trabalham nas lojas de roupas locais ou nos estimados duzentos restaurantes chineses de Alhambra. A ROC (Residentes Contrários a Condomínios) foi a filha da Ramp em Alhambra, organizando-se contra o influxo de chineses de renda mais baixa por meio de uma circular que continha uma iniciativa para abolir todas as construções de unidades múltiplas do município. Nesse ínterim, o vizinho aristocrático de Alhambra, San Marino (antigo quartel-general nacional da John Birch Society), lançou mão de uma "regulamentação de quarto de dormir" para limitar a compra de imóveis por famílias ricas, porém grandes de asiáticos, protegendo assim seu estilo de vida de ricos antigos[133].

A jovem (1989) municipalidade do vale chamada Diamond Bar – integrada ao condado e favorável ao crescimento lento, sob inspiração, como Santa Clarita, das associações de proprietários residenciais – também debateu intensamente a limitação da construção de apartamentos, presumivelmente com o propósito de excluir todo tipo de não-saxões da classe trabalhadora. De fato, a equação entre apartamentos e crime é agora tão automática que um candidato recente a vereador em Diamond Bar (financiado pelo proprietário da cadeia de restaurantes Carl's Junior) argumentou da seguinte forma contra as habitações de famílias múltiplas: "Não quero ver pichações, gangues e prostituição – quero segurança para todos os que vivem em Diamond Bar"[134].

Seria injusto, todavia, sugerir que o vale de San Gabriel é o único refúgio branco sitiado da Califórnia meridional. Nos Condados de Orange, na parte sul, e San Diego, na parte norte – a "futurópolis" 95% branca da Califórnia meridional, com suas comunidades planejadas afluentes e parques de ciência –, associações históricas de proprietários residenciais, apoiados pelos empresários locais, começaram a fazer guerra contra o próprio trabalho imigrante do qual dependem seus estilos de vida de raça dominante. Deplorando infâmias tais como urinar em público, os proprietários residenciais da cidade de Orange, Costa Mesa, San

---

antiapartamento, foi acusado de "mostrar o traseiro" a um adversário durante uma reunião da Câmara Municipal. Ver *Los Angeles Times*, 3/3/1989.

[133] *Los Angeles Times* (edição do vale de San Gabriel), 30/10/1986. Alhambra deveria agradecer aos seus jovens imigrantes asiáticos. A precária e depredada Escola Municipal de Alhambra (54% de asiáticos no corpo discente) reuniu suas forças e obteve o nível mais alto de resultados em matemática e ciências entre as escolas públicas do segundo grau em 1988, suplantando instituições da fama da Bronx Science. Ver *Los Angeles Times*, 17/7/1988.

[134] *Los Angeles Times* (edição do vale de San Gabriel), 1/4/1990.

Clemente, Encinitas e outros lugares ao longo da "Costa Dourada", clamaram por repressão policial aos mercados de trabalho de esquina e acampamentos no mato de trabalhadores mexicanos e centro-americanos sem documentos. Uma vez que não há praticamente nenhuma habitação de baixa renda entre o *barrio* de Santa Ana e East San Diego (uma distância de 150 quilômetros), milhares de diaristas e suas famílias – *okies** de língua espanhola dos anos 1980 – são obrigados a morar furtivamente em abrigos escavados em encostas e acampamentos improvisados temporários, muitas vezes no campo de visão de casas em terrenos de um milhão de dólares, cujos proprietários querem agora remover a "praga dos imigrantes".

Como sugerem esses exemplos, o *"know-nothinguismo"* do crescimento lento, por sua própria natureza, parece estar avançando insidiosamente na direção de soluções malthusianas finais. Portanto, numa conferência da "Nova York Ainda Não" em 1987, a aliança pelo crescimento lento do Westside, um grupo defendia uma iniciativa de âmbito estatal por *"elbow room"*** que selaria a fronteira com o México, restringiria drasticamente a imigração de todo tipo e imporia planejamento familiar obrigatório. A ironia da situação parecia escapar aos promotores da iniciativa, hipnotizados por sua visão ofuscante de um estilo de vida Ozzie and Harriet*** politicamente cirogenizado: que a imposição definitiva do crescimento lento exigiria a construção de um *Reich* na Califórnia.

Amigos do povo

É uma verdade universal que, onde o valor da terra é mais alto, a civilização exibe o luxo mais grandioso ao lado da miséria mais lamentável. Para ver seres humanos na condição mais abjeta, mais indefesa e sem esperança, deve-se ir não aos campos onde há cercas, [...] mas às grandes cidades, onde a propriedade de uma fatia mínima de terra é uma fortuna.
Henry George, 1869[135]

Numa passagem famosa do *Dezoito Brumário*, Marx descrevia o campesinato francês como um "saco de batatas", incapaz por sua própria constituição de qualquer coerência de interesse ou ação social em larga escala, exceto quando mobilizado por um líder carismático. A partir do nosso relato anterior, é difícil

---

* Um trabalhador imigrante rural, sobretudo os vindos de Oklahoma nos anos 1930. (N. T.)

** Literalmente, "espaço para os cotovelos". (N. T.)

*** Referência ao casal de protagonistas de uma popular *sitcom* das décadas de 1950 e 1960, *The Adventures of Ozzie and Harriet*, ícone do ideal norte-americano de "família perfeita". (N. E.)

[135] Henry George, citado em Charles Baker, *Henry George* (Nova York, 1955), p. 285.

Cidade de quartzo

evitar um julgamento semelhante sobre os proprietários residenciais da Califórnia meridional. Por mais que eles tentem tornar-se "bolcheviques do Cinturão do Sol", os partidários do crescimento lento permanecem basicamente sendo batatas camponesas, cuja escala "natural" de protesto é o *nimbyismo* desagregado; ou seria o "anarco-sindicalismo residencial" um termo melhor? O que parece excepcional está no momento de energia de massa concentrada representado pela Proposição 13 e o "bonapartismo" de Howard Jarvis em 1978. Somente a Federação Hillside, com sua liderança estável e programa elaborado, quebra o molde das associações de proprietários residenciais individualistas dominadas por personalidades desequilibradas, participando de coalizões temporárias para depois, inevitavelmente, remolecularizar-se em torno de seus próprios quintais. Numa perspectiva histórica, isso parece ser praticamente uma lei férrea.

Ainda assim, os empreendedores e o resto da indústria imobiliária vivem no temor de que o improvável possa ocorrer novamente, e que alguma combinação de crise e carisma coloque nas urnas o equivalente à Emenda Jarvis no campo do crescimento lento. A fim de prevenir esse Dezoito Brumário específico, traçaram uma estratégia brilhante, ainda que assombrosamente hipócrita, baseada nas suas décadas de experiência na manipulação da opinião pública contra o ambientalismo. Seguindo a receita criada pelo megaempreendedor Eli Broad no começo dos anos 1970, eles se tornaram os "amigos do povo", denunciando os "proprietários residenciais egoístas e elitistas" que impedem a "disseminação gradual" dos dividendos do crescimento e da habitação de baixa renda para as camadas inferiores da sociedade.

A campanha de 1988 contra a Medida A de crescimento lento no Condado de Orange foi uma espécie de marco *déjà vu* na história dos esforços eleitorais de interesse específico na Califórnia. Sob a direção do consultor político da Nova Direita, Lynn Wessell ("Weasel" [fuinha], para seus adversários), um plano de propaganda sistemática de 2,5 milhões de dólares, financiado pelas empresas de Irvine e Mission Viejo, foi reorganizado para uma reação de base ampla de sindicatos e grupos representantes das minorias. A mala direta pró-crescimento enviada aos subúrbios de operários do norte do Condado de Orange afirmava falsamente que todos os domicílios estavam na iminência de pagar um tributo de 1,8 mil dólares a "uns elitistas do sul do condado". Poucos meses depois, os empreendedores do Condado de Riverside, lutando contra a Sim, para o Controle do Crescimento pelos Residentes (Medida B), repetiram a estratégia do Fuinha com a Residentes pelo Planejamento Responsável, divulgada como "uma coalizão de base ampla com representação dos trabalhadores organizados, da Câmara de Comércio Hispânica [e] de defensores da habitação acessível". Embora alguns sindicatos de categorias ligadas à construção e grupos representantes de minorias de fato tenham endossado essa frente dos empreendedores, o

Revolução feita em casa

dinheiro (ou pelo menos 85% dele) veio dos latifundiários, sobretudo da Rancho California Company, com os seus 40 mil hectares. Se em ambos os condados as medidas pelo crescimento lento que as pesquisas iniciais consideravam altamente populares foram derrotadas pela tática de terror dirigida aos eleitores da classe trabalhadora, tratava-se apenas da reedição de um antigo estratagema. Muito antes do Fuinha, o velho Octopus (da Southern Pacific) rotineiramente comprava eleições em nome do antielitismo popular[136].

Como no início do século XX, a fachada de populismo dissimula a operação de uma estrutura de poder de ultra-elite – no caso contemporâneo, de uma aliança de âmbito estadual de empreendedores, construtores, agentes imobiliários e bancos contrários aos controles do crescimento. Esse Octopus maior e mais novo, como vimos no capítulo 2, possui uma influência bipartidária extraordinária sobre ambas as agremiações em todos os níveis governamentais. Berrando a plenos pulmões sobre o sofrimento do proletariado e à "habitação acessível", o campo pró-crescimento (liderado pela Fundação da Indústria de Construção da Califórnia) engloba empreendedores contrários à habitação inclusiva, construtores contrários aos sindicatos, agentes imobiliários contrários à integração habitacional e proprietários de imóveis contrários ao controle dos aluguéis. Enquanto professavam defender a causa do "planejamento responsável", eles, na realidade, promoveram uma ofensiva legal abrangente – o segundo pilar de sua estratégia – para reafirmar os direitos irrestritos dos empreendimentos privados contra qualquer regulamentação comunitária. Profeticamente, essa iniciativa encontrou poderosos aliados filosóficos em maiorias de cortes supremas federais e estaduais em deslocamento para a direita, prontos a restaurar doutrinas do século XIX de "propriedade absoluta"[137].

---

[136] *Los Angeles Times*, 2/8/1988, 2/10/1988 e 3/10/1988; 26/3/1989 (perfil de Wessell) e 26/4/1989.

[137] Duas importantes decisões da Suprema Corte, *Nollan* e *First English*, minaram a autoridade sobre o uso do solo da Comissão Costeira da Califórnia e dos governos locais. Numa outra frente, os empreendedores e proprietários de terra iniciaram uma campanha de "SLAPPing" – Strategic Lawsuits Against Public Participation [Ações legais estratégicas contra a participação pública; as iniciais formam o verbo *slap*, que significa es*bofetear* e, com o dobramento do *p*, causado pela adição do sufixo, a frase ganha um duplo sentido, concreto e figurativo] –, as forças do crescimento lento. Por exemplo, quando a Associação de Propriedades do Norte de Westlake tentou impedir um grande projeto imobiliário junto a Lang Ranch, a empresa processou os proprietários residenciais por perturbação da ordem e venceu um julgamento de 750 mil dólares. Na maioria dos casos, as moradias dos residentes ficam bloqueadas no curso do litígio (*lis pendens*) e poderiam potencialmente ser confiscadas para pagamento de danos. Desnecessário dizer que as decisões favoráveis dos tribunais às SLAPPs vêm se tornando um desencorajamento de peso para ações de interesse público de qualquer tipo. Ver o artigo de Ron Galperin no *Los Angeles Times*, 29/4/1990.

Cidade de quartzo

E, como nos maus velhos tempos do início do século XX, os grupos trabalhistas e de direitos civis aliados ao Octopus estão sendo liderados pelos seus adversários. Os grupos defensores das minorias, desconfiados com justiça dos proprietários residenciais fiéis à supremacia branca, pularam da frigideira para o fogo, ao apoiar empreendedores responsáveis pela criação das periferias suburbanas monocromáticas nos condados de Los Angeles, na sua parte norte, e Orange, na sua parte sul. Poderosos caciques de categorias ligadas, em sua maioria, à construção, continuam a bloquear as federações trabalhistas locais (como no município de Los Angeles, nos Condados de Riverside, San Bernardino e Orange) no interior de coalizões inertes com grandes empreendedores, mesmo quando estes últimos são partidários de peso da destruição dos sindicatos. (Uma exceção pioneira a essa sombria tradição foi a iniciativa de 1988 da gigantesca filial local dos empregados do Condado de LA, ligada à União Internacional dos Empregados em Serviços (Seiu), de aliar-se aos ambientalistas e proprietários residenciais do vale de San Fernando, a fim de se opor a Mike Antonovich, o supervisor pró-crescimento anti-sindicato para o norte do Condado de Los Angeles.)

Para legitimizar seu mandato popular, as forças pró-crescimento passaram a publicar regularmente pesquisas para provar que os residentes dos guetos e os trabalhadores industriais são fortemente contrários ao movimento pelo crescimento lento. O *Los Angeles Times* interpretou uma pesquisa numa reportagem de primeira página de modo a alegar que o crescimento era o principal fator de separação étnica na cidade, ameaçando desintegrar a histórica coalizão da região Centro-Sul com o Westside do prefeito Bradley. Na realidade, os fatos são muito mais complexos e ambíguos. Apesar de sua demonização como o "fim da expansão", os eleitores negros e latinos endossaram esmagadoramente a Proposição U, e, em outras pesquisas, 56% dos latinos e 40% dos negros apoiaram uma redução dos empreendimentos imobiliários. Outras pesquisas no Condado de Orange e por todo o interior não puderam estabelecer uma polarização de classe clara em relação às questões do crescimento[138].

Possivelmente, existe uma divisão interna significativa em comunidades não-saxônicas entre inquilinos e proprietários residenciais, com estes últimos mais inclinados no sentido do crescimento lento. Mas o ponto crucial é que as pesquisas em si, pela maneira excludente pela qual formulam as perguntas (pró e contra o desenvolvimento econômico, por exemplo), simplesmente reproduzem as dicotomias distorcidas da ideologia da guerra do crescimento. Não é de se estranhar que as pessoas pobres, sobretudo os inquilinos, escolham empregos em

---

[138] Ver *Los Angeles Times*, 21/6/1987, 1/8/1988 e 2/8/1988; Mark Baldassare, "Predicting Local Concern About Growth", esboço de manuscrito, Universidade da Califórnia em Irvine, 1987; Don Albrecht, Gordon Bultena e Eric Rhoiberg, "Constituency of Antigrowth Movement", *Urban Affairs Quarterly*, jun. 1986.

Revolução feita em casa

vez de qualidade ambiental, quando os dois são artificialmente contrapostos. Se fosse a única opção oferecida, a maioria das pessoas também escolheria cortar o dedo do pé em vez da perna. Tais métodos duvidosos, mas onipresentes, de pesquisa somente revelam as ansiedades relativas das pessoas, e não suas opiniões substantivas.

Como toda a ideologia, o "crescimento lento" e seu antípoda, o "pró-crescimento", devem ser compreendidos tanto do ponto de vista das questões *ausentes* quanto das levantadas. O debate entre proprietários residenciais afluentes e megaempreendedores é, no fim das contas, conduzido na linguagem de *Alice no País das Maravilhas*, com ambos os lados conspirando para preservar falsos opostos, "crescimento" *versus* "qualidade dos bairros". É sintomático da presente distribuição do poder (favorecendo tanto o capital *quanto* as classes médias altas residenciais) que a miséria e a destruição pavorosas nas áreas dos guetos de Los Angeles (ver capítulos 5 e 6) tornaram-se a grande não-questão da década de 1980, enquanto o impacto do crescimento sobre os bairros afluentes ocupou o centro das atenções. Proprietários residenciais não-afluentes e inquilinos, a maioria silenciosa, continuaram a ser meros peões nas lutas pelo poder relacionadas ao crescimento, seus interesses sociais independentes (por exemplo, justiça econômica *e* proteção ambiental, empregos *e* ar puro, e assim por diante) suprimidos da controvérsia cívica.

Se o movimento pelo crescimento lento, em outras palavras, tem sido explicitamente um protesto contra a urbanização dos subúrbios, ele é, implicitamente – na antiga tradição da política dos proprietários residenciais de Los Angeles –, uma reafirmação do privilégio social. Ironicamente, no momento exato em que as classes médias saxônicas diminuíram demograficamente para se tornar uma minoria dentro da cidade, seu poder social organizado se expande ao máximo, mesmo se disperso em protestos do tipo *nimby*. A política do crescimento, em geral, parece militar contra a política de classe. Não obstante, como veremos no capítulo 4, uma luta de classes unilateral, ironicamente unindo proprietários residenciais e empresários do setor imobiliário, campeia ferozmente no nível do ambiente construído de Los Angeles.

4
Fortaleza LA

Florestas de pequenas placas ameaçadoras avisando: "Reação Armada!" crescem nos gramados cuidadosamente aparados do Westside de Los Angeles. Até mesmo os bairros mais ricos nos *canyons* e nas encostas de colinas se isolam atrás de muros guardados por polícia privada armada e por moderníssimos equipamentos de vigilância eletrônica. No Centro, um "renascimento urbano" publicamente subsidiado ergueu a maior cidadela empresarial da nação, segregada dos bairros pobres à sua volta por um monumental glacis arquitetônico. Em Hollywood, o célebre arquiteto Frank Gehry, aclamado por seu "humanismo", faz apologias do visual sitiado numa biblioteca projetada para se parecer com um forte da legião estrangeira. No distrito de Westlake e no vale de San Fernando, a polícia de Los Angeles ergue barreiras nas ruas e isola os bairros pobres como parte de sua "guerra contra as drogas". Em Watts, o empreendedor Alexander Haagen faz uma demonstração de sua estratégia para recolonizar os mercados varejistas do gueto: um shopping center panóptico cercado por grades de metal pontudas com uma subdelegacia do LAPD numa torre central de vigilância. No horizonte do milênio, finalmente, um ex-chefe de polícia faz cruzadas em prol de um "olho gigante" anti-crime (um satélite geosincrônico patrulheiro) enquanto outros tiras cultivam discretamente versões para o "Garden Plot", um plano dos anos 1960, antigo mas ainda viável, para fazer frente a um possível apocalipse da lei e da ordem.

Bem-vindo à Los Angeles pós-liberal, onde a defesa dos estilos de vida luxuosos se traduz pela proliferação de novas formas de repressão no espaço e no movimento, apoiadas na "reação armada" ubíqua. Essa obsessão por sistemas de segurança física e, colateralmente, pelo policiamento arquitetônico das fronteiras sociais, tornou-se o *Zeitgeist* [espírito da época] da reestruturação urbana, a nar-

Cidade de quartzo

rativa mestra do meio construído emergente dos anos 1990. A teoria urbana contemporânea, todavia, ainda que debata o papel das tecnologias eletrônicas na precipitação do "espaço pós-moderno" ou discuta a dispersão das funções urbanas por "galáxias" metropolitanas policêntricas, tem silenciado estranhamente sobre a militarização da vida da cidade, tão lamentavelmente visível no nível das ruas. Os apocalipses pop de Hollywood, assim como sua ficção científica simplista, foram mais realistas, como também politicamente mais sensíveis, na representação do endurecimento programado da superfície urbana resultante das polarizações sociais da era Reagan. Imagens de guetos carcerais (*Fuga de Nova York*, *O sobrevivente*), grupos de extermínio high-tech da polícia (*Blade Runner*), edifícios inteligentes (*Duro de matar*), bantustãos urbanos (*Eles vivem!*), guerras de rua que lembram o Vietnã (*As cores da violência*) e assim por diante, apenas extrapolam a partir de tendências realmente existentes.

Essas visões distópicas registram a extensão com que a escalada faraônica da segurança residencial e comercial suplanta as esperanças residuais por reforma urbana e integração social. As previsões sombrias da Comissão Nacional sobre as Causas e Prevenção da Violência, de Richard Nixon, em 1969 se cumpriram tragicamente: nós vivemos em "cidades-fortalezas" brutalmente divididas entre "células fortificadas" da sociedade afluente e "lugares de terror" onde a polícia trava batalhas contra o pobre criminalizado[1]. A "Segunda Guerra Civil", que começou nos verões longos e quentes dos anos 1960, se institucionalizou na própria estrutura do espaço urbano. O velho paradigma liberal de controle social, tentando combinar equilibradamente repressão com reforma, há muito foi substituído por uma retórica de guerra social que avalia os interesses dos pobres e das classes médias urbanas como uma contradição irreconciliável. Em cidades como Los Angeles, no lado ruim da pós-modernidade avançada, observa-se uma tendência sem precedentes no sentido da fusão do urbanismo, da arquitetura e do aparato policial num único esforço abrangente de segurança.

Tal fusão marcante tem conseqüências de amplo alcance para as relações sociais do ambiente construído. Em primeiro lugar, a provisão de "segurança" de mercado gera sua própria demanda paranóica. A "segurança" se torna um bem posicional que se define por um nível de renda que permite o acesso a "serviços de proteção" privados, tornando o cliente membro de um enclave residencial rígido ou de um subúrbio restrito. Como símbolo de prestígio – e, algumas vezes, como limite decisivo entre os que estão meramente bem e os "verdadeiramente ricos" – a segurança tem menos a ver com a proteção de cada um do que com o grau de isolamento pessoal, em ambientes residenciais, de trabalho, consumo e viagem, em relação a grupos e indivíduos "desagradáveis", ou mesmo à multidão em geral.

---

[1] Ver National Committee on the Causes and Prevention of Violence, *To Establish Justice, to Ensure Domestic Tranquility – Final Report*, 1969.

Em segundo, como observou William Whyte em relação ao relacionamento social em Nova York, "o medo prova a si mesmo". A percepção social da ameaça se torna uma função da própria mobilização por segurança, e não dos índices de criminalidade. Onde há uma curva real ascendente de violência de rua, como na região Centro-Sul de Los Angeles ou no Centro de Washington, a maior parte da carnificina se restringe a limites étnicos ou de classe. Entretanto, a imaginação da classe média branca, desprovida de todo e qualquer conhecimento de primeira mão sobre as condições do gueto, aumenta a ameaça percebida por meio de lentes demonológicas. Pesquisas mostram que os suburbanos de Milwaukee estão tão preocupados com crimes violentos quanto os residentes dos guetos de Washington, apesar do nível relativo vinte vezes maior de lesões corporais nos guetos. A mídia, cuja função nessa arena é encobrir e obscurecer a violência econômica cotidiana da cidade, levanta incessantemente espectros de subclasses criminosas e de perseguidores psicóticos. Relatos sensacionalistas de gangues de jovens assassinos alucinados por crack e evocações racistas estridentes de novos Willie Hortons à solta fomentam o pânico moral que reforça e justifica o apartheid urbano.

Além disso, a sintaxe neomilitar da arquitetura contemporânea insinua violência e cria perigos imaginários. A semiótica do assim chamado "espaço defensável" é, em muitos casos, quase tão sutil quanto um arrogante policial branco. Os espaços pseudopúblicos para consumidores ricos de nossos dias – suntuosos shoppings, centros de escritórios, acrópoles culturais e assim sucessivamente – estão repletos de sinais invisíveis que impedem a entrada do "Outro" da subclasse. Embora os críticos da arquitetura, em geral, não prestem atenção em como um ambiente construído contribui para a segregação, os grupos de párias – sejam famílias latinas pobres, jovens rapazes negros ou velhas senhoras brancas sem-teto – lêem o significado imediatamente.

A destruição do espaço público

A conseqüência universal e inelutável dessa cruzada pela segurança da cidade é a destruição do espaço público acessível. O opróbrio ligado ao termo "morador de rua" é, por si só, um indício pungente da desvalorização dos espaços públicos. Para reduzir o contato com os intocáveis, a reconstrução urbana converteu ruas de pedestres, antes vitais, em canais de tráfego e transformou parques públicos em receptáculos temporários para os sem-teto e os miseráveis. A cidade norte-americana, como reconheceram muitos críticos, está sendo sistematicamente virada pelo avesso – ou melhor, para o avesso. Os valorizados espaços das novas megaestruturas e supershopping centers estão concentrados na parte central, as fachadas de rua são nuas, a atividade pública é direcionada a compartimentos estritamente funcionais, e a circulação é internalizada em corredores sob a vigilância da polícia privada[2].

---

[2] "Os problemas de inversão e introversão nos padrões de construção, e a ambigüidade no caráter do espaço público criado dentro deles, não são exclusivos das construções de shopping centers.

Cidade de quartzo

A privatização da esfera arquitetônica pública é, além disso, eclipsada por reestruturações paralelas do espaço eletrônico, na medida em que o acesso pago e fortemente policiado a "comunidades de informações", bases de dados de elite e assinaturas de serviços a cabo se apropriam de partes da invisível ágora. Ambos os processos, é claro, espelham a desregulamentação da economia e o retrocesso dos direitos não advindos do mercado. O declínio do liberalismo urbano foi acompanhado pela morte daquilo que se poderia chamar de "visão olmstediana" do espaço público. Frederick Law Olmsted, deve ser lembrado, foi o Haussmann da América, assim como pai do Central Park. No rastro da "Comuna" de Manhattan de 1863, o grande Levante do Recrutamento [Draft Riot*], ele concebeu paisagens públicas e parques como válvulas de escape sociais, misturando classes e etnias em áreas de recreação e diversão (burguesas) comuns. Como demonstrou Manfredo Tafuri em seu conhecido estudo sobre o Rockefeller Center, o mesmo princípio animou a construção dos espaços urbanos canônicos da era La Guardia—Roosevelt[3].

Essa visão reformista do espaço público – como emoliente da luta de classe, senão como a base sólida da pólis americana – é agora tão obsoleta quanto a panacéia keynesiana do pleno emprego. Quanto a "misturar" as classes, a América urbana contemporânea está mais para a Inglaterra vitoriana do que para a Nova York de Walt Whitman ou La Guardia. Em Los Angeles, uma vez um quase-paraíso de praias livres, parques luxuriantes e "pistas de passeio", o espaço público genuinamente democrático está praticamente extinto. O arquipélago de prazeres, estilo Mágico de Oz, do Westside – uma série de shoppings aristocráticos, centros de arte e áreas de gastronomia – é reciprocamente dependente do aprisionamento social do proletariado do setor de serviços do Terceiro Mundo que vive em guetos e barrios cada vez mais repressivos. Numa cidade de vários milhões de imigrantes carentes, as amenidades públicas estão diminuindo radi-

---

É comum que a cidade moderna como um todo exiba uma tendência a se decompor em recintos especializados de uso específico – o *campus* da universidade, a propriedade industrial, o complexo de lazer, o conjunto habitacional [...] cada qual governado por regras internas esotéricas de construção e implementado por órgãos especializados, cujos termos de referência garantem que estejam familiarizados com outras construções semelhantes em todo o país, mas que quase nada sabem sobre os recintos que as ladeiam e não lhes são semelhantes", Barry Maitland, *Shopping Malls: Planning and Design* (Londres, Construction, 1985), p. 109.

* Os Draft Riots de Nova York, ocorridos em julho de 1863, foram uma série de confrontos de rua violentos, que se desenrolaram no ápice do descontentamento com as novas leis aprovadas pelo Congresso com vistas à convocação de soldados para lutar na guerra civil em curso. (N. T.)

3 Ver Geoffrey Blodgett, "Frederick Law Olmsted: Landscape Architecture as Conservative Reform", *Journal of American History*, v. 62, n. 4, 1976; e Manfredo Tafuri, "The Disenchanted Mountain: the Skyscraper and the City", em Giorgio Ciucci et al., *The American City* (Cambridge, MIT, 1979).

Fortaleza LA

239

calmente, os parques estão sendo abandonados e as praias tornam-se mais segregadas, as bibliotecas e os centros públicos de diversão são fechados, as congregações jovens de características comuns são proibidas, e as ruas estão se tornando mais desoladas e perigosas.

Não é de se surpreender que, como em outras cidades norte-americanas, a política municipal tenha sido guiada pela ofensiva por segurança e pela exigência da classe média por um maior isolamento social e de espaços. A ausência, na prática, de investimento na recreação e nos espaços públicos tradicionais serviu de apoio para o deslocamento dos recursos fiscais no sentido de prioridades de reconstrução definidas pelas empresas. Um governo municipal flexível – que, nesse caso, ironicamente professava representar uma coalizão bi-racial de liberais brancos e negros – colaborou para a maciça privatização do espaço público e para o subsídio a novos enclaves racistas (benignamente descritos como "povoados urbanos"). Não obstante, as discussões levianas sobre a cena "pós-moderna" de Los Angeles negligenciam inteiramente os aspectos opressivos da contra-urbanização e contra-insurreição. Um falso brilho triunfal – "renascimento urbano", "cidade do futuro", e assim por diante – oculta a brutalização dos bairros do gueto e a crescente sul-africanização das relações espaciais. Ao mesmo tempo que muros caíam na Europa Oriental, outros eram erguidos por toda Los Angeles.

As observações que seguem defendem a tese da existência dessa nova guerra de classe (algumas vezes a continuação da guerra racial dos anos 1960) no nível do ambiente construído. Ainda que não constituam um relato abrangente, o que exigiria uma análise completa das dinâmicas político-econômicas, essas imagens e exemplos pretendem convencer o leitor de que a forma urbana continua sem dúvida a desempenhar uma função repressiva nas ações políticas da era Reagan–Bush. Los Angeles, em sua modalidade prefigurativa habitual, oferece um catálogo particularmente inquietante das ligações emergentes entre a arquitetura e o estado policial norte-americano.

A cidade proibida

O primeiro militarista do espaço em Los Angeles foi o general Otis, do *Los Angeles Times*. Declarando-se em guerra com o trabalhismo, espalhava à sua volta uma atmosfera invariavelmente belicosa:

> Ele chamava sua casa em Los Angeles de o Bivaque. Uma outra casa era conhecida como o Posto Avançado. O *Los Angeles Times* era conhecido como a Fortaleza. A equipe do jornal era a Falange. O próprio edifício do *Los Angeles Times* era mais uma fortaleza do que o recinto de um jornal: havia torres de tiro, ameias, guaritas. Dentro, ele estocava cinqüenta rifles.[4]

---

[4]   David Halberstam, *The Powers That Be* (Nova York, Knopf, 1979), p. 102.

Cidade de quartzo

A coroa do *Los Angeles Times* era uma grande e ameaçadora águia de bronze; um canhão pequeno e funcional estava instalado sobre o capô do carro de passeio de Otis, de modo a intimidar curiosos. Não é de se surpreender que essa exagerada demonstração de agressividade produzia uma reação à altura. No dia primeiro de outubro de 1910, o tão pesadamente fortificado quartel-general do *Los Angeles Times* – cidadela do open shop na Costa Oeste – foi destruído numa explosão catastrófica atribuída a sabotadores do sindicato.

Oitenta anos mais tarde, o espírito do general Otis retornou para se difundir sorrateiramente no novo Centro "pós-moderno" de Los Angeles: o emergente complexo financeiro do anel do Pacífico, que se espalha, em cascatas de arranha-céus, desde Bunker Hill, em direção ao sul, ao longo do corredor Figueroa. Revitalizado, com incrementos dos impostos públicos, sob a égide do poderoso Departamento de Revitalização Comunitária, cuja atuação, em sua maior parte, não está sujeita à prestação de contas, o projeto urbano do Centro é um dos maiores do pós-guerra na América do Norte. A demolição e integração de áreas inteiras em vasta escala, com pouca oposição mobilizada, reergueram os valores dos imóveis, nos quais grandes empreendedores e capitais externos (cada vez mais japonês) instalaram uma série de megaestruturas de bilhões de dólares que ocupam cada uma todo um quarteirão: Crocker Center, Bonaventure Hotel and Shopping Mall, World Trade Center, Broadway Plaza, Arco Center, CitiCorp Plaza, California Plaza e assim por diante. Com as paisagens históricas suprimidas e megaestruturas e superquarteirões como componentes básicos, além de um sistema de circulação cada vez mais denso e auto-suficiente, concebe-se melhor o novo distrito financeiro como uma única hiperestrutura diabolicamente autoreferente, uma silhueta urbana miesiana levada ao ponto da demência.

Como os complexos megalomaníacos similares, inseridos em centros de cidades fragmentados e desolados (por exemplo, o Renaissance Center em Detroit, o Peachtree Center e o Omni Center em Atlanta e assim por diante), Bunker Hill e o corredor Figueroa provocaram uma tempestade de objeções liberais contra seu abuso de escala e composição, sua deterioração da paisagem de rua e seu confisco de uma parte tão grande da atividade vital do Centro, agora confinada em áreas subterrâneas e em edifícios comerciais privatizados. Sam Hall Kaplan, áspero crítico de urbanismo do *Los Angeles Times*, tem sido incansável na denúncia da dinâmica antipedestre da nova cidadela empresarial, com sua obliteração fascista das fachadas de rua. Do seu ponto de vista, a superposição de "fortalezas hermeticamente lacradas" e de "fragmentos de subúrbio" como que jogados de avião aqui e lá "represou os rios da vida" no Centro[5].

---

[5] *Los Angeles Times*, 4/11/1978, p. 13. Ver também Sam Hall Kaplan, *LA* Follies: *a Critical Look at Growth, Politics and Architecture* (Santa Monica, Cityscape, 1989).

Fortaleza LA

Entretanto, a defesa vigorosa da democracia pedestre feita por Kaplan permanece baseada em queixas liberais triviais sobre "desenho insosso" e "práticas de planejamento elitistas". Como a maior parte dos críticos de arquitetura, ele vitupera contra os descuidos do planejamento urbano sem reconhecer sua dimensão planejada de intenção repressiva explícita, que tem suas raízes na antiga história das disputas raciais e de classe de Los Angeles. Sem dúvida, quando essa nova "Costa Dourada" do Centro é vista em bloco do ponto de vista de suas interações com outras áreas sociais e paisagens do Centro da cidade, o "efeito fortaleza" emerge não como uma inadvertida falha do planejamento, mas como uma estratégia sócioespacial deliberada.

Os objetivos dessa estratégia podem ser resumidos como uma forma de dupla repressão: eliminar toda associação com o passado do Centro e impedir qualquer articulação com uma urbanidade não-anglo-saxônica de seu futuro. Em qualquer lugar no perímetro de revitalização, essa estratégia toma a forma de uma brutal fronteira ou glacis arquitetônico que define o novo Centro como uma cidadela em relação ao resto da área central da cidade. Los Angeles é diferente, em contraste com outras renovações importantes de centros urbanos, por ter preservado, mesmo que negligentemente, a maior parte de seu núcleo comercial Beaux Arts de 1900–1930. A custos públicos imensos, as sedes das empresas e o distrito financeiro foram mudados do velho corredor Broadway-Spring, seis quarteirões a oeste, para a área verdejante criada pela destruição dos bairros residenciais de Bunker Hill. Para enfatizar a "segurança" do novo Centro, praticamente todas as ligações tradicionais para pedestres do velho Centro, inclusive o famoso funicular Angel's Flight, foram removidas.

A lógica de toda essa operação é reveladora. Em outras cidades, os empreendedores talvez tivessem tentado articular a nova silhueta dos edifícios com a velha, explorando o extraordinário inventário de teatros e edifícios históricos dessa última para criar uma história pequeno-burguesa – um distrito iluminado a gás, o mercado Faneuil ou a praça Ghiardelli – que servisse de apoio a uma colonização residencial de classe média. Mas os empreendedores da revitalização de Los Angeles encaravam os valores das propriedades no velho núcleo da Broadway como irreversivelmente comprometidos pela própria centralidade da área para os transportes públicos, e especialmente por sua utilização freqüente por negros e mexicanos pobres. No rastro da Rebelião de Watts, e da percebida ameaça negra aos nódulos cruciais do poder branco (pormenorizada em detalhes sombrios no relatório da Comissão McCone), a segurança espacial ressegregada tornou-se a preocupação máxima[6]. O LAPD incitou a fuga das

---

[6] Governo's Commission on the Los Angeles Riots, *Violence in City – An End or Beginning* (Los Angeles, Estado da Califórnia, 1965).

Cidade de quartzo

empresas da Broadway para os redutos fortificados de Bunker Hill, espalhando uma literatura alarmista que tipificava adolescentes negros como perigosos membros de gangues[7].

Em conseqüência, a revitalização reproduziu maciçamente o apartheid espacial. O fosso da Harbor Freeway e as encostas reniveladas de Bunker Hill separaram o novo núcleo financeiro dos bairros de imigrantes pobres que o circundam por todos os lados. Ao longo da base do California Plaza, a rua Hill tornou-se um Muro de Berlim local, separando o luxo subsidiado pelos cofres públicos de Bunker Hill da vida mundana da Broadway, agora adotada pelos imigrantes latinos como sua rua básica de diversão e compras. Na medida em que alguns especuladores politicamente bem relacionados estavam revitalizando a ponta norte do corredor da Broadway (às vezes chamado de "Bunker Hill East"), a Agência de Redesenvolvimento Comunitário (CRA) prometeu restaurar ligações para pedestres com a rua Hill no decurso dos anos 1990, inclusive o plano inclinado Angel's Flight. Isto, é claro, somente dramatiza a propensão atual contra acessibilidade – isto é, contra qualquer interação espacial entre velho e novo, pobre e rico, exceto no contexto da estrutura de *gentrification* ou de recolonização[8]. Embora uns poucos colarinhos-brancos se aventurem no Grande Mercado Central – empório popular de produtos tropicais e de alimentos frescos –, consumidores latinos ou caminhantes de sábado nunca circulam nos recintos Gucci acima da rua Hill. O surgimento ocasional de um vagabundo de rua despossuído no Broadway Plaza ou em frente ao Museu de Arte Contemporânea provoca um pânico silencioso; câmeras de vídeo giram em seus engates e guardas de segurança ajustam seus cinturões.

---

[7] No começo dos anos 1970 a polícia distribuiu circulares para os membros da Central City Association sobre uma "invasão iminente de gangues". Ela conclamava os empresários a "informar à polícia sobre a presença de quaisquer grupos de jovens negros na área. Significa dizer, jovens entre doze e dezoito anos de idade, tanto rapazes quanto moças. Uma das gangues usa brincos, e a outra, chapéu. Quando reunidos em grupos de mais de dois, são muito perigosos e estão armados", *Los Angeles Times*, 24/12/1972, p. 7.

[8] *Gentrification* é, nesse caso, "Reaganização". Numa complexa operação com o objetivo de fazer da ponta norte do corredor da Broadway uma "ponte" de alto nível ligando o Bunker Hill, o Civic Center e a Little Tokyo, o CRA gastou mais de 20 milhões de dólares para induzir o estado a construir o "Ronald Reagan Office Building" a um quarteirão de distância da esquina da Terceira rua com a Broadway, enquanto simultaneamente subornava a Missão de Salvamento da União com 6 milhões de dólares para que levassem sua clientela de sem-teto para longe do bairro. Os 3 mil funcionários públicos do Reagan Building serão uma tropa de choque na *gentrification* da esquina estratégica da Terceira rua com a Broadway, onde o empreendedor Ira Yellin recebeu outros milhões em subsídios do CRA para transformar as três estruturas históricas que possui (o Bradbury Center, o Million Dollar Theater e o Grand Central Market) na Grand Central Square. O Broadway-Spring Center – discutido no texto – facilita a "segurança na circulação" entre o Reagan Building e a Square.

Fotografias do velho Centro em seus primórdios mostram multidões misturadas de pedestres anglo-saxões, negros e latinos de diferentes idades e classes. O "renascimento" contemporâneo do Centro é projetado para tornar tal heterogeneidade virtualmente impossível. Está dirigido não somente para "matar a rua", como teme Kaplan, mas para "matar a multidão", para eliminar essa mistura democrática nas calçadas e nos parques que Olmsted acreditava ser o antídoto norte-americano para a polarização classista européia. A hiperestrutura do Centro – como alguma fantasia pós-holocausto de Buckminster Fuller* – está programada para assegurar um *continuum* sem costuras de trabalho, consumo e recreação das classes médias, sem a indesejada exposição aos ambientes de rua da classe trabalhadora do Centro[9]. Sem dúvida, a semiótica totalitária de parapeitos e ameias, de vidros espelhados e passarelas suspensas, repreende qualquer afinidade ou simpatia entre ordens humanas ou arquitetônicas diferentes. Como na fortaleza de Otis no edifício do *Los Angeles Times*, essa é uma arqui-semiótica da guerra de classe.

Para que isso não pareça demasiadamente extremo, considere-se a descrição da revista *Urban Land* da fórmula norteada para o lucro que, por todos os Estados Unidos, vinculou desenvolvimento concentrado, homogeneidade social e uma "imagem do Centro" como uma área segura:

Como superar o medo do crime nos centros

Criar um núcleo denso, compacto, multifuncional. Um centro de cidade pode ser projetado e construído de modo a fazer com que os visitantes sintam que a área – ou uma parte significativa dela – é atraente e o tipo de lugar que "pessoas respeitáveis" como eles próprios tendem a freqüentar. [...] Uma área nuclear do Centro que é compacta, densamente construída e multifuncional reunirá pessoas, proporcionando-lhes mais atividades. [...] As atividades oferecidas nesse núcleo determinarão o "tipo" de pessoa que estará caminhando nas calçadas; alocar escritórios e habitações para

---

* Engenheiro norte-americano, 1895–1983. (N. T.)

[9] Refletindo sobre o problema da distância social crescente entre as classes médias brancas e os negros pobres, Oscar Newman, o renomado teórico do "espaço defensável", argumenta a favor de uma dispersão, ordenada no nível federal, dos pobres na paisagem residencial suburbana. Ele insiste, entretanto, que "trazer o pobre e o negro para o rebanho" [sic] é algo que precisa ser conduzido nos limites de uma "cota base estritamente controlada" que não seja ameaçadora para a classe média e assegure a continuação de seu domínio social. Ver Oscar Newman, *Community of Interest* (Garden City, Doubleday, 1981), p. 19-25. Tais "cotas estritamente controladas" constituem, é claro, precisamente a estratégia preferida pelos órgãos de revitalização como os de Los Angeles, que foram forçados a incluir uma pequena porção de habitações de baixa ou de baixíssima renda em seus projetos de "vilas urbanas". Parece ser inconcebível para Newman, ou para esses órgãos, que a classe trabalhadora urbana seja capaz de manter bairros decentes ou de ter alguma voz na definição do interesse público. É por isso que os trabalhadores pobres são sempre o "problema" ou a "praga" dos projetos de revitalização, enquanto as classes médias ricas representam a própria "revitalização".

Cidade de quartzo

residentes de renda média e superior na área nuclear e adjacências pode assegurar uma alta percentagem de pedestres "respeitáveis" e cumpridores da lei. Essa área nuclear atraente e revitalizada também seria ampla o suficiente para afetar a imagem global do centro.[10]

Ambientes de rua sádicos

Esse "endurecimento" consciente da superfície da cidade contra o pobre é especialmente descarado no tratamento maniqueísta dos microcosmos do Centro. Em seu famoso estudo da "vida social dos pequenos espaços urbanos", William Whyte demonstra que a qualidade de qualquer ambiente urbano pode ser medida, antes de tudo, pela existência ou não de lugares convenientes e confortáveis para os pedestres se sentarem[11]. Essa máxima foi ardentemente levada ao pé da letra por projetistas de recintos de grandes empresas em Bunker Hill e da emergente "vila urbana" em South Park. Como parte da política da cidade de subsidiar a colonização no Centro por residentes colarinho-branco, foram gastos, ou se planeja gastar, dezenas de milhões de dólares da receita redirecionada de impostos em atraentes ambientes "*soft*" nessas áreas. Os planejadores prevêem um opulento complexo de praças, fontes, obras de arte de reconhecimento mundial ao ar livre, arbustos exóticos e móveis de rua de vanguarda ao longo de um corredor de pedestres da rua Hope. Na propaganda dos impulsionadores oficiais, nenhum índice é mais expressivo da "habitabilidade" do Centro do que o idílio de trabalhadores de escritório e de turistas de alto poder aquisitivo relaxando ou cochilando nos terraços ajardinados do California Plaza, no "Spanish Steps" ou no Grand Hope Park.

Em contraste contundente, a poucos quarteirões de distância, a cidade está engajada numa luta sem trégua para tornar as instalações e os espaços públicos tão "inabitáveis" quanto possível para os sem-teto e os pobres. A persistência de milhares de sem-teto na periferia de Bunker Hill e do Civic Center azeda a imagem da vida no Centro segundo padrões planejados e trai a ilusão laboriosamente construída de um "renascimento" do Centro. A prefeitura retalia então com sua variante própria de guerra de baixa intensidade[12].

Embora as lideranças da cidade tentem periodicamente realizar esquemas para a remoção em masse de indigentes – deportando-os para as fazendas pobres da orla do deserto, confinando-os em campos nas montanhas ou, memoravelmen-

---

[10]   N. David Milder, "Crime and Downtown Revitalization", *Urban Land*, Washington, Conservation Foundation, set. 1987, p. 18.

[11]   William Whyte, *The Social Life of Small Spaces* (Nova York, 1985).

[12]   As descrições que se seguem apoiam-se intensivamente nas extraordinárias fotografias de Diego Cardoso, que passou anos documentando as várias cenas de rua e *habitats* humanos do Centro.

te, internando-os numa barcaça abandonada no porto –, tais "soluções finais" foram bloqueadas por vereadores temerosos do deslocamento dos sem-teto para seus distritos. Em vez disso, adotando constrangidamente o idioma da guerra fria urbana, a municipalidade promove a "contenção" (termo oficial) dos sem-teto num submundo, ao longo da rua 50 a leste da Broadway, transformando sistematicamente o bairro numa favela a céu aberto. Mas essa estratégia de contenção engendra seu próprio círculo vicioso de contradição. Ao concentrar a massa de desesperados e desassistidos juntos em um espaço tão pequeno, negando-lhes moradia adequada, a política oficial transformou a área do submundo provavelmente nos dez quarteirões mais perigosos do mundo – dominado por uma terrível sucessão de "maníacos de canivete", "perseguidores noturnos" e outros predadores mais comuns[13]. Nessa região do submundo, todas as noites são Sexta-Feira 13 e, de modo nada surpreendente, muitos dos sem-teto tentam a todo custo escapar do "Nickle"* durante a noite, procurando por recantos mais seguros em outras partes do Centro. A municipalidade, por sua vez, aperta o laço com crescente intervenção da polícia e com formas de dissuasão baseadas em um engenhoso design urbano.

Uma das formas de dissuasão mais comuns, mas estarrecedoras, é o banco de ponto de ônibus em forma de barril, que oferece uma superfície mínima para um sentar desconfortável, ao mesmo tempo que torna completamente impossível dormir no banco. Tais bancos "à prova de vagabundos" estão sendo amplamente utilizados na periferia do submundo. Outra invenção, digna do teatro Grand Guignol**, é a agressiva disseminação de *sprinklers*** pelas áreas abertas da cidade. Há vários anos a cidade abriu um "Parque Submundo" ao longo da

---

[13] Desde que o crack começou a substituir o vinho barato no submundo, em meados dos anos 1980, a taxa de homicídios pulou para quase um por semana. Uma recente história de última página do *Los Angeles Times* – "Well, that's Skid Row" (15/11/1989) – afirmava que os sem-teto tornaram-se tão "habituados à violência das ruas" que "o assassinato brutal de duas pessoas, a dois quarteirões de distância uma da outra na noite anterior, chamou menos atenção do que a gravação de um episódio da série de televisão 'A Bela e a Fera'". O artigo observou, todavia, que os sem-teto lançaram mão de um "sistema de camaradagem" no qual, enquanto um dorme, o outro faz-se de "olheiro", a fim de avisar os demais quanto a potenciais agressores.

* Moeda de cinco centavos de dólar norte-americano geralmente composta por 25% de níquel e 75% de cobre. No caso, a expressão é utilizada, provavelmente, para denominar a área e a situação em questão. (N. T.)

** Grang Guignol foi um teatro de Paris (1897–1962) especializado em espetáculos de horror naturalistas. (N. E.)

*** Espécie de pequeno chuveiro/regador automático, muito comum em prédios para combater situações de incêndio. Também é utilizado em jardins e parques para regar periodicamente as plantas. (N. E.)

Cidade de quartzo

baixa rua 50, numa esquina do inferno. Para assegurar que o parque não fosse usado para dormir – significa dizer, para garantir que fosse principalmente usado para tráfico de drogas e prostituição –, a municipalidade instalou um elaborado sistema de *sprinklers* suspensos programados para encharcar sonolentos incautos em momentos aleatórios durante a noite. O sistema foi imediatamente copiado por alguns comerciantes locais, a fim de expulsar os sem-teto dos passeios públicos adjacentes. Nesse ínterim, restaurantes e mercados reagiram aos sem-teto com a construção de áreas cercadas e ornamentadas para proteger seu lixo. Embora ninguém em Los Angeles tenha ainda proposto colocar cianeto no lixo, como aconteceu em Phoenix há poucos anos, um conhecido restaurante de frutos do mar gastou 12 mil dólares para construir uma lata de lixo definitivamente à prova de mendigos: ela é confeccionada com chapas de aço de dois centímetros de espessura e equipada com cadeados blindados e pontas ameaçadoras voltadas para fora, de modo a salvaguardar cabeças de peixe de preço inestimável em decomposição e batatas fritas bolorentas.

Os banheiros públicos, entretanto, são a verdadeira "frente oriental" na guerra do Centro contra os pobres. Los Angeles, e trata-se aqui de uma política deliberada, tem menos banheiros públicos disponíveis do que qualquer outra cidade importante da América do Norte. Seguindo a recomendação do LAPD (que de fato participa da diretoria de planejamento de pelo menos um projeto de grande porte de revitalização do Centro[14]), a CRA demoliu o último banheiro público remanescente na zona do submundo. Os planejadores da agência depois ficaram angustiados durante meses para decidir se deveriam incluir um "mictório público destacado" em seu projeto para o South Park. Como mais tarde admitiu o presidente da CRA, Jim Wood, a decisão de não incluir o mictório foi uma "decisão política e não uma decisão de projeto". A CRA prefere a solução dos "banheiros quase públicos" – quer dizer, sanitários em restaurantes, galerias de arte e prédios comerciais – que podem ser colocados à disposição de turistas e empregados de escritórios, enquanto são bloqueados para vagabundos e demais indesejáveis[15]. A terra de ninguém sem banheiros a leste da rua Hill, no Centro, é também destituída de fontes de água para beber ou lavar-se. Uma visão comum e perturbadora é a dos homens sem-teto – muitos deles jovens

---

[14] Por exemplo, o LAPD participa do Conselho Consultivo de Projetos de "Miracle on Broadway", o órgão financiado com dinheiro público que busca dar início à *gentrification* de parte da área histórica do Centro. Ver *Downtown News*, 2/1/1989.

[15] Entrevistas com residentes do submundo; ver também Tom Chorneau, "Quandary Over a Park Restroom", *Downtown News*, 25/8/1986, p. 1 e p. 4. Em outras comunidades da Califórnia meridional a própria higiene dos pobres está sendo criminalizada. Novos decretos especificamente dirigidos contra os sem-teto tornam ilegal lavar-se em público "acima dos cotovelos".

refugiados salvadorenhos – banhando-se ou mesmo bebendo do líquido que flui da saída de esgoto do canal de concreto do rio Los Angeles, no limite leste do Centro.

Onde os itinerários de poderosos influentes do Centro fazem inevitavelmente interseção com os dos sem-teto e dos trabalhadores pobres, como na região previamente mencionada de ocupação de classe média ao longo do corredor norte da Broadway, precauções urbanísticas extraordinárias são tomadas para assegurar a separação física das diferentes humanidades. Por exemplo, o CRA convocou a polícia de Los Angeles para planejar uma "segurança moderna 24 horas por dia" para as duas novas estruturas de estacionamento que servem ao Los Angeles Times e aos prédios do Ronald Reagan State Office. Em contraste com as ruas cruéis do lado de fora, as estruturas de estacionamento dispõem de gramados com lindos projetos paisagísticos ou "micro-parques" e, em um dos casos, de uma praça de alimentação e de uma exposição histórica. Além disso, ambas as estruturas são projetadas como sistemas de circulação "propiciadores de confiança" – paradigmas em miniatura da privatização – que permitem aos trabalhadores de colarinho-branco andar do carro para o escritório, ou do carro para a butique, com um mínimo de exposição à rua pública. O Broadway Spring Center, em particular, que liga o Edifício Ronald Reagan à proposta Grande Praça do Centro na esquina da Terceira rua com a Broadway, foi calorosamente elogiado por alguns críticos de arquitetura por acrescentar um pouco de verde e de arte (um baixo-relevo banal) ao estacionamento. Acrescenta igualmente uma enorme dose de ameaça – guardas armados, portões trancados e câmeras de segurança – para enxotar dali os sem-teto e os pobres.

A escalada da guerra fria nas ruas do Centro continuou sem interrupção. A polícia, com o lobby dos comerciantes e dos empreendedores do Centro, conseguiu suspender todas as tentativas feitas pelos sem-teto ou por seus aliados no sentido de criar refúgios ou acampamentos auto-organizados. "Justiceville", fundada pelo ativista sem-teto Ted Hayes, foi brutalmente dispersada; quando seus habitantes tentaram encontrar refúgio em Venice Beach, foram presos a pedido do vereador local (um renomado ambientalista) e mandados de volta para o inferno do submundo. A breve experiência da própria municipalidade com acampamentos legalizados – uma resposta relutante a uma série de mortes provocadas por exposição ao frio no duro inverno de 1987[16] – foi interrompida abruptamente, depois de somente quatro meses, para dar espaço à construção de um pátio de manutenção. A política em início dos anos 1990 parecia envolver um jogo perverso com base na famosa ironia de Zola quanto aos "direitos iguais"

---

[16] Ver "Cold Snap's Toll at 5 as its Iciest Night Arrives", *Los Angeles Times*, 29/12/1988.

Cidade de quartzo

dos ricos e dos pobres de dormir ao relento. Como explicou o diretor da comissão de planejamento da cidade para repórteres incrédulos, a posição oficial é que não é contra a lei dormir na rua *per se*, "só quando se ergue alguma espécie de abrigo". Para fazer valer essa prescrição contra os "condomínios de papelão", o LAPD periodicamente varre o Nickel, confiscando abrigos e outras posses, e prendendo os que resistem. Essa repressão cínica transformou a maioria dos sem-teto em beduínos urbanos. Eles são visíveis em todos os lugares do Centro, empurrando seus poucos e patéticos pertences em carrinhos de supermercado roubados, sempre fugidios e em movimento, espremidos entre a política oficial de contenção e o sadismo cada vez maior das ruas do Centro[17].

Frank Gehry como Dirty Harry*

Além de poder ser lida no desenho dos bancos de ponto de ônibus e de megaestruturas, a busca contemporânea pela segurança burguesa também é visível no nível do *auteur*. Nenhum arquiteto recente elaborou tão engenhosamente a função de segurança urbana, como também abraçou tão desavergonhadamente o frisson daí resultante, quanto o laureado pelo Prêmio Pritzker de Los Angeles, Frank Gehry. Como vimos antes, ele se tornou um dos principais "imaginadores" (no sentido de Disney) do neo-incrementismo dos anos 1990. Ele é particularmente competente como uma espécie de amálgama, não meramente entre a arquitetura e a arte moderna, mas também entre os estilos mais velhos, vagamente radicais, e os contemporâneos, e basicamente cínicos. Assim, seu portfolio é, ao mesmo tempo, um repúdio de princípio ao pós-modernismo, e uma de suas mais inteligentes sublimações; uma nostálgica evocação do construtivismo revolucionário, e uma celebração mercenária do minimalismo burguês decadente. Essas mudanças anfíbias e nuances paradoxais no trabalho de Gehry sustentam uma indústria caseira, em expansão, de interpretação de Gehry, na maior parte das vezes externada com admiração hiperbólica.

Contudo, como sugerido no capítulo 1, a pretensão mais forte de Gehry pode simplesmente ser sua exploração franca dos ásperos ambientes urbanos, e sua incorporação aberta de seus detritos e arestas mais agressivos como poderosos elementos representacionais em seu trabalho. Descrito de maneira carinhosa por seus colegas como um "velho socialista" ou "um lutador de rua com coração",

---

[17] Ver meu "*Chinatown*, Part Two? The Internationalization of Downtown Los Angeles", *New Left Review*, jul.-ago. 1987. Também é importante observar que, a despeito da epidemia de crack no submundo (que atraiu uma população muito mais jovem de sem-teto), não existem centros de tratamento ou programas para reabilitação de viciados na região. Sem dúvida, o financiamento de terapias antinarcótico está sendo cortado na cidade como um todo, enquanto crescem, e muito, os orçamentos da polícia e das prisões.

* Dirty Harry, personagem justiceiro machão interpretado no cinema por Clint Eastwood. (N. T.)

boa parte de seus trabalhos mais interessantes são antiidealistas e desprovidos de romantismo[18]. À diferença de seus mentores da frente popular dos anos 1940, Gehry tem pouca pretensão de reformismo arquitetônico ou de "design para a democracia". Ele alardeia estar tentando "fazer o melhor com a realidade das coisas". Algumas vezes com luminosidade enregelante, seu trabalho esclarece as relações subjacentes de repressão, vigilância e exclusão que caracterizam a espacialidade fragmentada e paranóica a qual Los Angeles parece aspirar.

Um exemplo muito remoto do novo realismo urbano de Gehry foi sua solução, em 1964, para o problema de como inserir propriedades de alto valor e espaços suntuosos nos bairros decadentes. Seu Danziger Studio em Hollywood é o exemplo pioneiro do que se tornou toda uma espécie de "casas dissimuladas" de Los Angeles, as quais ocultam suas qualidades luxuosas com fachadas proletárias ou de gângster. O frontispício do Danziger – na Melrose, nos maus velhos tempos, antes de seu renascimento como reduto gourmet – era simplesmente um muro cinza maciço, tratado com um acabamento grosseiro para assegurar que juntaria poeira do trânsito das cercanias até que o tempo o tornasse um simulacro dos estúdios pornôs e das garagens da vizinhança. Gehry era explícito em sua busca por um design que era "introvertido e à feição de uma fortaleza", com a aura silenciosa de uma "caixa vazia"[19].

"Caixas vazias" e muros protetores formam todo um ciclo do trabalho de Gehry, desde a Escola Americana de Dança, de 1968, até o Gemini G.E.I., de 1979, ambos em Hollywood. O projeto mais influente, entretanto, foi o centro de cidade murado em Cochiti Lake, Novo México, de 1973: aqui, muralhas azul-gelo de espantosa severidade encerram toda uma comunidade (um plano replicado em escala menor em 1976, no Instituto Jung, em Los Angeles). Em cada um desses exemplos, o melodrama é gerado pela antítese entre os exteriores fortificados, contrastando com "áreas urbanas sem atrativos" ou com o deserto, e interiores opulentos, abertos ao céu por meio de clerestórios e clarabóias. Os conjuntos e cidades murados de Gehry, em outras palavras, oferecem uma poderosa metáfora para a fuga das ruas e a introversão do espaço que caracterizaram a reação do design contra as insurreições urbanas dos anos 1960.

Tal problemática foi renovada em 1984, em seu projeto da Escola de Direito Loyola, localizada no limite oeste do Centro de Los Angeles, no maior barrio

---

[18] "Velho Socialista" é uma citação do arquiteto e "Gehry Kid" Michael Rotundi, da Morphosis; o próprio Gehry se gaba:"Acho minha inspiração nas ruas.Tenho mais de um lutador de rua do que de um douto romano". Frank Gehry, citado em Adele Fredman, *Progressive Architecture*, out. 1986, p. 99.

[19] O melhor catálogo dos trabalhos de Gehry é o de Peter Arnell e Ted Bickford (orgs.), *Frank Gehry: Buildings and Projects* (Nova York, Rizzoli, 1985). Ver também *Frank O. Gehry: an Exhibition of Recent Projects* (Boston, Institute of Contemporary Art, 1982); e *Frank Gehry: Selected Works* (Los Angeles, Universidade da Califórnia Meridional, 1982).

Cidade de quartzo

centro-americano dos Estados Unidos. A situação de gueto do *campus* da Loyola confrontou Gehry com uma escolha explícita entre os riscos de criar um espaço público genuíno, estendendo-se para dentro da comunidade, ou optar pela segurança de um enclave defensável, como em seu trabalho anterior. O arquiteto radical, ou simplesmente idealista, poderia ter corrido o risco de abrir o *campus* para a comunidade adjacente, dando-lhe alguma participação real no desenho. Em vez disso, como explicou um crítico admirador, Gehry escolheu um desenho fundamentalmente neoconservador que era:

> [...] aberto, mas não aberto demais. O Anfiteatro Sul e a capela mostram fundos sólidos para o bulevar Olympic, e, com as ruas anônimas nas laterais do edifício Burns, formam uma entrada que não é nem intimidatória, nem abertamente convidativa. Está simplesmente ali, como tudo mais na área.[20]

(Essa descrição subestima consideravelmente as qualidades intimidatórias das formidáveis cercas de grade de aço do *campus*, além do zigurate de blocos de concreto e muros severos da frente do *campus*.)

Mas, se o próprio Danziger Studio se camufla, e se os projetos de Cochiti Lake e Loyola apresentam em comum frontispícios de olhar severo, a Biblioteca Regional Frances Howard Goldwyn, em Hollywood, de 1984, também de Gehry, barrocamente fortificada, literalmente provoca invasores potenciais a "ganhar o dia". Essa é, sem dúvida, a biblioteca mais ameaçadora jamais construída, um híbrido bizarro (do lado de fora) de um couraçado em doca seca e do forte Gunga Din. Com muros de segurança de cinco metros feitos com blocos de concreto revestidos de estuque, barricadas antigrafite revestidas de lajotas de cerâmica, entrada rebaixada protegida por grades de aço de três metros e guaritas estilizadas empoleiradas precariamente de cada lado, a Biblioteca Goldwyn (influenciada pelo design de alta segurança da Embaixada dos Estados Unidos em Damasco, de 1980, também de Gehry) projeta o mesmo tipo de exagero machão que o Magnun 44 de Dirty Harry.

Previsivelmente, alguns dos admiradores inebriados de Gehry se derreteram por conta dessa estrutura beirutizada com termos como "generosa" e "convidativa", "a biblioteca à moda antiga" e assim por diante. A um ponto absurdo, não perceberam a intenção do projeto[21]. A Biblioteca Regional de Hollywood anterior havia sido destruída por um incêndio criminoso, e a Fundação Samuel Goldwyn, que financia essa coleção de memorabilia da terra do cinema, estava com fixação por segurança física. Gehry aceitou a incumbência de projetar uma estrutura que era inerentemente "à prova de vândalos". A curiosidade, é claro, é

---

[20] Mildred Friedman, *The Architecture of Frank Gehry* (Nova York, Rizzoli, 1986), p. 175.

[21] Pilar Viladas, "Illuminated Manuscripts", *Progressive Architecture*, out. 1986, p. 76 e p. 84.

sua rejeição pelos sistemas de alta tecnologia e pouca visibilidade que a maioria dos arquitetos integram sutilmente em suas plantas. Escolheu, em vez disso, um enfoque de pouca tecnologia e alta visibilidade, que destaca ao máximo as funções de segurança como motivos do design. Não há dissimulação da função pela forma; exatamente ao contrário, Gehry deixa tudo à vista escancaradamente. Em que grau o efeito daí resultante pode ser considerado divertido ou corrosivamente espirituoso depende da posição existencial de quem avalia. A Biblioteca Goldwyn interpela sistematicamente um Outro diabólico (incendiário, grafiteiro, invasor) o qual reflete de volta para as ruas em torno e para as pessoas da rua. A construção satura friamente o ambiente das cercanias, que é maltrapilho mas não particularmente hostil, com sua própria paranóia arrogante.

Todavia, "paranóia" poderia ser um termo inapropriado, pois as ruas adjacentes são um campo de batalha. Há vários anos, o *Los Angeles Times* trouxe a público a história sórdida de como os conglomerados de entretenimento e alguns poucos grandes proprietários de terra, monopolizando a propriedade da terra nessa parte de Hollywood, haviam conseguido assumir o controle do processo de revitalização. O plano desses grupos, que continuou a ser objeto de controvérsia, era usar a figura jurídica do domínio eminente e incrementos de impostos para afastar os pobres (e cada vez mais os exilados da América Central) das ruas de Hollywood e colher os lucros rápidos e fartos da "melhoria" da região, que seria transformada em um resplandecente parque temático para o turismo internacional[22]. No âmbito dessa estratégia, a Biblioteca Goldwyn – como os anteriores conjuntos murados de Gehry – é uma espécie de base avançada arquitetônica, uma cabeça-de-praia para a colonização pequeno-burguesa. Os interiores sublimes e cheios de luz, cercados por barricadas belicosas, revelam uma enormidade sobre como a arquitetura pública na América foi literalmente virada do avesso, em prol da "segurança" e do lucro.

O shopping panóptico

Em outras instâncias locais, entretanto, a "fortaleza" está sendo usada para reconquistar os pobres como consumidores. Se a Biblioteca Goldwyn é um "exemplo brilhante das possibilidades de cooperação entre os setores público e privado", os shoppings do empreendedor Alexander Haagen no gueto são exemplos real-

---

[22] Ver os artigos de David Ferrell no *Los Angeles Times*, 31/8/1987 e 16/10/1987. Numa carta para o *Los Angeles Times* (16/09/1987), o antigo Diretor de Planejamento de Los Angeles, Calvin Hamilton, corroborou que a Câmara de Comércio de Hollywood "dominava e manipulava agressivamente os processos de decisão em seu próprio benefício. Na minha opinião, na maior parte das áreas em que existiam preocupações de planejamento, eles estavam somente interessados em maximizar seu próprio lucro, não fazendo nada em prol de um plano balanceado, abrangente, que beneficiasse, a longo prazo, todo o povo de Hollywood".

Cidade de quartzo

mente estelares. Haagen, cuja carreira começou como distribuidor de *jukebox* nos inferninhos de Wilmington, fez sua fortuna inicial vendendo lotes de esquina para companhias de petróleo (desde então reciclados como minishoppings). Agora controla o maior império de empreendimentos imobiliários no mercado de varejo da Califórnia meridional, responsável por mais de quarenta shopping centers. Como vimos no capítulo 2, Haagen é um esperto contribuinte político que transa tanto com democratas quanto com republicanos. Também é o mestre maior da exploração dos projetos de revitalização do setor público para lucros privados – ou, se preferir, "o pai do renascimento do gueto".

Ele foi o primeiro empreendedor do país a se aperceber dos potenciais de lucro latentes dos mercados varejistas abandonados do gueto. Depois da Rebelião de Watts em 1965, o pequeno número de grandes varejistas da região Centro-Sul de Los Angeles se retirou, enquanto pequenas empresas viáveis eram asfixiadas pelas práticas de crédito discriminatórias dos bancos. Em conseqüência, meio milhão de compradores negros e latinos eram forçados a deslocar-se até shopping centers regionais distantes ou fronteiriços às áreas brancas, mesmo para as compras comuns de mercearia e remédios. Haagen raciocinou que um empreendedor varejista disposto a retornar ao gueto poderia monopolizar volumes de venda muito altos. Consciente da raiva acumulada pela comunidade negra contra décadas de benigna negligência das autoridades da revitalização, ele também calculou que poderia induzir a municipalidade a subsidiar essa recolonização comercial. O Departamento de Revitalização Comunitária teve que correr para dar conta e reunir terras para os empreendedores bilionários do Centro, mas havia ficado atolado durante anos em Watts, incapaz de atrair sequer um supermercado que pudesse servir de âncora para o proposto shopping center do bairro. Haagen percebeu que o regime de Bradley, fazendo uma média sem precedentes com seu eleitorado da região Centro-Sul, recompensaria generosamente qualquer iniciativa do setor privado que pudesse cortar o nó górdio do "problema da locação âncora". Sua solução engenhosa, que ganhou a aclamação nacional da indústria imobiliária comercial, foi uma abrangente "estratégia de design e gerência orientada para a segurança"[23].

O primeiro passo foi dado em 1979, quando a Haagen Development assenhorou-se de uma velha área da Sears na esquina da Vermont com a Slauson, no coração da região Centro-Sul. Depois, em 1983, o departamento de revitalização passou para ele a conclusão do longamente adiado Centro Martin Luther King Jr., em Watts. Um ano depois, ele ganhou a licitação de 120 milhões de dólares para a restauração e expansão do Crenshaw Plaza em Baldwin Hills, seguido por um contrato do condado para criar um complexo comercial na área de Willowbrook,

---

[23] Ver descrição em *Los Angeles Times*, 7/10/1987.

logo ao sul de Watts. Em cada um dos casos a garantia de uma segurança física à prova de falhas era uma condição *sine qua non* na persuasão de varejistas e franquias (e de seus seguradores) para que aceitassem arrendamentos. O plano protótipo compartilhado por todos os quatro shopping centers plageia descaradamente o renomado projeto de uma "prisão panóptica", feito no século XIX por Jeremy Bentham, com sua econômica vigilância central. Considere, por exemplo, a aparência do shopping de Haagen em Watts:

> À volta de toda a área do Shopping King há uma cerca de ferro batido de dois metros e meio de altura, comparável às cercas de segurança que existem nas propriedades privadas e nos condomínios residenciais exclusivos. Câmeras de vídeo, equipadas com detectores de movimento, estão posicionadas perto das entradas e por todo o shopping center. Todo o prédio, inclusive o estacionamento, pode ser banhado por luz artificial intensa a um simples toque de interruptor.

> Há seis entradas para o centro: três para carro, dois portões de serviço e um caminho para pedestres. As entradas de pedestres e as de automóveis são abertas às 6h30min da manhã e fechadas às 10h30min da noite. A área de serviço, localizada nos fundos da propriedade, é cercada por um muro de concreto de dois metros de altura; ambos os portões de serviço permanecem fechados e são monitorados por um circuito de vídeo fechado, dispõem de interfones para a comunicação e são operados para as entregas por controle remoto a partir de um "observatório" de segurança. Raios infravermelhos instalados nas bases das luminárias servem para detectar possíveis intrusos que tentem evitar as câmeras pulando o muro.[24]

O observatório panóptico "dissimulado" é o olho e o cérebro desse sistema complexo de segurança. (No Shopping Willowbrook, o observatório está de fato escondido sobre uma divisão da biblioteca pública.) Compreende o quartel-general do gerente do shopping center, uma subdelegacia do LAPD e um operador que monitora os sistemas de áudio e vídeo, assim como mantém comunicação "com os outros shopping centers seguros ligados ao sistema, e com a polícia e os bombeiros". Em qualquer dia da semana, durante dia e noite, há pelo menos quatro guardas de segurança de plantão; um no observatório e três em patrulhas a pé. Eles recebem treinamento e apoio de membros do quadro permanente do LAPD que operam a partir da subdelegacia no observatório.

> Ainda que essas medidas possam parecer extraordinárias, as questões de segurança nos shopping centers assumiram o primeiro plano dentre os interesses da administração nos anos recentes. Com as companhias de seguro analisando as operações de segurança dos shopping centers antes de estabelecer novas apólices ou mesmo de renovar as antigas, e, em alguns casos, insistindo em programas de segurança melhora-

---

[24] Jane Buckwalter, "Security Shopping Centers for Inner Cities", *Urban Land*, Washington, Conservation Foundation, abr. 1987, p. 24.

Cidade de quartzo

dos como condição para o seguro, os shoppings localizados em bairros fora do gueto começaram a se concentrar nas operações de segurança como parte integral de sua estratégia de projeto arquitetônico e administração. Sem sombra de dúvida, proteger os proprietários e os gerentes contra ações judiciais pode tornar um programa de segurança forte extremamente rentável a longo prazo.[25]

Esses shoppings, como esperado, tornaram-se verdadeiras minas de ouro, com uma média anual de vendas de mais de 350 dólares por metro quadrado arrendável, se comparados à média anual de 200 dólares de seus equivalentes suburbanos[26]. Além disso, Haagen foi agraciado com muitas reduções de impostos, muitos financiamentos municipais e federais, publicidade gratuita maciça, inquilinos subsidiados e contratos de arrendamento do terreno de duração entre sessenta e noventa anos. Não é de admirar que se sentisse no direito de se jactar: "Nós provamos que a única cor que conta em negócios é o verde. Há imensas oportunidades e imensos lucros a serem realizados nessas áreas de gueto deprimidas da América que foram abandonadas"[27].

Nesse ínterim, a lógica da "haagenização" foi estendida para a habitação assim como para as áreas comerciais do gueto. A contrapartida do shopping-prisão panóptico é o projeto habitacional aldeia estratégica. O Projeto Habitacional Imperial Courts, um pouco abaixo na rua quando se vem do Centro Martin Luther King Jr., foi recentemente fortificado com cercas, passes de identidade obrigatórios e uma subdelegacia do LAPD. Visitantes são parados e revistados, enquanto a polícia rotineiramente ordena que residentes do projeto voltem para suas casas a noite. Tal é a perda de liberdade que os inquilinos dos projetos habitacionais públicos são obrigados a aceitar como pagamento pela "segurança".

---

[25] Idem.

[26] Richard Titus, "Security Works", *Urban Land*, Washington, Conservation Foundation, jan. 1990, p. 2.

[27] Jane Buckwalter, "Security Shopping Centers for Inner Cities", cit., p. 25. Como realçaram alguns ativistas comunitários experimentados, há uma rica ironia em tudo isso: a saber, que as mesmas forças (bancos que discriminam certas áreas da cidade, políticos negligentes, companhias de seguro discriminatórias etc.) que dividem a responsabilidade pela paisagem lunar do varejo na região Centro-Sul de Los Angeles celebram agora sua reocupação por empresários com os conceitos de segurança de Haagen. Tendo deixado que os espaços públicos e os shopping centers do gueto se deteriorassem a um ponto tal que as únicas empresas que subsistiram foram as igrejas evangélicas e umas poucas e fortificadas lojas de bebidas alcoólicas, a municipalidade se torna repentinamente profusa em subsídios destinados a criar shoppings-fortalezas privados cujos lucros vão para fora da comunidade.

De Rentacop* a Robocop

A lógica voltada para a segurança da enclavização urbana encontra sua expressão mais comum nos esforços frenéticos dos bairros afluentes de Los Angeles para isolar estilos de vida e valores do lar. Como vimos no capítulo 3, novos empreendimentos de luxo fora dos limites da cidade freqüentemente se transformam em cidades fortificadas completas, com muros que as cercam inteiramente, portões de entrada restritos com postos de guarda, sobreposição de serviços de polícia público e privado, e mesmo ruas privatizadas. É simplesmente impossível para os cidadãos comuns invadir as "cidades" de Hidden Hills, Bradbury, Rancho Mirage ou Palos Verdes Estates sem o convite de um residente. De fato, Bradbury, com seus novecentos residentes e seus dezesseis quilômetros de ruas privadas com portões, é tão obcecada por segurança, que os três funcionários da cidade não respondem a telefonemas da imprensa, já que "a cada vez que um artigo é publicado [...] chama atenção para a cidade, e o número de arrombamentos aumenta". Por sua parte, Hidden Hills, uma pintura de Norman Rockwell atrás de muros de segurança, ficou agudamente dividida quanto à aquiescência a uma ordem da Corte Superior para construir 48 unidades de moradias para idosos do lado de fora de seus muros. Em reuniões da toda poderosa associação de proprietários residenciais (cujos membros incluem Frankie Avalon, Neil Diamond e Bob Eubanks), aqueles que se opunham à aquiescência argumentavam que apartamentos de gente velha "atrairão gangues e drogados [sic]"[28].

Enquanto isso, os enclaves de luxo tradicionais como Beverly Hills e San Marino restringem cada vez mais o acesso às suas instalações públicas, se utilizando de barrocos pacotes de regulamentações para construir muros invisíveis. San Marino, que pode ser a mais rica e é sabidamente a cidade mais republicana do país (85%), agora fecha seus parques nos finais de semana para excluir as famílias latinas e asiáticas das comunidades adjacentes. Um plano que está em discussão reabriria os parques aos sábados somente para aqueles que comprovassem residência. Outros bairros de alto nível em Los Angeles cunharam privilégios semelhantes por meio da obtenção de regulamentos para restringir o estacionamento aos proprietários residenciais locais. Como seria previsível, esse tipo de regulamentação de estacionamento preferencial prolifera exclusivamente em bairros com garagens para três carros.

Áreas residenciais com influência política suficiente conseguem assim privatizar o espaço público local, separando-se do resto da metrópole, ou mesmo impondo aos de fora uma variante de "controle de passaporte" no bairro. O próximo passo, é claro, será imitar enclaves municipalizados como Palos Verdes

---

*   Jogo de palavras com "Rent a Cop". Literalmente, "alugue um tira". (N. T.)

28   Ver *Daily News*, 1/11/1987; e Fox News, entrevista na televisão, mar. 1990.

Cidade de quartzo

ou Hidden Hills e, literalmente, construir muros. Desde sua construção no final dos anos 1940, Park La Brea foi um pedacinho do *chutzpah** de *lower* Manhattan ancorado no bulevar Wilshire: um labirinto com 69 mil hectares de casas urbanas de aluguel médio e de edifícios residenciais, ocupado por uma mistura urbana de solteiros, aposentados e famílias. Agora, como parte de uma estratégia de *gentrification*, seus proprietários, a Forest City Enterprises, decidiram sitiar a comunidade inteira com uma cerca de segurança, impossibilitando aos pedestres o acesso a um dos espaços públicos mais vitais ao longo da "Miracle Mile". Uma porta-voz dos proprietários observou que "a criação de comunidades fechadas é uma tendência geral"[29]. Nos terrenos outrora abertos do vale de San Fernando, onde não havia praticamente nenhuma comunidade fechada na década de 1980, a "tendência" assumiu as frenéticas dimensões de uma corrida armamentista residencial, na medida em que os suburbanos comuns passam a exigir o tipo de isolamento social que antes só era desfrutado pelos ricos. Brian Weinstock, um importante empreiteiro do Vale, alardeia os mais de cem bairros recentemente cercados, com uma demanda insaciável por mais segurança. "A primeira pergunta que sai de suas [dos compradores] bocas é para saber se é uma comunidade cercada. A demanda está numa base de três procurando por comunidades fechadas para cada um que nelas não quer viver."[30]

As vantagens do controle social da comunidade murada também atraíram a atenção de proprietários de imóveis em áreas mais densas e com renda menor. Proprietários de apartamentos no barrio Sepulveda, no vale de San Fernando, se mobilizaram em torno de um programa policial, lançado em outubro de 1989, para construir barreiras em suas ruas como meio de intimidação contra compradores de drogas ou outros indesejáveis. O LAPD quer a permissão da Câmara de Vereadores para isolar permanentemente a comunidade e restringir a entrada aos residentes, enquanto os proprietários financiam uma guarita – ou *checkpoint charlie***. Enquanto a Câmara contempla a permanência da experiência, o LAPD, apoiado pelos proprietários residenciais locais, continuou a construir barreiras em outras "zonas de guerra", inclusive em parte do distrito de Pico-Union, um bairro vizinho a Mid-Wilshire, e toda uma milha quadrada em torno da Jefferson High School na área de Central-Vernon. Face aos protestos dos residentes mais

---

* Palavra iídiche que significa autoconfiança suprema. Note-se que *lower* Manhattan era então uma área de ocupação predominantemente judaica. (N. T.)

[29] *Los Angeles Times*, 25/7/1989, p. 2.

[30] Jim Carlton, "Walled In", *Los Angeles Times*, 8/12/1989, p. 1. A mania de muros também não ficou para trás na Câmara de Comércio de Hollywood, que está planejando erguer muros em torno da base do famoso letreiro "Hollywood" em Mount Lee, assim como instalar detectores de movimento e câmeras de vídeo de vigilância.

** Ponto de controle de passaportes no antigo Muro de Berlim. (N. T.)

jovens sobre a característica "Muro de Berlim" da quarentena do bairro, o chefe de polícia Gates tranqüilizou os jornalistas, dizendo que "não estamos aqui para ocupar o território. Aqui não é o Panamá. É a cidade de Los Angeles, e nós vamos ficar aqui de uma maneira completamente legal"[31].

Nesse ínterim, os muito ricos ansiavam por castelos de alta tecnologia. Onde portões e muros não forem suficientes, como no caso dos proprietários residenciais de Beverly Hills ou Bel-Air, a própria casa será redesenhada para incorporar funções de segurança sofisticadas e algumas vezes estapafúrdias. Um objetivo discreto, porém crucial, da mania de mansões no Westside de Los Angeles – por exemplo, a demolição de casas de 3 milhões de dólares para a construção de mansões de 30 milhões – é a busca de "segurança absoluta". Arquitetos residenciais estão tomando de empréstimo os segredos de projetos de embaixadas e de postos militares de comando no exterior. Um dos itens mais requisitados é a "sala de segurança à prova de terroristas", oculta na planta da casa e acessível através de painéis corrediços e portas secretas. Merv Griffith e seus companheiros na construção de mansões estão fortificando seus palácios como se fossem silos para mísseis.

Mas a segurança residencial contemporânea em Los Angeles – seja nas mansões fortificadas ou no típico bunker suburbano – depende do consumo voraz de serviços de segurança privada. Por meio de suas associações locais de proprietários residenciais, praticamente todos os bairros afluentes, desde Palisades até Silverlake, têm contrato de policiamento privado; daí os milhares de gramados ostentando os pequenos avisos de "reação armada". Os classificados numa recente edição de domingo do *Los Angeles Times* continham cerca de cem anúncios oferecendo vaga para guardas e patrulheiros, a maioria de firmas especializadas em proteção residencial. Dentro do Condado de Los Angeles, a indústria de serviços de segurança triplicou suas vendas e sua força de trabalho (de 24 mil para 75 mil) durante a década de 1980. "É mais fácil se tornar segurança armado do que barbeiro, cabeleireiro ou marceneiro autônomo" e, sob a lei de licenciamento extremamente tolerante da Califórnia, nem mesmo assassinos condenados estão automaticamente excluídos da possibilidade de desempenhar essa função. Embora a maioria dos guardas de segurança sejam homens de minorias recebendo pouco mais que um salário mínimo (de quatro a sete dólares por hora, dependendo da qualificação e da escolaridade), seus empregadores são freqüentemente conglomerados multinacionais que oferecem uma deslumbrante quantidade de produtos e serviços de segurança. Como explica Michael Kaye, presidente da florescente Westec (uma subsidiária da Secom Ltda., do Japão): "Não somos uma companhia de guardas de segurança. Nós vendemos um conceito de segurança"[32]. (Esta citação, como imediatamente reconhecerão os afi-

---

[31] *Los Angeles Times*, 15/11/1989.

[32] Linda Williams, "Safe and Sound", *Los Angeles Times*, 29/8/1988, p. 5.

cionados, repete a gabolice de Dick Jones da Omni Consumer Products – o vilão de Robocop, de Paul Verhoeven – de que "tudo são conceitos de segurança [...] às vezes, só de pensar, me encho de tesão".)

O que as associações de proprietários imobiliários contratam da Westec – ou de sua principal rival, a Bel-Air Patrol (parte da família de companhias de segurança da Borg–Warner, que inclui Burns e Pinkerton) – são pacotes de "sistemas" completos que incluem aparelhagem de alarme, monitoramento, guardas de segurança, guarda-costas e, é claro, "reação armada" quando necessário. Embora especialistas em policiamento discutam sua eficiência no que diz respeito a repelir criminosos profissionais, esses sistemas são brilhantemente eficazes na dissuasão de inocentes de fora. Qualquer um que tenha tentado dar uma voltinha ao anoitecer por um bairro estranho, patrulhado por guardas de segurança armados e sinalizado com ameaças de morte, compreende imediatamente quão meramente abstrata, se não completamente obsoleta, é a antiga idéia da "liberdade da cidade".

O LAPD como polícia espacial

Essa abrangente mobilização urbana pela segurança não depende somente do imbricamento da função de polícia no ambiente construído, mas também de uma divisão social do trabalho em evolução entre os serviços de polícia dos setores público e privado, na qual o primeiro atua como suporte necessário para o segundo. Como nota a revista *Police Chief*, "as severas condições econômicas dos anos 1980" – por exemplo, a revolta fiscal, o aumento dos índices de crimes contra o patrimônio, e a crescente demanda da classe média por segurança – catalisaram "um realinhamento das relações entre a segurança privada e o serviço policial"[33]. O setor privado, explorando um exército de empregados não-sindicalizados e mal remunerados, assumiu progressivamente as funções intensivas em termos de mão-de-obra (guardas, patrulhas residenciais, repressão de pequenos crimes, manutenção de passagens de segurança ou de controle de documentos, monitoramento de segurança eletrônica e assim por diante), enquanto o setor público se entrincheirou na supervisão dos macrossistemas de segurança (manutenção dos bancos de dados com os registros de crimes de grande porte, vigilância aérea, sistemas prisionais, respostas paramilitares ao terrorismo e às insurreições de rua, entre outros). A confusa interface entre os dois setores se evidencia com mais clareza na superposição, em muitos bairros, das funções de patrulha, assim como na tendência crescente de subcontratar serviços carcerários (com a super-

---

[33] William Cunningham e Todd Taylor, "A Summary of the Hallcrest Report", *The Police Chief*, jun. 1983, p. 31.

Fortaleza LA

visão privatizada da vigilância eletrônica residencial como outro mercado potencialmente lucrativo).

Em muitos aspectos, essa divisão do trabalho é mais elaborada em Los Angeles do que em qualquer outro lugar, apenas e tão somente pela substituição pioneira, por parte do LAPD, da mão-de-obra das patrulhas por capital tecnológico. Em parte, essa era uma adaptação necessária à forma dispersa da cidade; mas expressa também a definição específica do departamento quanto à sua relação com a comunidade. Particularmente em seu próprio mito autoperpetuado, o LAPD é visto como a antítese progressiva do departamento de polícia tradicional das grandes cidades, com seus exércitos de policiais apadrinhados correndo atrás do seu. Como se pretendia com a reforma do começo dos anos 1950, dirigida pelo legendário chefe Parker (que admirava, acima de tudo, o elitismo dos Marines), o LAPD deveria ser incorruptível por ser inatingível, uns poucos "homens bons" lutando contra a cidade fundamentalmente má. O sargento Friday de *Dragnet*** capturou precisamente a qualidade parkerizada de alienação puritana do LAPD em relação a uma coletividade composta de idiotas, degenerados e psicopatas.

A tecnologia ajudou a isolar esse *esprit de corps* paranóico. Ao fazer isso, estabeleceu virtualmente uma nova epistemologia da polícia, na qual a vigilância e a reação tecnológicas suplantaram o conhecimento íntimo de comunidades específicas do guarda tradicional. Assim, já nos anos 1920, o LAPD foi pioneiro na substituição das patrulhas a pé ou montadas pelo carro de rádio-patrulha – o começo do policiamento disperso e mecanizado. Sob Parker, sempre alerta para os desdobramentos da tecnologia militar, o LAPD introduziu os primeiros helicópteros de polícia para vigilância aérea sistemática. Depois da Rebelião de Watts, em 1965, tal tecnologia aerotransportada tornou-se a pedra de toque da estratégia de policiamento para o gueto como um todo[34]. Como parte do programa Astro, helicópteros do LAPD realizam uma média de dezenove horas de vigilância diárias sobre as áreas de "alta criminalidade", taticamente coordenada com as forças de carros de patrulha, e excedendo até mesmo a vigilância aérea do exército britânico sobre Belfast. Para facilitar a sincronização terra–ar, números

---

* Famosa série policial, veiculada inicialmente na rádio e depois na TV, também conhecida como *LA Dragnet*. O termo *dragnet* se refere a um sistema de medidas coordenadas para a detenção de suspeitos ou criminosos. (N. E.)

[34] A seção a seguir é baseada na publicidade do LAPD e em entrevistas com seu pessoal. Ver também Don Rosen, "Blue Thunder", *Herald-Examiner*, 28/5/1989, p. 1 e p. 12. Durante o mês de fevereiro de 1989, unidades de elite antiterroristas do Primeiro Comando de Operações Especiais do Exército, de Fort Bragg, Carolina do Norte, conduziram séries de assaltos e batalhas simuladas de helicóptero sobre os arranha-céus de Bunker Hill. "O Exército declinou a fornecer qualquer informação ulterior sobre tropas e equipamento envolvidos ou sobre a natureza e o propósito do treinamento", *Los Angeles Times*, 18/2/1989, p. 23.

Cidade de quartzo

que identificam as ruas foram pintados em milhares de telhados de residências, transformando a vista aérea da cidade num grande mapa policial.

A força aérea de cinqüenta pilotos do LAPD foi recentemente modernizada com helicópteros franceses da Aerospatiale equipados com uma tecnologia de vigilância futurística. Suas câmeras de infravermelho voltadas para frente são olhos noturnos extraordinários que podem facilmente formar imagens de calor a partir de um simples cigarro aceso, enquanto seus holofotes de 30 milhões de velas, apropriadamente chamados de *Nightsun* [sol da noite], podem literalmente transformar a noite em dia. Enquanto isso, o LAPD mantém uma outra frota de Bell Jet Rangers, capazes de transportar grupos completos da Swat para qualquer lugar da região. Os treinamentos, que às vezes inclui ataques simulados aos grandes prédios do Centro, antecipam algumas das mais eloqüentes imagens hollywoodianas (por exemplo, *Trovão azul* ou *O sobrevivente*) do terror policial aerotransportado. Há poucos anos, um comandante veterano da Swat do LAPD (aparentemente um dos principais no famoso holocausto da SLA, na região Centro-Sul de Los Angeles) atirou acidentalmente em seu próprio helicóptero, deixando-o fora de combate, enquanto praticava um ataque com metralhadora.

Mas o elemento mais decisivo da metamorfose do LAPD em tecnopolícia foi sua longa e bem sucedida ligação com a indústria militar aeroespacial. Justamente a tempo de operar na abertura dos Jogos Olímpicos de 1984 em Los Angeles, o departamento colocou em linha os Sistemas de Comunicações de Controle e Comando de Emergência (ECCCS), o mais poderoso e moderno sistema de comunicações de polícia do mundo. Concebido inicialmente pela Hughes Aerospace entre 1969 e 1971, o desenho do ECCCS foi refinado e atualizado pelo Laboratório de Propulsão a Jato da Nasa, incorporando elementos da tecnologia espacial e das comunicações de controle de missões. Depois da aprovação de uma isenção de impostos no valor de 42 milhões de dólares, em maio de 1977, a Câmara Municipal aprovou a Systems Development Corporation, de Santa Monica, como a principal empreiteira para o sistema, que levou mais de sete anos para ser construído.

O hardware central do ECCCS está protegido por uma segurança comparável à de um silo de míssil SAC em Montana. Na casamata, localizada no quarto e quinto subsolos fortificados e à prova de terremotos da Subprefeitura do Leste (e interconectado com o pentágono da polícia no Parker Center), o Central Dispatch Center coordena todos os complexos itinerários e respostas do LAPD, utilizando-se de comunicação digitalizada para evitar congestionamento de voz e garantir o sigilo das transmissões. O ECCCS, juntamente com os prodigiosos recursos de processamento de informação do LAPD, incluindo os sempre crescentes bancos de dados sobre cidadãos suspeitos, se transformou no sistema nervoso central de vastas e variadas operações de segurança públicas e privadas que se realizam em Los Angeles.

Mas esse está longe de ser o *sensorium* definitivo da polícia. Como a histeria antigangues e a guerra contra o crack mantém os cofres da cidade abertos para as requisições de fundos da polícia, é provável que o LAPD continue a ganhar apoio político para ambiciosos investimentos de capitais em programas de nova tecnologia. Tendo elevado o policiamento aos níveis da Guerra do Vietnã e da Nasa em seus primórdios, é quase inevitável que o LAPD, e outras forças policiais avançadas, tentem adquirir tecnologia do Electronic Battlefield e mesmo do Star War*. Nós estamos no limiar da vigilância eletrônica universal da propriedade e dos povos – tanto criminosos quanto não-criminosos (criancinhas, por exemplo) – monitorados por equipamentos de vigilância, tanto celulares quanto centralizados. Quanto a esse último aspecto, o ex-chefe de polícia de Los Angeles, posteriormente senador do estado, o republicano de Valencia Ed Davis, propôs o uso de um satélite espacial geossinclinal para fazer frente ao roubo pandêmico de automóveis na região. Sistemas eletrônicos de alarme, já testados na Nova Inglaterra, alertariam a polícia se um carro devidamente vigiado fosse roubado; o monitoramento por satélite estenderia a cobertura por toda a vasta área metropolitana de Los Angeles. Uma vez em órbita, é claro, o papel do satélite-polícia poderia aumentar de modo a abranger outras formas de vigilância e controle.

A imagem aqui é, em última análise, mais importante do que a praticabilidade da proposta, pois condensa a visão de mundo histórica e a aventura quixotesca do LAPD no pós-guerra: bons cidadãos, fora das ruas, fechados em suas esferas de consumo de alta segurança; maus cidadãos, nas ruas (e, portanto, não trabalhando em negócios legítimos), presos na terrível vigilância de Jeová do programa espacial do LAPD.

A cidade carcerária

Toda essa vigilância e mapeamento aerotransportados, coleta sem fim de dados policiais e comunicação centralizada constituem uma "haussmannização" invisível de Los Angeles. Não é preciso limpar linhas de tiro para os canhões quando se controla o céu; e a necessidade de pagar informantes em cada quarteirão é menor quando câmeras de vigilância são paramentos universais em todos os edifícios. Mas a polícia também reorganiza o espaço de formas muito mais diretas. Já vimos seu papel crescente como urbanistas do Centro, indispensáveis por sua perícia em "segurança". Mas eles também fazem cada vez mais lobby para ampliar o uso da terra em funções lei-e-ordem: espaço adicional de depósitos em função de uma crescente população carcerária, e instalações administrativas e de treinamento para si mesmos. Em Los Angeles, isso tomou a forma de um programa de renovação urbana de facto, operado por delegacias de polícia, que

---

* Electronic Battlefield e Star War [Campo de Batalha Eletrônico e Guerra nas Estrelas]. Programas militares de alta tecnologia em desenvolvimento nos Estados Unidos. (N. T.)

Cidade de quartzo

ameaça transformar toda uma elevação da parte leste do Centro de Los Angeles numa vasta colônia penal[35].

Em 1990, aproximadamente 25 mil prisioneiros estavam encarcerados em seis instalações gravemente superpovoadas do condado e do governo federal – sem incluir os centros de detenção do Serviço de Imigração e Naturalização (INS) – num raio de cinco quilômetros a partir da Prefeitura da Cidade, sendo a maior população carcerária da nação. Esforçando-se para superar o desafio da "Guerra contra as Drogas" (que dobrará a população carcerária ainda na década de 1990), as autoridades avançam rapidamente na construção de uma nova prisão estadual no Leste de Los Angeles, assim como na expansão gigantesca da Cadeia do Condado, perto de Chinatown. Ambos os projetos são vigorosamente contestados por coalizões que se opõem a mais despejo de espaços carcerários no gueto. Todavia, ao mesmo tempo, órgãos como o Escritório de Prisões e a Cadeia do Condado, juntamente com inumeráveis companhias de segurança privada, tornaram-se os principais empregadores da comunidade, na esteira do fechamento de fábricas e da desindustrialização no Leste de Los Angeles durante os anos 1970 e o começo dos anos 1980. As cadeias passaram a rivalizar agora com o Hospital da USC/Condado como a mais importante força econômica isolada do Eastside.

O conflito de interesses entre a comunidade e o uso da terra com propósitos repressivos também tem como foco marcante o destino do Parque Elysian, o lar do Estádio Dodger e da Academia de Polícia. Formado por encostas escarpadas e ravinas imediatamente ao noroeste do El Pueblo de Los Angeles original, o Parque Elysian foi outrora uma atração turística de alto nível, um dos mais antigos e importantes parques "*city beautiful*" do país. Por meio de uma extraordinária tramóia do governo local, o departamento de polícia articulou-se no sentido de transformar sua concessão do estande de tiro da Olimpíada de 1932 (sob arrendamento temporário do Clube Atlético e de Tiro da Polícia) numa concessão do parque como um todo. Embora os advogados dos Amigos do Parque Elysian tenham conseguido provar que a construção da Academia de Polícia era uma apropriação não autorizada e ilegal de terreno público, o LAPD intimidou a Câmara Municipal para a ratificação do *status quo*. Depois, em 1989, cláusulas em letras miúdas vinculadas a uma emissão de títulos da polícia, alimentada pela crise das gangues e da droga, conferiram fundos e autorização à expansão tríplice da Academia no parque. Para sugerir uma analogia, é quase como se a polícia de San Francisco ocupasse o Parque Golden Gate, ou o Departamento de Polícia de Nova York tomasse posse de metade do Central Park.

---

[35] Nas palavras exatas de Aurora Castillo, líder de Las Madres (grupo de East Los Angeles que lutava contra a construção das prisões): "É como se estivessem transformando nossa área numa colônia penal", *Los Angeles Times*, 3/8/1988, p. 1.

Fortaleza LA

O INS, nesse intervalo, estava tentando sorrateiramente levar as "micro-prisões" privatizadas aos insuspeitos bairros do gueto. Em face à superlotação recorde de suas instalações normais, La Migra requisitou motéis e apartamentos, operados por prestadores de serviços privados, como cadeias auxiliares para detentos estrangeiros – muitos deles chineses e centro-americanos procurando asilo. A divulgação da existência de uma dessas prisões causou um alvoroço comunitário em Hollywood em 1986, e novamente no começo de 1990, no bairro de MacArthur Park, depois de uma fuga audaciosa de oito mulheres prisioneiras lideradas por uma dissidente política chinesa. As mulheres denunciaram que o centro de detenção (uma fachada anônima com janelas gradeadas na rua de comércio principal da área) carecia de higiene básica, e que os guardas (homens) passavam a noite nas celas femininas[36].

A demanda por *Lebensraum** policial no Centro da cidade, entretanto, levaria inevitavelmente as delegacias de polícia a um conflito contra algo mais do que meramente grupos comunitários. O plano de acrescentar duas torres altíssimas, com mais de 2400 leitos, à Cadeia do Condado, na rua Bauchet, já havia provocado a ira de planejadores e empreendedores que esperavam fazer da Union Station, próximo dali, o centro de um complexo gigantesco de prédios, com hotéis e escritórios. Se a expansão das cadeias continuar, turistas e prisioneiros podem acabar trocando olhares amorosos das janelas de torres opostas. Uma solução para o conflito entre a revitalização carcerária e a comercial é usar a camuflagem arquitetônica para integrar o espaço das cadeias na paisagem dos edifícios modernos. Se os edifícios e as casas estão se tornando cada vez mais parecidos com prisões ou fortalezas, as prisões, ironicamente, estão se tornando arquitetonicamente naturalizadas como objetos estéticos. Além disso, com a mudança pós-liberal nos gastos do governo, que foram deslocados da assistência social para a repressão, as estruturas carcerárias se tornaram a nova fronteira da arquitetura pública. Como a enorme quantidade de escritórios que existe na maior parte do país reduz as encomendas para a construção de torres empresariais, arquitetos célebres se prontificam a projetar cadeias, prisões e delegacias de polícia[37].

Um exemplo extraordinário, a nau capitânia de um gênero emergente, é o Centro de Detenção Metropolitana, no Centro de Los Angeles, da Welton Becket Associates, junto ao Centro Cívico e à auto-estrada Hollywood. Embora essa instalação de dez andares do Departamento Federal de Prisões seja uma das

---

[36] *Los Angeles Times*, 23/1/1990.

* Território tido, especialmente pelos nazistas, como necessário para a existência nacional ou para a auto-suficiência econômica. (N. T.)

[37] Além do exemplo de Welton Becket discutido aqui, temos o exemplo local bombástico das novas instalações da Polícia e Cadeia de Pasadena, projetadas por Robert Stern, um dos papas conservadores do "pós-modernismo".

Cidade de quartzo

estruturas novas mais visíveis da cidade, poucos dentre as centenas de milhares de trabalhadores que passam todos os dias por ali têm alguma noção de sua função como centro de detenção e triagem para o que foi oficialmente descrito como "elite administrativa do narcoterrorismo". Aqui, 70% dos encarceramentos federais são relacionados com a "guerra contra as drogas". Essa Bastilha pós-moderna – a maior prisão construída num centro urbano importante dos Estados Unidos em muitos anos – parece, no entanto, um hotel ou um bloco de escritórios futurista, com charmes artísticos (como as treliças de alta tecnologia em suas sacadas–ponte) comparáveis a qualquer das arquiteturas recentes do Centro. Mas esse ambiente de alto nível é mais do que uma mera fachada. O interior da prisão é projetado para implementar um sofisticado programa de manipulação e controle psicológicos: janelas sem grades, planos de cor pastel, pessoal da prisão vestidos em finos blazers de ginasianos, um pátio com arbustos muito bem cuidados, uma área de recepção como a de um hotel, nove áreas de recreação com equipamento náutico de ginástica e assim por diante[38]. Em contraste com o inferno humano desesperadamente superpovoado da Cadeia do Condado, a poucos quarteirões de distância, a estrutura de Becket aparentemente se aproxima menos de um centro de detenção do que de um centro de convenções para delinqüentes federais – uma "distinta" contribuição ao *continuum* de segurança e design do Centro. Mas o custo psíquico de tantas atenções à estética das prisões é insidioso. Como me sussurrou um interno no decurso de uma excursão, "Dá pra você imaginar a fodeção de cabeça que é estar trancado num Hollyday Inn?"[39].

O medo das multidões

Em última análise, os objetivos da arquitetura contemporânea e da polícia convergem com muita clareza para o problema do controle da multidão. Como vimos, os projetistas de shopping centers e espaços pseudopúblicos atacam a multidão ao homogeneizá-la. Erguem barreiras arquitetônicas e semióticas para filtrar os "indesejáveis". Cercam a massa que consegue passar, dirigindo sua circulação com ferocidade behaviorista. As pessoas são atraídas por estímulos visuais de

---

[38] A saudável e otimista "Fact Sheet" do Centro de Detenção parece ter sido projetada tendo em mente turistas federais: "A instituição é de um desenho arquitetônico moderno que não tem as características externas de uma cadeia tradicional. [...] Serviços programados [...] enfatizam uma experiência educacional de curto prazo e atividades de recreação supervisionada para todos os internos. [...] A missão é fornecer ao detento pré-julgamento, atenção, custódia e controle seguros e humanos; manter um ambiente positivo para os detentos e para o pessoal em serviço [...]".

[39] Graças a Lynden Croasmun, assistente executivo do diretor, tive a oportunidade de excursionar pelo Centro de Detenção Metropolitano em outubro de 1989.

todos os tipos, entorpecidas por Musak*, e algumas vezes até mesmo perfumadas por aromatizadores invisíveis. Tal orquestração skinneriana, se bem conduzida, produz uma verdadeira sinfonia comercial de mônadas consumistas em grandes números, andando de um caixa automático para outro.

Do lado de fora, nas ruas, a tarefa da polícia é mais difícil. O LAPD, coerente com seu passado de guerra de classe, sempre odiou certos tipos de aglomerações públicas. Seus primórdios históricos são principalmente devotados a dar cacetadas em manifestantes do Primeiro de Maio, prender grevistas e deportar mexicanos ou *okies*. Em 1921, o órgão prendeu Upton Sinclair por ler a Declaração de Independência em público; em 1960, dispersou indiscriminadamente encontros amorosos e piqueniques familiares em verdadeiras batalhas para controlar o Griffith e o Parque Elysian. Subconscientemente, é provável que nunca tenha se recuperado da humilhação de agosto de 1965, quando, temporariamente, foi forçado a entregar as ruas aos rebeldes do gueto.

Quaisquer que sejam as razões, o LAPD (tanto quanto os xerifes de condado) continua a restringir implacavelmente o espaço público para reuniões e a liberdade de movimento dos jovens. No capítulo 5, examinaremos em detalhes a história da Operação Martelo e outras táticas policiais estilo Vietnã na região Centro-Sul de LA[40]. Mas, muito antes do LAPD e dos xerifes lançarem suas famosas blitz antigangue, já operavam extensivos toques de recolher aos jovens para as áreas não-anglo-saxônicas e faziam barreiras nos bulevares populares para impedir que "fossem à luta" (isso favoreceu diretamente a estratégia de ocupação de classe média em Hollywood). E agora, é claro, estão isolando bairros e conjuntos habitacionais inteiros sob nossa variação local da "lei de passagem". Mesmo

---

* Marca registrada de um serviço de música ambiente pré-gravada transmitida à distância para o sistema de som de um cliente (como um escritório, um gabinete dentário ou um shopping center). (N. T.)

[40] A Martelo pode ser somente uma meiga prefiguração de medidas draconianas ainda a serem introduzidas na guerra contra as drogas. Durante anos, a imprensa alternativa nos relembrou que planos de leis marciais extremas, articulados pelo Pentágono nos dias que se seguiram à Rebelião de Detroit, em 1967, ainda estão ativos, e são cultivados pelas forças armadas e também pela Guarda Nacional e pela polícia local. Como explica Tim Raymond, do *Bay Guardian*: "A Califórnia foi um dos participantes mais entusiásticos no programa nacional. Entre 1968 e 1973, três exercícios importantes – sob o codinome Cable Splicer I, II e III – foram realizados na Califórnia, reunindo oficiais da polícia e militares em todo o estado para seminários e jogos de guerra, num centro de treinamento 'anti-terrorista' especial perto de San Luis Obispo". Ver Tim Raymond, *Bay Guardian*, 9/9/1987, p. 17. Uma variante desses planos, chamada Garden Plot, foi recentemente revelada como parte do plano de contingência de distúrbios civis, na esteira do atracamento do encouraçado Missouri, em San Francisco. Estudiosos do LAPD geralmente acreditam que planos abrangentes similares existem há muito tempo para lidar com distúrbios civis no gueto ou em *barrios* e, possivelmente agora, para assegurar a virtual ocupação militar de áreas com alta densidade de gangues.

Cidade de quartzo

os jovens brancos ricos sofrem com essa escalada de regulamentação de sua mobilidade pessoal por parte da polícia. Na outrora capital mundial dos adolescentes, onde milhões de pessoas no exterior continuam a imaginar Gidget numa festa de surfe até altas horas, as praias são agora fechadas durante a noite, patrulhadas por helicópteros armados e por bugues da polícia nas dunas.

O divisor de águas no ataque arquitetônico e policial conjunto contra o espaço público foi a ascensão e queda do "Los Angeles Street Scene" [Cena de Rua de Los Angeles]. Lançado em 1978, o festival de dois dias no Centro Cívico pretendia tanto dar publicidade à revitalização do Centro, quanto criar as condições para a versão do prefeito Bradley do tradicional churrasco democrata. O LAPD estava cético. Finalmente, em 1986, depois que os Ramones não apareceram, como prometido, a jovem audiência começou a destruir o palco. O LAPD enviou imediatamente uma falange de uma centena e meia de policiais com seus capacetes e uma unidade montada. Na confusão de duas horas que se seguiu, punks enfurecidos bombardearam a polícia montada com pedras e garrafas, ferindo quinze policiais e seus cavalos. O produtor do Festival, um funcionário de Bradley, sugeriu que "mais atividades em plena rua" deveriam atrair menos multidões turbulentas. O prestigioso *Downtown News* contra-atacou, clamando que o "Street Scene dá ao Centro uma má reputação. É uma afronta a tudo que foi feito aqui nos últimos trinta anos." O jornal pediu "reparações" para a "reputação da cidade" ferida. A prefeitura cancelou o Street Scene[41].

Sua extinção sugere a consolidação de um consenso oficial a respeito de multidões e do uso do espaço em Los Angeles. Desde que a reestruturação do Centro eliminou a mistura social das multidões na circulação normal de pedestres, o Street Scene (assim chamado, ironicamente) permaneceu uma das poucas ocasiões ou lugares meio carnavalescos (ao longo do bulevar Hollywood e da calçada Venice, ameaçados pela reincorporação) onde a heteroglossia pura podia florescer: quer dizer, onde punks de Chinatown, skinheads de Glendale, *lowriders* de Boyle Heights, garotas do Vale, casais de arquitetos de Marina, rappers de Slauson, sem-tetos do submundo e caipiras de Des Moines podiam misturar-se em relativa cordialidade.

Até a extinção final desses últimos espaços realmente públicos – com suas intoxicações democráticas, riscos e odores naturais –, a pacificação de Los Angeles permanecerá incompleta. E, enquanto esse for o caso, as várias elites inseguras, como os yuppies – alienígenas em *They Live!* de John Carpenter –, nunca saberão quando alguma revolta poderá eclodir, ou que estranha roupa ela poderá estar vestindo. Na véspera do Dia das Bruxas de 1988 – uma semana antes do

---

[41] Ver *Los Angeles Times*, 22/9/1986, p. 1 e 25/9/1986, p. 1; e a republicação de "melhor editorial", "Trouble at Street Scene", *Downtown News*, 2/3/1987, p. 12.

clímax lei-e-ordem da campanha de Bush –, o LAPD tentou dispersar 100 mil pacíficos foliões no bulevar Hollywood. Os cavalos da polícia fizeram carga contra a multidão, enquanto viaturas do esquadrão ziguezagueavam, subindo nos meios-fios e prensando transeuntes apavorados contra as vitrines das lojas. Demonstrando o que a polícia caracterizaria mais tarde como "uma completa falta de respeito para com o espírito do feriado", uma parte da multidão reagiu com vigor, arremessando garrafas e quebrando as janelas do Brown Derby*. Por volta da meia-noite, os insurgentes, devidamente fantasiados, estavam saqueando vitrines. O *Los Angeles Times* da manhã seguinte trazia a seguinte descrição, evocativa de Nathanael West:

> Numa loja de souvenirs, a Holly Vine Shoppe, saqueadores quebraram vitrines e pegaram animais empalhados, cartões postais e flâmulas de Hollywood, assim como bonés com o emblema do LAPD.[42]

---

*   Restaurante tradicional de Los Angeles. (N. T.)

[42]   George Ramos, "Hollywood Halloween: some Came as Vandals and Looters", *Los Angeles Times*, 2/11/1988, p. 1 e p. 8. Também, entrevistas com testemunhas oculares.

5

O martelo e a rocha

Talvez o 6 de abril de 1989 passe para a história como o dia da primeira "ação antidrogas de grife". Quando os comandos da Swat, fortemente armados e envergando seus coletes à prova de balas, invadiram a suspeita *rock house*, perto da esquina da rua 51 com a Main, na região Centro-Sul de LA, Nancy Reagan e o chefe de polícia de Los Angeles, Daryl Gates, estavam do outro lado da rua, beliscando uma salada de frutas numa casa motorizada de luxo com a inscrição "The Establishment" em letras grandiosas. Segundo o *Los Angeles Times*, a antiga primeira-dama "podia ser vista retocando a maquiagem", enquanto a Swat rispidamente revistava e algemava os quatorze "narcoterroristas" capturados no interior do pequeno barracão de reboco. Enquanto centenas de incrédulos moradores da área ("Ei, Nancy Reagan. Está aqui no gueto!") se agrupavam atrás das barreiras da polícia, a grande Mulher Que Diz Não, acompanhada pelo chefe Gates e um pequeno exército de nervosos agentes do Serviço Secreto, circulava pela fortaleza inimiga com seus ocupantes ainda algemados no chão em espantada submissão. Depois de franzir o cenho para o papel de parede espalhafatoso e para os destroços da ação antidrogas, Nancy, que tinha uma aparência cativante usando o blusão do LAPD, conseguiu perscrutar instantaneamente os corações negros a seus pés e declarar: "Essas pessoas aqui estão além da possibilidade de reeducação e reabilitação". Isso era música para os ouvidos do chefe de polícia, cuja ocupação se alimenta da incorrigibilidade. "Gates nitidamente exultava quando as câmeras de televisão o focalizaram: 'Achamos que ela devia ver com seus próprios olhos, e ela veio. [...] É uma mulher muito corajosa'."[1]

---

[1]   Reportagem de Louis Sahagun e Carol McGraw, *Los Angeles Times*, 7/4/1989.

Foi um encontro realmente barra pesada, mesmo com as reclamações antipáticas do secretário de imprensa de Nancy, Mark Weinberg, no dia seguinte, quanto à incapacidade dos meios de comunicação de aproveitar melhor a oportunidade fotográfica. De um ponto de vista mais amplo, contudo, Nancy Reagan – que viveu na Califórnia meridional por quase cinqüenta anos – havia feito sua primeira visita ao gueto, e o chefe Gates, que sonhava se tornar governador, conseguiu sua ação antidrogas perfeita. Foi uma vitória fácil numa "guerra" das drogas que o LAPD secretamente adora perder.

Vietnã aqui

> *Esta noite nós prendemos por tudo e qualquer coisa.*
> Porta-voz do LAPD[2]

Flashback para abril do ano anterior. Mil policiais de plantão, apoiados por esquadrões de ação tática de elite e uma força-tarefa antigangue especial, encenam o primeiro ato da Operação Martelo ao longo de quinze quilômetros quadrados da região Centro-Sul de Los Angeles, entre Exposition Park e North Long Beach, prendendo mais jovens negros do que em qualquer outro momento desde a Rebelião de Watts, em 1965. Como numa missão de busca e aniquilamento da era do Vietnã – e muitos dos policiais de nível superior são orgulhosos veteranos do Vietnã –, o chefe Gates satura as ruas com sua "máquina azul", interpelando milhares de adolescentes locais aleatoriamente como camponeses apavorados. Os meninos são forçados, de forma humilhante, a "beijar a calçada" ou a se esparramar sobre os carros da polícia, enquanto os agentes verificam seus nomes em listas computadorizadas de membros de gangues. São feitas 1453 prisões; os meninos são autuados em centros de registro móveis, na maioria dos casos por crimes triviais, como tíquetes de estacionamento falsos ou violações de toque de recolher. Outras centenas, sem acusação, têm seus nomes e endereços incluídos no rol eletrônico de gangues para inspeção futura[3].

Gates, que no começo do ano havia insistido na "invasão" da Colômbia (em 1980 ele ofereceu a Jimmy Carter a equipe Swat do LAPD para libertar os reféns em Teerã), ridicularizou os protestos dos libertários de direitos civis: "Isto é uma guerra [...] nós estamos muitíssimo furiosos. [...] Queremos passar um recado claro para os covardes lá fora, e é isso que eles são, covardezinhos podres – que-

---

[2] *Los Angeles Times*, 3/4/1988.

[3] Idem. "O comprometimento do chefe parecia estar passando para seus comandados, diversos dos quais disseram que estavam sendo feitas prisões por infrações menores, que normalmente poderiam ser desconsideradas. No leste do vale de San Fernando, um menino rebelde de quatorze anos, usando uma camiseta Fred Flintstone – e pouca coisa mais – foi fichado por suspeita de atentado ao pudor depois que 'ficou encarando' um carro de patrulha que passava."

remos passar o recado de que nós vamos lá para pegá-los." Para reforçar a metáfora, mas querendo dizer literalmente isso, o chefe da Unidade Antidrogas da procuradoria distrital acrescentou: "É o Vietnã aqui"[4].

"Eles" – os que um prefeito local chama de "os vietcongues soltos na nossa sociedade"[5] – são os membros das gangues negras locais, segmentadas em várias centenas de grupos conflitantes, mas frouxamente alinhados em duas supergangues hostis, os "Crips" e os "Bloods" – universalmente diferenciados, como todo espectador de *As cores da violência*, de Dennis Hopper, agora sabe, pelo código das cores de cadarços, camisetas e fitas de cabelo (vermelho para os Bloods, azul para os Crips). Na versão oficial, que Hollywood tem incessantemente requentado e sensacionalizado ainda mais, essas gangues abrangem verdadeiros exércitos de guerrilha urbana, organizados para a venda de crack, que superam o armamento da polícia com imensos arsenais de armas automáticas Uzi e Mac-10. Embora as tropas das gangues sejam tipicamente formadas por meninos ainda começando o ensino médio, os políticos locais freqüentemente as comparam às "milícias assassinas de Beirute"[6].

Pela cidade como um todo, ou cada vez mais na própria região Centro-Sul, há uma outra grande clientela tradicional de membros de gangues latinas, freqüentemente descritas com as mesmas imagens mórbidas. De fato, o foco básico da histeria diante das gangues nos anos 1970 era a violência crescente em meio à terceira geração de *vatos locos* do Leste de LA. Porém, uma forte contra-ofensiva da comunidade, sem o apoio da polícia, mas comandada, em vez disso, por padres, pais e *veteranos* de gangues que apelavam para a "unidade dos *chicanos*", conseguiu reduzir drasticamente as mortes relacionadas às gangues do Eastside, de 24 em 1978 para zero em 1988[7]. Uma recrudescência substancial da guerra de gangues latinas nos tempos recentes pode ser diretamente atribuída às novas ligações com o comércio de crack.

Se alguma coisa tornou as rivalidades de área do gueto muito mais letais do que as do Eastside durante os anos 1980, foram os valores econômicos incomparavelmente mais altos no comércio de cocaína a varejo. O *gang-bangin** subiu num arco assassino a partir de 1984, em sincronia aproximada com o surgimento do crack, como o equivalente narcótico do *fast-food*, e o redirecionamento da

---

[4]   *Los Angeles Times*, 3/4/1988 e 15/5/1988; *Herald-Examiner*, 3/4/1988.

[5]   James Van Horn, prefeito de Artesia, citado em Stanley Meisler, "Nothing Works", *Los Angeles Times Magazine*, 7/5/1989.

[6]   *Los Angeles Times*, 6/4/1988.

[7]   Ibidem, 27/5/1979 e 4/11/1988.

*   Expressão típica de Los Angeles, que se refere aos assassinatos relacionados à ação das gangues. (N. T.)

Cidade de quartzo

principal rota da cocaína da Flórida para a Califórnia meridional, via México. Desde o começo de 1987, as mortes "ligadas às gangues", principalmente nas áreas do condado e no Southside, mantiveram a média de uma por dia[8].

Essa epidemia bastante real de violência juvenil, com suas raízes profundas (como veremos) na explosão da pobreza entre os jovens, foi inflada pelos órgãos que garantem o cumprimento das leis e pela mídia até tornar-se algo bastante fantasmagórico. Num jogo de números – que cessou de distinguir os autênticos "exibicionistas" e "matadores frios" do mundo das gangues dos "faladores" e "candidatos" –, o escritório da procuradoria do município vem regularmente aumentando sua estimativa de membros irrecuperáveis de gangues, tendo passado de 10 mil para 50 mil. A mídia local ampliou essa cifra para 70 a 80 mil, enquanto os "especialistas em gangues" da polícia invocaram o espectro de 100 mil "covardezinhos podres" em circulação no Condado de Los Angeles. Enquanto isso, segundo se noticia, uma epidemia de Crips e Bloods infectou todo o Oeste com a virulência de um *Enigma de Andrômeda**, desde Tucson até Anchorage, antes de invadir o próprio coração dos Estados Unidos (com novas ocorrências de Kansas City a Buffalo[9]).

Como o pavor dos trambiqueiros no século XIX, ou o dos vermelhos no século XX, o pavor contemporâneo das gangues tornou-se uma relação imaginária de classe, um terreno de pseudoconhecimento e de projeção de fantasias. Mas, enquanto a violência propriamente dita estava mais ou menos confinada ao gueto, as guerras de gangues eram também um voyeurismo excitante para os suburbanos brancos que devoravam imagens mórbidas em seus jornais ou na televisão. Em dezembro de 1987, o *frisson* se tornou medo quando matadores de uma gangue do Southside equivocadamente balearam uma jovem mulher na saída de um teatro no elegante bairro de lazer cultural Westwood Village, perto da Ucla. Os influentes comerciantes de Westwood, que haviam recentemente induzido o LAPD a impor regulamentações existentes de toque de recolher para repelir os jovens não-brancos do Village, clamaram por mais proteção policial, enquanto o vereador local Zev Yaroslavsky, então ensaiando um desafio ao prefeito Bradley no estilo de Koch, ofereceu uma enorme recompensa pela captura dos "terroristas urbanos".

A cobertura drasticamente diferenciada da imprensa, e a resposta preferencialmente policial em relação ao tiroteio de Westwood, deflagraram um ressentimento latente dos líderes comunitários negros, que acusaram Yaroslavsky, Bradley

---

[8] *Los Angeles Times*, 29/2/1988 e 4/5/1990.

* Filme clássico da ficção científica de Michael Crichton, de 1971, no qual um vírus do espaço sideral ameaça a humanidade. (N. T.)

[9] *Los Angeles Times*, 12/4/1988 e 25/4/1988.

O martelo e a rocha

e o LAPD de não reagirem com energia comparável ao caos reinante em seus bairros. Por várias semanas, o recinto da Câmara ressoou num debate antiquíssimo sobre o tempo relativo da reação policial nas diferentes divisões e a distribuição comparativa de pessoal do departamento. Esse debate ideologicamente carregado e circunscrito, focalizando exclusivamente a exigência de uma implementação mais igualitária e vigorosa da guerra contra as gangues, foi um sinal para que o ambicioso chefe de polícia, faminto por projeção nos meios de comunicação, ocupasse a posição central no palco.

Caçadores de gangues

> *Esta é a era da polícia. Se eu fosse chefe de polícia, pediria o máximo possível.*
> Vereador Richard Alatorre[10]

Desde os dias do lendário chefe de polícia William Parker, nos anos 1950, o LAPD tem sido considerado pela comunidade negra de LA como um exército de ocupação de caipiras brancos. Às vésperas da indicação de Daryl Gates para a chefia, em 1978, o assim chamado Marvel Mascarado, um ex-tira branco que havia servido por cinco anos no "Forte Apache" da rua 77, apareceu disfarçado numa série de programas da televisão local para fazer uma crônica mórbida da ansiedade no gatilho e do racismo patológicos dos "cavaleiros azuis" diante dos negros comuns[11]. Gates, o terceiro protegido de Parker seguido a comandar o LAPD, ridicularizou essas acusações e os "liberais" que davam ouvidos a elas. Pouco tempo depois, Eulia Love, uma negra de 39 anos em atraso com a sua conta de gás, foi morta pela polícia. A revolta da comunidade foi tamanha que a deputada Maxine Waters, de Watts, exigiu: "Chefe Gates, queremos você fora!" Enquanto Gates defendia os doze buracos de calibre 38 no corpo da sra. Love, diante de uma amedrontada Comissão da Polícia, centenas de clérigos negros fizeram uma petição à administração Carter para que interviesse. Eles pediram ao Departamento de Justiça que investigasse um padrão sistemático de abuso aos não-brancos, inclusive "mais de trezentos casos de cidadãos, pertencentes às minorias, baleados pela polícia na última década". Nesse ínterim, a Coalizão Contra o Abuso Policial (Capa) reuniu dezenas de milhares de assinaturas pedindo a criação de um conselho civil de controle da polícia[12].

O LAPD atravessou essa tempestade incólume em aliança com um silencioso prefeito Bradley, cujas ambições ao cargo de governador pareciam proibir qualquer atitude que pudesse ser interpretada pelos eleitores brancos como "antipo-

---

[10] Ibidem, 3/4/1988.

[11] Ibidem, 29/11/1978.

[12] Ibidem, 21/9/1979, 6/12/1979 e 2/6/1980.

Cidade de quartzo

lícia". Escudado dessa forma de qualquer responsabilidade política, o chefe Gates sentiu-se ainda mais incentivado a escarnecer da comunidade negra com desculpas cada vez mais absurdas e arrogantes para a brutalidade policial. Em 1982, por exemplo, em seguida a uma série de mortes de jovens negros, sob custódia, por "pressão no pescoço", ele apresentou a teoria extraordinária de que as mortes eram originadas pelos defeitos da anatomia racial das vítimas, não pelo excesso de vigor policial: "Talvez estejamos descobrindo que, em alguns negros, quando [a pressão na carótida] é aplicada, as veias ou artérias não se abrem com tanta rapidez quanto nas pessoas normais [sic]"[13].

Em 1987, porém, depois que a nuvem de crack já havia envolvido plenamente a região Centro-Sul, alguns líderes negros começaram a encarar a má conduta policial como um "mal menor", se comparado às gangues de traficantes de drogas. Grupos como a Liga Urbana e o SCLC redefiniram o problema da comunidade como "falta de policiamento" ao invés de "excesso", e repudiaram as tentativas de refrear o LAPD. O furor do "policiamento igualitário", depois dos tiros em Westwood, deu a Gates uma oportunidade inesperada de converter alguns de seus antigos críticos em fãs ressurretos de seu policiamento agressivo. Enquanto os políticos meramente faziam funcionar suas línguas, ele era visto como alguém que reagia energicamente ao clamor urgente da região Centro-Sul por proteção policial. Com um pendor típico pelo destaque na mídia, o chefe desencadeou a primeira de suas operações antigangue amplamente alardeadas. (O LAPD já realizava operações regulares para tirar desabrigados das ruas do Centro.) O programa de Supressão de Traficantes Ativos Relacionados a Gangues (Grats) visava os "bairros de drogas" em suas ações de duzentos a trezentos policiais, com ordens de "parar e interrogar qualquer pessoa que suspeitassem ser membro de uma gangue, baseando suas suposições na roupa que usava ou na utilização de sinais manuais de gangues"[14]. Desse modo, tendo como justificativa frágil a "causa provável" de cadarços vermelhos ou cumprimentos de mão característicos, as forças-tarefas realizaram nove operações entre fevereiro e março, apreenderam quinhentos carros e fizeram quase 1500 prisões. Na sexta-feira da Paixão, Gates exultava com o sucesso do Grats em reduzir drasticamente a violência nas ruas. Poucas horas depois de seu discurso autocongratulatório, todavia, alguns Crips procurados pela polícia dispararam contra um grupo numa esquina da região Centro-Sul, matando uma jovem de dezenove anos.

A histeria voltou a predominar no Centro Cívico. O supervisor do condado, Kenneth Hahn, pediu a mobilização da Guarda Nacional, enquanto

---

[13] Ibidem, 28/3/1988. Segundo noticiado, quinze pessoas morreram com o polêmico aperto de garganta da polícia.

[14] Ibidem, 8/5/1988.

Yaroslavsky alegava que a cidade estava "travando uma guerra contra a violência das gangues. [...] Isso é pior do que Beirute"[15]. Gates, ansioso para manter o LAPD no comando dos acontecimentos, anunciou que todas as reservas de pessoal do Departamento seriam utilizadas para as superoperações chamadas de Martelo. Embora um veterano do alto comando do LAPD admitisse mais tarde que a estratégia de agarrar tudo que passasse pela frente era apenas uma "transação publicitária fabricada", isso foi chamado de Dia-D do cumprimento da lei em LA[16]. E, como no momento em que os Marines desembarcaram na praia em Danang, no começo da escalada de Lyndon Johnson no Vietnã, a primeira blitz de mil policiais fez a guerra na região Centro-Sul de LA parecer enganosamente fácil.

Os políticos negros em geral aplaudiram Gates, mesmo que isso tivesse colocado alguns "líderes dos direitos civis" na desconfortável posição de solapar os direitos civis da juventude negra. Mas, como racionalizou o secretário de imprensa da senadora do estado Diane Watson, "quando se está em estado de guerra, os direitos civis ficam suspensos enquanto perdurar o conflito". Os moradores locais, por outro lado, ficaram desconfiados e até mesmo hostis. Como queixou-se um porta-voz do LAPD: "As pessoas da área, ao invés de ficar do nosso lado, fazem todo tipo de acusação". De fato, o NAACP* relatou um número sem precedentes de queixas, na casa de centenas, quanto à conduta policial ilegal[17]. Os membros da comunidade também alegaram que a polícia estava deliberadamente alimentando a violência de gangues ao deixar os suspeitos em áreas inimigas, ao escrever sobre os grafites dos Crips com as cores dos Bloods e ao espalhar rumores incendiários[18].

Presenteados com uma temporada aberta para aterrorizar membros de gangues e traficantes de crack, o LAPD, como seria de se prever, começou a extrapolar o chamado do dever. No dia 5 de abril, balearam um adolescente desarmado que se encolhia atrás de uma pequena palmeira no bulevar Adams. Segundo as declarações, ele estava procurando alguma coisa dentro de suas calças de modo

---

[15] *Herald-Examiner*, 3/4/1988; e *Los Angeles Times*, 6/4/1988.

[16] Ibidem, 14/1/1990.

* Associação Nacional para o Avanço da População de Cor. (N. E.)

[17] Ibidem, 10/4/1988 e 8/5/1988.

[18] O LAPD parece saborear a escalada da violência intergangues. No final de 1986, dezoito meses antes da Grats e do Martelo, o chefe Gates atacou violentamente os Serviços Comunitários de Gangues de Jovens por tentar organizar uma trégua entre quarenta gangues locais. Steve Valdiva, o criticado diretor do pequeno órgão, por sua vez, contra-atacou denunciando a belicosidade implacável do LAPD e sua caracterização de todos os jovens das gangues como "matadores frios". Ver *Sentinel* (LA), 1/1/1987.

Cidade de quartzo

suspeito; ainda mais importante, era "suspeito de ser membro de uma gangue" – uma categoria que no momento parecia justificar abuso ou até mesmo execução. Poucas semanas depois, as forças da Martelo, ao invadir uma das quase quinhentas *rock houses* as quais alegaram ter tirado de atividade em 1988, despejaram a carga de uma escopeta num operário da construção aposentado de 81 anos. Na verdade, como não foram encontradas drogas, havia forte suspeita de que a polícia estava com o endereço incorreto, e a sobrinha da vítima, testemunha do fato, disse em seu depoimento que ele foi morto com as mãos para cima. O LAPD meramente replicou que as gangues estavam agora pagando pessoas mais velhas para usar suas casas como pontos de venda. Nenhuma ação disciplinar foi realizada[19].

Num ano em que todo assassinato cometido por gangues se tornava uma atrocidade digna de manchetes, esses dois homicídios policiais mal foram noticiados. Com a maioria da família política negra alinhada em favor do LAPD, os militantes das liberdades civis falavam com vozes que mal se ouviam. Ao examinar retrospectivamente o início da Martelo, o jornalista Joe Dominick perguntaria mais tarde: "Onde estava a comunidade liberal de LA? Uma comunidade que se vangloria de ter o maior contingente da União Americana das Liberdades Civis (Aclu) do país...?". Na realidade, o contingente californiano da Aclu, uma organização que nas últimas décadas do século XX havia sido freqüentemente espionada e agredida pelo LAPD, condenou sim a Martelo. A advogada da Aclu, Joan Howarth, que se especializou na defesa das liberdades civis dos jovens ("uma espécie em extinção"), foi eloqüente na exposição das atitudes estilo Rambo do chefe Gates. Mas Howarth logo foi transferida para outras responsabilidades, enquanto a Aclu deslocava o grosso de suas energias para fazer frente ao movimento de direito à vida contra o aborto. Nesse ínterim, um outro grupo de advogados liberais de destaque, que vinha preparando cuidadosamente uma ação coletiva contra a polícia baseada em depoimentos tomados de vítimas da Martelo, subitamente desistiu do projeto. Mais tarde foi revelado que eles haviam sido intimidados e mesmo acusados de comunismo por um dos mais destacados líderes dos "direitos civis" da cidade, então em plena campanha pela saturação policial das ruas[20].

Com a oposição legal desse modo eliminada, os caçadores de gangues tinham pouca razão para se preocupar quando começaram a invadir esconderijos e a aumentar a contagem de corpos "nos campos de arroz" da região Centro-Sul.

---

[19] Ibidem, 5/4/1988 e 8/5/1988.

[20] Joe Dominick, "Police Power: Why No One Can Control the LAPD", *LA Weekly*, 16–22/2/1990. Minha interpretação dos eventos aqui se baseia em conversas (1988–1989) com Michael Zinzun, o fundador da Coalizão contra o Abuso Policial, que expressou seu desalento quanto à recente relutância dos defensores dos direitos civis em relação à juventude negra.

O martelo e a rocha

A operação na rua Dalton, em agosto de 1988, se não chegou a ser a My Lai da guerra contra a subclasse (uma infâmia que se aplica melhor ao holocausto da Move em 1985 na Filadélfia, o qual o chefe Gates tanto admira[21]), foi não obstante um sombrio portento do que "dar liberdade à polícia" realmente significa. Um destacamento do tamanho de uma companhia do exército, com 88 policiais da divisão do Southwest – uma força internamente contaminada por acusações de abuso racial contra funcionários negros – investiu contra um grupo de apartamentos no quarteirão 3900 da avenida Dalton, perto do Exposition Park e não muito longe do local onde ocorreu o famoso e triste assassinato da "Black Dahlia", em 1946. Brandindo fuzis e marretas, como também epítetos racistas e um mandado de busca, a força de ataque, como o chefe Gates mais tarde admitiria, "perdeu o controle".

> Moradores [...] disseram ter sido agredidos a socos e pontapés por policiais durante o que foi chamado pelos que foram presos de "orgia de violência". Relataram também que os policiais picharam paredes com slogans tais como "o LAPD é quem manda".
>
> Eles também acusaram os policiais de jogar máquinas de lavar dentro de banheiras, despejar água sanitária em roupas, destruir paredes e móveis com marretas e machados, além de arrancar uma escada externa de um dos edifícios.
>
> Os danos aos apartamentos foram tão extensos, que a Cruz Vermelha ofereceu assistência para casos de calamidade e abrigo temporário aos residentes desalojados – um serviço geralmente oferecido após incêndios de grande porte, enchentes, terremotos ou outras catástrofes naturais.[22]

Na divisão do Southwest, os 32 aterrorizados detidos na operação foram forçados a assobiar o tema do programa de televisão de Andy Grifith dos anos 1960 (aparentemente a canção *Horst Wessel** do LAPD) enquanto passavam por um corredor polonês de tiras que os espancavam com os punhos e as lanternas compridas de aço. (Pelo menos não tiveram que fazer contato com Nancy Reagan.) Quando tudo acabou, vidas e lares estavam devastados, e o LAPD realizou duas prisões por drogas de menor importância. A despeito das alegações no mandado de busca, a polícia não encontrou membros procurados de gangues, nem armas, apenas uma pequena quantidade de tóxico pertencente a dois ado-

---

[21]   Entrevistado em "Face the Nation", programa da CBS, em 1985, o chefe Gates chamou o prefeito Goode, da Filadélfia, de "herói" por ter bombardeado o quartel-general da Move – uma ação que resultou na incineração de doze homens, mulheres e crianças, assim como na destruição de um quarteirão residencial.

[22]   *Los Angeles Times*, 5/1/1989, 6/1/1989, 23/6/1989, 26/7/1989, 8/8/1989, 26/8/1989 e 2/9/1989.

*   *Horst Wessel Lied*, também conhecida como *Die Fahne hoch*, foi o hino do Partido Nacional Socialista alemão. (N. T.)

Cidade de quartzo

lescentes que não eram moradores. Além disso, pela primeira vez que se tem notícia, o LAPD mostrou sua verdadeira face. A destruição na rua Dalton, comparável à passagem de um ciclone, foi flagrante demais para que fossem aceitos os relatos policiais iniciais do incidente; as muitas vítimas contaram todas a mesma história de horror; e os agressores da Dalton tropeçaram no seu álibi de que os danos haviam sido causados pelas gangues. Com a roupa suja exposta e balançando na brisa, e o FBI investigando possíveis violações dos direitos civis, o LAPD deu início a ações criminais ou disciplinares contra 38 policiais. Entre eles estavam incluídos o capitão da divisão do Southwest na época, Thomas Elfmont – o tenente Calley desse incidente –, o qual foi acusado de dar ordens aos seus comandados "para 'arrasar' e 'tornar inabitáveis' os apartamentos visados", e o sargento Charles Spicer, que reiterou as ordens de Elfmont no campo de batalha ("Essa é uma busca Classe A – isso significa levantar os tapetes e arrebentar o reboco das paredes")[23].

Mas, o preconceito "médico, cura a ti mesmo" não é o favorito do chefe Gates. Meses depois do ataque da rua Dalton, ele estava de novo esbravejando visivelmente em defesa da brutalidade policial. Depois de ser chamado a depor no caso dos Larez – uma família de *chicanos* espancada por outros agressores policiais –, ele disse aos repórteres que "o sr. Larez tinha sorte de só estar com o nariz quebrado". Os jurados da ação de Larez ficaram tão revoltados com essa observação, que aumentaram a indenização por danos da vítima em 200 mil dólares, ordenando a Gates que pagasse a quantia de seu próprio bolso – uma tentativa sem precedentes de responsabilizar o chefe de polícia por seu incitamento. (A pedido do prefeito Bradley, a Câmara Municipal pagou a multa – como também o faria em relação aos 3 milhões de dólares de indenização pelos danos decorrentes da barbaridade na rua Dalton.)[24]

Nesse ínterim, enquanto a Martelo martelava impiedosamente as ruas cruéis da região Centro-Sul, foi se tornando cada vez mais evidente que a maior parte de suas prisões dizia respeito a bêbados, motoristas delinqüentes e violadores adolescentes do toque de recolher (criminosos apenas em virtude da aplicação seletiva do toque de recolher aos bairros não-saxões). Em 1990, as forças combinadas do LAPD e do xerife (implementando sua própria estratégia de saturação da rua) pegaram nada menos que 50 mil suspeitos. Mesmo contando com uma percentagem de detidos latinos, esta permanece sendo uma cifra assombrosa, considerando que há apenas 100 mil jovens negros em Los Angeles. Em algumas operações fartamente divulgadas, além disso, nada menos que 90% dos

---

[23] Ibidem, 26/8/1989, 29/8/1989 e 2/9/1989; ver também Joe Dominick, "Police Power: Why No One Can Control the LAPD", cit.

[24] Ibidem, 22/12/1988.

suspeitos detidos foram liberados por falta de acusação – uma taxa de vítimas inocentes que desmente a demonologia do LAPD, além de estabelecer uma analogia com as inflacionadas contagens de corpos vietcongues no Vietnã[25].

Como visto no capítulo 4, a reação do chefe Gates ao valor de impacto em declínio da Martelo foi institucionalizar as operações como ocupações semipermanentes das comunidades, "zonas de vigilância de narcóticos" como similares urbanos de aldeias estratégicas. (Na verdade, o que o chefe de polícia *realmente* queria era internar os membros de gangues em "bases militares abandonadas com minas e cercas de arame farpado à sua volta".) Alegando que o bairro de Pico-Union havia se tornado "um verdadeiro mercado livre para os traficantes de drogas", ordenou o bloqueio de uma área de 27 quarteirões com barreiras e pontos de fiscalização policial em outubro de 1989. No mês seguinte, enquanto o Muro de Berlim estava sendo espontaneamente desmantelado, o LAPD estendia suas barricadas (Operação Beco Sem Saída) a um *barrio* no Vale e depois a uma imensa parcela da avenida Central, na região Centro-Sul[26]. Mas a grande jogada dessa nova escalada veio menos das barreiras visíveis do LAPD e mais da segmentação legal invisível da cidade, instigada pelo jovem e agressivo procurador do município, James Hahn.

O pequeno Jimmy *versus* os Playboy Gangsters

> *A proteção continuada da ação das gangues, sob o pretexto de cumprir a nossa constituição, está causando uma desgraça fatal na nossa cidade.*
> Procurador do município Hahn[27]

"Hahn" é um nome estranhamente mágico nas terras baixas da região Centro-Sul de Los Angeles. Por quase quarenta anos, Kenneth Hahn, um branco do Partido Democrata, foi um dos "cinco reizinhos" do Conselho de Supervisores do Condado de Los Angeles, graças ao apoio incondicional dos eleitores negros. Em contrapartida, o supervisor Hahn, que tem mais poder pessoal disponível do que qualquer outro político negro de Los Angeles (inclusive o prefeito Bradley), inscreveu seu nome numa série de projetos cosméticos do governo no gueto, variando de um shopping center fortaleza em Willowbrook (descrito no capítulo 4) a uma nova agência dos correios na avenida Central. Também fica com a parte do leão nos créditos pela integração dos 90 mil servidores públicos do condado, o principal empregador nos bairros negros que não contam com nenhuma forma de industrialização. Em perpétua harmonia com as reclamações

---

25 Ibidem, 13/1/1989 e 19/1/1989.

26 Ibidem, 19/2/1989.

27 Ibidem, editorial, 2/5/1988.

Cidade de quartzo

de seu eleitorado mais velho e conservador, ele sempre foi um "falcão" na questão das gangues. Já em 1972, quando as primeiras calças largas e lenços azuis anunciaram o advento dos Crips nas escolas de ensino médio e *playgrounds* do gueto, Hahn destoava da média com um plano de 48 pontos para "pôr em quarentena [...] o *terrorismo* juvenil" – foi de fato um dos primeiros políticos da década de 1970 a utilizar esse termo carregadíssimo para denominar os meninos de treze anos do gueto[28].

James Hahn é peixinho que não nega suas origens, tendo usado a influência de seu pai (inclusive o patrocínio do Southside) para ganhar a procuradoria da cidade numa batalha sangrenta contra um protegido de Manatt–Phelps vindo do Westside (um feito nada desprezível, como vimos no capítulo 2). Como seu predecessor, o atual procurador de distrito do condado, Ira Reiner, Hahn é um democrata mais jovem e ambicioso que tenta roubar a bandeira de lei-e-ordem dos republicanos mais velhos (como o chefe Gates e o ex-chefe de polícia e senador pelo estado, Ed Davis), sendo um tira ainda mais duro nos tribunais. Isso não quer dizer que o jovem Hahn não tenha escrúpulos liberais; na realidade, possui um currículo admirável de processos contra proprietários das áreas pobres e outros vampiros dos despossuídos. Mas, uma vez que a moeda corrente da fortuna política no momento não são os escalpos dos proprietários de imóveis em áreas carentes, e sim os dos membros das gangues, Hahn está determinado a fazer de Los Angeles o mostruário de uma tentativa sem precedentes (desde então imitada em âmbito nacional pelo czar da luta contra as drogas, Bennett, e pelo secretário de Habitação e Desenvolvimento Urbano, Kemp) de *criminalizar os membros das gangues e suas famílias como uma classe*. Se o chefe Gates às vezes parece demais um Barnum* representando *Dragnet*, com sua sacola de maldades que inclui ataques a *rock houses* e mega-operações, Jim Hahn, como se diz nas ruas, é "sério como um ataque do coração". Consciência liberal à parte, ele provavelmente avançou mais do que qualquer outro funcionário metropolitano de defesa da lei, no sentido de estabelecer a infra-estrutura legal de um estado policial americano.

Hahn engenhosamente retrabalhou a antiga "quarentena do terrorismo juvenil" do pai, como jogada de abertura em uma guerra pessoal contra as gangues. No outono de 1987, surpreendeu o sistema legal ao entrar com uma ação legal *civil* contra os "Playboy Gangster Crips – uma associação sem *status* legal". Os Playboy Gangsters, um dos incontáveis isótopos de bairro da subcultura Crip, foram escolhidos pela sua proximidade incomum de áreas brancas ricas, já que estão localizados na área de 26 quarteirões de Cadillac-Corning, logo ao sul de Beverly Hills

---

28 Ibidem, 5/1/1973.

* *Showman* norte-americano (1819–1991). (N. T.)

e a leste de Beverlywood. Um amálgama de membros de gangues de diversas escolas secundárias do Westside (Hamilton, University e até mesmo Palisades), os Playboy Gangsters se mudaram para a área de Cadillac-Corning em 1981. Originalmente vendiam maconha, mas passaram para o comércio mais lucrativo de pasta de cocaína ou crack, quando a droga apareceu em 1983–1984. Por causa de sua adjacência ao mundo de Rodeo Drive, Cadillac-Corning é um mercado de drogas *drive-in* ideal, servindo jovens brancos ricos e dando aos Playboy Gangsters uma vantagem invejável de localização sobre outras gangues do Southside[29].

Nenhum indivíduo foi especificamente citado na ação legal de Hahn, somente "Does* de 1 a 300". Foi requerido ao tribunal que emitisse uma ordem restritiva temporária com 24 cláusulas distintas, definindo uma variedade de atividades que se tornariam ilegais. Nelas se incluíam "congregar-se em grupos de dois ou mais", "permanecer em logradouros públicos por mais de cinco minutos a qualquer hora do dia ou da noite" e "receber visitas em suas casas por *menos* de dez minutos" (uma alusão às vendas de drogas). Hahn exigia também a proibição das cores das gangues e a imposição de um toque de recolher, do crepúsculo à aurora, para os membros menores de idade[30]. Finalmente, pediu uma cláusula de "direito de passagem": dentro da área de 26 quarteirões de Cadillac-Corning, qualquer "Doe" estaria sujeito a prisão, a não ser que pudesse apresentar uma carta assinada de um "proprietário de imóvel ou empregador legalizado" autorizando sua presença[31].

Como a Aclu não demorou a assinalar, a inversão feita por Hahn da imunidade empresarial habitual, isto é, sua exigência de responsabilidade coletiva pelos criminosos das gangues, reproduzia o raciocínio do tribunal sul-africano que sentenciou os "Seis de Sharpeville" à morte por serem meros "membros" de uma multidão que linchou um informante. Joan Howarth observou rispidamente que os remédios propostos pelo procurador do município – um "código de vestimenta", um toque de recolher, citações por desacato e assim por diante – eram "justificativas fracas" para a suspensão dos direitos constitucionais. O juiz da Corte Superior Deering, ao ouvir o caso, concordou com a Aclu que ações de anulação

---

[29]   Depoimento, Charles Zunker, West Bureau Crash, e Maurice Malone, Divisão de West Los Angeles, LAPD – nos arquivos da Aclu.

*   Variação da expressão John Doe, nome fictício usado para se referir, em um procedimento legal, a uma das partes cujo nome é desconhecido. (N. T.)

[30]   A cidade de Fontana, no Inland Empire (assunto do capítulo 7), também tentou tornar ilegais as "cores das gangues", até que uma brilhante autoridade legal assinalou que dois terços da bandeira americana (isto é, o vermelho e o azul) se tornariam ilegais.

[31]   Ver "People of the State of California Vs. Playboy Gangters Crips, uma associação não constituída legalmente, Does de 1 a 300, inclusive. Queixa por Ordem de Restrição Temporária e Injunções Preliminar e Permanente para Reduzir a Perturbação Pública", nos arquivos da Aclu.

Cidade de quartzo

só eram constitucionais se aplicadas contra indivíduos especificados por nome e formalmente intimados[32].

Embora Hahn tenha sido repreendido pelo tribunal, o debate continuou nas páginas do *Los Angeles Times*. O novo presidente da Aclu, Danny Goldberg, um produtor de rock de muita projeção e angariador destacado de fundos para o Partido Democrata, acusou o companheiro democrata Hahn de ser "um caçador de manchetes com soluções simplistas". O imperturbável procurador do município reagiu à altura, denunciando a "rendição silenciosa a noções equivocadas" por parte da Aclu, no que diz respeito às liberdades civis dos membros das gangues "numa cidade sitiada". Defendendo a idéia de que "não há direitos constitucionais absolutos", e invocando o precedente da guerra, Hahn virtualmente acusou a Aclu de ser responsável por perpetuar a violência das gangues[33].

A despeito das derrotas na ação legal dos Playboy Gangsters, o escritório do procurador do município redobrou seus esforços na busca de um meio de tornar ilegal a participação como membro de uma gangue. Em novembro de 1987, limparam as teias de aranha da Lei de Associação Criminosa da Califórnia, de 1919, para indiciar Michael "Peanut" Martin, um rapaz de dezoito anos que havia abandonado a escola, o qual, segundo alegado, era o líder de um grupo de sete autoproclamados "jovens arianos da classe trabalhadora" do vale de San Fernando. Esse pequeno tumor maligno de *skinheads*, acusado de molestar imigrantes latinos, era obviamente o *in locum* legal para as gangues em geral. A Lei de Associação Criminosa, criada especificamente para destruir a IWW e o nascente Partido Comunista, é um horror antiqüíssimo. Utilizada da última vez, sem êxito, contra dois organizadores do Partido Trabalhista Progressista Maoísta nos anos 1960, sua permanência nos livros surpreendeu a maioria dos repórteres e defensores dos direitos civis, sem falar na possibilidade de um promotor tentar cinicamente ressuscitá-la. No caso, Hahn foi dissuadido, como previsto, por considerações constitucionais e forçado a reindiciar Martin de acordo com estatutos mais prosaicos de conduta reprovável[34].

Ainda assim, Hahn tinha deixado claro seu ponto de vista. Podia agora afirmar que havia exaurido os remédios legais disponíveis, e que apenas o Legislativo poderia resgatar Los Angeles do "cerco das gangues". Sua posição foi nitidamente reiterada por seu predecessor, o procurador de distrito do condado Ira Reiner, outro candidato ansioso por cargos mais altos. Quando no posto de Hahn em 1982, Reiner havia antecipado o princípio da responsabilidade coletiva ao con-

---

[32] *Los Angeles Times*, 17/5/1988. Ainda que rejeitasse as reivindicações "excessivamente amplas" da ação de Hahn, a Corte Superior de fato ratificou uma especificação subseqüente da queixa contra 23 "indivíduos de gangues contumazes" identificados pelo nome.

[33] Ibidem, editorial, 2/5/1988.

[34] Ibidem, 1/11/1987.

O martelo e a rocha

283

seguir que o tribunal ordenasse aos membros das gangues (a despeito de serem ou não individualmente responsáveis) que limpassem as pichações, sob pena de detenção. Agora, numa coletiva de imprensa histriônica, anunciava que não estava mais preocupado com a reabilitação de criminosos de rua, mas somente em "pôr todos esses desordeiros assassinos na cadeia pelo maior tempo possível". Para atingir esse objetivo, prometeu que seu escritório abandonaria as negociações de clemência em casos relacionados às gangues, lutando, ao invés disso, por sentenças máximas, a despeito de circunstâncias atenuantes. "O objetivo é usar cada ocasião em que um membro de uma gangue for preso por um crime, por menor que seja, não importa, como um meio de retirá-los das ruas pelo máximo de tempo possível."[35] Juntamente com Hahn, ele também solicitou ações decisivas na capital do Estado de Sacramento.

A força-tarefa especial para gangues e drogas do governador Dukemejian tentou agradar Hahn e Reiner, propondo uma legislação para julgar menores de até dezesseis anos como adultos, impor sentenças de prisão perpétua em casos que envolvessem Uzis e outras armas automáticas, e reabrir bases militares abandonadas como centros para detenção de membros de gangues. O procurador-geral do estado, John Van de Kamp − outro liberal da lei e da ordem de Los Angeles −, pediu um aumento maciço da ajuda estadual para os caçadores de gangues de Los Angeles, assim como uma prisão com capacidade para 8 mil detentos originários de gangues no deserto do Mojave. Também dourou a pílula para um grupo específico de empresários étnicos ao anunciar que, comparada aos Crips e aos Bloods, "a Máfia se tornou um problema menor". Enquanto isso, o novo chefe do FBI em Los Angeles, Lawrence Lawler, ao assumir um escritório regional assolado por escândalos, prometeu que as gangues de rua seriam sua prioridade principal e deu indicações de novas aplicações para a Lei de Organizações Corruptas e Influenciadas por Criminosos (Rico), que os federais já haviam invocado contra os "infiltrados" dos Crips de LA em Seattle[36].

Mas o novo tacão de ferro da guerra contra as drogas, preparado pelas equipes de Reiner e Hahn e co-patrocinado por dois democratas de LA − o senador estadual do Vale, Alan Robbins, e a deputada Gwen Moore, da região Centro-Sul −,

---

[35] Ibidem, 3/4/1988; ver também Joe Dominick, "Police Power: Why No One Can Control the LAPD", cit. O zelo implacável de Reiner contra as infrações das gangues contrasta com sua tolerância em relação aos possíveis crimes cometidos pela polícia. A Coalizão para a Responsabilidade da Polícia foi formada em 1989 para enfatizar a incapacidade do procurador de levar adiante acusações em dezesseis casos desde 1985, todos envolvendo negros e latinos ilegalmente mortos pela polícia ou por xerifes. Ibidem, 12/7/1989.

[36] *Los Angeles Times*, 12/6/1988, 22/8/1988 e 7/9/1988. Em agosto de 1988, o escritório do procurador da república em Los Angeles também designou agentes do DEA para uma força-tarefa especial antigangue.

Cidade de quartzo

é um "filho da Rico" em nível estadual. Embora o senador estadual Bill Lockyer (democrata de Hayward) advertisse que a lei "teria justificado o confinamento dos japoneses na Segunda Guerra Mundial", a "Lei de Prevenção e Repressão ao Terrorismo de Rua de 1988" (Step) foi aprovada com o apoio bipartidário frenético da Califórnia meridional. No espírito da ação original contra os Playboy Gangsters, a Step torna ilegal ser membro de uma "gangue criminosa". A lei permite o processo criminal contra

> [...] qualquer pessoa que participe ativamente de uma gangue de rua criminosa, com conhecimento de que seus membros apresentam um padrão de atividade criminosa de gangue e que, por livre e espontânea vontade, promova ou dê assistência à conduta ilegal de membros dessa gangue.

Ao explicar a implementação da lei, Reiner observou que um membro de uma gangue enfrentaria agora três anos de prisão por emprestar um carro usado para cometer um crime – "mesmo que não tenha participado do ato de outra forma". O que Reiner não enfatizou foi que a lei, nas entrelinhas, também permite que os *pais* dos membros de gangues sejam processados por não exercer "empenho razoável" para evitar as atividades criminosas de seus filhos[37].

Na primavera de 1989 (segundo ano da Martelo), o escritório de Hahn testou a cláusula dos "maus pais" da Step com a prisão sensacionalista, na região Centro-Sul, de uma mulher de 37 anos, cujo filho de quinze havia sido anteriormente arrolado por participação num estupro por uma gangue. Numa exposição elaboradamente preparada para a imprensa, detetives e procuradores municipais fingiram horror ao descobrirem o posto de comando edipiano da conspiração das gangues:

> As autoridades disseram estar abismadas com a atmosfera reinante de atividade de gangue no interior do domicílio. "Parece ser o quartel-general da gangue local", disse Robert Ferber, da unidade antigangue da procuradoria municipal. "Havia pichações em todas as paredes". "Fiquei espantado, não podia acreditar nos meus olhos," disse o detetive Roy Gonzaque, do LAPD do Sudoeste. "Em todos os meus vinte anos na força policial, nunca tinha visto nada assim. Estava óbvio que a mãe era igualmente parte do problema porque era conivente com esta atividade."[38]

Como seria de se esperar, os promotores das cruzadas antigangue agarraram-se a esta imagem da "Mamãe Crip" para vilipendiar as "rainhas da seguridade social" do gueto, supostamente criando uma geração de terroristas de rua infantis. Mas, enquanto o assistente de Hahn, Robert Ferber, meditava sobre a seve-

---

[37]   Ibidem, 6/1/1989 e 21/4/1989. Segundo Bill Lockyer, a Step foi o *octagésimo* exemplar de legislação antigangue aprovada pelo Legislativo da Califórnia.

[38]   Ibidem, 2/5/1989 e 10/5/1989.

O martelo e a rocha

ridade da pena ("Eu certamente não acredito que ela seja o tipo de mulher que se beneficiaria com aconselhamento"), e o comandante da divisão do Sudoeste, detetive Nick Bakay, prometia continuar a prender os pais dos membros de gangues ("tantos quanto forem necessários"), o retrato fabricado da maternidade malévola começou a se desintegrar. Ao invés de uma "mãe de gangue", os repórteres descobriram uma mãe solteira de três filhos que trabalhava duro, enfrentando da melhor maneira possível problemas arrasadores. Descobriram também que a investigação da polícia em relação a seu passado foi apressada e estava cheia de erros. Na sua ânsia de aplicar a Step contra os pais do gueto, o escritório de Hahn e a unidade antigangue do LAPD tinham apenas conseguido reeditar o equivalente moral do ataque à rua Dalton contra uma mulher inocente. Depois de sujarem o nome da mulher na imprensa durante semanas, as acusações baseadas na Step foram silenciosamente retiradas[39].

Embora a Aclu tenha retornado à refrega temporariamente para denunciar o uso de "justiça de manchetes para acobertar leis ineficientes e constitucionalmente indefensáveis", o procurador do município não se deixou abater. Enquanto a Step permitia que seu escritório acrescentasse séculos de tempo de prisão adicional às sentenças, novas leis de anulação de direitos – baseadas no Red Light Abatement Act, de 1912 – autorizavam a procuradoria do município a drenar as "pocilgas de tráfico de drogas", processando proprietários, despejando inquilinos e até mesmo demolindo casas suspeitas de serem "um problema de drogas" (Operação Derrubada). Tendo como modelo a polêmica política nacional do secretário Kemp, de habitação e desenvolvimento urbano, de eliminar das habitações financiadas pelo estado as *famílias* dos que fossem *presos* (não necessariamente condenados) por tráfico de drogas, essas novas regulamentações de anulação de direitos, agindo em conjunto com a Step e as "Zonas de Repressão a Narcóticos" fechadas por barreiras, implicaram numa estratégia *à la* "Cisjordânia" em relação aos sofridos bairros da região Centro-Sul de LA[40]. A metáfora do "terrorismo" tornou-se uma metástase, à medida que Hahn e Reiner criminalizaram sucessivas camadas da comunidade: "membros de gangues", depois "pais de gangues", seguidos por "famílias de gangues" inteiras, "bairros de gangues" e, talvez mesmo, uma "geração de gangues".

---

[39]   Ibidem, 31/5/1989 e 10/6/1989.

[40]   Ibidem, 2/4/1988, 19/1/1989, 23/2/1989 e 23/1/1990. A guerra de Kemp contra as famílias envolvidas com drogas foi prefigurada pelo programa em "tripé" que a antiga vereadora Pat Russell e o procurador do município Hahn inventaram para livrar o labiríntico bairro de apartamentos da área de Crenshaw, conhecido como "a Selva", do tráfico de drogas baseado nas gangues. Uma perna do "tripé" era a responsabilização dos proprietários pelo despejo imediato de qualquer pessoa *presa* por acusações relacionadas a drogas – uma política, como a de Kemp, que não apenas pune domicílios inteiros, mas também atira no lixo a pressuposição constitucional de inocência anterior ao julgamento. Ver ibidem, 12/2/1987.

Cidade de quartzo

Uma geração sob toque de recolher

Acho que as pessoas acreditam que a única estratégia que temos é colocar muitos policiais na rua, molestar pessoas e fazer prisões por coisas sem conseqüência. Bem, isto é parte da estratégia, não há o que duvidar.

Chefe Gates[41]

Em conseqüência da guerra contra as drogas, todo adolescente não-anglo-saxão na Califórnia meridional passou a ser um prisioneiro da paranóia das gangues e da demonologia a elas associada. Vastas extensões dos *playgrounds*, praias e centros de lazer suntuosos da região tornaram-se praticamente áreas proibidas para os jovens negros e *chicanos*. Depois do tiroteio das gangues em Westwood, por exemplo, Don Jackson, um policial negro de Hawthorne de folga, precisamente a fim de provar a existência de um *apartheid* de fato, levou alguns rapazes do gueto para o Village. Eles respeitaram cuidadosamente a lei, porém, como seria de se esperar, foram parados, forçados a beijar o concreto e revistados. Jackson, a despeito de ter se identificado como policial, foi preso por "perturbar a paz". Posteriormente, numa coletiva de imprensa, o chefe Gates o acusou furiosamente por "provocações" e pela "proeza de publicidade barata", descrições que se aplicariam mais adequadamente ao LAPD[42]. De modo semelhante, poucas semanas depois, um ônibus ocupado por membros negros bem vestidos da Juventude de Cristo foi cercado, de forma humilhante, por guardas de segurança e revistado em busca de "drogas e armas", no conhecido parque de diversões de Magic Mountain. Os administradores do parque defenderam irredutivelmente seu direito de revistar jovens "suspeitos" (isto é, negros) como uma norma da casa[43]. Mais recentemente, 24 rapazes negros e latinos, que iam jogar beisebol no Parque Estadual de Will Rogers, foram presos por violar alguma lei pessoal racista de um policial branco. O *Los Angeles Times* publicou o relato dos rapazes de como eles

> [...] passaram noventa minutos aterrorizantes mantidos de rosto no chão no campo de pólo [...] enquanto um grupo de membros do LAPD os provocava e brutalizava. [...] Um policial foi citado como tendo dito a eles que o parque panorâmico nas Pacific

---

[41] Ibidem, 8/5/1988.

[42] Uma rede de televisão, mais tarde, gravou em vídeo o momento que Jackson sofria o abuso policial por parte de um agente de Long Beach – um incidente que levou a uma limpeza muito necessária do departamento notoriamente racista. Continuando a contestar o *apartheid* estilo LA numa variedade de contextos, Jackson tornou-se uma espécie de herói popular negro.

[43] Não que o jovem médio do gueto tenha alguma probabilidade real de ver o lado de dentro de qualquer parque temático da Califórnia meridional – sem falar no racismo, a família média de quatro pessoas paga hoje 75 dólares pela entrada nos cinco maiores centros. Ver *Los Angeles Times*, Calendar, "Aclu Files for Cases of Discrimination", 19/6/1988.

O martelo e a rocha

Palisades era somente para "pessoas brancas e ricas". [O NAACP e a Associação Política México-Americana entraram conjuntamente com uma ação legal contra o LAPD por esse incidente.][44]

Como vimos no capítulo 4, os toques de recolher se tornaram armas essenciais na campanha do LAPD contra a multidão subversiva. Os toques de recolher residenciais são cumpridos seletivamente e quase que exclusivamente nos bairros negros e *chicanos*. Em conseqüência, milhares de jovens da região Centro-Sul ficam fichados por um comportamento que seria legal ou aceito no Westside. Durante as horas de luz do sol, além disso, a Corte Suprema pós-Bird da Califórnia deu à polícia carta branca para revistar e parar qualquer pessoa jovem suspeita de estar gazeteando. Como nos pontos de checagem aleatórios de motoristas alcoolizados que o tribunal de Lucas também autorizou, ou as revistas aleatórias de carros em busca de armas que o Legislativo aprovou como parte da legislação antigangue – a salvaguarda da "causa provável" contra revistas sem motivo tornou-se praticamente extinta. A polícia possui agora liberdade praticamente ilimitada, de dia ou de noite, para visar os "indesejáveis", sobretudo os jovens.

Um dos exemplos mais perturbadores dessa "orientação" policial foi a campanha sistemática, da divisão de Ramparts do LAPD, contra os jovens salvadorenhos no distrito de MacArthur Park, logo a oeste do Centro. Os assistentes de trabalho comunitário nesse bairro pobre e superpopuloso, o lar de dezenas de milhares de refugiados do terrorismo de Estado financiado pelos EUA na América Central, contam histórias cruéis de brutalidade policial. Os tiras de Ramparts ficaram particularmente raivosos com os esforços da Igreja para trabalhar com os membros da *Mara Savatrucha* (MS) (livremente traduzido: "caras salvadorenhos numa boa", mas também conhecidos como "Crazy Riders" [Viajantes Loucos], um agrupamento vasto e frouxamente organizado de gangues). Quando o Joffrey Ballet, em 1988, ofereceu alguns lugares gratuitos para jovens salvadorenhos que estudavam dança num centro da igreja local, a divisão de Ramparts advertiu a companhia que os rapazes eram os mais "cruelmente violentos da cidade", e que a igreja era, basicamente, um ponto de encontro da gangue. A aterrorizada companhia cancelou o convite. Nesse ínterim, simultaneamente às operações do Martelo na região Centro-Sul, o programa Crash (Recursos da Comunidade Contra os Desordeiros de Rua) do LAPD lançou uma nova ofensiva para "dizimar" a liderança da MS. Howard Ezell, o comissário regional do INS no Oeste (com quem encontraremos-nos de novo no capítulo 6), designou oito grupos de agentes de imigração federais para trabalhar com o LAPD na identificação e deportação de membros de gangues. Como o líder dos agentes do INS explicou, a *participação* em gangues, não necessariamente uma atividade criminosa, era a qualificação para a deportação. "Se um membro de uma gangue está nas ruas à

---

[44] Ibidem, 11/4/1990.

Cidade de quartzo

solta, e a polícia não tem como acusá-lo legalmente, nós iremos lá para deportá-lo por estar aqui ilegalmente, se ele se encaixar nesse critério." 56 dos 175 jovens deportados foram mandados de volta a El Salvador, deixados ao acaso nas mãos dos militares e dos esquadrões da morte[45].

Mas o alcance autoritário crescente do controle policial é mais perturbadoramente evidente nas escolas de Los Angeles do que em qualquer outro lugar. Outro dos projetos de "contagem de corpos" geradores de publicidade do chefe Gates é o chamado programa de Compras na Escola. Como a advogada da Aclu Joan Howarth descreveu, "até no ensino médio, os meninos são ensinados a olhar para os policiais como amigos; depois da oitava série, os policiais do Compras na Escola estão tentando fazê-los cair em armadilhas de transações de drogas". Policiais jovens incógnitos, na realidade, se infiltram nas escolas, convencendo os alunos a venderem drogas para eles. Howarth denuncia em particular,

> [...] a exploração da pressão dos colegas para criar acusações relacionadas a narcóticos; em muitos casos, os policiais incógnitos (homens e mulheres) se aproveitam da sexualidade e da beleza. Por esse motivo, alunos "de educação especial" (deficientes educacionalmente), abordados possivelmente pela primeira vez em suas vidas por um membro atraente do outro sexo, são particularmente suscetíveis de serem apanhados. O programa é uma fraude completa.

Com pouco impacto no volume real de vendas de drogas e com êxito desprezível na captura de fornecedores adultos, o programa Compras na Escola é basicamente uma fonte barata de prisões que fazem o chefe de polícia parecer heróico na mídia[46].

Graças, parcialmente, a tal "vigilância" policial, a criminalidade juvenil em Los Angeles vem aumentando 12% ao ano. Um em cada doze rapazes de Los Angeles, de idade entre onze e dezessete anos, será preso, metade deles por crimes sérios. Para delinqüentes juvenis mais velhos julgados como adultos, além disso, os índices de condenação dispararam profeticamente durante a década de 1980, à medida que os promotores rotineiramente faziam acusações exageradas aos suspeitos, a fim de forçá-los a aceitar "pedidos de cooperação policial" para obter acusações menores. Defensores públicos e militantes das liberdades civis denunciaram conjuntamente essa prática de despachar milhares de adolescentes pobres e apavorados para condenações criminais imerecidas[47].

---

[45] Entrevista com Carmelo Alvarez do *El Centro*; Douglas Sadownick, "Tchaikovsky and the Gang", *Los Angeles Times*, Calendar, 19/6/1988; Ibidem, 12/4/1989.

[46] Entrevista com Joan Howarth. Um subproduto perverso do Compras na Escola é que os meninos novos que se transferem para as escolas de LA, vindos de fora da cidade, são agora normalmente relegados ao ostracismo como possíveis "traficantes".

[47] *Los Angeles Times*, 2/2/1988 e 27/4/1988; entrevista com Joan Howarth.

O martelo e a rocha

Ao mesmo tempo, os novos incrementos punitivos que as leis federais e estaduais antidrogas e a Step acrescentaram aos sentenciamentos expõem um terrível preconceito de classe e de raça. Como assinala o *Los Angeles Times:*

> Com os novos estatutos federais, os réus condenados por venderem cinco gramas ou mais de crack, no valor possível de 125 dólares, recebem um mínimo obrigatório de cinco anos de prisão. Contudo, são necessários quinhentos gramas da droga em pó, quase 50 mil dólares de "cocaína *yuppie*", para que se receba uma sentença equivalente. Conseqüentemente, alguém pego numa ação antidroga com uma quantidade relativamente pequena de cocaína pode receber uma sentença que é dois ou três anos mais longa do que uma pessoa condenada por vender quase cem vezes aquela quantidade.[48]

Umas poucas ilustrações dessa nova justiça de classe kafkiana: na região Centro-Sul de LA, um jovem negro apanhado pela terceira vez, mas nunca acusado de crimes violentos, embora portasse uma arma, foi sentenciado à prisão perpétua *sem possibilidade de condicional* pela posse de 5,5 gramas de crack. Um chinês de 20 anos recebeu *duas* sentenças de prisão perpétua (condicional daqui a quarenta anos) por ter sido cúmplice do assassinato de agentes federais, embora não estivesse presente na cena do crime, não soubesse que os assassinatos ocorreriam e tenha sido descrito pelo juiz como tendo desempenhado "apenas um papel secundário". Enquanto isso, um *chicano* de 21 anos de Baldwin Park, no barato de PCP (Fenciclidina), entrou na traseira de um caminhão e matou seu passageiro, mas foi acusado de assassinato porque era suspeito de ser membro de uma gangue. Finalmente, um grupo de perseguição de elite do LAPD, que o *Los Angeles Times* havia caracterizado como sendo praticamente um esquadrão da morte da polícia, emboscou quatro jovens latinos que haviam acabado de roubar um McDonald's em Sunland com uma espingarda de chumbinho. Três dos latinos foram mortos pelos policiais, enquanto o quarto, seriamente ferido, foi acusado de assassinato pela morte de seus companheiros[49]!

Processados por uma tal "justiça" (que desde 1974 já prendeu *dois terços* de todos os jovens negros do sexo masculino da Califórnia), uma inundação de detentos, quatro quintos dos quais são viciados em alguma droga e menos da metade cometeram crimes violentos, superlota as prisões do estado – 84 mil internos em um sistema com capacidade para 48 mil. Com a previsão de crescimento contínuo acelerado da população carcerária, em conseqüência das "vitórias" na guerra contra as drogas e as gangues, chegando a 145 mil em 1995, a Califórnia está criando uma bomba-relógio com um potencial de muitas Atticas.

---

[48] Ibidem, 22/4/1990.

[49] Ibidem, 22/4/1990 e 3/5/1990.

Cidade de quartzo

Carentes de recursos mínimos de educação, treinamento para o trabalho e tratamento de viciados em drogas, as prisões praticamente abandonaram qualquer pretensão de "reabilitação"[50]. Algumas são meramente armazéns de segurança mínima, onde as populações de internos são deixadas entregues a intermináveis seções de partidas esportivas na televisão; outras, especialmente planejadas para acomodar os gângsters irrecuperáveis dos guetos e *barrios* de Los Angeles, são infernos orwellianos.

O destino final de uma geração condenada é uma Antártida de solidão ancorada na pitoresca costa de Redwood, logo ao sul da fronteira com o Oregon. O nome da prisão, "Pelican Bay", evoca uma reserva natural ou refúgio tranqüilo, mas isso é apenas uma piada cruel diante do incrível isolamento social e privação sensitiva guardados no seu interior. Como descreve o jornalista Miles Corwin:

> Pelican Bay é inteiramente automatizada e planejada de modo que os internos praticamente não tenham nenhum contato cara a cara com os guardas ou outros internos. Por 22 horas e meia diárias, os internos ficam confinados em suas celas sem janelas, construídas com sólidos blocos de concreto e aço inoxidável para que não tenham acesso a materiais que possam transformar em armas. Eles não trabalham em indústrias na prisão; não têm acesso à recreação; não se misturam aos demais internos. Não têm permissão para fumar porque os fósforos são considerados um risco de segurança.

A justificativa para esse tipo de isolamento – "sem precedentes nas prisões modernas", segundo uma autoridade entrevistada por Corwin – é simplesmente que "esses internos são os piores entre os piores". Como analisa um funcionário da prisão:

> As prisões são um espelho do que está se passando nas ruas. [...] Há mais violência e gangues nas ruas, portanto, há mais violência e gangues na prisão. É preciso ter um lugar para pôr essas pessoas [...] é por isso que um lugar como Pelican Bay é necessário.[51]

---

[50] Ver o "Relatório do Criminal Justice Research Program", *Tribune* (Oakland), 3/3/1987; James Ridgeway, "Prisons in Black", *Village Voice*, 19/9/1988; e o resumo do Legislative Analyst das propostas New Prison Construction Act, de 1990, no State Primary Ballot Pamphet, de 1990.

[51] Miles Corwin, "High-Tech Facility Ushers in New Era of State Prisons", *Los Angeles Times*, 1/5/1990.

O *"Black-Lash"**   291

> *Temos que aprender a lutar contra a opressão negra tanto*
> *quanto lutamos contra a opressão branca.*
> Earl Caldwell
>
> *Eu questiono vocês porque amo vocês.*
> Jesse Jackson[52]

Como sugere o *gulag* de alta tecnologia de Pelican Bay, o espectro da subclasse negra criminosa começou a expandir e mesmo a substituir a ameaça vermelha como o "Outro" satânico, que justifica a eliminação das liberdades civis. A notória propaganda de televisão de George Bush com "Willie Horton" para a campanha de 1988, que destruiu a vantagem substancial que Dukakis possuía, aterrorizou toda uma geração de democratas, fazendo-os acreditar que sua sobrevivência política dependia de serem ainda mais sedentos de sangue do que os republicanos (por exemplo, vejam o papel do corredor da morte na campanha eleitoral para governador da Califórnia em 1990). Na Califórnia, Hahn, Reiner e Van de Camp são exemplos de democratas mais jovens tentando usar o patíbulo (ou, mais literalmente, a câmara de gás) para chegar aos cargos superiores. Além disso, como observamos anteriormente, houve pouca oposição efetiva à esquerda deles.

Numa entrevista de 1988, Joan Haworth, da Aclu, reclamava, com mais tristeza do que ódio, que

> [...] os progressistas praticamente nos abandonaram em relação a essa questão [...] a esquerda foi praticamente deixada fora do debate político, que está agora totalmente dominado pela direita reaganista e sua sombra democrata. Não há uma agenda progressista para a questão da criminalidade, e, conseqüentemente, não há contestação das forças socioeconômicas que produziram a contracultura crescente de participação em gangues.[53]

O LAPD gosta de jogar na cara da Aclu a nova balança pós-liberal de poder. Em junho de 1988, a polícia facilmente ganhou a aprovação da Comissão de Polícia para a utilização de munição de ponta côncava, altamente destrutiva: precisamente as mesmas balas "dum-dum" proibidas na guerra pela Convenção de Genebra, e anteriormente mantidas fora do alcance das mãos da polícia pelo *lobby* da Aclu. Na coletiva de imprensa, um porta-voz exultante do LAPD disse aos militantes das liberdades civis para "tirarem as calças pela cabeça"[54].

---

* O trocadilho do título não pode ser traduzido. *Lash* significa açoite, formando a expressão Açoite Negro, enquanto a palavra *backlash* significa reação, criando assim um duplo sentido. (N. T.)

[52] Earl Caldwell, citado em Ishmael Reed, "Living at Ground Zero", *Image*, 13/3/1988, p. 15; e Jesse Jackson, citado no *Los Angeles Times*, 18/5/1988.

[53] Entrevista de Joan Howarth, 16/3/1988.

[54] *Los Angeles Times*, 12/6/1988.

Ao justificar filosoficamente a Martelo, a Step e outras alterações da Constituição, os caçadores de gangues não tiveram que fazer nada além de recapitulações moynihanizadas do preconceito branco tradicional. "O fracasso familiar" no gueto, ajudado pela indulgência da seguridade social, o declínio dos modelos de papéis paternais e a fuga da classe média negra uniram-se para criar uma população feroz de ameaça social grave. Desse modo, o já uma vez e também futuro candidato a prefeito Yaroslavsky, organizador da campanha de McGovern na Ucla em sua época de estudante, rosna quando questionado sobre as "raízes econômicas do problema das gangues" e conta uma estoriazinha nojenta – de exatidão duvidosa – sobre uma mãe bêbada do gueto, sustentada pela seguridade social, ofendendo policiais por prenderem seu filho, membro de gangue[55]. Como presidente da comissão da Câmara Municipal que supervisiona o orçamento da polícia, Yaroslavsky deixou claro que a caça às gangues merece um cheque em branco. Numa cidade onde o atendimento médico de emergência para os pobres praticamente entrou em colapso, onde 100 mil pessoas dormem sem cama, e onde os níveis de mortalidade infantil estão avançando para taxas de Terceiro Mundo, Yaroslavsky colocou o poder de fogo da polícia acima de tudo: "Um orçamento é uma declaração de prioridades, e se o combate à violência das gangues nesta cidade é a nossa prioridade, isso deve se refletir no nosso orçamento, e o será às custas de praticamente qualquer outra coisa"[56].

No passado, esse enfoque impiedoso da criminalidade juvenil poderia ter sido simplesmente posto de lado como o veneno do *backlash* branco, racismo sob o disfarce da lei e da ordem. Mas dessa vez, há um "*Black-Lash*" sem precedentes também. A dimensão qualitativamente nova e perturbadora da guerra contra a subclasse é o apoio em expansão da liderança negra aos enfoques de Gates, Hahn e Reiner. Desse modo, o NAACP endossou a tentativa de Hahn de impor a lei marcial aos Playboy Gangsters, enquanto o influente Comitê Organizador da Região Centro-Sul (SCOC) – o filiado local apoiado pela igreja da Fundação das Áreas Industriais (IAF) – se tornou uma voz de destaque nos pedidos de utilização de maior força policial contra os jovens das ruas[57]. Mesmo Maxine Waters, uma legisladora respeitada de Watts-Willowbrook e co-presidente da Coalizão Ampla da Califórnia, endossou relutantemente as operações policiais e as leis de "terrorismo das ruas".

A tendência é nacional. Embora Jesse Jackson continue a fazer campanha para salvar a juventude do gueto, inclusive membros de gangues contumazes, outros argumentam que o vigilantismo está na ordem do dia. Num ensaio escrito do "nível zero" de Oakland, o romancista Ishmael Reed prevê que está se aproxi-

---

[55] Zev Yaroslavsky questionado em reunião pública, fev. 1988.

[56] *Los Angeles Times*, 6/4/1988.

[57] Ibidem, 28/3/1990.

mando rapidamente o momento em que a classe trabalhadora negra – "pessoas que colocaram seu tempo em empregos estúpidos e monótonos a vida toda e sofreram todo tipo de degradação para que suas crianças pudessem ser alguma coisa na vida" – terá que tomar a ofensiva contra os "terroristas negros [...] os fascistas brutais do crack". Comparando a existência cotidiana em East Oakland ou Watts à opressão no Haiti sob os Tonton Macoutes, Reed ridiculariza os liberais brancos das colinas "que têm adesivos 'Fora da Nicarágua' nos pára-choques de seus Volvos, mas estão perfeitamente dispostos a tolerar fascistas das drogas que fazem dos cidadãos decentes de Oakland suas presas"[58].

A fim de salvar a América negra, Reed defende a idéia de um toque de recolher para jovens de 18 a 24 anos e uma vigilância muito mais severa das comunidades sobre a juventude. Mas Harry Edwards, organizador dos famosos protestos do Black Power nos Jogos Olímpicos de 1968 e antigo ministro da propaganda do Partido dos Panteras Negras, duvida da eficácia de qualquer coisa menos drástica do que a remoção permanente de largas camadas da juventude das ruas. Professor de sociologia da Universidade da Califórnia em Berkeley e consultor altamente bem pago de esportes profissionais, Edwards fez um relato assustador de sua visão a um entrevistador de uma revista de San Francisco. Quando lhe perguntaram como ele "recuperaria" um menino de treze anos que vende crack na rua, ele replicou:

Edwards: A realidade é que não é possível.

SF Focus: Mas então?

Edwards: É preciso ter consciência de que eles não vão conseguir. As cidades, a cultura e os negros em particular têm que começar a se mexer para tirar o lixo das ruas.

SF Focus: Como?

Edwards: Significa que temos que tomar consciência de que há criminosos entre nós, e que temos de optar por uma linha muito dura contra eles, se quisermos preservar nossa próxima geração e as gerações futuras. Mesmo que sejam nossos filhos.

SF Focus: Então o que você faria se fosse um pai e descobrisse que seu filho de treze anos está vendendo crack?

Edwards: Ele seria entregue à polícia para que ficasse preso. Preso por muito tempo. Tanto quanto a lei permitir, esforçando-me para fazer com que seja pelo maior tempo possível. Sou a favor de trancá-los, retirá-los das ruas, pô-los atrás das grades.[59]

A rejeição da classe média negra em relação à criminalidade dos jovens – na verdade uma percepção de que os traficantes e gangues ameaçam a própria integridade da cultura negra – é dessa maneira traduzida, por meio de rompantes pa-

---

[58] Ishmael Reed, "Living at Ground Zero", cit., p. 12-3 e p. 15.

[59] Harry Edwards, entrevista a Ken Kelly na *San Francisco Focus*, mar. 1988, p. 100.

Cidade de quartzo

triarcais, em apoio à retórica exterminadora dos caçadores de gangues. É um sinal desalentador dos tempos que intelectuais outrora nacionalistas ardorosos, como Reed e Edwards, possam trazer à tona a idéia de que o "sacrifício" ou a "triagem" da juventude criminalizada do gueto (ou seja, "o lixo") é a única alternativa para evitar a dissolução de uma realidade comunitária heroicamente construída durante gerações de resistência à América branca racista. Como as relações entre as gerações na comunidade negra foram tomadas subitamente de augúrios tão sombrios?

O lumpemproletariado revolucionário

Os jovens negros apáticos que tomam drogas, por causa dos quais nos lamentamos hoje, são o resultado de nossa incapacidade de proteger e apoiar os Panteras Negras durante os anos 1960.
Sonya Sanchez[60]

Está na hora de conhecer os vietcongues de LA. Embora o estudo das gangues dos *barrios* seja uma vasta indústria doméstica, a começar da monografia de 1926 de Emory Bogardus, inspirada pela Escola de Chicago, *The City Boy and his Problems*, quase nada foi escrito sobre a história da cultura das gangues sociologicamente distintas da região Centro-Sul de LA. As referências mais antigas e repetidas a um "problema de gangues" na imprensa comunitária negra, além disso, aborda as gangues de jovens *brancos* que aterrorizavam os residentes negros ao longo das fronteiras do gueto da avenida Central que se expandia para o Sul (ver capítulo 3). De fato, a partir desses relatos dos jornais e das lembranças do pessoal da velha guarda, parece provável que a primeira geração de gangues de rua negras tenha surgido como uma reação defensiva à violência branca nas escolas e ruas durante o final dos anos 1940. O *Eagle*, por exemplo, registra "guerras raciais de gangues" na Manual Arts High em 1946, na Canoga Park High (no vale de San Fernando) em 1947, e na John Adams High em 1949, ao passo que os negros da Fremont High foram continuamente agredidos no decorrer de 1946 e 1947. Possivelmente em conseqüência de sua origem em meio a essas batalhas de transição/integração escolar, as gangues negras, até os anos 1970, tenderam a ser predominantemente definidas por áreas baseadas em escolas, e não segundo os territórios de bairro microscopicamente traçados das gangues de *chicanos*[61].

Além de defender os adolescentes negros dos ataques racistas (que continuaram no decorrer dos anos 1950, sob a égide de gangues brancas tais como os Spookhunters), as primeiras gangues da região Centro-Sul – os Businessmen,

---

[60] *Guardian* (Nova York), 18/5/1988.

[61] *Eagle*, 20/3/1946 (Fremont), 25/7/1946 (Manual Arts), 30/1/1947 (Canoga Park), 20/3/1947 (Fremont), 25/9/1947 (Fremont), e 6/10/1949 (John Adams). Deve-se enfatizar que esta lista parcial inclui apenas incidentes de maior importância ou "tumultos".

Slausons, Gladiators, Farmers, Parks, Outlaws, Watts, Boot Hill, Rebel Rousers, Roman Twenties e outros mais – foram também os arquitetos do espaço social em ambientes novos e geralmente hostis. À medida que dezenas de milhares de imigrantes negros dos anos 1940 e 1950 se amontoavam nos bairros superpovoados e dominados por proprietários ausentes do "Eastside" do gueto, gangues de baixa projeção ofereciam "mundos tranqüilos" de socialização urbana para os recém-chegados jovens e pobres das áreas rurais do Texas, Luisiana e Mississipi. Enquanto isso, do outro lado da rua Main, jovens negros mais afluentes do cinturão dos bangalôs do "Westside" criaram um simulacro orientado para o *status* da ubíqüa subcultura branca de "clube de carros" de Los Angeles nos anos 1950. Como relembraria J. K. Obatala, "além do fator territorial, havia um elemento de luta de classe nos anos 1950":

> Membros de gangues tais como os Flips e os Slausons eram oriundos do Westside, cujas famílias tinham um pouco mais de dinheiro, e por isso se consideravam socialmente mais sofisticados do que seus semelhantes do Eastside. Os habitantes do Eastside, por sua vez, encaravam seus rivais do Oeste como esnobes, e às vezes se aventuravam deliberadamente em suas esferas de influência para tumultuar festas e outros acontecimentos sociais.[62]

Enquanto "rugiam" (geralmente sem conseqüências letais) ao longo da divisa socioeconômica Leste–Oeste, ou às vezes simplesmente como uma extensão de rivalidades atléticas intramuros, as gangues negras dos anos 1950 também tinham que se confrontar com o racismo implacável (muitas vezes com conseqüências letais) do LAPD do chefe de polícia Parker. Nos dias em que o jovem Daryl Gates era motorista do grande chefe, o policiamento do gueto estava se tornando simultaneamente menos corrupto, mas mais militarizado e brutal. Sob os chefes de polícia anteriores, por exemplo, a vida noturna inter-racial turbulenta da avenida Central havia sido simplesmente arrochada para que pagasse proteção; sob Parker – um puritano em cruzada contra a "mistura de raças" – as casas noturnas e botequins de *jukebox* foram invadidos e fechados. Em 1954, John Dolphin, proprietário da pioneira loja de discos de R&B de Los Angeles, perto da esquina da Vernon com a Central, organizou um protesto de 150 empresários negros contra uma "campanha de intimidação e terror" em curso, dirigida ao comércio inter-racial. Segundo Dolphin, a polícia da divisão de Newton tinha chegado ao ponto de estabelecer um bloqueio à sua porta, mandando de volta todos os fregueses brancos e advertindo-os que "era perigoso demais circular nos bairros negros"[63].

---

[62] J. K. Obatala, "The Sons of Watts", *Los Angeles Times*, West Magazine, 13/8/1972.

[63] John Dolphin, citado em Sophia Spalding, "The Constable Blunders: Police Abuse in Los Angeles's Black and Latino Communities, 1945–1965" (Los Angeles, Departamento de Planejamento Urbano–Ucla, 1989, mimeo), p. 7.

Cidade de quartzo

Depois de esmagar a "praga" inter-racial na avenida Central, o chefe Parker lançou sua própria "guerra total contra os narcóticos" nas regiões Centro-Sul e Leste de LA, alegando que heroína e maconha estavam sendo exportadas para os bairros brancos. Ele fez acusações na imprensa de que "os comunistas incentivaram o comércio de heroína e de maconha porque o uso de drogas acelera a degeneração moral da América". Num prenúncio do pedido de Gates, anos depois, para que se invadisse a Colômbia, Parker exigiu o fechamento da fronteira mexicana, enquanto seu principal jornal de apoio, o *Herald-Express*, pedia a execução dos traficantes de drogas[64].

O chefe Parker também fez a sua parte para apoiar a cruzada do *Los Angele Times* contra a habitação pública "socializante" (ver capítulo 2), usando estatísticas de criminalidade falsas para traçar imagens sombrias da "selva que é a vida" nos projetos – uma manipulação política dos dados policiais que alguns críticos têm a impressão de que perdurou. Como seus sucessores e protegidos, o chefe Parker fez uso do medo de crimes raciais para justificar seu ininterrupto acúmulo de poder. Como observou um de seus subordinados, ao se aposentar em 1981, Parker constantemente projetava, em proveito próprio, o espectro de um vasto reservatório de criminalidade na região Centro-Sul de LA ("todos os negros como pessoas ruins"), mantido sob controle por uma "linha azul" numericamente inferiorizada, mas irredutivelmente heróica. Conseqüentemente, qualquer diminuição do orçamento policial ou questionamento da autoridade de Parker enfraqueceria o dique e liberaria um dilúvio de criminalidade negra sobre os pacíficos bairros brancos[65]. Considere, por exemplo, o extraordinário depoimento do chefe de polícia diante da Comissão de Direitos Civis dos Estados Unidos, no começo de 1960:

Um Parker beligerante caracterizou o LAPD como a verdadeira "minoria ameaçada" e argumentou que as tensões entre as comunidades de minorias de LA e os policiais simplesmente tinham relação com o fato de que os negros e latinos tinham estatisticamente uma probabilidade muitas vezes maior de cometer crimes do que os brancos. De fato, Parker garantiu à Comissão que "a comunidade estabelecida [leia-se branca] pensa que os policiais não são suficientemente duros com o crime organizado negro". Parker acabou por deflagrar um comício de protesto de quinhentas pessoas na região Leste de Los Angeles, ao prosseguir, apresentando uma teoria para explicar a alta taxa de criminalidade nos *barrios*,

---

[64] Joseph Woods, *The Progressives and the Police: Urban Reform and the Professionalization of the Los Angeles Police* (Tese de Doutorado, Los Angeles, Departamento de História–Ucla, 1973), p. 443.

[65] Joe Dominick cita o chefe Parker advertindo uma platéia de televisão em 1965: "Estima-se que, até 1970, 45% da área metropolitana de Los Angeles será negra; se você quer alguma proteção para sua casa e família [...] vai ter que participar e apoiar um departamento de polícia forte. Se não fizer isso, quando chegar 1970, Deus o ajude".

O martelo e a rocha

dizendo que as pessoas que moravam lá estavam apenas a um passo de distância das "tribos selvagens do México".[66]

Uma vez que "as tribos selvagens" e os perigos das gangues eram suas galinhas dos ovos de ouro, não é de se surpreender que o LAPD de Parker encarasse a "reabilitação" da juventude das gangues de maneira bem semelhante a que a indústria das armas considerava os tratados de desarmamento ou as negociações de paz. Veementemente contrário à extensão dos direitos constitucionais aos jovens e detestando "assistentes sociais", o Chefe Parker, um vitoriano rígido, "lançou um ataque orquestrado contra a Unidade de Orientação de Grupo do Departamento de *Sursis*", um pequeno programa que havia surgido a partir dos chamados "Zoot Suit Riots", de 1943. O pecado original do Orientação de Grupo, na opinião do Chefe, era que eles "deram *status* à atividade das gangues", ao tratar seus membros como indivíduos socialmente transformáveis. Como a retórica contemporânea da Martelo ou do *"Black-Lash"*, o LAPD dos anos 1950 e começo dos 1960 dicotomizou os infratores jovens em dois grupos. De um lado, estavam os meros "delinqüentes" (principalmente jovens brancos) suscetíveis ao tratamento de choque dos reformatórios juvenis; de outro, estavam "os criminosos juvenis" (principalmente negros e *chicanos*) – versões em miniatura dos "cachorros loucos" de Edgard J. Hoover – destinados a passar suas vidas no interior do sistema penitenciário do estado. Essencial para a visão de mundo do LAPD era a afirmação de que a juventude das gangues do gueto era composta por esses últimos: um resíduo de criminalidade "contumaz" e irrecuperável. Além disso, à medida que grupos negros nacionalistas, como os muçulmanos, começaram a aparecer no gueto no final dos anos 1950, Parker, como Hoover, começou a ver o problema das gangues e a "ameaça militante" como formando uma única estrutura abrangente de perigo negro[67].

Os abusos do próprio LAPD, na realidade, eram uma profecia que se autoconfirmava, radicalizando a subcultura das gangues da região Centro-Sul. Depois do ataque, sem provocação, do LAPD a uma mesquita da Nação do Islã, em abril de 1962, ataque que matou um muçulmano e deixou seis feridos, um levante da comunidade contra o "exército de ocupação" de Parker passou a ser visualizado como justificado e praticamente inevitável. Desse modo, em maio de 1964, Howard Jewel comunicou a seu patrão, o procurador-geral da Califórnia Stanley

---

[66] Sophia Spalding, "The Constable Blunders: Police Abuse in Los Angeles's Black and Latino Communities, 1945–1965", cit., p. 11.

[67] Ver Robert Conot, *Rivers of Blood, Years of Darkness* (Nova York, 1967), p. 114-9 (sobre a teoria do "criminoso juvenil"); *Frontier*, jul. 1958, p. 5-7 (sobre o Group Guidance); Ibidem, out. 1965, p. 9 (sobre a eliminação do aconselhamento às gangues por parte de Parker); e Joseph Woods, *The Progressives and the Police*, cit., p. 494-5 e p. 611 (n. 159).

Cidade de quartzo

Mosk, que "logo o 'verão longo e quente' cairá sobre nós. A evidência vinda de LA é profética". Jewell responsabilizava o Chefe Parker por incitar a polarização racial e previa violência generalizada[68].

Ao mesmo tempo, a versão negra do Sonho da Califórnia Meridional, que havia atraído centenas de milhares de imigrantes esperançosos do Sudoeste, estava se desfazendo. Excluídos dos empregos lucrativos na construção e na indústria aeroespacial, a juventude negra vivenciou o período de 1959–1965 – o "verão eterno" dos rapazes brancos – como um inverno de descontentamento. A diferença de renda absoluta entre os habitantes de LA brancos e negros ampliou-se drasticamente. As rendas médias da região Centro-Sul de LA declinaram em quase um décimo, e o desemprego dos negros disparou de 12% para 20% (30% em Watts). A despeito das ruas enganosas ladeadas por palmeiras e dos exteriores simpáticos de bangalôs, o padrão habitacional da região Centro-Sul foi dilapidado; a "maior área arruinada dentre todas as cidades dos EUA", segundo a Comissão de Planejamento Regional[69]. Mas todas as tentativas dos grupos de direitos civis para expandir as oportunidades de emprego e habitação para os negros foram rechaçadas por uma feroz resistência branca, culminando nos 75% de votos brancos, em 1964 (Proposição 14), para repelir a Lei Rumford da Habitação Justa.

Ainda assim, diferentemente da polarização social contemporânea, essa foi também a idade heróica do Movimento pelos Direitos Civis, dos debates épicos quanto a estratégias de libertação. A juventude das gangues da região Centro-Sul, sob a influência dos muçulmanos e do carisma de longo alcance de Malcolm X, começou a refletir o despertar da geração do Black Power. Como descreve Obatala, as percepções da "Nova Geração" dos anos 1960 "estavam mudando: aqueles que anteriormente haviam visto as coisas em termos de Leste e Oeste, estavam agora começando a ver muitas das mesmas coisas em preto e branco". À medida que as gangues começaram a se tornar politizadas, passaram a ser "igrejas ao ar livre, onde os ministros traziam o evangelho [do Black Power] para as ruas"[70].

Os ativistas veteranos dos direitos civis lembram-se de um momento memorável, durante um protesto em um restaurante *drive-in* apenas para brancos, quando a chegada oportuna de membros de gangues negros os salvaram de serem surrados pelos motoristas brancos de pegas. A gangue era a legendária Slausons,

---

[68] Robert Conot, *Rivers of Blood, Years of Darkness*, cit., p. 97-8; e California Advisory Committee to the United State Commission on Civil Rights, *Report on California: Police-Minority Group Relations in Los Angeles and the San Francisco Bay Area*, ago. 1963, p. 3-19.

[69] Ibidem, p. 101; e *Los Angeles Times*, 22/10/1972.

[70] J. K. Obatala; recordações pessoais.

O martelo e a rocha

baseada na área de Fremont High, onde se tornaram uma base social crucial para a ascensão do movimento de libertação negra local. O divisor de águas, é claro, foi o festival dos oprimidos em agosto de 1965, ao qual a comunidade negra chamou de uma rebelião, e a mídia branca de distúrbio. Embora a "comissão de distúrbios", comandada pelos republicanos da velha guarda John McCone e Asa Call, apoiasse a chamada "teoria da gentalha" do chefe Parker, caracterizando os acontecimentos de agosto como o trabalho de uma pequena minoria de criminosos, pesquisas subseqüentes, usando os próprios dados da Comissão McCone, provaram que cerca de 75 mil pessoas tomaram parte no levante, na maior parte membros conscientes da classe trabalhadora negra[71]. Para os membros das gangues foi "O último grande rugido", uma vez que grupos anteriormente hostis um ao outro esqueceram suas velhas contendas e se confraternizaram contra os odiados LAPD e a Guarda Nacional. Conot cita exemplos de velhos inimigos, como os Slausons e os Gladiators (da área da rua 54), abrindo sorrisos e fazendo sinais de mão ao romper a invencível "linha azul" de Parker[72].

Esse movimento ecumênico das ruas e dos bairros durou três ou quatro anos. Os assistentes comunitários, e até mesmo o próprio LAPD, ficaram abismados com a virtual interrupção de hostilidades entre as gangues, à medida que as lideranças das gangues se uniam à Revolução[73]. Dois Slausons de destaque, Alprentice "Bunchy" Carter (um famoso "chefe guerreiro") e Jon Huggins, tornaram-se os organizadores locais do Partido dos Panteras Negras, enquanto um terceiro, Brother Crook (também conhecido como Ron Wilkins), criava a Patrulha de Alerta da Comunidade para controlar o abuso policial. Nesse ínterim, um velho ponto de encontro da gangue de Watts, perto de Jordan Downs, o "estacionamento", tornou-se um centro de recrutamento para os "Filhos de Watts", que organizavam e protegiam o Festival de Watts anual[74].

---

[71] Ver Robert Fogelson, "White on Black: Critique of the McCone Commission Report on the Los Angeles Riots", em *Mass Violence in America* (Nova York, Arno, 1969), p. 120-1.

[72] Robert Conot, *Rivers of Blood, Years of Darkness*, cit., p. 244. O projeto de história oral associado a "Watts 65: to the Rebellion and Beyond", organizado pela Southern California Library for Social Studies and Research, está reunindo novos depoimentos de testemunhas oculares sobre a rebelião.

[73] *Los Angeles Times*, 19/3/1972 e 23/7/1972 (o reinício das batalhas de gangues em 1972 contrastava com o período que se seguiu aos distúrbios de Watts). James O'Toole argumenta que, até que a Rebelião de Watts politizasse a liderança masculina jovem das gangues, "não havia atividade política autêntica do gueto, exceto pelas organizações de pastor-matriarca". Ele também afirma que o voto dos negros era "empacotado e entregue a partir da orientação de fora", vinda de ativistas democratas de classe média leais a Jesse Unruh. Ver James O'Toole, *Watts and Woodstock: Identity and Culture in the United States and South Africa* (Nova York, Holt, Rinehart e Winston, 1973), p. 87, 89 e 91.

[74] J. K. Obatala; recordações pessoais.

Cidade de quartzo

Não é de surpreender que, conseqüentemente, no final dos anos 1960, os irmãos e irmãs das ruas, persistentes e radicais, os quais, por uma semana extraordinária, haviam realmente posto a polícia para fora do gueto, fossem visualizados pelos teóricos do Black Power como a reserva estratégica da Libertação Negra, se não fossem a sua vanguarda. (Uma fantasia semelhante de uma unificação, como em Warriors, de todas as gangues era muito difundida entre partes da esquerda *chicana*.) Houve um momento poderoso nesse período, por volta de 1968–1969, quando os Panteras – com seus seguidores em ascensão intensa nas ruas e escolas – pareciam que iriam se tornar a gangue revolucionária completa. Os adolescentes, que hoje se reúnem para ouvir o *rap* de Eazy-E, "Não tem a ver com cor, tem a ver com a cor do dinheiro. Adoro aquele verde"[75], naquela época enchiam a Sports Arena para ouvir Stokely Carmichael, H. Rap Brown, Bobby Seale e James Forman esboçarem o programa de unidade do SNCC (Comitê de Coordenação Não Violenta dos Estudantes) e dos Panteras. O Congresso Negro e o Tribunal do Povo (reunidos para julgar o LAPD pelo "assassinato de Gregory Clark") eram outras expressões da mesma aspiração de unidade e militância.

Mas os esforços combinados do notório programa Cointelpro, do FBI, e da Divisão de Inteligência contra a Desordem Pública, do LAPD (um superesquadrão anticomunista que até 1982 mantinha vigilância sobre todos os grupos suspeitos, dos Panteras ao Conselho Nacional das Igrejas) se concentraram na destruição das vanguardas do Black Power de Los Angeles. Os assassinatos de fevereiro de 1969 dos líderes dos Panteras, Carter e Higgins, no *campus* da Ucla, por membros de um grupo nacionalista rival (o qual os veteranos dos Panteras ainda insistem que foi na realidade instigado pela polícia), foi seguido, um ano depois, pela estréia da equipe Swat do LAPD, num cerco de um dia de duração ao quartel-general dos Panteras na região Centro-Sul. Embora um massacre generalizado dos quadros dos Panteras tenha sido evitado por pouco por uma comunidade revoltada que tomou conta das ruas, o Partido foi efetivamente destruído.

Como até mesmo o *Los Angeles Times* reconheceu, a destruição dos Panteras levou diretamente a um recrudescimento das gangues no início dos anos 1970[76]. "Crippin", o mais extraordinário fenômeno novo de formação de gangue, era um subproduto espúrio do carisma anterior dos Panteras, preenchendo o vazio deixado pela ação das equipes da Swat do LAPD. Há várias lendas sobre os Crips originais, mas elas coincidem em certos pormenores. Como explica Donald Bakeer, um professor da Manual Arts High, no seu romance sobre os Crips, publicado independentemente, o primeiro "grupo" foi gerado na devastação

---

[75] Eazy-E, citado em *Los Angeles Times*, Calendar, 2/4/1989. [No original, "*It ain't about color, it's about the color of money. I love that green*" – N. E.]

[76] *Los Angeles Times*, 23/7/1972.

O martelo e a rocha

social criada pelas desapropriações relacionadas à auto-estrada Century – uma remoção traumática de habitações e destruição dos laços de bairro equivalentes a uma catástrofe natural. Seu protagonista, um Crip de segunda geração, se vangloria para os "meninos da área": "Meu pai foi membro original da gangue Crip Hoover 107, os Crips originais de Los Angeles, OG [*original gangster*] ao máximo"[77]. Em segundo lugar, como revelou o jornalista Bob Baker, o verdadeiro OG número um da 107 Hoovers (que se separou de uma gangue mais antiga chamada os Avenues) era um jovem fortemente influenciado pelos Panteras no seu apogeu do final dos anos 1960:

> Chamava-se Raymond Washington, um aluno da Fremont High School que era jovem demais para se tornar um Pantera, mas que havia absorvido parte da retórica dos Panteras sobre controle comunitário dos bairros. Depois que Washington foi expulso da Fremont, acabou na Washington High, e alguma coisa começou a se formar na área em que vivia, em torno das ruas Hoover e 107.[78]

Embora suponha-se geralmente que o nome Crip é derivado do estilo de andar "*crippled*" [manco, aleijado] da 107 Hoovers, Bakeer ouviu contar por um dos OG que originalmente queria dizer "Continuous Revolution in Progress"[79] [Revolução Contínua em Curso]. Por mais que tal tradução possa ser apócrifa, descreve melhor a disseminação fenomenal de grupos dos Crips pelo gueto entre 1970 e 1972. Um mapa das gangues de 1972, divulgado pela divisão da rua 77 do LAPD, mostra uma colcha de retalhos dos Crips, com suas cores azuis, tanto no Eastside quanto no Westside, além de uma miscelânea de outras gangues, algumas descendentes da geração pré-Watts[80]. Sob pressão incessante dos Crips, essas gangues independentes – Brims, Bounty Hunters, Denver Lanes, Athens Park Gang, Bishops, e, especialmente, a poderosa Pirus – se confederaram como os Bloods, com seus lenços vermelhos. Particularmente fortes nas comunidades negras periféricas ao núcleo da região Centro-Sul, como Compton, Pacoima, Pasadena e Pomona, os Bloods foram basicamente uma reação/formação defensiva à emergência agressiva dos Crips[81].

É necessário enfatizar que isso não foi meramente um renascimento das gangues, mas uma permutação radical da cultura das gangues negras. Os Crips, ainda que perversamente, herdaram a aura dos Panteras de destemor e transmitiram a ideologia do vanguardismo armado (destituída de seu programa). Em

---

[77] Donald Bakeer, *Crips: the Story of the LA Street Gang from 1971–1985* (Los Angeles, Precocious, 1987), p. 12-3.

[78] Bob Baker, *Los Angeles Times*, 26/6/1988.

[79] Idem.

[80] *Los Angeles Times*, 24/12/1988.

[81] Idem.

Cidade de quartzo

alguns casos, as insígnias dos Crips continuaram a denotar Black Power, como durante os tumultos de Monrovia, em 1972, e na crise do transporte de integração das escolas de Los Angeles, em 1977–1979[82]. Mas, muito freqüentemente, *Crippin'* acabou por representar uma escalada de violência interna no gueto em níveis de *Laranja mecânica* (assassinato como um símbolo de *status*, e assim por diante), o que era inexistente no tempo dos Slausons e anátema para tudo o que os Panteras representaram.

Além disso, os Crips misturaram uma inclinação para a ultraviolência com uma ambição arrogante de dominar o gueto inteiro. Embora, como Bakeer sutilmente delineia em seu romance, as tensões entre Eastside e Westside persistam, os Crips, como os Panteras antes deles, tentaram manter sob sua hegemonia uma geração inteira. Nesse aspecto, eles conseguiram, como a contemporânea "Black P-Stone Nation" em Chicago, uma "revolução administrativa" na organização das gangues. Embora tenham talvez começado como um substituto adolescente para os derrotados Panteras, evoluíram, no decorrer dos anos 1970, para um híbrido de culto adolescente e protomáfia. Numa época em que as oportunidades econômicas se afastavam da região Centro-Sul de Los Angeles, os Crips estavam se tornando o recurso de poder de última instância para milhares de jovens abandonados.

Juventude descartável

> *As gangues nunca vão desaparecer. Vocês vão conseguir emprego pra gente?*
> Crip de dezesseis anos da rua Grape[83]

O que os Crips e os Bloods diriam sobre a carnificina se pudessem falar? Evidentemente que é uma tática absoluta do "antiterrorismo" – seja ele praticado em Belfast, Jerusalém ou Los Angeles – negar voz pública ao terrorismo. Embora este seja sempre retratado precisamente como uma malevolência inarticulada, as autoridades gastam uma energia enorme para nos proteger de seus "delírios", mesmo se isso exigir a censura e a restrição do direito de expressão. Desse modo, o LAPD se opôs veementemente (e geralmente com êxito) às tentativas de assistentes sociais e de organizadores comunitários em permitir que os membros das gangues contem "o seu lado da história".

---

[82] Sobre a exposição das insígnias dos Crips durante os tumultos de Monrovia, ver *Los Angeles Times* (edição de San Gabriel), 2/4/1972. Sete meses depois dos tumultos (durante os quais um rapaz negro de dezessete anos levou um tiro no olho disparado por brancos), uma criança negra de treze anos foi encontrada enforcada em sua cela na cadeia municipal. Ibidem, 16/11/1972.

[83] Citado em ibidem, 10/4/1988.

O martelo e a rocha

303

Uma exceção importante aconteceu em dezembro de 1972, justamente quando a Cripmania estava varrendo as escolas do Southside numa epidemia de tiroteios de gangues e lutas de rua. A Conferência das Relações Humanas, contrariando os conselhos da polícia, deu um palanque a sessenta líderes de gangues negros para que apresentassem suas queixas. Para o assombro dos funcionários presentes, os "cachorros loucos" traçaram um conjunto eloqüente e coerente de exigências: empregos, habitação, melhores escolas, áreas de lazer e controle comunitário das instituições locais[84]. Foi uma demonstração brilhante de que a juventude das gangues, por mais que esteja aprisionada na sua própria espiral ilusória de vingança e autodestruição, compreendia claramente que eles eram os filhos de sonhos frustrados e de uma igualdade derrotada. Além disso, como os líderes "contumazes" das gangues negras e *chicanas* sempre afirmaram, no pequeno número de outras situações, nos últimos dezoito anos, em que lhes foi dada a oportunidade de falar, empregos decentes são o preço para que se negocie um final humano para o tráfico de drogas e a violência das gangues[85].

Então, o que aconteceu com os empregos? É necessário recordar que a retórica revolucionária dos anos 1960 se apoiava numa promessa real de reformismo. Enquanto os Panteras hipnotizavam os *campi*, a política dos direitos civis ganhou novo alento com a ascensão da coalizão Bradley de negros, judeus e liberais. Além disso, no auge superaquecido do *boom* do Vietnã, os jovens negros principiaram finalmente a encontrar lugar, em quantidades relativamente substanciais, em empregos nas fábricas e nos transportes, enquanto as mulheres negras penetravam nos níveis inferiores dos empregos tipicamente femininos. E, para os adolescentes e jovens desempregados, o governo federal fornecia uma cota sazonal de empregos temporários de *"weed-pulling"** e de esquemas de treinamentos paliativos para refrescar as ruas durante os longos verões.

Mas a ilusão do progresso econômico teve vida curta. Em 1975 – o décimo aniversário da Rebelião de Watts e o ano dois da era Bradley – uma reportagem especial do *Los Angeles Times* concluiu que "o gueto negro não é uma comunidade viável [...] está morrendo aos poucos". Diante da taxa de desemprego de dois dígitos (1975 foi um ano de depressão para os negros da Southland), escolas superlotadas, preços altos e habitação em deterioração, "a disposição de luta dos anos 1960 foi substituída por uma apatia doentia ou uma frustração raivosa". Com a rebelião desestimulada pela paramilitarização da polícia e pela destruição

---

[84] Ibidem, 15/12/1972.

[85] Ibidem, 7/12/1988. Por exemplo, na Conferência *End Barrio War* de 1988, patrocinada pelo Padre Luis Valbuena em Pacoima, 24 gangues do vale de San Fernando exigiram menos perseguição policial e mais oportunidades de emprego e lazer para a juventude como a solução para a crescente violência dos adolescentes.

* Literalmente, arrancar mato, isto é, empregos públicos sem especialização. (N. T.)

Cidade de quartzo

da periferia radical da comunidade, o redator do *Los Angeles Times*, John Kendall, descrevia o desespero reciclado como violência de gangues e crimes de negros contra negros[86].

Visto de uma perspectiva de quinze anos depois, é claro que o *Los Angeles Times* e outros observadores contemporâneos não avaliaram integralmente a complexidade do que estava acontecendo na região Centro-Sulde Los Angeles. Embora a imagem de desmoralização generalizada da comunidade fosse suficientemente exata, uma minoria considerável estava de fato vivenciando uma mobilidade ascendente moderada, enquanto a condição da maioria estava piorando constantemente. Em termos simplificados, a comunidade negra de Los Angeles tornou-se mais polarizada internamente, uma vez que profissionais, burocratas e técnicos do setor público se aboletaram com êxito nas burocracias municipal, federal e do condado, enquanto a classe trabalhadora semi-especializada do setor privado foi dizimada pelo impacto duplo da suburbanização dos empregos e da internacionalização da economia.

De forma paradoxal, pode ser igualmente verdadeiro que a liderança política negra no Condado de Los Angeles tenha, ao mesmo tempo, propiciado um avanço econômico significativo e contribuído para a exclusão benigna da comunidade. Os críticos que acusam a administração Bradley de "matar a região Centro-Sul de LA" geralmente ignoram as conquistas dessa administração na integração da força de trabalho do setor público. A base dinâmica de empregos do setor público para os negros (juntamente com avanços profissionais, em menor escala, dos negros nas indústrias aeroespacial, financeira e de entretenimento) tem sido a responsável pela prosperidade visível no "novo Westside" negro: as colinas *nouveaux riches* de Ladera Heights e Baldwin Hills e as áreas residenciais ordeiras dos subúrbios de Inglewood e Carson.

Ao mesmo tempo, o desenvolvimento econômico da *comunidade* foi um fracasso total. Como vimos, a administração Bradley optou por incorporar a agenda de revitalização da Associação do Centro da Cidade, e não a do NAACP ou da Associação Política México-Americana. Os negros das classes trabalhadoras nas áreas planas – onde quase 40% das famílias vivem abaixo do nível de pobreza – enfrentaram um declínio econômico ininterrupto. Enquanto os recursos do município (por volta de 2 bilhões de dólares) foram absorvidos no financiamento do renascimento empresarial do Centro, a região Centro-Sul de LA foi marcadamente desfavorecida, mesmo no recebimento de assistência antipobreza, "muitíssimo inferior à destinada à região Oeste de Los Angeles e ao Vale no que diz respeito a serviços humanos vitais e fundos para treinamento

---

[86] John Kendall, "Watts, 10 Years Later: a Special Report", *Los Angeles Times*, 23/3/1975.

O martelo e a rocha

profissional"[87]. As pequenas empresas negras se desintegraram por falta de crédito ou de atenção por parte do município, deixando atrás de si somente igrejas e lojas de bebidas.

Mais tragicamente, a economia sindicalizada das fábricas subsidiárias, em direção à qual os negros (e *chicanos*) da classe trabalhadora sempre haviam se dirigido em busca de empregos decentes, entrou em colapso. Quando a economia de Los Angeles, nos anos 1970, foi "desplugada" do coração industrial da América e reconectada ao do Oriente Asiático, os trabalhadores não-saxões suportaram a maior parte da adaptação e do sacrifício. No período de 1978–1982, a onda de fechamento de fábricas – no rastro da penetração das importações japonesas e da recessão, a qual deixou inativas dez das doze maiores fábricas fora do setor aeroespacial da Califórnia meridional e desalojou 75 mil trabalhadores industriais – apagou os ganhos efêmeros dos negros do setor industrial conseguidos entre 1965 e 1975. Nos casos em que não sucumbiram à competição asiática, as fábricas e depósitos locais mudaram-se para novos parques industriais na South Bay, no Norte do Condado de Orange ou no Inland Empire – 321 firmas desde 1971[88]. Uma comissão de investigação do Legislativo da Califórnia, em 1982, confirmou a destruição econômica resultante nos bairros da região Centro-Sul: o desemprego cresceu em quase 50% desde o começo dos anos 1970, enquanto o poder aquisitivo da comunidade caiu em um terço[89].

Se o emprego industrial do Eastside teve uma recuperação espetacular nos anos 1980, houve pouca oportunidade aos negros, uma vez que a nova indústria consistia esmagadoramente de pequenas empresas que pagavam salário mínimo, superexplorando o trabalho latino imigrante na produção de móveis ou bens não duráveis, como roupas e brinquedos. (Tomando emprestada a terminologia de Alain Lipietz, poderíamos dizer que um "taylorismo sangrento" agora opera dentro do arcabouço arruinado do "fordismo".)[90] Essa extinção das oportunidades de empregos industriais teve profundas ramificações socioeconômicas e de gênero para a força de trabalho negra. As mulheres negras jovens foram par-

---

[87] Ron Curran, "Malign Neglect: the Roots of an Urban War Zone", LA Weekly, 30/12/1988 – 5/1/1989, p. 2. Ver também o Economic Justice Police Group, "Police Memorandum – Economic State of the City", apresentado à Câmara Municipal em 25/1/1990, p. 4.

[88] Ver Mark Ridley-Thomas, "California Commentary", *Los Angeles Times*, 29/1/1990. Ridley-Thomas alega que nem o modelo de revitalização comunitária "baseado no escritório", nem o "balizado no shopping center" podem compensar uma base industrial saudável.

[89] California, Joint Committee on the State's Economy and the Senate Committee on Government Organization, *Problems and Opportunities for Job Development in Urban Areas of Persistent Unemployment* (Sacramento, 1982), p. 29, 50, 58, 94, 109, 111 e 115.

[90] Para uma tipologia dos regimes industriais contemporâneos, ver Alain Lipietz, *Mirages and Miracles* (Londres, Verso, 1987).

Cidade de quartzo

cialmente capazes de compensar a desindustrialização da comunidade, colocando-se em empregos de nível inferior no processamento de informações. Os homens jovens da classe trabalhadora negra, por outro lado, viram suas opções de mercado de trabalho (serviço militar à parte) virtualmente desaparecerem, à medida que os empregos nas fábricas e na condução de caminhões, que deram a seus pais e irmãos mais velhos um mínimo de dignidade, foram substituídos por importações ou relocalizados em áreas brancas muito distantes, nos braços espirais galáticos da megalópolis de LA – entre 80 e 120 quilômetros de distância, nos Condados de San Bernardino e Riverside.

Igualmente, os jovens negros foram em grande parte excluídos do *boom* de empregos suburbanos nos serviços. Como vimos no capítulo 3, é um fato assombroso – significativo do racismo institucional numa escala muito mais generalizada do que é habitualmente admitido em fins do século XX – que a maioria dos pólos de crescimento residenciais e empregatícios na Califórnia dos anos 1980 – o Sul do Condado de Orange, o Leste do Condado de Ventura, o Norte do Condado de San Diego, o Condado de Contra Costa e assim por diante – tenham populações negras de 1% ou menos. Ao mesmo tempo, os jovens negros dispostos a competir por empregos nos serviços braçais mais centralmente localizados se vêem numa competição perdedora com imigrantes recentes, o que se deve não em pequena medida às opiniões claras de seus empregadores quanto à "docilidade" no trabalho. Em conseqüência, o desemprego entre os negros jovens do Condado de Los Angeles – a despeito do crescimento regional ininterrupto e de uma nova explosão de consumo desmedido – permaneceu em assustadores 45% no decorrer dos anos 1980[91]. Uma pesquisa de 1985, sobre projetos de habitação pública no gueto, descobriu que havia apenas 120 trabalhadores empregados nos 1060 domicílios em Nickerson Gardens, 70 nos 400 em Pueblo del Rio, e 100 nos 700 em Jordan Downs[92]. A escala de demanda reprimida por emprego manual decente foi vividamente demonstrada há poucos anos, quando *50 mil jovens*, predominantemente negros e *chicanos*, fizeram uma fila de quilômetros para se candidatar a umas poucas vagas na estiva sindicalizada de San Pedro.

A deterioração da posição dos jovens negros no mercado de trabalho é uma razão fundamental para a expansão da contra-economia do tráfico de drogas e crime juvenil. Mas não é a história toda. Correlacionada ao posicionamento

---

[91] Essa é uma estimativa oficial, em 1988 do South Central Organizing Committee, patrocinado pela Igreja. Para Watts, que foi mais regularmente pesquisada do que outras áreas da comunidade, a taxa de desemprego para os jovens (16-24 anos) manteve-se na marca dos 50% desde o começo dos anos 1970. Ver dados coletados pelo Institute of Industrial Relations da Ucla.

[92] *Los Angeles Times*, 16/5/1985. Centenas de mulheres dos projetos, que queriam desesperadamente trabalhar, não tinham condições devido à inexistência de creches.

O martelo e a rocha

periférico dos negros da classe trabalhadora na economia está a dramática *juve-nilização da pobreza* entre todos os grupos étnicos do gueto. Em termos estaduais, a percentagem de crianças na pobreza dobrou (de 11% para 23%) em relação à última geração. No Condado de Los Angeles, durante os anos 1980, tristes 40% das crianças viviam abaixo ou logo acima do limite de pobreza oficial. As áreas mais pobres do condado, além disso, são invariavelmente as mais jovens: de 66 áreas do censo (em 1980) com rendas familiares médias de menos de 10 mil dólares, mais de 70% possuíam uma idade média de 20 a 24 anos apenas (o restante, 25 a 29[93]). À medida que a influência política dos proprietários residenciais afluentes continua a garantir a segregação residencial e a redistribuição dos recursos fiscais de modo concentrador, a juventude do gueto tem sido a vítima de uma política consciente de desinvestimento social. A descartabilidade tácita da juventude negra e morena na "cidade dos anjos" pode ser medida diretamente pela drenagem constante de recursos dos programas que atendem às necessidades mais urgentes – com reclamações mínimas dos representantes eleitos.

Ainda mais revelador, talvez sejam os sucessivos ataques aos esquemas de emprego para jovens, começando com a decisão da administração Nixon, repetida pelo então governador Reagan, de causar a retração do ativismo comunitário da Grande Sociedade e redirecionar a ajuda urbana das cidades para os subúrbios. O desmantelamento do Corpo da Juventude de Bairro, seguido, sob Reagan, pela revogação da Lei Abrangente de Emprego e Treinamento (Ceta) e o esvaziamento do Jobs Corps, foram os marcos dessa retirada do gueto. Em Los Angeles, a principal fonte atual de emprego para a juventude é o Programa de Empregos de Verão de Los Angeles – um esquema típico de "seguro contra incêndio" que é uma sombra pálida de seus predecessores federais abolidos. Ironicamente, no momento mesmo em que, em 1987–1988, as luzes da ribalta do escrutínio de Hollywood e da mídia em geral estavam focalizadas no emprego ilícito de jovens, o Programa de Empregos de Verão foi reduzido pela Câmara Municipal[94].

As alternativas de emprego para os membros de gangues têm sido praticamente inexistentes, apesar do reconhecimento generalizado de que empregos são um antídoto mais poderoso contra a criminalidade juvenil do que leis Step ou longas sentenças penitenciárias. Como Charles Norman, o veterano diretor dos Serviços de Gangues de Jovens, observou em 1981: "Seria possível tirar das gangues 80% dos seus membros, de dezessete anos ou ainda mais jovens, se houvesse empregos,

---

[93] *LA Roundtable for Children* (1983); e Policy Analysis for California Education, "The Conditions of Children in California" (Sacramento, 1989).

[94] *Los Angeles Times*, 19/4/1988; e Paul Bullock, "Youth Training and Employment from the New Deal to the New Federalism" (Institute of Industrial Relations, Ucla, 1985), p. 78.

Cidade de quartzo

treinamento profissional e alternativas sociais"[95]. O presidente do Senado Estadual Pro Tem, David Roberti, o principal democrata de Hollywood, reconheceu, oito anos depois, que "a Proposição 13 havia destroçado os bairros do gueto", impedindo os gastos estratégicos de Norman para a prevenção de gangues[96]. Finalmente, à medida que o orçamento do LAPD avançava gradualmente acima de 400 milhões de dólares em 1988, a Câmara Municipal relutantemente aprovou um programa piloto de 500 mil dólares para criar cem empregos para jovens de "alto risco". Na vasta escalada de hostilidades desde os meados dos anos 1980, esse programa patético é a única "cenoura" que o município de fato ofereceu aos, segundo estimativas, 50 mil jovens das gangues[97].

O sistema escolar, enquanto isso, está andando para trás em alta velocidade. No nível estadual, o celebrado sistema educacional da Califórnia está em declínio acelerado, com os gastos *per capita* para cada estudante caindo do 9º para o 33º lugar, ou seja, meramente um terço do que se gasta em Nova York. O Distrito Escolar Unificado de Los Angeles, o segundo maior do país, servindo a 600 mil alunos, tem salas de aula mais lotadas do que as do Mississipi e uma taxa de evasão, em ascensão vertical, de 30% a 50% nas escolas secundárias do gueto. O termo "Unificado" é um engodo, já que por muitos anos o Distrito vem operando com sistemas de fato separados para negros, latinos e brancos. Uma conseqüência é que os rapazes negros da região Centro-Sul têm agora três vezes mais possibilidade de acabar na cadeia do que na Universidade da Califórnia. Como o NAACP acusou, numa ação legal de grande porte, a segregação segue grassando, e a qualidade das escolas reflete diretamente os níveis socioeconômicos das suas áreas. Além disso, como explicou o advogado do NAACP, Joseph Duff, o isolamento racial nas escolas é uma ramificação da discriminação histórica dos aluguéis contra famílias com crianças:

> Certas áreas da cidade, com apartamentos de baixo custo e alta densidade, além de casas de família individual maiores e mais velhas, tornaram-se verdadeiros "guetos de crianças". As escolas públicas estão sobrecarregadas pela concentração de crianças em idade escolar nas áreas dessas famílias. O isolamento racial assumiu um revestimento de isolamento de classe.[98]

Mal servida por um sistema escolar distinto, mas desigual e sobrecarregado, a juventude de baixa renda enfrenta coisa ainda pior depois da escola. No Condado de Los Angeles, há um número estimado de 250 mil a 350 mil me-

---

[95]   Charles Norman, citado em *Los Angeles Times*, 30/1/1981.

[96]   Ibidem, 30/1/1989.

[97]   *Los Angeles Times*, 3/8/1988.

[98]   Ibidem, 28/6/1987, 18/10/1987 e 25/11/1987; e M. J. Wilcove, "The Dilemma of LA Schools", *LA Weekly*, 6–12/11/1987.

O martelo e a rocha

ninos, entre as idades de 5 a 14 anos, que não têm qualquer tipo de supervisão de adultos entre o último sinal na escola e o retorno de seus pais do trabalho. Simultaneamente, a administração Bradley, aplicando uma triagem sobre os programas municipais com base numa propalada austeridade fiscal, virtualmente abandonou o lazer público. Em 1987, alocou parcos 30 mil dólares para equipamentos de recreação para 150 centros que servem centenas de milhares de crianças pobres. Adotou também o princípio de distribuir seu reduzido orçamento de parques por meio de uma fórmula baseada no tamanho de cada, enquanto incentivava a operação dos parques como "empresas" sustentadas pelas taxas dos usuários. Uma vez que as áreas mais ricas da cidade possuem uma parcela desproporcional da área de parques e de instalações para a geração de receita, isso conduziu a uma distribuição regressiva dos recursos para os parques. O resultado é o "*apartheid* recreativo" e uma deterioração calamitosa do espaço público no gueto, à medida que os parques se tornam cada vez mais depredados, não supervisionados e perigosos[99].

Tem havido uma mobilização política irregular contra o esvaziamento das infra-estruturas econômicas e sociais da região Centro-Sul ou a pauperização de uma geração de jovens do gueto. Da geração de liderança da Rebelião de Watts, apenas uns poucos continuam a protestar energicamente quanto ao destino da comunidade. Dessa forma, a deputada Maxine Waters e o líder da Ação Trabalhista de Watts, Ted Watkins, de fato pressionaram o Legislativo para que finalmente fizesse audiências sobre o fechamento das fábricas locais e o sofrimento econômico (nenhuma atitude comparável foi tomada na Câmara Municipal). A despeito de um acúmulo assombroso de testemunhos, o Legislativo, tão pronto a providenciar socorro para as forças policiais, nada fez para fazer frente ao declínio econômico que estava obviamente alimentando a taxa de criminalidade.

Tem sido defendida uma ação mais decisiva pelos quadros sobreviventes do movimento do Black Power de Los Angeles dos anos 1960, particularmente por Michael Zinzun, do Comitê Contra o Abuso Policial, e Anthony Thigpen, do Empregos com Paz. Mas as tentativas persistentes de construir uma organização local estável na comunidade, e de desenvolver com essa comunidade uma agenda de "necessidades críticas", foram repetidamente sabotadas por várias estruturas de poder, inclusive democratas ostensivamente "liberais". Desse modo, a campanha do Empregos com Paz por uma avaliação em âmbito municipal do impacto dos gastos militares nas comunidades locais, foi torpedeada por uma barragem de propaganda violenta dos consultores políticos da máquina "Berman—Waxman—Levine" do Westside. Os esforços de Zinzun, nesse ínterim, para

---

[99] Ver *Los Angeles Times*, 20/3/1988; e Jack Foley, "'Leisure Rights' Policies for Los Angeles Urban Impact Parks", trabalho apresentado na People for Parks Conference, Griffith Park, 4/2/1989.

Cidade de quartzo

expor a brutalidade policial, levaram a um espancamento selvagem sem provocação pela polícia de Pasadena, com a perda de um olho. Não se pretende criticar a dedicação corajosa desses organizadores do gueto ao apontar o caráter de Davi contra Golias dessa luta. Diferentemente de Chicago em 1986, onde a devastação econômica do gueto podia ser atribuída nitidamente à ação da supremacia política branca, em Los Angeles o regime Bradley, com seu círculo interior de compadres e ministros eclesiásticos no Southside, tem sido um fator poderoso de desmobilização do protesto negro ou de uma insurreição eleitoral.

Sem a contrapartida dos protestos de uma revolta mobilizada, a região Centro-Sul de LA foi traída por praticamente todos os níveis governamentais. Particularmente o ensurdecedor silêncio público quanto ao desemprego da juventude e a juvenilização da pobreza deixou milhares de pessoas jovens da rua com poucas alternativas, a não ser se alistar no programa cripto-keynesiano de emprego juvenil operado pelos cartéis da cocaína. Revisitando Watts quase uma geração depois de um famoso estudo pioneiro de seus problemas, o economista de relações industriais Paul Bullock, da Ucla, descobriu que as condições cada vez piores descritas pela equipe do *Los Angeles Times* em 1975, na reportagem "Watts: 10 anos depois", haviam se deteriorado ainda mais, e que o desemprego endêmico estava na base do desespero da comunidade. Bullock observou que a última opção racional aberta para a juventude de Watts – pelo menos no sentido neoclássico do comportamento econômico de maximização da utilidade – era vender drogas[100].

A economia política do crack

> *O que é certo? Se você quer alguma coisa, tem o direito de pegar.*
> *Se quer fazer alguma coisa, tem o direito de fazer.*
> Bret Easton Ellis, *Less Than Zero*[101]

Desde o final da década de 1970, todos os principais setores da economia da Califórnia meridional, do turismo ao vestuário, reestruturaram-se em torno do papel crescente do comércio exterior e do investimento externo. A região Centro-Sul de LA, como indicamos, foi a principal perdedora nessa transforma-

---

[100] Ver Paul Bulllock, *Youth in the Labor Market* (Tese de doutorado, Los Angeles, Ucla, 1972); Idem, *Youth Training*; e entrevista (Southern California Library for Social Research, 1983). O sociológo da Universidade da Califórnia (Berkeley), Troy Duster, estipulou que o desemprego entre a juventude negra, nacionalmente, era *quatro vezes maior* em 1983 do que em 1960. Ver Troy Duster, "Social Implications of the 'New' Black Urban Underclass", *Black Scholar*, mai.-jun. 1988, p. 3.

[101] Bret Easton Ellis, *Less Than Zero* (Nova York, Simon and Schuster, 1985), p. 189. [Ed. bras.: *Abaixo de Zero*, Rio de Janeiro, Rocco, 1987.]

ção, uma vez que as importações asiáticas fecharam fábricas sem criar oportunidades econômicas compensatórias para os residentes locais. O gênio específico dos Crips foi sua capacidade de se inserir num circuito destacado do comércio internacional. Por meio do crack, eles descobriram uma vocação para o gueto na nova economia de "cidade mundial" de LA.

Comercializando o material importado, sob a forma de pedras de alta lucratividade, para um mercado bipolar de consumidores finais que inclui tanto ricos do Westside quanto pessoas pobres da rua, os Crips tornaram-se ao mesmo tempo capitalistas lumpem e proletários fora-da-lei. Se isso só fez reforçar sua violência com um novo imperativo de competitividade, acrescentou a seu carisma o peso de correntes folheadas a ouro no pescoço e anéis espalhafatosos. Na era do narcoimperialismo, eles se tornaram réplicas modernas dos "estados da pólvora" da África Ocidental, com seus chefes egoístas e cínicos que serviam de intermediários para o comércio de escravos do século XVIII, prosperando enquanto o restante da África sangrava. As gangues latinas do Eastside, em comparação, ainda estavam tentando chegar ao nível deles. Traficando principalmente drogas feitas em casa, como PCP, anfetaminas e maconha, com valores de giro relativamente baixos num mercado que consiste quase que inteiramente de outros adolescentes pobres, não são capazes de acumular os objetos finos ou o armamento dos Crips. Eles ainda têm que efetivamente integrar-se ao mercado mundial.

O comércio contemporâneo de cocaína é um exemplo assombroso do que alguns economistas políticos (na linha do duo Sabel e Piore, do MIT) chamam de "acumulação flexível" numa escala hemisférica. As regras do jogo são combinar o máximo de controle financeiro com a instalação flexível e permutável de produtores e vendedores em vários contextos nacionais. Na extremidade do produtor básico, a coca tem sido a principal adaptação econômica das economias andinas à "depressão da dívida" imposta pelos bancos nos anos 1980. Dezenas de milhares de camponeses migraram para as fronteiras da "corrida da coca", como o famoso vale do Huallaga, no Peru, onde gozam cada vez mais da proteção dos "Inca-Maoístas" do Sendero Luminoso contra os Boinas Verdes e o exército peruano. No fim da década de 1980, os barões colombianos tentaram garantir a continuidade de seu abastecimento, assim como sua capacidade de impor um preço de comprador aos produtores camponeses, abrindo suas próprias plantações de coca auxiliares com uso de trabalho assalariado. Como na produção de petróleo, porém, o aspecto estratégico é o processo de refinação, centralizado nos laboratórios colombianos, sob a supervisão pessoal do Cartel de Medellín (ou de seu rival baseado em Cali).

Na imaginação popular, o Cartel de Medellín substituiu a máfia como o símbolo de uma conspiração supercriminosa de um poder quase oculto – de fato, Bush e Bennett freqüentemente falam como se a América estivesse lutando

Cidade de quartzo

numa "guerra dos mundos" contra invasores extraterrestres. A realidade, evidentemente, sempre foi mais prosaica. Washington faz a guerra contra a mesma mão invisível que em outras circunstâncias idolatra. Como a *Fortune* assinalou, o grupo de Medellín sempre se distinguiu pela sua "mentalidade empresarial" e seu sucesso "em transformar o tráfico de cocaína numa indústria multinacional bem administrada"[102]. Eric Hobsbawm, um aficcionado por bandidos e imperialistas, defendeu a mesma concepção há vários anos numa análise sua:

> Abandonados à própria sorte e aos princípios de Adam Smith, os consórcios de investidores de Medellín não veriam a si mesmos como criminosos mais do que os aventureiros holandeses e ingleses no comércio das Índias (inclusive de ópio), que organizavam seus carregamentos especulativos de modo muito semelhante [...] a atividade tem razão em se ressentir de serem chamados de máfia. [...] É basicamente uma empresa comum que foi criminalizada – como entendem os colombianos – pelos EUA, um país que não consegue administrar seus próprios negócios.[103]

Como qualquer "empresa comum" num *boom* de vendas inicial, o comércio de cocaína teve que enfrentar relações de oferta e procura em transformação. A superprodução, devido tanto ao incentivo deliberado à oferta, por parte dos cartéis, quanto à busca desesperada dos camponeses no sentido de um produto vendável, tem sido endêmica desde meados da década de 1980. Apesar da posição de comprador único, assumida pelos cartéis em relação aos produtores, o preço de atacado da cocaína caiu pela metade. Isso, por sua vez, ditou uma transformação na estratégia de vendas e na estrutura do mercado. O resultado foi uma passagem da *haute cuisine* para o *fast-food*, quando o Cartel de Medellín, a partir de 1981 ou 1983 (os relatos diferem), designou Los Angeles como um campo de provas para o potencial de vendas em massa de cocaína em pedra ou crack.

Pouco antes de seu desaparecimento em 1989, o *Herald-Examiner* publicou uma visão geral sensacionalista do "Cartel LA", na qual sintetizava os pontos de vista dos órgãos de repressão legal sobre a história e a organização da economia do crack. Segundo esse relato, os cartéis colombianos reagiram à militarização da repressão federal às drogas no Sul da Flórida, depois de 1982, redirecionando a cocaína através do México, com a ajuda da "Máfia de Guadalajara", chefiada por Miguel Gallardo (o "chefão" que se presume ter ordenado a tortura e o assassinato do agente "Kiki" Camarena, em 1985). No momento de sua chegada na Califórnia meridional, via transportadores terrestres ou aviões leves (a Divisão de Repressão às Drogas afirma que existem "mais de cem pistas clandestinas" no deserto da Califórnia), a cocaína – totalizando 200 toneladas anuais em 1988, segundo estimado – é, supostamente, armazenada e processada para distribuição

---

[102] Louis Kraar, "The Drug Trade", *Fortune*, 20/6/1988, p. 29.

[103] Eric Hobsbawm, "Murderous Colombia", *New York Reviews of Books*, 20/11/1986, p. 35.

no atacado por colombianos ligados aos cartéis por uma lealdade inquebrantável. Originalmente avaliados em um número de umas poucas centenas, os colombianos em 1989 subitamente se tornaram um "exército invasor [...] com milhares de soldados", organizados num número de unidades que chega a "mil células". (Um funcionário do IRS [Internal Revenue Service; órgão equivalente à Receita Federal] descreveu os participantes das células como "soldados vindos para esse país para fazer suas incursões sob ordens e então sair".)[104] Alarmados pelas notícias da "invasão", nervosos residentes da Califórnia meridional foram colocados em estado de alerta quanto a latino-americanos "suspeitos", sobretudo famílias "educadas e bem vestidas" e indivíduos com preferência por bairros tranqüilos do subúrbio[105].

De todo modo, o giro financeiro nos mercados de cocaína em pó e em pedra de LA parece mais fácil de avaliar do que o número de "soldados de infantaria" do Cartel. Los Angeles foi descrita pelo Departamento de Justiça como "um oceano de dinheiro manchado pelas drogas". Entre 1985 e 1987 (os verdadeiros anos da decolagem para o crack), o "excedente de caixa" na divisão do sistema da Reserva Federal de Los Angeles aumentou 2300%, chegando a 3,8 bilhões de dólares – um índice seguro, segundo os especialistas federais, do volume de dólares ilícitos da cocaína[106]. No começo de 1989, um pequeno exército de federais assumiu o controle do Mercado dos Joalheiros, no Centro de LA, na Operação Calota Polar – um ataque espetacular a "*La Mina*" [a mina], uma operação de lavagem de bilhões de dólares por ano supostamente realizada, em nome do Cartel de Medellín, por diversos imigrantes armênios negociantes de ouro[107]. A revelação de *La Mina* parecia confirmar as estimativas anteriores do procurador da república (depois, juiz federal), Robert Bonner, de que LA havia suplantado Miami como "o principal centro de distribuição para o abastecimento nacional de cocaína" – uma alegação que o Departamento de Justiça confirmou oficialmente em agosto de 1989[108].

A vasta "Cartilha de Dunn e Bradstreet sobre a disseminação das drogas na América", em três volumes, que o procurador-geral Thornburgh apresentou naquele mês para o czar da repressão às drogas, William Bennett, também proclamava

---

[104] *Herald-Examiner*, série "Cartel LA", 28/08/1989 a 1/9/1989. Ver também o relato do *Los Angeles Times* sobre o relatório de 1989 do Departamento de Justiça (uma "cartilha Dunn e Bradstreet"), 4/8/1989.

[105] O *Herald-Examiner* assegurou a seus leitores que "os 63 mil colombianos que vivem na área de Los Angeles não trabalham todos em células de distribuição de cocaína [...] somente 6 mil".

[106] Ibidem, 28/8/1987.

[107] *Los Angeles Times*, 30/3/1989; e Evan Maxwell, "Gold, Drugs and Clean Cash", *Los Angeles Times Magazine*, 18/2/1990.

[108] *Los Angeles Times*, 15/5/1988, 12/6/1988 e 4/8/1989.

Cidade de quartzo

que as gangues das drogas de LA estavam firmemente aliadas ao Cartel de Medellín numa conspiração para inundar os guetos das cidades americanas com crack. Citando copiosamente fontes do LAPD, o relatório retratava LA como infestada por colombianos, e os EUA como infestados pelos seus comparsas Crips:

> As gangues de rua de Los Angeles agora dominam o comércio da cocaína em pedra em Los Angeles e em outros lugares, devido em parte ao fato de recorrerem regularmente à violência assassina para assegurar a supremacia territorial no tráfico, desencorajar as trapaças e punir membros de gangues rivais [...] o LAPD identificou 47 cidades, de Seattle a Kansas City e Baltimore, onde os traficantes das gangues de rua de Los Angeles estão presentes.[109]

A adoção oficial, por parte de Washington, da caracterização das gangues de rua de LA pelo LAPD como máfias altamente organizadas em coligação com os colombianos (uma visão também abraçada pelo escritório do procurador-geral da Califórnia) foi contestada por dois professores da USC, que vinham analisando cuidadosamente os registros de prisões de traficantes de crack durante os dois anos anteriores. Ao estudar 741 casos em "cinco áreas infestadas por gangues do Condado de Los Angeles", descobriram que apenas 25% dos supostos traficantes eram membros ativos de gangues. Embora reconhecessem que o papel direto das gangues poderia ter aumentado substancialmente desde 1984–1985, período dos dados que possuíam, a equipe da USC continuou a defender suas conclusões principais:

> A explosão das vendas de cocaína estava engajando um número considerável de membros de gangues de rua, mas de maneira nenhuma era dominada pelo envolvimento das gangues. Os parâmetros das drogas simplesmente ultrapassavam em muito os parâmetros das gangues [...] a coesão das gangues em si é muito baixa. [...] Esperar que um grupo desse tipo assuma características de uma máfia parece altamente improvável.[110]

Respondendo a esse estudo, o "czar da repressão às drogas e gangues" do LAPD, subchefe Glenn Levant, admitiu que 64% dos 7 mil suspeitos de tráfico presos por meio de seu programa Traficante Ativo Relacionado a Gangue não eram identificáveis como membros de gangue. Mas negou que o departamento tivesse "superestimado o problema", uma vez que "36% de membros de gangue é muito significativo", e muitos, se não a maioria, dos outros detidos eram antigos membros de gangues[111]. Mas a resposta de Levant ao estudo da USC – isto é, uma participação direta mais significativa dos membros de gangues, e um grande, senão dominante, papel desempenhado por OGs adultos – ainda, apa-

---

[109] Idem.

[110] Malcolm Klein e Cheryl Maxson, citados em *Los Angeles Times*, 8/9/1988.

[111] Glenn Levant, citado em *Los Angeles Times*, 8/9/1988.

rentemente, não altera o achado básico da equipe da USC, ou seja, de que o papel das gangues na distribuição das drogas é muito "incoerente" para ser qualificado com o rótulo de "rede de crime organizado" que o patrão de Levant, o chefe de polícia Gates, e a maioria dos funcionários do sistema das forças de repressão querem afixar nos Crips e Bloods.

Tudo isso serve para dizer que as gangues da região Centro-Sul estão definitivamente no comércio de drogas, mas como pequenos empresários, não como corporações do crime, e geralmente sob a supervisão de traficantes mais velhos, os quais, por sua vez, são responsáveis perante uma hierarquia clandestina de intermediários e representantes dos cartéis para as vendas no atacado. Por outro lado, a própria característica difusa do comércio de crack, organizado por meio de centenas de grupos de gangues concorrentes e traficantes temporários, ao mesmo tempo questiona o poder demoníaco que os caçadores de gangues atribuem a esse comércio, assim como desafia todos os esforços para conseguir aplicar o golpe final de "nocaute". No próprio gueto, há centenas de franquias de *rock houses* independentes, cada uma movimentando (segundo as estimativas do LAPD) cerca de 5 mil dólares por dia (25 mil dólares em dias de pagamentos de seguridade e previdência social). O constante atrito de tais pontos de vendas com os ataques do LAPD (como aquele utilizado por Nancy Reagan como um piquenique de propaganda) tornou-se um custo incorporado ao negócio. Além disso, se a estimativa de Levant, de que 10 mil membros de gangue ganham a vida por meio do tráfico de drogas, tem alguma relação com a realidade, o crack é de fato o empregador de última instância do devastado Eastside do gueto – o equivalente a diversas fábricas de automóveis de grande porte ou centenas de McDonald's[112].

É claro que isso é a "reindustrialização" por meio da doença e da redistribuição da pobreza. Quando as pedras a 25 dólares entraram nas ruas de LA durante 1984–1985, as estatísticas policias e hospitalares registraram o impacto cataclísmico: o dobro de atendimentos em setores de emergência em conseqüência de cocaína, 15% dos recém-nascidos em hospitais públicos diagnosticados como viciados em drogas, cinco vezes mais prisões de jovens por tráfico de drogas e assim por diante[113]. É importante lembrar que o crack não é simplesmente cocaína barata – a versão dos pobres para a droga glamorosa que percorre os narizes da turma nos clubes de campo e marinas –, mas uma forma muito mais letal.

---

[112] Idem. Os ganhos dos empregados jovens na indústria ilícita de drogas têm sido vastamente exagerados pela polícia e pela mídia, com o efeito inadvertido ou intencional de desincentivar esquemas de emprego como uma alternativa realista à repressão. A julgar pelo mais detalhado estudo disponível (baseado em pesquisas extensivas no comércio de rua de Washington, DC), os jovens, provavelmente, ganham uns 700 dólares por mês, e não por dia, como habitualmente descrito. Ver Jack Katz, página central, *Los Angeles Times*, 21/3/1990.

[113] Ibidem, 25/11/1984 e 13/2/1989.

Cidade de quartzo

Seja ou não a substância mais viciante conhecida pela ciência, como originalmente afirmado, permanece sendo uma mercadoria absoluta na escravização de seus consumidores, "a mais devastadora de todas as drogas monstruosas a afligir qualquer geração americana de adolescentes até hoje"[114].

Para essa epidemia gestada no desespero – que, como a heroína, inevitavelmente transforma seus usuários em traficantes de pequena monta – o único tratamento existente é a cadeia. No Condado de Los Angeles, onde a mortalidade infantil está em franca ascensão, e a rede de tratamento de traumas do condado entrou em colapso, não é de surpreender que a assistência médica para os viciados em crack – que, os especialistas concordam, exige um tratamento a longo prazo numa instituição terapêutica – geralmente não esteja disponível. Assim, a região do submundo, o pesadelo do "Nickle", no Centro, possui a maior concentração de viciados em crack da cidade – tanto velhos, quanto jovens – mas nem um único posto de tratamento. A rica Pasadena está enfrentando a atividade das gangues com base no crack, localizadas no seu gueto da região Noroeste, com sua própria versão da Martelo, inclusive com revistas humilhantes com desnudamento na rua e uma política de despejo de inquilinos ligados a drogas, sem gastar um só centavo em reabilitação de viciados[115]. Os exemplos poderiam ser depressivamente multiplicados, uma vez que tal tratamento é abandonado na mesma última gaveta que os preceitos liberais esquecidos, como o emprego para os jovens ou o aconselhamento para as gangues.

Nesse ínterim, os membros das gangues se tornaram os filósofos estóicos dessa nova e fria realidade. O aparecimento do crack deu à subcultura dos Crips uma sedução terrível, quase irresistível. O que não significa reduzir o fenômeno das gangues, agora ou no passado, a um mero determinismo econômico. Desde a década de 1840, quando jovens irlandeses violentos inventaram a gangue de rua moderna nos cortiços de Bowery, Five Points e Paradise Alley (tornando os Bowery Boys e os Dead Rabbits tão temidos quanto os Crips e os Bloods foram na década de 1990), a ligação a uma gangue tem sido a família dos esquecidos, uma solidariedade total (como o fervor nacionalista ou religioso) que bloqueia outras empatias e transmuta o ódio de si mesmo em fúria tribal. Mas os Crips e os Bloods – paramentados com camisetas Gucci e tênis acolchoados Nike, enquanto observam os traficantes das pedras passarem dirigindo seus BMWs – são também criaturas autênticas da era Reagan. Sua visão de mundo, acima de tudo, é formada por uma consciência aguda do que está acontecendo no Westside, onde uma juventude dourada pratica uma indiferença insolente e uma avareza que são também formas de violência de rua. Ao longo do espectro de consumismo jovem

---

[114] Claude Brown (romancista), citado em *Los Angeles Times*, 17/5/1988.

[115] *Star-News* (Pasadena), 17/9/1989.

O martelo e a rocha

317

desenfreado e de fantasias impossíveis de potência e de imunidade pessoais, os jovens de todas as classes e cores se agarram a uma gratificação imediata – mesmo que tal gratificação abra caminho para uma autodestruição garantida.

Há poucos motivos para crer que a economia do crack ou a nova cultura das gangues irá parar de crescer, qualquer que seja a escala da repressão, ou mesmo que ficará confinada à região Centro-Sul de Los Angeles. Embora os epicentros permaneçam nas zonas dos guetos de desemprego arraigado entre os jovens – como Watts–Willowbrook, o distrito de Athens ou o labirinto em estilo Escher da "selva" de Crenshaw –, a mística das gangues se espalhou (como Bakeer documenta em *Crips*) para as áreas negras de classe média, onde os pais estão próximos ao pânico ou ao vigilantismo.

Enquanto isso, à medida que a região Centro-Sul propriamente dita sofre uma transição étnica marcante (e surpreendentemente pacífica), de área negra para área de novos imigrantes latinos (mexicanos e centro-americanos), os rapazes dos *mojados* olham invejosamente para o poder e a notoriedade do reinado dos Crips[116]. Na ausência de qualquer movimento no sentido da justiça social, a mais explosiva contradição social de Los Angeles pode se tornar a mobilidade bloqueada dessas crianças dos novos imigrantes. Como revelou um estudo da Ucla de 1989, a pobreza aumentou mais rápido entre os latinos de Los Angeles, sobretudo os jovens, do que em qualquer outro grupo urbano dos Estados Unidos[117]. Embora seus pais possam ainda medir a qualidade de vida por padrões antigos do país de origem, as rações de miséria de Tijuana ou de Ciudad Guatemala, a auto-imagem de suas crianças é formada pelos estímulos incessantes da cultura de consumo de LA. Aprisionados num beco sem saída de empregos de baixo salário, em meio ao que deve parecer, ao contrário, uma espécie de paraíso para a juventude branca, eles também estão procurando atalhos e passagens mágicas para a obtenção de poder pessoal.

Dessa forma, eles também entram na economia subterrânea com as armas plenamente carregadas. Algumas das gangues negras (sobretudo os Crips do Eastside) absorveram as aspirações dos novos imigrantes, integrando membros latinos (a polícia calcula que haja pelo menos mil nesse caso) ou licenciando *fran-*

---

[116] A população negra da região Centro-Sul caiu em 30% desde 1980, à medida em que as famílias fogem do crime e da decadência econômica para Inglewood, Inland Empire, ou até mesmo de volta para o Sul do país. A população de latinos, por outro lado, aumentou pelo menos 200% (índios maias agora moram nos projetos habitacionais de Jordan Downs), e os jovens negros subitamente se tornaram minoria nas quatro principais escolas secundárias. O antigo território da Slauson, a Fremont High, por exemplo, era 96% negra em 1980; agora é 71% latina. *Los Angeles Times*, 30/3/1990.

[117] Ver Paul Ong (diretor do projeto), *The Widening Divide: Income Inequality and Poverty in Los Angeles*, Ucla, jun. 1989.

Cidade de quartzo

chises para o tráfico de crack. Na área do MacArthur Park, por outro lado, os salvadorenhos recém-chegados da Mara Savatrucha tiveram que lutar numa guerra sangrenta contra o poder estabelecido da Gangue da rua 18 – a maior das gangues *chicanas*, e também a de mais rápida expansão, que ameaça se tornar os Crips de East LA. Mas, simultaneamente, em East LA, e através de todos os *barrios*, velhos e novos, a topografia tradicional das gangues está sendo radicalmente redesenhada pela emergência de uma miríade de microgangues, mais interessadas em territórios de venda de drogas do que em domínio regional no sentido antigo.

Sem contar as 230 gangues latinas e negras que o LAPD identificou na área de Los Angeles, há ainda 81 gangues asiáticas, e seu número de membros está crescendo rapidamente também. Em Long Beach, gangues de filhos de refugiados cambojanos violentos, chegados em seus barcos já sem os pais, aterrorizam os mais velhos e roubam-lhes o ouro guardado. Enquanto a Satanas, de filipinos, se inclina para os estilos de gangue dos *chicanos*, o modelo de atuação dos Viet Crips (supostamente especialistas em roubo) é óbvio. Em Pasadena, alguns alunos chineses evadidos da escola secundária – por não estarem dispostos a passar suas vidas como cozinheiros ou ajudantes de garçom – emboscaram e mataram os ocupantes de um carro cheio de agentes do DEA antes de serem, eles mesmos, eliminados por um destacamento vingativo de quase cem policiais[118].

Essas contradições específicas estão em rápida ascensão, ao longo de uma curva assintótica com o *ethos* cruel dos tempos. Numa sociedade pós-liberal, com as passagens bloqueadas e o socorro estritamente racionado pelo déficit federal e pela Emenda Jarvis, onde um demagogo linchador como William Bennett reina como o "czar da repressão às drogas" – há algo para se espantar no fato de que jovens pobres estão alucinados nas suas próprias "viagens de poder"? Em Los Angeles, há sinais em excesso da confusão que se aproxima: em toda parte no gueto, mesmo nos bairros pobres esquecidos de brancos sem recursos, com suas populações catatônicas de viciados em anfetaminas, as gangues estão se multiplicando num ritmo assustador, os policiais estão se tornando mais arrogantes e prontos para matar, e toda uma geração está sendo conduzida no sentido de um impossível Armagedon.

---

[118] *Los Angeles Times*, 1/9/1988. A guerra interétnica de gangues, surpreendentemente, permanece rara no gueto de Los Angeles saturado de gangues. Uma das falácias insidiosas do filme *As cores da violência* é o retrato que traça de uma gangue negra atacando *chicanos*. Exceto por uma explosão no bairro de Venice, em Oakland, no final da década de 1970 (a qual os membros das gangues atribuem à instigação do LAPD), tal coisa jamais aconteceu. Por outro lado, os antagonismos entre jovens negros e adultos asiáticos aumentaram. Vêm ocorrendo conflitos sangrentos entre lojistas coreanos e jovens negros e, em maio de 1988, houve uma batalha campal entre cambojanos e Bloods locais no projeto habitacional de Pueblo del Rio. Os Bloods atiravam coquetéis Molotov, enquanto os homens cambojanos replicavam com rajadas de M1 e AK47. Ibidem, 13/5/1988.

6

Novas confissões

Alguns adolescentes observavam o papa fazer uma baldeação rápida de sua limusine para um veículo mais famoso em um posto de gasolina. Quando o papamóvel branco partiu em velocidade com suas calotas douradas refulgindo, eles se admiraram: "Uau, igualzinho ao Batman!". Ao longo de todo o itinerário, camelôs vendiam camisetas se vangloriando: "Dei uma sacada no Papa". Inicialmente, isso não era problema, uma vez que apenas aglomerações pequenas apareciam em bairros saxões ou em Koreatown (onde provocadores fundamentalistas se alinhavam para denunciar o Anticristo polonês). Mas, no momento em que o cortejo entrou no distrito de Westlake, o maior bairro centro-americano dos Estados Unidos, o cenário ficou drasticamente diferente.

De repente, as calçadas ficaram repletas de fiéis que esperavam há horas pela sua chegada. Refugiados dos campos de morticínio de El Salvador ou da Guatemala, os chamados "povos caminhantes" da era Reagan – muitos haviam presenciado, como ativistas comuns ou membros das *comunidades de base*, a perseguição à Igreja da Libertação na América Central. Agora, desde MacArthur Park até La Placita, nos bairros de imóveis alugados na periferia do distrito das confecções de Los Angeles, estavam reunidos em multidões entusiásticas tão densas e fervorosas quanto as que o papa havia encontrado na sua procissão triunfal pelos bairros de poloneses norte-americanos de Chicago. Enquanto a maioria dos saxões católicos ficou em suas casas nos subúrbios, assistindo ao espetáculo pela televisão, os imigrantes mexicanos e centro-americanos aglomeravam-se em torno dele, ao som dos sinos que repicavam na pequena igreja de Nuestra Señora La Reina de Los Angeles de Porciúncula.

Cidade de quartzo

Uma restauração católica?

O povoado da Rainha dos Anjos está se tornando uma cidade católica de novo. Há mais de um século, no grande *boom* no final da década de 1880, a Los Angeles católica submergiu diante da onda de imigração protestante do Meio-Oeste. Na virada do século XX, os impulsionadores já se gabavam de que era "a cidade protestante ideal", "um baluarte contra o papismo imigrante". Quase 90% de seus detentores de cargos públicos eram protestantes voluntários; a vida religiosa da cidade era dominada por fundamentalistas de respiração ardente, como "Fighting Bob" Schuler (um partidário da Ku Klux Klan) e Aimée Semple McPherson. O chamado "Quinto Grande Renascimento", que criou o pentecostalismo moderno, começou numa igreja do Centro de Los Angeles, e cada década subseqüente viu o surgimento de novas inflexões de protestantismo da Califórnia meridional, desde o Angelus Temple até a Crystal Cathedral. Todos os censos, de 1920 a 1960, registraram que Los Angeles possuía a mais alta proporção de protestantes brancos nativos dentre todas as cidades americanas de grande porte[1].

Agora o pêndulo está retornando à outra extremidade. No início dos anos 1980, a Arquidiocese de Los Angeles ultrapassou a de Chicago para tornar-se a maior congregação católica dos EUA. Com uma estimativa de 3,4 milhões de paroquianos (crescendo a uma razão de mil por semana), a arquidiocese representa pelo menos 65% dos "membros praticantes de todas as religiões" nos condados de Los Angeles, Ventura e Santa Barbara (segundo dados de 1980). Isso quer dizer que há mais de vinte católicos para cada adepto do segundo maior grupo religioso (no Condado de Los Angeles, a Igreja dos Santos do Último Dia). De fato, a arquidiocese é maior do que o número de membros, em termos *nacionais*, tanto dos episcopais quanto dos presbiterianos, ou, na verdade, do que todas as denominações protestantes dos Estados Unidos, excetuando-se quatro[2].

Além disso, a arquidiocese de aproximadamente 22 quilômetros quadrados e três condados, com suas 300 paróquias, 3,4 mil clérigos e 12 mil empregados

---

[1] Ver Mathew Ellemberger, "The 'Middle Westerner' in the Day of Locust: an Examination of Their History in Los Angeles and Their Role in Nathanael West's Novel", *Southerm California Journal*, 1983, p. 236; e Gregory Singleton, *Religion in the City of Los Angeles: American Protestant Culture and Urbanization: Los Angeles, 1850–1930* (Tese de Doutorado, Los Angeles, Departamento de História–Ucla, 1976), p. 5, 143, 161, 180, 213, 253 e 307. Ver também Sandra Frankiel, *California's Spiritual Frontiers: Religious Alternatives in Anglo-Protestantism, 1850–1910* (Berkeley, Universidade da Califórnia, 1987).

[2] *The Official Catholic Directory 1990* (Wilmette, 1989), v. II; *California Almanac*, edição de 1988-9, Novato, 1987; e Bernard Quinn et al., *Churches and Church Membership in the United States 1980* (Atlanta, Glenmary Research Center, 1982). O censo dos Estados Unidos não coleta dados sobre filiação religiosa, de modo que as estimativas de adesão religiosa, assim como as definições de filiação dos membros, variam amplamente.

Novas confissões

leigos, tem uma presença institucional maciça e de amplo alcance, comparável a uma das maiores empresas ou governos municipais da Califórnia. Administra o segundo maior sistema escolar do estado (depois do Unificado de LA), com 275 escolas primárias e 71 secundárias, abrangendo 314 mil alunos matriculados. Também opera dez cemitérios e cinco universidades, assim como dezesseis hospitais de grande porte, que atendem mais de um milhão de pacientes por ano. A arquidiocese é, sobretudo, um dos maiores proprietários de terras do estado. Além de igrejas, reitorias e estacionamentos, controla, por meio de uma das sete empresas concessionárias (Roman Catholic Archbishop Inc.), mais de novecentas unidades de imóveis locais, no valor de alguns bilhões de dólares[3].

Mais significativo do que o tamanho em si, porém, é a posição estratégica multifacetada da arquidiocese. A Igreja suburbana da Califórnia meridional é, há muito, uma das fronteiras mais difíceis do Vaticano na luta entre o dogma moral tradicional e o individualismo moderno. A arquidiocese de Los Angeles é também um aspecto de destaque nas controvérsias geopolíticas sobre a "latinoamericanização" do catolicismo norte-americano e mundial. O renascimento do catolicismo na Califórnia meridional é um subproduto da irresistível demografia da imigração e do tamanho das famílias latinas (o que os habitantes de Québec chamam de "vingança do berço"). Ao longo da última geração, a arquidiocese se tornou quase dois terços mexicana e centro-americana, em termos de origem étnica, com mais de um milhão de católicos latinos que chegaram apenas durante a década de 1980. Ainda assim, a arquidiocese também abrange centenas de milhares de saxões afluentes. Essa mistura dramática do Primeiro Mundo com o Terceiro a torna um laboratório para as cuidadosas experiências da Igreja quanto à acomodação de etnias e ao compartilhamento de poder. Ao mesmo tempo, é também o principal campo de batalha, ao norte do rio Bravo, numa competição em que há muito em jogo entre o catolicismo e o evangelismo agressivo de língua espanhola.

Além disso, a arquidiocese é uma força de peso na conformação da Los Angeles "pós-saxônica" poliétnica do ano 2000. Três aspectos do seu papel são particularmente importantes. Primeiro, há a liderança agressiva do arcebispo Mahony. Com apenas 53 anos de idade, ele provavelmente permanecerá na Catedral de Santa Vibiana até a sua aposentadoria, em 2011. Embora seja visto ocasionalmente em manifestações contra a repressão na América Central, sua atuação pública é identificada sobretudo com a reação moral contra a igualdade dos sexos e das minorias sexuais. Ao abençoar a Operação Salvamento, enquanto denunciava o "sexo seguro", o ambicioso arcebispo tornou-se uma estrela ascendente do

---

[3]   *Los Angeles Times*, 17/2/1985, 7/7/1985 e 6/8/1983; Nolan Davis, "The Archbishop in Motion", *Los Angeles Times*, West Magazine, 12/3/1972.

Cidade de quartzo

movimento nacional de Direito à Vida, assim como um dos favoritos da linha dura do Vaticano. E, para o desalento da maioria dos progressistas que o apoiavam inicialmente, o antigo defensor dos sindicatos de trabalhadores rurais e primeiro presidente do Conselho de Relações Trabalhistas na Agricultura da Califórnia, tornou-se também um adversário cada vez mais estridente do trabalhismo organizado, transformando uma pequena disputa sobre a sindicalização dos coveiros católicos numa confrontação plena com o movimento trabalhista do estado como um todo. Tanto seus críticos quanto seus admiradores dentro da Igreja agora o comparam ao falecido cardeal McIntyre, cujo regime autocrático sufocou a arquidiocese durante o período da guerra fria e levou ao êxodo de muitos católicos liberais.

Em segundo lugar, uma estrutura de poder católica – combinando a autoridade espiritual de Mahony com a influência econômica de leigos de destaque – desempenha um papel importante, ainda que discreto, na política municipal e na tomada de decisões relativas ao uso da terra. A *éminence grise* de Richard Riordan – banqueiro de investimentos, incorporador imobiliário, membro do comissariado do município, advogado da arquidiocese e íntimo de Mahony – levanta uma variedade de questões particularmente intrigantes sobre o tráfico de influência entre a hierarquia e o "governo invisível" de banqueiros e empreendedores imobiliários da cidade.

Em terceiro, como o organizador predominante da vida das comunidades nos *barrios* da cidade, a Igreja inevitavelmente assume uma função central na busca de poder por parte dos latinos. Trata-se de um árbitro fundamental dos realinhamentos sociais e políticos entre o *status quo* antigo e o novo. Contudo, a Igreja em si é uma área de litígio entre diferentes estratégias de participação no poder. Por um lado, o "Plano de Ajuda aos Latinos" de Mahony, apresentado em 1987, juntamente com campanhas em torno de questões únicas organizadas por grupos comunitários aprovados em âmbito episcopal, oferecem enfoques gradualistas e legalistas para o avanço dos latinos na Igreja e na sociedade. Por outro lado, o padre Luis Olivares, e seus companheiros jesuítas e freiras claristas do Centro, representam a "opção preferencial pelos pobres" da Teologia da Libertação, enfatizando a ação direta a favor dos oprimidos, mesmo quando isso desafia as leis seculares.

Embora o debate entre Mahony e Olivares esteja enraizado em circunstâncias locais, muitos católicos acreditam que ele reflete as questões globais em jogo – o que o falecido Penny Lernoux chamava de "luta pela alma da Igreja contemporânea [...] entre os liberacionistas e os restauracionistas"[4]. Como não é de surpreender, um retrato de Zapata e uma citação de Sandino pendem sobre a

---

[4] Penny Lernoux, *People of God: the Struggle for World Catholicism* (Nova York, 1989).

modesta escrivaninha de Olivares, enquanto o papa João Paulo II sorri sobre a elegante mesa de trabalho do arcebispo. É a interação entre essas dimensões locais e internacionais – a projeção simultânea da organização de bairro e da geopolítica da Igreja – que torna a arquidiocese talvez a instituição mais fascinante da Califórnia meridional.

Uma missão nos confins da terra

Como a ramificação local da "organização complexa ainda existente mais antiga do mundo", a arquidiocese contemporânea precisa ser primeiro situada no seu próprio e único contexto histórico[5]. O legado católico de Los Angeles é preservado nos arquivos da missão San Fernando del Rey, logo na saída da pequena cidade de mesmo nome, a poucos quarteirões do local onde foi criado Richie Valens. O arquivo é uma construção de opulência inesperada, contendo não apenas pias batismais antiquíssimas e relatos contábeis da paróquia, mas também parte da grande biblioteca Doheny e tesouros eclesiásticos inestimáveis, inclusive relíquias da Igreja mexicana retirados do país durante a Revolta de Cristero dos anos 1920 pelos bispos em fuga. Impregnados de uma atmosfera surpreendentemente barroca, os arquivos justificaram, por muitas décadas, os esforços de monsenhor Francis Weber, detentor das chaves da história arquidiocesiana.

Infelizmente, os trabalhos do próprio monsenhor (que ocupam toda uma prateleira) consistem principalmente de historietas volumosas e muitas vezes repetitivas. Um protegido e defensor do falecido cardeal McIntyre, e abertamente cético em relação à "orientação latina" do presente arcebispo, o monsenhor devotou grande parte de sua vida a esboçar vinhetas idealizadas dos primórdios da Igreja na Califórnia. Embora o sistema de trabalho forçado das missões franciscanas originais fosse equivalente à escravidão (como os líderes dos índios californianos recordaram recentemente à Igreja), o monsenhor Weber – um partidário de destaque da canonização do padre Serra – defende uma visão de padres delicados e seus felizes neófitos. É uma imagem retirada não tanto de seus arquivos, mas das páginas do famoso romance de 1880 de Helen Hunt Jackson, *Ramona*, um livro que gerações de turistas e angelenses brancos confundiram com a história real.

Não é um acidente que a Igreja ainda se apóie no "mito das missões" como uma forma de defesa de si mesma e de seu passado. A despeito de sua precedência na colonização da Califórnia meridional (na verdade o pequeno *pueblo* secular de Los Angeles foi fundado por burocratas dos Bourbon para fazer frente

---

[5]   Thomas Reese, *Archbishop: Inside the Power Structure of the American Catholic Church* (San Francisco, Harper and Row, 1989), p. vi.

Cidade de quartzo

ao perigo crescente de uma teocracia franciscana), a Igreja nunca se tornou totalmente integrada ao lugar. Até hoje, ela ainda retém essa sensação de ser um posto missionário ("nos confins do mundo ocidental") com uma hierarquia estruturada de fora de suas comunidades majoritárias. Nos séculos XVIII e XIX, a Igreja da Califórnia (dividida entre Norte e Sul em 1853) foi dominada por uma dinastia catalã: Serra (Mallorca), Alemany, Amat e Mora. No século XX, desde a indicação do bispo Thomas Conaty, em 1903, até o regime atual do arcebispo Mahony, a arquidiocese moderna tem sido liderada por irlandeses ou seus descendentes norte-americanos. Ninguém de origem mexicana ou latino-americana jamais chegou a subir mais do que os atuais bispos auxiliares, Juan Arzube (indicado em 1971) e Armando X. Ochoa (em 1986).

Dada a sua histórica falta de poder na arquidiocese, os paroquianos latinos já há muito estão acostumados a doses variáveis de descaso, paternalismo e acomodação. O arcebispo John Cantwell (1917–1947), um homem de Limerick, como muitos de seus padres, é oficialmente celebrado como o pioneiro da missão moderna para os de língua espanhola. Durante os anos 1920 e começo dos 1930, ele ofereceu refúgio para o episcopado mexicano exilado (num dado momento, 36 bispos e arcebispos) e estabeleceu cinqüenta novas paróquias para mexicanos imigrantes. Inaugurou a procissão anual de Corpus Christi no Eastside, da Nossa Senhora de Guadalupe até La Soledad, que por muitos anos rivalizou com a Cinco de Mayo em termos de importância para a comunidade; foi o primeiro clérigo norte-americano a fazer uma peregrinação ao santuário da Virgem de Guadalupe. Contudo, sua atitude para com meio milhão de paroquianos mexicanos era caracterizada por uma condescendência persistente ("o povo simples de Deus") e uma hostilidade enraízada em relação às correntes progressistas e nacionalistas[6].

Nos anos 1920, a arquidiocese tornou-se uma base de apoio importante para a revolta de Cristero: um movimento de guerrilha de camponeses católicos instigado pela Igreja nos planaltos centrais do México. Numa guerra civil sem piedade de nenhum dos lados, os cristeros assassinaram professores escolares seculares e explodiram trens de passageiros, enquanto as tropas do "Anticristo" (o Presidente Plutarco Calles) executavam padres e seus paroquianos camponeses. A derrota dos cristeros em 1928 só fez endurecer ainda mais a antipatia de Cantwell para com o Estado mexicano nacionalista revolucionário. Depois de

---

[6]   O fracasso da arquidiocese em alimentar as esperanças mexicanas por mobilidade educacional e ocupacional alienou a *intelligentsia* emergente méxico-americana dos anos 1930. Em contraste, as igrejas protestantes, e acima de todas, a metodista, ganharam prestígio com sua política de treinar os jovens mexicanos para ocupações não-agrícolas e fornecer um mínimo de bolsas de estudo para a universidade. Ver Gregory Singleton, *Religion in the City of Los Angeles*, cit., p. 173-4; e Carlos Muñoz, *The Chicano Generation* (Londres/Nova York, Verso, 1989), capítulo 1.

Novas confissões

uma nova onda de expulsões de clérigos de Sonora em 1934, ele organizou a maior manifestação da história de Los Angeles: uma procissão gigantesca de 40 mil pessoas, muitas das quais refugiados de Cristero, gritando "*Viva Cristo Rey*" e marchando com faixas que denunciavam os "regimes ateístas em Moscou e na Cidade do México"[7].

Alguns críticos contemporâneos farejaram, além de incenso, petróleo no *lobby* de Cantwell para que os EUA interviessem na defesa dos católicos mexicanos (Washington chegou a deslocar forças militares para a fronteira). O mais generoso doador da arquidiocese – o construtor do Seminário de St. John – era o milionário do petróleo Edward Doheny, um conde papal e o católico mais rico de Los Angeles. É provavelmente mais lembrado na história norte-americana pelo suborno de 100 mil dólares que colocou o ex-secretário do interior Fall na cadeia, durante o escândalo de Teapot Dome, em 1921. Mas Doheny era também o explorador inicial dos campos de petróleo de Tampico, e, juntamente com seu sócio, Harry Sinclair, o maior investidor estrangeiro individual no México. Tinha um evidente interesse pessoal numa vitória de Cristero ou num desembarque dos *marines*.

A política de Cantwell era, ao menos, consistente. Os comícios locais da Ação Católica, durante os anos 1930, também aplaudiram Franco e Mussolini, enquanto a Legião da Decência denunciava a imoralidade em celulóide de Hollywood[8]. O jornal da arquidiocese, *Tydings*, despejou insultos contra o New Deal e perseguiu como comunistas os políticos progressistas locais. Em conseqüência, a Los Angeles católica – já na posição de perdedora na sua *Kulturkampf* contra o protestantismo hegemônico local – isolou-se também dos defensores do New Deal, dos intelectuais, da comunidade judaica e dos sindicalistas do Congresso das Organizações Industriais.

As verdadeiras confissões do cardeal McIntyre

As esperanças de que o reinado retrógrado de trinta anos de Cantwell fosse seguido por uma sucessão liberal foram destruídas em 1948, quando o papa Pio XII

---

[7] *Tydings*, 14/12/1934.

[8] Os boicotes da Legião da Decência nos anos 1930 forçaram os manda-chuvas dos estúdios a encontrar formas de acomodação pública e privada com a hierarquia, a qual, no período do pós-guerra, estendeu a censura à área política, além da sexual (por exemplo, a proibição de *Monsieur Verdeux* de Chaplin como "antiamericano"). Fazendo da necessidade uma virtude, Louis B. Mayer, da MGM, não somente negociou as questões da censura com o cardeal Spellman, mas se tornou seu amigo e ardente admirador ("um grande retrato de Spellman em sua vestimenta vermelha era a primeira visão que saudava os visitantes da biblioteca de Mayer"). Ver Neal Gabler, *An Empire of Their Own: How the Jews Invented Hollywood* (Nova York, Crown, 1988), p. 285-6.

Cidade de quartzo

indicou Francis McIntyre para Los Angeles. Assessor do "papa norte-americano", o todo-poderoso cardeal Spellman, de Nova York, McIntyre foi descrito pelo biógrafo de Spellman como um "homem vingativo e de espírito mesquinho", que empregava "táticas da Gestapo" contra os padres pró-sindicalistas da arquidiocese de Nova York. "O trem que levou McIntyre à Costa Oeste foi cinicamente chamado de 'o Trem da Liberdade' pelos padres de Nova York, que ficaram contentes ao se livrarem dele."[9]

Consagrado como o primeiro cardeal da América ocidental em 1953, McIntyre usou seu poder em ascensão para perseguir supostos liberais da hierarquia. Desse modo, quando o bispo James Shannon, de Minneapolis, atreveu-se a criticar o macartismo, McIntyre o atacou como um "herético incipiente" e o perseguiu até forçá-lo à renúncia[10]. Ele também "spellmanizou" Los Angeles completamente, silenciando as vozes moderadas e mobilizando a arquidiocese contra todas as causas liberais da Califórnia meridional. Seu jornal, *Tydings*, tornou-se particularmente notório como um púlpito do macartismo pelas diatribes anticomunistas retiradas da imprensa de Hearst e das margens extremistas da John Birch Society[11].

Como um santo da Guerra Fria, porém, McIntyre estava apenas seguindo os passos já bem assinalados de Spellman e de outros. Sua capacidade individual era antes como um empresário eclesiástico que quebrou todos os recordes de construção de escolas e igrejas. Antes de se tornar padre, havia trabalhado em Wall Street, e seu tino para os negócios, inclusive sua falta de escrúpulos nas relações trabalhistas, haviam sido decisivos para a ascensão meteórica na chancelaria de Nova York. Em Los Angeles, no auge do *boom* suburbano do pós-guerra, quando a população católica que chegava (principalmente saxônica) era de mil por semana, McIntyre transformou sua sé numa enorme firma de empreendimentos imobiliários – estabelecendo sete companhias arquidiocesianas de grande porte e uma rede subsidiária de fornecedores e subempreiteiras "aprovadas". Também lutou com êxito contra os líderes da educação pública para conquistar a isenção de impostos para o sistema escolar paroquial em expansão. Foi esse McIntyre – o autocrata espiritualmente oco (foi apelidado de "Sua Vacuidade" pelos seus próprios padres), mas financeira e politicamente hábil e bem relacionado – que John Dunne transformou na *éminence grise* de seu romance sobre os católicos do pós-guerra de Los Angeles, *True Confessions*[12].

---

[9] John Cooney, *The American Pope: the Life and Times of Francis Cardinal Spellman* (Nova York, Times Books, 1984), p. 78-9, 88-9 e 321.

[10] Ver Nolan Davis, "The Archbishop in Motion", cit.

[11] Idem; e "Obituário", *Los Angeles Times*, 17/7/1979.

[12] John Gregory Dunne, *True Confessions* (Nova York, 1980). "McIntire era um enigma. Passava longos períodos de joelhos, obviamente rezando fervorosamente, mas, quando se levantava, a

Novas confissões

O autoritarismo irredutível de McIntyre ficou praticamente inconteste durante o conformismo dos anos 1950. Porém, com a convocação do Segundo Concílio do Vaticano em 1962, e o programa de modernização de João XXIII (*aggiornamento* ou "atualização"), McIntyre – um adversário pertinaz do processo de reforma – se viu no comando de uma minoria gradualmente decrescente de bispos conservadores norte-americanos. Os clérigos mais jovens, sob o impacto duplo do Vaticano II e dos protestos sociais dos anos 1960, começaram a questionar a autocracia de McIntyre e a contestar suas posições políticas reacionárias[13].

Uma fonte destacada de conflito era a defesa que McIntyre fazia do chefe de polícia de LA, William Parker, uma figura detestada e temida na Los Angeles negra, mas a menina dos olhos do cardeal. Parker era o católico mais poderoso do governo local e encarnava as virtudes autoritárias admiradas por McIntyre. Quando o racismo policial foi implicado na Rebelião de Watts de 1965, o cardeal cerrou fileiras com Parker, denunciando os manifestantes como "inumanos, quase feras". O colunista político do *Tydings*, George Kramer, acrescentou que os relatos de abuso policial eram apenas um "velho engodo comunista". Isso enfureceu um jovem padre numa paróquia predominantemente negra, William Dubay, que atacou violentamente McIntyre por seu eterno "silêncio em relação à injustiça racial" e pediu ao papa que o retirasse do posto. Embora Dubay tenha sido imediatamente suspenso, seus pontos de vista encontraram eco num grupo *ad hoc* chamado Católicos Unidos pela Igualdade Racial (Cure)[14].

Essas foram apenas as escaramuças iniciais. Em 1968, McIntyre dividiu a arquidiocese numa tentativa de esmagar o liberalismo clerical com mão de ferro. A ordem de ensino altamente considerada do Imaculado Coração de Maria havia evoluído, em meados dos anos 1960, no sentido de um maior engajamento nas questões sociais, inclusive os movimentos pacifista e pelos direitos civis. Embora McIntyre tivesse inicialmente concentrado suas condenações públicas contra as experiências da ordem com roupas seculares e novos métodos de ensino, nunca houve nenhuma dúvida de que a verdadeira questão era o ativismo social. Incentivado pela direita política, o cardeal expulsou a ordem das escolas da arquidiocese. Mais de 25 mil paroquianos revoltados, por sua vez, assinaram uma petição ao papa, requisitando que interviesse para proteger a ordem. No

---

graça que tinha tentado evocar escoava por entre seus dedos", em John Cooney, *The American Pope*, cit., p. 78.

[13]   McIntire se opôs à popularização da liturgia, particularmente à missa vernacular. Como definiu, a "participação ativa [da congregação] é freqüentemente uma distração", James Hennesey, Sociedade de Jesus, *American Catholics* (Nova York, Universidade Oxford, 1981), p. 312.

[14]   Ver Nolan Davis, "The Archbishop in Motion", cit.; e Robert Conot, *Rivers of Blood, Years of Darkness* (Nova York, 1967), p. 106-7.

Cidade de quartzo

final, trezentas freiras da Imaculado Coração – a maioria da ordem – escolheram tornar-se uma comunidade laica para não aceder às ordens de McIntyre.

O expurgo da Imaculado Coração, como também a oposição persistente da arquidiocese às reformas estruturais e litúrgicas do Vaticano II, destruíram qualquer denominador comum para um acordo entre McIntyre e os católicos progressistas. À medida que foi se tornando mais isolado, o cardeal – como um ditador sitiado de uma república de bananas – apelou para uma vigilância e uma repressão cada vez mais paranóicas. Nolan Davis descreveu as trágicas conseqüências: "Dezenas de padres e freiras começaram a abandonar de vez a vida religiosa, e uma igreja clandestina começou a prosperar. As contribuições para a igreja estabelecida caíram em 40%." McIntyre, que mantinha uma rede de espionagem altamente eficiente e elaborada, resistiu, enviando padres, monsenhores e outros a ele fiéis, disfarçados, às casas dos católicos clandestinos, armados com gravadores ocultos. Sempre que um padre era apanhado celebrando uma das missas liberalizadas, era denunciado ao cardeal. Dezenas de padres e freiras dissidentes foram retirados de suas paróquias, alguns exilados para a Sibéria favorita de McIntyre – o Condado de Orange. Um jesuíta italiano visitante escreveu para Roma dizendo que "os padres em Los Angeles [...] trabalhavam numa atmosfera de completo terror"[15].

Uma ala de dissidentes acabou se unindo ao movimento do poder *chicano* que se disseminava por toda a Califórnia. Quando chegou a sua vez de protestar contra o descaso e o paternalismo da chancelaria[16], como também contra o seu apoio continuado à guerra no Vietnã, os católicos militantes do Eastside, comandados pelo escritor-advogado Oscar Acosta (o celebrado "Búfalo Moreno"), decidiu fazer frente a McIntyre com desobediência civil não-violenta. Na noite de Natal de 1969, cem membros da Católicos por la Raza marcharam de Lafayette Park para a missa do galo na igreja de St. Basil, "a igreja-residência de 4 milhões de dólares, 'mostruário' de McIntyre, numa parte luxuosa do bulevar Wilshire"[17]. Exigiam uma paridade de voz para os *chicanos* na arquidiocese, como também uma exposição pública integral das transações financeiras duvidosas da chance-

---

[15] Ver Nolan Davis, "The Archbishop in Motion", cit.

[16] O maior especialista jesuíta em latinos da Califórnia, padre Allen Figueroa Deck, criticou a arquidiocese por abandonar, no período do pós-guerra sob McIntyre, a "paróquia nacional"– as congregações de línguas estrangeiras e etnicamente específicas, anteriormente comuns entre os imigrantes europeus – em favor da americanização. "Pouco ou nada foi escrito sobre o abandono da paróquia nacional, justamente quando a presença hispânica estava se tornando forte...". Ver Allen Figueroa Deck, Sociedade de Jesus, *The Second Wave: Hispanic Ministry and the Evangelization of Cultures* (Nova York, Paulist, 1989), p. 58-9.

[17] *Los Angeles Times*, 26/12/1969.

laria. Quando os manifestantes começaram uma vigília em oração nos degraus, foram atacados por xerifes de folga, agindo como capangas de McIntyre. No tumulto generalizado que se seguiu, um alerta policial tático foi declarado, e a tropa de choque convocada. Enquanto "a cena, no vestíbulo da igreja, era [...] de pugilato, empurrões, gritos e pontapés", o arcebispo conduzia o resto da congregação bem aquinhoada "na entoação de *O Come, All Ye Faithful*, a fim de abafar o ruído do protesto". A despeito das prisões em massa e dos espancamentos da polícia, os manifestantes reapareceram em grande número no dia de Natal para fazer um piquete revoltado. De sua parte, McIntyre comparou os participantes do protesto à "ralé na crucificação de Cristo", e, num último gesto de paternalismo arrogante, organizou uma missa especial de *chicanos* leais na velha igreja do Plaza, a fim de rezar pelo perdão dos manifestantes[18].

Mas os fatos em St. Basil provaram-se uma vitória de Pirro para o cardeal. A arquidiocese estava confusa e desmoralizada com a sucessão de discussões públicas e expurgos de oposicionistas. O próprio McIntyre já estava passado dos oitenta, e não podia mais manter seu feroz regime tradicional. Acima de tudo, o Vaticano estava cansado de sua intransigência e alarmado com a publicidade dada às lutas internas. Nem bem havia se passado um mês da batalha de St. Basil, McIntyre cedeu à pressão do papa Paulo VI e anunciou sua aposentadoria. Seu sucessor foi o bispo Timothy Manning, de Fresno.

O homem calado

Um protegido do arcebispo Cantwell, Manning era magro, mas rijo, de fala macia, vindo de Ballingeary, condado de Cork. Havia ascendido rapidamente, tornando-se, aos 36 anos, o bispo mais jovem dos Estados Unidos em 1946. Durante o quarto de século que se seguiu, todavia, ele se arrastou à sombra de McIntyre, primeiro como auxiliar, depois como chanceler, até que recebeu sua própria diocese do vale de San Joaquin, em 1967. Sua personalidade – geralmente descrita como "moderada" ou "pouco confrontacional" – contrastava drasticamente com a intolerância e a imperiosidade de McIntyre. Além disso, diferentemente de seu predecessor, Manning tinha uma simpatia genuína pelos dissidentes, derivada de suas experiências de infância com a brutalidade dos Black and Tan* durante a guerra de independência da Irlanda. Um dos primeiros atos seus como arcebispo foi apoiar o direito dos jovens católicos de se tornarem objetores de consciência contra a guerra no Vietnã – algo que havia sido anátema para McIntyre.

---

18 Ver Nolan Davis, "The Archbishop in Motion", cit.

* Recrutas alistados em 1920–1921 na Inglaterra para prestar serviço no Royal Irish Constabulavy contra o movimento armado pela independência da Irlanda. (N. T.)

Manning chegou ao poder com um programa de reformas que visava a desfazer os danos causados pelos últimos anos de McIntyre e conquistar de novo a confiança das paróquias e dos clérigos do gueto. Num repúdio direto ao estilo de vida de celebridade de McIntyre, mudou sua residência, saindo da área do bulevar Wilshire e voltando para a catedral de St. Vibiana, na área do submundo. Incentivou a arquidiocese a acompanhar as reformas do Vaticano II, estabelecendo um senado consultor de padres, e fez um gesto no sentido do ecumenismo (que McIntyre desprezava), tornando-se membro ativo do Conselho Inter-Religioso da Califórnia meridional, liderado pelo rabino Alfred Wolf.

Ainda mais importante, ele começou a compensar o descaso benigno em relação às paróquias das região Centro-Sul e do Eastside. Instituiu um imposto leve sobre as paróquias suburbanas para pagar melhorias e reparos há muito necessárias nas escolas e igrejas do gueto. Modificando a insistência anterior de McIntyre na "norte-americanização" compulsória, introduziu aulas bilíngües nas escolas paroquiais do Eastside, popularizou a liturgia com missas em espanhol e integrou racialmente a cobertura do *Tydings*, com nova atenção para as questões dos negros e latinos. No dia 9 de fevereiro de 1971, nomeou Juan Arzurde, nascido no Equador, como o primeiro bispo (auxiliar) de origem latina de Los Angeles.

Ainda assim, os *Anciens Régimes* não são tão fácil ou pacificamente transformados. Apesar das afirmações do *Los Angeles Times* de que Manning já havia "revitalizado a Igreja na Califórnia meridional, tornando-se renomado como um dos mais socialmente progressistas dentre os dirigentes católicos da América", a realidade era um tanto diferente[19]. Em contraste com o controle obsessivo de McIntyre, que assinava todos os cheques, Manning (elevado a cardeal em 1973) não tinha aptidão para a administração ou para as finanças. A autoridade burocrática da arquidiocese, em conseqüência, retornou ao seu vigário-geral conservador, monsenhor Benjamin Hawkes, que exercia um "poder abrangente" como uma espécie de "cardeal paralelo"[20]. Ainda mais importante, a despeito de seu imposto sobre os subúrbios e da indicação de um auxiliar latino, Manning não foi capaz de interromper a hemorragia dos católicos do gueto – tanto negros quanto latinos – que havia se iniciado durante os anos 1960.

A questão real continuava a ser participação no poder *versus* paternalismo. Os católicos do Eastside queriam algo mais substancial do que missas com *mariachi*. Mas a própria visão romantizada que Manning tinha das relações méxico-irlandesas tornava difícil para ele avaliar a urgência das exigências dos latinos dentro da Igreja. Num famoso discurso quando da indicação de McIntyre em 1948, ele

---

[19] Idem.

[20] Thomas Reese, *Archbishop*, cit., p. 109.

Novas confissões

havia invocado, ao invés disso, uma síntese religiosa "celto-californiana" – uma "mistura de verde e marrom, chuva e sol, uma combinação perfeita de duas tradições da fé"[21]. Agarrou-se a esta versão pessoal do "mito das missões" pelos quarenta anos seguintes; uma vez que a fusão das culturas era "perfeita", ele não via nenhuma incongruência na continuidade da liderança celta na arquidiocese, que no último ano de seu mandado era quase 70% latina. A despeito de sua indicação tática de Arzurbe, investiu veementemente contra a "teoria de que é necessário ter líderes étnicos" e, causando polêmica, indicou um branco como vigário episcopal para a comunidade negra de Los Angeles. Mesmo diante de evidências poderosas do sucesso do evangelismo protestante no Eastside, tranqüilizou confiantemente um entrevistador, dizendo que "todos os latinos são de fato católicos". Contudo, em ocasiões de menor fechamento, o cardeal admitia que ainda pensava em Los Angeles "como uma missão estrangeira [...] nos confins do mundo ocidental"[22].

Ao mesmo tempo indeciso e paternalista, Manning supervisionou um interregno (ou "hiato de pouco peso", nas palavras empregadas em seu obituário no *Los Angels Times*[23]), não uma verdadeira transição. Talvez seu maior erro tenha sido não ter levado adiante a criação de estruturas consultivas para suas paróquias latinas em rápido crescimento. Uma das reformas fundamentais do Vaticano II mais combatidas por McIntyre havia sido o estabelecimento de conselhos de paróquia para implementar o novo objetivo de "responsabilidade compartilhada". Depois de cinco anos de "reformas" de Manning, Los Angeles ainda se arrastava no último lugar dentre as grandes arquidioceses, com conselhos em apenas 12% das paróquias locais, em contraste com 72% em âmbito nacional. E, dentre a minoria de paróquias com conselhos, havia críticas generalizadas quanto a seu caráter sicofanta e de baixa representatividade[24].

O ritmo lento do avanço latino semeou a revolta dentro da arquidiocese e por todo o Sudoeste. Em 1970, os padres latinos formaram a Padres (traduzido do espanhol como Padres Unidos para Causas Religiosas, Educacionais e Sociais) para fazer *lobby* por uma maior atenção para as questões latinas. Quando o bispo Leo Maher, de San Diego, anunciou em 1978 a formação de uma nova diocese predominantemente *chicana*, abrangendo os condados de Riverside e San Bernardino, houve um aumento das expectativas de que um dos três auxiliares latinos da Califórnia meri-

---

[21]   Timothy Manning, *Days of Change, Years of Challenge: the Homilies, Addresses and Talks of Cardinal Timothy Manning* (Los Angeles, 1987), p. 29.

[22]   *Los Angeles Times*, 29/8/1975, 7/7/1983 e 23/8/1983; e Nolan Davis, "The Archbishop in Motion", cit.

[23]   Obituário de Manning, *Los Angeles Times*, 24/6/1989.

[24]   *Los Angeles Times*, 29/8/1975 e 8/8/1983.

Cidade de quartzo

dional – Juan Arzurbe ou Manuel Moreno, de Los Angeles, ou Gil Chavez, de San Diego (vigário em exercício em San Bernardino) – seria selecionado. As especulações favoreciam fortemente Arzurbe, o mais antigo dos auxiliares latinos, a quem Manning havia elevado no mesmo dia em que ao bispo William Johnson, em 1971 – desde 1976 o chefe da diocese desdobrada do Condado de Orange.

A decisão de Roma, em consultas com o cardeal Manning, de conceder a nova diocese a Philip Straling, um saxão que só falava um espanhol truncado, deflagrou uma explosão. Um *encuentro* da Padres e da Las Hermanas, perto de Las Cruces, no Novo México, reunindo 150 clérigos latinos, inclusive o arcebispo Robert Sanchez, de Santa Fe, e o bispo Patricio Flores, de El Paso, elaborou uma carta ao núncio apostólico do Vaticano em Washington, o arcebispo Jean Jadot, protestando contra a indicação de Straling "como um insulto à comunidade hispânica da Califórnia e do país". No Inland Empire, uma série de manifestações de massa, organizadas por Armando Navarro, do Congresso pelas Comunidades Unidas, expressou "angústia, indignação e revolta" – um sentimento reiterado por destacados oradores do comício, como Cesar Chavez, o senador do estado Ruben Ayala e o bispo Chavez. Num concílio da hierarquia da Califórnia em Redlands, em novembro, quinze representantes latinos laicos se encontraram com o cardeal Manning e vários bispos. Eles pediram bispos latinos para dioceses com maioria de latinos, com candidatos escolhidos tanto dentre as ordens religiosas (mais progressistas) quanto dentre o clero ordinário, e participação laica no processo de indicação. Maria Guillen, um dos delegados latinos (da paróquia de St. Edward, em Corona), posteriormente descreveu a resposta dos prelados como "evasiva, defensiva, resistente, vaga e banal [...] a cabeça feia do racismo venceu no fim"[25].

Nesse ínterim, por todo o sistema escolar paroquial, pais negros e latinos queixavam-se em relação à recusa da chancelaria em agir contra administradores e professores racistas ou que abusavam fisicamente dos alunos. Em 1982, três anos antes da aposentadoria de Manning, a crise das escolas católicas, há muito latente, explodiu em Pico Riviera – 77 pais, chamando a si mesmos de Pais pela Justiça Cristã, entraram com uma ação indenizatória de 3 milhões de dólares contra a diretora da Escola Primária de St. Hilary, Irmã Maureen Molitar, e a arquidiocese,

---

[25] *Los Angeles Times*, 24/8/1978, 18/9/1978 e 11/11/1978. O bispo Straling desde então trabalhou muito para conseguir o apoio de sua diocese. Assumiu, entre os bispos da Califórnia Meridional, a liderança na promoção das *comunidades eclesiais de base* como suporte para a participação de latinos na Igreja. Segundo o *Los Angeles Times*: "Os ativistas latinos dizem que a diocese de San Bernardino se tornou a vitrine das comunidades de base – paróquias não territoriais governadas por ministros laicos. A diocese também é conhecida por seu treinamento de lideranças dos trabalhadores latinos laicos e por advogar as causas da justiça e da paz", *Los Angeles Times*, 20/5/1985; ver também 21/1/1984.

Novas confissões

alegando discriminação sistemática e abuso físico/emocional contra os estudantes mexicanos. Afirmavam que seus filhos haviam sido esbofeteados, tinham ficado amordaçados com fita adesiva durante dias inteiros, haviam sido atirados de cabeça contra paredes, erguidos no ar pelas bochechas e chamados de "mentirosos, animais, estúpidos, ineducáveis", e assim por diante. As petições a autoridades superiores, inclusive o próprio cardeal Manning, haviam sido ignoradas, e, em conseqüência, mais de um oitavo do corpo discente havia sido retirado por seus pais[26].

Católicos latinos, alienados, não tinham como comportamento típico unir-se a grupos de protesto, como o Catolicos por la Raza, ou processar a arquidiocese; em vez disso, votaram silenciosamente com os pés. As pesquisas realizadas pelo secretariado hispânico para a Conferência Católica dos EUA revelaram um êxodo em massa de latinos nos anos 1970; talvez um quinto dos católicos de sobrenome espanhol de Los Angeles se converteu a outras religiões durante a década. (Nacionalmente, um décimo dos católicos latinos foi "perdido" nas décadas de 1970 e 1980, algo que o sociólogo católico Andrew Greeley caracterizou como "um fracasso eclesiástico de proporções inéditas".)[27] Os vitoriosos foram as seitas evangélicas – particularmente, as Assembléias de Deus e a Latinos para Cristo, no estilo de Billy Graham – que ofereceram aos infelizes católicos de língua espanhola uma experiência religiosa mais individualizada e emocionalmente intensa, e cujos ministros – em contraste com a maioria das paróquias católicas – eram eles mesmos latinos. Ainda que, como veremos, a Igreja agora afirme que está enfrentando as raízes da insatisfação latina, o índice de conversão dos evangélicos entre os imigrantes recém-chegados de língua espanhola permanece muito alto (15–25%), e alguns bispos católicos já advertiram que a Igreja poderia perder até metade de seus membros latinos no decorrer da próxima geração[28].

O enigma Mahony

Um dos prelados que se encontrou com os manifestantes em Redlands, no ano de 1978, foi o jovem bispo auxiliar de Fresno, Roger Mahony. Criado no ainda semi-rural vale de San Fernando dos anos 1940 e 1950, Mahony praticava espa-

---

[26] *Los Angeles Times*, 6/5/1982.

[27] Andrew Greeley, "Defection Among Hispanics", *America*, 30/7/1988, p. 62. Greeley enfatiza o sucesso extraordinário dos evangélicos em seu apelo à classe média [latina] "ascendente, para quem a denominação protestante fornece tanto um caminho para tornar-se aceitavelmente norte-americana quanto uma comunidade de apoio na qual estará confortável à medida que romper com sua antiga herança religiosa". Ele acrescenta que, ao deixar para trás sua antiga religião, os protestantes latinos convertidos tendem a abandonar o Partido Democrata. Ver também Richard Rodriguez, "A Continental Shift", *Los Angeles Times*, 1/8/1989.

[28] *Los Angeles Times*, 6/5/1982 e 21/11/1987.

Cidade de quartzo

nhol com os trabalhadores da granja de seu pai. Mais tarde, armado de um diploma de assistente social da Universidade Católica de Washington, DC, tornou-se secretário do Comitê de Trabalho Rural *ad hoc* dos Bispos dos EUA, servindo como seus olhos e ouvidos durante os heróicos dias iniciais da cruzada dos Trabalhadores Rurais Unidos no vale de San Joaquin. Seu bilingüismo e especialização em condições sociais no vale – numa época em que as elites políticas e religiosas da Califórnia estavam sentindo a pressão das exigências dos latinos, catapultaram-no numa ascensão rápida pela via eclesiástica. Intimamente associado ao arcebispo Manning a partir do final dos anos 1960, tornou-se sucessivamente o diretor de assistência social e caridade em Fresno, bispo auxiliar (em 1975), primeiro presidente do Conselho de Relações Trabalhistas Agrícolas (ALRB) do estado (em 1975) e então bispo de Stockton (em 1980). Tendo chegado a ter a sua própria sé na idade de 42 anos, havia rumores de que Mahony teria possibilidades até de pretender uma diocese urbana, como San Diego ou Sacramento, antes de fazer cinqüenta anos.

Quando os boatos públicos da aposentadoria de Manning tornaram-se correntes, em 1985, havia uma especulação generalizada de que Roma finalmente atenderia as petições dos latinos e indicaria ou o arcebispo Sanchez, de Santa Fe, ou o arcebispo Flores, como sucessor do cardeal. Desde a entrada de Manning no cargo, quinze anos antes, a arquidiocese, apesar da separação do Condado de Orange, havia dobrado de tamanho, de um milhão e meio para três milhões, com o grosso do aumento tendo se originado dos imigrantes de língua espanhola[29]. Um realinhamento drástico da liderança da Igreja, a fim de refletir a demografia latina, parecia já há muito devido. Quando, em vez disso, Manning se aposentou, no começo de 1986, e o Vaticano anunciou a indicação de Mahony como o mais jovem arcebispo da América do Norte (na idade de 49 anos), a decepção dos latinos, que poderia do contrário ter irrompido em outro êxodo ou numa onda de protestos, foi parcialmente minorada pela reputação do novo prelado.

Embora fosse mais um celta na mesma sucessão étnico-dinástica antiga, Mahony era também um falante fluente do espanhol, cuja carreira sempre havia envolvido o exercício do sacerdócio a *campesinos* e às classes trabalhadoras latinas. Tendo marchado com Cesar Chavez, também tinha a reputação de ser um forte defensor dos direitos dos imigrantes, que havia repetidamente enfrentado o Serviço de Imigração e Naturalização (INS). Líder do Comitê dos Bispos para os Falantes de Língua Espanhola, era visto como um religioso com uma visão

---

[29] Os latinos tornaram-se nacionalmente não apenas os maiores grupos étnicos católicos, mas, até o ano 2000 (se o padrão de imigração persistir e o proselitismo protestante não se ampliar), serão uma maioria absoluta. Os evangélicos, por outro lado, sustentam que cerca de 80% dos latinos não têm relação ativa com a Igreja. *Los Angeles Times*, 2/2/1980 e 20/5/1985; e *Los Angeles Business Journal*, 1/5/1989.

Novas confissões

335

global sofisticada e simpática à situação dos católicos latinos. Além disso, num contraste acentuado com a tradição de McIntyre, Mahony era um partidário declarado do desarmamento nuclear, que havia desempenhado um papel de destaque na disseminação da famosa carta pastoral dos bispos norte-americanos de 1983 sobre a paz. Como seria de se esperar, alguns observadores, tanto dentro quanto fora da Igreja, pensavam ver em Mahony (como havia acontecido também em relação ao cardeal Wojtyla) a chegada de um espírito inovador, liberal, se não radical, em relação às grandes questões sociais.

Na realidade, Mahony chegou não apenas como um antigo ativista da paz, mas igualmente como um declarado conservador doutrinário e monarquista papal. Afirmando que o dogma da Igreja "simplesmente não era negociável", havia imposto uma limitação forte ao ensino e à discussão na sua diocese de Stockton. Oradores religiosos "de fora" eram estritamente proibidos, exceto com sua aprovação expressa. Logo depois de tornar-se arcebispo de Los Angeles, fez eco às calúnias contra a liberdade acadêmica nas universidades católicas norte-americanas divulgadas pelo cardeal Ratzinger, o chefe da Inquisição moderna do Vaticano. Focalizando um destacado teólogo moral que havia questionado as restrições do Vaticano quanto ao controle artificial da natalidade, Mahony afirmou que o padre Charles Curran, da Universidade Católica, havia sido "excessivamente influenciado [...] pelo *ethos* reinante de liberdade acadêmica. Conseqüentemente, torna-se mais necessário do que nunca para a Igreja possuir estruturas de autoridade firmes." Em outra ocasião, Penny Lernoux relatou que Mahony havia aconselhado os católicos norte-americanos no sentido de que "poderiam divergir se guardassem a questão para si mesmos ou dissessem apenas a alguns poucos amigos íntimos. A divergência pública por parte de pessoas que queriam modificar os ensinamentos da Igreja era estritamente proibida"[30].

As evidências sugerem que a indicação de Mahony foi uma atitude complexa numa estratégia do Vaticano para remodelar a hierarquia americana. Thomas Reese, um sociólogo jesuíta que estudava o episcopado norte-americano, descreveu como, desde 1980, com o expurgo do núncio apostólico Jadot (acusado de um excesso de indicações liberais), o Vaticano recuperou o controle do processo de seleção. O corpo da hierarquia americana não é mais consultado como ponto pacífico; "muitos observadores da Igreja" perceberam que Mahony foi expressamente selecionado para reforçar um bloco "conservador" de indicações recentes, que incluíam os cardeais Law, de Boston, e O'Connor, de Nova York (ambos em 1984), assim como o cardeal Bevilacqua, da Filadélfia (em 1987). Segundo Reese, Mahony

---

[30] *Los Angeles Times*, 15/8/1986. No mesmo período, Mahony também se juntou ao cardeal conservador Law, de Boston, para se opor à posse na Universidade Católica da América do padre James Provost, um dos "mais respeitados advogados canônicos" do país. Ver Penny Lernoux, *People of God*, cit., p. 240; e *Los Angeles Times*, 17/10/1986.

Cidade de quartzo

foi patrocinado pelo arcebispo Justin Rigali, originalmente de Los Angeles, o qual, como presidente da escola diplomática do Vaticano e redator dos discursos do Papa, tem tido uma influência poderosa nos bastidores sobre as indicações na hierarquia norte-americana. Como seria de se prever, o apoio romano que elevou Mahony à catedral de St. Vibiana, em Los Angeles, também assegurou sua nomeação para prestigiosos órgãos pontifícios, inclusive o sínodo de Bispos e os conselhos do Vaticano para a paz e os migrantes. Por outro lado, os bispos norte-americanos – identificando Mahony à burocracia do Vaticano e à repressão teológica – frustraram duas vezes suas aspirações a um cargo na NCCB [Conferência Católica Nacional dos Bispos] (em 1986 e 1989)[31].

Seria, não obstante, equivocado sugerir que Mahony é um mero lacaio do Vaticano ou uma reedição de McIntyre (embora as inclinações semelhantes para a administração autoritária sejam freqüentemente comparadas nos dias de hoje). As correntes ideológicas entrecruzadas da Igreja contemporânea são muito mais complexas do que eram nos anos 1950. O anticomunismo furioso de Wojtyla, por exemplo, caminha lado a lado a denúncias da livre iniciativa que teriam escandalizado McIntyre ou Spellman como sendo "marxistas". E, ao contrário de vários fantoches romanos que Rigali e Ratzinger lançaram de pára-quedas entre as fileiras dos bispos norte-americanos durante os anos 1980, Mahony, embora leal ao Papa, é um produto inteiramente genuíno da hierarquia dos Estados Unidos. Se há ressentimentos em relação a ele por ter apoiado a linha dura de Roma nos seus ataques a liberais doutrinários norte-americanos, também há admiração por sua infatigável energia nos grupos de trabalho pastorais, incluindo os de paz, assuntos internacionais (do qual ele foi eleito presidente) e do "direito à vida".

Contudo, ao resumirmos as qualidades visíveis no momento de sua indicação em 1985, seria fácil demais dizer que Mahony era um "liberal social e conservador doutrinário" (uma fórmula comumente usada para caracterizar a política católica dos anos 1990). Numa escala de "liberalismo" – onde muitos bispos norte-americanos se encontram agora à esquerda dos democratas em questões cruciais, como a paz e a justiça econômica –, Mahony inclinava-se para a direita, mais próximo à velha guarda do cardeal Law, de Boston, do que aos progressistas do Vaticano II como o arcebispo Weakland, de Milwaukee. Mesmo suas posições "muito liberais" sobre o trabalhismo e a imigração têm sido temperadas por sua ênfase no respeito à autoridade e na moderação dos protestos. Embora criticasse freqüentemente funcionários da imigração, insistia no cumprimento da lei e se opunha à estratégia de "santuário". Defensor de longa data dos trabalhadores rurais, tornou-se cada vez mais crítico de suas táticas depois da indica-

---

[31] Thomas Reese, *Archbishop*, cit., p. 30; ver também o relato sobre o poder atual de Rigali na crítica do livro de Reese publicada no Serviço de Notícias Religiosas, em *Los Angeles Times*, 22/7/1989.

Novas confissões

ção para o ALRB por Jerry Brown, e, apesar de seu endosso ao Comitê dos 337
Bispos para os Falantes de Língua Espanhola, ele foi contrário ao boicote da uva
e da alface em 1975[32]. Um político sofisticado e habilidoso, que se movimenta
acrobaticamente entre as estruturas de poder seculares, do vaticano e da NCCB,
Mahony, em 1985 (como Wojtyla em 1978), era um enigma à espera de uma
melhor definição.

O Plano de Ajuda aos Latinos

Em um único movimento amplo, um ano depois de ter se mudado para a Catedral
de St. Vibiana, o arcebispo Mahony tentou remediar as queixas acumuladas de
suas paróquias do Eastside. Seu Plano de Ajuda aos Latinos, anunciado em maio
de 1986, foi divulgado como uma reorientação drástica dos centros de poder
saxões tradicionais da arquidiocese no sentido de sua nova maioria latina.
Combinando um programa ambicioso de evangelização com ativismo social,
enquanto preservava sutilmente a tradição subjacente do paternalismo, o Plano
de Ajuda registrava não apenas um novo dinamismo na chancelaria, depois da
modorra dos anos Manning, mas também um salto qualitativo potencial no
papel da Igreja dentro da vida social e política do maior segmento étnico de Los
Angeles. Porém, foi um salto realizado apenas depois de cautelosas experiências
de tentativa e erro nas paróquias do Eastside, durante a última metade do episcopado de Manning.

Esse prelúdio ao Plano de Mahony requer um breve exame. Sob a supervisão
cuidadosa do bispo auxiliar Arzurbe, as paróquias do Eastside haviam recebido
permissão para introduzir ritos e catecismos culturalmente mais acessíveis. Grupos
de estudos evangélicos pequenos e intensivos para promover uma "experiência de
conversão" – cursillos de Cristiandad – haviam sido importados da Espanha (onde
haviam trazido ânimo ao movimento fascista Ação Católica) e se espalhado rapidamente pelo Sudoeste. Os cursillos, assim como os retiros tremendamente
populares de encontros matrimoniais, ofereciam aos católicos latinos (nas palavras
de um jesuíta chicano) uma comunidade religiosa "ousadamente afetiva", como
uma forma de "contrabalançar um tipo de catolicismo mais sombrio e até mesmo frio, oriundo do norte, que tem dominado o catolicismo norte-americano".
A popularidade dos cursillos, por sua vez, preparou o caminho para a aceitação
oficial do renascimentismo de socos na Bíblia e sacudidelas nas barracas do movimento de Renovação Carismática dos anos 1970. Nervosamente sancionado
por Manning e Arzurbe, o novo movimento não tinha a aprovação de muitos

---

[32] Segundo relatos, Mahony ficou "surpreso" com a reação negativa dentro da igreja a sua oposição
ao boicote. Seu apelo por uma "trégua entre todas as partes" foi ignorado. Los Angeles Times,
28/8/1975.

Cidade de quartzo

padres da linha antiga, que consideravam estas práticas assustadoramente "anticatólicas"[33].

O carismatismo foi uma adaptação deliberada e de amplo alcance da liturgia católica à ênfase pentecostal nas escrituras, à devoção pessoal e à celebração em êxtase. Embora o movimento carismático dos anos 1970 e começo dos 1980 tenha varrido as paróquias saxônicas, assim como as latinas, seu epicentro espiritual foi o Leste de Los Angeles e os estimados 60 mil carismáticos latinos que participam de 140 "comunidades de oração" de língua espanhola. Uma ex-ministra da Assembléia de Deus, Marilyn Kramer (que se converteu ao catolicismo em 1972), fundou o Carisma nas Missões – um grupo com base no Leste de LA que luta na frente religiosa contra os evangélicos de língua espanhola. Um repórter do *Los Angeles Times*, cobrindo uma das gigantescas reuniões mensais do grupo no velho Olympic Auditorium, ficou impressionado sobretudo com a semelhança com o fundamentalismo tradicional. "Exceto pela maneira pela qual a comunhão é ministrada", um renascimento carismático do Eastside "poderia facilmente ser confundido com uma missa pentecostal": os participantes "batem palmas e se balançam enquanto cantam, choram enquanto rezam com as mãos erguidas, gritam aleluias durante o sermão e, ocasionalmente, falam nas línguas do Espírito Santo"[34].

O sucesso do carismatismo, que despertou milhares de católicos latinos vacilantes ou em letargia, encorajou a chancelaria a permitir que as paróquias do Eastside se organizassem também em torno de questões comunitárias. Como muitas arquidioceses de cidade grande, Los Angeles já tem alguma experiência com o modelo de auto-auxílio paróquia/comunidade da Fundação das Áreas Industriais (IAF). Tal Fundação é a expansão nacional dos famosos movimentos de bairro de Chicago do organizador Saul Alinsky (o Back of the Yards, a Organização Woodlawn), construídos em aliança com o cardeal Stritch durante os anos 1940 e 1950, muitas vezes usando padres jovens como organizadores das comunidades. A Organização de Serviços da Comunidade (CSO) – uma formação alinskyta mais antiga – havia desempenhado um papel significativo no Leste de Los Angeles desde os anos 1950, treinando organizadores (notadamente Cesar Chavez e Dolores Huerta), lutando contra a discriminação e registrando eleitores[35].

---

[33] Ver Allen Figueroa Deck, Sociedade de Jesus, *Second Wave*, cit., p. 67-9; também o discurso do bispo Raymond Pena, "Opening the Door to Life in the Church", *Origins*, Serviço de documentação NC, v. 19, n. 12, 17/8/1989.

[34] *Los Angeles Times*, 8/8/1983; também Allen Figueroa Deck, *Second Wave*, cit., p. 69.

[35] Para uma breve história da CSO e de seu fundador, Fred Ross (o diretor do campo de imigrantes do governo em *Grapes of Wrath*), ver Sanford Horwitt, *Let Then Call Me Rebel: Saul Alinsky, His Life and Legacy* (Nova York, Knopf, 1989), p. 229-35 e p. 520-2. A CSO efetivamente entrou em colapso quando Chavez e Huerta renunciaram, em 1962, para organizar os trabalhadores rurais no vale de San Joaquin.

Uma nova camada de organizações comunitárias tipo IAF surgiu nos anos 1970, depois que a Conferência Nacional dos Bispos, reagindo ao corte de Nixon no programa Guerra à Pobreza, decidiu subsidiar os movimentos de auto-auxílio dos pobres rurais e urbanos. Enquanto socorriam ou reiniciavam organizações antipobreza locais por todo o país, os bispos construíam também uma nova e importante infra-estrutura política para a Igreja nos guetos. Talvez o mais impressionante desses grupos seja o Comunidades Organizadas para o Serviço Público (Cops), de San Antonio. Diferentemente da maioria dos grupos alinskyitas anteriores, ele foi construído monoliticamente sobre a estrutura paroquiana existente, com pouca pretensão à autonomia em relação à Igreja católica. Com o apoio da Campanha pelo Desenvolvimento Humano dos bispos e da IAF, a Cops levou a cabo esforços de registro de eleitores altamente bem-sucedidos, questionou a promoção da cidade como um paraíso de pequenas empresas de baixos salários, feita pela câmara de comércio local, e lutou para canalizar o dinheiro das concessões federais em bloco diretamente para os bairros. Enviado por Manning para observar a Cops em primeira mão, Arzurbe retornou entusiasmado. Em tal Comunidade, ele afirmava, havia uma estratégia perfeita para reintegrar as paróquias alienadas do Eastside, ao mesmo tempo em que se fortaleceriam os valores sociais católicos e a influência política *chicana*. Com a participação inicial de vinte paróquias (especialmente a de La Soledad, do padre Luis Olivares), sob a direção de um veterano da IAF de Chicago, Peter Martinez, a nascente Organização dos Bairros Unidos (UNO) deu início a oficinas de treinamento noturnas e de fim de semana para seu quadro básico de 150 líderes de base.

Como outros grupos semelhantes influenciados pelas idéias de Alinsky no resto do país, a UNO foi uma expressão de uma filosofia radical-conservadora peculiar: "radical" no sentido que se concentrava na mobilização de base, organizava confrontos dramáticos com as estruturas de poder e rejeitava transações formais ou endossos eleitorais; "conservadora" em sua resistência geral à construção de coalizões com grupos progressistas, sua apoteose dos "valores familiares" (em comum com o carismatismo) e sua seleção apenas de "questões que pudessem ser vencidas", uma de cada vez, de uma agenda que enfatizava o moralismo católico (oposição ao aconselhamento de planejamento familiar nas escolas secundárias, por exemplo) tanto quanto a conquista do poder comunitário e a sobrevivência econômica. Além disso, como se queixaram muitos organizadores frustrados que tentaram trabalhar com a UNO ou suas organizações co-irmãs, sua auto-imagem de democracia das bases é às vezes traída pelas maquinações de bastidores dos conselheiros da IAF e da liderança da Igreja[36].

---

[36] Embora nenhuma fosse tão ambiciosa quanto a UNO, várias outras experiências sociais interessantes emergiram na arquidiocese durante o final dos anos 1970. Em Pacoima – uma área negra e latina do vale de San Fernando – seis paróquias de baixa renda se coligaram na Meet

Cidade de quartzo

Graças basicamente à energia de Olivares e dos membros de sua paróquia, a UNO decolou espetacularmente em 1977–1978, com uma campanha de grande projeção contra alíquotas de seguro para automóveis discriminatórias no Eastside – uma "questão de sobrevivência" para a área numa cidade com transporte coletivo inadequado. Manifestações de massa e *lobbies* políticos agressivos conduziram a uma investigação da Comissão Federal de Comércio e a uma redução substancial das alíquotas de seguro para automóveis locais. Incentivada por esse êxito, a UNO – falando em mais de 90 mil famílias filiadas no começo de 1980 – lançou novas campanhas para conquistar fundos de reabilitação habitacional, construir novos supermercados e melhorar as escolas do Eastside. Numa mobilização típica, saída diretamente do livro-texto de Alinsky, 1,3 mil membros da UNO encheram uma reunião do conselho escolar em junho de 1980, protestando contra a baixa qualidade educacional e a administração incompetente das escolas locais. Num confronto acalorado em voz alta, a presidente da UNO, Gloria Chavez, conseguiu assumir o controle da reunião, forçando os membros do conselho a responder apenas sim ou não a perguntas cuidadosamente preparadas da platéia, enquanto fazia uma contagem dos resultados de suas respostas.

Confrontos como esse, produzissem ou não resultados imediatos, eram sempre poderosos estimulantes do moral, tanto para a igreja quanto para a UNO. Segundo um entusiástico bispo Arzurbe, o primeiro ciclo de ações da UNO

> [...] produziu uma tremenda unidade das pessoas leigas, padres e freiras que nunca havíamos conseguido antes. Isso trouxe muita gente de volta a uma participação ativa na igreja, porque eles sentiram que, pela primeira vez, nós não estávamos dizendo a eles algo que tinham que fazer, mas sim estávamos perguntando: "Quais são as suas preocupações, quais são as suas necessidades?".[37]

Embora nem o carismatismo nem a UNO pudessem mitigar, por si sós, a estagnação dos anos Manning, ou compensar o legado amargo de McIntyre, seu sucesso local encorajou Mahony na sua estréia dramática diante do rebanho do Eastside. No dia seguinte à sua confirmação, ele lançou o levantamento mais ambicioso das bases católicas já tentado nos EUA. Pela primeira vez, católicos saxões e latinos comuns foram convidados a participar no estabelecimento de metas para a arquidiocese. No decorrer de um ano, 70 mil pessoas compareceram

---

Each Need with Dignity [Atenda Cada Necessidade com Dignidade], a Mend, para organizar assistência social e auto-auxílio – um modelo que foi copiado pelo Centro Santa Cruz na área de Central-Avalon. Ao mesmo tempo, ordens religiosas e seminaristas voltavam para os guetos de Los Angeles, tanto como "missionários" (como no caso da Sociedade da Palavra Divina na Boyle Heights latina) quanto como assistentes sociais. [A sigla Mend forma uma palavra em inglês que pode ser traduzida por remendo, conserto, melhoria – N. T.]

[37] Neal Pierce, "Power to Hispanics", *Los Angeles Times*, 17/5/1979; e *Los Angeles Times*, 11/10/1978 e 11/6/1980.

Novas confissões

a assembléias paroquiais ou convocações regionais, enquanto 320 mil responderam a questionários (tanto em espanhol quanto em inglês) sobre a "missão" da arquidiocese. Um resultado, ratificado por uma convocação que abrangeu toda a arquidiocese em novembro de 1986, foi um novo foco na oferta de aconselhamento a jovens problemáticos ou famílias passando privações.

O levantamento foi seguido pelo Plano de Ajuda aos Latinos, cuidadosamente gerado com o apoio da UNO, da qual centenas de membros haviam participado nas assembléias preliminares do Eastside. Admitindo que "números cada vez maiores de hispânicos [haviam sido] marginalizados [sic] e alienados da Igreja", o arcebispo afirmou que "nenhuma outra diocese do país tem um plano tão definido, tão concreto e tão abrangente para os hispânicos". As propostas incluíam grupos de ação para lidar com a violência das gangues e os problemas habitacionais dos imigrantes sem documento; creches para as crianças que passavam o dia presas e mais clérigos jovens latinos para as paróquias do Eastside; abertura de escolas paroquiais à noite para aulas de inglês e cidadania; e um plano amplo de evangelização que incluía enviar voluntários a todos os domicílios latinos da arquidiocese[38].

O encontro que deu a partida para o Plano de Ajuda (*Celebracion '86*) foi em si mesmo um reconhecimento sem precedentes do novo peso social dos latinos dentro da arquidiocese, assim como um destaque pessoal extraordinário para o arcebispo. A maior multidão exclusivamente latina da história de LA encheu o Dodger Stadium para vibrar com as bênçãos em videoteipe do papa e a música *ranchero* da super-estrela mexicana Lola Beltran. Enquanto 50 mil admiradores gritavam "Rogelio! Rogelio!", Mahony teatralmente entrou no campo com uma escolta colorida de *charros* montados. Evocando a parábola dos pães e dos peixes, o arcebispo ofereceu-se para saciar a "fome espiritual" de seus paroquianos latinos. "Muitos de vocês saíram de suas casas para vir aqui. Muitos de vocês até mesmo saíram de seus países. Agora Los Angeles é o lar de vocês, a Igreja Católica é o lar de vocês, e eu sou o pastor de vocês."[39]

Para dar um peso ainda maior ao Plano de Ajuda aos Latinos, Mahony anunciou em dezembro a aprovação, pelo Vaticano, de sua nomeação do monsenhor Amando X. Ochoa, da Igreja do Sagrado Coração, Lincoln Heights, como bispo auxiliar para o vale de San Fernando. Dentro de uma nova estrutura de auxiliares regionais delegados, dois dos cinco bispos eram agora latinos (Ochoa e Arzurbe, dos vales de San Fernando e San Gabriel), e um era negro (Carl Fisher, da região do porto). Em pouco mais de um ano, Mahony parecia ter desencadeado uma *perestroika* arquidiocesiana, envolvendo dezenas de milhares de católicos das bases na formação de metas, institucionalizando o ativismo comunitário

---

[38] *Los Angeles Times*, 28/5/1986; e Frank del Olmo, "Latino Community, with Church's Help, is on Move", *Los Angeles Times*, 12/6/1986.

[39] *Los Angeles Times*, 28/5/1986 e 12/6/1986.

Cidade de quartzo

do tipo da UNO como política oficial e, mais radicalmente, demonstrando sua "opção preferencial" pelo gueto de língua espanhola. De fato, o *Los Angeles Times* e outros meios de comunicação assinalaram a ansiedade dos "católicos ricos", como o abastado revendedor de automóveis, Robert A. Smith, que estava preocupado com a possibilidade do novo arcebispo ter uma "visão de túnel" na direção dos latinos pobres e vir a evitar os antigos constituintes saxões poderosos da arquidiocese[40].

Ainda assim, o Plano de Ajuda aos Latinos não foi nem de perto tão radical ou de tão longo alcance quanto parecia à primeira vista. Examinado em detalhe, prometia consultas às paróquias, mas parou bem antes de inovações institucionais como as redes de "comunidades de base" que o bispo Straling estava criando em San Bernardino, e que o Plano Pastoral Nacional para o Sacerdócio Hispânico (que Mahony ajudou a traçar) advogava em 1987 como "instrumentos de evangelização" básicos para os falantes de língua espanhola[41]. O Plano de Ajuda também não enfrentou a "crise de vocação" diretamente – ou carência de mão-de-obra clerical –, um problema que tornou muito difícil para a arquidiocese substituir padres saxões em paróquias do gueto por latinos e negros jovens. Los Angeles tem a maior taxa de católicos por padre do país (2.151, em comparação com 835 em Nova York), sem nenhum sinal de diminuição da defasagem. A não ser que se encontrem meios de atrair mais latinos para os seminários, um novo e estranho desequilíbrio étnico poderá resultar, à medida que clérigos chineses ou vietnamitas refugiados comecem a substituir os padres irlandeses que irão se aposentando nas paróquias predominantemente latinas[42].

Mais revelador ainda, o Plano de Ajuda, a despeito de sua retórica, não conseguiu redistribuir o poder. A reorganização da arquidiocese em 1985–1986 na realidade apenas centralizou mais o controle do arcebispo. As "consultas", juntamente com o que um observador decepcionado caracterizou como o "maoísmo papal" do encontro no Dodger Stadium, mascarou a ininterrupta reconcentração da autoridade de que desfrutava McIntyre no seu apogeu dos anos 1950. Para começar, Mahony recuperou o controle pessoal sobre as finanças da arquidiocese que Manning havia entregue ao monsenhor Benjamin Hawkes, o "cardeal oculto" que morreu pouco depois de ser aposentado por Mahony em 1986. Em Los Angeles, como numas poucas outras localidades, o arcebispo, não a arquidiocese, é o proprietário legal de todos os bens da Igreja – um fato que garante a um executivo de espírito prático, como McIntyre ou Mahony, um poder financeiro extraordinário sobre as suas paróquias, empregados e prestadores de serviços.

---

[40]   Ibidem, 17/2/1986.

[41]   Ibidem, 2/11/1987.

[42]   Ibidem, 1/3/1989.

Ao mesmo tempo, Mahony estava restabelecendo uma cadeia de comando 343 monolítica. Embora fosse amplamente louvado por organizar um gabinete da chancelaria e definir regiões geográficas para seus auxiliares, seu estilo administrativo não inclui o compartilhamento de poder ou a delegação na tomada de decisões. Seus subordinados são universalmente encarados como lugar-tenentes obedientes de maneiras delicadas, raramente expressando opiniões em público ou em particular[43]. O arcebispo, por outro lado, é um político enérgico e um patrão autocrático que claramente aprecia sua capacidade de manobrar o poder sem "burocracia" ou controles e contrapartidas[44]. Em entrevistas independentes, dois padres de pontos de vistas ideológicos opostos – um "liberacionista" e outro "conservador" – igualaram ambos o uso do poder de Mahony e seu domínio sobre os subordinados com o estilo de McIntyre. Como comentou um deles sarcasticamente: "O antigo regime está morto. Longa vida para o antigo regime"[45].

Um padre problemático

Um *flashback* para a excursão papal de 1987: numa parada rápida na Catedral de St. Vibiana, no Centro, antes de partir apressado para a Universal City, a fim de repreender Lew Wasserman e 150 outros executivos da mídia por destruírem os valores morais, o papa diz umas poucas palavras em inglês para a multidão predominantemente latina. Há uma decepção palpável porque ele não se dispôs a falar espanhol, e alguns membros do corpo de imprensa, surpresos com a baixa presença de saxões para ver o papa, expressam em voz alta suas dúvidas quanto à compreensão de Sua Santidade quanto ao significado da transição étnica no catolicismo de Los Angeles.

Só para garantir que não houvesse alguma confusão na mente do Santo Padre, o padre Luis Olivares, o pastor radical de La Reina de Los Angeles (ou La Placita, como é comumente chamada), havia colocado a visita papal no contexto poucos dias antes, num artigo de página central do *Los Angeles Times*. "Seja proposital ou apenas uma circunstância", Olivares assinalava que a visita do papa punha em primeiro plano a "relação mutuamente importante entre os latinos e a Igreja", numa época em que a comunidade latina da arquidiocese de Los Angeles (comandada pela UNO e suas organizações assemelhadas) estava se mobilizando em torno de lutas cruciais por salário mínimo e direitos de imigração. Citando declarações recentes tanto de João Paulo quanto de Mahony, que expressavam so-

---

[43] Ibidem, 14/1/1988.

[44] "Há vantagens que devem ser reconhecidas em um sistema hierárquico" (Mahony). Ver Paul Ciotti, "The Plugged-In Archbishop", *Los Angeles Times Magazine*, 17/12/1989.

[45] Sob a lei canônica, bispos são virtualmente monárquicos em relação a suas dioceses. Combinando poderes Legislativos, Judiciais e Executivos, são assessorados por conselhos sacerdotais ou pastorais, mas livres para ignorá-los. Ver Thomas Reese, *Archbishop*, cit.

Cidade de quartzo

lidariedade com os pobres e sem documentos, Olivares argumentava que, embora fosse uma "esperança irreal" acreditar que qualquer um dos dois cederia ao "poder da maioria" em questões como o divórcio ou o aborto, suas atitudes no sentido da justiça social determinariam o futuro dos latinos dentro da Igreja:

> Se os latinos puderem ver, na pessoa de João Paulo II, um sinal de que a Igreja se preocupa com as questões que afetam suas vidas, e que ele está disposto a colocar o poder da Igreja nessa linha, não há dúvida de que os latinos assumirão seus papéis de liderança e responsabilidade que lhes são de direito na Igreja que tanto amam.[46]

Nessa ocasião, o padre Olivares foi sutil no seu questionamento – alternadamente louvando e advertindo seus superiores espirituais –, mas já havia se tornado conhecido por suas declarações diretas que causavam um sofrimento sísmico na sensibilidade publicitária aguçada da chancelaria de Los Angeles. Apenas um ano antes da visita do papa, ele havia declarado que, "se for oportuno, para a sobrevivência da Igreja, alinhar-se aos ricos e poderosos, eu chegaria ao ponto de dizer que a Igreja não deveria sobreviver"[47].

Desde quando assumiu o sacerdócio de La Placita (uma missão clarista) em 1981, Olivares havia transformado a velha igreja da praça na principal base de prática social liberacionista, assim como também um centro cívico movimentado para refugiados centro-americanos. Nenhuma paróquia do país tem uma congregação maior ou mais destituída. Num domingo típico, 12 mil paroquianos regulares assistem ao programa de missas ao longo do dia inteiro, muitas vezes derramando-se pelo pátio, enquanto outros 100 mil "membros" mais ou menos visitam ocasionalmente La Placita para casamentos e *quinceañeras*, festas étnicas e procissões, aconselhamento familiar e reuniões políticas. Desdenhando publicamente as leis que "criminalizam os pobres", Olivares abriu suas portas como um santuário para imigrantes sem documentos e refugiados políticos, permitiu que centenas de homens sem teto dormissem nos bancos de sua Igreja toda noite e declarou a área da Igreja uma "zona de segurança" para camelôs perseguidos. Uma antiga pedra no sapato dos funcionários da imigração, dos comerciantes do Centro e do LAPD, o padre Olivares, em 1987, já havia se tornado também o principal empecilho para a abordagem "centrista" de cima para baixo do arcebispo Mahony em relação aos problemas da cidade dentro da cidade que falava espanhol[48].

---

[46] Luis Olivares, "Pope Can Reach Latinos If He Shows the Church Cares...", *Los Angeles Times*, 14/9/1987.

[47] *Los Angeles Times*, 7/7/1986.

[48] Ibidem, 7/7/1986 e 19/6/1989. Olivares deu continuidade a uma longa tradição. Durante as deportações em massa de trabalhadores mexicanos nos anos 1930, La Placita foi freqüentemente um refúgio e em várias ocasiões foi invadida pela polícia.

Novas confissões

A julgar pela forma como Olivares dirigia-se bem-humoradamente a seu 345
assistente, o padre Michael Kennedy, como *mi comandante*, em perfeita etiqueta
revolucionária, é difícil imaginar que o pastor de La Placita tenha sido um dia
um burocrata clerical em rápida ascensão, no estilo do ambicioso "monsenhor"
das *True Confessions* de Dunne. Contudo, tendo saído do *barrio* de San Antonio,
passando por escolas e seminários administrados por saxões, para se tornar o
tesoureiro de investimentos dos Missionários Claristas (uma ordem que trabalha
basicamente nas comunidades de latinos dos EUA), Olivares tinha se preocupado até então com a administração de *portfolio* e obtenção de fundos entre os
católicos saxões ricos. Como no caso de Mahony, foi um encontro com os trabalhadores rurais em greve de Cesar Chavez que trouxe uma "completa revira-
volta" em sua vida. Mas, ao passo que Mahony foi lançado para o alto,
penetrando na hierarquia como uma conseqüência de seu papel mediador no
conflito grevista do vale, Olivares foi forçado a cair na realidade e "conscienti-
zado". Em 1974–1975, participou ativamente no mesmo boicote das uvas da
UFW a que Mahony se opôs. No fim dos anos 1970, como vimos, havia se
tornado uma força dinâmica para a decolagem da UNO no Leste de Los Angeles,
como também na transformação de sua paróquia de La Soledad em um de seus
segmentos mais militantes.

Nesse ínterim, a crise na América Central, especialmente os papéis cada vez
mais de linha de frente do clero salvadorenho e guatemalteco na luta por justiça
social, estava começando a causar um impacto profundo na arquidiocese conservadora de Los Angeles. *Tydings*, por exemplo, depois de gerações de impropérios contra o comunismo e o nacionalismo revolucionário, repreendeu
asperamente a administração Reagan, que tomava posse em março de 1981, por
sua proposta de pacote de ajuda para a junta salvadorenha[49]. A demonologia
tradicional da Guerra Fria – tão fundamental para a disciplina arquidiocesiana
da era McIntyre – começou a se desintegrar. Nesse contexto, Olivares e seus
"comandantes" claristas e jesuítas tornaram-se o elo de ligação mais importante
entre a Igreja radical da América Central e os latinos da Arquidiocese de Los
Angeles. Olivares visitou os campos de refugiados salvadorenhos em Honduras,
organizou vigílias para o martirizado arcebispo Romero (que se tornou seu
herói especial), apoiou os protestos do crescente movimento de não-intervenção,
e, em 1984, a despeito das ameaças de morte da direita, foi o anfitrião de um
controvertido café da manhã em La Placita para Daniel Ortega.

---

[49] Ver *Tydings*, 7/3/1981. A irmã Mayeski, decana em Loyola Marymount (a principal universidade
católica de Los Angeles), é citada de modo aprobativo: "Os bispos e os missionários latino-
americanos estão nos ensinando que o mundo não está dividido em dois campos, o comunismo
de um lado, e o capitalismo e a cristandade de outro".

Cidade de quartzo

Depois, em dezembro de 1985, Olivares e seus pastores institucionalizaram seu desafio às políticas externa e de imigração da administração Reagan, ao oficializar La Placita como a primeira igreja refúgio da arquidiocese, declarando-a área proibida a funcionários da imigração. Em debates públicos cada vez mais virulentos com o diretor regional do INS, Howard Ezell, Olivares foi acusado de "promover o desrespeito à lei" e tentar "transformar a América [...] num país do Terceiro Mundo". Ezell, por sua vez, foi desancado por "se aproveitar de um clima antiimigrante no país e alimentar o fogo do racismo e do preconceito"[50].

Embora o arcebispo Mahony tenha se esforçado para disfarçar seu desprezo por Ezell, também se recusou irredutivelmente a endossar a iniciativa de criação do refúgio de Olivares. De fato, numa extensão que poucas pessoas de fora puderam compreender na época, a arquidiocese estava sendo polarizada por causa da cooperação da chancelaria com a repressão desencadeada pela Lei de Controle e Reforma da Imigração (Irca) durante 1986–1988. Embora Mahony, como outros bispos, oficialmente endossasse uma "atitude de equilíbrio" – ajudando a implementar a anistia prevista pela Irca enquanto defendia os direitos daqueles que não estavam incluídos nela –, os recursos da chancelaria eram unilateralmente devotados a processar pedidos de anistia. Havia, na realidade, um alarme crescente, em meio às comunidades de imigrantes, em relação à possibilidade da Divisão de Imigração e Cidadania (ICD) da Caridade Católica estar agindo como um braço de fato do INS. Quando a diretora do ICD, Elizabeth Krisnis, cinicamente trouxe um funcionário do INS como convidado para uma reunião de uma coalizão para os direitos dos imigrantes, os demais membros ficaram, com justiça, abismados. Linda Wong, a representante altamente respeitada do Fundo de Educação e Defesa Legal México-Americano (Maldef), foi levada a caracterizar a Caridade Católica como um "membro relutante" da coalizão, amplamente considerada como uma "instituição fossilizada [...] resistente à mudança"[51].

Olivares, um tribuno dos direitos dos imigrantes em uma paróquia cheia de trabalhadores ilegais, havia se oposto à Irca desde o começo, responsabilizando a Conferência Nacional dos Bispos Católicos por não bloquear sua aprovação. ("Os bispos poderiam ter impedido a lei e não o fizeram.")[52] Criticou mais ainda a Caridade Católica local por subestimar o número de requerentes e não conseguir aconselhá-los a respeito de como se proteger dos dispositivos punitivos "de perseguição às famílias". Como quase metade dos requerimentos de anistia processados pela Igreja foram desqualificados pelo INS, Olivares mobilizou o clero envolvido na questão para que "eliminassem a discrepância entre o

---

[50] *Los Angeles Times*, 7/7/1986.

[51] Ibidem, 12/1/1987.

[52] Idem.

Novas confissões

que a Igreja diz e o que às vezes não faz"[53]. Prometendo "ação vigorosa e con-
catenada" para estender a anistia a todos, ou partir a espinha dorsal da lei, La
Placita passou à desobediência civil aberta. Numa coletiva de imprensa em Lincoln
Heights, Olivares revelou que já estava descumprindo a lei, ao contratar empregados sem documentos, e incitou outros a fazer o mesmo.

> A ordem do Senhor é clara. No Livro de Levítico, Deus diz, "Quando estrangeiros
> residem contigo em tua terra [...] tu deves tratá-los igualmente aos nativos que nas-
> ceram junto a ti". À luz do chamado à justiça do Evangelho, nós nos encontramos
> impossibilitados de respeitar as regulamentações atuais relativas à contratação de
> trabalhadores sem documentos. Hoje nós estamos ao lado destas pessoas [...] para
> alimentar, vestir e abrigar aqueles que foram rejeitados pela lei.[54]

Durante o ano seguinte, La Placita organizou vários atos de contestação. Em
dezembro de 1987, no segundo aniversário da declaração do santuário, Olivares e
Kennedy receberam a adesão do bispo auxiliar militante de San Diego, Gilberto
Chavez, numa cerimônia para reiterar sua oposição à Irca e à ajuda militar dos
EUA a El Salvador. Quando a paróquia reiterou seu compromisso de abrigar os
que não tinham documentos, trezentos membros assinaram declarações de não-
cooperação com o IRS – o que Chavez chamou de "um sinal de amor verdadeiro". Mais tarde, naquela primavera, na véspera da data-limite para dar entrada nas
anistias, centenas de manifestantes usando braçadeiras negras se reuniram em La
Placita "de luto porque lhes está sendo negado o direito de trabalhar". Depois, em
setembro, Olivares e Kennedy, com a adesão do padre Gregory Boyle, da Mission
Dolores, em Boyle Heights (que havia se tornado o segundo refúgio oficial da
arquidiocese), publicaram um artigo em página central, no *Los Angeles Times*, desafiando o governo a prendê-los. "Quando as leis desrespeitam os direitos humanos,
não devem ser obedecidas [...] na medida em que nós abertamente ajudamos,
encorajamos e protegemos os que não têm documentos, nós de fato estamos des-
respeitando a lei. O Evangelho não permitiria que agíssemos diferentemente."[55]

O diretor Ezell do INS regional ficou apoplético. Descarregou sua raiva dos
padres por meio da imprensa, ordenou uma investigação criminal de suas violações
confessas e até mesmo sugeriu que eles eram os culpados por um incidente anterior, quando refugiados salvadorenhos irados, cujas anistias haviam sido rejeitadas,
quebraram algumas janelas do edifício federal no Centro. Depois, numa demonstração truculenta da atitude de Ezell em relação ao *status* de santuários das igrejas,
agentes do INS irromperam em meio a uma missa numa igreja no Condado de
Orange, prendendo rispidamente os fiéis sem papéis de imigração.

---

[53] *Daily News*, 29/4/1988; *Los Angeles Times*, 1/12/1987 e 4/5/1988.

[54] Idem.

[55] *In These Times* (Chicago), 9–15/11/1988.

Cidade de quartzo

Mahony ficou imediatamente melindrado. Raramente, na história moderna norte-americana, algum órgão federal violou de modo tão arrogante a dignidade da missa católica (particularmente irônico à luz do papel central de colaboração da igreja na implementação nacional da Irca), se é que houve alguma vez. Por outro lado, o movimento dos direitos civis dos pobres sem documento que Olivares estava construindo levantava o espectro do "poder dual" na arquidiocese, uma igreja da libertação de base, surgindo lado a lado à chancelaria altamente centralizada. Diante dos intoleráveis desafios à sua autoridade, Mahony primeiro uniu-se ao bispo McFarland (normalmente de direita), do Condado de Orange, para forçar um pedido público de desculpas de Ezell (que foi atingido pela reação política ao ataque). Depois, com palavras cuidadosamente escolhidas, Mahony anunciou que todos os membros da arquidiocese estavam obrigados a obedecer a lei da terra (limites que o arcebispo mais tarde ignoraria em suas próprias inclinações em defesa da Operação Salvamento). Referindo-se especificamente aos três padres desafiadores e suas atitudes (cujo apoio popular tinha acabado de ser demonstrado por uma semana de jejum em solidariedade conduzida por seus paroquianos), acrescentou: "Estive com eles e analisei suas políticas e suas ações, e os instruí, como membros da Arquidiocese de Los Angeles, que eles são obrigados a seguir as políticas e orientações da Arquidiocese." Ele também "desencorajou fortemente" outras paróquias do gueto a se unirem ao movimento do santuário[56].

Olivares, colocado numa posição semelhante à de muitos clérigos latino-americanos repreendidos pelo Vaticano por suas posições radicais, fez o que os latino-americanos tipicamente fazem. Reconheceu a autoridade de Mahony e, sem pestanejar, continuou a desrespeitar a lei de imigração nas vistas do INS. Por sua coerência ética e política ao lutar pelos direitos dos pobres e sem documentos, Olivares estava implicitamente questionando a credibilidade do Plano de Ajuda ao Latino de Mahony. O Plano era realmente devotado à divisão do poder com os latinos e à "opção preferencial pelos pobres", ou apenas à contenção da ameaça evangélica? Diante da posição em deterioração dos imigrantes excluídos da anistia, a arquidiocese assumia a liderança da luta deles por direitos políticos e econômicos? Se finalmente forçado a escolher, o arcebispo exilaria Olivares ou se juntaria a ele na sua luta contra uma lei injusta?

Alianças ímpias

No decorrer do ano seguinte, desde o fim do verão de 1988 até o outono de 1989, as atitudes do arcebispo esmagaram as esperanças daqueles que, quatro anos antes, haviam acreditado que ele seria um defensor da justiça social. Inesperadamente,

---

[56] Idem; e Reuben Martinez, *LA Weekly*, 22–28/12/1989.

Novas confissões

a crise irrompeu, não em relação à punição de Olivares, como muitos haviam previsto, mas quanto à questão antiquíssima da representação sindical entre os próprios empregados da arquidiocese.

Embora a Igreja Católica tenha apoiado a ala conservadora do movimento sindical norte-americano desde a década de 1890, seus próprios antecedentes trabalhistas são notórios. Considerada como uma única instituição (embora legalmente seja composta de uma miríade de empresas isoladas), a Igreja é o maior empregador privado do país para professores, funcionários de hospital, governantas e trabalhadores de serviços de baixo salário de um modo geral. Tem sido a norma, mais do que a exceção, que as dioceses em separado operem como *open shops*, mesmo quando estão afirmando seu compromisso com o ideal do sindicalismo. Como observamos anteriormente, uma das funções de McIntyre, durante os primórdios de sua carreira como assessor do cardeal Spellman, era destruir as campanhas de organização; de fato, sua capacidade de minar uma greve dos coveiros de Nova York tornou-se uma lenda sombria naquela arquidiocese[57].

Mahony, em contraste, era bem recebido em Los Angeles como um velho amigo do trabalhismo e defensor dos direitos dos que não estavam organizados (mesmo que houvesse ambigüidades no seu passado de apoio aos trabalhadores rurais). No café da manhã do Dia do Trabalho católico de 1986, por exemplo, ele fez uma palestra eloqüente para a liderança da Federação do Trabalho do Condado de Los Angeles sobre a necessidade de dedicar mais recursos à organização dos grupos de baixos salários, como os empregados domésticos. No ano seguinte, no decorrer de uma campanha arrebatadora que amalgamou temporariamente as energias de La Placita, da UNO, da chancelaria e de alguns dos sindicatos mais progressistas, o arcebispo juntou-se ao senador Edward Kennedy, num comício no Shrine Auditorium, para exigir um aumento drástico do salário mínimo. "Nenhum salário deve ser baixo a ponto de negar o básico para uma existência humana."[58]

Mahony ainda estava saboreando o brilho moral dessa campanha quando os organizadores do Sindicato dos Trabalhadores Têxteis e da Indústria do Vestuário Coligados o informou (em julho de 1988) que 120 dos 140 coveiros empregados pela arquidiocese haviam assinado cartões de representação sindical. Os coveiros – na maioria imigrantes do México e da América Central – estavam exasperados com os salários baixos (de 6 a 7,85 dólares por hora, em comparação aos 15 dólares por hora na arquidiocese de San Francisco), assim como com as recentes "supressões" de sua cobertura de seguro de vida e bônus de Natal. Os

---

[57] John Cooney, *The American Pope*, cit., p. 321.

[58] Campanha salarial de 1987.

Cidade de quartzo

organizadores acreditavam que o sofrimento dos coveiros era uma herança do *ancien régime* que havia escapado à atenção de Mahony, e asseguraram aos trabalhadores que a chancelaria negociaria de boa fé.

Em vez disso, para a consternação deles, Mahony desdenhou os cartões de representação com a mesma arrogância de um McIntyre. "Tenho estado em contato com sindicatos há tempo suficiente para saber como vocês conseguem que as pessoas assinem esses cartões. Vocês fazem um grande comício, servem muita comida e bebida e fazem com que as pessoas assinem os cartões."[59] Embora ele tenha reconhecido publicamente o direito do sindicato de testar as simpatias dos trabalhadores numa votação da representação secreta, seus advogados imediatamente contestaram a jurisdição do NLRB [Comissão Nacional de Relações de Trabalho] sobre os empregados da Igreja e advertiram o *board* contra a ingerência "ilegal" em assuntos religiosos. O NLRB reaganizado, já engajado num amplo recuo quanto à regulamentação de setores não lucrativos, aceitou o argumento capcioso da arquidiocese de que os coveiros eram "trabalhadores religiosos" como teólogos ou bispos.

Embora o Serviço de Mediação da Califórnia tenha conduzido uma eleição em fevereiro, a remoção das proteções do Wagner Act permitiu que Mahony se dedicasse a uma intimidação que teria sido ilegal sob os auspícios do NLRB. Ele subornou os coveiros com "aumentos por mérito", iludiu-os com a idéia de formarem uma associação de empregados *católica* (também conhecida como sindicato da empresa), e, para dar o toque final, ameaçou, dizendo que "todos os seus salários, benefícios e condições de trabalho [...] poderiam ser perdidos, alterados ou diminuídos durante as negociações". A chancelaria chegou mesmo a contratar um famoso destruidor de sindicatos, Carlos Restropo (vencedor do "Troféu Sem Coração" da Federação do Trabalho do Condado), para que circulasse panfletos "declarando que um voto contra o sindicato era um voto para a arquidiocese"[60].

Apesar das insinuações anti-sindicalistas e da ameaça aberta de vitimização, a maioria dos coveiros ratificou o mandato do sindicato na eleição de representação de fevereiro. Embora os organizadores sindicais tivessem esperanças de uma negociação amigável, Mahony rejeitou a legitimidade do voto, num acesso mais característico de um plantador de alface do vale, ou magnata sulista dos têxteis, do que de um suposto pastor dos pobres latinos de Los Angeles. Denunciando os "ataques pessoais à minha integridade", ele acusou o sindicato de "retórica extremamente hostil, estridente e anticatólica", e de criar "uma atmosfera de ameaças e intimidações". Prometendo invalidar a eleição numa arbitragem de terceiros, Mahony voltou sua ira para três coveiros que, segundo se acreditava,

---

[59] *Los Angeles Times*, 8/10/1988.

[60] Ibidem, 17/3/1989 e 4/4/1989.

eram os instigadores originais da campanha de organização. A despeito do fato de que um deles, Zacarias Gonzales, havia trabalhado para a arquidiocese por quase trinta anos, eles receberam comunicados sumários declarando: "Você está sendo demitido por conduta que não se coaduna com o trabalho e a missão do sacerdócio sagrado dos cemitérios católicos". A organizadora do sindicato Christina Vasquez, que havia tentado repetidas vezes quebrar o gelo com Mahony, espantou-se com essas "revanches contra pessoas pobres"[61].

A vitimização dos três militantes sindicais focalizou a atenção de todo o movimento trabalhista sobre as implicações cada vez mais amplas da posição anti-sindicalista da arquidiocese. Até esse momento, os nervosos líderes trabalhistas do estado e do condado haviam observado a escalada do conflito de fora, sem acreditar que Mahony arriscaria a amizade com eles por causa de uns poucos coveiros mal pagos. Agora, John Henning, secretário executivo da Federação do Trabalho da Califórnia (cujo filho, Patrick, era o presidente do Instituto Católico do Trabalho), foi forçado a lembrar ao arcebispo que era "sua obrigação moral [...] reconhecer e negociar com o sindicato da escolha dos trabalhadores". William Robertson, secretário da Federação do Trabalho do Condado, cujos telefonemas conciliatórios para a chancelaria não haviam sido respondidos nas semanas após a eleição, escreveu que a Federação "não quer guerra com Mahony [...] Mas a atitude da arquidiocese agora parece rivalizar com a da Associação de Industriais e Comerciantes, no seu desdém frio pelos homens e mulheres que trabalham". A frieza do desdém de Mahony, ou pelo menos a imobilidade de seu orgulho, foi confirmada poucos meses depois, quando ele quebrou duas gerações de tradição e se recusou a comparecer à missa e ao café da manhã anuais do Dia do Trabalho do Instituto Católico do Trabalho. Numa carta extraordinária a Peter Henning, caracterizava o Instituto (onde havia dado uma palestra, há apenas dois anos, sobre a necessidade de organizar os trabalhadores pobres) como "um arremedo [...] um sindicato hostil anticatólico [...] tão completamente inaceitável que não há valor de qualquer tipo que possa ser encontrado para redimi-lo"[62].

Embora os líderes sindicais, durante os seis meses seguintes, falassem freqüentemente da necessidade de um "processo de purificação", Mahony rejeitou os ramos de oliveira. Quando os árbitros neutros aceitos pela arquidiocese confirmaram o resultado da eleição pró-sindicato de fevereiro, a chancelaria repudiou seu "raciocínio ilógico" e o arcebispo "prometeu nunca trabalhar com o sindicato"[63]. Fiel à sua palavra, ele rompeu as negociações e desencadeou uma

---

[61] Idem.

[62] Ibidem, 28/6/1989.

[63] Carta de Mahony para o *Los Angeles Times*, 28/1/1990; e Paul Ciotti, "The Plugged-In Archbishop", cit., p. 54.

Cidade de quartzo

nova campanha de pressões para mudar a opinião dos coveiros pró-sindicato. Intimidados pela consciência de que Mahony não poderia ser obrigado, pela lei, a negociar com eles, a maioria dos coveiros capitulou diante da arquidiocese numa segunda eleição de representação, em fevereiro de 1990.

A questão, evidentemente, não termina com os coveiros. Como assinalou Harry Bernstein, o veterano repórter sindical do *Los Angeles Times*, "a conduta de Mahony como arcebispo da maior arquidiocese católica do país dá uma espécie de bênção para as forças anti-sindicais"[64]. Além disso, o arcebispo claramente pretende manter toda a arquidiocese como "ambiente livre de sindicatos", instituindo "conselhos consultores de empregados" como praticamente sindicatos da empresa para seus "colaboradores nos programas, apostolados e sacerdócios da igreja"[65] de baixa renda. Incrédulos católicos progressistas, nesse ínterim, agarraram-se a diferentes explicações para a súbita antipatia de Mahony pelo movimento sindical. Se alguns culpam a sua vaidade, outros estão inclinados a atribuir sua intransigência à influência crescente de um "clube de um milhão de dólares" de abastados doadores conservadores, funcionando como seu gabinete laico informal.

A existência desse círculo íntimo foi revelada pelo próprio arcebispo durante 1989, no curso da defesa da correção de aceitar um helicóptero a jato de 400 mil dólares como um presente. Mahony respondeu às críticas de que o dinheiro teria sido melhor empregado ajudando os refugiados e os sem-teto pobres, declarando que não houve utilização de fundos da arquidiocese. Os recursos, disse, vieram dos "homens que deram pelo menos um milhão de dólares cada um para a arquidiocese no decorrer do ano passado". Embora os doadores específicos não fossem designados, o arcebispo revelou que seu "amigo íntimo" e consultor, Richard Riordan, havia sido o organizador da iniciativa.

Segundo todos os relatos, Riordan é o herdeiro do tipo de proeminência laica na arquidiocese um dia desfrutada pelo magnata do petróleo Doheny durante o regime de Cantwell, ou pelo advogado empresarial Joe Scott durante os anos de McIntyre[66]. Um membro do poder *par excellence*, que se movimenta como uma aranha por praticamente todos os círculos de elite de Los Angeles, Riordan poderia bem ser um personagem inventado por John Gregory Dunne. Um advogado de valores mobiliários e banqueiro de investimentos, também ganhou fama como um operador de aquisições de grande porte financiadas por títulos (principalmente no setor de supermercados) e "como um dos mais habilidosos especuladores imobiliários do Centro de Los Angeles". Numa famosa exposição das transações de bastidores entre os empreendedores imobiliários e o

---

[64] Harry Bernstein, *Los Angeles* Times, 19/12/1989.

[65] Carta de Mahony para o *Los Angeles Times*, 28/1/1990.

[66] Ver obituário de Scott, *Tydings*, 28/3/1958, p. 7.

Novas confissões

governo municipal, o redator do *Herald-Examiner*, Tony Castro, revelou como o lucro espetacular de Riordan numa venda para a Agência de Revitalização Comunitária foi imediatamente seguido por um empréstimo de 300 mil dólares a fundo perdido para a campanha do prefeito Bradley a governador (o qual mais tarde indicou Riordan para a Comissão de Parques e Recreação). Castro enfatizou a aparente incongruência de Riordan – "sem dúvida um republicano reaganista" – tornar-se "o maior contribuidor" do liberal-democrata Bradley[67].

À primeira vista, pode parecer igualmente estranho que um dos primeiros atos do "social-liberal" Mahony, na sua reorganização da chancelaria em 1978, tenha sido reter a firma eminentemente republicana de Riordan & McKinzie[68]. Mas a aliança de Riordan e Mahony trouxe muitos benefícios estratégicos mútuos. A promoção de Riordan para o ápice da influência laica dentro da arquidiocese, assim como seu acesso íntimo ao arcebispo freqüentemente distante, são moedas de valor nos seus muitos campos de empreendimento. Por sua vez, o arcebispo – lutando para reconstruir a base de doadores da arquidiocese no período pós–Hawkins, assim como para ajudar o Vaticano financeiramente combalido – foi induzido a entrar no mundo de grandes transações dos operadores de aquisições de grande porte lastreadas por títulos, de empreendedores imobiliários do Centro e de negociadores de títulos podres, o mundo de Riordan.

Riordan e Mahony também compartilharam, no passado, um entusiasmo mútuo por "caçar passarinhos". A história completa permanece desconhecida, mas se relaciona à contribuição de Mahony nos bastidores para a contra-revolução jurídica na Califórnia durante os anos 1980, que depôs a maioria liberal da Suprema Corte, comandada pela juíza e presidente Rose Bird*. No mínimo, é bastante sabido que Mahony desprezava Bird por seu papel nas decisões da Suprema Corte quanto ao aborto, assim como por uma suposta "instabilidade emocional" na sua carreira anterior como comissária de agricultura do estado. Enquanto ainda estava em Stockton, ele chocou os funcionários da administração Brown ao destratar abertamente a juíza. Riordan, por seu lado, foi o elemento principal (juntamente com a agroindústria) no êxito da destituição de Bird e seus companheiros magistrados liberais, Grodin e Reynoso, trazendo para a corte a presente maioria conservadora pró-capital e pró-repressão comandada por "Maximum Malcolm" Lucas.

---

[67]   Tony Castro, "How Politics Built Downtown", *Herald-Examiner* (LA), 10/3/1985.

[68]   *Los Angeles Times*, 13/6/1986. William Wardlaw supervisiona as questões legais arquidiocesianas para Riordan e McKinzie.

*   *Bird*, o sobrenome da juíza, significa pássaro em inglês. Por isso a referência anterior a "caçar passarinhos". (N. T.)

Cidade de quartzo

A mera confluência de afinidades (ou *bêtes noires*) de Mahony e Riordan, porém, não deve ser transformada em conspiração. Se a ascendência de Riordan dentro da arquidiocese é sugestiva quanto a uma renovação de uma estrutura de poder laico em torno da chancelaria (matizes, mais uma vez, de *True Confessions*), sua influência e características são pouco compreendidas (mesmo pelos progressistas da igreja). É suficiente dizer que, tendo alienado deliberadamente o movimento sindical de Los Angeles, o arcebispo optou por colocar em evidência suas relações com Riordan e outros patrocinadores católicos milionários. Ao mesmo tempo, estava também fazendo escolhas igualmente fatídicas quanto a outras prioridades morais para a arquidiocese.

Mahony se une aos "caçadores de clínicas"

Durante 1989, a chancelaria foi desafiada a tomar posição quanto a uma variedade de questões controversas. Não apenas se viu diante de exigências de reconhecimento de sindicatos, vindas da parte de seus próprios empregados, mas foi também sitiada por apelos apaixonados por maiores intervenções em defesa dos pobres sem documento e das vitimas da Aids. Enquanto Mahony estava denunciando os sindicatos como "anticatólicos", Olivares e seus colaboradores vinham se defrontando com um novo nível de emergência social no gueto. Justamente como previsto, a "reforma" da imigração só havia conseguido levar os trabalhadores não-anistiados mais longe numa "economia paralela" de trabalho caseiro super-explorado, como atividades de camelô, trabalho de diarista e falta de teto. No começo do ano, La Placita e Mission Dolores juntaram-se a grupos de defesa dos direitos dos imigrantes para proteger trabalhadores presos em operações de esquina do LAPD e dos departamentos de polícia suburbanos. Mais tarde, em março, os padres Kennedy e Boyle (os dois "comandantes" jesuítas de Olivares) deram uma coletiva à imprensa para revelar um depoimento dramático sobre códigos trabalhistas não-cumpridos, trabalho infantil e a onipresença do emprego de salários abaixo do mínimo (chegaram a dar nomes e endereços de empregadores). Eles advertiram que, à medida que a situação econômica dos pobres piorasse, o vício do crack e a violência de rua apenas aumentariam. Na visão coerente de La Placita, a solidariedade com os pobres tinha que ser urgente, passando por cima das preocupações da arquidiocese[69].

Ao mesmo tempo, o clero das paróquias e os trabalhadores laicos católicos despertavam para a ameaça iminente da Aids no gueto. Com as maiores concentrações de pobreza e abuso de drogas do estado, as regiões Centro-Sul e Leste de Los Angeles estavam fadadas a ser centros prováveis de disseminação rápida e potencialmente catastrófica do vírus. Por causa de sua centralidade cultural e

---

[69] Ibidem, 13/1/1989, 15/1/1989, 18/2/1989, 25/2/1989 e 24/3/1989.

Novas confissões

355

institucional nas vidas dos falantes de língua espanhola, a arquidiocese era vista pelos trabalhadores da saúde pública como uma linha de frente educacional na batalha contra a epidemia. Muitas irmãs e padres de paróquia, inclusive Carl Fisher, o bispo auxiliar negro da região do Centro-Sul-Porto, havia recebido com otimismo a declaração de dezembro de 1987 dos bispos norte-americanos, que dava "permissão implícita" para discutir o papel das camisinhas como uma salvaguarda contra a Aids, permitindo desse modo que os órgãos das igrejas participassem na mobilização geral coordenada pelo cirurgião-geral*.

Mahony, contudo, não estava preparado para endossar a ênfase de La Placita nas emergências dos pobres, nem para tolerar a participação de órgãos da arquidiocese numa luta de último recurso para evitar um holocausto da Aids nas áreas pobres de Los Angeles. Numa definição decisiva de suas prioridades, optou por fetos e ortodoxia do Vaticano (e, desse modo, presumivelmente, pelos favores do Vaticano) contra as crises de direito à vida dos imigrantes sem documentos e vítimas da Aids. Juntamente com outros conservadores da hierarquia (inclusive os bispos Maher, de San Diego, e McFarlane, do Condado de Orange), Mahony se aproveitou do aparente *dénouement* de Roe *versus* Wade** para deflagrar uma *jihad* católica, cujos alvos principais eram os políticos católicos "permissivos" e os leigos liberais. Embora superficialmente parecesse que Mahony e outros conservadores estivessem apenas reagindo ao movimento de direito à vida das bases, o Vaticano há muito vinha instando a hierarquia norte-americana para que tomasse a iniciativa em defesa do monolitismo moral. A ofensiva crescente do movimento antiaborto durante o verão de 1989 forneceu um pretexto irresistível para que a linha dura afirmasse sua liderança, e, ao focalizar uma questão fora de qualquer discussão na hierarquia, distorcer toda a agenda da NCCB. De fato, exatamente no mesmo espírito em que havia negado ao padre Curran o direito à livre expressão, Mahony, em 2 de junho, notificou os funcionários públicos católicos na sua arquidiocese de três condados que "não existe possibilidade de existência de um funcionário indicado ou eleito católico 'pró-escolha'". Como católicos, os políticos ("democratas e republicanos, liberais e conservadores") não tinham liberdade de opinião, mas apenas o "imperativo moral" de trabalhar para a revogação das leis que permitiam o aborto. Embora uns poucos funcionários católicos eleitos, inclusive a senadora estadual Diane Watson, da região Centro-Sul de Los Angeles, questionassem a agressão intimidadora do arcebispo contra suas obrigações constitu-

---

* No original, *surgeon-general*. Principal funcionário médico do serviço de saúde federal, suas funções são muito freqüentemente as de aconselhar o público nas questões médicas. (N. T.)

** Decisão da Suprema Corte Federal de 1975, que permite que o aborto seja feito nos estabelecimentos de atendimento de saúde dos governos federal e estadual. (N. T.)

Cidade de quartzo

cionais "de agir livre de preconceitos religiosos pessoais", a maioria permaneceu num constrangido silêncio[70].

Tendo previamente tornado mais difícil para os políticos católicos endossar a pró-escolha (embora abstendo-se das sanções diretas posteriormente invocadas pelo bispo Maher, de San Diego), Mahony levou seu caso ao público por meio da imprensa. Num artigo de página central para o *Los Angeles Times* ainda no mesmo mês, insistia para que os leitores "refletissem sobre o seguinte fato: que o número de mortes causadas por abortos a cada ano nesse país é equivalente à perda de uma cidade do tamanho de Detroit devido a um ataque nuclear"[71]. Segundo o arcebispo, era, portanto, tão imoral para uma maioria tentar legislar o "direito de escolher" quanto pedir o direito de soltar uma bomba atômica anual numa minoria indefesa.

O casuísmo tornou-se conspiração poucos meses depois, quando o arcebispo juntou-se a Randall Terry para promover o bloqueio das clínicas de saúde femininas e de planejamento familiar dos condados de Orange e Los Angeles. Subindo ao púlpito num comício da Operação Socorro em Anaheim, ao lado de outros fundamentalistas e majoritários morais, Mahony exortou 5 mil Cristeros modernos a iniciar uma escalada na cruzada para impedir o funcionamento das clínicas locais de aborto. "Diante da injustiça manifesta dos abortos legalizados, que destroem mais de um milhão e meio de vítimas a cada ano, lançar mão da desobediência civil não é uma reação surpreendente."[72] Embora tenha anteriormente se recusado a assistir a cerimônia de criação do santuário em La Placita, ou a endossar a desobediência civil do padre Olivares, o arcebispo agora sentava-se ao lado de Terry, despejando louvores à "coragem espiritual" dos caçadores de clínicas (aos quais ele comparou aos pioneiros dos direitos civis dos anos 1960). Embora ninguém pudesse duvidar do fervor genuíno de Mahony (ou de sua crença sincera na equação entre aborto e guerra nuclear), cínicos dentro da arquidiocese não deixaram de assinalar que, enquanto a solidariedade de Olivares ganhou poucos pontos no Vaticano, abençoar as bandeiras da Operação Socorro sem dúvida acumulou estrelas brancas nos cartões de contagem romanos.

A suspeita de que o barco do direito à vida era também um cavalo de Tróia para "os antiamericanistas" do Vaticano foi insuflada um pouco mais pelo papel paralelo de Mahony como representante do cardeal Ratzinger no furor relativo à carta de 1987 da NCCB sobre a epidemia de Aids. Fazendo eco às críticas do grande inquisidor do Vaticano à declaração, Mahony havia censurado a versão publicada em Los Angeles para introduzir a proibição da disseminação das recomendações do cirurgião-geral sobre o "sexo seguro". Sob pressão de Roma, a

---

[70]   Ibidem, 11/10/1989.

[71]   Ibidem, 2/6/1989 e 22/6/1989.

[72]   *Herald-Examiner* (LA), 12/8/1989.

Novas confissões

NCCB em 1988 determinou a preparação de um estudo de posicionamento 357 expandido sobre a Aids; Mahony foi indicado presidente do comitê para esboçá-lo. Adotado em novembro de 1989, "Chamado à Compaixão: Uma Resposta à Crise do HIV/Aids" condenava o uso de camisinhas por "promover um comportamento moralmente inaceitável". Ao eliminar a opção da "tolerância", que havia permitido aos órgãos da Igreja explicar a função profilática das camisinhas, Mahony efetivamente retirou a Igreja americana do esforço nacional de saúde pública. O "sexo seguro", afirmou o arcebispo, era "tanto uma mentira quanto uma fraude"[73].

Em Los Angeles, onde as populações mais jovens dos guetos estão particularmente em risco, os trabalhadores da saúde ridicularizaram o "Plano de Aids aos Latinos"* de Mahony. Um clérigo episcopal, o reverendo Albert Ogle, que havia trabalhado com o arcebispo para fundar o Conselho Inter-fé da Aids da Califórnia meridional, descreveu as conseqüências trágicas nos bairros latinos:

> A realidade é que os jovens nas nossas paróquias estão sendo infectados pelo vírus e ficarão doentes e morrerão e infectarão outros porque a Igreja se fechou numa redoma em relação ao controle da natalidade. [...] A Igreja católica está matando gente jovem, e isso não é uma posição pró-vida.[74]

O bispo auxiliar Carl Fisher parecia concordar com Ogle. Numa divergência angustiada com Mahony – ainda mais corajosa tendo em vista a tolerância zero do arcebispo em relação ao desacordo doutrinário –, Fisher explicou: "Eu trabalho na área de Long Beach com pessoas que estão morrendo de Aids em uns nove hospitais. Não creio que suprimir informações [...] vá ajudar na redução da disseminação da Aids"[75].

Os esquecidos

Diante dos olhos de um policial que beberica seu café num carro preto e branco próximo, um grupo de meninos salvadorenhos famintos remexeu uma lata de verduras estragadas junto ao antigo mercado da rua 7. Enquanto um velho branco bêbado de vinho grita impropérios, eles dissecam o lixo com a habilidade de cirurgiões. Algumas cenouras e nabos comestíveis são recolhidos e, enquanto a gangue se retira, um deles chuta uma cabeça de alface podre muito precisamente através de uma porta de um bar da avenida Central. Os outros vibram. Ponto para El Salvador.

---

[73] *Los Angeles Times*, 4/11/1989, 13/11/1989 e 5/12/1989.

* Trocadilho usando a palavra *aid* (ajuda) da denominação original do plano e a sigla Aids. (N. T.)

[74] Idem.

[75] Idem.

Cidade de quartzo

Como milhares de adolescentes mexicanos e centro-americanos que chegaram a Los Angeles após a reforma da imigração de 1987, eles não encontraram nem trabalho nem abrigo. Dormindo em edifícios abandonados, parques, embaixo de pontes, até nos escoadouros de chuva que alimentam o rio Los Angeles, esses *olvidados*, ou esquecidos, reúnem suas habilidades de rua para sobreviver numa cidade que muitos afirmam que é mais violenta e definitivamente tem o coração mais duro do que a Cidade do México ou San Salvador. Alguns, famintos e sem amigos, sucumbem às tentações do tráfico de crack e da prostituição adolescente que florescem na área do MacArthur Park. Muitos outros se agarram à tábua de salvação atirada pelo padre de óculos com o sotaque *tejano* engraçado. Em La Placita, e quase em nenhum outro lugar nesse *pinche lugar*, há sono, dignidade e solidariedade. Mas o boato que se espalhou pelos *barrios* desde setembro é que Olivares está indo embora. De fato, logo antes do Halloween, ele explicou que, como parte da política de rotação estabelecida da Ordem Clarista, será redesignado no ano seguinte. "Não tenho queixas, sabia muito claramente que isso estava por vir [...] Minha única preocupação é o que vai acontecer com a assistência aos imigrantes sem documentos e aos refugiados que passaram a ver La Placita, às vezes, como seu único recurso."[76] É uma atitude nobre, mas quase ninguém que esteja familiarizado com a arquidiocese realmente acredita que Olivares está simplesmente sendo "rotacionado". O motivo mais provável é que Mahony teve uma conversa com o novo superior da Ordem dos Claristas – alguma coisa na linha, talvez, da queixa de Henrique II sobre Thomas à Becket[77].

Mas Olivares – sempre o organizador, nunca o lamentador – está basicamente preocupado com a sobrevivência de La Placita como uma comunidade de resistência. Diante da mídia (inclusive Reuben Martinez, do *LA Weekly*), como também de seus paroquianos, ele desenvolve quase que um diálogo socrático: "Se esse ministério morrer, realmente tenho que dizer que foi principalmente culpa minha, porque eu não o estabeleci numa fundação de base forte"[78]. Numa conversação diferente, o padre Michael Kennedy, o jesuíta de La Placita, fala do fracasso, não apenas da chancelaria e das paróquias ricas saxônicas, mas também das áreas interiores da UNO no Leste de LA, em reagir à crise de sobrevivência dos novos imigrantes. Somente La Placita e Mission Dolores, do padre Boyle, abriram suas portas para os sem-teto: "Uma das nossas lições é que somente os pobres ajudam os pobres nesta arquidiocese"[79].

---

[76] Citação de Olivares.

[77] Uma suspeita parcialmente confirmada por Olivares, quando concedeu que seu superior clarista "*acreditava* que Mahony o queria fora" e, por conseguinte, recusou sua petição para uma extensão de seu período. Ver Dave McCombs, "The Final Days of Father Olivares", *Downtown News*, 12/3/1990.

[78] Reuben Martinez, *Weekly* (manuscrito do autor).

[79] Padre Michael Kennedy, entrevista, set. 1989.

Novas confissões

O pessimismo quanto ao papel da UNO é generalizado em La Placita, apesar do papel histórico de Olivares na sua formação. Há rumores de que somente 5 das 27 paróquias originais do Leste de Los Angeles permanecem ativas na organização, e a participação das bases se atrofiou gradualmente, à medida que os organizadores assumem funções mais burocráticas. Embora as irmãs mais jovens da UNO – EVO, Voice e Scoc – tenham tido a participação de dezenas de milhares de novos partidários nos vales de San Fernando e San Gabriel, como também na região Centro-Sul de Los Angeles, eles se concentraram num escopo muito estreito de questões morais e de cumprimento da lei: mais patrulhas de polícia, mais repressão severa às drogas, restrição à venda de bebidas alcoólicas, remoção de carros abandonados, proibição dos "museus de pichação" ao ar livre ("um convite às gangues"), proibição do aconselhamento de contraceptivos na escola secundária, e assim por diante[80]. Os quatro grupos da IAF têm tido a tendência de minimizar as reivindicações de justiça social mais prementes (salário mínimo, seguro, assistência médica, e assim por diante) dos anos anteriores, assim como a reduzir seu contato direto com as populações de novos imigrantes mais pobres. Uma marcha organizada pela IAF contra a violência das gangues – apoiada pelo LAPD, uma cadeia de supermercados e diversas estações de rádio – não incluía uma única faixa ou cartaz referindo-se ao problema da pobreza e do desemprego na juventude.

Não está claro se essa transformação da UNO e de suas irmãs em movimentos mais conservadores, de lei e ordem, é atribuível a pressões da chancelaria ou, alternativamente, é o reflexo de uma polarização tendencial dentro da própria comunidade de latinos, entre os imigrantes novos e as classes médias baixas de *chicanos* mais antigos possuidores de imóvel. De qualquer modo, tornou-se mais difícil imaginar o reflorescimento do tipo de insurreição populista ampla, em torno das "necessidades críticas" do gueto que a coalizão do salário mínimo de 1987 parecia prefigurar.

Nesse ínterim, nos círculos liberais da igreja fora de La Placita – entre as ordens religiosas, os acadêmicos católicos e os laicos paroquianos –, há uma convicção generalizada de que a chancelaria está à deriva, e que o Plano de Ajuda aos Latinos

---

[80] A deputada estadual Maxime Waters, coordenadora estadual da campanha de Jackson de 1988, condenou os esforços da UNO-Scoc para dar plenos poderes de escuta telefônica à polícia. Ela acusou particularmente os organizadores do grupo branco da IAF. A proposta, sugeriu Waters, resultou da ingenuidade da parte dos organizadores brancos. "Algumas vezes, nós da comunidade minoritária temos que educar os brancos sobre certas coisas", disse ela, explicando que tanto o abuso policial quanto aos poderes aumentados de escutas telefônicas seria inevitável e, sem dúvida, dirigido, em primeiro lugar e sobretudo, contra as comunidades minoritárias. Ruben Castenada, "Community Organizers Bring New Clout to Urban Poor", *California Journal*, jan. 1988, p. 25.

Cidade de quartzo

de 1986 naufragou. Alguns afirmam que a permanente preocupação de Mahony com a política da NCCB e do Vaticano mergulhou a chancelaria numa profunda crise de direção. Outros lamentam a ausência de recursos humanos e materiais para fazer frente às necessidades da juventude nos guetos, uma das supostas prioridades estabelecidas pelo processo de consultas de 1985. Todos reconhecem que o exílio de Olivares é provavelmente um golpe fatal em qualquer esperança de um acordo ou *modus vivendi* entre o projeto de St. Vibiana e o de um sacerdócio liberacionista para os imigrantes pobres da cidade[81]. Pegos no fogo cruzado da luta global pelo futuro da Igreja (uma instituição mais resistente do que o Kremlin em relação ao espírito democrático que supostamente reina na nossa época), eles temem que a arquidiocese sob Mahony pode regredir ao passado — para a intolerância e a rigidez da supremacia papal da era de McIntyre.

---

[81] Em julho de 1990, La Placita se entristeceu com a revelação de que o padre Olivares estava gravemente doente, com Aids, aparentemente contraído por meio de uma transfusão de sangue realizada vários anos antes em El Salvador. [O religioso faleceu em março de 1993 por conta de complicações da doença – N. E.]

Quando as culturas de rua de Los Angeles interagem da maneira certa, emitem uma luz cujo calor e claridade são extraordinários. (p. 121)

À medida que Los Angeles precipitava-se na direção de uma *manhattanização* do perfil de seus edifícios, tentou-se fazer o mesmo com a sua superestrutura cultural. (p. 53)

Uma ligação ainda mais bizarra conectava a metafísica mais antiga, como a magia negra, ao Cal Tech e aos fundadores do Estado Americano dos Foguetes e, a partir daí, por meio de um extraordinário *menage à trois*, à primeira religião mundial criada por um escritor de ficção científica [a Cientologia]. (p. 93)

Apesar de Los Angeles ter emergido do deserto por meio de gigantescas obras públicas [como o aqueduto], no geral a construção da cidade foi deixada à anarquia das forças de mercado. (p. 54)

Os membros da Associação de Proprietários Residenciais Moradores de West Hills reclamavam porque eram obrigados a ficar olhando, dos terraços das suas casas de 400 mil dólares nas colinas, para meros barracos de 200 mil dólares. (p. 170)

Uma das formas mais comuns de dissuasão é o banco de ponto de ônibus em forma de barril, que oferece uma superfície mínima para um sentar desconfortável, ao mesmo tempo que torna completamente impossível dormir no banco. Tais bancos "à prova de vagabundos" estão sendo amplamente utilizados na periferia do submundo. (p. 245)

Mil policiais de plantão, apoiados por esquadrões de ação tática de elite e uma força-tarefa antigangue especial, encenam o primeiro ato da Operação Martelo na região Centro-Sul de Los Angeles, prendendo mais jovens negros do que em qualquer outro momento desde a Rebelião de Watts, em 1965. (p. 270)

Os membros da comunidade também alegaram que a polícia estava deliberadamente alimentando a violência de gangues ao deixar os suspeitos em áreas inimigas, ao escrever sobre os grafites dos Crips com as cores dos Bloods e ao espalhar rumores incendiários. (p. 275)

O que os Crips e os Bloods diriam sobre a carnificina se pudessem falar? Evidentemente que é uma tática absoluta do "antiterrorismo" – seja ele praticado em Belfast, Jerusalém ou Los Angeles – negar voz pública ao terrorismo. (p. 302)

Todos reconhecem que o exílio de Olivares é provavelmente um golpe fatal em qualquer esperança de um acordo entre o projeto de St. Vibiana e o de um sacerdócio liberacionista para os imigrantes pobres da cidade. (p. 360)

Às quatro horas da tarde do sábado 31 de dezembro [de 1985], a Kaiser Steel de Fontana morreu. (p. 409)

7
Sucata de sonhos

As geografias mentais traem os preconceitos de classe. No guia de moda chique Best of Los Angeles do *LA Weekly*, um dos "dez melhores dos melhores" é o bulevar Robertson, junto a um dos acessos à auto-estrada de Santa Monica, perto de Beverly Hills: onde o ar começa a ficar livre da poluição, e o verdadeiro paraíso do Westside começa. Na consciência do mapa de delicadezas *yuppie*, as paisagens tendem a se comprimir logaritmicamente logo que se sai do terreno dos estilos de vida luxuosos. Dessa forma, Fairfax é o Eastside próximo, enquanto o Centro é o horizonte distante, cercado por áreas nebulosamente conhecidas de restaurantes étnicos. Mesmo que o habitante do Westside esteja vagamente familiarizado com as velhas concentrações de riqueza Wasp ilhadas em Pasadena, Claremont ou Redlands, a auto-estrada San Bernardino (a I-10), levando para o Leste – atravessada numa velocidade intergalática com as janelas fechadas contra a poluição e a poeira –, é meramente a estrada para Palm Springs e o deserto do Arizona. O Inland Empire do oeste dos Condados de San Bernardino e Riverside é pouco mais que uma mancha.

Dentre os escritores modernos, Joan Didion foi uma das poucas a se aventurar por ali, a caminho de um julgamento de assassinato em San Bernardino. Achou a paisagem "curiosa e nada natural":

> Os pequenos bosques de limoeiros são rebaixados, vistos de um muro de retenção de um metro ou mais, de modo que se olha diretamente para o interior de uma folhagem densa, luxuriante demais, perturbadoramente lustrosa, o verde do pesadelo; a casca de eucalipto no solo é poeirenta além do normal, um lugar para a procriação

Cidade de quartzo

de serpentes. As pedras não parecem pedras naturais, mas sim os destroços de alguma catástrofe nunca mencionada.[1]

Erguendo-se em meio aos detritos geológicos e sociais que se acumularam ao pé do passo Cajon, a noventa quilômetros de Los Angeles, a cidade de Fontana é o principal subproduto dessa "catástrofe nunca mencionada". Uma cidade batalhadora de trabalhadores industriais, bem conhecida por caminhoneiros de transportadoras de toda parte, com fornos de fundição enferrujados e gangues de motoqueiros fora-da-lei (o local de nascimento dos Hell's Angels em 1946), é o antípoda regional dos cinturões de suntuosidade do oeste de LA ou do condado de Orange. *Designer living* aqui significa um caminhão Peterbilt com uma cabine-dormitório sob encomenda ou uma máquina Harley toda cromada. Mosaico barulhento e brigão de culturas de classe trabalhadora – negros, italianos, caipiras, eslovenos e *chicanos* –, Fontana tem suportado há muito uma reputação desagradável aos olhos dos moralistas de cruzadas e impulsionadores de classe média de San Bernardino.

Mas Fontana é mais do que meramente a "cidade mais braba do condado". Sua indissociável dureza de caráter é o produto de uma extraordinária história local profundamente emblemática. No curso dos 75 anos desde sua fundação, Fontana tem sido tanto a sucata quanto a utopia para as sucessivas visões de um sonho californiano em mutação. Os milhões de turistas e motoristas a caminho do trabalho que anualmente passam por Fontana na I-10, ocasionalmente dando uma olhada no desleixo de seus quintais e pomares abandonados, mal podem imaginar as esperanças e visões que ali naufragaram.

Na sua encarnação original, do começo do século XX, Fontana era o idílio jeffersoniano modernizado: uma comunidade arcádica de pequenos granjeiros de frango e plantadores de cítricos vivendo de modo auto-suficiente nos seus bangalôs com energia elétrica. Porém, em 1942, a comunidade foi abruptamente remodelada para acomodar o sonho de uma revolução industrial rooseveltiana no Oeste. As energias prometéicas de Henry Kaiser transformaram Fontana, da noite para o dia, numa poderosa forja para a guerra, o único complexo siderúrgico integrado da costa do Pacífico. No começo dos anos 1980, com rapidez igualmente brutal, a cidade industrial fechou as portas, e seus trabalhadores e máquinas foram reduzidos a limalha. Ainda assim, à maneira de um fênix, uma terceira Fontana – o "subúrbio acessível" – surgiu das ruínas da cidade de Kaiser. Na nova geometria econômica do "metromar" da Califórnia meridional, onde massas cada vez maiores passam três horas ou mais se deslocando até o trabalho,

---

[1] Joan Didion, *Slouching Towards Bethlehem* (Nova York, Flamingo, 1968), p. 5. A reação da autora à área de Fontana foi uma sintomática premonição de sua rejeição propriamente dita pela paisagem de El Salvador vinte anos mais tarde.

a fim de conciliar os contracheques às hipotecas, Fontana – e suas comunidades irmãs do "West End" do Condado de San Bernardino – são os novos dormitórios da força de trabalho em expansão da Califórnia meridional.

Se a instabilidade violenta da cultura e da paisagem locais forem encaradas como parte integrante da ontologia social peculiar da Califórnia meridional, Fontana é a epítome da região. É uma comunidade imaginada, duas vezes inventada e promovida, depois virada do avesso para se tornar mais uma vez um visionário campo verde. Suas repetidas reestruturações registraram traumaticamente a interação cambiante do capitalismo regional com o internacional, do industrial com o imobiliário. Contudo – a despeito das afirmações de alguns teóricos do "hiper-real" ou do "presente sem profundidade" –, o passado não pode ser completamente apagado, mesmo na Califórnia meridional. A fabricação de aço à sombra das montanhas de San Bernardino – a cultura dos operários da Pensilvânia transposta para uma semi-utopia horticultural na fímbria do deserto – deixou resíduos humanos que desafiam os esforços mais determinados dos empreendedores atuais para reembalar Fontana como um lote disponível. Nesse sentido, a história de Fontana oferece uma parábola sobre o destino dessas classes trabalhadoras suburbanizadas da Califórnia, que se agarram a seus sonhos maculados na periferia afastada da galáxia de LA.

Fontana Farms

Era justamente o tipo de lugar sobre o qual eles muitas vezes tinham conversado. Vinte e cinco hectares de terra plana [...] rica, fértil. Neles havia duzentas boas castanheiras, jovens mas robustas. E dos quatro lados existia uma bela orla de eucaliptos altos e graciosos, através dos quais se vislumbravam as cristas altaneiras das montanhas de San Bernardino.

"Seria maravilhoso se nós simplesmente tivéssemos dinheiro bastante para isso", ela comentou. "Pelo menos", ele disse, "nós temos o bastante para começar. Damos uma entrada com o que temos disponível e ficamos na cidade por um tempo. Haverá o bastante para construir uma pequena garagem, e teremos um lugar nosso para vir nos fins de semana e nos feriados".

E assim, muito antes do que eles esperavam, seu sonho de um lugar todo deles, no interior, tornou-se verdade. Todo fim de semana, todo feriado, os encontrava na sua fazenda de Fontana, plantando coisas, cultivando suas castanheiras, olhando as coisas crescerem. E a fazenda retribuía integralmente a afeição deles. Nunca as castanheiras floresceram tanto. As moitas de amoras e as árvores frutíferas nunca estiveram melhor. A cada semana eles levavam com eles alguns dos produtos da fazenda.

Então chegou um dia em que eles puderam construir a casa de fazenda que sempre planejaram. Uma casa espaçosa e arejada, com uma infinidade de janelas. Um gramado amplo e verde, e árvores na frente, e atrás instalações para 2 mil galinhas, viveiros para 240 coelhos puro-sangue New Zealand White, cercados para patos Pequim e Muscovy, perus [...].

E assim, no primeiro ano, eles se mudaram. Cada semana chega com um cheque de 40 ou 50 dólares pelos ovos, às vezes mais. Há um mercado constante para todos os coelhos que produzem. As castanheiras produzirão em breve, e, em plena força, acrescentarão mais 2 mil por ano líquidos aos lucros do lugar. Em toda a Fontana não há fazenda mais bonita, nem casal mais feliz, e acabou sendo tão fácil [...] depois que eles acharam sua fazenda de Fontana.

Anúncio da Fontana Farms, 1930[2]

A Fontana Farms foi uma criação de A. B. Miller, agricultor e empreiteiro de San Bernardino. Praticamente esquecido hoje em dia, Miller foi um dos heróis-construtores de uma civilização única de colônias agrícolas afluentes no que outrora era conhecido como o "Vale do Sul"[3], estendendo-se de Pomona a Redlands. Como George Chaffey, mais amplamente conhecido, cuja colônia de Ontario teve influência decisiva na tecnologia do assentamento sionista na Palestina, Miller era um empreendedor visionário da energia hidrelétrica, da horticultura irrigada, da comercialização cooperativa e do desenvolvimento imobiliário comunitário planejado. Em outras palavras, era um promotor imobiliário brilhante, que compreendia inteiramente a combinação de propaganda e infra-estrutura exigida para transmutar, por meio dessa alquimia, as planícies poeirentas de San Bernardino em ouro. Se Chaffey, juntamente com o titã da água de LA, William Mulholland, suplantou em muito as conquistas hidráulicas de Miller, esse último era único no planejamento total e na diversidade agrícola complementar que fez de Fontana uma tal realização do ideal pequeno-burguês de isolamento, no sentido da autonomia jeffersoniana. Somente a utopia socialista fracassada de Llano del Rio, no deserto do Mojave, ao norte de Los Angeles, aspirava a uma integração mais ambiciosa de civilidade e auto-suficiência.

Em 1906, Miller, abarrotado dos lucros da construção vindos do novo vale Imperial, assumiu a promoção fracassada da Companhia de Terra e Água Semi-Tropical: 45 quilômetros quadrados de planície salpicada de rochedos a oeste de San Bernardino. Incessantemente fustigadas por tempestades de poeira e ventos desumidificantes de Santa Ana, as terras de aluvião de Fontana–Cucamonga, na sua maior parte, continuavam com o mesmo aspecto desolado – *greasewood**,

---

[2] "[...] e então eles encontraram Fontana Farms", livreto de propaganda de 1950 na coleção da Sociedade Histórica de Fontana. A Fontana Farms Company tinha seu Quartel General no n. 631 da rua S. Spring, no Centro de Los Angeles.

[3] Pelo menos esse era o nome dado por geógrafos à bacia entre-montanhas que inclui os vales de Pomona, Chino e San Bernardino, assim como a bacia Riverside e o grande Cucamonga Fan. Ver David W. Lantis, *California: Land of Contrast* (Belmont, Wadsworth Pub. Co., 1963), p. 226. O nome atual de "Inland Empire" abrange vagamente tanto o vale Perris quanto a bacia San Jacinto.

* Arbusto típico dos solos alcalinos do Oeste dos EUA. (N. T.)

Sucata de sonhos

salva e ameixeiras silvestres esparsas – que havia dado as boas vindas para os 373
colonos mórmons pioneiros enviados por Brigham Young, em 1851, para estabelecer San Bernardino como a janela de Deseret para o Pacífico. Levantando
capital com banqueiros proeminentes de Los Angeles, Miller empreendeu a
construção de um vasto sistema de irrigação (canalizando os degelos do monte
Baldy via Lytle Creek) e a plantação de meio milhão de mudas de eucalipto para
formar uma barreira contra o vento. Já em 1913, a sua Fontana Company estava
pronta para começar a delimitar uma área urbana entre o bulevar Foothill (uma
antiga estrada para carroções que logo se tornaria parte da famosa US 66) e os
trilhos da Santa Fe. No churrasco inaugural, Paul Shoup, o amigo e patrocinador
de Miller e presidente da Estrada de Ferro Pacific Electric, prometeu que os seus
red cars em breve trariam milhares de viajantes e moradores potenciais para ver
o futuro em ação em Fontana[4].

Outras famosas colônias de irrigação da época – Pasadena, Ontario, Redlands
e assim por diante – prosperaram promovendo a plantação de cítricos como uma
alternativa de investimento para abastados oriundos do Leste em busca de sol.
O modelo cooperativo "Sunkist" (mais tarde tão influente na conformação da
visão de Herbert Hoover de capitalismo auto-organizado) fornecia aos recém-
chegados uma rede de serviços de produção, uma reserva comum de mão-de-obra
coordenada e uma organização de marketing nacional com uma marca registrada comum[5]. Por outro lado, a vida arcádica de um plantador de laranjas, limões
ou abacates da Califórnia meridional exigia um capital inicial substancial (pelo
menos 40 mil dólares em 1919) e renda externa para sustentar o operador até
que as árvores se tornassem produtivas[6]. O pronto acesso ao capital também era
necessário para garantir os plantadores entre as estações e, periodicamente, absorver custos de geadas que destruíssem colheitas. Seduzidos pelo canto da sereia
dos lucros fabulosos ao pé das colinas, milhares de agricultores de cítricos sub-
capitalizados perderam a poupança de suas vidas em poucas estações[7].

O conceito de Miller para Fontana era apresentado como uma alternativa
para as aristocráticas colônias de cítricos no estilo de Redlands, assim como para
os estabelecimentos mais especulativos a leste do vale de San Gabriel. Fontana
foi concebida como uma combinação sem precedentes de plantação industria-

---

[4]   Ver Karen Frantz, "History of Rural Fontana and Decline of Agriculture", manuscrito, s. d.,
        na Biblioteca Pública de Fontana.

[5]   Ver Richard Lillard, "Agricultural Statesman: Charles C. Teague of Santa Paula", *California
        History*, mar. 1986.

[6]   Em 1985 Riverside era supostamente "a cidade com maior renda per capita" dos Estados
        Unidos. Ver Vincent Moses, "Machines in the Garden: A Citrus Monopoly in Riverside,
        1900-31", *California History*, 1982.

[7]   Ver Charles Teague, *Fifty Years a Rancher* (Santa Paula, arquivo pessoal, 1944).

Cidade de quartzo

lizada (Fontana Farms) e pequenas propriedades jeffersonianas (loteadas pela Fontana Land Company). Fontana Farms era um exemplo futurista de agricultura empresarial verticalmente integrada e administrada de forma científica. Sua fonte de renda básica era o lixo da cidade de Los Angeles, o qual, de 1929 a 1950, recebia em carregamentos diários por trem, dentro de vagões em forma de gôndola. (O contrato do lixo era tão lucrativo, que Miller foi forçado a pagar muitas propinas para corromper os vereadores da cidade – deflagrando um escândalo municipal em 1931.) As quinhentas ou seiscentas toneladas diárias de lixo engordavam os sessenta mil porcos que faziam de Fontana Farms o lugar que realizava a maior operação desse tipo no mundo. Quando os porcos alcançavam o peso pleno, eram enviados de volta para Los Angeles para o abate, e desse modo o lixo reciclado fornecia talvez um quarto do presunto e do bacon da região. A acumulação concomitante de esterco não era menos valorizada: ou era utilizada como fertilizante para o pomar de limões de Miller (também o maior do mundo), ou vendido aos fazendeiros vizinhos. Fontana Farms tinha um pequeno lucro até revendendo a prataria que recuperava do lixo dos restaurantes[8].

Nesse ínterim, a Fontana Company estava ocupada loteando o resto do império de Miller em pequenas fazendas-modelo. Com um entusiasmo pela produção e comercialização de massa que claramente prefigurava o de Henry Kaiser, Miller dirigia sua promoção precisamente àquela massa média de possíveis escapistas rurais que haviam sido anteriormente bucha de canhão para as especulações mais malfadadas de petróleo e imóveis da Califórnia meridional. Seu "acessível" idílio campestre de Fontana, em contraste, era planejado para ser construído segundo a economia feita, com combinações de pequenas prestações semestrais e muita labuta como patrimônio. Por preços pela terra pura de 300 a 500 dólares (para a "fazenda inicial" mínima de 1,8 hectare em 1930), o morador potencial de Fontana podia escolher entre vinhedos ou castanheiras já em produção (a empresa da Fontana Farms mantinha uma vasta reserva de um milhão de árvores jovens). Começando com a "agricultura de lazer" nos fins de semana (Los Angeles ficava apenas a uma hora de distância de carro ou *red car*), o comprador podia gradualmente acrescentar instalações de moradia, das quais a Fontana Farms Company oferecia um amplo espectro: desde cabanas de fim de semana até a definitiva e "encantadora casa de fazenda colonial espanhola de telhas vermelhas". Exemplos delas ainda são facilmente encontráveis por toda Fontana.

O que supostamente deveria tornar toda a iniciativa engenhosamente autofinanciada, porém, era a fórmula de Miller de combinar a produção de frutas (castanhas e cítricos variados) com avicultura, apoiada por injunções baratas das economias de escala industrial da Fontana Farms (fertilizantes, mudas de árvores, água e energia). Os colonos eram instados a construir galinheiros logo que pos-

---

[8] Ver edição comemorativa do Aniversário de 25 Anos, *Fontana Herald-News*, 10/6/1938.

Sucata de sonhos

sível para gerar receitas confiáveis. Essa famosa "parceria de galinhas e laranjas" pretendia estabilizar o pequeno fazendeiro de frutas durante as oscilações das geadas e do fluxo de caixa, enquanto simultaneamente garantia os pagamentos das prestações à Fontana Company. Idealmente, supunha-se que isso permitisse ao casal aposentado uma pensão modesta, à família jovem com inclinações rústicas ou ao imigrante trabalhador, os meios para conquistar um estilo de vida do cinturão dos cítricos, anteriormente acessível apenas aos bem aquinhoados[9].

O sonho de Miller vendeu bem, mesmo durante os anos iniciais da Depressão. Em 1930, a Fontana Company havia loteado mais de 3 mil locais de moradia, a metade ocupada por moradores em tempo integral, alguns deles imigrantes vindos da Hungria, da Iugoslávia e da Itália. As dez granjas avícolas pioneiras de 1919 haviam se tornado novecentas, fazendo do distrito o principal centro de avicultura do Oeste. Fontana Farms, nesse ínterim, havia se expandido para uma força de trabalho em tempo integral de quinhentos trabalhadores mexicanos e japoneses – número comparável ao das maiores plantações de algodão do delta do Mississipi. No começo dos anos 1930, Miller uniu forças com a dinastia Swift, de Chicago, para comprar o histórico império de gado de Miller (não há parentesco) e Lux, no vale de San Joaquin. A projeção crescente na agricultura da Califórnia, juntamente com suas contribuições para torná-la uma genuína "agroempresa", foram reconhecidas pelo governador republicano Rolph, que indicou Miller para presidente da Sociedade Agrícola do Estado e, *ex officio*, membro do conselho diretor da Universidade da Califórnia.

Ainda que fosse, em última análise, pouco mais do que uma promoção imobiliária embalada, de maneira esperta e extravagante, como uma semi-utopia, Fontana Farms retém uma considerável importância histórica como o exemplo mais notável, na Califórnia meridional, do movimento "de volta à terra" dos anos entre as guerras. Originalmente uma versão camponesa do ideal da colônia de irrigação (exemplificado tanto pela Ontario de Chaffey quanto pela Llano del Rio dos socialistas), Fontana evoluiu até chegar a compartilhar muitas das qualidades do projeto "Broadacres", de Frank Lloyd Wright, como também das experiências antiurbanas dos anos 1930. Folheando antigos prospectos de propaganda da Fontana Farms, fica-se impressionado com a congruência ideológica – por mais inconsciente que seja – entre os objetivos declarados de Miller e o programa de Henry George que Giorgi Ciucci afirma ter inspirado os Broadacres de Wright: "eletrificação poupadora de mão-de-obra, o direito do

---

[9] Karen Frantz, "History of Rural Fontana and Decline of Agriculture", cit. Segundo o sr. Barnhold, que ainda mora em seu bangalô Fontana Farms de 1927 próximo à rua Cherry: "Mil galinhas e sete hectares não são suficientes para uma vida tranqüila. A propaganda de Miller não era verdadeira, e muitos fontanenses enfrentaram uma luta árdua e penosa para sobreviver, sobretudo durante a Depressão". Entrevista, jun. 1989.

Cidade de quartzo

cidadão médio à terra, a integração da cidade com o campo, a cooperação no lugar de ação de governo, e a oportunidade de todos serem capitalistas". Se, como Ciucci observa sarcasticamente, "a cidade ideal de Wright seria realizada apenas sob a forma grotesca e absurda da Disneylândia e do Disney World"[10], a versão mais prática de Miller para o ideal de Broadacres teve uma vigência breve, mas real. Tanto mais irônico, então, que a pastoral Fontana Farms acabasse suplantada e finalmente erradicada pela "fábrica satânica" de Henry Kaiser.

O homem dos milagres

> *O "Homem dos Milagres" vem à Fontana.*
> Manchete de 1942[11]

Em 1946, depois de dois anos ziguezagueando por todos os antigos 48 estados ("meu dia ideal era passar a manhã inteira com o First National Bank e a tarde com o CIO [Congresso de Organizações Industriais]"), John Gunther publicou *Inside USA* – sua vasta (979 páginas) fotografia whitmaniana da cena política interna no limiar da era do pós-guerra[12]. Para Gunther, o jornalista mais popular de sua geração, a Segunda Guerra Mundial era comparável à Revolução ou à Guerra Civil como um divisor de águas do caráter norte-americano. Do ponto de vista de um "Século norte-mericano" que se instaurava, ele estava preocupado em distinguir o progressista do reacionário, o visionário do retrógrado. Embora jornalistas posteriores, ainda que somente com trabalho de equipe, tenham acabado replicando a escala do seu quadro (isto é, todo o universo político dos EUA), nenhum jamais se igualou à astúcia e à ironia de suas caracterizações de uma geração inteira de figuras públicas. Previsivelmente, no fundo da sarjeta da vida política nacional, Gunther identificou os representantes do Mississipi, a máquina de Hague em Nova Jersey e outros avatares do fascismo doméstico. Inversamente, no pináculo mesmo de seu novo panteão norte-americano, erguendo-se acima até dos governadores Warren e Stassen (favoritos perenes de Gunther), estava "o mais importante industrial dos Estados Unidos [...] o construtor de Richmond e Fontana", Henry J. Kaiser[13].

Quarenta e cinco anos mais tarde, com o poderoso império de Kaiser desmantelado, o encômio de Gunther a Kaiser (a quem foi dado um capítulo intei-

---

[10] Giorgio Ciucci, "The City in Agrarian Ideology and Frank Loyd Wright: Origins and Development of Broadacres", em Giorgio Ciucci et al., *The American City: From the Civil War to the New Deal* (Cambridge, MIT, 1979), p. 358 e p. 375.

[11] *Fontana Herald-News*, 31/7/1949.

[12] John Gunther, *Inside USA* (Nova York, The Curtis, 1946), p. xiv.

[13] Ibidem, p. 68.

ro exclusivo) exige alguma explicação[14]. No essencial, Gunther, como muitos observadores contemporâneos, via Kaiser como a encarnação exemplar da síntese rooseveltiana de livre-iniciativa e a intervenção esclarecida do Estado. O Kaiser dos anos 1930 e 1940 é heroicamente empresarial – Gunther o compara aos construtores de impérios do século XIX, como os "Quatro Grandes" da Central Pacific – porém, diferentemente dos antiquados "corsários das ferrovias", Kaiser "tem uma grande consciência e conscientização sociais". Um republicano registrado a vida inteira, apóia avidamente o New Deal. "Em relação ao trabalhismo, as relações amigáveis de Kaiser são bastante conhecidas. Ele quer ter condições de calcular seus custos até o último centavo, e nunca abandona as negociações sem um contrato de trabalho."[15] Embora sua experiência inicial tenha sido como um vendedor de cidade pequena, destituído de qualquer treinamento formal em engenharia ou manufaturas, Kaiser, nos meados da década de 1940, havia se tornado o grande mágico resolvedor de problemas da economia de guerra, produzindo em massa navios Liberty em quatro dias e realizando outros feitos de produtividade dignos de Edison ou Ford. Mesmo melhor do que o próprio Ford (que representava um estágio anterior do capitalismo autoritário dos engenheiros), Kaiser personificava o espírito da economia de altos salários e alta produtividade gerada pela guerra, que mais tarde os historiadores econômicos chamariam de "fordismo". Mas "kaiserismo" teria sido um nome mais adequado para o contrato social do pós-guerra entre a mão-de-obra e a administração:

> A produção, em última análise, depende da vontade de produzir da mão-de-obra [...] não é possível ter uma indústria saudável e viável sem, primeiro, um movimento trabalhista saudável, e, segundo, seguro social, saúde comunitária, planos de hospitalização e habitação decente. "Quebrar um sindicato é quebrar a si mesmo."[16]

Kaiser era também o herói do Oeste. Denunciado por Wall Street como o "anticristo econômico" e o "mascote mimado do New Deal", foi bem recebido a oeste das Rochosas como um capitalista auto-suficiente da fronteira que, contra probabilidades incrivelmente desfavoráveis, havia triunfado sobre a "cruz de

---

[14] Na edição revisada de 1951 de *Inside USA*, entretanto, a paixão de Gunther por Kaiser havia claramente arrefecido, e o capítulo de Kaiser foi resumido, tornando-se uma subseção curta.

[15] John Gunther, "Life and Works of Henry Kaiser", em *Inside USA*, cit., p. 64 e p. 70.

[16] Idem. Por outro lado, Kaiser só se tornou patrocinador do sindicalismo depois de ter se tornado um dos principais beneficiários dos lucrativos contratos do New Deal. Antes, durante a construção da represa Hoover, ele e seus sócios haviam violado sistematicamente as normas trabalhistas e as regulamentações de segurança e saúde. Quando, depois de uma série assustadora de acidentes industriais e mortes devidos à prostração causada pelo calor, os trabalhadores da represa entraram em greve sob a liderança da IWW em 1931, e foram esmagados pelas Seis Empresas. Ver Joseph Stevens, *Hoover Dam: An American Adventure* (Norman, Universidade de Oklahoma, 1988), p. 69-78.

Cidade de quartzo

ouro" de William Jennings Bryan[17]. Para os nacionalistas econômicos do Oeste, como A.G. Mezerik, Kaiser era um "novo tipo de industrial", uma encarnação do "Segundo New Deal destruidor de trustes" e um pioneiro da "industrialização independente do Oeste"[18]. Na realidade, Kaiser, tendo acumulado uma pequena fortuna no ramo corrupto da pavimentação de ruas durante a loucura automobilística dos anos 1920, foi transformado num gigante industrial durante os anos 1930 por meio de alianças políticas e empresariais estratégicas (e às vezes secretas). No final dos anos 1920, Kaiser tornou-se um favorito do legendário Amadeo Giannini, fundador do Banco da Itália (mais tarde Banco da América) e o principal financista independente do Oeste[19]. Com o apoio de Giannini, Kaiser assumiu a liderança de fato sobre a coalizão de empresas de construção, responsável pela represa Hoover, e tornou-se o lobista das Seis Empresas em Washington. Na capital, contratou o "homem do jeito" perfeito do New Deal, Tommy Corcoran, para representar seus interesses na Casa Branca, enquanto cultivava seu próprio relacionamento especial com o poderoso Secretário do Interior, Harold Ickes[20].

Ainda mais importante, Kaiser, juntamente com Giannini e outros aliados locais, foi capaz de reconhecer a extraordinária "janela de oportunidade" para o desenvolvimento econômico do Oeste, aberta pela crise política do "Primeiro" New Deal em 1935–1936. Para ser justo, foi na verdade Herbert Hoover, o primeiro presidente oriundo da Califórnia, quem havia lançado a industrialização da costa do Pacífico, ao autorizar a construção tanto da represa Hoover quanto da ponte Golden Gate. Mas a grande chance para os empresários do Oeste (e do Sul) veio no interregno entre a Lei dos Bancos, de 1935, e o início do *Lendlease**, quando as relações entre a Casa Branca e Wall Street atingiram o seu ponto mais crítico no século XX. À medida que o capital financeiro do Leste (inclusive muitos partidários fundamentais de FDR em 1933) se voltava contra o New Deal, Kaiser e Giannini, juntamente com os independentes do petróleo do Texas e os banqueiros mórmons (comandados pelo sócio das Seis Empresas e novo presidente do Federal Reserve, Mariner Eccles), sustentaram política e financeiramente a administração Roosevelt, evitando que o movimento sindical insur-

---

[17] John Gunther, *Inside USA*, cit., p. 64.

[18] A. G. Mezerik, *The Revolt of the South and West* (Nova York, Duell, Sloan and Pearce, 1946), p. 280.

[19] Uma das decepções principais da recente biografia de Kaiser escrita por Mark Foster (*Henry J. Kaiser: Builder in the Modern American West*, Austin, Universidade do Texas, 1989) é a ausência de informações novas sobre a relação entre Kaiser e Giannini.

[20] Ibidem, p. 58-9.

* Legislação de 1941 que autorizava o presidente a emprestar ou alugar armas ou equipamento militar a nações cuja defesa fosse considerada vital para os Estados Unidos. (N. T.)

gente dominasse o Partido Democrata nacional[21]. No seu épico *Age of Roosevelt*, Arthur Schlesinger descreve a convergência de interesses que apoiou o "segundo" New Deal ("antitruste") do final da década de 1930:

> Incluía representantes do "dinheiro novo" do Sul e do Oeste, como Jesse Jones, Henry J. Kaiser e A. P. Giannini, os quais [...] estavam em revolta contra a mentalidade de *auferidores de renda* de Nova York e queriam que o governo forçasse a redução das taxas de juros e até mesmo fornecesse capital para o desenvolvimento local. Incluía representantes de indústrias novas, como comunicações e eletrônica [inclusive Hollywood]. [...] Incluía representantes de negócios particularmente dependentes da procura do consumidor, como a Sears Roebuck. E incluía especuladores como Joseph P. Kennedy, que investia tanto em regiões quanto em indústrias novas.[22]

O Cinturão do Sol moderno nasceu em grande parte a partir de recompensas políticas dessa coalizão do Segundo New Deal. Bilhões de dólares em ajuda federal (representando transferências *líquidas* de impostos do resto do país) estabeleceram uma infra-estrutura industrial na Califórnia, no estado de Washington e no Texas. E quase 110 milhões de dólares em contratos de construção de grande porte – inclusive a Bay Bridge, a base naval em Mare Island, e as barragens de Bonneville, Grand Coulee e Shasta – alimentaram a expansão vertiginosa da Kaiser Company. Muito antes de Pearl Harbor, Kaiser já estava discutindo estratégias para maximizar o papel do capital local numa economia de guerra com Giannini e um grupo seleto de industriais do Oeste (Donald Douglas, Stephen Bechtel e John McCone). Reconhecendo que uma guerra no Pacífico traria exigências sem precedentes para a economia sub-industrializada da Califórnia, Kaiser propôs adaptar os métodos de linha de montagem de Detroit para revolucionar a construção de navios mercantes. Embora os críticos tenham inicialmente zombado da idéia de que um mero "homem de areia e brita" pudesse dominar a arte da construção de navios, Kaiser, com o apoio de suas conexões de alto nível do New Deal, tornou-se o maior construtor de navios da história norte-americana. Em

---

[21] Ver Marquis James e Bessie James, *Biography of a Bank: the Story of Bank of America* (Nova York, Harper, 1954), p. 389-92; Arthur Schlesinger, *The Age of Roosevelt: The Politics of Upheaval* (Cambridge, 1960), p. 121, 297 e 411. Em 1934, Giannini fez uma intervenção de última hora, no interesse de FDR, para comprar a candidatura radical ao governo do estado de Upton Sinclair pela chapa dos Democratas. (Ver Russell Posner, "A.P. Giannini and the 1934 Campaign in California", *Journal of California History*, 34, 2, 1957.) Ainda que não tivesse tido êxito em cooptar Siclair, Giannini persistiu, chegando a desempenhar um papel crucial na vitória de Roosevelt na Califórnia em 1936. Seu apoio ao New Deal, entretanto, minguou depois de 1938, na medida em que percebeu a consolidação do poder de uma "conspiração judaica" liderada por seu velho inimigo Eugene Meyer e pelo Secretário do Tesouro Morgenthau. Ver Julian Dana, *A. P. Giannini: Giant in the West* (Nova York, 1947), p. 315-7 e p. 322-3.

[22] Arthur Schlesinger, *The Age of Roosevelt*, cit., p. 411.

Cidade de quartzo

quatro anos, seus gigantescos estaleiros em Richmond, Portland e Vancouver (Estado de Washington) lançaram ao mar um terço da marinha mercante norte-americana (80% dos "Liberty Ships"), assim como cinqüenta porta-aviões de escolta de pequeno porte: quase 1500 embarcações ao todo[23].

Em Richmond, onde foram construídos 747 navios, Kaiser conseguiu criar um padrão social e tecnológico para o capitalismo do pós-guerra. Para simplificar a soldagem, enormes guaritas de convés eram montadas de cabeça para baixo e depois içadas para o seu lugar, ajudando a reduzir o tradicional ciclo de construção naval de seis meses para uma semana. Na ausência de uma força de trabalho especializada, Kaiser "treinou alguma coisa em torno de trezentos mil soldadores [apenas em Richmond] que antes eram balconistas de lanchonete e donas de casa"[24]. Mas seu verdadeiro gênio era a atenção sistemática que focalizava na manutenção de uma mão-de-obra de máxima produtividade, com uma perda de tempo mínima por motivo de doença ou substituição – os pesadelos de outras empreiteiras militares. Já em 1938, quando tentava cumprir os prazos da Grand Coulee, Kaiser experimentou transformar os custos médicos indiretos em um item industrial calculável direto, inscrevendo seus empregados no plano de saúde previamente pago do qual o Dr. Sidney Garfield foi o pioneiro. Esse Plano de Saúde Permanente – que seria a parte mais duradoura do legado de Kaiser – foi adaptado com a colaboração dos sindicatos para a imensa força de trabalho de Richmond, juntamente com uma intervenção ativa da empresa para construir habitações de guerra, organizar o lazer e racionalizar o sobrecarregado transporte público (Kaiser importou carros do antigo Sixth Avenue El, em Nova York[25]).

Mas os estaleiros de Kaiser em Richmond tinham um estrangulamento crítico: uma carência persistente de placas de aço. Uma colônia industrial do Leste, a Costa Oeste sempre havia importado aço a preços altos (6-20 dólares por tonelada); agora, no meio de uma economia de guerra super-aquecida, as usinas do Leste não conseguiam suprir, nem as ferrovias transportar, o bastante desse aço de alto custo para fazer frente à demanda dos estaleiros do Pacífico. Embora Benjamin Fairless, da US Steel, afirmasse que "a justiça econômica abstrata não exige que a costa do Pacífico tenha uma grande indústria siderúrgica, do mesmo modo que não exige que Nova York plante suas próprias laranjas"[26], a carência

---

[23] John Gunther, *Inside USA*, cit., p. 71-2; e Mark Foster, "Patriot in Pinstripe: Shipbuilding", em *Henry J. Kaiser*, cit., p. 68-89 (capítulo 5).

[24] John Gunther, *Inside USA*, cit., p. 71.

[25] O modelo de Kaiser do acordo salarial expandido ou complexo, incluindo assistência médica (barateada por uma economia de escala), tinha uma poderosa influência sobre o sistema de dissídio coletivo finalmente forjado pelos sindicatos da CIO e pelos empregadores industriais principais no final dos anos 1940.

[26] Benjamin Fairless, citado em A. G. Mezerik, *The Revolt of the South and West*, cit., p. 265.

Sucata de sonhos

da guerra levou a empresa a propor uma nova usina integrada (minério a aço) numa mina de carvão do Utah. Argumentando, contudo, que o mercado do pós-guerra do Oeste não justificaria a capacidade extra adicionada pela usina, a US Steel exigiu que a Empresa de Produção para a Defesa pagasse o custo da construção.

Kaiser contrapôs a sua própria idéia, caracteristicamente audaciosa, de pedir o dinheiro emprestado ao governo para construir, por sua própria conta, um complexo siderúrgico de costa marítima na área de Los Angeles, usando a energia da barragem de Boulder (Hoover). Desde o princípio, isto foi tratado por todos os lados como uma declaração de independência do Oeste em relação aos Grandes do Aço, provocando, em proporções iguais, raiva em Pittsburgh e entusiasmo na Califórnia. Washington tentou satisfazer todos os lados, permitindo que a US Steel operasse a usina construída pelo governo em Geneva, Utah, enquanto emprestava 110 milhões de dólares a Kaiser via Empresa de Financiamento da Reconstrução[27]. O Departamento de Guerra, todavia, fosse por causa da histeria pós-Pearl Harbor ou do *lobby* dos Grandes do Aço (como Mezerik acreditava), insistiu para que o empreendimento de Kaiser fosse localizado pelo menos oitenta quilômetros para o interior, "longe de possíveis ataques japoneses"[28]. Essa restrição de localização foi considerada amplamente como uma forma de impedir a conversão da usina para a produção competitiva no pós-guerra. A sabedoria básica ensinava que um complexo integrado só poderia operar com lucro se a dependência de transporte ferroviário fosse limitada a uma "perna" de seu "tripé" de minério de ferro, carvão de coque e produtos de aço. Uma usina de costa marítima na Califórnia meridional foi considerada como tendo apenas uma chance magra de sobrevivência no mercado do pós-guerra; uma localização no interior, dependente de carregamentos de ferro e carvão vindos de centenas de quilômetros de distância, era encarada como uma impossibilidade econômica[29].

Mas Kaiser acreditava que "problemas eram apenas oportunidades usando roupas de trabalho", e recusou-se a ser intimidado. Calculou que economias radicais na tecnologia de mineração e produção de aço, juntamente com as vastas promessas do mercado de pós-guerra da Califórnia (drasticamente subestimado pelos Grandes do Aço), permitiriam que ele realizasse a conversão para produção de tempo de paz de forma lucrativa. Aceitando as condições

---

[27] Gerald Nash, é claro, está totalmente errado ao afirmar que Fontana foi construída "na maior parte às custas do governo". Ver Gerald Nash, *The American West Transformed: the Impact of the Second World War* (Bloomington, Universidade do Arizona, 1985), p. 28.

[28] Ibidem, p. 264.

[29] Ver a discussão em John E. Coffman, *The Infrastrutcture of Kaiser Steel Fontana: an Analysis of the Effects of Technical Change on Raw Material Logistics* (Tese de Mestrado, Los Angeles, Departamento de Geografia/Ucla, 1969), p. 1-2, 5 e 25-9.

Cidade de quartzo

desvantajosas do Departamento de Guerra, enviou seus engenheiros em busca de uma localização adequada no interior. Eles rapidamente fixaram seus olhos em Fontana.

O bebê de luxo da guerra

De Porcos para Ferro-Gusa![*]
O Aço de Fontana Construirá um Mundo Novo!
Slogans de Kaiser, anos 1940[30]

Naquele veranico de outono, antes de Pearl Harbor, o destino de Fontana parecia estar ligado para sempre a leitões, ovos e cítricos. Enquanto os moradores locais debatiam as perspectivas das barbadas do Hen Derby anual ou se atormentavam com a mortalidade crescente na alameda da Morte (bulevar Valley), os propagandistas da Fontana Farms vangloriavam-se de que o censo de 1940 "Prova que Fontana é a Melhor Comunidade Agrícola dos Estados Unidos!"[31]. A. B. Miller, agora em sociedade com a gigantesca Swift and Company, expandia-se mais poderoso do que nunca nos círculos agroempresariais do estado e na política conservadora do Inland Empire. Nesse momento, com uma pontualidade assustadora, a morte atingiu os fundadores de Fontana: Miller (abril de 1941), seguido em poucos meses pelo destacado empresário Charles Hoffman, o fundador do sistema de águas, William Stale, e o diretor de cítricos da Fontana Farms, J. A. McGregor[32].

Com o falecimento da geração pioneira, e a crescente consciência de que a Califórnia logo se tornaria o palco de operações para uma vasta guerra no Pacífico, osimpulsionadores, na primavera de 1941, iniciaram uma promoção xenófoba de Fontana como um local ideal para a indústria da guerra. O sucessor de Miller na Fontana Farms, R. E. Boyle, uniu-se ao supervisor local, C. E. Grier, e ao deputado federal Henry Sheppard, no aliciamento dos fontanenses para que aceitassem que "seu dever patriótico [...] baseado em verdadeiros princípios americanos" era criar a nova "Sociedade da Agricultura com a Indústria [da Guerra]"[33]. Mas seis meses de propaganda agressiva e fanfarronice patriótica não resultaram em uma só fábrica de munição ou indústria de aviação. Ao invés disso, a histeria que se seguiu a Pearl Harbor, quando aviões japoneses eram

---

[*] Em inglês *"From Pigs to Pig Iron!"*, um jogo de palavras intraduzível. (N. T.)

[30] Karen Frantz, "History of Rural Fontana and Decline of Agriculture", cit., p. 25; e *Fontana Herald-News*, 7/1/1943.

[31] Ibidem, 14/1/1941 e 21/1/1941

[32] Ibidem, 18/4/1941 (obituário de Miller), 16/5/1941 e 19/9/1941.

[33] Ibidem, 6/6/1941.

diariamente "localizados" sobre Long Beach ou Hollywood, deflagraram uma súbita corrida por residências "seguras" no interior. Nas primeiras semanas de 1942, a Fontana Farms estava vendendo dois ranchos por dia a ansiosos refugiados de Los Angeles[34]. Até mesmo o supervisor Grier, principal defensor da industrialização militar do Inland Empire, foi forçado a admitir que Fontana contribuiria "em grande medida para vencer a guerra com a produtividade de sua avicultura"[35]. Então veio o grande raio saído do quartel-general de Kaiser em Oakland[36].

Impedido de construir na costa marítima, Kaiser foi atraído para Fontana por duas razões diferentes. Por um lado, seus engenheiros e equivalentes da área militar avaliaram as vantagens já prontas dos investimentos de Miller em infra-estrutura: energia barata de Lytle Creek (agora aumentada pela barragem de Boulder), excelentes conexões ferroviárias próximas a dois pátios de manobras de grande porte (San Bernardino e Colton), e, o mais importante numa área semi-desértica, um suprimento de água autônomo e de baixo custo[37]. A fraqueza das reivindicações do governo local quanto à área de Fontana ainda não transformada em município também foi considerada uma vantagem. San Bernardino era um "condado rural pobre" com uma carga incomumente alta de assistência social, e Kaiser claramente preferia lidar, e, se necessário, atemorizar e intimidar seus funcionários pouco sofisticados, desesperados por qualquer tipo de investimento industrial, a enfrentar burocracias públicas mais poderosas e auto-confiantes em outros lugares.

Por outro lado, Kaiser ficou pessoalmente cativado pela utopia de Miller. Como em Richmond, ele colocava a engenharia social no mesmo nível das prioridades da engenharia de produção, visualizando que cítricos e galinhas poderiam mitigar a luta de classes.

> Ele via vantagens em construir numa área rural. Os trabalhadores de uma usina siderúrgica tinham a oportunidade de criar galinhas paralelamente ou plantar pomares. Kaiser acreditava que esses "*hobbies* agrícolas" criavam uma atmosfera mais relaxada, e os trabalhadores ficariam mais contentes. Era algo que não podia ser encontrado nas cidades siderúrgicas do Leste [e, conseqüentemente, uma vantagem em termos comparativos].[38]

---

[34] Ibidem, 29/5/1958 (lembranças dos anos de guerra).

[35] Ibidem, 2/1/1942 e 30/1/1942. O papel crítico da agricultura para a defesa nacional havia sido avidamente discutido pelos fontanenses no outono anterior. Ver Ibidem, 19/9/1941.

[36] O "raio" apareceu nos jornais locais em 6 de março de 1942. Ver ibidem.

[37] Karen Frantz, "History of Rural Fontana and Decline of Agriculture", cit., p. 26.

[38] Idem.

Cidade de quartzo

No primeiro aniversário do funeral de A. B. Miller, Kaiser deu início aos trabalhos num antigo rancho de Miller a poucos quilômetros a oeste da municipalidade de Fontana, seus buldôzeres literalmente espantando os porcos[39]. Sob a supervisão de veteranos de Grand Coulee e Richmond, as brigadas de choque da construção fizeram progressos vertiginosos. Em 30 de dezembro de 1942, o cheiro acre da fumaça do coque pairava sobre as plantações de cítricos, e, como celebrou um locutor de rádio local, Chet Huntley, a Sra. Henry J. Kaiser acionou o interruptor que deu início à combustão no gigantesco forno de fundição de 1200 toneladas, chamado, em sua honra, de "*Big Bess*". Uma cerimônia ainda mais elaborada, em maio de 1943, comemorou a primeira partida de aço. Cercado por astros de Hollywood e oficiais de alta patente das forças armadas, Kaiser – com estardalhaço típico – anunciou que Fontana era o início da "Era do Pacífico" e "um grande império industrial para o Oeste". Frotas de caminhões a diesel principiaram a longa viagem das placas feitas em Fontana para os estaleiros famintos por aço de Richmond e San Pedro[40].

A vasta usina de dois quilômetros quadrados e meio – o "bebê de guerra de luxo"[41] da Califórnia meridional – parecia ter irrompido da terra antes que os fontanenses tivessem a oportunidade de avaliar o impacto que teria sobre a sua pequena sociedade rural. Talvez por causa da velocidade da transição, não há registro de protestos contra a construção da usina. Os porta-vozes de Kaiser tranqüilizaram os residentes, dizendo que a usina "poderia ser erigida no meio de uma plantação de laranjas sem o mais leve dano às árvores"[42]. No final do primeiro ano, porém, evidências perturbadoras do contrário haviam se tornado óbvias. O carvão de coque inicialmente empregado em Fontana tinha alto teor de enxofre, produzindo vapores ácidos que mirravam as mudas e queimavam as folhas das árvores. Os rancheiros próximos à usina colheram *grapefruit* de suas árvores pela última vez em 1942[43]. Foi o começo do fim do éden de Miller, como também o início de um problema de poluição regional de grandes proporções.

Enquanto os fontanenses observavam suas árvores morrerem, Kaiser despedaçava a ilusão dos supervisores de olhos brilhantes do condado de San Bernardino, de que a usina seria uma enorme benesse súbita de impostos. Avaliada com alíquotas normais em julho de 1943, a companhia rejeitou a conta do condado

---

[39] *Fontana Herald-News*, 3/4/1942 e 10/4/1942.

[40] Ver *Business Week*, 2/11/1942; e *Fontana Herald-News*, 30/12/1942, 7/1/1943 e 14/1/1943. O Cal-Ship em San Pedro era operado pelos velhos companheiros de Kaiser, Stephen Bechtel e John McCone (futuro diretor da CIA).

[41] John Gunther, *Inside USA*, cit., p. 72.

[42] Ibidem, 3/4/1942.

[43] Entrevista com a família Barnhold, uma das primeiras a residir na rua Cherry, bem em frente à fábrica Kaiser. Ver também Karen Frantz, "History of Rural Fontana and Decline of Agriculture", cit., p. 27.

imediatamente, advertindo que "poderiam ser forçados a fechar a usina". Embora os repórteres ironizassem a ameaça obviamente absurda de cerrar as portas da novíssima usina de 110 milhões de dólares, os supervisores, apavorados, obedientemente reduziram a avaliação para uma pequena fração do original[44]. A concessão estabeleceu um precedente que permitiu aos representantes de Kaiser protestar contra qualquer perspectiva de aumento de impostos como uma forma de solapar a viabilidade econômica da usina. Em conseqüência, o condado de San Bernardino viu sua principal fonte potencial de impostos evoluir para se tornar um peso para os impostos em termos líquidos (um fato que ajuda a explicar a apatia oficial quanto ao fechamento da usina uma geração depois).

Como os especialistas haviam previsto, a principal dificuldade para produzir aço em Fontana era a organização do suprimento de matéria-prima. Kaiser podia adquirir fundente de dolomita e cal das minas locais, mas não havia alternativa senão desenvolver sua própria rede de minas cativas para se abastecer de ferro e carvão. Embora os geólogos tenham assegurado a Kaiser que o deserto do Mojave próximo possuía minério de ferro suficiente num raio de quinhentos quilômetros para abastecer a usina por vários séculos, a exploração dos depósitos mais ricos exigia investimentos custosos de tecnologia de mineração e instalação de trilhos. Inicialmente, Fontana era abastecida de minério da Mina Vulcan, perto de Kelso; depois da guerra, a companhia desenvolveu o grande complexo de Eagle Mountain, no condado de Riverside, com sua própria linha ferroviária e força de trabalho de quinhentos mineiros. O carvão de coque – a variável mais difícil do abastecimento – tinha que ser importado de Price, Utah, a 1300 quilômetros (em 1960, a Kaiser Fontana passou a utilizar minas novas no Novo México). De um modo geral, Fontana estava refinando minério de ferro de baixo custo com o carvão de coque de mais alto custo no país: uma equação que deixava seus custos de forno bem acima de outras usinas integradas (inclusive a usina junto à mina de carvão da US Steel no Utah[45]).

Apesar do fardo desses custos de abastecimento, Kaiser, em 1944, estava fazendo aço mais eficientemente do que qualquer especialista teria esperado, para construir navios em tonelagem maior do que qualquer especialista teria sonhado possível. Estava também produzindo alumínio, montando bombardeiros, misturando concreto, e até mesmo fabricando a "gosma" incendiária com a qual o Corpo de Aviação do Exército estava sistematicamente imolando Tóquio e Osaka. Nos píncaros de sua popularidade, havia boatos generalizados de que Kaiser era a escolha preferida de Roosevelt para seu companheiro de chapa na campanha

---

[44] *Fontana Herald-News*, 22/7/1943.

[45] *Steel Magazine*, 25/9/1944. Por outro lado, a Kaiser Steel em seus primeiros anos teve a oportunidade de tirar vantagem das barreiras informais erguidas em torno da Califórnia através das tarifas exorbitantes do transporte ferroviário e da própria sobretaxação dos monopólios de Pittsburgh.

Cidade de quartzo

para um quarto mandato. Enquanto isso, sua aliança com o New Deal havia catapultado as empresas Kaiser para o nível mais alto das firmas de propriedade privada, e, diferentemente da indústria de aviação da Califórnia, as operações eram totalmente independentes de Wall Street e dos bancos do Leste. (Quando não tomava emprestado dinheiro do governo, seu velho aliado Giannini colocava à disposição a maior linha de crédito isolada da América.)[46] Animado pelo sucesso de seus estaleiros e usinas siderúrgicas e de alumínio, Kaiser supervisionou uma arrojada expansão coordenada para entrar nos mercados do pós-guerra para assistência médica, eletrodomésticos, habitação, aviação e automóveis. Nos seus discursos do tempo da guerra, Kaiser apreciava acrescentar uma quinta "liberdade" às quatro originais de Roosevelt: "a liberdade da abundância"[47].

Ele reconheceu, com uma clarividência singular, que a conjuntura de poder sindical ascendente (que apoiava) e os avanços de produtividade de guerra iam finalmente deflagrar a revolução do consumo de massa que o New Deal havia prometido há muito. Calculou também que a demanda reprimida por habitação e carros, alimentada pelo fantástico volume de poupança forçada dos tempos da guerra, criava uma situação de mercado explosiva, na qual empresários independentes como ele poderiam encontrar a oportunidade do século para competir com os quinhentos da Fortune. Tudo dependia da velocidade de reconversão/reinstrumentação e da capacidade de oferecer o tipo de produto avançado com os quais os norte-americanos vinham sonhando desde a Feira Mundial de Nova York, em 1939.

Com falta de comedimento característica, Henry J. tentou expandir-se em todos os mercados simultaneamente. Seu empreendimento na aviação experimental teve vida curta, terminada quando ele abandonou, deixando para o obsessivo Howard Hughes o desenvolvimento posterior de seu protótipo de supertransporte, o notório "Spruce Goose"[48]. No campo da habitação produzida em série, por outro lado, Kaiser obteve um êxito substancial. Por duas décadas, ele já vinha construindo casas para os trabalhadores de seus estaleiros e barragens, e até mesmo planejando a concepção de comunidades inteiras. Também tinha discutido a crise nacional da habitação com pensadores seminais tais como Norman Bel Geddes, o projetista da famosa exibição Futurama na Feira Mundial de 1939. Pouco depois do V-J Day*, Kaiser anunciou dramaticamente uma "revolução habitacional": "a resposta da América às chamadas conquistas dos comunistas e fascistas". Criando "uma linha de montagem da fábrica ao canteiro

---

[46] Marquis James and Bessie James, *Biography of a Bank*, cit., p. 468.

[47] Ver a exposição de Henry J. Kaiser Jr. sobre os pontos de vista de seu pai em *Fontana Herald-News*, 10/12/1942.

[48] Ver Mark Foster, *Henry J. Kaiser*, cit., p. 1-2 e p. 179-82.

* Dia da capitulação dos japoneses. (N. T.)

Sucata de sonhos

de obras de quase 100 milhas" na Califórnia meridional (onde previu que a imigração atingiria um milhão por ano no período do pós-guerra imediato), empreendeu a construção de dez mil casas pré-fabricadas nas áreas de Westchester, North Hollywood e Panorama City. Desafiando uma carência aguda de material de construção comum, os engenheiros de Kaiser inovaram com placas de fibra de vidro, aço, tapumes de alumínio e gesso em folhas, enquanto "aplicava métodos de Richmond" para treinar exércitos de trabalhadores da construção, os quais Kaiser prontamente sindicalizava[49].

Mas as Residências Kaiser, por mais importantes que fossem para demonstrar a viabilidade da "construção residencial comercial", eram apenas um número secundário para o seu senhor. A verdadeira ambição de Henry J. era desafiar o sistema estabelecido empresarial do Leste em seu próprio campo. Infelizmente, ele optou por lutar contra Detroit e Pittsburgh ao mesmo tempo. "Investindo contra os mais perigosos e dramáticos moinhos de ventos americanos"[50], lançou a Kaiser–Frazer Motors numa gigantesca fábrica de bombardeiros convertida em Willow Run, Michigan, e, simultaneamente, colocou o aço de Fontana em competição direta com os Grandes do Aço pelo controle dos mercados do Oeste.

Somente um capitalista do Oeste havia tentado uma tal invasão declarada do Leste: Giannini, no fim dos anos 1920. Pela impudência de pleitear um lugar em Wall Street, Giannini foi temporariamente deposto em sua própria casa, quando J.P. Morgan montou um ataque retaliatório contra a Transamerica, a companhia bancária *holding* de Giannini[51]. (Como disse um diretor da Morgan a Giannini: "Certo ou errado, você faz o que te mandam aqui".)[52] Era uma justiça poética, portanto, que Giannini fosse aliado nos esquemas do pós-guerra de Kaiser, apresentando-o a Joseph Frazer, o capitalista rebelde de Detroit, como também apoiando-o na campanha para refinanciar o aço de Fontana.

A "debacle" da Kaiser-Frazer foi recentemente recontada na erudita biografia de Henry J. escrita por Mark Foster. Temendo demissões de pós-guerra, assim como uma reação anti-sindicato dos principais fabricantes de automóveis, a United Auto Workers havia implorado a Kaiser que convertesse as linhas de montagem de Willow Run (programadas para serem fechadas depois do V-J Day) para a produção de automóveis. Associado a Frazer, antigo diretor da Willys-Overland, e incentivado pelos sindicatos, Kaiser e seus engenheiros tentaram repetir o milagre de Richmond. Um ano depois de terem assumido o controle de Willow Run, haviam construído 100 mil carros e recrutado uma impressionante rede nacional de revendedoras. A onda de choque da Kaiser-Frazer de

---

[49]   *Fontana Herald-News*, 26/2/1946 e 19/9/1946;e Mark Foster, *Henry J. Kaiser*, cit., p. 132-4.

[50]   John Gunther, *Inside USA*, cit., (1951, edição revisada), p. 47.

[51]   Ver Livro Quatro, "Transamerican Titan", em Julian Dana, *A. P. Giannini*, cit.

[52]   Ibidem, p. 163.

Cidade de quartzo

1947 abalou os nervos nas suítes executivas de Dearborn Park e no Chrysler Building. Mas, endemicamente subcapitalizada diante das expansões de fábrica de bilhões de dólares e mudanças de modelo das principais empresas automobilísticas, a nova empresa mergulhou profundamente no vermelho. Nesse ínterim, Giannini tinha morrido, Wall Street havia boicotado as ações oferecidas por Kaiser, e Frazer havia renunciado. Depois do fracasso de uma remodelagem de última instância em 1954–1955, Willow Run foi vendida para a General Motors, e as matrizes despachadas para a América do Sul, onde carros com carrocerias Kaiser ainda foram feitos até a década de 1970. Embora Kaiser continuasse, por mais uma década, a construir jipes na sua subsidiária da Willys-Overland em Toledo, a invasão de Detroit pelo Oeste havia terminado[53].

Fontana, em contraste, era um sucesso desenfreado, apesar da oposição renitente dos Grandes do Aço e dos problemas financeiros comparáveis aos da Kaiser–Frazer. No período imediato de reconversão, com suas carências de aço e relações industriais turbulentas (1945–1946), a amizade de Kaiser com o CIO isentou Fontana da violenta greve siderúrgica nacional. Expandindo-se para novos mercados de produtos, sobretudo o de construção, a Kaiser Steel trabalhava a capacidade plena durante a falta de aço, até mesmo exportando para a Europa por um breve período. Mas, quando a greve da siderurgia conseguiu um acordo e a capacidade começou a se ajustar à procura, os problemas financeiros e logísticos inerentes de Fontana pareciam acenar fatidicamente[54].

Felizmente, os metalúrgicos de Kaiser produziram o tipo de descoberta técnica em Fontana que escapou às equipes de projetistas de Willow Run. Justamente como Henry J. havia prometido audaciosamente, seus engenheiros contrabalançaram seus altos custos de carvão reduzindo radicalmente as percentagens de coque e aumentando a eficiência dos altos-fornos. Do mesmo modo, em Eagle Mountain, os engenheiros de mineração de Kaiser foram pioneiros em novas formas de economizar na extração de minério, reduzindo seus custos de ferro ainda mais abaixo das médias do Leste. Em meados da década de 1950, Fontana era um padrão internacional para a produção siderúrgica avançada, atentamente estudada por autoridades do aço do Japão e de outros países de alto custo de matéria-prima[55].

Um problema mais intratável era o pagamento do empréstimo da Empresa de Financiamento da Reconstrução (RFC) que havia construído Fontana. Com o Congresso recapturado pelos republicanos em 1946, e seus aliados do New Deal abandonando a administração Truman aos bandos, Kaiser ficou politicamente

---

[53] Ver John Gunther, *Inside USA*, cit., p. 73-74; e Mark Foster, *Henry J. Kaiser*, cit., p. 142-64.

[54] *Iron Age*, 7/10/1948.

[55] Ver John E. Coffman, *The Infrastructure of Kaiser Steel Fontana*, cit.; J. S. Ess, "Kaiser Steel – Fontana", *Iron and Steel Engineer 31*, fev. 1954; e C. Langdon White, "Is the West Making the Grade in the Steel Industry?", *Stanford Business Research Series 8*, 1956.

Sucata de sonhos

isolado. Sob o fogo do Congresso por alegado enriquecimento ilícito nos seus contratos de construção naval dos tempos de guerra (uma calúnia, alegou, que foi espalhada pelos seus inimigos empresários do Leste), não conseguiu persuadir a RFC a descontar ou refinanciar nem uma parcela de seu empréstimo de 1942. A despeito do apoio liberal (o *New Republic* denunciou a RFC por trair o Oeste nas "tentativas de construir suas próprias siderúrgicas e se livrar do controle do Leste"), e inumeráveis resoluções de câmaras de comércio, Kaiser havia exaurido sua capacidade de fazer dívidas políticas. Para esfregar sal nas suas feridas, a Administração dos Patrimônios de Guerra leiloou a usina de Geneva, Utah, para a US Steel (o lance *mais baixo*) por meros vinte e cinco centavos por cada dólar do custo[56].

Se a demanda de aço tivesse enfraquecido nesse ponto precário, a Fontana poderia ter naufragado. Porém, uma transação para um grande gasoduto transcontinental forneceu à Kaiser Steel garantias de valor inestimável, enquanto a súbita deflagração da Guerra da Coréia ressuscitou a indústria da construção naval da Costa Oeste. Seguindo o conselho da família Giannini (que também estendeu o crédito da Fontana), Kaiser abriu o capital de suas operações siderúrgicas. A elite empresarial de Los Angeles, comandada pelo herdeiro do *Los Angeles Times* Norman Chandler (que tornou-se um diretor da Kaiser Steel), e pelo velho amigo John McCone, acorreu à primeira oferta de ações, permitindo que Henry J. pagasse o empréstimo da RFC em 1950[57].

Com acesso maior ao capital privado, e com um mercado da Califórnia meridional em crescimento acima de todas as expectativas, a Kaiser Steel expandiu-se e se diversificou. Duas expansões do pós-guerra acrescentaram um segundo altoforno, assim como unidades de tubos, tiras e placas de estanho; uma usina de peletização revolucionária foi instalada em Eagle Mountain; e, em 1959, o governador Brown uniu-se à Henry J. para a inauguração de um forno a oxigênio básico de última geração. Com uma força de trabalho de oito mil pessoas, e planos na prancheta para duplicar a capacidade, a Kaiser Steel era um pigmeu nacionalmente, mas um gigante regional. Em 1962, numa atitude que "foi um grande passo no sentido de eliminar aquele antigo ditado 'preços ligeiramente mais altos a oeste das Rochosas'", a Kaiser Steel reduziu acentuadamente seus preços. O aço do Leste foi praticamente expulso do mercado, deixando a Fontana, juntamente com a US Steel em Geneva, com o co-monopólio da Vertente do Pacífico[58].

---

[56] Ibidem, p. 102-3; e A. G. Mezerik, *The Revolt of the South and West*, cit., p. 266.

[57] Ibidem, p. 103-5; Marquis James e Bessie James, *Biography of a Bank*, cit., p. 493-4; e Robert Gottlieb e Irene Wolt, *Thinking Big: the Story of the Los Angeles Times* (Nova York, Putnam, 1977), p. 244.

[58] Ver Neil Morgan, *Westward Tilt: the American West Today* (Nova York, Random House, 1963), p. 29; e Kaiser Steel Company, *Annual Reports* (1959 e 1965).

Cidade de quartzo

Igualmente reconfortante, a Kaiser Steel parecia continuar na linha de frente das relações industriais esclarecidas. Embora, diferentemente de 1946, a Fontana tivesse fechado durante a longa greve da siderurgia de 1959, ela rompeu com os Grandes do Aço para encampar as propostas da Trabalhadores Siderúrgicos Unidos – de um gigantesco plano de participação nos lucros, a fim de integrar a transformação tecnológica à estrutura do dissídio coletivo. Primeiro foi estabelecido um comitê tripartite, com um membro do estado, para estudar os conflitos entre regras locais de trabalho e a introdução da automação. Depois, em 1963, a companhia e o sindicato, com uma considerável cerimônia, formalizaram o Plano de Participação nos Lucros a Longo Prazo, um marco histórico (baseado livremente no chamado "plano Scanlon"), cujas fórmulas e cláusulas complexas supostamente compensariam adequadamente os trabalhadores pela aceitação de um rápido aumento de produtividade. O plano, cujos partidários originais haviam incluído a elite dos especialistas acadêmicos em relações industriais e dois futuros Secretários do Trabalho (Goldberg e Dunlop), tornou-se o protótipo da administração Kennedy para o dissídio coletivo da era da Nova Fronteira, e foi logo citado como tal em todos os livros didáticos de relações industriais[59].

Essa foi a idade de ouro da Kaiser Steel, Fontana – nau capitânia da economia industrial do pós-guerra do Oeste. Nem o capitão no convés, nem a tripulação embaixo, podiam ver o *iceberg* econômico à frente.

Holocausto em Fontana

Os brancos do Sul compõem a maioria da população de Fontana. Eles trouxeram para aquela comunidade seus padrões retrógrados de comunidade, seus cultos religiosos de disseminação do ódio.
O'Day Short, assassinado pelos vigilantes de Fontana em 1946[60]

Para centenas de refugiados das secas vindos do Sudoeste, ainda trabalhando em pomares no início da Segunda Guerra Mundial, a Kaiser Steel era o final feliz para *As vinhas da ira*. A construção da usina drenava os trabalhadores do vale de San Bernardino, criando uma carência de mão-de-obra agrícola que não foi reduzida até a chegada dos *braceros* em 1943. Kaiser originalmente acreditava que podia aplicar seus métodos de Richmond para configurar a força de trabalho de Fontana: deixar as equipes de construção prontas e "treiná-las para fazer aço em dez dias", sob a orientação de especialistas contratados no Leste. Mas subestimou

---

[59] Para a história do acordo, ver William Aussieker, "The Decline of Labor-Management Cooperation: the Kaiser Long-Range Sharing Plan", Irra, *35th Annual Proceedings*, p. 403-9. Para o texto de livro didático típico de celebração do plano, ver James Heney (org.), *Creative Collective Bargaining* (Englewood Cliffs, Prentice Hall, 1965); e Herbert Blitz (org.), *Labor-Management Contracts and Technological Change* (Nova York, Praeger, 1969).

[60] O'Day Short, citado em *Eagle*, 20/12/1945.

Sucata de sonhos

o folclore e o conhecimento tecnicamente especializados, transmitidos apenas por meio de comunidades hereditárias de siderúrgicos, que eram essenciais para fabricar aço. Foram divulgados, conseqüentemente, apelos urgentes pelos vales siderúrgicos da Pennsylvania, Ohio e West Virginia, recrutando especialistas em aço isentos de convocação militar para Fontana[61].

O impacto de cinco mil siderúrgicos e suas famílias na rusticidade local foi previsivelmente desagregador. O estoque de habitações disponíveis em Fontana e no oeste do Condado de San Bernardino (também cobiçadas por famílias de militares recém-chegados) ficou rapidamente esgotado. Com poucos dispositivos de zoneamento para controlar a anarquia, todo tipo de moradias temporárias e abaixo dos padrões mínimos brotaram em Fontana e nos distritos vizinhos como Rialto, Bloomington e Cucamonga. A maioria da equipe original de altos-fornos ficou morando num estacionamento de *trailers* afetuosamente conhecido como "Kaiserville". Os que vieram depois muitas vezes eram obrigados a morar nos seus carros. Os antigos colonos de Fontana Farms se viram sob grande pressão de empreendedores e especuladores para vender. Outros converteram seus galinheiros em barracos para alugá-los a trabalhadores solteiros – uma forma de habitação primitiva que ainda era comum durante os anos 1950[62].

Embora certas áreas de Fontana mantivessem seu charme milleriano, sobretudo no centro da vila de telhas vermelhas ao longo de Sierra, com seu teatro *art déco* e lojas prósperas, havia casas de *jukebox* e hotéis de caminhoneiros dados a tumultos, e muitas vezes arruaças, as quais criavam um ambiente diferente ao longo da auto-estrada Arrow e do bulevar Foothill. Rialto era perto – presumivelmente a localização do cassino de Eddie Mars no *The Big Sleep*, de Chandler – e adquiriu uma reputação notória como um centro de jogo abertamente livre e refúgio dos mafiosos de LA (uma reputação que recuperou nos anos 1990, como a capital das gangues de crack do Inland Empire). Neste ínterim, o incessante tráfego de caminhões resultante da usina, juntamente com a proximidade da cidade em relação à Estrada 66 (e, hoje, às Interestaduais 10 e 15), fizeram de Fontana um centro regional de transporte de carga de grande porte, com postos de abastecimento e cafés 24 horas na periferia em intensa atividade[63].

A Fontana em pleno *boom* dos anos 1940 deixou de ser uma comunidade coerente ou um tecido cultural. Tornou-se uma *bricolage* colorida mas dissonante

---

[61] Karen Frantz, "History of Rural Fontana and Decline of Agriculture", cit., p. 27-30; e *Fontana Herald-News*, 12/8/1943.

[62] Entrevistas com operários metalúrgicos veteranos, a pioneira família Barnhold, John Piazza e Dino Papavero, e com minha própria família (residente em Fontana de 1941 a 1949). Ver também *Fontana Herald-News*, 31/12/1942, 22/7/1943 e 12/8/1943; assim como a retrospectiva da edição de 29/5/1955.

[63] Idem.

de plantadores *Sunkist*, avicultores eslovenos, jogadores, mafiosos, caminhoneiros em trânsito, *okies* industrializados, *braceros*, além do Corpo de Aviação do Exército (nas bases próximas) e siderúrgicos transplantados com suas famílias. Era também uma fronteira racial, onde famílias negras tentavam levar adiante suas próprias aspirações modestas a uma casa de rancho ou a um emprego na usina. Embora, como a guerra no Pacífico estivesse terminando, existisse uma aura otimista de sol e prosperidade no oeste do vale de San Bernardino, havia também conotações cada vez maiores de fanatismo e histeria racial. Finalmente, logo antes da noite de Natal de 1945, aconteceu a atrocidade. O assassinato brutal (e seu subseqüente acobertamento oficial) de O'Day Short, sua esposa e duas crianças, marcou Fontana indelevelmente – pelo menos aos olhos dos californianos negros – como situada violentamente abaixo da linha Mason-Dixon*.

Ironicamente, Fontana havia sido uma das poucas localidades do Cinturão dos Cítricos onde se havia permitido aos negros estabelecer comunidades. Durante os anos 1940, toda semana o *Eagle* – jornal negro progressista de Los Angeles – trazia anúncios destacados de "lotes ensolarados e frutíferos na área de Fontana"[64]. Para os comprimidos residentes do gueto superlotado da avenida Central, bloqueados por cláusulas restritivas (LA Jim Crow) de se mudarem para áreas suburbanas como o vale de San Fernando, Fontana deve ter sido tentadora. Além disso, os estaleiros Kaiser de Richmond eram o maior empregador de trabalho negro da costa, e havia uma esperança generalizada de que essa nova usina siderúrgica seria um empregador igualmente isento de discriminação. A realidade em Fontana era que os negros eram segregados nas suas próprias propriedades – uma espécie de gueto dos cítricos – na várzea rochosa acima da avenida Baseline, no "norte de Fontana", vagamente delineado. Enquanto isso, na usina, negros e *chicanos* ficavam confinados aos departamentos mais sujos – fornos de coque e altos-fornos (uma situação inalterada até o início da década de 1970).

O'Day Short, já conhecido em Los Angeles como ativista dos direitos civis, foi o primeiro a questionar a segregação residencial de Fontana, comprando terra na cidade (na rua Randall) no outono de 1945. A atitude de Short coincidiu com o ressurgimento da Ku Klux Klan por toda a Califórnia meridional, à medida que os supremacistas brancos se mobilizavam para fazer frente a soldados negros e *chicanos* militantes que retornavam. No começo de dezembro, Short foi visitado por "vigilantes", provavelmente homens da Klan, que ordenaram que ele se mudasse, ou sua família correria risco. Short não cedeu, comunicando as ameaças ao FBI e ao xerife do condado, além de alertar a imprensa

---

* Linha que estabelecia a divisão entre o Sul e o Norte dos Estados Unidos na época da Secessão. (N. T.)

[64] Ver praticamente qualquer das edições do *Eagle* nos arquivos da Biblioteca da Califórnia Meridional para a Pesquisa Social.

negra de Los Angeles. Em vez de fornecer proteção, os auxiliares do xerife aconselharam Short a sair antes que alguma "coisa desagradável" acontecesse à sua família. A Câmara de Comércio de Fontana, ansiosa para manter os negros acima da Baseline, se ofereceu para indenizar Short. Ele recusou[65].

Poucos dias depois, no dia 16 de dezembro, a casa de Short foi consumida em chamas de "intensidade incomum". Vizinhos relataram que haviam ouvido uma explosão, depois viram "bolhas de fogo" no chão, e a família correndo de sua casa com as roupas incendiadas. A esposa de Short e seus filhos pequenos morreram quase imediatamente; sem saber de suas mortes, ele resistiu mais duas semanas em agonia. Segundo uma versão, Short finalmente morreu ao ser brutalmente informado pelo procurador do distrito quanto ao destino de sua família. (O procurador do distrito foi mais tarde criticado por romper com a política do hospital de proteger Short de novos traumas.)[66]

A imprensa local deu à tragédia uma cobertura inabitualmente discreta, citando a opinião do procurador do distrito de que o incêndio havia sido um acidente[67]. O fato de ter havido um inquérito com autópsia (no dia 3 de abril de 1945) foi aparentemente devido à pressão do NAACP e da imprensa negra. "Ao contrário do que é de praxe nesses casos", o procurador do distrito, Jerome Kavanaugh, se recusou a permitir que as testemunhas depusessem sobre as ameaças dos vigilantes à família de Short. Ao invés disso, Kavanaugh descreveu para os autos a entrevista que havia realizado com Short no hospital, "na qual o homem enfermo repetidamente dizia que estava doente e perturbado demais para fazer um depoimento, mas cedeu à pressão e sugestionamento constantes, acabando por dizer que o incêndio parecia acidental 'tanto quanto ele sabia'." Os funcionários dos bombeiros de Fontana, concedendo que não tinham nenhuma evidência, especularam que o holocausto poderia ter sido causado pela explosão de uma lâmpada de querosene. O júri do inquérito, sem o material retrospectivo sobre as ameaças dos vigilantes, decidiu conforme se esperava, que os Shorts haviam morrido em "um incêndio de origem desconhecida". O xerife indeferiu uma investigação de incêndio criminoso[68].

A comunidade negra de Fontana – muitos dos quais "já haviam sido eles mesmos admoestados pelo ajudante do xerife 'Tex' Carlson para que aconselhassem os Short a sair" – foram "unânimes em rejeitar a teoria do 'acidente'." O residente negro mais famoso de Fontana, Shelton Brooks (compositor de "Darktown Strutter's Ball"), exigiu uma investigação em regra de incêndio criminoso. J. Robert Smith, comba-

---

[65] Ver *Eagle*, 20/12/1945; Charlotta Bass, *Forty Years: Memoir from the Pages of a Newspaper* (mimeo, Los Angeles, 1960), p. 135-6; e *The Militant*, 2/2/1946.

[66] Charlotta Bass, *Forty Years*, cit.; e *The Militant*, 2/2/1946 e 23/3/1946.

[67] *Herald-News*, 3/1/1946.

[68] *Eagle*, 3/1/1946; e *Daily Word*, 2/1/1946.

Cidade de quartzo

tivo editor do *Tri-Country Bulletin*, o jornal negro que atendia ao Inland Empire, deplorou o acobertamento oficial do "genocídio" – uma acusação reiterada pelos amigos de Short, Joseph e Charlotta Bass, editores do *Eagle* de Los Angeles[69].

O caso tornou-se uma breve *cause célébre* nacional, depois que o NAACP de Los Angeles, liderado por Lorenzo Bowdoin, contratou um renomado especialista em incêndios criminosos, Paul T. Wolfe, para examinar as evidências. Assinalando que a suposta causa do incêndio, a lâmpada de querosene, havia sido recuperada intacta, ele encontrou evidências substanciais de que a casa de Short havia sido deliberadamente empapada de uma quantidade de óleo de carvão para que se produzisse uma combustão explosiva de fúria máxima. Ele concluiu que "não havia a menor sombra de dúvida de que o fogo era de origem incendiária". Nesse ínterim, o *Tri-County Bulletin* descobriu que o relatório original do xerife havia "misteriosamente" desaparecido de seu arquivo, enquanto o *Eagle* levantava dúvidas fundamentais sobre o presumido testemunho de Short para o procurador do distrito Kavanagh. Foram realizadas manifestações de massa em San Bernardino e Los Angeles, enquanto dezenas de sedes locais dos sindicatos, organizações judaicas progressistas e grupos de direitos civis endossavam a reivindicação do NAACP por uma investigação especial do "linchamento terrorista em Fontana", chefiada pelo procurador-geral da Califórnia, Robert Kenny, um liberal (outro dos favoritos de Gunther). O líder do Conselho Católico Inter-racial, Dan Marshall, apontou que "o assassinato é a conseqüência lógica da discriminação", enquanto o líder comunista Pettis Perry descrevia o caso de Short como "o mais lamentável já ocorrido na Califórnia"[70].

Mas era difícil manter o holocausto de Short em evidência. O procurador-geral Kenny teve êxito em banir temporariamente a Ku Klux Klan da Califórnia, mas não fez nenhuma tentativa de reabrir a investigação do caso Short ou expor o acobertamento oficial pelas autoridades de San Bernardino. O NAACP de Los Angeles, ponta de lança da campanha, rapidamente passou a se preocupar com a luta reacesa contra a discriminação habitacional na região Centro-Sul de Los Angeles[71]. O Partido dos Trabalhadores Socialistas, trotskista, continuou na sua própria campanha sectária durante a primavera de 1946, mas usou o caso Short basicamente para criar polêmica contra Kenny (possível candidato democrata para

---

[69] Charlotta Bass, *Forty Years*, cit.; *Eagle*, 17/1/1946 e 31/1/1946; *The Militant*, 2/2/1946.

[70] *Daily World*, 6/2/1946 e 14/2/1946; *Eagle*, 7/2/1946; *The Militant*, 11/2/1946.

[71] O período entre o V-J Day de 1945 e o outono de 1946 testemunhou a ascendência da resistência branca aos direitos civis em Los Angeles: distúrbios provocados por jovens brancos de escolas do ensino médio, tiros não justificados da polícia, queima de cruzes na Universidade da Califórnia Meridional, um veredito judicial em apoio a cláusulas contratuais restritivas e, em 7 de maio de 1946, o atentado a bomba da Klan contra uma residência negra na região Centro-Sul de Los Angeles. Ver os arquivos do *Eagle*; e Charlotta Bass, *Forty Years*, cit.

governador) e os comunistas que os apoiavam[72]. No final, à medida que os protestos declinavam, os vigilantes venceram a batalha: os negros ficaram ao norte de Baseline (e nos fornos de coque) por mais uma geração, e o destino da família Short, prováveis vítimas da supremacia branca, foi oficialmente esquecido[73].

Porém, a Fontana do começo do pós-guerra tinha dificuldade em evitar a notoriedade. Se a imprensa minimizava o caso Short, sensacionalizava o julgamento por assassinato de Gwendelyn Allis – esposa de um policial local que confessou ter atirado na amante de seu marido, uma professora jovem e bonita de Fontana chamada Ruby Clark. Numa época em que inúmeros filmes de Hollywood na linha Joan Crawford estavam começando a fazer sermões contra a moral do pós-guerra e a igualdade dos sexos, o julgamento de Wallis tornou-se um pára-raios para os valores em confronto. As moças brigavam com suas mães, os maridos discutiam com as esposas, os casamentos, segundo se conta, chegavam a terminar por causa da justificativa de Gwendelyn para matar Ruby: ela era uma "mulher solteira e ardilosa que trabalhava". Sua surpreendente absolvição em março de 1946 foi recebida por todo o país tanto com raiva quanto com comemorações. No tribunal em San Bernardino, ela foi "cercada por mulheres solidárias" – na maioria donas de casa que há muito sofriam como ela, tendo se tornado suas fãs incondicionais no decurso dessa novela da vida real[74].

Finalmente, para reforçar permanentemente a nova imagem louca de Fontana, 1946 foi também o ano em que o núcleo original dos Hell's Angels começou a se formar na área. Segundo a lenda, os fundadores eram tripulantes de bombardeiros desmobilizados, saídos diretamente das páginas do *Catch 22* de Heller, os quais rejeitavam o retorno à vida civil normal. Qualquer que seja a história verdadeira, a gangue baseada em Fontana certamente participou dos famosos distúrbios de motoqueiros em Hollister (julho de 1947) e Riverside (julho de 1948) que foram imortalizados por Marlon Brando em *O selvagem* ("a resposta dos motoqueiros a *Agora brilha o sol*")[75]. Quando a pressionada American Motorcycle Association denunciou o "1% de foras-da-lei", os proto-Angels receberam o rótulo como sua distinção de honra. Numa convenção de "umpor-centos" em 1950, os Hell's Angels foram formalmente organizados; a seção de Fontana–Berdoo tornou-se a seção "mãe", com autoridade exclusiva para

---

[72] *The Militant*, 23/3/1946.

[73] Todavia, a luta pelos direitos civis continuou em Fontana. Por exemplo, no começo de 1949 pastores da igreja AME local processaram um café de Fontana por discriminação no atendimento de balcão. Ver *Eagle*, 13/1/1949.

[74] Ver *Herald-News*, 14/3/1946.

[75] Hunter Thompson, *Hell's Angels: A Strange and Terrible Saga* (Nova York, Random House, 1966), p. 90.

Cidade de quartzo

estabelecer novos ramos. A filosofia de fundação do grupo era sucintamente explicada por um membro de Fontana: "Nós somos uns filhos-da-puta para o mundo, e eles são uns filhos-da-puta para nós."

Embora Berdoo continuasse durante os anos 1960 como a capital nominal do motociclismo fora-da-lei, o poder dentro dos Angels deslocou-se cada vez mais para a seção ultra-violenta de Oakland, comandada por Sonny Barger, que também projetou o grupo no tráfico de narcóticos de grande porte[76]. Como definiu Hunter Thompson, "os Berdoo Angels fizeram o clássico erro de Dick Nixon de 'chegar ao auge' cedo demais". Há duas versões diferentes da história de seu declínio. Segundo "Freewheelin' Frank", o secretário nazista lisérgico da seção de San Francisco, Berdoo foi arruinada pela sedução da indústria do cinema e um advogado-agente chamado Jeremiah Castelman, que os convenceu de que ficariam ricos vendendo camisetas dos Hell's Angels[77].

Na outra versão da história, eles foram expulsos das ruas pela repressão policial. Depois da publicidade mórbida em torno de um estupro e duas brigas violentas, os Angels de Berdoo se tornaram a *bête noire* do Chefe do LAPD William Parker, que organizou uma coligação de órgãos de repressão para esmagar a seção. Estabelecendo barreiras policiais nos itinerários favoritos dos motociclistas, como a Pacific Coast Highway e a Ridge Route, ele gerou "um arrocho tão incessante que os poucos que insistiram em usar as cores [jaquetas dos Angels] foram forçados a agir mais como refugiados do que como foras-da-lei, e a reputação da seção foi declinando no mesmo grau". Em 1964, quando Thompson estava circulando com a seção de Oakland, Fontana – "coração do território da seção de Berdoo" – havia sido pacificada no essencial. Os Angels locais "não conseguiam nem reunir quorum" para uma cena de motociclistas fora-da-lei em um filme de Sal Mineo: "alguns estavam na cadeia, outros haviam abandonado e muitos dos melhores espécimes haviam ido para o norte, para Oakland"[78]. A despeito de seu eclipse, porém, a seção de Berdoo nunca se desfez. Uma geração depois do relato de Thompson, os Angels primordiais ainda estão fechados em seus redutos de Fontana, causando problemas suficientes para terem conseguido o cancelamento de um grande show de motociclismo no Centro de Los Angeles (em fevereiro de 1990), depois de uma violenta colisão com outra gangue[79].

---

[76] Para uma narrativa a partir de dentro da ascensão de Oakland, ver George Wethern (com Vincent Colnett), *A Wayward Angel* (Nova York, Richard Marek Publishers, 1978).

[77] Frank Reynolds (conforme relatado a Michael McClure), *Freewheelin' Frank* (Nova York, Grove Press, 1967), p. 110-1.

[78] Hunter Thompson, *Hell's Angels*, cit., p. 59-62. Thompson faz uma interessante argumentação sobre o fato de que a tática de desgaste utilizada pela polícia contra os Berdoo Angels foi um precedente para o esforço da polícia pela "limpeza das ruas" durante os movimentos pacifistas dos anos 1960 (p. 60).

[79] *Los Angeles Times*, 15/2/1990.

Dias de cidade industrial

Para Abel, conseguir a indicação em Fontana, o pivô das relações públicas da administração McDonald, seria uma vitória psicológica definitiva.

John Herling[80]

Depois das transições turbulentas, e às vezes, violentas dos anos 1940, Fontana se acalmou nas rotinas de uma jovem cidade industrial. O *boom* da Guerra da Coréia aumentou a força de trabalho da Kaiser em quase 50% e estimulou uma nova imigração do Leste, que reforçava o peso social das famílias de siderúrgicos tradicionais. A empresa dedicou novos recursos para organizar o tempo de lazer de seus empregados, enquanto o sindicato assumiu um papel mais ativo na comunidade. As complexas subculturas de especialidades na usina entrecruzavam-se com a auto-organização étnica para gerar grupelhos concorrentes e diferentes trilhas para a mobilidade. Ao mesmo tempo, à sociologia familiar da interação comunidade-usina se sobrepuseram os estilos de vida peculiares da herança milleriana de Fontana e sua localização nas fronteiras da Los Angeles metropolitana e do deserto do Mojave. Embora os habitantes locais continuassem a brincar que Fontana era apenas Aliquippa com sol, a cidade estava evoluindo no sentido de uma comunidade de classe trabalhadora *sui generis*.

Com isso não se pretende negar que havia muito de Aliquippa (ou Johnstown ou East Pittsburgh) em Fontana. Os imigrantes de Mon Valley acabaram sendo a força dominante na Seção Local 2869 da United Steel Workers. Dino Papavero, por exemplo, que era presidente da seção local no início da década de 1970, mudou-se de Aliquippa em 1946 porque seu pai estava preocupado com uma recessão de pós-guerra em Jones e Laughlin. Entre os siderúrgicos da Pennsylvania, era crença generalizada que Kaiser, na Califórnia em expansão, era à prova de recessão. John Piazza – vice-presidente de Papavero e líder do Fontana School Board em 1990 – chegou ao Condado de San Bernardino pela primeira vez (de Johnstown, Pennsylvania) como um dos "jóqueis de tanque" de Patton que treinavam para o Saara no Mojave. Enquanto pedia carona na Estrada 66 para a USO* de Hollywood, ficou intrigado com um cartaz de rua que divulgava a abertura da Kaiser Steel. Depois da guerra, se viu aprisionado num círculo interminável de demissão e readmissão na Bethlehem, que parecia impedir qualquer

---

[80] John Herling, *Right to Chalenge: People and Power in the Steelworkers Union* (Nova York, Harper e Row, 1972), p. 207.

* A United Service Organization é uma organização particular sem fins lucrativos que oferece serviços de recreação para as tropas norte-americanas, sobretudo em centros de recepção como o de Hollywood. (N. T.)

Cidade de quartzo

avanço no caminho para uma posição melhor por tempo de serviço. Juntamente com outros conterrâneos de Johnstown, partiu para Fontana – inicialmente morando em um dos galinheiros convertidos – porque a Kaiser se promovia como uma fronteira de oportunidades para trabalhadores mais jovens[81].

Esses jovens imigrantes de Mon Valley rapidamente descobriram que a mobilidade dentro da usina ou do sindicato em Fontana, como em Aliquippa e em Johnstown, dependia da mobilização de lealdades nos grupos étnicos e de trabalho. A etnia local mais velha e de maior destaque era a dos eslovenos. Seu núcleo comunitário – um grupo de mineiros de carvão do Ohio que havia reunido pequenas economias – foi para Fontana nos anos 1920 como avicultores, estabelecendo um ramo poderoso da Sociedade Nacional Beneficiente Eslovena, uma grande sala de reunião e um asilo para a velhice. Alguns de seus filhos trabalhavam na usina. Embora apenas informalmente organizados, os "Roadrunners" da Virginia do Oeste e os *okies* constituíam subculturas distintas dentro tanto da usina quanto da comunidade. Mas era a seção local dos Filhos da Itália – atraindo siderúrgicos jovens e ambiciosos, escolados na rua, como Papavero e Piazza – que acabou gerando todo um quadro de líderes sindicais durante os anos 1960 e 1970.

Embora o distrito da Califórnia meridional da USW (Trabalhadores do Aço Unidos), nos anos 1950 e começo dos 1960, com o diretor Charles Smith e seu companheiro, Billy Brunton, fosse um baluarte legalista do presidente internacional Donald McDonald, a Local 2869, com seus transplantes de Mon Valley, tornou-se uma fonte constante de contestação. Muitos trabalhadores da Kaiser ressentiam-se dos poderes quase absolutos de Smith e Brunton, além de sua capacidade de negociar sem consultar os trabalhadores numa situação em que a Local 2869 era de longe a maior unidade do distrito. Em 1957, as bases registraram dramaticamente seu descontentamento, elegendo Tom Flaherty, porta-voz local do movimento nacional anti-McDonald (o Comitê do Protesto pelo Devido), como presidente da 2869. Depois de diversas greves-relâmpago, a administração da Kaiser exigiu que McDonald interviesse para forçar a local "a cumprir suas obrigações contratuais". Obedientemente, a internacional impôs uma "administração" sobre a 2869 e depôs Flaherty e seus seguidores[82].

Embora a "lei e a ordem" estivessem agora oficialmente restabelecidas dentro de Fontana pela ação policial da internacional, a oposição havia sido simplesmente empurrada para a clandestinidade. Em 1963–1964, os antigos defensores do protesto pelo devido (liderados por Joe e Minnie Luksich) haviam recebido a adesão de trabalhadores mais jovens, revoltados com as desigualdades

---

[81] Entrevistas com Dino Papavero e John Piazza, membros da Steel Workers' Oldtimers Foundation, Fontana, mai.1989.

[82] John Herling, *Right to Chalenge*, cit., p. 198-212.

salariais geradas pelo novo plano de "frutos do progresso". Para esfregar sal nas feridas das bases, o Comitê dos Nove, que administrava o plano, virtualmente ignorava a Local 2869 e Fontana, preferindo conduzir suas deliberações no ambiente mais agradável de um balneário em Palm Springs. Em conseqüência, "a situação se deteriorou tanto no verão de 1964, que os membros fizeram piquete na sala de reuniões do sindicato. Seus cartazes diziam: "USWA Injusta com o Trabalho Organizado" e "Pagamento Igual para Trabalho Igual". Nesse momento, Ronald Bitoni, antigo presidente do comitê de reivindicação da usina, começou a unificar as diferentes facções da oposição em torno da insurreição nacional de I.W. Abel, um funcionário dissidente apoiado por Walter Reuther. Na sua história da bem-sucedida campanha de Abel, John Herling descreveu Fontana tanto como a "gema das conquistas de McDonald na cooperação mão-de-obra—administração" quanto o calcanhar de Aquiles de seu poder no Oeste. No dia da eleição, 9 de fevereiro de 1965, dezenas de milhares de siderúrgicos pró-Abel, no coração oposicionista dos vales do Ohio e do Monogahela, observavam nervosamente para ver como Fontana, a 3 mil quilômetros de distância, votaria. A vitória indiscutível de Abel por 2782 a 1965 dentro da Local 2869 anunciou o fim do *ancien régime*[83]. Mas, ao mesmo tempo, advertia quanto ao profundo descontentamento das bases com o modelo de participação nos lucros de "livro didático". Em poucos anos, muitos sindicalistas da Kaiser estariam tão alienados da administração "reformista" de Abel quanto haviam estado do absolutismo de McDonald.

Enquanto a Local 2869 estava lutando para aumentar o controle local sobre o plano de participação nos lucros, a relação entre a empresa e a cidade estava evoluindo de modo muito curioso. Apesar do estereótipo de ser uma "cidade de empresa" da Kaiser, Fontana jamais foi tal coisa. Quando Fontana se tornou município, em 1952, a usina foi deixada fora dos limites da cidade, na sua própria "ilha de condado" de baixos impostos. Como não contribuía diretamente para o orçamento da cidade, a Kaiser não possuía o poder de pressão fiscal despótico que as siderúrgicas do Leste convencionalmente exerciam sobre seus governos locais cativos. Nem a área de Fontana jamais foi o local onde morava a maioria da administração da Kaiser. À diferença de Bethlehem ou Johnstown, nenhum distrito de subúrbio empresarial ou clube de campo projetava o poder político

---

[83] Ibidem, p. 207-11, 265-6 e 280. A essência da alienação da Local 2869 foi resumida por um partidário de McDonald: "A insatisfação se desenvolveu por causa da discrepância salarial entre aqueles que recebiam sob o regime do plano de participação nos lucros e aqueles que recebiam sob o regime do plano de incentivos [os trabalhadores mais velhos]. Acrescente-se a isso que o Comitê dos Nove não consultou as lideranças sindicais locais. [...] Tudo o que as lideranças locais obtivera foi uma decisão que lhes foi baixada pelos reis da cocada preta lá de cima". Ibidem, p. 212.

Cidade de quartzo

e social da administração para a comunidade. Os administradores, ao invés disso, vinham de cidades de telhas vermelhas mais elegantes, como Redlands, Riverside e Ontario, diariamente para o trabalho. A presença dominante em Fontana era, antes, o imenso salão de reunião do sindicato em Sierra. Comerciantes e profissionais locais eram deixados numa dependência relativamente sem mediação da boa vontade dos fregueses e vizinhos trabalhadores industriais. Embora nunca diretamente controlado pelo sindicalismo, o governo de Fontana, em conseqüência, tinha uma tendência a ficar em termos amigáveis com o sindicato.

Porém, enquanto se esquivava ao controle direto, a companhia ainda desempenhava um papel onipresente na vida comunitária. A localização da usina, longe das luzes da grande cidade, estimulava a organização do tempo de lazer em torno do local de trabalho. O diretor de pessoal da Kaiser nos anos 1950 e 1960, Vernon Peake, administrava um dos mais abrangentes programas de recreação de empresa a oeste do Mississipi. A estrutura interna da sociedade da usina era vividamente reproduzida na composição das seis ligas de boliche da Kaiser, durante a grande coqueluche desse esporte nos anos 1950. Enquanto a Hot Metal enfrentava a Cold Roll na séria Liga dos Siderúrgicos, os Bulb Snatchers faziam frente aos Pencil Pushers na Liga de Fontana, e a Slick Chicks travava uma contenda com a Pinettes na Liga das Moças [sic]. Como outras cidades siderúrgicas, Fontana se orgulhava de seus "suadouros" de sexta-feira à noite, e havia geralmente meia dúzia de profissionais e dezenas de amadores treinando no clube de boxe da usina. Os Roadrunners e os *okies* eram especialmente ativos nos vários clubes de tiro e caça da fábrica, enquanto outros se filiavam ao popular clube de pesca[84].

Mas a Fontana operária também desfrutava de recreações que eram geralmente prerrogativas da administração na organização de castas mais rígidas das cidades siderúrgicas do Leste. O golfe era popular em alguns departamentos da produção, e ativistas sindicais de destaque eram freqüentemente vistos nos campos. Outros siderúrgicos escolhiam tênis, dedicavam-se a jantares, eram geólogos amadores, ensaiavam com a excelente sociedade teatral local, ou até mesmo faziam biscates como dublês em Hollywood. Outros corriam em *stockcars*, competições de automóveis e motociclismo, ou simplesmente passavam os fins de semana circulando pelo Mojave em seus bugres[85]. Qualquer que fosse sua preferência, a questão era que Fontana tendia a se ver de modo diferente — como mais igualitária e aberta de pensamento (pelo menos para os trabalhadores brancos) — do que as culturas siderúrgicas deixadas para trás nos vales do Ohio.

---

[84] De um álbum de recortes do Departamento de Pessoal da Kaiser durante os anos 1950, encontrado no meio dos entulhos por Dino Papavero durante a demolição da fábrica em 1985. A maioria dos registros históricos da sociedade que era a usina foram injustificadamente jogados fora.

[85] Ibidem.

A demolição de Big Bess

A usina de Fontana tem condição de competir com qualquer outra do mundo. (1980)
Não se pode fundir aço, lucrativamente, num vale residencial. (1981)
Elliot Schneider, "especialista" em indústria siderúrgica[86]

Como sempre acontece, o declínio e a queda da Kaiser Steel foram um acúmulo de ironias. O futuro começou a fugir de Fontana, não no meio de uma recessão, mas no auge do *boom* do Vietnã. A Kaiser foi forçada a sair de um mercado em rápida expansão. Outra ironia foi que, embora os executivos da Kaiser, nos últimos dias, se queixassem amargamente de que Washington os havia abandonado diante da competição japonesa, a empresa havia colaborado avidamente com essa mesma competição, numa vã tentativa de se restruturar como fornecedora de recursos siderúrgicos. A Kaiser foi literalmente amarrada a seu próprio foguete empresarial.

Depois de acender seu primeiro Forno de Oxigênio Básico (BOF) em 1959, a Kaiser Steel foi negligente com a modernização da usina por quase quinze anos. Tendo arrancado o Oeste das mãos de Pittsburgh, parou de olhar para trás na competição. Nesse ínterim, as siderurgias européia e asiática estavam avançando rapidamente com uma revolução tecnológica que incluía conversão integral para BOF e a introdução da fundição contínua. A Kaiser lutou contra os japoneses, seus protegidos de outras épocas e principais concorrentes (cujas usinas originais a "gosma" feita pela Kaiser havia incinerado em 1945), com tecnologia da época de Pearl Harbor, que incluía fornos de soleira aberta, fundição de barras antiquada, altos-fornos de 35 anos e fornos de coque superpoluidores, verdadeiros dinossauros. Embora a Kaiser protestasse que a indústria siderúrgica japonesa desfrutava de subsídios estatais "injustos", isso mal pode explicar porque seu programa de investimentos (a companhia estava com lucro até 1969) não conseguiu sustentar a modernização tecnológica. Se a Kaiser Steel desperdiçou sua liderança técnica outrora formidável, foi porque, diferentemente dos mais concentrados japoneses, propositadamente desviava seu fluxo de caixa para estratégias de acumulação alternativas.

Na verdade, Fontana e as outras mais ou menos cinqüenta empresas Kaiser eram um legado de difícil manejo. Depois da aposentadoria de Henry J., que se retirou para o Havaí em meados da década de 1950, as Indústrias Kaiser evoluíram como uma empresa de controle familiar de uma afinidade cada vez menor com o mundo da produção. Uma administração financeira ortodoxa tornou-se a ordem do dia, no lugar das soluções técnicas brilhantes para os problemas. Com esse ponto de vista de quem basicamente vive de renda, a Kaiser Aluminum, com suas margens de lucro constantemente altas, tornou-se a querida da família. O

---

[86] *Los Angeles Times*, 6/9/1980 e 4/11/1981.

Cidade de quartzo

planejamento de longo prazo das Kaiser Industries se concentrou em como complementar as vendas de alumínio para a Bacia do Pacífico com outras exportações de produtos básicos. Quando, no começo dos anos 1960, a procura por aço dos japoneses começou a disparar (em conseqüência dos primeiros estágios de uma expansão "fordista", puxada pelos mercados internos), as Indústrias Kaiser (o principal acionista da Kaiser Steel) estavam mais preocupadas em fornecer matérias-primas para essa demanda do que com as implicações futuras da capacidade expandida dos japoneses para a competição internacional. Especificamente para a Kaiser Steel, isto levou a um desvio fatal do seu orçamento de modernização da usina para adquirir jazidas de ferro na Austrália e minas de carvão na Columbia Britânica, numa orientação exportadora. Eagle Mountain foi também reformada dispendiosamente, com uma elaborada usina de peletização acrescentada a fim de processar minério de ferro para exportação para o Japão. Desse modo, nos anos antes da notória aquisição, pela US Steel, da Marathon Oil com fundos arrancados de sua força de trabalho siderúrgica básica em nome da "modernização", a Kaiser Steel estava se reestruturando, com o desvio das melhorias de capital, a fim de exportar recursos para seu principal competidor, enquanto permitia que sua própria usina industrial se tornasse obsoleta[87].

A Guerra do Vietnã – que deu o empurrão inicial na ofensiva de exportação do Japão – transformou drasticamente as relações econômicas em torno do anel do Pacífico. Em 1965, as importações de aço japonesas representavam um décimo do mercado da Costa Oeste dos EUA; no final da guerra, uma década depois, quase metade do aço da Califórnia era feito na Ásia, e o estado estava oficialmente incluído na definição de "mercado doméstico" da indústria siderúrgica japonesa. A Kaiser Steel obteve grandes lucros exportando ferro e carvão para os japoneses, apenas para ver essas matérias primas enviadas de volta para eles sob a forma de Toyotas e vigas para arranha-céus. Juntamente com a usina de Geneva da US Steel (ainda inteiramente de soleira aberta, uma vez que a modernização das usinas da empresa havia se concentrado no Leste), a Kaiser Fontana mal conseguia suprir metade da demanda do Oeste, e estavam impedidas no que diz respeito a um aumento de capacidade por causa de sua inaptidão tecnológica, em termos de custos, para competir com o aço estrangeiro. Desse modo, os japoneses, e cada vez mais os coreanos e os europeus também, tiveram condições de açambarcar todo o crescimento do *boom* do Vietnã na demanda de aço do Oeste. O assim chamado "mecanismo de gatilho de preços", adotado pela administração Carter por insistência dos Grandes do Aço, somente piorou a situação na Costa Oeste. Os gatilhos de preço eram

---

[87] KSC, *Annual Report*, 1961, 1963, 1964, 1966 e 1971.

Sucata de sonhos

baixos demais para evitar as importações japonesas e, por serem regulados a um nível mais alto no Leste, na realidade encorajavam os produtores da Comunidade Européia a despejar aço na Califórnia[88].

Nesse ínterim, a decantada paz trabalhista da Kaiser estava começando a se desfazer. No decorrer dos anos, as relações entre trabalhadores e administradores haviam se calcificado no nível da produção – uma situação que foi exacerbada pelo recrutamento de gerentes truculentos dos Grandes do Aço durante os anos 1970. Ao mesmo tempo, as fórmulas incrivelmente complexas do Long Range Sharing Plan continuaram a gerar desigualdades salariais, as quais já haviam gerado protestos em 1964–1965. Os trabalhadores que mantinham sua participação no antigo esquema de incentivos estavam ganhando aumentos salariais a índices drasticamente mais altos do que os dos participantes do esquema de poupança geral (uma tendência que também agravava a tensão entre gerações dentro do sindicato). Do mesmo modo, a remuneração do LRSP parecia arbitrariamente desvinculada dos esforços de produtividade individuais[89].

Diante de uma nova onda de descontentamento das bases, o presidente da Local 2869 recentemente eleito, Dino Papavero, convocou uma votação de greve em fevereiro de 1972. A resultante paralisação de 43 dias foi a primeira greve "por questões locais" – exceto pelas duas greves-relâmpago de 1957 – da história da usina. Papavero, que visualizava claramente a ameaça das importações, esperava que a greve fosse uma válvula de escape, liberando tensões acumuladas e abrindo caminho para uma nova trégua entre a administração e os trabalhadores. Com o incentivo da empresa, deflagrou-se um movimento de "círculo de qualidade" para toda a usina, num esforço de última instância para aumentar a produtividade a níveis competitivos. Embora os trabalhadores cooperassem em centenas de aperfeiçoamentos, a administração parecia deixar-se levar sem maior empenho, recusando-se a implementar o amplo programa de modernização do capital que era necessário para salvar a usina. Além disso, havia a tradicional discrepância entre as prioridades da Local 2869 e os objetivos da Internacional. O diretor regional da United Steel Workers, George White – como sempre preocupado com o impacto das inovações da Kaiser sobre os Grandes do Aço – opôs-se ao precedente de enfraquecimento das regras de trabalho representado pelos círculos de qualidade. Ele recebeu o apoio, além disso, das bases de Fontana, descontentes com a longa paralisação e temerosas da perda de seus direitos de tempo de serviço conquistados com esforço e das claras fronteiras de função. Em

---

[88] Ver a análise retrospectiva em KSC (Form 10-K) *Annual Report* 1980; e *Los Angeles Times*, 31/7/1977, 24/4/1978 e 9/2/1979.

[89] Ver William Aussieker, "The Decline of Labor-Management Cooperation: the Kaiser Long-Range Sharing Plan", cit., p. 403-9.

Cidade de quartzo

1976, Papavero, o principal defensor do cooperativismo no espírito histórico do LRSP, foi derrotado por uma plataforma mais confrontacionista[90].

O ano de 1976 foi de fato cheio de maus presságios. Os lucros da siderurgia haviam se desintegrado completamente, e os ganhos líquidos da Kaiser Steel eram sustentados exclusivamente pelos lucros das exportações de recursos. O tão adiado programa de modernização, visando a uma conversão integral para BOF e fundição contínua, foi finalmente iniciado, apenas para deparar-se imediatamente com queixas quanto ao papel da usina como principal poluidor da região. Desde os anos 1960, Fontana havia surgido como o epicentro literal da poluição do ar na Califórnia meridional, e a enorme coluna de fumaça acre da Kaiser Steel tornou-se indissoluvelmente vinculada, na consciência pública, à crise da poluição do ar no Inland Empire[91].

A situação real era consideravelmente mais complexa: fotografias aéreas tiradas pela Kaiser durante a greve de 1972, quando a usina estava inteiramente paralisada, não demonstravam nenhuma redução da poluição do ar[92]. Além disso, muitos ex-operários siderúrgicos ainda crêem veementemente que o pavor da poluição da Kaiser foi propositadamente fabricado por empreendedores do setor imobiliário que encaravam a usina – lançando ou não fumaça – como um fator externo altamente negativo para a construção residencial na área de Fontana-Cucamonga. À medida que o West End do Condado de San Bernardino caía sob a "sombra urbana" de Los Angeles e do Condado de Orange, os valores das propriedades com potencial para empreendimentos imobiliários entraram cada vez mais em conflito com o papel da empresa como principal empregador local. Inevitavelmente, o debate sobre a poluição refletia esses interesses materiais divergentes. Enquanto, em estranha união, os empreendedores do setor imobiliário se tornaram aliados dos ambientalistas na reivindicação de um enorme esforço despoluidor em Fontana, a força de trabalho da Kaiser uniu-se à sua administração para protestar contra os custos da redução. Como colocou um ex-operário siderúrgico, "bolas, aquela fumaça era nossa prosperidade"[93].

No final, a Kaiser foi forçada a assinar um termo de consentimento com o Conselho de Controle da Poluição do Ar da Califórnia meridional, que designava 127 milhões de dólares para a redução da poluição. Isto significava mais da

---

[90] Entrevista com Dino Papavero, mai. 1989; ver também William Aussieker, "The Decline of Labor-Management Cooperation: the Kaiser Long-Range Sharing Plan", cit., p. 405-6; e *Los Angeles Times,* 2/2/1972 e 28/3/1972.

[91] KSC, *Annual Report,* 1976, 1977; e *Los Angeles Times,* 25/12/1976.

[92] "And the Smog Stayed On", panfleto distribuído pela Kaiser Steel, 1972.

[93] "Bill", em discussão na Fundação dos Operários Siderúrgicos Veteranos, Fontana, mai.1989. Ver também *Los Angeles Times,* 30/5/1978.

Sucata de sonhos

metade do orçamento de modernização[94]. De certa forma, como conseqüência – de 1975 a 1979, enquanto a "modernização" estava sendo implementada –, o sindicato foi forçado a aceitar uma triagem dolorosa. A capacidade foi impiedosamente restringida, à medida que as instalações mais antigas foram eliminadas – incluindo o forno de soleira aberta, a solda a frio, as unidades de tubulação e laminação, e, finalmente, o BOF original. Os fornos de coque poluidores e ineficientes, por outro lado, foram considerados caros demais para substituir e deixados intactos. Fontana, numa angústia silenciosa, começou a perder o seu futuro em lenta hemorragia. Quatro mil trabalhadores mais jovens – filhos, irmãos e algumas filhas – foram demitidos por razões de antigüidade. Com a companhia assegurando que a nova tecnologia restauraria a competitividade dos preços, a Local 2869 aceitou a destruição parcial como um sacrifício necessário para salvar a usina e a comunidade de operários siderúrgicos[95].

Quando, finalmente, o novo chefe da Kaiser Steel, Mark Anthony, inaugurou as instalações modernizadas numa elaborada cerimônia no dia 9 de fevereiro de 1979, proclamou a "rededicação a fabricar aço no Oeste" da empresa[96]. Mas a nova tecnologia – inclusive o BOF 2, o fundidor contínuo e os controles de emissões de última geração – provaram-se cruelmente decepcionantes. Os custos iniciais estavam assombrosamente acima do orçamento, e a poluição dos antiquados fornos de coque continuavam a envolver a usina em batalhas com órgãos de controle da qualidade do ar federais e locais. Diante dessa situação em deterioração, e com o propalado programa de modernização quase se arrastando, Anthony foi afastado, e Edgar Kaiser Jr. assumiu o controle pessoalmente, assessorado por especialistas do banco de investimentos de sua família, First Boston. Embora os publicitários da empresa louvassem um retorno da "mágica de Kaiser" à administração ativa, a maioria dos trabalhadores estava cética[97]. O neto de Henry J. era amplamente considerado um playboy, mais interessado em seus brinquedos, como o Denver Broncos, do que em salvar a atormentada indústria siderúrgica da Califórnia[98].

A desconfiança tornou-se generalizada à medida que a verdadeira estratégia da família Kaiser foi sendo gradualmente revelada. Anos mais tarde, Edgar Jr. confessou a um entrevistador que, apesar de todas as promessas em contrário, ele tinha sido mandado a Fontana por seu pai em 1979 como um liquidante:

> Nós dois estávamos em lágrimas. Eu sabia o que significava. Ninguém mais entendia, mas eu sabia o que tinha que fazer [...] desmembrar a maior parte da Steel. Vendi

---

[94] KSC (Form 10-K), *Annual Report*, 1980.

[95] *Los Angeles Times*, 6/9/1980 e 10/9/1980.

[96] Ibidem, 9/2/1979.

[97] Ibidem, 27/9/1979.

[98] Entrevista com Dino Papavero e John Piazza, mai.1989.

Cidade de quartzo

muitas das divisões da Steel. Meu primeiro dia no trabalho foi o de um filho pródigo que retorna. Eu tinha que sair à caça de 30% da força de trabalho de Fontana [...] Com certeza não teve graça.[99]

A família Kaiser, na realidade, tinha entabulado negociações com a Nippon Kokan KK, a quinta maior siderúrgica do mundo[100]. Os Kaisers queriam que os japoneses assumissem Fontana enquanto restruturavam a Kaiser Steel como fornecedora de insumos para a Nippon Kokan. Isso era, talvez, a conseqüência inevitável do preconceito de longo prazo da empresa no sentido de insumos ao invés de produtos siderúrgicos. Mas, para a consternação de Oakland, a Nippon Kokan não mordeu a isca como esperado. Seguindo inspeções técnicas detalhadas de Fontana por suas equipes de engenharia, o gigante japonês, ao invés disso, educadamente declinou a oferta da Kaiser[101].

Quando a Kaiser Steel ficou sem capital e suas ações desabaram nas bolsas, uma segunda transação de fusão foi apressadamente articulada e oferecida para a LTV, empresa sediada em Dallas. As negociações entraram em colapso diante da recessão Volcker–Reagan, que mergulhou a indústria siderúrgica dos EUA na sua pior crise desde 1930[102]. Na costa Oeste, como foi explicado no capítulo 5, a manufatura local de fábricas subsidiárias foi varrida por um tufão de importações asiáticas. No momento mesmo em que o destino de Fontana dependia de uma determinação de ferro para sobreviver – como durante a luta de Henry J. para pagar o empréstimo da RFC, depois da Segunda Guerra Mundial –, os herdeiros da Kaiser estenderam a mão para a corda do alçapão financeiro. O acalentado objetivo de uma restruturação orientada para os insumos foi abandonado em favor de uma liquidação gradual da Kaiser Steel.

A fim de manter Fontana temporariamente à tona como uma atração para compradores potenciais, e para puxar para cima os valores das ações, com a intenção de tranqüilizar o pânico dos acionistas, os Kaisers venderam as reservas de minério australianas, as minas de carvão da Columbia Britânica e a subsidiária de transporte de minério da Libéria[103]. Edgar Jr. deixou de ser o presidente-executivo em 1981, depois de, como prometido, "desmembrar a maior parte da Steel"[104]. A nova equipe de gerência, depois de alguns meses de bravatas quanto a uma "cruzada" para salvar os altos-fornos, chocou os sobreviventes das reduções anteriores com o anúncio de que a extração de minério em Eagle Mountain e a

---

[99] Entrevistado no *Los Angeles Times*, 4/8/1985.

[100] KSC, *Annual Report*, 1979.

[101] KSC (Form 10-K), *Annual Report*, 1980; *Los Angeles Times*, 24/10/1979 e 22/11/1979.

[102] Ver KSC; e *Los Angeles Times*, set. 1980.

[103] *Los Angeles Times*, 2/6/1979.

[104] KSC, *Annual Report*, 1981.

Sucata de sonhos

siderurgia básica em Fontana seriam gradualmente paralisadas, enquanto as instalações de fabricação modernizadas foram postas à venda. Mal passados dois anos depois de sua "rededicação" cerimoniosa, BOF 2 e o fundidor contínuo estavam sendo alienados como sucata, um prejuízo de 231 milhões de dólares[105].

A Local 2869 cerrou fileiras para uma última resistência da melhor maneira que pode, mas a quantidade de amigos e recursos que possuía era tragicamente pequeno. Uma iniciativa desesperada para negociar concessões salariais e de controle do trabalho por garantias de proteção do emprego foram desdenhadas pela empresa, antes de serem integralmente vetadas pela Internacional[106]. Enquanto os membros horrorizados assistiam à preparação de mais duas mil demissões, a Local agarrou-se à tábua de salvação de uma aquisição por parte dos empregados, um "ESOP"[107]. A British Steel, há muito interessada em encontrar um mercado estável na costa Oeste para suas placas de aço, sinalizou que estava pronta para considerar uma ligação com uma usina de Fontana reestruturada sob propriedade ESOP. A Local 2869 contratou o grupo Kelson como consultores e mandou representantes a Sacramento para fazer *lobby* com o governador Brown e a liderança democrata[108]. No fim, porém, a intransigência da Kaiser quanto à ESOP afastou a British Steel, ao passo que a intervenção governamental em defesa de Fontana – ou, nesse aspecto, de qualquer outra das usinas industriais pesadas que naufragavam – foi descartada pela nova *entente cordiale* de Jerry Brown com a Távola Redonda empresarial da Califórnia.

Enquanto isso, os líderes do condado de San Bernardino estavam divididos quanto às implicações do fechamento da Kaiser Steel. Tendo-se vangloriado durante anos que a Kaiser bombeava quase um bilhão de dólares por ano na economia local, eles ficavam receosos em relação à perda de tantos contracheques. Mas a apreensão era temperada com alegria em relação à idéia de valores ascendentes de imóveis e da eliminação do principal estigma ambiental do condado. Em conseqüência, com exceção do deputado democrata pró-sindicato George Miller, as elites e políticos locais ficaram imóveis.

Diante de tal inércia na estrutura de poder local, a única esperança que restava para a Local 2869 poderia ter sido uma mobilização militante comunidade-trabalhadores contra os fechamentos que aliavam Fontana a fábricas e comunidades

---

[105] *Los Angeles Times*, 4/11/1981.

[106] Ibidem, 27/8/1980 e 13/2/1982.

[107] O Esop (Employee Stock Ownership Plan [Plano de Propriedade de Ações dos Empregados]) dividiu a Local 2869 em duas facções duramente opostas, com o presidente Frank Anglin a favor, e Ralph Shoutes liderando a oposição. Anglin ganhou a última eleição local por estreita margem em abril de 1982. *Fontana Herald-News*, 8/4/1982.

[108] Ver William Aussieker, "The Decline of Labor-Management Cooperation: the Kaiser Long-Range Sharing Plan", cit., p. 408; e *Los Angeles Times*, 14/8/1982.

Cidade de quartzo

igualmente ameaçadas, como Bethelhem–Maywood, General Motors–South Gate, ou US Steel–Torrance[109]. Infelizmente, não havia tradição de comunicação ou apoio mútuo entre as forças de trabalho das grandes fábricas da Califórnia. Além disso, os sindicatos internacionais e as federações trabalhistas do condado tendiam a se opor a qualquer iniciativa de sindicatos locais ou das bases que ameaçassem suas prerrogativas. Quando os rudimentos de tal frente unida – a Coalizão Contra o Fechamento de Fábricas – finalmente surgiram em 1983, era muito pouco e tarde demais para salvar Fontana. Na melhor das hipóteses, alguns dos sobreviventes conseguiram lançar uma bóia de salvação: a Fundação dos Antigos Metalúrgicos, que tem ajudado os sindicalistas a lidar com as amargas conseqüências em Fontana e Bethlehem.

Os pretendentes inescrupulosos

> *A maneira pela qual a Kaiser Steel chegou a esse estado lamentável é uma tragédia norte-americana.*
> Revista *Forbes*[110]

Enquanto a Local 2869 estava infrutiferamente procurando por amigos em posições importantes, a Kaiser Steel era como a esposa de Ulisses, Penélope: infeliz e perseguida por centenas de pretendentes inescrupulosos. A despeito da relutância de outras siderúrgicas em assimilar Fontana às suas operações, não havia carência de predadores empresariais ansiosos para se aproveitar das reservas financeiras da companhia. Em seguida à venda das propriedades minerais do exterior, a empresa ficou temporariamente encharcada de liquidez – segundo uma estimativa, quase meio bilhão de dólares[111]. Muitos analistas de Wall Street acreditavam que a usina havia sido subestimada. Com uma administração hábil, eles acreditavam que o núcleo modernizado poderia ser reconfigurado como uma "mini-usina" lucrativa, utilizando placas importadas ou limalha local[112].

Enquanto o novo presidente-executivo (o sexto em sete anos), Stephen Girard, discutia com a família Kaiser sobre os termos da venda, sindicalistas e acionistas desesperados voltaram-se para o investidor de San Francisco Stanley Hiller, o

---

[109] Na recessão Volcker-Reagan de 1979–1983, aproximadamente 20 mil empregos foram perdidos no setor de produtos de aço e de ferro da Califórnia, e o número de filiados do United Steel Workers caiu 41%. Ver Anne Lawrance, "Organization in Crisis: Labor Union Responses to Plant Clousures in California Manifacturing, 1979-83" (Berkeley, Departamento de Geografia/ Universidade da Califórnia, 1985), p. 55-7.

[110] Allan Sloan e Peter Fuhrman. "An American Tragedy", *Forbes*, Nova York, 20/10/1986.

[111] Sobre a acumulação dessa reserva de caixa, ver *Los Angeles Times*, 18/10/1979, 6/9/1980 e 4/11/1981.

[112] Idem.

Sucata de sonhos

qual, segundo os rumores, representava os especuladores bilionários Daniel Ludwig e Gaith Pharaon. A oferta de Hiller de 52 dólares por ação apaziguou a família Kaiser, mas Girard, tentando reter o controle sobre uma reserva financeira ainda estimada em 490 milhões, rompeu as negociações. Os Kaisers, apoiados pelo sindicato (que acreditava poder interessar o grupo de Hiller no seu conceito de ESOP), mobilizou outros grandes acionistas para se sobrepor a Girard[113]. Em março de 1982, porém, quando Girard restabeleceu as conversações com Hiller, os custos incorridos pelas instalações siderúrgicas desativadas, originalmente estimados em 150 milhões de dólares, atingiam, segundo admitido, quase 530 milhões, incluindo 112 milhões em custos de demissão de pessoal. As obrigações colaterais em saúde e benefícios para a força de trabalho dispensada pareciam intimidar especialmente o grupo de Hiller, o qual, para consternação de sindicalistas e acionistas, retirou-se abruptamente em 11 de março[114].

A empresa prontamente movimentou-se para reivindicar isenções de impostos, leiloando seu equipamento siderúrgico básico como se fosse sucata: um golpe de misericórdia que matou qualquer esperança de ressurreição com base em ESOP[115]. No final de outubro de 1985, a última partida de minério de ferro de Eagle Mountain foi fundida para fabricar aço; por mais um mês, uma equipe de serviço mínimo de oitocentos (remanescentes de uma força de trabalho que outrora atingia 9 mil) laminou as placas restantes para fazer bobinas, folhas e placas. Às quatro horas da tarde do sábado 31 de dezembro, a Kaiser Steel de Fontana morreu[116].

Enquanto milhares de trabalhadores da Kaiser e suas famílias choravam o afundamento da nau capitânia da indústria da Califórnia, tubarões de terno cinza circulavam em torno dos bens desvalorizados da Kaiser Steel, agora não mais sofrendo a hemorragia de 12 milhões de dólares por mês em déficits operacionais. O primeiro a atacar foi o *corporate raider* Irwin Jacobs, de Minneapolis – conhecido no ramo como "Irv, o liquidador" – que havia se tornado o principal acionista depois da retirada de Hiller[117]. Temerosos de que ele simplesmente "engoliria" a empresa, a administração da Kaiser Steel cerrou fileiras por trás do lance rival do investidor do Oklahoma, J. A. Frates. Então, como foi noticiado

---

[113] *Los Angeles Times*, 5/2/1982.

[114] Ibidem, 16/3/1982.

[115] O *People's World*, de jan.1984, manifestava espanto com as leis fiscais que tornavam tão "lucrativo" sucatear a fábrica. "Os lucros líquidos advindos da destruição da única 'produção integrada' do Oeste podem exceder a todos os lucros realizados com atividades empresariais desde o final da Segunda Guerra Mundial."

[116] *Herald-News*, 2/1/1984; e *Los Angeles Times*, 4/8/1985.

[117] *Los Angeles Times*, 27/5/1983.

Cidade de quartzo

mais tarde pela *Forbes*, "Monty Rial subitamente apareceu, desconhecido e sem ser convidado", pavoneando-se como um Butch Cassidy empresarial, e brandindo a firma de advocacia altamente poderosa Wachtell, Lipton, Rosen e Katz. Posando como um barão do carvão do Colorado (embora suas propriedades nunca tivessem realmente produzido uma tonelada de carvão), Rial penetrou no jogo de controle da Kaiser Steel jactando-se de que poderia reestruturar lucrativamente a empresa em torno de suas bilhões de toneladas de reservas de carvão de alto teor no Utah e no Novo México.

O que Jacobs e Frates não se deram conta, ou não se preocuparam em descobrir, era que Rial estava simplesmente blefando. Enquanto sitiava o patrimônio de meio bilhão de dólares da Kaiser, o "Perma Group" de Rial era, ele mesmo, menos líquido do que alguns dos bares de Fontana, nos quais os exsiderúrgicos resmungavam. Segundo a *Forbes*, o "Perma Group não podia pagar nem o preço de suas cópias xerox. Uma copiadora local estava perseguindo a empresa para receber uma conta de 1200 dólares, a qual o Perma pagou em doze prestações mensais." Tudo bem: um Frates impressionável e absurdamente crédulo admitiu Rial – "*it rhymes with smile*" [rima com sorriso] – como sócio meio a meio. Em fevereiro de 1984, eles fizeram um lance superior ao de Jacobs para assumir o controle da Kaiser Steel, oferecendo 162 milhões de dólares em dinheiro e 218 milhões de dólares em ações preferenciais.

Os setores mais viáveis da usina de Fontana foram imediatamente vendidos – por 110 milhões de dólares (exatamente a quantia que Kaiser havia tomado por empréstimo da RFC em 1942) – para um consórcio surpreendente que incluía um empresário de Long Beach, a gigantesca Kawasaki Steel do Japão e a Companhia Vale do Rio Doce, do Brasil. Numa demonstração assombrosa de como a nova economia globalizada funciona, a California Steel Industries (como se denomina o consórcio) emprega um remanescente dessindicalizado da força de trabalho da Kaiser, sob supervisão japonesa e britânica, para laminar e beneficiar placas de aço importados do Brasil, a fim de competir no mercado local contra as importações coreanas. Nesse ínterim, foi proposto que a abandonada Eagle Mountain, cujos minérios de ferro estão 7 mil quilômetros mais próximos de Fontana do que os do Brasil, se tornasse um gigantesco vazadouro para os resíduos sólidos não-degradáveis que estão sendo produzidos pelos subúrbios em expansão do Inland Empire.

Enquanto os fontanenses tentavam absorver essa estranha dialética econômica, Rial – o cara que não podia pagar sua conta de xerox dez meses antes – estava conquistando o controle da empresa das mãos de Frates (e transferindo seu quartel-general para o Colorado). Seu método de financiar a aquisição foi engenhoso: ele vendeu para a Kaiser Steel, a preços incrivelmente inflacionados, reservas de carvão adicionais que possuía e que a empresa não chegava a necessitar. O impacto das duas aquisições lastreadas por títulos foi praticamente devastador. As reservas financeiras originais de meio bilhão de dólares foram reduzidas para 500 mil dólares, à medida que os tubarões iam fugindo com seus espólios[118]. Além disso, a companhia estava inapelavelmente afundada em novas dívidas, integralmente desnecessárias. Enquanto o resto da imprensa empresarial estava celebrando a contribuição dos *corporate raiders* para tornar a economia "mais enxuta e mais verde", dois jornalistas da *Forbes* viam uma moral diferente na história do saque da Kaiser Steel por Frates e Rial, sem que eles gastassem um centavo do dinheiro deles:

> Frates realizou uma aquisição clássica sem dinheiro de entrada dos anos 1980. A Kaiser Steel mudou de mãos por 380 milhões de dólares. De onde veio o dinheiro? Não dos bolsos dos participantes da aquisição. O grupo Frates usou 100 milhões de dólares emprestados pelo Citibank e 62 milhões de dólares da própria Kaiser para pagar 22 dólares por ação aos acionistas da Kaiser, e lhes deu 30 dólares [valor de face] de ações preferenciais para completar o preço. Desse modo, por 162 milhões de dólares que não eram dele e 218 milhões de dólares de papel sob a forma de preferenciais da Kaiser Steel, Frates assumiu o controle da empresa. Naturalmente, Frates recebeu milhões de dólares em taxas e despesas, de modo que seu investimento em dinheiro líquido foi menos do que nada.
>
> [Para comprar de Frates] Rial trocou patrimônio sem liquidez por terra e dinheiro com a Kaiser [...] A Kaiser gastou 78 milhões de dólares pelos mesmos bens da Perma que Frates avaliou, dezoito meses antes, em apenas 65 milhões. Além disso, porque o [contrato do carvão] da SPS estava avaliado em apenas 12,2 milhões de dólares, dessa vez, o valor das propriedades carboníferas de Rial deve ter aumentado em 65,8 milhões – um aumento de 65%.[...] Quando a poeira assentou, Frates tinha 20 milhões de dólares em dinheiro, 5 milhões de dólares a receber em dinheiro de curto prazo [...] e 15 milhões em terra da Kaiser [...] Rial não chegou a passar necessidades, porém. Ele recebeu 2,4 milhões de dólares como honorários no ano passado.[119]

As depredações truculentas de Rial finalmente provocaram uma reação por parte dos acionistas preferenciais da Kaiser, os quais se aliaram a Bruce Hendry, o famoso sucateador de empresas aflitas (ele havia anteriormente recolhido os restos da Erie-Lackawanna e da Wickes)[120]. Forçando a saída de Rial do posto de presidente-executivo, em 1987, Hendry propôs resgatar o patrimônio dos acionistas às custas da força de trabalho da ex-Kaiser. Baseando-se no exemplo de Frank Lorenzo, Hendry arrastou a Kaiser Steel para procedimentos do capítulo onze, a fim de liquidar com os direitos patrimoniais dos trabalhadores.

---

[118] *Sun*, 18/1/1988.

[119] Alan Sloan e Peter Fuhrman, "An American Tragedy", cit., p. 32-5; ver também *Los Angeles Times*, 25/9/1987.

[120] *Los Angeles Times*, 9/2/1987.

Cidade de quartzo

Durante o fechamento em 1983, os trabalhadores haviam tido algum consolo na garantia de que a Kaiser, rica em dinheiro, diferentemente de algumas siderúrgicas falidas do Leste, sempre seria capaz de honrar as suas obrigações. Agora, quatro anos depois, seis mil antigos empregados revoltados observavam enquanto Hendry cancelava a cobertura que tinham de assistência médica e suplementos de pensão, ao mesmo tempo em que transferia parte do fardo do fundo de pensão para a Empresa de Garantia de Benefício e Pensão federal. A fim de apaziguar a raiva dos trabalhadores, ele também deu início a ações legais para recuperar os 325 milhões em reservas da Kaiser alegadamente "roubados" por Frates e Rial durante as suas aquisições[121]. Em 1990, a maioria dos benefícios ainda não foram recuperados, as várias ações legais desapareceram no congestionamento jurídico e milhares de ex-siderúrgicos e suas famílias sofreram mais privações inesperadas.

A miragem da revitalização

> *Nada é Tão Bom Quanto Investir em Fontana.*
> Slogan oficial em 1990

> *Fontana a Caminho da Catástrofe Econômica.*
> Manchete de *The Sun*, em 1987[122]

Bem no momento em que o *"boom* de Reagan" estava decolando em 1983, as cidades siderúrgicas ainda estavam morrendo por todo o país, de Geneva (Utah) a Lackawanna (Nova York), de Fairfield (Alabama) a Youngstown (Ohio). Aliquippa, de onde tantos fontanenses haviam emigrado nos anos 1940 e 1950, estava entre as mais duramente atingidas. O fechamento do imenso complexo de onze quilômetros de comprimento de Jones e Laughling (a LTV) e a demissão de 20 mil trabalhadores eram equivalentes a um desastre nuclear. Um terço da população partiu; dentre aqueles que ficaram, mais da metade ainda estava sem emprego quatro anos depois do fechamento. O Exército da Salvação tornou-se o principal empregador da cidade. Um estudo de 1986 de trezentas famílias de Aliquippa revelou que 59% tinham dificuldades para se alimentar, 49% estavam atrasados com suas contas de serviços públicos e 61% não tinham condições de ir ao médico[123].

---

[121] Ibidem, 27/1/1987, 9/2/1987 e 13/2/1987, 10/8/1988 e 31/8/1988. O ex-presidente da Local 2869, Frank Anglin, expressou a seguinte opinião sobre a administração de Hendry: "A única coisa que o vi fazer foi perder dinheiro". Ver *Sun*, 18/1/1988.

[122] *Sun*, ago. 1987.

[123] Ver "Horse Dies in One-Horse Steel Town", *Los Angeles Times*, 1/9/1986.

Passando de carro pelo vale no Dia de Ação de Graças de 1988, a caminho para colocar uma coroa de flores no monumento aos mártires do sindicato em Homestead, encontrei poucas melhorias ou novas esperanças. Por quilômetros ao longo do rio Ohio, as laterais da grande usina haviam sido arrancadas por equipes de demolição, expondo as entranhas enferrujadas da tubulação e da maquinaria. O centro de Aliquippa, encravado firmemente nesse vale abrupto, estava fechado com tapumes e tão vazio quanto qualquer cidade-fantasma do Oeste. No antigo portão principal, através do qual dez mil aliquippanos outrora passavam diariamente para o trabalho, um galpão solitário e alguns cartazes esmaecidos de piquetes anunciavam "Forte Justiça", o local de uma fútil vigília de dois anos dos sindicalistas locais para salvar a usina da demolição.

Sob todos os pontos de vista, Fontana deveria ter sofrido o mesmo destino que Aliquippa. Estudos no começo e no fim da década de 1970 confirmaram que quase metade da cidade trabalhava para a Kaiser e quase três quartos recebia contra-cheques dependentes da usina[124]. Contudo, quando o fechamento final chegou, em dezembro de 1983, Fontana não era uma cidade fantasma, mas sim uma cidade em expansão. Lado a lado com a derrotada usina, uma nova comunidade de trabalhadores que se deslocava diariamente para seus locais de trabalho estava rapidamente tomando forma. Nos últimos anos da vida da usina, a população começou a explodir: dobrando de 35 mil para 70 mil entre 1980 e 1987, com previsões de 100 mil a 150 mil para o ano 2000. Numa entrevista para o *Los Angeles Times*, enquanto os últimos lingotes estavam sendo retirados da Kaiser, o prefeito Simon de Fontana exultava em relação à prosperidade recentemente encontrada da cidade como fronteira habitacional da Califórnia meridional. "Ninguém esperava o que está acontecendo aqui. Quando a Kaiser fechou, todo mundo achou que a cidade ia *kaput*, mas isso não aconteceu."[125]

A reciclagem de Fontana havia começado em meados da década de 1970, depois que um grupelho de proprietários de terra locais e funcionários municipais, liderados pelo administrador da cidade, Jack Ratelle, reconheceu que a revitalização residencial era uma alternativa lucrativa para a dependência continuada das fortunas minguantes da Kaiser Steel e sua força de trabalho de operários. Diferentemente de Aliquippa, eles tinham as vantagens duplas de ser a periferia de uma economia regional em expansão e ter acesso a um instrumento extraordinário de restruturação comunitária – a lei de revitalização da Califórnia. Criada por um Legislativo liberal no fim dos anos 1940, a fim de que

---

[124] *Los Angeles Times*, 30/1/1971, 23/6/1978 (estudo da Urbanomics Research Associates), e 1/9/1985. 3200 empregados da Kaiser viviam em Fontana (população total de 21 mil habitantes), 2600 em Rialto/San Bernardino, e 3200 no restante do Inland Empire.

[125] *Los Angeles Times*, 15/8/1985.

Cidade de quartzo

as municipalidades pudessem construir habitações públicas em áreas carentes, a lei havia se tornado totalmente pervertida nos anos 1970. Não apenas estava sendo empregada para uma maciça "remoção dos pobres" nos centros de San Francisco e de Los Angeles, mas "carência" era agora tão generosamente interpretada, que cidades ricas e enclaves industriais – desde Palm Springs até City of Industry – estavam usando a lei para construir lojas de departamento de luxo, centros de convenções e campos de golfe profissionais com "incrementos fiscais" negados aos usos gerais dos fundos.

A característica específica de Fontana nessas estratégias de revitalização era a criação de uma porta aberta, alguns diriam "dourada", para os empreendedores. Ratelle e outros patriarcas da cidade tinham dúvidas quanto a sua capacidade de competir com Rancho Cucamonga para o Oeste – uma cidade de "campos verdes" criada a partir de diversas municipalidades agrícolas esparsamente habitadas. A fim de acabar se tornando como o Condado de Orange, eles começaram agindo como Porto Rico. Para compensar o "problema de imagem" persistente de Fontana, e dar-lhe uma vantagem comparativa na corrida à terra do Inland Empire, eles alteraram a lei de revitalização para oferecer "financiamento criativo" para os empreendedores de larga escala: títulos de isenção de impostos e incremento fiscal, dispensa das taxas municipais, maciços descontos de impostos e, específico de Fontana, participação direta no patrimônio do órgão de revitalização. Os processos de requerimento e inspeção foram drasticamente simplificados para acelerar as atividades na cidade, que aspirava tornar-se a "melhor amiga do empreendedor imobiliário".

O projeto pioneiro de revitalização de Fontana era uma reforma cara – muitos diriam desnecessária – da avenida Sierra, iniciada em 1975. David Wiener, a quem o jornal local gostava de chamar de o "decano dos empreendedores de Fontana", recebeu financiamento isento de impostos e descontos no imposto de circulação de mercadorias para construir quatro novos complexos comerciais. Um pouco depois, o Departamento de Revitalização de Fontana (FRA) começou a erradicar vinhas ao sul da Interestadual 10 para construir o parque industrial de Southwest. Mas os grandes empreendedores, baseados no Condado de Orange e no Oeste de LA, já pesadamente envolvidos em Ontario e Rancho Cucamonga, recusavam-se a considerar Fontana até que ficasse claro que a Kaiser Steel estava condenada, e que o ônus de cidade industrial poderia ser eliminado.

O primeiro megaprojeto de Fontana, iniciado em 1981, foi a Village of Southridge, localizado na área de revitalização de Jurupa Hills, ao sul da I-10, e projetado para a construção de 9 mil casas até o ano 2000. Creative Communities, os empreendedores de Southridge com base em Huntington Beach, seduziram os líderes cívicos de Fontana, proporcionando-lhes uma excursão a Irvine, a famosa cidade planejada racionalmente no sul do Condado de Orange. Eles convenceram os siderados fontanenses que um simulacro de Irvine poderia ser desenvolvido no próprio extremo sul de Fontana, se a cidade estivesse disposta a fornecer financiamento e infra-estrutura adequados. Como lembrou mais tarde o prefeito Simon, "os patriarcas da cidade queriam tanto o projeto que foram capazes de aceitar isso". Conforme esperado, com visões de Fontana como Irvine dançando diante de seus olhos, assinaram um acordo de amplo alcance com a Creative Communities para que o FRA se comprometesse a reembolsar a maior parte dos custos infraestruturais normalmente assumidos pelos empreendedores[126].

Em 1982, um ano depois do projeto pioneiro em Southridge, Fontana anexou um enorme triângulo de campos com rochedos esparsos ao norte da cidade, adjacente à Interestadual 15 (então em construção). A conclusão da obra da I-15 através do oeste dos Condados de San Bernardino e Riverside e norte do de San Diego criou um dos corredores de crescimento mais dinâmicos da nação. (Uma das cidades em expansão do corredor é Ranch California, um projeto de 50 mil hectares iniciado pela Kaiser Development Co. em Temecula.) Trezentos mil novos residentes são esperados apenas no oeste do Condado de San Bernardino[127]. Fontana, localizada na interseção estratégica da I-15 com a I-10 (a auto-estrada de San Bernardino), tem ligações excelentes com essas vias de escoamento de pessoas a caminho do trabalho em rápida expansão. A Área do Projeto Fontana Norte, que abrange o antigo "gueto" de Fontana (uma área de valores de terra ironicamente em explosão), é o maior projeto de revitalização da Califórnia (36 quilômetros quadrados), incluindo uma série de comunidades racionalmente planejadas em perspectiva. O maior é a Village of Heritage, de alto nível, competidora direta da Terra Vista do Rancho Cucamonga, e Victoria, que está sendo desenvolvido pela BD Partners, do oeste de Los Angeles (Richard Barclay e Joseph Dilorio), com pesada participação patrimonial do FRA. A Heritage fornecerá 4 mil das 18 mil casas novas que o FRA quer acrescentar em North Fontana durante a próxima geração[128].

No momento em que as equipes de demolição haviam completado o desmantelamento da Big Bess, os líderes de Fontana haviam conseguido colocar 20 mil casas novas na faixa de 60 mil dólares ou mais sobre as pranchetas em Southridge e North Fontana[129]. Quatro anos depois do fechamento da Kaiser

---

[126] Ver Joe Bridgman, "'Southridge Village' Milestone or Millstone for Fontana?", *Sun*, 16/2/1986.

[127] *San Bernardino County General Plan Update*, 1988.

[128] *Los Angeles Times*, 1/9/1985; e *Sun*, 23/1/1986.

[129] Ver "Southridge Village Specific Plan", FRA, s. d.

Cidade de quartzo

Steel, os preços da terra em Fontana haviam dobrado[130]. Essa conquista notável mereceu aplausos nacionais e muita conversa sobre um "milagre de Fontana" paradigmático. O *Los Angeles Times*, por exemplo, minimizou o impacto do fechamento da Kaiser e dos 15% de desemprego local resultante (erroneamente divulgado como 9%) a fim de enfatizar o "futuro brilhante" da cidade com a estratégia de revitalização[131]. Os jornalistas reproduziram sem críticas as afirmações das autoridades municipais, de que Fontana em breve seria rica por causa de suas bases de impostos ascendente e lucros na sua posição patrimonial em diferentes empreendimentos. Do mesmo modo que as relações industriais na Kaiser haviam sido um dia estudadas como um modelo adequado para livros didáticos, agora a capacidade de recuperação de Fontana era apresentada como uma confirmação de laboratório da afirmação da administração Reagan, de que a desindustrialização era apenas um custo marginal e temporário na transição para a prosperidade pós-industrial baseada em serviços, finanças e imóveis.

O primeiro sintoma de que nem tudo estava tão bem no *redux* de Fontana foi o aumento acentuado da agitação supremacista branca e da violência racial depois das demissões na usina. Durante o ano de 1983, a Ku Klux Klan local – com cerca de doze membros – esgueirou-se para fora da toca e começou a distribuir panfletos nas escolas secundárias, realizar comícios públicos e até mesmo se oferecer para dar assistência à polícia de Fontana. A ressurreição da Klan parece ter exercido um certo carisma sobre uma periferia de jovens *skinheads*. Num ataque selvagem de outubro de 1984, um homem negro de vinte anos, Sazon Davis, ficou paralisado da cintura para baixo depois de ser espancado por três *skinheads* na avenida Sierra – a rua principal de Fontana. A comunidade negra ficou ainda mais revoltada – lembranças de O'Day Short – quando o procurador do distrito do condado de San Bernardino recusou-se a processar os jovens brancos, um dos quais tinha uma mãe que era despachante da polícia. (A reação do diretor de empreendimentos imobiliários de Fontana Neil Stone a esse precursor local de Howard Beach foi gemer que "imagem tem sido nosso principal problema".)[132]

Problemas piores vieram logo em seguida. No natal de 1986, a bolha de Fontana havia estourado. O diretor de finanças da cidade, Edwin Leukemeyer, renunciou diante das acusações de que havia malversado fundos públicos e vendido veículos de propriedade do município a seus amigos e parentes. Em seis meses, a seqüência de renúncias e indiciações levou um jornal a afirmar que "detetives da polícia e auditores [são] quase tão comuns no palácio do governo

---

[130] *Los Angeles Times*, 25/9/1988.

[131] Ibidem, 30/12/1983.

[132] Ibidem, 15/8/1985.

municipal quanto funcionários do arquivo"[133]. Entre as novas vítimas – uma lista que incluía o tesoureiro municipal, o diretor do departamento de viaturas, o diretor de revitalização e o diretor de empreendimentos imobiliários – estava o administrador da cidade e o chefe *ex officio* do FRA, Jack Ratelle, o principal arquiteto da "terceira Fontana". A assembléia de vereadores forçou Ratelle a renunciar depois que relatórios publicados de gratificações pagas por empreendedores de destaque tornaram sua posição insustentável[134].

A desmoralização no governo municipal de Fontana se transformou em pânico em agosto de 1987, com a publicação de uma auditoria independente da cidade pelo escritório regional da Arthur Young. O relatório da Young era devastador: o FRA estava num "estado caótico de desorganização" e o município estava à beira da bancarrota[135]. Os analistas da Young descobriram que o FRA havia empenhado o futuro de Fontana a fim de seduzir os empreendedores do setor imobiliário. Com 60% de sua base de impostos localizada nas áreas de revitalização, e comprometida com pagamentos ou descontos para empreendedores, o município não tinha condições de fazer frente às necessidades de sua população em expansão. Não sobravam receitas de impostos para pagar a carga adicional que a nova população suburbana representava para suas escolas e serviços públicos.

Tão somente Southridge, que Ratelle sempre havia descrito como uma mina de ouro municipal, ameaçava levar a cidade à falência, uma vez que o FRA estava diante de 10 mil dólares por dia em novas cobranças de juros que se acumulavam sobre o principal não-reembolsado que devia à Creative Communities. As estimativas oficiais do total de receita de impostos que será absorvido pelo serviço da dívida com Southridge chegará à cifra de *750 milhões de dólares* no ano 2026, quando o acordo expira[136]. Não é provável que o principal seja pago algum dia. Como uma miniatura do México ou da Bolívia, Fontana é a nação

---

[133] Ibidem, 24/6/1987.

[134] *Herald-News*, 14/12/1987.

[135] Arthur Young Internacional, Inland Empire Office, *Management Audit of the City of Fontana*, 18/8/1987 (cópia pública do volume I na Biblioteca de Fontana), seis volumes; *Sun*, 19/8/1987; e *Herald-News*, 19/8/1987.

[136] *Sun*, 16/2/1986; débito estimado atualizado, 5/9/1987. Na realidade, o FRA era tão "informal" em transações com os empreendedores, que nunca se preocupou em registrar ou informar seu débito crescente. Como destacaram os auditores da Arthur Young: "Ainda que o Departamento de Revitalização fosse pesadamente financiado por empréstimos lastreados por emissões de títulos, uma avaliação exata do montante de suas obrigações não foi realizada. [...] uma determinação exata do total de obrigações financeiras do Departamento foi frustrada pela inexistência de uma manutenção adequada de registros e arquivos no Departamento, resultando daí a inexistência dos documentos essenciais para quantificar o montante em dólares comprometidos pelo Departamento aos vários empreendedores" (p. II-7).

Cidade de quartzo

devedora mantida como escrava de seus credores-empreendedores do Condado de Orange e do oeste de LA. Com o fluxo de seu imposto territorial suburbano desviado para o serviço da dívida, a cidade tem sido obrigada tanto a impor austeridade (sob a forma de escolas superlotadas e serviços degradados) quanto (como em Southridge) avaliações de impostos especiais sobre infelizes recém-chegados. A alternativa de levantar renda municipal adicional do comércio existente está excluída pelos descontos perdulários no imposto de circulação de mercadorias e taxas municipais dos proprietários dos novos shopping centers.

A publicação do relatório Young (que incluía também detalhes sensacionalistas de má administração financeira e a destruição dos arquivos do governo municipal) encorajou os jornalistas locais a investigar os arquivos do FRA, desvendando as circunstâncias da prodigalidade incrível do órgão. Mark Gutglueck, do *Herald News*, acabou expondo em detalhe como vários esquemas de revitalização haviam pauperizado a cidade[137]. Os negócios mais antigos tipo papai e mamãe ao longo da avenida Sierra, por exemplo, foram preteridos nos fundos de revitalização pelas políticas do FRA, que favoreciam as cadeias de lojas. Desse modo, o FRA, num exemplo típico, concedeu financiamento isento de impostos e um desconto nos impostos de 750 mil dólares para induzir a National Lumber a se instalar em um dos novos shopping centers de David Weiner, os quais eram também financiados por devoluções de impostos. O resultado líquido para a cidade foi um grande déficit fiscal e o fechamento da Ole's Hardware, uma instituição dos velhos tempos de Fontana[138].

Do mesmo modo, no caso de Southridge, Gutglueck revelou como o administrador da cidade, Ratelle, e o advogado de revitalização, Timothy Sabo (acusado no relatório Young de cobrar taxas excessivas), passou por cima das fortes objeções do procurador do município para fornecer à Creative Communities (mais tarde Ten-Ninety Ltda.) qualquer coisa que eles quisessem: taxas de juros aumentadas sobre as obrigações do FRA, perdão por sua incapacidade de construir escolas segundo o cronograma contratual, e assim por diante. Além disso, foi permitido aos empreendedores modificar por diversas vezes o plano específico da comunidade, reduzindo sucessivamente a qualidade da habitação e das amenidades locais. Os empreendedores, por sua vez, adoçavam os funcionários (como o chefe de planejamento Neil Stone) com "honorários de descobridores", gratificações e o uso de um balneário à beira do lago, enquanto Southridge – que o prefeito Simon gostava de chamar de "Beverly Hills de Fontana" – evoluía para a miséria[139]. Um planejador que trabalhava lá descreveu-a como "viveiros de coelho com garagens para dois carros, sem escolas

---

[137] *Herald-News*, 15/9/1987, 26/10/1987 e 19/10/1987.

[138] Ibidem, 26/10/1987 e 29/10/1987. Ver também *Sun*, 17/8/1986.

[139] *Herald-News*, 15/9/1987; ver também *Sun*, 16/2/1986.

Sucata de sonhos

ou serviços públicos adequados"[140]. Como não é de surpreender, o relatório Young e as revelações de Gutglueck causaram uma revolta dos furiosos moradores de Southridge, que exigiam uma moratória da continuação do crescimento, a confirmação por votação da maioria na Assembléia Municipal e um sistema de eleições distritais[141].

Dada a enormidade dos problemas subitamente expostos de Fontana – a venalidade de seus funcionários, o débito de proporções gigantescas e a penhora da base de impostos até o próximo milênio, o custeio insuficiente dos serviços essenciais, uma desproporção crescente entre habitação e empregos, e assim por diante – a revolta dos eleitores foi estranhamente discreta. O fechamento da Kaiser havia dispersado grande parte da base política outrora organizada pela Local 2869, enquanto os novos cidadãos que trabalhavam em locais distantes tinham pouco tempo e perspectiva para o engajamento em cidadania. Em conseqüência, a coalizão do crescimento – menos uns poucos líderes na cadeia ou no exílio – dispersou os desafiantes com facilidade[142]. A campanha de confirmação da votação instigada por Southridge foi facilmente derrotada, enquanto a exigência de uma moratória do crescimento foi inofensivamente convertida num congelamento temporário de 45 dias dos alvarás para construção. A assembléia de fato redimensionou uns poucos planos de empreendimentos em North Fontana, e deu apoio apenas com palavras às duzentas recomendações do relatório. Mas a reação mais sintomática à crise veio do prefeito Simon (então sob investigação por fazer investimentos pessoais ilícitos em umas das áreas de revitalização), que simplesmente insistiu para que os fontanenses "apenas continuassem a sorrir"[143].

Desde então, os patriarcas da cidade têm tentado escapar da falência expondo suas velas a vários ventos, às vezes conflitantes. Como caipiras que são, acabaram aceitando mais uma vez esquemas virtualmente idênticos àqueles que bolivianizaram Fontana no começo dos anos 1980.

Primeiro, procuraram por toda parte por algum *deus ex machina* comercial para gerar um fluxo de impostos que compensasse o déficit fiscal. O esquema particular favorito do prefeito Simon – concebido durante umas férias no Canadá

---

[140] Entrevista com "P. C.", antigo planejador de Fontana, set.1989. É questionável se Southridge poderá um dia ser acabada; a fase três é oficialmente descrita como "no limbo". Ver *Herald-News*, 9/1/1990.

[141] O Conselho Escolar de Fontana também acionou a justiça nesse sentido, devido ao não-cumprimento, por parte dos empreendedores imobiliários, dos planos de construção das escolas que a comunidade necessitava desesperadamente.

[142] A dissipação da base política do sindicato também foi enfatizada por John Piazza. Entrevista, mai. 1989.

[143] *Sun*, 18/9/1987.

Cidade de quartzo

para fugir de seus problemas legais – era induzir um investidor multibilionário a construir a versão da Califórnia do supershopping de Edmonton em Fontana[144]. Na ausência de respostas de Donald Trump ou do sultão de Brunei, a cidade uniu-se, ao invés disso, a Alexander Haagen, principal construtor de shoppings da Califórnia meridional, num esquema para construir o complexo combinado de compras e diversões em South Fontana. Justamente como em Southridge, o Fontana Empire Center de Haagen (programado para término em 1995) foi vendido para funcionários locais numa fúria de imagens do condado de Orange: "A resposta de Fontana ao South Coast Plaza". Para não correr o risco de que alguns dos fontanenses parassem para pensar no absurdo de um shopping baseado na Sears competindo com o centro regional mais rico do país baseado na Gucci e na Neiman-Marcus, Haagen anestesiou a oposição com doações generosas a todos os dez candidatos que concorriam a duas cadeiras vagas na assembléia[145]. (Recentemente Haagen começou a recuar nas suas promessas originais, propondo-se a desenvolver metade da área do shopping para residências de luxo ao invés de comércio.)[146]

Nesse ínterim, os líderes de Fontana tentaram limpar a cidade de sua imagem de "apartamentos do crime" ocupados por membros da classe trabalhadora, limitando drasticamente a construção de apartamentos e unidades de baixa renda[147]. O plano diretor revisado de Fontana até mesmo desenfatiza os proprietários de primeira residência – o feijão com arroz do plano anterior – para favorecer segundas casas próprias ou residências mais caras de "proprietários em ascensão"[148]. Os vendedores do *new look* de Fontana, contudo, foram imediatamente constrangidos por uma recrudescência da velha Fontana em 1988. Milhões de espectadores em todo o país assistiram quando pessoas que comemoravam o aniversário de Martin Luther King tiveram que ser escoltadas pela avenida Sierra por 120 policiais, enquanto pequenos grupos amargos de homens da Klan de Fontana gritavam "vida longa a Klan, vida longa aos rapazes brancos". Os contra-comícios subseqüentes de "morte a Klan" da Liga de Defesa dos Judeus contribuíram ainda mais para a notoriedade indesejada[149].

A campanha por uma Fontana de alto nível colidiu também com os planos para uma Fontana reindustrializada. Com um talento infalível para cortejar a

---

[144] Ibidem, 13/8/1987.

[145] *Herald-News*, 1/11/1988.

[146] Ibidem, 9/1/1990.

[147] Sobre a "imagem", ver *Sun*, 13/8/1978.

[148] *Herald-News*, 8/12/1987 e 26/10/1988.

[149] Idem.

Sucata de sonhos

contradição, enquanto um grupo de planejadores de Fontana estava tentando aumentar a exclusividade residencial, outros simultaneamente esperneavam pela construção vertiginosa de fábricas e armazéns. Oferecendo às empreiteiras o caminho mais rápido para o desenvolvimento industrial do estado, eles garantem que a construção começa seis dias depois do requerimento, ao invés dos nove meses normais em outros lugares[150]. Como assinalaram os proprietários residenciais revoltados, combinar desenvolvimento industrial fracamente controlado – muitas vezes altamente tóxico – com empreendimentos imobiliários residenciais de alta densidade é como misturar óleo com água. Essa opinião foi vividamente ilustrada em 1988, quando mais de 1500 residentes de Southridge tiveram que ser evacuados depois de um vazamento de químicos nas proximidades[151].

A ironia final, porém, é a corte ardente que Fontana faz aos resíduos da Kaiser Steel: a Kaiser Resourses [KR]. Contemplados com uma montanha de escória de um quilômetro e meio de comprimento e trezentos e cinqüenta hectares de terras poluídas, a KR, em sociedade com a Lusk-Ontaria Industries, manobrou brilhantemente para conseguir que Fontana pagasse a conta da limpeza. Ao flertar timidamente com Ontario e Rancho Cucamonga, depois subitamente jogar beijos para os defensores da municipalidade independente do lado oeste ainda não constituído em município de Fontana ("Rancho Vista"), a KR levou os funcionários de Fontana a um acesso de ciúmes. Em conseqüência, a Fontana mergulhada em dívidas está oferecendo uma proposta de entendimento a KR e Lusk que garantiria 190 milhões em fundos públicos para renovar a área da ex-Kaiser Steel. Particularmente, Fontana ajudaria a limpeza da mancha ainda em expansão de contaminação do solo e do lençol freático que é o legado de quarenta anos de siderurgia, e que substituiu a nuvem de fumaça dos fornos de coque da Kaiser como símbolo do sofrimento ambiental no Condado de San Bernardino. A KR e a Lusk, por sua vez, aceitariam a anexação de Fontana e concordariam em desenvolver um parque industrial de alta tecnologia. Mas um dos aspectos centrais do plano da KR é uma piada ambiental perversa; importar os resíduos tóxicos do Silicon Valley para processamento nas instalações de tratamento da Kaiser Steel ainda existentes[152].

---

[150] Ibidem, 24/8/1988.

[151] Ibidem, 26/10/1988 e 13/12/1988.

[152] Ibidem, 3/11/1988, 11/1/1989, 19/4/1989 e 16/1/1990.

Cidade de quartzo

Então, o que restou?

É cafona, muito, muito cafona, mas talvez eu devesse ser grato.
As pessoas me dizem que costumava ser pior.
Novo morador *commuter* de Fontana[153]

Coma merda e morra.
Reação de velho morador *homeboy* de Fontana*

Depois de tantos esquemas, escândalos e perturbações súbitas, o que é Fontana hoje em dia? Arbitrariamente, comece por sua periferia não incorporada do Wild West. Siga o carrão vermelho de bombeiro Kenworth K600A "Tamanduá" que puxa seus dois reboques-frigoríficos engatados para o terreno da *Trucktown***, na saída da Rua Cherry da I-10, logo ao sul da fábrica fantasma da Kaiser. Há mais de 120 companhias independentes de transporte rodoviário de carga baseadas na área de Fontana, e esse é seu posto de reabastecimento central e seu oásis. Por volta da meia-noite, Trucktown fica realmente agitada, e as máquinas se engarrafam na Interestadual esperando por reabastecimento ou uma vaga de estacionamento para descanso. A maior parada de caminhões do país fica logo a poucos quilômetros adiante para o oeste, em Ontário, mas os motoristas não gostam da polícia privada da Union 76, e nem de empadão mofado.

A avenida Cherry fica claramente, como eles dizem, "a oeste do Pecos", e é mais fácil fazer transações de qualquer tipo por aqui. Dentro do café o balcão está ocupado com uma aparição do Exército de Lee depois de Appomattox: magros, barbados, taciturnos e de olhos fundos. Há mais animação nas barracas. Motoristas proprietários estão às voltas com problemas de diário de bordo e de co-piloto; equipes de marido e mulher discutem questões de família; intermediários com cargas questionáveis circulam em busca de transportadores; motoqueiros marginais traficam *old ladies* e "*black molly*" (anfetamina). A periferia da avenida Cherry sempre acomodou atividades ilícitas, mas populares. Até seu recente fechamento pela Polícia Rodoviária, a área adjacente de repouso da I-10 funcionava como um *drive-in* garotas-e-drogas para os trabalhadores que passavam por ali todas as manhãs em seus Toyotas e para os turistas em Winnebagos.

Agora, toda a periferia de Fontana (inclusive as áreas municipalizadas do lado norte e Rialto, assim como a da rua Cherry) se transformou no vale Huallaga da Califórnia meridional. "Capital mundial da anfetamina" há muito tempo, seus laboratórios que fabricam bolinhas, recentemente, se diversificaram na produção

---

[153] *Los Angeles Times*, 6/8/1989.

* O morador *commuter* é aquele cujo local de trabalho se localiza longe da cidade onde vive; já o *homeboy* reside e trabalha na mesma cidade. (N. T.)

** Literalmente, "cidade dos caminhões". (N. T.)

em massa de "*ice*" (uma anfetamina em cristais que pode ser fumada) e "*croak*" (uma combinação, que pode ser fumada, de anfetamina e crack). Na maior parte essas são as bases do narco-patriotismo: uma dependência de droga made-in-America com origem na turma dos rapazes da pesada das pequenas cidades, que é distribuída para todos os pontos estratégicos por meio de uma vasta rede de gangues de motocicletas e de motoristas de caminhão fora-da-lei. Do ponto de vista da teoria da economia de livre empresa, esse também é um exemplo de "livro didático" do pequeno empresário preenchendo o vazio deixado pelo colapso de uma indústria pesada dinossáurica. Provavelmente as anfetaminas e não o aço são agora a mais importante exportação de Fontana.

O que não significa negar que muito aço continue a ser transportado para fora de Fontana, mesmo que a própria Big Bess tenha sido derretida como sucata já faz bastante tempo. O híbrido multinacional da Indústrias de Aço da Califórnia, logo acima da avenida Cherry, continua a cortar lâminas brasileiras para a produção de uma variedade de produtos para os mercados locais (embora os japoneses e, cada vez mais, os coreanos puxem as cordinhas dos itens estruturais de grande aceitação no mercado). A União dos Trabalhadores do Aço tentou recentemente organizar a CSI, mas sua campanha acabou em desastre. Seja por causa do medo de perderem novamente seus empregos, seja por ressentimento pelo fracasso da Internacional em vir em sua ajuda oito anos atrás, os homens da ex-Local 2869 da CSI votaram retumbantemente contra a filiação ao sindicato (88% contra 12%).

As antigas siderúrgicas dos primórdios se parecem com Dresden, Hiroshima ou, talvez a imagem que caia melhor, Tóquio em abril de 1945, depois que três meses de bombardeio incendiário concentrado com a "gelatina" inventada pela Kaiser haviam queimado inteiramente a cidade, reduzindo seus principais edifícios a tocos de ferro e concreto. Os sucateiros já há muito limparam a fábrica de qualquer pedaço de metal aproveitável – alguns dos quais, reincarnados em Toyotas e Hyundais, zunem pela I-10. Nesse ínterim, as enormes chaminés, uma vez visíveis a cinqüenta quilômetros de distância, se desfizeram em cascalho, e só permanecem os esqueletos das estruturas de concreto dos altos-fornos. Em torno de seu perímetro pesadamente guardado, a Kaiser Resources arrenda a terra para toda uma série de ferros-velhos "papai-e-mamãe", os quais, com o fim da sucata da Kaiser, estão agora alegremente a esmagar e retalhar automóveis abandonados. A cena toda se parece com *Mad Max*: uma sociedade pós-apocalíptica de urubus industriais e abutres metálicos.

Do outro lado da estrada jazem as sombras de Fontana Farms. Uma granja fantasmagoricamente fora de época, coberta por ervas daninhas é, entretanto, mantida intacta por seu proprietário octogenário que se lembra da grande epidemia da doença de Newcastle em 1971, que matou milhões das galinhas de Fontana. A poucos quilômetros dali, em South Fontana, um punhado de gran-

Cidade de quartzo

jeiros conseguiu agüentar e modernizar suas operações. Perto da esquina de Jarupa com Popper, fica uma impressionante instalação industrial automatizada para produção e beneficiamento de galinhas que, trabalhando por meio de correias transportadoras, permite que um só homem tome facilmente conta de 250 mil galinhas. Mas o acúmulo de estrume resultante é tão vasto, que tem que ser empurrado para as cercanias do rancho com a ajuda de tratores. Perto dali, proprietários residenciais que todos os dias têm que viajar para o trabalho – não mais enganados pelo romantismo da merda de galinha – fazem circular petições para fechar essas reminiscências bem sucedidas da era milleriana. Quando os últimos traços das galinhas, porcos e pomares tiverem sido removidos, o laço remanescente de Fontana com seu passado agrário será seus milhares de cachorros. Não estamos falando de cachorros limpinhos e penteados do tipo existente nas residências de subúrbio, mas de vira-latas à moda antiga: cães rosnantes, meioferozes, patetas, amigáveis, peludos, monstruosos e ridículos de Fontana.

Fontana também tem provavelmente uma taxa de automóveis em ferro-velho *per capita* maior do que a de qualquer outro lugar do planeta. A vizinha Southern California Auto Auction é considerada por alguns aficionados como a oitava maravilha do mundo. Mais impressionante para mim é o grande número de carros desmantelados ou moribundos deliberadamente jogados nos quintais das casas como se fossem heranças de família. Penso que essa seja uma visão que prejudica a nova imagem de Fontana, mas é possível que pessoas desenvolvam um gosto pelos pátios de ferro-velho depois de algum tempo (pelo menos foi o que aconteceu comigo). A área de Fontana – ou, melhor, aquelas partes de Fontana que não têm nomes como "Heritage" ou "Eagle Pointe Executive Homes" – é uma paisagem de ruínas aleatoriamente espalhadas, em geral não aproveitáveis (e não passíveis de *gentrification*): a variedade inclui tanto os rochedos sinistros de Didion quanto os fumigadores enferrujados nos pomares espectrais, passando pelos nomes de motéis da era Burma-Shave (como "Ken-Tuck-U-In") no bulevar Foothill. Mesmo o crime em Fontana é envolto num certo clima surreal. Há, por exemplo, o maníaco que assassinou centenas de eucaliptos, ou Bobby Gene Stile (o "Doctor Feldon"), o rei dos telefonemas obscenos, que confessou ter participado de cinqüenta mil conversas lascivas nos últimos vinte e três anos.

"Doctor Feldon" talvez tenha exagerado na extensão e liberalidade de suas incursões nas luxúrias do bulevar Valley de Fontana (ainda, como em 1941, "alameda da morte"). Logo a leste da avenida Cherry, o bulevar é uma fastidiosa repetição de livrarias para adultos e agências de caminhões usados. Mais perto do Sierra, entretanto, há uma sensação crescente de *mise-en-scène* por um Fellini local. Numa esquina, um cowboy de vida dura tenta vender seu chapéu Stetson, já bem usado, para o patriarca de uma família de ciganos das estradas – ou serão eles *okies* dos anos 1990? – que se empilham vindos de dentro de um ônibus Crown adaptado para residência. Eles acabaram de sair de sua feira de trocas do

Sucata de sonhos

sábado perto de Belair Drive-In. Lá dentro uma *"pulga"* do deserto com cara de lagosta, oriunda de Quartzite, pechincha com um trio de sacoleiras do vale de San Fernando o valor de alguns pires de vidro da "depressão" e uma cômoda antiga. Alguns pivetes locais com camisetas do Guns and Roses ouvem outro tipo encanecido do deserto – parecido com Scotty do vale da Morte – que descreve seu encontro recente com seres extra-terrestres. Uma Testemunha de Jeová vestida num blazer marrom fala incompreensivelmente sobre coisas que ninguém perguntou.

A um quarteirão dali, uma visão ainda mais improvável: um cemitério circense. Espalhados entre um monte de vagões e de assentos de roda-gigante, encontram-se fragmentos nostálgicos dos famosos parques de diversões extintos da Califórnia meridional (nos dias da era pré-Disney, quando a entrada era gratuita ou custava 1 dólar): o Pike, Belmont Shores, Pacific Ocean Park, e assim por diante. Erguendo-se repentinamente de trás de um *trailer* estão os fabulosos elefantes e ameaçadores leões de pedra que um dia montaram guarda nos portões do Zoológico Selig no Parque Eastlake (Lincoln), onde encantaram gerações de crianças do Eastside. Tento imaginar como um nativo de Manhattan se sentiria se descobrisse de repente os leões de pedra da Biblioteca Pública de Nova York num ferro-velho de Nova Jersey. Suponho que os leões de Selig talvez sejam o julgamento sumário e insensível da Califórnia meridional quanto ao valor de sua infância perdida. As gerações passadas são como tantos escombros que devem ser varridos pelos buldôzeres dos empreendedores. Se for assim, parece apropriado que acabem aqui em Fontana – o ferro-velho da sucata de sonhos.

Agradecimentos

Não há financiamentos de pesquisa, licenças remuneradas, assistentes de ensino ou quaisquer outros ingredientes sofisticados nesta trajetória, mas somente o amor, a paciência e a inteligência de Sophie Spalding, que me esforcei para retribuir do mesmo modo. Anthony Barnett foi o primeiro a me encorajar a tentar uma receita de Los Angeles, quando eu ainda era um fugitivo com saudades de casa na Inglaterra; Mike Sprinker me manteve na cozinha trabalhando. David Reid providenciou um aqueduto de encorajamento desde Berkeley, como o fez Michael Sorkin diretamente do espaço aéreo internacional. David Diaz e Emma Hernandez foram a salsa de nossas vidas em El Sereno. Robert Morrow e eu perambulamos pelas ruas cruéis; suas fotografias falam por si mesmas. Roger Keil e Susan Ruddick mantiveram minha crença no May Pole, da mesma forma que Michael Zinzun e Ntongela Masilela.

Uma versão primitiva do capítulo 3 foi lida por Harvey Molotch, Eric Monkonnen, John Horton, Stephanie Pinctl e pelo coletivo da *Socialist Review* de Berkeley. Quero agradecê-los por seu inestimável aconselhamento e crítica incisiva.

Roger Keil, da Universidade de Frankfurt, leu e traduziu as referências alemãs citadas no capítulo 1. Ele também escreveu a primeira versão da seção "Exílios" e contribuiu com muitas outras alusões e idéias. Sou-lhe profundamente grato.

Enquanto escrevia esse livro, sofri a perda de meu primo Jim Sytone e de minha mãe, Mary (Ryan) Davis. Quero que minha filha saiba que seus espíritos rebeldes movem minha pena.

Sobre o autor

Mike Davis nasceu na cidade de Fontana, Califórnia, em 1946. Abandonou os estudos precocemente, aos dezesseis anos, por conta de uma grave doença do pai. Trabalhou como açougueiro, motorista de caminhão, e militou no Partido Comunista da Califórnia meridional antes de retornar à sala de aula. Com 28 anos, ingressou na Universidade da Califórnia de Los Angeles (Ucla) para estudar economia e história. Em 1998, foi contemplado com o título de *fellow* da Fundação MacArthur, concedido aos mais promissores intelectuais de suas respectivas áreas. Especialista em urbanismo e política social, Davis recebeu, em 2007, o Lannan Literary Award for Nonfiction, prêmio também já concedido ao lingüista Noam Chomsky e ao historiador Howard Zinn. Atualmente mora em San Diego, é um *distinguished professor* no departamento de Creative Writing na Universidade da Califórnia, em Riverside, e integra o conselho editorial da *New Left Review*.

A seguir, uma relação das obras de Mike Davis:

Reshappin the US Left: Popular Struggles in the 1980s. Londres, Verso, 1988.

Beyond Blade Runner: Urban Control, the Ecology of Fear. Westfield–NJ, Open magazine pamphlet series, 1992, n. 23.

Prisoners of the American Dream: Politics and Economy in the History of the U.S. Working Class. Londres, Verso, 1986.

City of Quartz: Excavating the Future in Los Angeles. Londres, Verso, 1990.
  [Ed. bras.: *Cidade de quartzo: escavando o futuro em Los Angeles*. São Paulo, Boitempo, 2009.]

The Ecology of Fear: Los Angeles and the Imagination of Disaster. Nova York, Metropolitan Books, 1998.
  [Ed. bras.: *Ecologia do medo: Los Angeles e a fabricação de um desastre*. Rio de Janeiro, Record, 2001.]

Casino Zombies: True Stories from the Neon West. Berlim, Scharwze Risse, 1999.

Magical Urbanism: Latinos Reinvent the US Big City. Londres, Verso, 2000.

Late Victorian Holocausts: El Nino Famines and the Making of the Third World. Nova York, Verso, 2000.
[Ed. bras.: *Holocaustos coloniais: clima, fome e imperialismo na formação do Terceiro Mundo*. Rio de Janeiro, Record, 2002.]

The Grit Beneath the Glitter: Stories from the Real Las Vegas (co-editado com Hal Rothman). Berkley, Universidade da Califórnia, 2001.

Dead Cities and other Tales. Nova York, New Press, 2002.
[Ed. bras.: *Cidades mortas*. Rio de Janeiro, Record, 2007.]

Under the Perfect Sun: the San Diego Tourists Never See (com Jim Miller and Kelly Mayhew). Nova York, New Press, 2003.

Cronache Dall'Impero (introdução por Benedetto Vecchi). Roma, Manifestolibri, 2004.

The Monster at Our Door: the Global Threat of Avian Flu. Nova York, New Press, 2005.
[Ed. bras.: *O monstro bate à nossa porta: a ameaça global da gripe aviária*. Rio de Janeiro, Record, 2006.]

Reading the Text that Isn't There: Paranoia In the Nineteenth-Century Novel. Nova York/Londres, Routledge, 2005.

Planet of Slums: Urban Involution and the Informal Working Class. Londres, Verso, 2006.
[Ed. bras.: *Planeta Favela*. São Paulo, Boitempo, 2006.]

No One Is Illegal: Fighting Racism and State Violence on the US-Mexico Border. Chicago, Haymarket Books, 2006.

Evil Paradises: Dreamworlds of Neo-Liberalism (co-editado com Dan Monk). Nova York, New Press, 2007.

Governments of the Poor: Politics and Survival in the Global Slum (com Forrest Hylton). Londres, Verso, 2007.

Buda's Wagon: A Brief History of the Car Bomb. Londres, Verso, 2007.

In Praise of Barbarians: Essays against Empire. Chicago, Haymarket Books, 2007.
[Ed. bras.: *Apologia dos bárbaros: ensaios contra o império*. São Paulo, Boitempo, 2008.]

FICÇÃO

Land of the Lost Mammoths. Los Angeles, Perceval Press, 2003.

Pirates, Bats, and Dragons. Los Angeles, Perceval Press, 2004.

Spider Vector. Los Angeles, Perceval Press (no prelo).

OUTROS LANÇAMENTOS DA BOITEMPO

Democracia para quem?
ANGELA DAVIS, PATRICIA HILL
COLLINS E SILVIA FEDERICI
Tradução de VComunicações
Prefácio de Marcela Soares
Orelha de Juliana Borges

A ordem do capital
CLARA MATTEI
Tradução de Heci Regina
Candiani
Nota da edição de Clara Mattei e
Mariella Pittari
Orelha de Luís Nassif
Apoio de Fundação Perseu
Abramo

Enfrentando o Antropoceno
IAN ANGUS
Tradução de Glenda Vicenzi e
Pedro Davoglio
Apresentação de John Bellamy
Foster
Orelha de Alexandre Araújo
Costa

Pessoas decentes
LEONARDO PADURA
Tradução de Monica Stahel
Orelha de Xico Sá
Apoio de Ministerio de Cultura
y Deporte da Espanha

Por que Lukács?
NICOLAS TERTULIAN
Tradução de Juarez Torres
Duayer
Revisão técnica de Ester
Vaisman
Prefácio de Ester Vaisman e
Juarez Torres Duayer
Orelha de Miguel Vedda

ARSENAL LÊNIN
Conselho editorial: Antonio Carlos Mazzeo, Antonio
Rago, Augusto Buonicore, Ivana Jinkings, Marcos Del
Roio, Marly Vianna, Milton Pinheiro e Slavoj Žižek

Imperialismo, estágio superior do capitalismo
VLADÍMIR ILITCH LÊNIN
Tradução de Edições Avante! e Paula V. Almeida
Prefácio de Marcelo Pereira Fernandes
Orelha de Edmilson Costa
Quarta capa de György Lukács, István Mészáros
e João Quartim de Moraes

ESCRITOS GRAMSCIANOS
Conselho editorial: Alvaro Bianchi, Daniela Mussi,
Gianni Fresu, Guido Liguori, Marcos del Roio e
Virgínia Fontes

Os líderes e as massas
escritos de 1921 a 1926
ANTONIO GRAMSCI
Seleção e apresentação de Gianni Fresu
Tradução de Carlos Nelson Coutinho e Rita
Coitinho
Leitura crítica de Marcos del Roio
Orelha e notas de rodapé de Luciana Aliaga

MARX-ENGELS
Resumo de O capital
FRIEDRICH ENGELS
Tradução de Nélio Schneider e Leila Escorsim
Netto (cartas)
Apresentação de Lincoln Secco
Orelha de Janaína de Faria

MUNDO DO TRABALHO
Coordenação de Ricardo Antunes
Conselho editorial: Graça Druck, Luci Praun, Marco
Aurélio Santana, Murillo van der Laan, Ricardo Festi,
Ruy Braga

As origens da sociologia do trabalho
RICARDO FESTI
Orelha de Sedi Hirano
Quarta capa de Liliana Segnini e Ricardo Antunes

Este livro foi composto em Bembo Regular corpo 11/13,2 e reimpresso em papel Avena 80g/m^2 pela gráfica UmLivro, para a Boitempo, em agosto de 2025.